जायसी ग्रन्थावली

जायसी : हिंदी के पहले विधिवत् वरिष्ठ कवि

विजयदेवनारायण साही

सबसे पहले जिस बात को अच्छी तरह मन में बिठाना जरूरी है, वह यह है कि जायसी हिंदी के पहले विधिवत् वरिष्ठ कवि हैं। कबीरदास श्रेष्ठ हैं; लेकिन विधिवत् कवि भी हैं, ऐसा उनका दावा नहीं है। मूलतः वे संत हैं। कवि होना कबीरदास के लिए लक्ष्य नहीं था। शायद कवियों के बारे में उनकी धारणा भी बहुत अच्छी नहीं थी। जायसी के डेढ़ सौ साल पहले 'चन्दायन' के रचयिता मौलाना दाऊद हुए। जायसी के आसपास ही कुतबन भी हुए। इन दोनों में कविता की दीप्ति दिखती है। लेकिन ये दोनों वरिष्ठ कवि नहीं हैं। अंशतः अच्छे कवि हैं। लेकिन उनकी कृतियाँ पद्मावत के सामने नहीं ठहरतीं।

जायसी केवल कवि नहीं हैं, वे आत्म-सजग कवि हैं। अपने कवि होने का, गुणी होने का उन्हें पूरा भरोसा, बल्कि गर्व है। अपने कवि और गुणी होने का जिक्र पद्मावत में जायसी ने आरंभ, मध्य और अंत में बार-बार प्रत्यक्षतः या परोक्षतः किया है। इनमें से एक को छोड़कर सभी उक्तियाँ कविजनोचित गर्वोक्तियाँ हैं, उन सबको उद्धृत करना यहाँ आवश्यक नहीं है।

कुछ उदाहरण देखें—

1. मुहमद कबि जो प्रेम का ना तन रकत न माँसु।
   जेइँ मुँख देखा तेइँ हँसा सुना तो आए आँसु॥

2. एक नैन कबि मुहमद गुनी। सोइ बिमोहा जेइ कबि सुनी॥

3. एक नैन जस दरपन औ तेहि निरमल भाउ।
   सब रुपवंत पाँव गहि मुँख जोवहिं कइ चाउ॥

4. आदि अन्त जस कथ्था अहै। लिखि भाषा चौपाई कहै॥
   कबि बिआस रस कँवला पूरी। दूरिहि निअर निअर भा दूरी॥
   निअरहि दूरि फूल सँग काँटा। दूरि जो निअरैं जस गुर चाँटा॥

भँवर आइ बनखंड हुति लेहिं कवँल कै बास।
दादुर बास न पावहिं भलेहिं जे आछहिं पास॥

इन उद्धरणों में गर्वोक्तियाँ प्रत्यक्ष हैं। परंतु जायसी के कहने की शैली में एक मिठास है। यह मिठास जायसी का सामान्य गुण है। यहाँ भी है। इन उक्तियों में अकड़ नहीं है। ऐसा लगता है कि अधिकारी और योग्य व्यक्ति केवल अपनी विशिष्टता का तटस्थ उल्लेख कर रहा है। ये पंक्तियाँ जायसी ने अपनी पहचान स्पष्ट करने के लिए लिखी हैं। इनमें आत्म-विश्वास है, घमण्ड नहीं।

चौथे उद्धरण के एक अन्य आशय की ओर संकेत करना रोचक होगा। जायसी का कहना है कि दूर-दूर से लोग कीर्ति सुनकर उनकी कविता की सुगंध लेने आते हैं, लेकिन पास के मेढक उनकी प्रतिभा से बेख़बर हैं। ये पास के मेढक कौन हैं? अगर जायसी ने पद्मावत जायस में लिखी तो ये मेढक जायस वाले हैं। लगता है कि जायस वालों ने अपने इस महान् कवि को न सिर्फ़ पहचाना नहीं, बल्कि इतना उबा भी दिया कि अपनी अप्रतिम शैली में जायसी के लिए इस बात को लिख देना जरूरी हो गया ताकि सनद रहे और वक़्त-जरूरत काम आवे।

अन्य स्थलों पर भी जायसी ने अपने संदर्भ में कवि या कवि मुहम्मद का प्रयोग किया है। उदाहरण के लिए, 'चार मीत कबि मुहमद पाए' या 'भा औतार मोर नौ सदी। तीस बरिस ऊपर कबि बदी' आदि। ये सभी प्रयोग जायसी के कवि-व्यक्तित्व का अतिरिक्त आग्रह प्रकट करते हैं।

एक और चौपाई है जिसे अक्सर उद्धृत किया जाता है—

हौं सब कबिन केर पछिलगा। कछु कहि चला तबल देइ डगा॥

यह एक मात्र चौपाई है जहाँ अपने कवि-व्यक्तित्व के बारे में 'पछिलगा' कहकर विनयोक्ति का प्रादुर्भाव किया गया है। लेकिन डंके के साथ क़दम बढ़ाकर कुछ कह चलने का आशय, गर्वोक्ति की झलक फिर भी दे जाता है। इस चौपाई का उपयोग अक्सर इस तर्क की पुष्टि के लिए किया जाता है कि जायसी संत-स्वभाव वाले विनीत व्यक्ति थे। विनीत वे रहे होंगे—जिस तरह हर बड़ा कवि अपनी कविता को लेकर एक ही साथ विनीत और आत्म-विश्वासी, दोनों होता है। परंतु इस चौपाई का ठीक अर्थ इस कवि-स्वभाव के भीतर ही है।

कवि-व्यक्तित्व के परोक्ष आग्रह के उदाहरण के रूप में जायसी का अग्रलिखित दोहा विचारणीय है जो शाहेवक़्त शेरशाह की प्रशंसा के प्रकरण में लिखा गया—

पातिसाहि तुम जग के जग तुम्हार मुहताज।
दीन्ह असीस मुहम्मद करहु जुगहि जुग राज॥

बादशाह के लिए इस दोहे में जो आशीर्वचन की उक्ति है, उसकी ओर विद्वानों का ध्यान गया है। इस आशीर्वचन से जायसी के सिद्ध फ़कीर होने का अनुमान भी लगाया गया। मान लिया गया कि मात्र कवि का यह साहस कैसे हो सकता है कि बादशाह के लिए 'असीस देने' की मुद्रा में हाथ उठाए। लेकिन यह अनुमान ग़लत है। रत्नसेन सूली खण्ड में और दसौंधी, जिसकी स्थिति चारण कवि की है, राजा गंधर्वसेन को बाएँ हाथ से 'बरम्हाऊ' अर्थात् आशीर्वाद देता है। उसी खण्ड में हीरामन तोता भी गंधर्वसेन को हर प्रकार से स्वामी और अपने को अकिंचन कहने के बाद राजा को आशीर्वाद ही देता है–

नैन बैन औ सरवन बुद्धी सबै तोर परसाद।
सेवा मोर इहै निति बोलौं आसिरबाद॥

अतः शेरशाह को 'असीस' देने की मुद्रा भी कवि की ही मुद्रा है।

पद्मावत में कुछ स्थलों पर जायसी ने अपनी कविता की प्रकृति, या अपने अनुसार कविता-मात्र की प्रकृति का भी संकेत दिया है। वह दोहा, जिसमें जायसी ने कहा है कि लोगों को उनकी कविता सुनकर आँसू आए, पहले उद्धृत किया जा चुका है। इसका सीधा आशय यह है कि कविता की प्रकृति जायसी के लिए भावना के संप्रेषण की है। इसी तरह अन्यत्र उन्होंने कहा है कि कवि रस का भरपूर कटोरा है। कविता के अभिप्रेत प्रभाव की उपमा उन्होंने कमल की सुगन्ध से दी है जिसे दूर-दूर से भँवरे आकर प्राप्त करते हैं। ये सभी उक्तियाँ कविता, विशेषतः पद्मावत, के केंद्र में अनुभूति को स्थापित करती हैं, किसी मतवाद या दार्शनिक सिद्धांत को नहीं।

पद्मावत के उपसंहार खण्ड में जायसी ने अपनी काव्य-कृति और अपने कवि-व्यक्तित्व को फिर परिभाषित किया है। अंत के दो कड़वकों में से पहला इस प्रकार है–

मुहमद यहि कबि जोरि सुनावा। सुना सो पेम पीर गा पावा॥
जोरी लाइ रकत कै लेई। गाढ़ी प्रीति नैन जल भेई॥
औ मन जानि कबित असकीन्हा। मकु यह रहै जगत महँ चीन्हा॥
कहाँ सो रतनसेनि अस राजा। कहाँ सुआ असि बुधि उपराजा॥
कहाँ अलाउदीन सुलतानू। कहँ राघौ जेइँ कीन्ह बखानू॥
कहँ सुरूप पदुमावति रानी। कोइ न रहा जग रह्यो कहानी॥
धनि सो पुरुख जस कीरति जासू। फूल मरै पै मरै न बासू॥

केइँ न जगत जस बेचा केइँ न लीन्ह जस मोल।
जो यह पढ़ै कहानी हस सँवरै दुइ बोल।

उपसंहार के इस अंश में प्रेम की पीर, रक्त की लेई और नैन-जल से भीगी हुई गाढ़ी प्रीति की चर्चा की गयी है। इन तीनों उक्तियों में निहित भाव को पाठक, कृति के चरित्रों और कृतिकार के मानस में एक साथ अवस्थित किया गया है। अर्थ एक चंचल आवर्तन की तरह है। इस आवर्त में चक्कर काटकर हम इस सब के स्रोत कवि के व्यक्तित्व की ओर ही लौटते हैं। कवि ने मन में यह समझकर ऐसा काव्य रचा कि संभवतः संसार में यह उनकी पहचान शेष रह जाय। इस काव्यगत अस्मिता को निर्मित करने के बाद पाठक से उनकी अपेक्षा है कि जो यह कहानी पढ़े, जायसी को दो बोल याद कर ले।

इस 'सँवरै दुइ बोल' में न जाने कितने अर्थों की झनकार है। एक छोटे से टुकड़े में प्रभूत अर्थवत्ता भर देने में जायसी की क्षमता अद्वितीय है। परंतु यह समस्त अर्थवृत्त जायसी की अस्मिता के चारों ओर ही चक्कर काटता है जो उपसंहार का केंद्र-बिंदु है। लगता है, जैसे सारी कथा, सारी घटनाएँ, सारे चरित्र—सब के सब अपनी भूमिका निभाकर विलीन हो गए और हमारे सामने सिर्फ़ जायसी का उबरा हुआ मर्म, बिना किसी अंतःपट के, उपस्थित हो गया है। हमारा काम है कि इस मर्म का निर्बाध और संपूर्ण साक्षात्कार करें। यही 'दो बोल सँवरना' है। आख़िरकार पद्मावत की कथा ईश्वर से आरंभ होती है और मलिक मुहम्मद जायसी पर ख़त्म होती है।

उपसंहार का अंतिम कड़वक इस प्रकार है—

मुहमद बिरिधि बएस भई। जोबन हुत सो अवस्था गई॥
बल जो गएउ कै खीन सरीरू। दिस्टि गई नैनन्ह दै नीरू॥
दसन गए दै तुचा कपोला। बैन गए दै अनुरुचि बोला॥
बुद्धि गई हिरदै बौराई। गरब गएउ तरहुँड़ सिर नाई॥
सरवन गए ऊँच दै सुना। गारौ गएउ सीस भा धुना॥
भँवर गएउ केसन्ह दै भुआ। जोबन गएउ जियत जनु मुआ॥
तब लगि जीवन जोबन साथाँ। पुनि सो मींचु पराए हाथाँ॥

बिरिध जो सीस डोलावै सीस धुनै तेहि रीस।
बूढ़े आढ़े होहु तुम केइँ यह दीन्ह असीस॥

एक तरफ वह विशाल छविमय कल्पना-संसार है जिसकी कथा जायसी ने सुनायी और दूसरी तरफ़ इसको जोड़ने वाली वह सृजनात्मक अनुभूति है जिसे जायसी ने अपने रक्त की लेई कहा। इस रक्त की लेई में सचमुच कितना खून देना पड़ा है, इसका मूर्तिमान प्रमाण उपस्थित करने के लिए कहानी की अंतिम किरण उस सर हिलाते निचुड़े हुए वृद्ध पर डाली गयी है जिसका नाम भी मलिक मुहम्मद जायसी है।

इस मृत्यु की प्रतीक्षा करते हुए बूढ़े के भीतर से फूल की खुशबू की तरह एक अलक्षित जायसी कहानी में घुल-मिलकर एकाकार हो गया है। इस द्विविध अस्तित्व-बोध के समकक्ष निराला की कुछ पंक्तियाँ रखने पर यह बात स्पष्ट हो जाएगी कि जायसी यहाँ केवल अपने बूढ़े हो जाने की सूचना नहीं दे रहे हैं, इस अनुभूति का सृजनात्मक प्रयोग कर रहे हैं।

राम की शक्तिपूजा, जुही की कली, बादल राग, सरोज-स्मृति, जयसिंह के नाम शिवाजी का पत्र, बन बेला और अपने जीवन के महाकाव्य की न जाने किन मंज़िलों से गुज़रने के बाद निराला भी लगभग उपसंहार के स्वर में कहते हैं—

स्नेह निर्झर बह गया है
रेत ज्यों तन रह गया है
आम की यह डाल जो सूखी दिखी
कह रही है—अब यहाँ पिक या शिखी
नहीं आते, पंक्ति मैं वह हूँ लिखी
नहीं जिसका अर्थ—
जीवन रह गया है।
दिए हैं मैंने जगत को फूल फल
किया है अपनी प्रभा से चकित-चल
पर अनश्वर था सकल पल्लवित पल
हार जीवन का वही—
जो ढह गया है।
अब नहीं आती पुलिन पर प्रियतमा
श्याम तृण पर बैठने को तिरुपमा
बह रही है हृदय पर केवल अमा
मैं अलक्षित हूँ यही—
कवि कह गया है।

निराला की अनुभूति में भी जो पल्लवित पल हैं, वे तो अनश्वर थे; जो जीवन का ठाट शेष बचा वह ढह गया है।

जायसी ने अपने बारे में कुछ अन्य जानकारियाँ भी दी हैं, वे ज़्यादा नहीं हैं। सबसे चर्चित तो पद्मावत में दी गयी दस बाबाओं की सूची है। इस सूची के कुछ नाम 'आख़िरी कलाम' और 'अखरावट' में भी आते हैं। ये बाबा सूफ़ी कहलाते हैं। भाँति-भाँति के सूफ़ी। इन बाबाओं की जायसी ने वंदना की है और इनको गुरु, मुरशिद, पीर, कर्णधार, दस्तगीर, गाढ़े के साथी, पंथ दिखलाने वाले आदि-आदि उपाधियों से आभूषित किया है और स्वयं को इनका चेला, बंदा, सेवक आदि कहा है।

विद्वानों ने इस बाबा-सूची को काफ़ी मथा है। कुछ तो इस कारण कि विद्वानों और विशेषज्ञों का यह धर्म ही है कि कहीं कोई संकेत मिले तो उसे मथ डालें। लेकिन कुछ इस कारण भी कि संभवतः इस खोज-बीन से जायसी को समझने में आसानी हो। जायसी को सूफ़ी फ़कीर और पद्मावत को सूफ़ी ग्रंथ की भाँति स्थापित करने में इस सूची में अनुसंधान का महत्त्वपूर्ण योगदान रहा है। इस संदर्भ में हम कुछ आधारभूत प्रश्न उठाना चाहते हैं।

जायसी की कविता को समझने और उसका वास्तविक मिजाज पहचानने में इस सूची को मथना तीन स्थितियों में ही उपयोगी हो सकता है। पहले, इन बाबाओं के पीछे पड़कर हम मनुष्य, समाज, इस्लाम, कुफ़्र, सत्ता, सल्तनत, उदारता, कट्टरता, सहिष्णुता, असहिष्णुता आदि के संबंध में इनके विचारों या दृष्टिकोणों के बारे में कुछ सामान्य नतीजे निकाल सकें। दूसरे, हमें इसके भी प्रमाण मिले कि जायसी खुद इन मान्यताओं या विचारों से बहुत गहरे प्रतिबद्ध थे। तीसरे, इस प्रतिबद्धता की अभिव्यक्ति हम पद्मावत में देख सकें। ये तीनों शर्त पूरी हों, तब हमारे लिए यह उचित होगा कि जायसी की कविता की जो आत्मा है, उसका श्रेय हम जायसी की मौलिक प्रतिभा को न देकर इन बाबाओं या इनके जैसे सूफ़ी कहे जानेवाले हजारों बाबाओं को दें।

सच तो यह है कि इन तीनों में से एक भी शर्त पूरी नहीं हुई। और जैसे-जैसे अनुसंधान फैलता जाता है और बाबाओं के बारे में जानकारी बढ़ती जाती है, जायसी का मिजाज हाथ से छूटता जाता है। बाबाओं और जायसी के बीच खाई दुर्लंघ्य होती जाती है।

पहले तो यही कि सूची में श्रद्धापूर्वक बल्कि इन बाबाओं से विचारधारा संबंधी कोई सामान्य परिणाम निकालना कठिन दिखता है। सूची दो अलग-अलग अखाड़ों में विभाजित है—एक अशरफ़िया और दूसरी महदवी। इनमें भी सैयद राजे फुट्टैल दिखते हैं। दो अखाड़ों में अलगाव तो है ही, लेकिन एक अखाड़े के बाबाओं में भी पर्याप्त भिन्नताएँ हैं। विस्तार में न जाकर हम एक उदाहरण लें। आचार-विचार, आदर्श-व्यवहार, सामाजिक रिश्तों, ऐतिहासिक भूमिका, विश्वास, साधना-पद्धतियों, पीरी-मुरीदी के ढंग—इन सबके ख़याल से कालपी के शेख बुरहान और जौनपुर के सैयद मुहम्मद में ज़मीन-आसमान का फ़र्क है। कहने को दोनों एक ही अखाड़े के हैं। बल्कि सैयद मुहम्मद तो महदी हैं और शेख बुरहान अलहदाद के माध्यम से उनके चेला-दर-चेला हुए। सैयद मुहम्मद महदीयत के मिशन में हज़ारों के मज्मे को संबोधित करते हैं, अपनी वक्तृता के सम्मोहन से लोगों को उन्मत्त कर देते हैं, बढ़ते हुए कुफ़्र के खिलाफ़ जुझारू संगठन खड़ा करते हैं कयामत आने के पहले सारे आलम में इस्लाम का डंका बजा देने को उतावले हैं, अपनी चुनौतियों से बादशाहों के लिए सरदर्द हो जाते हैं और मरते-मरते पछता कर कहते हैं—'भाई, मैंने महदीयत का अपना

दावा वापस लिया।' इसके विपरीत, शेख बुरहान हैं जिन्होंने अँधेरी कोठरी में अपने को बंद कर लिया है, खाने के नाम पर थोड़ा दूध और मीठा या अक्सर पानी ही लेते हैं, भाषण-बाज़ी तो दूर आमने-सामने भी बहुत कम बोलते हैं। अरबी, फ़ारसी से उन्हें कोई सरोकार नहीं और शायद इसकी फ़िक्र भी उन्हें नहीं है कि दिल्ली में कौन बादशाह हुआ और उसने कौन नीतियाँ चलाईं। सैयद मोहम्मद बाग्वीर हैं, शेख़ बुरहान चुप्पे। इन दोनों को नमस्कार करते हुए भी जायसी दोनों से अलग दिखते हैं। शायद शेख बुरहान से कुछ अधिक निकटता हो, लेकिन जायसी का वास्तविक मिज़ाज दोनों से अलग है।

क्या जायसी इन दसों बाबाओं या किसी एक से भी सचमुच प्रतिबद्ध हैं? कहा गया है कि जायसी ने इनमें से किसी एक से सचमुच दीक्षा लेकर खुद बाबागिरी की ओर क़दम बढ़ाया। बहुत बाल की खाल निकालकर उस दीक्षा-गुरु की खोज में लोग लगे। कोई सहमति विद्वानों में इस गुरुनाम पर न हुई, न होगी। किसी ने शेख बुरहान को दीक्षागुरु बताया, किसी ने शेख़ मुबारक बोदले को, किसी ने शेख कमाल को। जायसी ने खुद किसी एक को पकड़ा हो और उसकी गद्दी या संप्रदाय के साथ नत्थी हो गए हों, इसका कोई प्रमाण नहीं है।

आज इस बीसवीं सदी में भी हिंदुस्तान में बाबाओं की इफरात है और ऐसे अफ़सर, नेता, व्यापारी, आचार्य और लेखक हैं जो आशीर्वाद के लिए इस या उस बाबा की वंदना करते रहते हैं। किसी को तरक़्क़ी चाहिए, किसी को मंत्रीपद, किसी को प्रधानमंत्री पद, किसी को मुक़द्दमे में जीत, किसी को रोग से छुटकारा और किसी को संतान या कबीले का हित चाहिए। लेकिन बाबा असली हों या दिखावटी, इन श्रद्धालु चेलाओं को इन बाबाओं से पूरी तरह प्रतिबद्ध मानना ग़लती होगी। जायसी के युग में तो बाबाओं की संख्या कहीं अधिक थी। हर नुक्कड़ पर, या हर पेड़ के तले चार-छह बाबा मिलते थे। लगता है कि यह सारा नमस्कार-प्रदर्शन, मुरीदा, बंदगी और ख़िदमतगारी का आग्रह जायसी के लिए सामान्य श्रद्धा से अधिक कुछ भी नहीं है। हो सकता है कि इन बाबाओं के यदा-कदा सत्संग ने जायसी को खुद सोचने और अपने निजी विचारों को व्यवस्थित करने में मदद पहुँचाई हो। अपनी घोर बेचैनियों के बीच उन्हें आत्मिक शक्ति भी मिली हो, लेकिन वे प्रतिबद्ध इनमें से किसी के नहीं थे। सच तो यह है कि दिमागी और भावनात्मक, दोनों क्षेत्रों में जायसी अपने समय के इन बाबाओं से कहीं बड़े आदमी थे—और उनकी आत्मा के संपूर्ण रस को तबलीग़ी सैयद मोहम्मद, मौनी शेख़ बुरहान या अफ़ीम का सेवन करने वाले मुबारक बोदले के नपने से नाप देना जायसी को छोटा करना है। जायसी किसी एक बाबा या सूफ़ी संप्रदाय से बँधे होते तो उनके लिए इस बात को साफ़-साफ़ कहने में क्या हिचक थी? कुतबन ने सिर्फ़ एक गुरु का नाम लिया था, मंझन ने शत्तारी संप्रदाय के बाबा गौस मुहम्मद का नाम लिया, 'चन्दायन' के लेखक

मौलाना दाऊद ने अपने गुरु जैनुद्दीन का स्तवन किया—जायसी के लिए ही यह क्यों ज़रूरी था कि वे तरह-तरह के नाम लेते और इस विचार के लिए अवसर देते कि जो व्यक्ति हर देवता को जल चढ़ाता है, उसका कोई इष्टदेव नहीं होता। मेरा विनम्र निवेदन है कि जायसी के लिए सभी बाबा वंदनीय हैं, लेकिन दीक्षित वे किसी से नहीं हैं।

शायद अपनी इस अलीक मनःस्थिति का दंड भी जायसी को भुगतना पड़ा। अक़बर-कालीन बदायूँनी बड़े आदर के साथ दाऊद और उनकी हिंदी कविता 'चन्दायन' का उल्लेख करता है और कहता है कि यह ग्रंथ इतना अधिक लोकप्रिय है कि इसकी प्रशंसा की आवश्यकता नहीं है। शत्तारियों के तजकिरों में मंझन और उनकी 'मधुमालती' का ब्योरा है। केशवदास 'छिताई-चरित' का उल्लेख करते हैं। सिर्फ़ एक जायसी का नाम कोई नहीं लेता। फ़रिश्ता पद्मावत की कथा को वास्तविक इतिहास मानकर अपनी 'तवारीख़' में लिख डालता है, मगर जायसी का नाम नहीं लेता। राजस्थान में तमाम ख्यातें और बातें गोरा बादल और पद्मिनी पर चारणों ने गा डालीं, जायसी का नाम नहीं लिया। जहाँगीर के काल में लिखी गयी रचना 'रूपवती' में पुरानी कहानियों में मृगावती, लोरक, चंदा और मैना का ज़िक्र है, जायसी की रचना पद्मावत का कहीं नाम नहीं है। पूरा रीतिकाल जायसी के बारे में चुप है। यह चुप्पी उन्नीसवीं सदी तक चली आती है। यहाँ तक कि मिश्र-बंधुओं ने भी हिंदी के नवरत्नों में जायसी का नाम नहीं लिया। जायसी के बारे में यह दहाड़ती हुई चुप्पी क्यों है? जायसी ने लिखा चाहे मध्यकाल में हो, लेकिन वस्तुतः बीसवीं शताब्दी के कवि हैं जब आचार्य रामचंद्र शुक्ल ने उन्हें उठाकर तुलसीदास की बग़ल में खड़ा कर दिया।

जिस अशरफ़िया या महदवी सिलसिले में जायसी दीक्षित कहे जाते हैं, उन संप्रदायों की पुरानी किताबों में मलिक मुहम्मद नाम के किसी चमत्कारी या अचमत्कारी बाबा का ज़िक्र नहीं मिलता। अगर सचमुच जायसी के साथ आशीर्वाद से संतान देने या परकाया-प्रवेश की कीर्ति उनके रहते जुड़ गयी होती तो जायसी मलिक मुहम्मद भी न रह जाते। उस समय के रिवाज़ के अनुसार शेख मुहम्मद या उससे भी आगे ख्वाजा मुहम्मद हो गए होते। बाबागिरी की अफ़वाहें जायसी के साथ बहुत बाद में जोड़ी गयीं।

यह भी अधिक संभव लगता है कि जायसी किसी दरबार से या वास्तविक आश्रयदाता से भी नहीं जुड़े। शाहे-वक़्त के नाम पर उन्होंने संक्षेप में हुमायूँ और बाबर, और कुछ अधिक विस्तार से शेरशाह की स्तुति की है। यह स्तवन रवायती ही होता था, ताकि सरकारी अमला की कोप-दृष्टि कवि पर न पड़े। यह न भूलना चाहिए कि विचार-अभिव्यक्ति की दृष्टि से मध्ययुग काफ़ी सख्त सेंसर का युग था और दिल्ली दरबार तक पहुँचने की औक़ात हिंदी के कवि की उस समय तक नहीं

हुई थी। दाऊद, कुतबन, मंझन आदि ने शाहे वक़्त के अतिरिक्त कुछ छोटे स्तर के अमीर-उमरा का भी स्तवन अपने वास्तविक आश्रयदाता के रूप में किया है जिनके दरबार में उनकी पहुँच की गुंजाइश थी। एक जायसी ही हैं जिन्हें दिल्ली के शाहंशाह के नीचे कोई भी नाम लेने लायक नहीं दिखता। पहले हमने जो जायसी के गर्वीले स्वभाव की झलक देखी है, उसके यह अनुरूप ही है।

तीसरी शर्त, कि गुरुओं से मिले हुए कुछ सामान्य सिद्धांतों का प्रतिफल हम पद्मावत में देख सकें, इस विवेचन के बाद अप्रासंगिक दिखती है। विद्वानों ने लगभग एक स्वर से पद्मावत को सूफ़ी ग्रंथ कहा है। उन्होंने सूफ़ी सम्प्रदाय की व्यापक मान्यताओं, जैसे वहदतुल वजूद, इश्क़े-हक़ीक़ी मतूफ़त की मंजिलें, फ़िना, फ़िलल्लाह को पद्मावत का असली, बल्कि एकमात्र कथ्य मान लिया है। यह वस्तुतः पद्मावत की व्याख्या का प्रश्न है और इस पर हम विस्तार से आगे विवेचन करेंगे। संप्रति इतना कहना ज़रूरी है कि इनमें भी बहुत से विचार इस्लाम के सुन्नत वाले रूप में भी मिल जाते हैं। उनके लिए सूफ़ीमत के अलग सहारे की जरूरत नहीं पड़ती। उदाहरण के लिए, 'आख़िरी कलाम', जो जायसी की अन्य कृतियों के मुक़ाबले में अधिक व्यवस्थित और सुस्पष्ट इस्लामी पुस्तक है, में क़यामत की पूरी व्याख्या सुन्नत के अनुसार ही है। सूफ़ीवाद का वहाँ काफ़ी अवसर है, लेकिन जायसी ने कहीं तसव्वुफ़ को आने भी नहीं दिया है। एक भी सूफ़ी वहाँ ख़ुदा से सीधा संपर्क करता नहीं दिखाया गया है। सारे मुसलमान—उम्मत के नाते ही—मुहम्मद साहब के पीछे खड़े हैं और ईश्वर का साक्षात्कार भी केवल मुहम्मद साहब को होता है। आश्चर्य तो इस पर भी होना चाहिए कि महदवी मत से प्रतिबद्ध कहे जाने वाले जायसी के इस ग्रंथ में क़यामत के पहले अलजहाल का ज़िक्र तो है, लेकिन कोई महदी शुरू से आखिर तक अवतरित नहीं होता। वस्तुतः नवीं सदी हिजरी के बाद जो हिंदुस्तान में तथा अन्यत्र भी महदियों की भीड़ उभरती दिखती है, उसका कारण यह प्रचलित विश्वास था कि क़यामत का दिन क़रीब है और एक हज़ार हिज़री आते-आते दुनिया ख़त्म हो जाएगी। शायद जायसी ने 'आख़िरी कलाम' भी इसी हवा के झोंके में लिखा हो।

अब तक के विवेचन से जायसी का जो सबसे तर्कसंगत चित्र उभरता है, वह यह है कि जायसी एक आत्म-सजग, आत्म-विश्वासी और अत्यन्त संवेदनशील कवि थे। एक सशक्त, किंतु अलीक विचारक भी थे। उनकी अनुभूति में वह गहरी तीव्रता थी जो सृजनशीलता को मनुष्य के प्राणतत्व से जोड़ती है। इसकी संभावना बहुत कम है कि वे साधू बाबा या सूफ़ी फ़कीर भी रहे हों, बल्कि जो भी संकेत मिलते हैं, वे इस संभावना के विरुद्ध जाते हैं। यह भी संभव है कि जायसी न केवल किसी मठ से नहीं जुड़े, बल्कि किसी दरबार से भी नहीं जुड़े। इसके कारण उन्हें उपेक्षा और संभवतः ग़लतफहमी का भी शिकार होना पड़ा।

जायसी द्वारा दी हुई दो अन्य सूचनाओं का उल्लेख करना चाहूँगा। इसमें से एक सूचना तो स्पष्ट है, दूसरी कुछ पहेली की तरह है और उसके लिए व्याख्या की ज़रूरत है। इन दोनों सूचनाओं के रंग भी जायसी के ऊपर दिए नए चित्र से मेल खाते हैं।

पहली सूचना जायसी ने अपने चार मित्रों के बारे में दी है। इस तरह की सूचना को अपने काव्य में प्रस्तुत करने वाले जायसी अकेले हैं। फ़ारसी मसनवियों या अवधी के अन्य प्रेमाख्यानों में किसी कवि ने अपनी मित्रमण्डली का इस प्रकार उल्लेख नहीं किया है। ईश्वर-वंदना, राजस्तुति या गुरु-प्रणाम की तरह यह मात्र काव्यरूढ़ि का निर्वाह नहीं है। अवश्य ही ये दोस्त जायसी के जीवन के ऐसे अविभाज्य अंग थे कि जायसी के लिए उन्हें भी अपने साथ अमर करना ज़रूरी हो गया। इन चारों मित्रों के नाम हैं—यूसुफ़ मलिक (या शायद मलिक यूसुफ़), मियाँ सलोने, सलार और बड़े शेख़।

चूँकि इस मित्र-वर्णन में जायसी की बहुत सूक्ष्म मनःस्थितियाँ संग्रथित हैं, अतः इस कड़वक को पूरा उद्धृत करने की अनुमति चाहूँगा—

चारि मीत कवि मुहमद पाये । जोरि मिताई सरि पहुँचाये॥
यूसुफ मलिक पंडित औ ग्यानी । पहिलैं भेद बात उन्ह जानी॥
पुनि सलार काँदन मति माहाँ । खाँडै दान उभै निति बाहाँ॥
मिआँ सलोने सिंघ अपारू । बीर खेत रन खरग जुझारू॥
सेख बड़े बड़ सिद्ध बखाने । कइ अदेस सिद्धन्ह बड़ माने॥
चारिउ चतुरदसौ गुन पढ़े । औ संग जोग गुसाईं गढ़े॥
बिरिख जो आछहिं चन्दन पासाँ । चन्दन होहिं बेधि तेहि बासाँ॥

मुहमद चारिउ मीत मिलि भए जो एकइ चित्त।
एहि जग साथ जो निबहा ओहि जग बिछुरन कित्त॥

यूसुफ़ मलिक या मलिक यूसुफ़ पढ़े-लिखे, समझदार और संभवतः दुनियादार आदमी भी थे। 'पंडित औ ग्यानी' से ध्वनि ऐसी ही निकलती है। इनको सबसे पहले जायसी की 'भेद-बात' मालूम हुई। यह 'भेद-बात' क्या थी? शायद यूसुफ़ मलिक को जायसी ने पहली बार बताया हो कि उनकी महत्त्वाकांक्षा पद्मावत जैसा ग्रंथ लिखने की है। या फिर भेद-बात जवानी के दिनों में कुछ प्रेम-जैसी चीज़ का चक्कर हो सकती है जिसका 'राज़दार' जायसी ने यूसुफ़ मलिक को बनाया। इस दूसरे अनुमान के लिए कुछ क्षीण संकेत 'आख़िरी कलाम' में हैं जिस पर हम यथास्थान विचार करेंगे। पद्मावत में भी आंरभ में जायसी ने अपने को एक स्थान पर विरह का घायल तो कहा ही है—

जेहि के बोल बिरह के घाया। कहु तेहि भूख कहाँ तेहि छाया॥
फेरे भेस रहइ भा तपा। धूरि लपेटा मानिक छपा॥

एक अन्य स्थान पर भी जायसी ने 'बोलु पपीहा पाँखि' अर्थात् प्रिय के दाहिने होकर मिलने की बात कही है। इन स्फुट संकेतों के साथ हम उस 'रक्त की लेई' को भी रख सकते हैं जिसे जायसी ने अपनी रचना-प्रक्रिया का अंग बताया है। जो भी हो, जायसी की भेद-बात को हम संप्रति जायसी और यूसुफ़ मलिक के बीच का भेद ही रहने दें। एक अन्य तथ्य की ओर ध्यान अवश्य आकृष्ट करना चाहूँगा। कहा गया है कि जायसी बहुश्रुत तो थे, बहुत पढ़े-लिखे नहीं थे। अगर इनके दोस्त यूसुफ़ मलिक, जो क़द में जायसी से छोटे ही थे, पंडित और ज्ञानी थे तो यह क़यास के बाहर है कि जायसी ख़ुद अच्छे-ख़ासे पंडित और ज्ञानी नहीं थे।

दूसरे मित्र सलार नामधारी हैं। पाठांतरों और अर्थ-क्लिष्टता के कारण इन महानुभाव का एक छोटा-सा इतिहास भी हो गया। शुक्ल जी के पाठ में ये सलार ख़ादिम थे। डॉ. माताप्रसाद गुप्त ने सही पाठ 'पुनि सलार काँदन मति माहाँ' स्थिर किया, परंतु 'सलार काँदन' एक नाम मानकर, 'बुद्धिमान सलार कादन' ऐसा अर्थ किया। डॉ. वासुदेवशरण अग्रवाल ने वास्तविक अर्थ पकड़ा—अर्थात् 'सलार जिनकी मति में लड़ाई-झगड़ा (काँदन) ही भरा है।'

ज़ाहिर है कि सलार के इस परिचय में हल्की-सी स्नेहयुक्त चुटकी है। ऊपर से बिल्कुल भोलापन और भीतर से उभरती हुई चुटकी या व्यंग्य जायसी की शैलीगत विशिष्टता है जिसे हम पद्मावत में अन्यत्र भी देख सकते हैं। यहाँ भी सलार सिर्फ़ 'काँदन मति माहाँ' नाक पर सुपारी भाँजनेवाले ही नहीं हैं, साथ-साथ 'खाँडै दान उभै निति बाहाँ।' 'उभै' में हल्के श्लेष के साथ दोनों के अर्थ का भी समावेश कर दिया गया है। जैसे, न सिर्फ़ इनकी बाँह खांडादान के लिए उठती है, बल्कि जब देखिए तब, दोनों हाथों में तलवार उठाकर फुफकारना शुरू कर देते हैं। आज के हिंदुस्तान की हालत में ऐसे लोगों को 'गुरु' या 'दादा' कहा जाता है। मैं कल्पना कर सकता हूँ कि उस समय की बदअमनी की हालत में ये जायसी के बहुत काम के दोस्त रहे होंगे और जायसी इन पर अंकुश भी रखते रहे होंगे।

तीसरे मित्र सलोने मियाँ हैं जो पेशे से सिपाही हैं। जैसा उस समय सामान्य था, रणक्षेत्र से फ़ुर्सत के समय में ये किसानी भी करते रहे होंगे।

चौथे बड़े शेख हैं। इन्हें जायसी ने सिद्ध कहा है। यह संत-स्वभाव के व्यक्ति थे और बेशक आध्यात्मिक चर्चा में जायसी के घनिष्ठ रहे होंगे।

अंग्रेजी की कहावत है कि आदमी की पहचान उसके साथियों को देखकर की जा सकती है। ये चारों चार प्रकार के लोग हैं। जायसी ने न सिर्फ़ इनके साथ निभाया—बल्कि ये सब मिलकर एक ही चित्त वाले हो गए। इससे हम जायसी के

स्वभाव की व्यापकता और एक महान् सर्जक की भाँति परस्पर विसंगत अनुभवों को मिलाकर एक कर देने की क्षमता देख सकते हैं। जायसी के स्वभाव में कुछ मस्त-मौलापन ज़रूर था जो इन सबको साध सका। इन चारों के साथ अपने रिश्ते को जायसी ने अपनी अद्वितीय मीठी शैली में एक साथ ही विनय और वरिष्ठता की मुद्रा में बखाना है। आरंभ में तो उन्होंने कहा कि इन चारों ने जायसी के साथ मित्रता जोड़कर उन्हें अपने समकक्ष बनाया। और, अंत में उसी सहज भाव से जायसी ने यह भी कहा है—

बिरिख जो आछहिं चन्दन पासाँ। चन्दन होहिं बेधि तेहि वासाँ॥

मल्लिक मुहम्मद समेत पाँच दोस्तों में अपनी सुगंध से उल्लसित चंदन कौन है तथा चंदन की सुगंध से बेधित शेष वृक्ष कौन हैं, जायसी ने इसे अन-कहा छोड़ दिया है। हमारे लिए भी इसे खोल कर कहना आवश्यक नहीं है।

अब हम 'आखिरी कलाम' में दिए हुए इशारे की पड़ताल करेंगे। यह इशारा इशारा ही है, सूचना नहीं। इशारा भी बहुत कुछ पहेली-जैसा है जिसे जायसी ने जानबूझ कर आधा ढँका रखा है। चूँकि 'आखिरी कलाम' के इस अंश का मूल्यांकन विद्वानों ने नहीं किया है, अतः इसे पूरा उद्धृत करना चाहूँगा। 'आख़िरी कलाम' के वैज्ञानिक पाठशोध की स्थिति अभी नहीं आई है। पाठ असंतोषप्रद है, किंतु आशय बहुत कुछ समझ में आ जाता है। मैंने आचार्य रामचंद्र शुक्ल द्वारा संपादित पाठ लिया है क्योंकि उसमें जगह-जगह मतलब के खब्त हो जाने की गुंजाइश कम है। अंश इस प्रकार है—

जायस नगर मोर अस्थानू। नगर क नाँव आदि उदयानू॥
तहाँ देवस दस पहुने आएउँ। भा बैराग बहुत सुख पाएउँ॥
सुख भा सोचि एक दिनमानौं। ओहि बिन जिवन मरन कै जानौं॥
नैन रूप सो गएउ समाई। रहा पूरि भरि हिरदै छाई॥
जहवैं देखौं तहवैं सोई। और न आव दिस्टि तर कोई॥
आपुनि देखि देखि मन राखौं। दूसर नाहिं सो कासौं भाखौं॥
सवै जगत दरपन कै लेखा। आपन दरसन आपुहि देखा॥

अपने कौकुत कारन मीर पसरिन हाट।
मलिक मुहम्मद बिहनैं होइ निकसिन तेहि बाट॥10॥

धूत एक मारत गनि गुना। कपट रूप नारद करि चुना॥
नाँव न साधु साधि कहवावै। तेहि लगि चलै जो गारी पावै॥
भाव गाँठि अस मुख कर भाँजा। कारिख तेल घालि मुख माँजा॥
परतहि दीठि धरत मोहि लेखे। दिनहि माँझ अँधियर मुख देखे॥

लीन्हें चंग रात दिन रहई। परपँच कीन्ह लोगन महँ चहई॥
भाइ बन्धु महँ लाई लावै। बाप पूत महँ कहै कहावै॥
मेहरि भेस रैनि कै आवै। तरपड़ कै पूरुख ओ नवावै॥

मन मैली कै हारी ठगै न पाएहु काहु।
बरजेउ सबहि मुहम्मद अस जिन तुम पतियाहु॥11॥

अंग चढ़ावहु सूरी भारा। जाइ गहौ तब चंग अधारा॥
जौ काहू सौं आनि चिहूँटै। सुनहु मोर बिधि कैसे छूटै॥
उहें नाँव करता कर लेऊ। पढ़ौ पलीता धूआँ देऊ॥
जौ यह धुआँ नासिकहि लागै। मिनती करै औ उठि उठि भागै॥
धरि बाईं लटि सीस झकोरै। करि पाँतर गहि हाथ मरोरै॥
तबहि सँकोच अधिक ओहिहोवै। छाड़हु छाड़हु कहि के रोवै॥
धरि बाहीं लै थुका उड़ावै। तासौं डरै जो ऐस छुड़ावै॥

है नरकी औ पापी टेढ़ बदन औ आँखि।
चीन्हत उहै मुहम्मद झूठ भरी सब साखि॥12॥

इस पूरे प्रसंग की संतोषजनक व्याख्या करना कठिन है। संदर्भ में दुरूहता है। जायस में पहुने—अतिथि अथवा दामाद—के रूप में आने पर जायसी को अपने जीवन की किसी महत्त्वपूर्ण घटना या अनुभूति से साक्षात्कार हुआ। इस अनुभूति को उन्होंने 'भा बैराग बहुत सुख पाएउँ' और उसके बाद ही 'सुख भा सोचि एक दिन मानौं। ओहि बिन जिवन मरन कै जानौं' कहकर व्यक्त किया है। डॉ. माताप्रसाद गुप्त के संस्करण में 'सुख भा सोचि एक दुख मानौं' है।

बैराग का अर्थ अनासक्त संन्यास नहीं है, बल्कि किसी एक के लिए ऐसी गहरी आसक्ति है कि चित्त कहीं अन्यत्र न लगे। इस अर्थ में पद्मावत में पद्मिनी को प्राप्त करने की उत्कट अभिलाषा से ग्रस्त अलाउद्दीन के लिए 'बैराग' शब्द का उपयोग किया गया है—

मन ह्वै भँवर भवै बैरागा। कँवल छाँड़ि चित और न लागा॥

इसी प्रकार मंझन-कृत 'मधुमालती' में मधुमालती को सोई देखकर राजकुँवर के मन में जो उत्कट अभिलाषा उठती है, उसके लिए भी 'बैराग' शब्द का प्रयोग हुआ है—

सोवत देखि मैन बिकरारा। उठेउ कुँवर तन बिरह बिकारा॥
सहज चितहि उपजेउ बैरागू। बिरह आइ भजिया कर लागू॥

द्रष्टव्य है कि बैराग अभिलाषा या वासना की उत्कटता मात्र का द्योतक है। इसमें कोई आध्यात्मिक ध्वनि अभीष्ट नहीं है। पद्मावत के आरंभ में भी जायस से अपना संबंध बताने के बाद जायसी अपने को विरह का मारा हुआ बताते हैं—'जेहि के बोल बिरह के घाया। कहु तेहि भूख कहाँ तेहि छाया।'

संक्षेप में, जायस में कोई मिला या मिली। इस भेंट के बाद जायसी का मन गहरी आसक्ति में पड़ गया। इस आसक्ति में सुख भी था और अजब छटपटाहट भी थी। आँखों में सर्वत्र वही दिखने लगा या लगी। हृदय आपूरित हो गया। अपना देखा हुआ जायसी खुद देखते थे। मन में छिपाए हुए थे। दूसरा कोई हमराज भी नहीं था जिससे कहते। अपने कौतुक के लिए 'मीर' ने बाजार लगाई। सवेरे ही मलिक मुहम्मद उस बाजार से होकर निकल आये। इस अनुभव के कुछ दिन बाद शायद यही 'भेद-बात' थी जो जायसी ने यूसुफ़ मलिक को सबसे पहले बताई।

यह 'ओहि' कौन है जिसके बिना ज़िंदगी मौत-जैसी हो गयी? और ये 'मीर' कौन हैं जिन्होंने बाज़ार लगवायी? शुक्ल जी ने मीर का अर्थ यहाँ परमेश्वर अनुमानित किया है। तो क्या यह सब परमेश्वर के साक्षात्कार की चर्चा है? परंतु यह अर्थ जमता नहीं। 'मीर' शब्द स्थानीय प्रशासक या छोटे रजवाड़े के लिए प्रयुक्त होता था। परमेश्वर के लिए 'मीर' शब्द छोटा पड़ता है। न जायसी ने, न किसी और ने अन्यत्र इस शब्द का व्यवहार परमेश्वर के लिए किया है। फिर, इतने बड़े साक्षात्कार का उल्लेख इतना चलताऊ क्यों है? यह एक झलक दिखाकर इस तरह ख़त्म क्यों हो जाता है, जैसे सवेरे-सवेरे इस रास्ते से ही छुट्टी मिल गयी? अगले ही कड़वक में किसी ऐसी औरत का ज़िक्र क्यों शुरू हो जाता है जो धूर्त है, गुणों को गिन-गिन कर मारती है, शैतान की चुनी है, साध्वी कहलाती है, लेकिन उसका आग्रह है कि नाम न साधो, जो उसके साथ चले वह गाली पाता है, मुख पर भाव लाकर हाथ चमकाती है, आदमी के मुँह पर कालिख लगा देती है, देखते ही छलती है, उसको देखने से दिन में भी अँधेरा हो जाता है, रात-दिन चंग लिए रहती है, लोगों में प्रपंच करना चाहती है। भाई-बंधु, माँ-बाप में लड़ाई करवा देती है, रात में औरत बनकर आती है और पुरुष को नीचे करके झुका देती है। मन को मलिन करके ठगिनी ठग लेती है, उसको कोई न ठग सका और मलिक मुहम्मद की वर्जना है कि ऐसे का कोई विश्वास न करे।

यह रूप वेश्या या छिनाल जैसा है। अगले कड़वक में तो नारी का यह रूप ठगिनी का ही नहीं, लगभग चुड़ैल-जैसा हो जाता है। यहाँ तो आदमी को सूली और भाले से लैस होकर, उसके आधार चंग को छीन लेने की सलाह दी गयी है। वह चुड़ैल लोगों को लग जाती है। अगर चिपट जाए तो छुड़ाने की तरक़ीब भी है। सृष्टिकर्ता का नाम लेकर पलीता पढ़े, धुआँ दे। जब यह धुआँ नाक में लगेगा तो विनती करेगी और उठ-उठ कर भागेगी। तब बाईं लट पकड़कर पटका दे, पैरों के नीचे दबाकर

हाथ मरोड़े। तब उसको अधिक कष्ट होगा और 'छोड़ो-छोड़ो' कहकर रोवेगी। तब बाँह पकड़कर थूक दे। जो इस तरह छुड़ाता है, उससे डरती है। आखिर तक आते-आते जायसी अपने स्वभाव के बिलकुल विपरीत शुद्ध गाली-गलौज पर उतर आते हैं। वह नरकी और पापी है, उसका मुँह टेढ़ा, उसकी आँख टेढ़ी। जायसी उसे खूब पहचानते हैं, उसकी सारी क़समें झूठी हैं। जायसी अपने 'नारद' नामी शैतान को भी गाली का नहीं, कुछ दया का ही पात्र बनाते हैं। उदाहरणतः 'ना नारद तब रोइ पुकारा। एक जुलाहे से मैं हारा।' उस जायसी में कहाँ से इतने उल्लास के बाद इतनी कड़वाहट आ गयी कि आपे से बाहर हो गए? और यह सब क्यों इतना घुमड़ता रहा कि 'आख़िरी कलाम' में इसे कहकर संतुलित हो जाने की ज़रूरत पड़ गयी।

मेरी विनम्र धारणा है कि यहाँ संदर्भ परमेश्वर के साक्षात्कार का बिल्कुल नहीं है। बात शायद कुछ इस तरह हुई। जायस में जायसी किसी औरत पर दीवाने हुए। संभवतः वह उन्हें बाज़ार में मिली। कुछ दिन पागलपन सवार रहा। जब घर में कुहराम मचा, तब समझ में आया कि ऐसी आशिक़ी घर में तो झगड़ा कराती ही है, नीचे गिराकर आदमी से नाक भी रगड़वाती है, माशूका ने भी कुछ धोखाधड़ी की। शैतान की ख़ाला साबित हुई। जायसी ने न सिर्फ़ कान पकड़ा, बल्कि चुड़ैल भगाने की तरह लाहौल पढ़ा। फिर पलीता और धुआँ देकर और शायद कुछ धौल-धप्पा भी करके अपनी जान छुड़ाई। जायसी अपनी एक निजी घटना का अधखुला उल्लेख कर रहे हैं जिसके भीतर से वे निकल तो गए, लेकिन जिसने उनको हिलाकर ज़रूर रख दिया।

इस तड़पते हुए मोहभंग को लेकर जायसी क्या करते? तरह-तरह के साधुओं में शांति की तलाश की और अंत में तय किया कि अपने रक्त की लेई से जोड़कर पद्मावत लिखेंगे। मगर जायसी की तड़प में सिर्फ़ ग़मे-इश्क़ ही नहीं था, उसमें एक बड़ा हिस्सा ग़मे-रोज़गार का भी था। यह सब पद्मावत में अंतर्भुक्त हो गया।

अपने कानेपन को लेकर जायसी कुछ ज़रूरत से ज़्यादा चुभे हुए दिखते हैं। बीच-बीच में यह दर्द उभर आता है। यहाँ तक कि एक पूरा कड़वक ही इस चुभन के जवाब में पद्मावत में आ गया है—

एक नैन कबि मुहमद गुनी। सोइ बिमोहा जेइँ कबि सुनी॥
चाँद जइस जग गिधि औतारा। दीन्ह कलंक कीन्ह उजिआरा॥
जग सूझा एकइ नैनाहाँ। उवा सूक अस नखतन्ह माहाँ॥
जौ लहि अँबहि डाभ न होई। तौ लगि सुगँध बसाइ न सोई॥
कीन्ह समुद्र पानि जौं खारा। तौ अति भएउ असूझ अपारा॥
जौं सुमेरु तिरसूल बिनासा। भा कंचनगिरि लाग अकासा॥
जौं लहि घरी कलंक न परा। काँच होइ नहिं कंचन करा॥

एक नैन जस दरपन औ तेहि निरल भाउ।
सब रुपवंत पाँव गहि मुख जोवहिं कइ चाउ॥1 ।21॥

इस वक्तव्य को हम जायसी की परिचित मीठी गर्वोक्तियों में गिन सकते हैं। लेकिन कानेपन को लेकर इतना उद्वेग क्यों? इस प्रसंग के कुछ ही बाद जायसी ने लिखा है कि जिसने उनका मुँह देखा, उसी ने हँसी उड़ाई, हम सोच सकते हैं कि जायसी अपने कानेपन के कारण अक्सर लोगों के परिहास या कभी-कभी उपहास के शिकार होते थे, काने आदमी का सामने पड़ जाना आज भी अपशकुन माना जाता है। जायसी का युग तो अंधविश्वासों से भरा हुआ युग था ही। अगर जायसी सूफ़ी संत होते और उनके बाबा-व्यक्तित्व के चारों ओर चमत्कार और जादू-टोने का घटाटोप बँधा होता तो इससे वे कब के उबर गए होते। श्रद्धावान् लोगों ने एक आँख के साथ भी चमत्कार जोड़ दिया होता, जैसा उस युग में आम बात थी। लेकिन वे बाबा नहीं थे। केवल प्रबल प्रतिभा और मेधा के धनी कवि ही थे। उनकी शक्ति अपने 'निरमल भावों' से भरी हुई कविता में ही थी। उनके लिए उनकी कविता को सुनना और समझना ज़रूरी था जो जायस के दादुरों के बूते के बाहर की चीज़ थी। कविता सुनकर मर्मज्ञ की आँखों से जो आँसू निकलते थे, वही उनके पास एकमात्र चमत्कार था। इसलिए कानेपन की कीर्ति इस पूरे कड़वक में काव्योचित, तर्कों से सिद्ध की गयी है, बाबागिरी के तर्कों से नहीं।

जो भी हो, इस उल्लेख में कवि के आहत स्वाभिमान की हल्की-सी प्रतिध्वनि अवश्य सुनाई पड़ती है। अक्सर मैं सोचता हूँ कि यदि मैं जायसी का दोस्त काँदन मतिवाला सलार गुरु होता, तो मेरा एक काम यह भी होता कि मेरे गुणी मित्र जायसी पर कोई हँसता या उन्हें मनहूस मानता, तो जायसी चाहे मुझे रोकते ही, परंतु मैं एक बार ज़रूर खांडा उठाकर दौड़ पड़ता।

पद्मावत जायसी ने क्या किसी सांप्रदायिक या आध्यात्मिक उद्देश्य से लिखी? उन्होंने यह कहीं नहीं कहा है कि पद्मावत की यह कथा कलिकाल के पापों का विनाश करने वाली है; इसे जो पढ़ेगा, वह सवाब या पुण्य का अधिकारी होगा। जायसी के आसपास ही 'छिताई-वार्ता' नामक पुस्तक पहले नारायण और बाद में बढ़ाकर रतनरंग ने लिखी। 'छिताई-वार्ता' का काव्यस्तर शुद्ध मनोरंजन का है। ऐसी पुस्तक का भी माहात्म्य इस तरह बताया गया है—

इतनी कथा सुनै दे कान। तिनको फुरै गंग असनान॥

'छिताई-वार्ता' में गंगा-स्नान जैसा कोई पुण्य नहीं दिखता। फिर भी, कवि को दावा करने से कौन रोक सकता है? जायसी से कुछ पूर्व कुतबन ने 'मृगावती' नाम की जादू-भरी कहानी लिखी। उसमें भी कुतबन ने दावा किया—

पहिलेहि ये दुइ कथा अही। जोग सिंगार वीर रस कही॥
पुनि हम खोलि अरथ सब कहा। लघु दीरघ कौतुक नहिं रहा॥
× × ×
बहुतै अर्थ अहहि यहि महँ जो कोइ सुधि से बूझ।
कहेउँ जहाँ लहु परेउँ जो कुछ हिदै मैं सूझ॥

अर्थात्, कुतबन ने भी यह दावा किया कि उनकी कविता में बड़े गूढ़ अर्थ भरे हैं जिन्हें उन्होंने खोल कर कहा है। जायसी के बाद तुलसीदास ने अपने 'रामचरितमानस' के लिए मंगलकारी और कलिमलहारी जो दावे किए हैं, वे सर्वविदित हैं। जायसी से लगभग डेढ़-सौ साल पहले मौलाना दाऊद ने 'चन्दायन' लिखा। दुर्भाग्य से 'चन्दायन' का अंतिम अंश, जिसमें अक्सर कथा-माहात्म्य के दावे होते हैं, लुप्त है। फिर भी एक जगह दाऊद अपने काव्य के अर्थविचार की विशालता का संकेत देते हैं (कड़वक 329)–

दाउद कबि चाँदायन गाई। जेइँ रे सुना सो गा मुरुझाई॥
धनि ते बोल धनि लेखनहारा। धनि ते आखिर धनि अरथु बिचारा॥

इसके साथ जब हम 'मुंतखिबु-तवारीख़' में बदायूँनी के दाऊद-संबंधी उल्लेख मिलाते हैं तो दाऊद ने भी कुतबन की तरह दावा किया होगा–इसका अनुमान लगा सकते हैं। बदायूँगी के तज़किरे का हिंदी अनुवाद कुछ इस तरह होगा–

> "सन् 772 हि. (1370 ई.) में ख़ानेजहाँ, जो फ़ीरोज़शाह का प्रधान मंत्री था, मर गया और उसका लड़का जूनाशाह उसके पद पर नियुक्त हुआ। 'चंदायन' जो हिंदी की एक मसनवी है और लोरिक तथा चाँदा के प्रेम का वर्णन करती है, उसके लिए मौलना दाऊद द्वारा लिखी गई। यह इन प्रदेशों में इतनी प्रख्यात है कि उसे प्रशंसा की अपेक्षा नहीं है। मखदूम शेख़ तकीउद्दीन वाइज रब्बानी इसके अंश प्रवचन-पीठ से पढ़कर सुनाते थे और इसे सुनकर लोगों को अद्भुत आनंद प्राप्त होता था। जब उस युग के कुछ विद्वानों ने शेख़ से मसनवी को इस प्रकार महत्त्व देने का कारण पूछा तो उन्होंने उत्तर दिया कि यह रचना ईश्वरीय सत्य और इशारों से भरी हुई थी, सुरुचिवान् और प्रेमी जनों के लिए आनंदपूर्ण चिंतन की सामग्री प्रदान करती थी, कुरान की कुछ आयतों को स्पष्ट करने में उपयोगी थी और इसमें भारत की संगीतात्मकता भरी हुई थी।"

'चंदायन' के लिए दाऊद ने दावा किया हो या न किया हो, गूढ़ार्थों का दावा तकीउद्दीन वाइज़ रब्बानी और अब्दुल कादिर बदायूँनी ने तो कर ही दिया। मज़ा यह है कि 'चंदायन' में उतना भी तसव्वुफ़ ढूँढे नहीं मिलता जितना खोजने वाले को आसानी से पद्मावत के प्रथमार्द्ध में मिल जाता है।

इस सबके विपरीत, जायसी कथा के आरंभ होते ही, जैसे गूढ़ार्थ तलाश करने वालों को होशियार करते हुए कहते हैं—

सिंघल दीप कथा अब गावौं। औ सो पदुमिनि बरन सुनावौं॥
बरन क दरपन भाँति बिसेखा। जेहि जस रूप सो तैसेइ देखा॥

वर्णन की विशेषता दर्पण की भाँति है। जिसका जैसा रूप है, वह वैसा ही उसमें दिखलाई पड़ता है। जायसी के इस दर्पण-न्याय से यदि आज का यथार्थवाद अभीप्सित नहीं है तो प्रतीकवाद या रूपक-निर्वाहवाद या अन्योक्तिवाद तो बिल्कुल नहीं है। अगर जायसी का अभिप्रेत सूफ़ी मतवाद होता तो दावा करने में उन्हें कौन रुकावट थी—जैसा निज़ामी ने 'यूसुफ़-जुलेखा' में किया या मौलाना रूम ने अपनी 'मसनवी ए-मानवी' में किया?

अब हम विदा लेने से पहले इस अत्यंत मानवीय, संवेदनशील और सर्वव्यापी दृष्टि वाले मलिक मुहम्मद जायसी की ओर एक बार फिर मुड़कर देख लें जो जायस में सोलहवीं शताब्दी ईसवी में अपने खेत के किनारे खड़ा है। वह बूढ़ा हो गया है। शक्ति चली गई, शरीर क्षीण हो गया है। एक आँख है, उससे भी कम दिखता है। सिर्फ़ आँसुओं का काम उससे लिया जा सकता है। दाँत गए, मुँह पोपला हो गया है। आवाज़ भी फटी हुई अरुचिकर हो गयी है। बुद्धि ने साथ छोड़ दिया, हृदय बावला हो गया है। और जो हमेशा का साथी गरवीलापन था, वह भी जाता रहा। सिर झुक गया है। कान गए, ऊँचा सुनाई पड़ता है। गौरव भी गया। बाल धुनी हुई रूई या भुवे की तरह सफ़ेद हो गए। सिर हिलता है। अब सिर्फ़ पराये हाथ मृत्यु की प्रतीक्षा है। लेकिन इस बुड्ढे के मानस में न सिर्फ़ जवानी की याद है, बल्कि जवानी में गुज़री हुई अनुभूतियों का विशाल सागर निरंतर लहरें मारता रहता है। उसे मालूम है कि जीवन तभी तक है जब तक यौवन साथ है। वेश से बिल्कुल रूखा-सूखा है, लेकिन उसके भीतर एक धूल लपेटा हुआ माणिक्य है। जब वह क़लम उठाता है तो धूल उड़ जाती है और भीतर का माणिक्य दिप-दिप करने लगता है। अमृत की वर्षा होने लगती है। इस बूढ़े को ध्यान से देखें। वह चमत्कारी बाबा नहीं है, साधारण मनुष्य है। सूफ़ी शेख नहीं है, कवि है—

हिअ भँडार नग आहि जो पूँजी। खोली जीभ तारा कै कूँजी॥
रतन पदारथ बोलइ बोला। सुरस पेम मधु भरी अमोला॥
जेहि के बोल बिरह के घाया। कहु तेहि भूख कहाँ तेहि छाया॥
फेरे भेस रहइ भा तपा। धूरि लपेटा मानिक छपा॥

मुहमद कबि जो प्रेम का ना तन रकत न माँसु।
जेइँ मुख देखा तेइँ हँसा सुना तौ आए आँसु॥1॥23॥

वक्तव्य

(प्रथम संस्करण)

'पदमावत' हिंदी के सर्वोत्तम प्रबंधकाव्यों में है। **ठेठ अवधी भाषा** के माधुर्य और भावों की गंभीरता की दृष्टि से यह काव्य निराला है। पर खेद के साथ कहना पड़ता है कि इसके पठनपाठन का मार्ग कठिनाइयों के कारण अब तक बंद सा रहा। एक तो इसकी **भाषा पुरानी और ठेठ अवधी**, दूसरे **भाव भी गूढ़**, अतः किसी शुद्ध अच्छे संस्करण के बिना इसके अध्ययन का प्रयास कोई कर भी कैसे सकता था? पर इसका अध्ययन हिंदी साहित्य की जानकारी के लिए कितना आवश्यक है, यह इसी से अनुमान किया जा सकता है कि **इसी के ढाँचे पर 34 वर्ष पीछे गोस्वामी तुलसीदासजी ने** अपने लोकप्रसिद्ध ग्रंथ **'रामचरितमानस' की रचना की**। यही अवधी भाषा और चौपाई-दोहे का क्रम दोनों में है, जो आख्यानकाव्यों के लिए हिंदी में संभवतः पहले से चला आता रहा हो। कुछ शब्द ऐसे हैं जिनका प्रयोग जायसी और तुलसी को छोड़ और किसी कवि ने नहीं किया है। तुलसी के भाषा के स्वरूप को पूर्णतया समझने के लिए जायसी की भाषा का अध्ययन आवश्यक है।

इस ग्रंथ के चार संस्करण मेरे देखने में आए हैं—**एक नवलकिशोर प्रेस का, दूसरा पं. रामजसन मिश्र संपादित काशी के चंद्रप्रभा प्रेस का, तीसरा कानपुर के किसी पुराने प्रेस का फारसी अक्षरों में और म. प. पं. सुधाकर द्विवेदी और डॉ. ग्रियर्सन संपादित एशियाटिक सोसायटी** का, जो पूरा नहीं, तृतीयांश मात्र है।

इनमें से प्रथम दो संस्करण तो किसी काम के नहीं। एक चौपाई का भी पाठ शुद्ध नहीं, शब्द बिना इस विचार के रखे हुए हैं कि उनका कुछ अर्थ भी हो सकता है या नहीं। **कानपुरवाले उर्दू संस्करण को कुछ लोगों ने अच्छा बताया**। पर देखने पर वह भी इसी श्रेणी का निकला। उसमें विशेषता केवल इतनी ही है कि चौपाइयों के नीचे अर्थ भी दिया हुआ दिखाई पड़ता है। यह अर्थ भी अटकलपच्चू है; किसी मुंशी या मौलवी साहब ने प्रसंग के अनुसार अंदाज से ही लगाया है, शब्दार्थ की ओर ध्यान देकर नहीं। कुछ नमूने देखिए—

(1) 'जाएउ नागमती नगसेनहि। ऊँच भाग, ऊँचै दिन रैनहि।'

इसका साफ अर्थ यह है कि नागमती ने नागसेन को उत्पन्न किया; उसका भाग्य ऊँचा था और दिन-रात ऊँचा ही होता गया। इसके स्थान पर यह विलक्षण अर्थ किया गया है–

'फिर नागमती अपनी सहेलियों को हमराह लेकर बहुत बलंद मकान में बलंदीए बख्त से रहने लगी'। इसी प्रकार 'कवलसेन पद्मावति जाएउ' का अर्थ लिखा गया है "और पदमावत, मिस्ल कवल के थी, अपने मकान में गई"। बस दो नमूने और देखिए–

(2) 'फेरत नैन चेरि सौ छूटी। भइ कूटन कुटनी तस कूटी'।

इसका ठीक अर्थ यह है कि पद्मावती के दृष्टि फेरते ही सौ दासियाँ छूटीं और उस कुटनी को खूब मारा। पर 'चेरि' को 'चीर' समझकर इसका यह अर्थ किया गया है–

'अगर वह आँखें फेर के देखे तो तेरा लहँगा खुल पड़े और जैसी कुटनी है, वैसा ही तुझको कूटे'।

(3) 'गढ़ सौंपा बादल कहँ, गए टिकठि बसि देव'।

ठीक अर्थ–चित्तौरगढ़ बादल को सौंपा और टिकठी या अरथी पर बसकर राजा (परलोक) गए।

कानपुर की प्रति में इसका अर्थ इस प्रकार किया गया है–'किलअ बादल को सौंपा गया और बासदेव सिधारे"। बस इन्हीं नमूनों से अर्थ का और अर्थ करनेवाले का अंदाज कर लीजिए।

अब रहा चौथा, सुधाकरजी और डॉ. ग्रियर्सन साहब वाला भड़कीला संस्करण। इसमें सुधाकरजी की बड़ी लंबी-चौड़ी टीका-टिप्पणी लगी हुई है; पर दुर्भाग्य से या सौभाग्य से 'पदमावत' के तृतीयांश तक ही यह संस्करण पहुँचा। इसकी तड़क-भड़क का तो कहना ही क्या है! शब्दार्थ, टीका और इधर-उधर के किस्सों और कहानियों से इसका डीलडौल बहुत बड़ा हो गया है। पर टिप्पणियाँ अधिकतर अशुद्ध और टीका स्थान-स्थान पर भ्रमपूर्ण है। सुधाकरजी में एक गुण यह सुना जाता है कि यदि कोई उसके पास कोई कविता अर्थ पूछने के लिए ले जाता तो वह विमुख नहीं लौटता था वे खींच-तान कर कुछ न कुछ अर्थ लगा ही देते थे। बस, इसी गुण से इस टीका में भी काम लिया गया है। शब्दार्थ में कहीं यह नहीं स्वीकार किया गया है कि इस शब्द से टीकाकार परिचित नहीं। सब शब्दों का कुछ न कुछ अर्थ मौजूद है, चाहे वह अर्थ ठीक हो या न हो। शब्दार्थ के कुछ न कुछ नमूने देखिए–

(1) ताईं=तिन्हें (कीन्ह खंभ दुइ जग के ताईं)। (2) आछहि=अच्छा (बिरिछ जो आछहि चंदन पासा)। (3) अँबरउर=आम्रराज, अच्छे जाति का आम या अमरावती। (4) सारउ=सारा दूर्वा, दूब (सारिउ सुआ जो रहचह करहीं)। (5) खड़वानी=गड्ुवा,

झारी। (6) अहूठ=अनुत्थ, न उठने योग्य। (7) कनक कचौरी=कनिक या आटे की कचौड़ी। (8) करसी=कर्षित की, खिंचवाई (सिर करवत, तन करसी बहुत सीझ तेहि आस।

कहीं-कहीं अर्थ ठीक बैठाने के लिए पाठ भी विकृत कर दिया गया है, जैसे, 'कतहु चिरहटा पंखिन्ह लावा' का 'कतहु छरहठा पेखन्ह लावा' कर दिया गया है और 'छरहटा' का अर्थ किया गया है 'क्षार लगाने वाले' 'नकल करने वाले'। जहाँ 'गथ' शब्द आया है (जिसे हिंदी कविता का साधारण ज्ञान रखने वाले भी जानते हैं) वहाँ 'गंठि' कर दिया गया है। इसी प्रकार 'अरकाना' (अरकाने दौलत अर्थात् स सरदार या उमरा) का 'अरगाना' करके 'अलग होना' अर्थ किया गया है।

स्थान-स्थान पर शब्दों की व्युत्पत्ति भी दी हुई मिलती है जिसका दिया जाना ही अच्छा था। उदाहरण के लिए दो शब्द ही काफी हैं–

पउनारि–पयोनाली, कमल की डंडी।

अहुठ–अनुत्थ, न उठने योग्य।

'पौनार' शब्द की ठीक व्युत्पत्ति इस प्रकार है–सं. पद्म+नाल=प्रा. पउम्+नाल=हिं. पउनाड़ या पौनार। इसी प्रकार अहुठ=सं. अर्धचतुर्थ[1], प्रा. अज्झुट्ठ, अहवे=हि. अहुठ (साढ़े तीन, 'हूँठा' शब्द इसी से बना है)।

शब्दार्थों से ही टीका का अनुमान भी किया जा सकता है, फिर भी मनोरंजन के लिए कुछ पद्यों की टीका नीचे दी जाती है–

(1) अहुठ हाथ तन सरवर, हिया कवल तेहि माँझ।

सुधाकरी अर्थ–राजा कहता है कि (मेरा) हाथ तो अहुठ अर्थात् शक्ति के लग जाने से सामर्थ्यहीन होकर बेकाम हो गया और (मेरा) तनु सरोवर है जिसके हृदय मध्य अर्थात् बीच में कमल अर्थात् पद्मावती बसी हुई है।

ठीक अर्थ–साढ़े तीन हाथ का शरीर रूपी सरोवर है जिसके मध्य में हृदय रूपी कमल है।

(2) हिया थार कुच कंचन लारू। कनक कचोरि उठे जनु चारू।

सुधाकरी अर्थ–हृदय थार में कुच कंचन का लड्डू है। (अथवा) जानों बल करके कनिक (आटे) की कचौरी उठती है अर्थात् फूल रही है (चक्राकार उठते हुए स्तन कराही में फूलती हुई बदामी रंग की कचौरी से जान पड़ते हैं)।

ठीक अर्थ–मानो सोने के सुंदर कटोरे उठे हुए (औंधे) हैं।

(3) धानुक आप, बेझ जग कीन्हा।

'बेझ' का अर्थ ज्ञात न होने के कारण आपने 'बोझ' पाठ कर दिया और इस प्रकार टीका कर दी–

1. एक शब्द 'अध्युष्ट' भी मिलता है पर वह केवल प्राकृत 'अज्झुट्ठ' की व्युत्पत्ति के लिए गढ़ा हुआ जान पड़ता है।

सुधाकरी अर्थ—आप धानुक अर्थात् अहेरी होकर जग (के प्राणी) के बोझ कर लिया अर्थात् जगत् के प्राणियों को भ्रूधनु और कटाक्षबाण से मारकर उन प्राणियों का बोझा अर्थात् ढेर कर दिया।

ठीक अर्थ—आप धनुर्धर हैं और सारे जगत् को वेध्य सा लक्ष्य किया है।

(4) नैहर चाह न पाउब जहाँ।

सुधाकरी अर्थ—जहाँ हम लोग नैहर (जाने) की इच्छा (तक) न करने पावेंगी ('पाउब' के स्थान पर 'पाउबि' पाठ रखा गया है, शायद स्त्रीलिंग के विचार से। पर अवधी में उत्तमपुरुष बहुवचन में स्त्री. पुं. दोनों में एक ही रूप रहता है)।

ठीक अर्थ—जहाँ नैहर (मायके) की खबर तक हम न पाएँगी।

(5) चलौं पउनि सब गोहने फूल डार लेइ हाथ।

सुधाकरी अर्थ—सब हवा ऐसी या पवित्र हाथ में फूलों की डालियाँ ले-लेकर चलीं।

ठीक अर्थ—सब पौनी (इनाम आदि पानेवाली) प्रजा—नाइन, बारिन आदि—फूलों की डालियाँ लेकर साथ चलीं।

इसी प्रकार की भूलों से टीका भरी हुई है। टीका का नाम रखा गया है 'सुधाकर-चंद्रिका'। पर यह चंद्रिका है कि घोर अंधकार? अच्छा हुआ कि एशियाटिक सोसायटी ने थोड़ा सा निकालकर ही छोड़ दिया।

सारांश यह कि इस प्राचीन मनोहर ग्रंथ का कोई अच्छा संस्करण अब तक न था और हिंदी प्रेमियों की रुचि अपने साहित्य के सम्यक् अध्ययन की ओर दिन-दिन बढ़ रही थी। आठ-नौ वर्ष हुए, काशी नागरीप्रचारिणी सभा ने अपनी 'मनोरंजन पुस्तकमाला' के लिए मुझसे 'पदमावत' का एक संक्षिप्त संस्करण शब्दार्थ और टिप्पणी सहित तैयार करने के लिए कहा था। मैंने आधे के लगभग ग्रंथ तैयार भी किया था। पर पीछे यह निश्चय हुआ कि जायसी के दोनों ग्रंथ पूरे-पूरे निकाले जाएँ। अतः 'पदमावत' की वह अधूरी तैयार की हुई कॉपी बहुत दिनों तक पड़ी रही।

इधर जब विश्वविद्यालयों में हिंदी का प्रवेश हुआ और हिंदू विश्वविद्यालय में हिंदी साहित्य भी परीक्षा के वैकल्पिक विषयों में रखा गया, तब तो जायसी का एक शुद्ध उत्तम संस्करण निकालना अनिवार्य हो गया क्योंकि बी. ए. और एम. ए. दोनों की परीक्षाओं में पदमावत रखी गई। पढ़ाई प्रारंभ हो चुकी थी और पुस्तक के बिना हर्ज हो रहा था; इससे यह निश्चय किया गया कि समग्र ग्रंथ एकबारगी निकालने में देर होगी; अतः उसके छह-छह फार्म के खंड करके निकाले जायँ जिससे छात्रों का काम भी चलता रहे। कार्तिक संवत् 1980 से इन खंडों का निकलना प्रारंभ हो गया। चार खंडों में 'पदमावत' और 'अखरावट' दोनों पुस्तकें समाप्त हुईं।

'पदमावत' की चार छपी प्रतियों के अतिरिक्त मेरे पास कैथी लिपि में लिखी एक हस्तलिखित प्रति भी थी जिससे पाठ के निश्चय करने में कुछ सहायता मिली। पाठ के संबंध में यह कह देना आवश्यक है कि वह अवधी व्याकरण और उच्चारण

तथा भाषाविकास के अनुसार रखा गया है। एशियाटिक सोसायटी की प्रति में 'ए' और 'औ' इन अक्षरों का व्यवहार नहीं हुआ है; इनके स्थान पर 'अइ' और 'अउ' प्रयुक्त हुए हैं। इस विधान में प्राकृत की पुरानी पद्धति का अनुसरण चाहे हो, पर उच्चारण की उस आगे बढ़ी हुई अवस्था का पता नहीं लगता जिसे हमारी भाषा, जायसी और तुलसी के समय में, प्राप्त कर चुकी थी। उस समय चलती भाषा में 'अइ' और 'अउ' के 'अ' और 'इ' तथा 'अ' और 'उ' के पृथक्-पृथक् स्फुट उच्चारण नहीं रह गए थे, दोनों स्वर मिलकर 'ए' और 'औ' के समान उच्चरित होने लगे थे। प्राकृत के 'दैत्यादिष्वइ' और 'पौरादिष्वउ' सब दिन के लिए स्थायी नहीं हो सकते थे। प्राकृत और अपभ्रंश अवस्था पार करने पर उलटी गंगा बही। प्राकृत के 'अइ' और 'अउ' के स्थान पर 'ए' और 'औ' उच्चारण में आए—जैसे प्राकृत और अपभ्रंश रूप 'चलइ', 'पइठ्ठ', 'कइसे', 'चउक्कोण' इत्यादि हमारी भाषा में आकर 'चलै', 'पैठ', 'कैसे', 'चौकोन' इस प्रकार बोले जाने लगे। यदि कहिए कि इनका उच्चारण आजकल तो ऐसा होता है पर जायसी बहुत पुराने हैं, संभवतः उस समय इनका उच्चारण प्राकृत के अनुसार ही होता रहा हो, तो इसका उत्तर यह है कि अभी तुलसीदासजी के थोड़े ही दिनों पीछे की लिखी 'मानस' की कुछ पुरानी प्रतियाँ मौजूद हैं जिनमें बराबर 'कैसे', 'जैसे', 'तैसे', 'कै', 'करै', 'चौथे', 'करौं', 'आवौं' इत्यादि अवध की चलती भाषा के रूप पाए जाते हैं। जायसी और तुलसी ने चलती भाषा में रचना की है, प्राकृत के समान व्याकरण के अनुसार गढ़ी हुई भाषा में नहीं। यह दूसरी बात है कि प्राचीन रूपों का व्यवहार परंपरा के विचार से उन्होंने बहुत जगह किया है, पर भाषा उनकी प्रचलित भाषा ही है।

डॉ. ग्रियर्सन ने 'करइ', 'चलइ' आदि रूपों को ही कवि प्रयुक्त सिद्ध करने के लिए 'करई', 'धावई' आदि चरण के अंत में आने वाले रूपों का प्रमाण दिया है। पर 'चलै', 'गनै' आदि रूप भी चरण के अंत में बराबर आए हैं, जैसे—

(क) इहै बहुत जो बोहित पावौं।—जायसी।

(ख) रघुबीर बल गर्वित बीभीषनु घाल नहिं ताकहँ गनै।—तुलसी।

चरणांत में ही नहीं, वर्णवृत्तों के बीच में भी ये चलते रूप बराबर दिखाए जा सकते हैं। जैसे—

एक-एक की न सँभार करैं। तात भ्रात पुकार।—तुलसी।

जब एक ही कवि की रचना में नये और पुराने दोनों रूपों का प्रयोग मिलता है, तब यह निश्चित है कि नये रूप का प्रचार कवि के समय में हो गया था और पुराने रूप का प्रयोग या तो उसने छंद की आवश्यकतावश किया है अथवा परंपरापालन के लिए।

हाँ, 'ए' और 'औ' के संबंध में ध्यान रखने की बात यह है कि इनके 'पूरबी' और 'पच्छिमी' दो प्रकार के उच्चारण होते हैं। पूरबी उच्चारण संस्कृत के समान

'अइ' और 'अउ' से मिलता-जुलता और पच्छिमी उच्चारण 'अय' और 'अव' से मिलता-जुलता होता है। अवधी भाषा में शब्द के आदि के 'ए' और 'औ' का अधिकतर पूरबी तथा अंत में पड़ने वाले 'ए', 'औ' का उच्चारण पच्छिमी ढंग पर होता है।

'हि' विभक्ति का प्रयोग प्राचीन पद्धति के अनुसार जायसी में सब कारकों के लिए मिलेगा। पर कर्ता कारक में केवल सकर्मक भूतकालिक क्रिया के सर्वनाम कर्ता के तथा आकारांत संज्ञा कर्ता में मिलता है। इन दोनों स्थलों में मैंने प्रायः वैकल्पिक रूप 'इ' (जो 'हि' का ही विकार है) रखा है, जैसे केइ, जेइ, तेइ, राजै, सूए, गौरे (किसने, जिसने, उसने, राजा ने, सूए ने, गौरा ने)। इसे 'हि' विभक्ति का ही दूसरा रूप 'ह' है जो सर्वनामों के अंतिम वर्ण के साथ संयुक्त होकर प्रायः सब कारकों में आया है। अतः जहाँ कहीं 'हम्ह' 'तुम्ह', 'तिन्ह' या 'उन्ह' हो वहाँ यह समझना चाहिए कि यह सर्वनाम कर्ता के अतिरिक्त किसी और कारक में है—जैसे हम्म, हमको, हमसे, हमारा, हममें, हमपर। संबंधवाचक सर्वनाम के लिए 'जो' रखा गया है तथा यदि या जब के अर्थ में अव्यय रूप 'जौ'।

प्रत्येक पृष्ठ में असाधारण या कठिन शब्दों, वाक्यों और कहीं चरणों के अर्थ फुटनोट में बराबर दिए गए हैं जिससे पाठकों को बहुत सुबीता होगा। इसके अतिरिक्त 'मलिक मुहम्मद जायसी' पर एक विस्तृत निबंध भी ग्रंथारंभ के पहले लगा दिया गया है जिसमें कवि की विशेषताओं के अन्वेषण और गुणदोषों के विवेचन का प्रयत्न अपनी अल्प बुद्धि के अनुसार किया है।

अपने वक्तव्य में 'पदमावत' के संस्करणों का मैंने जो उल्लेख किया है, वह केवल कार्य की कठिनता का अनुमान कराने के लिए। कभी-कभी किसी चौपाई का पाठ और अर्थ निश्चित करने में कई दिनों का समय लग गया है। झंझट का एक बड़ा कारण यह भी था कि जायसी के ग्रंथ बहुतों ने फारसी लिपि में उतारे। फिर उन्हें सामने रखकर बहुत सी प्रतियाँ हिंदी अक्षरों में तैयार हुईं। इससे एक ही शब्द को किसी ने एक रूप में पढ़ा, किसी ने दूसरे रूप में। अतः मुझे बहुत स्थलों पर इस प्रक्रिया से काम लेना पड़ा है कि अमुक शब्द फारसी अक्षरों में लिखे जाने पर कितने प्रकार से पढ़ा जा सकता है। काव्य भाषा के प्राचीन स्वरूप पर भी पूरा ध्यान रखना पड़ा है। जायसी की रचना में भिन्न-भिन्न तत्त्वसिद्धांतों के आभास को समझने के लिए दूर तक दृष्टि दौड़ाने की आवश्यकता थी। इतनी बड़ी-बड़ी कठिनाइयों को बिना धोखा खाए पार करना मेरे ऐसे अल्पज्ञ और आलसी के लिए असंभव ही समझिए। अतः न जाने कितनी भूलें मुझसे इस कार्य में हुई होंगी, जिनके संबंध में सिवा इसके कि मैं क्षमा माँगूँ और उदार पाठक क्षमा करें, और हो ही क्या सकता है?

—रामचंद्र शुक्ल

कृष्ण जन्माष्टमी
संवत् 1981

वक्तव्य

(द्वितीय संस्करण)

प्रथम संस्करण में इधर-उधर जो कुछ अशुद्धियाँ या भूलें रह गई थीं वे इस संस्करण में, जहाँ तक हो सका है, दूर कर दी गई हैं। इसके अतिरिक्त जायसी के 'मत और सिद्धांत' तथा 'रहस्यवाद' के अंतर्गत भी कुछ बातें बढ़ाई गई हैं जिनसे आशा है, सूफी भक्तिमार्ग और भारतीय भक्तिमार्ग का स्वरूपभेद समझने में, कुछ अधिक सहायता पहुँचेगी। इधर मेरे प्रिय शिष्य पं. चंद्रबली पांडेय एम. ए., जो हिंदी के सूफी कवियों के संबंध में अनुसंधान कर रहे हैं, जायस गए और मलिक मुहम्मद की कुछ बातों का पता लगा लाए। उनकी खोज के अनुसार 'जायसी का जीवनवृत्त भी नये रूप में दिया गया है जिसके लिए उनके प्रति अपनी कृतज्ञता प्रकट करना मैं आवश्यक समझता हूँ।'

इस ग्रंथावली के प्रथम संस्करण में जायसी के दो ग्रंथ—'पदमावत' और 'अखरावट—संगृहीत थे। उनका एक ग्रंथ 'आखिरी कलाम' फारसी लिपि में बहुत पुराना छपा हुआ हाल में मिला। यह ग्रंथ भी इस संस्करण में सम्मिलित कर लिया गया है। कोई और दूसरी प्रति न मिलने के कारण इसका ठीक-ठीक पाठ निश्चित करने में बड़ी कठिनता पड़ी है। एक तो इसकी भाषा 'पदमावत' और 'अखरावट' की अपेक्षा अधिक ठेठ और बोलचाल की अवधी, दूसरे फारसी अक्षरों में लिखी हुई। बड़े परिश्रम से किसी प्रकार मैंने इसका पाठ ठीक किया है, फिर भी इधर-उधर कुछ भूलें रह जाने की आशंका से मैं मुक्त नहीं हूँ।

जायसी के और दो ग्रंथों की अपेक्षा इसकी रचना बहुत निम्न कोटि की है। इसमें इसलाम की मजहबी किताबों के अनुसार कयामत के दिनों का लंबा-चौड़ा वर्णन है। किस प्रकार जल प्रलय होगा, सूर्य बहुत निकट आकर पृथ्वी को तपाएगा, सारे जीव-जंतु और फरिश्ते भी अपना जीवन समाप्त करेंगे, ईश्वर न्याय करने बैठेगा और अपने अपराधों के कारण सारे प्राणी थरथर काँपेंगे, इन्हीं सब बातों का ब्यौरा इस छोटी सी पुस्तक में है। जायसी ने दिखाया है कि ईसा, मूसा आदि और सब पैगंबरों

को तो आप आपकी पड़ी रहेगी, वे अपने-अपने आसनों पर रक्षित स्थान में चुपचाप बैठे रहेंगे; पर परम दयालु हजरत मुहम्मद साहब अपने अनुयायियों के उद्धार के लिए उस शरीर को जलाने वाली धूप में इधर-उधर व्याकुल घूमते दिखाई देंगे, एक क्षण के लिए भी कहीं छाया में न बैठेंगे। सबसे अधिक ध्यान देने की बात इमाम हसन हुसैन के प्रति जायसी की सहानुभूति है। उन्होंने लिखा है कि जब तक हसन हुसैन की अन्यायपूर्वक मारने वाले और कष्ट देने वाले घोर यंत्रणापूर्ण नरक में डाल न दिए जाएँगे, तब तक अल्लाह का कोप शांत न होगा अंत में मुहम्मद साहब और उनके अनुयायी किस प्रकार स्वर्ग की अप्सराओं से विवाह करके नाना प्रकार के सुख भोगेंगे, यही दिखाकर पुस्तक समाप्त की गई है।

चैत्र पूर्णिमा
संवत् 1992

–रामचंद्र शुक्ल

अनुक्रम

मलिक मुहम्मद जायसी 17
- प्रेमगाथा की परंपरा 18
- जायसी का जीवनवृत्त 20
- पदमावत की कथा 26
- ऐतिहासिक आधार 33
- पदमावत की प्रेम पद्धति 38
- वियोग पक्ष 45
- संयोग श्रृंगार 56
- ईश्वरोन्मुख प्रेम 61
- प्रेम तत्त्व 69
- प्रबंधकल्पना 72
- संबंध-निर्वाह 75
- कवि द्वारा वस्तुवर्णन 80
- पात्र द्वारा भावव्यंजना 93
- अलंकार 101
- स्वभावचित्रण 115
- मत और सिद्धांत 125
- जायसी का रहस्यवाद 145
- सूक्तियाँ 153
- फुटकल प्रसंग 156
- जायसी की जानकारी 157
- जायसी की भाषा 176
- संक्षिप्त समीक्षा 184

ग्रंथावली

1. पदमावत 189

1. स्तुति खंड 189
2. सिंहलद्वीप वर्णन खंड 197
3. जन्म खंड 205
4. मानसरोदक खंड 209
5. सुआ खंड 212
6. रत्नसेन जन्म खंड 215
7. बनिजारा खंड 216
8. नागमती-सुआ-संवाद खंड 219
9. राजा-सुआ-संवाद खंड 223
10. नखशिख खंड 226
11. प्रेम खंड 233
12. जोगी खंड 236
13. राजा-गजपति-संवाद खंड 241
14. बोहित खंड 244
15. सात समुद्र खंड 246
16. सिंहलद्वीप खंड 250
17. मंडपगमन खंड 253
18. पद्मावती वियोग खंड 255
19. पद्मावती-सुआ-भेंट खंड 258
20. बसंत खंड 262
21. राजा रत्नसेन सती खंड 268
22. पार्वती-महेश खंड 271
23. राजा-गढ़-छेंका खंड 275
24. गंधर्वसेन मंत्री खंड 283
25. रत्नसेन सूली खंड 290
26. रत्नसेन-पद्मावती-विवाह खंड 299
27. पद्मावती-रत्नसेन भेंट खंड 306
28. रत्नसेन साथी खंड 321
29. षट्ऋतु वर्णन खंड 322
30. नागमती-वियोग खंड 326
31. नागमती-संदेश खंड 333
32. रत्नसेन-बिदाई खंड 339

33. देशयात्रा खंड 345
34. लक्ष्मी-समुद्र खंड 349
35. चित्तौर-आगमन खंड 359
36. नागमती-पद्मावती-विवाद खंड 364
37. रत्नसेन-संतति खंड 369
38. राघवचेतन-देशनिकाला खंड 370
39. राघवचेतन-दिल्ली-गमन खंड 375
40. स्त्री-भेद-वर्णन खंड 378
41. पद्मावती-रूप-चर्चा खंड 380
42. बादशाह-चढ़ाई खंड 388
43. राजा-बादशाह-युद्ध खंड 398
44. राजा-बादशाह-मेल खंड 405
45. बादशाह भोज खंड 409
46. चित्तौरगढ़-वर्णन खंड 414
47. रत्नसेन-बंधन खंड 423
48. पद्मावती-नागमती-विलाप खंड 427
49. देवपाल-दूती खंड 430
50. बादशाह-दूती खंड 437
51. पद्मावती-गोरा बादल-संवाद खंड 441
52. गोरा-बादल-युद्ध यात्रा खंड 444
53. गोरा-बादल-युद्ध खंड 448
54. बंधन-मोक्ष; पद्मावती-मिलन खंड 455
55. रत्नसेन-देवपाल-युद्ध खंड 458
56. राजा रत्नसेन बैकुंठवास खंड 459
57. पद्मावती-नागमती-सती खंड 460
58. उपसंहार 462

2. अखरावट

अखरावट 464

3. आखिरी कलाम

आखिरी कलाम 496

मलिक मुहम्मद जायसी

सौ वर्ष पूर्व कबीरदास हिंदू और मुसलमान दोनों के कट्टरपन को फटकार चुके थे। पंडितों और मुल्लाओं की तो नहीं कह सकते पर साधारण जनता 'राम और रहीम' की एकता मान चुकी थी। साधुओं और फकीरों को दोनों दीन के लोग आदर और मान की दृष्टि से देखते थे। साधु या फकीर भी सर्वप्रिय वे ही हो सकते थे जो भेदभाव से परे दिखाई पड़ते थे। बहुत दिनों तक एक साथ रहते-रहते हिंदू और मुसलमान एक-दूसरे के सामने अपना-अपना हृदय खोलने लग गए थे, जिससे मनुष्यता के सामान्य भावों के प्रवाह में मग्न होने और मग्न करने का समय आ गया था। जनता की प्रवृत्ति भेद से अभेद की ओर हो चली थी। मुसलमान हिंदुओं की रामकहानी सुनने को तैयार हो गए थे और हिंदू मुसलमान का दास्तानहमजा। नल और दमयंती की कथा मुसलमान जानने लगे थे और लैला-मजनूँ की हिंदू। ईश्वर तक पहुँचनेवाला मार्ग ढूँढ़ने की सलाह भी दोनों कभी-कभी साथ बैठकर करने लगे थे। इधर भक्तिमार्ग के आचार्य और महात्मा भगवत्प्रेम को सर्वोपरि ठहरा चुके थे और उधर सूफी महात्मा मुसलमानों को 'इश्क हकीकी' का सबक पढ़ाते आ रहे थे।

चैतन्य महाप्रभु, वल्लभाचार्य और रामानंद के प्रभाव से प्रेमप्रधान वैष्णव धर्म का जो प्रवाह बंग देश से गुजरात तक रहा, उसका सबसे अधिक विरोध शाक्त मत और वाममार्ग के साथ दिखाई पड़ा। शाक्तमतविहित पशुहिंसा, मंत्र, तंत्र तथा यक्षिणी आदि की पूजा वेद-विरुद्ध अनाचार के रूप में समझी जाने लगी। हिंदुओं और मुसलमानों दोनों के बीच 'साधुता' का सामान्य आदर्श प्रतिष्ठित हो गया था। बहुत से मुसलमान फकीर भी अहिंसा का सिद्धांत स्वीकार करके मांसभक्षण को बुरा कहने लगे।

ऐसे समय में कुछ भावुक मुसलमान 'प्रेम की पीर' की कहानियाँ लेकर साहित्यक्षेत्र में उतरे। ये कहानियाँ हिंदुओं के ही घर की थीं। इनकी मधुरता और कोमलता का अनुभव करके इन कवियों ने दिखला दिया कि एक ही गुप्त तार मनुष्य मात्र के हृदयों से होता हुआ गया है जिसे छूते ही मनुष्य सारे बाहरी रूपरंग के भेदों की ओर से ध्यान हटा एकत्व का अनुभव करने लगता है।

अमीर खुसरो ने मुसलमानी राजत्वकाल के आरंभ में ही हिंदू जनता के प्रेम

और विनोद में योग देकर भावों के परस्पर आदान-प्रदान का सूत्रपात किया था, पर अलाउद्दीन के कट्टरपन और अत्याचार के कारण जो दोनों जातियाँ एक-दूसरे से खिंची सी रहीं, उनका हृदय मिल न सका। कबीर की अटपटी वाणी से भी दोनों के दिल साफ न हुए। मनुष्य-मनुष्य के बीच रागात्मक संबंध है, यह उसके द्वारा व्यक्त न हुआ। अपने नित्य के व्यवहार में जिस हृदयसाम्य का अनुभव मनुष्य कभी-कभी किया करता है उसकी अभिव्यंजना उससे न हुई। जिस प्रकार दूसरी जाति या मतवाले के हृदय हैं उसी प्रकार हमारे भी हैं, जिस प्रकार दूसरे के हृदय में प्रेम की तरंगें उठती हैं, उसी प्रकार हमारे हृदय में भी, प्रिय का वियोग जैसे दूसरे को व्याकुल करता है वैसे ही हमें भी, माता का जो हृदय दूसरे के यहाँ है वही हमारे यहाँ भी, जिन बातों से दूसरों को सुख दुःख का होता है उन्हीं बातों से हमें भी, इस तथ्य का प्रत्यक्षीकरण कुतबन, जायसी आदि प्रेम कहानी के कवियों द्वारा हुआ। अपनी कहानियों द्वारा इन्होंने प्रेम का शुद्ध मार्ग दिखाते हुए उन सामान्य जीवनदशाओं को सामने रखा जिनका मनुष्य मात्र के हृदय पर एक प्रभाव दिखाई पड़ता है। हिंदू हृदय और मुसलमान हृदय आमने-सामने करके अजनबीपन मिटानेवालों में इन्हीं का नाम लेना पड़ेगा। इन्होंने मुसलमान होकर हिंदुओं की कहानियाँ हिंदुओं की ही बोली में पूरी सहृदयता से कहकर उनके जीवन की मर्मस्पर्शिनी अवस्थाओं के साथ अपने उदार हृदय का पूर्ण सामंजस्य दिखा दिया। कबीर ने केवल भिन्न प्रतीत होती हुई परोक्ष सत्ता की एकता का आभास दिया था। प्रत्यक्ष जीवन की एकता का दृश्य सामने रखने की आवश्यकता बनी थी। वह जायसी द्वारा पूरी हुई।

प्रेमगाथा की परंपरा

इस नवीन शैली की प्रेमगाथा का आविर्भाव इस बात के प्रमाणों में से है कि इतिहास में किसी राजा के कार्य सदा लोकप्रवृत्ति के प्रतिबिंब नहीं हुआ करते। इसी को ध्यान में रखकर कुछ नवीन पद्धति के इतिहासकार प्रकरणों का विभाग राजाओं के राजत्वकाल के अनुसार न कर लोक की प्रवृत्ति के अनुसार करना चाहते हैं। एक ओर तो कट्टर और अन्यायी सिकंदर लोदी मथुरा के मंदिरों को गिरागर मसजिदें खड़ी कर रहा था और हिंदुओं पर अनेक प्रकार के अत्याचार कर रहा था, दूसरी ओर पूरब में बंगाल के शासक हुसैनशाह के अनुरोध से, जिसने 'सत्य पीर' की कथा चलाई थी, कुतबन मियाँ एक ऐसी कहानी लेकर जनता के सामने आए जिसके द्वारा उन्होंने मुसलमान होते हुए भी अपने मनुष्य होने का परिचय दिया। इसी मनुष्यत्व को ऊपर करने से हिंदूपन, मुसलमानपन, ईसाईपन आदि के उस स्वरूप का प्रतिरोध होता है जो विरोध की ओर ले जाता है। हिंदुओं और मुसलमानों को एक साथ रहते अब इतने दिन हो गए थे कि दोनों का ध्यान मनुष्यता के सामान्य स्वरूप की ओर स्वभावतः जाए।

कुतबन चिश्ती वंश के शेख बुरहान के शिष्य थे। उन्होंने 'मृगावती' नाम के

एक काव्य सन् 909 हिजरी में लिखा। इसमें चंद्रनगर के राजा गणपतिदेव के राजकुमार और कंचन-नगर के राजा रूपमुरार की कन्या मृगावती के प्रेम की कथा है।

जायसी ने प्रेमियों के दृष्टांत देते हुए अपने पूर्व की लिखी कुछ प्रेमकहानियों का उल्लेख किया है :

विक्रम धँसा प्रेम के बारा। सपनावति कहँ गएउ पतारा।।
मधूपाछ मुगुधावति लागी। गगनपूर होइगा बैरागी।।
राजकुँवर कंचनपुर गयऊ। मिरगावति कहँ जोगी भयऊ।।
साधु कुँवर खंडावत जोगू। मधुमालति कर कीन्ह वियोगू।।
प्रेमावति कहँ सुरसरि साधा। ऊषा लगि अनिरुध बर बाधा।।

विक्रमादित्य और ऊषा अनिरुद्ध की प्रसिद्ध कथाओं को छोड़ देने से चार प्रेम कहानियाँ जायसी के पूर्व लिखी हुई पाई जाती. हैं। इनमें से 'मृगावती' की एक खंडित प्रति का पता तो नागरीप्रचारिणी सभा को लग चुका है। 'मधुमालती' की भी फारसी अक्षरों में लिखी हुई एक प्रति मैंने किसी सज्जन के पास देखी थी पर किसके पास, यह स्मरण नहीं। चतुर्भुजदास कृत 'मधुमालती कथा' नागरीप्रचारिणी सभा को मिली है जिसका निर्माणकाल ज्ञात नहीं और जो अत्यंत भ्रष्ट गद्य में है। 'मुग्धावती' और 'प्रेमावती' का पता अभी तक नहीं लगा है। जायसी के पीछे भी 'प्रेमगाथा' की यह परंपरा कुछ दिनों तक चलती रही। गाजीपुर निवासी शेख हुसैन के पुत्र उसमान (मान) ने संवत् 1670 के लगभग चित्रावली लिखी जिसमें नेपाल के राजा धरनीधर के पुत्र सुजान और रूपनगर के राजा चित्रसेन की कन्या चित्रावली की प्रेमकहानी है। भाषा इसकी अवधी होने पर भी कुछ भोजपुरी लिये है। यह नागरीप्रचारिणी सभा द्वारा प्रकाशित हो चुकी है। दूसरी पुस्तक नूरमुहम्मद की 'इंद्रावत' है जो संवत् 1796 में लिखी गई थी। इसे भी उक्त सभा प्रकाशित कर चुकी है।

इन प्रेमगाथा काव्यों में पहली बात ध्यान देने की यह है कि इनकी रचना बिल्कुल भारतीय चरितकाव्यों की सर्गबद्ध शैली पर न होकर फारसी की मसनवियों के ढंग पर हुई है, जिसमें कथा सर्गों या अध्यायों में विस्तार के हिसाब से विभक्त नहीं होती, बराबर चली चलती है, केवल स्थान-स्थान पर घटनाओं या प्रसंगों का उल्लेख शीर्षक के रूप में रहता है। मसनवी के लिए साहित्यिक नियम तो केवल इतना ही समझा जाता है कि सारा काव्य एक ही मसनवी छंद में हो पर परंपरा के अनुसार उसमें कथारंभ के पहले ईश्वर स्तुति, पैगंबर की वंदना और उस समय के राजा (शाहे वक्त) की प्रशंसा होनी चाहिए। ये बातें पदमावत, इंद्रावत, मृगावती इत्यादि सबमें पाई जाती हैं।

दूसरी बात ध्यान देने की यह है कि ये सब प्रेमकहानियाँ पूरबी हिंदी अर्थात् अवधी भाषा में एक नियमक्रम के साथ केवल चौपाई, दोहे में लिखी गई हैं। जायसी ने सात चौपाइयों (अर्धालियों) के बाद एक-एक दोहे का क्रम रखा है। जायसी के

पीछे गोस्वामी तुलसीदासजी ने अपने 'रामचरितमानस' के लिए यही दोहे-चौपाई का क्रम ग्रहण किया। चौपाई और बरवै मानो अवधी भाषा के अपने छंद हैं, इनमें अवधी भाषा जिस सौष्ठव के साथ ढली है उस सौष्ठव के साथ ब्रजभाषा नहीं। उदाहरण के लिए लाल कवि के 'छत्रप्रकाश', पद्माकर के 'रामरसायन' और ब्रजवासीदास के 'ब्रजविलास' को लीजिए। 'बरवै', तो ब्रजभाषा में कहा ही नहीं जा सकता। किसी पुराने कवि ने ब्रजभाषा में बरवै लिखने का प्रयास भी नहीं किया।

तीसरी बात ध्यान देने की यह है कि इस शैली की प्रेम कहानियाँ मुसलमानों के ही द्वारा लिखी गईं। इन भावुक और उदार मुसलमानों ने इनके द्वारा मानो हिंदू जीवन के साथ अपनी सहानुभूति प्रकट की। यदि मुसलमान हिंदी और हिंदू साहित्य से दूरन भागते, इनके अध्ययन का क्रम जारी रखते, तो उनमें हिंदुओं के प्रति सद्भाव की वह कमी न रह जाती जो कभी-कभी दिखाई पड़ती है। हिंदुओं ने फारसी और उर्दू के अभ्यास द्वारा मुसलमानों की जीवनकथाओं के प्रति अपने हृदय का सामंजस्य पूर्ण रूप से स्थापित किया, पर खेद है कि मुसलमानों ने इसका सिलसिला बंद कर दिया। किसी जाति की जीवनकथाओं को बार-बार सामने लाना उस जाति के प्रति और सहानुभूति प्राप्त करने का स्वाभाविक साधन है। 'पदमावत' की हस्तलिखित प्रतियाँ अधिकतर मुसलमानों के ही घर में पाई गई हैं। इतना मैं अनुभव से कहता हूँ कि जिन मुसलमानों के यहाँ यह पोथी देखी गई, उन सबको मैंने विरोध से दूर और अत्यंत उदार पाया।

जायसी का जीवनवृत्त

जायसी की एक छोटी सी पुस्तक 'आखिरी कलाम' के नाम से फारसी अक्षरों में छपी है। यह सन् 936 हिजरी में (सन् 1528 ई. के लगभग) बाबर के समय में लिखी गई थी। इसमें बाबर बादशाह की प्रशंसा है। इस पुस्तक में मलिक मुहम्मद जायसी ने अपने जन्म के संबंध में लिखा है—

भा अवतार मोर नव सदी। तीस बरस ऊपर कवि बदी।।

इन पंक्तियों का ठीक तात्पर्य नहीं खुलता। 'नव सदी' ही पाठ मानें तो जन्मकाल 900 हिजरी (सन् 1492 के लगभग) ठहरता है। दूसरी पंक्ति का अर्थ यही निकलेगा कि जन्म के 30 वर्ष पीछे जायसी अच्छी कविता करने लगे। जायसी का सबसे प्रसिद्ध ग्रंथ है पदमावत जिसका निर्माण काल कवि ने इस प्रकार दिया है—

सन नव सै सत्ताइस अहा। कथा अरंभ बैन कवि कहा।।

इसका अर्थ होता है पदमावत की कथा के प्रारंभिक वचन (अरंभ बैन कवि ने सन् 927 हिजरी) सन् 1520 ई. के लगभग में कहे थे। पर ग्रंथारंभ में कवि ने मसनवी की रूढ़ि के अनुसार 'शाहे वक्त' शेरशाह की प्रशंसा की है जिसके शासनकाल का आरंभ 947 हिजरी अर्थात् सन् 1540 ई. से हुआ था। इस दशा में यही संभव जान

पड़ता है कि कवि ने कुछ थोड़े से पद्य तो 1520 ई. में ही बनाए थे, पर ग्रंथ को 19 या 20 वर्ष पीछे शेरशाह के समय में पूरा किया। इसी से कवि ने भूतकालिक क्रिया 'अहा' (= था) और 'कहा' का प्रयोग किया है[1]।

जान पड़ता है कि 'पदमावत' की कथा को लेकर थोड़े से पद्य जायसी ने रचे थे। उसके पीछे वे जायस छोड़कर बहुत दिनों तक इधर-उधर रहे। अंत में जब वे जायस में आकर रहने लगे तब उन्होंने इस ग्रंथ को उठाया और पूरा किया। इस बात का संकेत इन पंक्तियों में पाया जाता है—

जायस नगर धरम अस्थानू। तहाँ आइ कवि कीन्ह बखानू।।

'तहाँ आइ' से पं. सुधाकर और डॉ. ग्रियर्सन ने यह अनुमान किया था कि मलिक मुहम्मद किसी और जगह से आकर जायस में बसे थे। पर यह ठीक नहीं। जायसवाले ऐसा नहीं कहते। उनके कथनानुसार मलिक मुहम्मद जायस हकी के रहने वाले थे। उनके घर का स्थान अब तक लोग वहाँ के कंचाने मुहल्ले में बताते हैं। 'पदमावत' में कवि ने अपने चार दोस्तों के नाम लिये हैं—यूसुफ मलिक, सालार कादिम, सलोने मियाँ और बड़े शेख। ये चारों जायस ही के थे। सलोने मियाँ के संबंध में अब तक जायस में यह जनश्रुति चली आती है कि वे बड़े बलवान थे और एक बार हाथी से लड़ गए थे। इन चारों में से दो एक के खानदान अब तक हैं। जायसी का वंश नहीं चला, पर उनके भाई के खानदान में एक साहब मौजूद हैं जिनके पास वंशवृक्ष भी है। यह वंशवृक्ष कुछ गड़बड़ सा है।

जायसी कुरूप और काने थे। कुछ लोगों के अनुसार वे जन्म से ही ऐसे थे पर अधिकतर लोगों का कहना है कि शीतला या अर्धांग रोग से उनका शरीर विकृत हो गया था। अपने काने होने का उल्लेख कवि ने आप ही इस प्रकार किया है—'एक नयन कवि मुहम्मद गुनी'। उनकी दाहिनी आँख फूटी थी या बायीं, इसका उत्तर शायद इस दोहे से मिले—

मुहमद बाईं दिसि तजा, एक सरवन एक आँखि।

इससे अनुमान होता है कि बायें कान से भी उन्हें कम सुनाई पड़ता था। जायस में प्रसिद्ध है कि वे एक बार शेरशाह के दरबार में गए। शेरशाह उनके भद्दे चेहरे को देख हँस पड़ा। उन्होंने अत्यंत शांत भाव से पूछा—'मोहिका हससि, कि कोहरहि?' अर्थात् तू मुझपर हँसा या उस कुम्हार (गढ़ने वाले ईश्वर) पर? इस पर शेरशाह ने

1. पहले संस्करण में दिये हुए सन् को शेरशाह के समय में लाने के लिए, 'नव सै सैंतालिस' पाठ माना गया था। फारसी लिपि में सत्ताइस और सैंतालिस में भ्रम हो सकता है। पर 'पदमावत' का एक पुराना बँगला अनुवाद है, उसमें भी 'नव सै सत्ताइस' ही पाठ माना गया है—

शेख मुहमद जति जखन रचिल ग्रंथ संख्या सप्तविंश नवशत।

यह अनुवाद, अराकान राज्य के वजीर मगन ठाकुर ने सन् 1650 ई. के आसपास आलो उजाला नामक एक कवि से कराया था।

लज्जित होकर क्षमा माँगी। कुछ लोग कहते हैं कि वे शेरशाह के दरबार में नहीं गए थे, शेरशाह ही उनका नाम सुनकर उनके पास आया था।

मलिक मुहम्मद एक गृहस्थ किसान के रूप में ही जायस में रहते थे। वे आरंभ से बड़े ईश्वरभक्त और साधु प्रकृति के थे। उनका नियम था कि जब वे अपने खेतों में होते तब अपना खाना वहीं मँगा लिया करते थे। खाना वे अकेले कभी न खाते; जो आसपास दिखाई पड़ता उसके साथ बैठकर खाते थे। एक दिन उन्हें इधर-उधर कोई न दिखाई पड़ा। बहुत देर तक आसरा देखते-देखते अंत में एक कोढ़ी दिखाई पड़ा। जायसी ने बड़े आग्रह से उसे अपने साथ खाने को बिठाया और एक ही बरतन में उसके साथ भोजन करने लगे। उसके शरीर से कोढ़ चू रहा था। कुछ थोड़ा सा मवाद भोजन में भी चू पड़ा। जायसी ने उस अंश को खाने के लिए उठाया पर उस कोढ़ी ने हाथ थाम लिया और कहा, 'इसे मैं खाऊँगा, आप साफ हिस्सा खाइए' पर जायसी झट से उसे खा गए। इसके पीछे वह कोढ़ी अदृश्य हो गया। इस घटना के उपरांत जायसी की मनोवृत्ति ईश्वर की ओर और भी अधिक हो गई। उक्त घटना की ओर संकेत लोग अखरावट के इस दोहे में बताते हैं—

बुंदहिं समुद्र समान, यह अचरज कासौं कहौं।
जो हेरा सो हेरान, मुहमद आपुहिं आपु महँ।।

कहते हैं कि जायसी के पुत्र थे, पर वे मकान के नीचे दबकर, या ऐसी ही किसी और दुर्घटना से मर गए। तब से जायसी संसार से और भी अधिक विरक्त हो गए और कुछ दिनों में घरबार छोड़कर इधर-उधर फकीर होकर घूमने लगे। वे अपने समय के एक सिद्ध फकीर माने जाते थे और चारों ओर उनका बड़ा मान था। अमेठी के राजा रामसिंह उनपर बड़ी श्रद्धा रखते थे। जीवन के अंतिम दिनों में जायसी अमेठी से कुछ दूर एक घने जंगल में रहा करते थे। कहते हैं कि उनकी मृत्यु विचित्र ढंग से हुई। जब उनका अंतिम समय निकट आया तब उन्होंने अमेठी के राजा से कह दिया कि मैं किसी शिकारी की गोली खाकर मरूँगा। इस पर अमेठी के राजा ने आस-पास के जंगलों में शिकार की मनाही कर दी। जिस जंगल में जायसी रहते थे उसमें एक दिन एक शिकारी को एक बड़ा भारी बाघ दिखाई पड़ा। उसने डरकर उस पर गोली छोड़ दी। पास जाकर देखा तो बाघ के स्थान पर जायसी मरे पड़े थे। कहते हैं कि जायसी कभी-कभी योगबल से इस प्रकार के रूप धारण कर लिया करते थे।

काजी नसरुद्दीन हुसैन जायसी ने, जिन्हें अवध के नवाब शुजाउद्दौला से सनद मिली थी, अपनी याददाश्त में मलिक मुहम्मद जायसी का मृत्युकाल रज्जब 949 हिजरी (सन् 1542 ई.) दिया है। यह काल कहाँ तक ठीक है, नहीं कहा जा सकता। इसे ठीक मानने पर जायसी दीर्घायु नहीं ठहरते। उनका परलोकवास 49 वर्ष से भी कम अवस्था में सिद्ध होता है पर जायसी ने 'पदमावत' के उपसंहार में वृद्धावस्था का

जो वर्णन किया है वह स्वतः अनुभूत सा जान पड़ता है।

जायसी की कब्र अमेठी के राजा के वर्तमान कोट में पौन मील के लगभग है। यह वर्तमान कोट जायसी के मरने के बहुत पीछे बना है। अमेठी के राजाओं का पुराना कोट जायसी की कब्र से डेढ़ कोस की दूरी पर था। अतः यह प्रवाद कि अमेठी के राजा को जायसी की दुआ से पुत्र हुआ और उन्होंने अपने कोट के पास उनकी कब्र बनाई, निराधार है।

मलिक मुहम्मद, निजामुद्दीन औलिया की शिष्यपरंपरा में थे। इस परंपरा की दो शाखाएँ हुईं—एक मानिकपुर, कालपी आदि की, दूसरी जायस की। पहली शाखा के पीरों की परंपरा जायसी ने बहुत दूर तक दी है। पर जायसवाली शाखा की पूरी परंपरा उन्होंने नहीं दी है; अपने पीर या दीक्षागुरु सैयद अशरफ जहाँगीर तथा उनके पुत्र पौत्रों का ही उल्लेख किया है। सूफी लोग निजामुद्दीन औलिया की मानिकपुर कालपीवाली शिष्य परंपरा इस प्रकार बतलाते हैं—

निजामुद्दीन औलिया (मृत्यु सन् 1325 ई.)
|
सिराजुद्दीन
|
शेख अलाउल हक

(मानिकपुर-कालपी शाखा)
शेख कुतुब आलम (पंडोई के, सन् 1415)
|
शेख हशमुद्दीन (मानिकपुर)
|
सैयद राजे हामिदशाह
|
शेख दानियाल
|
सैयद मुहम्मद
|
शेख अलहदाद
|
शेख बुरहान (कालपी)
|
शेख मोहिदी (मुहीउद्दीन)

(जायस)
×
×
×
|
सैयद अशरफ जहाँगीर
|
शेख हाजी
|
शेख मुहम्मद या मुबारक — शेख कमाल

'पदमावत' और 'अखरावट' दोनों में जायसी ने मानिकपुर कालपीवाली गुरुपरंपरा का उल्लेख विस्तार से किया है, इससे डॉ. ग्रियर्सन ने शेख मोहिदी को ही उनका दीक्षागुरु माना है। गुरुवंदना से इस बात का ठीक-ठीक निश्चय नहीं होता कि वे मानिकपुर के मुहीउद्दीन के मुरीद थे अथवा जायस के सैयद अशरफ के। पदमावत में दोनों पीरों का उल्लेख इस प्रकार है–

सैयद असरफ पीर पियारा। जेइ मोहिं पंथ दीन्ह उजियारा।।
गुरु मोहिदी खेवक मैं सेवा। चलै उताइल जेहि कर खेवा।

अखरावट में इन दोनों की चर्चा इस प्रकार है–

कही सरीअत चिस्ती पीरू। उधरी असरफ औ जहँगीरू।।
पा पाएउँ गुरु मोहिदी मीठा। मिला पंथ सो दरसन दीठा।।

'आखिरी कलाम' में केवल सैयद अशरफ जहाँगीर का ही उल्लेख है। 'पीर' शब्द का प्रयोग भी जायसी ने सैयद अशरफ के नाम के पहले किया है और अपने को उनके घर का बंदा कहा है। इससे हमारा अनुमान है कि उनके दीक्षागुरु तो थे सैयद अशरफ पर पीछे से उन्होंने मुहीउद्दीन की भी सेवा करके उनसे बहुत कुछ ज्ञानोपदेश और शिक्षा प्राप्त की। जायसवाले तो सैयद अशरफ के पोते मुबारकशाह बोदले को उनका पीर बताते हैं, पर यह ठीक नहीं जँचता।

सूफी मुसलमान फकीरों के सिवा कई संप्रदायों (जैसे, गोरखपंथी, रसायनी, वेदांती) के हिंदू साधुओं से भी उनका बहुत सत्संग रहा, जिनसे उन्होंने बहुत सी बातों की जानकारी प्राप्त की। हठयोग, वेदांत, रसायन आदि की बहुत सी बातों का सन्निवेश उनकी रचना में मिलता है। हठयोग में मानी हुई इला, पिंगला और सुषुम्ना नाड़ियों की ही चर्चा उन्होंने नहीं की है बल्कि सुषुम्ना नाड़ी में मस्तिष्क, नाभिचक्र (कुंडलिनी), हत्कमल और दशमद्वार (ब्रह्मरंध्र) का भी बार-बार उल्लेख किया है। योगी ब्रह्म की अनुभूति के लिए कुंडलिनी को जगाकर ब्रह्मद्वार तक पहुँचाने का यत्न करता है। उसकी इस साधना में अनेक अंतराय (विघ्न) होते हैं। जायसी ने योग के इस निरूपण में अपने इसलाम की कथा का भी विचित्र मिश्रण किया है। अंतराय के स्थान पर उन्होंने शैतान को रखा है और उसे 'नारद' नाम दिया है। यही नारद दशमद्वार का पहरेदार है और काम, क्रोध आदि इसके सिपाही हैं। यही साधकों को बहकाया करता है (दे. अखरावट)। कवि ने नारद को झगड़ा लगाने वाला सुनकर ही शायद शैतान बनाया है। इसी प्रकार 'पदमावत' में रसायनियों की बहुत सी बातें आई हैं। 'जोड़ा करना' आदि उनके कुछ पारिभाषिक शब्द भी पाए जाते हैं। गोरखपंथियों की तो जायसी ने बहुत सी बातें रखी हैं। सिंहलद्वीप में पद्मावती स्त्रियों का होना और योगियों का सिद्ध होने के लिए वहाँ जाना उन्हीं की कथाओं के अनुसार है। इन सब बातों से पता चलता है कि जायसी साधारण मुसलमान फकीरों के समान नहीं थे। वे सच्चे जिज्ञासु थे और हर एक मत के साधु-महात्माओं से

मिलते-जुलते रहते थे और उनकी बातें सुना करते थे। सूफी तो वे थे ही।

इस उदार सारग्राहिणी प्रवृत्ति के साथ ही साथ उन्हें अपने इसलाम धर्म और पैगंबर पर भी पूरी आस्था थी, यद्यपि करबीरदास के समान उन्होंने भी उदारतापूर्वक ईश्वर तक पहुँचने के अनेक मार्गों का होना तत्त्वतः स्वीकार किया है—

विधिना के मारग हैं तेते। सरग नखत, तन रोवाँ जेते।।

पर इन असंख्य मार्गों के होते हुए भी मुहम्मद साहब के मार्ग पर अपनी श्रद्धा प्रकट की है—

तिन्ह महँ पंथ कहौं भल गाई। जेहि दूनौं जग छाज बड़ाई।।
सो बड़ पंथ मुहम्मद केरा। है निरमल कैलास बसेरा।।

जायसी बड़े भावुक भगवद्भक्त थे और अपने समय में बड़े ही सिद्ध पहुँचे हुए फकीर माने जाते थे, पर कबीरदास के समान अपना एक 'निराला पंथ' निकालने का हौसला उन्होंने कभी न किया। जिस मिल्लत या समाज में उनका जन्म हुआ उसके प्रति अपने विशेष कर्तव्यों के पालन के साथ-साथ वे सामान्य मनुष्य धर्म के सच्चे अनुयायी थे। सच्चे भक्त का प्रधान गुण दैन्य उनमें पूरा-पूरा था। कबीरदास के समान उन्होंने अपने को सबसे अधिक पहुँचा हुआ कहीं नहीं कहा है। कबीर ने तो यहाँ तक कह डाला कि इस चादर को सुर, नर, मुनि सबने ओढ़कर मैली किया, पर मैंने 'ज्यों की त्यों धर दीनी चदरिया'। इस प्रकार की गर्वोक्तियों से जायसी बहुत दूर थे। उनके भगवत्प्रेमपूर्ण मानस में अहंकार के लिए कहीं जगह न थी। उनका औदार्य वह प्रच्छन्न औद्धत्य न था जो किसी धर्म के चिढ़ाने के काम में आ सके। उनकी वह उदारता ऐसी थी जिससे कट्टरपन को भी चोट नहीं पहुँच सकती थी। प्रत्येक प्रकार का महत्त्व स्वीकार करने की क्षमता उनमें थी। वीरता, ऐश्वर्य, रूप, गुण, शील सबके उत्कर्ष पर मुग्ध होने वाला हृदय उन्हें प्राप्त था, तभी 'पदमावत' ऐसा चरितकाव्य लिखने की उत्कंठा उन्हें हुई। अपने को सर्वज्ञ मानकर पंडितों और विद्वानों की निंदा और उपहास करने की प्रवृत्ति उनमें न थी। वे जो कुछ थोड़ा-बहुत जानते थे उसे पंडितों का प्रसाद मानते थे—

हौं पंडितन्ह केर पछलगा। किछु कहि चला तबल देइ डगा।।

यद्यपि कबीरदास की और उनकी प्रवृत्ति में बहुत भेद था—कबीर विधिविरोधी थे और वे विधि पर आस्था रखनेवाले, कबीर लोकव्यवस्था का तिरस्कार करने वाले थे और वे सम्मान करने वाले—पर कबीर को वे बड़ा साधक मानते थे, जैसा कि इन चौपाइयों से प्रकट होता है—

ना—नारद तब रोई पुकारा। एक जोलाहे सौं मैं हारा।।
प्रेम तंतु निति ताना तनई। जप तप साधि सैकरा भरई।।

जायसी को सिद्ध योगी मानकर बहुत से लोग उनके शिष्य हुए। कहते हैं कि पदमावत के कई अंशों को वे गाते फिरते थे और चेले लोग भी साथ-साथ गाते

चलते थे। परंपरा से प्रसिद्ध है कि एक चेला अमेठी (अवध) में जाकर उनका नागमती का बारहमासा गा-गाकर घर-घर भीख माँगा करता था। एक दिन अमेठी के राजा ने उस बारहमासे को सुना। उन्हें वह बहुत अच्छा लगा, विशेषतः उसका यह अंश—

कँवल जो बिगसा मानसर, बिनु जल गयउ सुखाइ।
सूखि बेलि पुनि पलुहै, जो पिय सींचै आइ।।

राजा इस पर मुग्ध हो गए। उन्होंने फकीर से पूछा, 'शाह जी! यह दोहा किसका बनाया है?' उस फकीर से मलिक मुहम्मद का नाम सुनकर राजा ने बड़े सम्मान और विनय के साथ उन्हें अपने यहाँ बुलाया था।

'पदमावत' को पढ़ने से यह प्रकट हो जाएगा कि जायसी का हृदय कैसा कोमल और 'प्रेम की पीर' से भरा हुआ था। क्या लोकपक्ष में और क्या भगवत्पक्ष में, दोनों ओर उसकी गूढ़ता और गंभीरता विलक्षण दिखाई देती है। जायसी की 'पदमावत' बहुत प्रसिद्ध हुई। मुसलमानों के भक्त घरानों में इसका बहुत आदर है। यद्यपि उसको समझने वाले अब बहुत कम हैं पर उसे गूढ़ पोथी मानकर यत्न से रखते हैं। जायसी की एक और छोटी सी पुस्तक 'अखरावट' है जो मिरजापुर में एक वृद्ध मुसलमान के घर मिली थी। इसमें वर्णमाला के एक-एक अक्षर को लेकर सिद्धांत संबंधी कुछ बातें कही गई हैं। तीसरी पुस्तक 'आखरी कलाम' के नाम से फारसी अक्षरों में छपी है। यह भी दोहे- चौपाइयों में है और बहुत छोटी है। इसमें मरणोपरांत जीव की दशा और कयामत के अंतिम न्याय आदि का वर्णन है। बस ये ही तीन पुस्तकें जायसी की मिली हैं। इनमें से जायसी की कीर्ति का आधार 'पदमावत' ही है। यह प्रबंध काव्य हिंदी में अपने ढंग का निराला है। यह इतना लोकप्रिय हुआ कि इसका अनुवाद बंगभाषा में सन् 1650 ई. के आसपास अराकान में हुआ। जायसवाले इन तीन पुस्तकों के अतिरिक्त जायसी की दो और पुस्तकें बतलाते हैं—'पोस्तीनामा' तथा 'नैनावत' नाम की प्रेमकहानी। 'पोस्तीनामा' के संबंध में उनका कहना है कि मुबारकशाह बोदले को लक्ष्य करके लिखी गई थी, जो चंडू पिया करते थे।

पदमावत की कथा

कवि सिंहलद्वीप, उसके राजा गंधर्वसेन, राजसभा, नगर, बगीचे इत्यादि का वर्णन करके पद्मावती के जन्म का उल्लेख करता है। राजभवन में हीरामन नाम का एक अद्भुत सुआ था जिसे पद्मावती बहुत चाहती थी और सदा उसी के पास रहकर अनेक प्रकार को बातें कहा करती थी। पद्मावती क्रमशः सयानी हुई और उसके रूप की ज्योति भूमंडल में सबसे ऊपर हुई। जब उसका कहीं विवाह न हुआ तब वह रात-दिन हीरामन से इसी बात की चर्चा किया करती थी। सूए ने एक दिन कहा कि यदि कहो तो देश-देशांतर में फिरकर मैं तुम्हारे योग्य वर ढूँढूँ। राजा को जब इस बातचीत का

पता लगा तब उसने क्रुद्ध होकर सूए को मार डालने की आज्ञा दी। पद्मावती ने विनती कर किसी प्रकार सूए के प्राण बचाए। सूए ने पद्मावती से विदा माँगी, पर पद्मावती ने प्रेम के मारे सूए को रोक लिया। सूआ उस समय तो रुक गया, पर उसके मन में खटका बना रहा।

एक दिन पद्मावती सखियों को लिये हुए मानसरोवर में स्नान और जलक्रीड़ा करने गई। सूए ने सोचा कि अब यहाँ से चटपट चल देना चाहिए। वह वन की ओर उड़ा, जहाँ पक्षियों ने उसका बड़ा सत्कार किया। दस दिन पीछे एक बहेलिया हरी पत्तियों की टट्टी लिये उस वन में चला आ रहा था। और पक्षी तो उस चलते पेड़ को देखकर उड़ गए पर हीरामन चारे के लोभ में वहीं रहा। अंत में बहेलिए ने उसे पकड़ लिया और बाजार में उसे बेचने के लिए ले गया। चित्तौर के एक व्यापारी के साथ एक दीन ब्राह्मण भी कहीं से रुपये लेकर लोभ की आशा से सिंघल की हाट में आया था। उस सूए को पंडित देख मोल ले लिया और लेकर चित्तौर आया। चित्तौर में उस समय राजा चित्रसेन मर चुका था और उसका बेटा रत्नसेन गद्दी पर बैठा था। प्रशंसा सुनकर रत्नसेन ने लाख रुपये देकर हीरामन सूए को मोल ले लिया।

एक दिन रत्नसेन कहीं शिकार को गया था। उसकी रानी नागमती सूए के पास आई और—बोली, 'मेरे समान सुंदरी और भी कोई संसार में है?' इस पर सूआ हँसा और उसने सिंघल की पद्मिनी स्त्रियों का वर्णन करके कहा कि उनमें और तुममें दिन और अँधेरी रात का अंतर है। रानी ने सोचा कि यदि यह तोता रहेगा तो किसी दिन राजा से भी ऐसा ही कहेगा और वह मुझसे प्रेम करना छोड़कर पद्मावती के लिए जोगी होकर निकल पड़ेगा। उसने अपनी धाय से उसे ले जाकर मार डालने को कहा। धाय ने परिणाम सोचकर उसे मारा नहीं, छिपा रखा। जब राजा ने लौटकर सूए को न देखा तब उसने बड़ा कोप किया। अंत में हीरामन उसके सामने लाया गया और उसने सब वृत्तांत कह सुनाया। राजा को पद्मावती का रूपवर्णन सुनने की बड़ी उत्कंठा हुई और हीरामन ने उसके रूप का लंबा-चौड़ा वर्णन किया। उस वर्णन को सुन राजा बेसुध हो गया। उसके हृदय में ऐसा प्रबल अभिलाष जगा कि वह रास्ता बताने के लिए हीरामन को साथ ले जोगी होकर घर से निकल पड़ा।

उसके साथ सोलह हजार कुँवर भी जोगी होकर चले। मध्यप्रदेश के नाना दुर्गम स्थानों के बीच होते हुए सब लोग कलिंग देश में पहुँचे। वहाँ के राजा गजपति से जहाज लेकर रत्नसेन ने और सब जोगियों के सहित सिंघलद्वीप की ओर प्रस्थान किया। क्षार समुद्र, क्षीर समुद्र, दधि समुद्र, उदधि समुद्र, सुरा समुद्र और किलकिला समुद्र को पार करके वे सातवें मानसरोवर समुद्र में पहुँचे जो सिंघलद्वीप के चारों ओर है। सिंघलद्वीप में उतरकर जोगी रत्नसेन तो अपने सब जोगियों के साथ महादेव के मंदिर में बैठकर तप और पद्मावती का ध्यान करने लगा और हीरामन पद्मावती से भेंट करने गया। जाते समय वह रत्नसेन से कहता गया कि वसंत पंचमी के दिन

पद्मावती इसी महादेव के मंडप में वसंतपूजा करने आएगी; उस समय तुम्हें उसका दर्शन होगा और तुम्हारी आशा पूर्ण होगी।

बहुत दिन पर हीरामन को देख पद्मावती बहुत रोई। हीरामन ने अपने निकल भागने और बेचे जाने का वृत्तांत कह सुनाया। इसके उपरांत उसने रत्नसेन के रूप, कुल, ऐश्वर्य, तेज आदि की बड़ी प्रशंसा करके कहा कि वह सब प्रकार से तुम्हारे योग्य वर है और तुम्हारे प्रेम में जोगी होकर यहाँ तक आ पहुँचा है। पद्मावती ने उसकी प्रेमव्यथा सुनकर जयमाल देने की प्रतिज्ञा की और कहा कि वसंत पंचमी के दिन पूजा के बहाने मैं उसे देखने जाऊँगी। सूआ यह समाचार लेकर राजा के पास मंडप में लौट आया।

वसंत पंचमी के दिन पद्मावती सखियों के सहित मंडप में गई और उधर भी पहुँची जिधर रत्नसेन और उसके साथी जोगी थे। पर ज्योंही रत्नसेन की आँखें उसपर पड़ीं, वह मूर्छित होकर गिर पड़ा। पद्मावती ने रत्नसेन को सब प्रकार से वैसा ही पाया जैसा सूए ने कहा था। वह मूर्छित जोगी के पास पहुँची और उसे होश में लाने के लिए उस पर चंदन छिड़का। जब वह न जागा तब चंदन से उसके हृदय पर यह बात लिखकर वह चली गई कि 'जोगी, तूने भिक्षा प्राप्त करने योग्य योग नहीं सीखा, जब फल प्राप्ति का समय आया तब तू सो गया।'

राजा को जब होश आया तब वह बहुत पछताने लगा और जल मरने को तैयार हुआ। सब देवताओं को भय हुआ कि यदि कहीं यह जला तो इसकी घोर विरहाग्नि से सारे लोक भस्म हो जाएँगे। उन्होंने जाकर महादेव-पार्वती के यहाँ पुकार की। महादेव कोढ़ी के वेश में बैल पर चढ़े राजा के पास आए और जलने का कारण पूछने लगे। इधर पार्वती की, जो महादेव के साथ आई थीं, यह इच्छा हुई कि राजा के प्रेम की परीक्षा लें। ये अत्यंत सुंदरी अप्सरा का रूप धरकर आईं और बोलीं—'मुझे इंद्र ने भेजा है। पद्मावती को जाने दे, तुझे अप्सरा प्राप्त हुई।' रत्नसेन ने कहा—'मुझे पद्मावती को छोड़ और किसी से कुछ प्रयोजन नहीं।' पार्वती ने महादेव से कहा कि रत्नसेन का प्रेम सच्चा है। रत्नसेन ने देखा कि इस कोढ़ी की छाया नहीं पड़ती है, इसके शरीर पर मक्खियाँ नहीं बैठती हैं और इसकी पलकें नहीं गिरती हैं अतः यह निश्चय ही कोई सिद्ध पुरुष है। फिर महादेव को पहचानकर वह उनके पैरों पर गिर पड़ा। महादेव ने उसे सिद्धि गुटिका दी और सिंहलगढ़ में घुसने का मार्ग बताया। सिद्धि गुटिका पाकर रत्नसेन सब जोगियों को लिये सिंहलगढ़ पर चढ़ने लगा।

राजा गंधर्वसेन के यहाँ जब यह खबर पहुँची तब उसने दूत भेजे। दूतों से जोगी रत्नसेन ने पद्मिनी के पाने का अभिप्राय कहा। दूत क्रुद्ध होकर लौट गए। इस बीच हीरामन रत्नसेन का प्रेमसंदेश लेकर पद्मावती के पास गया और पद्मावती का प्रेमभरा संदेसा आकर उसने रत्नसेन से कहा। इस संदेश से रत्नसेन के शरीर में और भी बल आ गया। गढ़ के भीतर जो अगाध कुंड था वह रात को उसमें

धँसा और भीतरी द्वार को, जिसमें वज्र के किवाड़ लगे थे, उसने जा खोला। पर इस बीच सबेरा हो गया और वह अपने साथी जोगियों के सहित घेर लिया गया। राजा गंधर्वसेन के यहाँ विचार हुआ कि जोगियों को पकड़कर सूली दे दी जाए। दल-बल के सहित सब सरदारों ने जोगियों पर चढ़ाई की। रत्नसेन के साथी युद्ध के लिए उत्सुक हुए पर रत्नसेन ने उन्हें यह उपदेश देकर शांत किया कि प्रेममार्ग में क्रोध करना उचित नहीं। अंत में सब जोगियों सहित रत्नसेन पकड़ा गया। इधर यह सब समाचार सुन पद्मावती की बुरी दशा हो रही थी। हीरामन सूए ने जाकर उसे धीरज बँधाया कि रत्नसेन पूर्ण सिद्ध हो गया है, वह मर नहीं सकता।

जब रत्नसेन को बाँधकर सूली देने के लिए लाए तब जिसने-जिसने उसे देखा सबने कहा कि यह कोई राजपुत्र जान पड़ता है। इधर सूली की तैयारी हो रही थी, उधर रत्नसेन पद्मावती का नाम रट रहा था। महादेव ने जब जोगी पर ऐसा संकट देखा तब वे और पार्वती भाँट-भाँटिनी का रूप धरकर वहाँ पहुँचे। इस बीच हीरामन सूआ भी रत्नसेन के पास पद्मावती का यह संदेसा लेकर आया कि 'मैं भी हथेली पर प्राण लिये बैठी हूँ, मेरा जीना-मरना तुम्हारे साथ है।' भाँट (जो वास्तव में महादेव थे) ने राजा गंधर्वसेन को बहुत समझाया कि यह जोगी नहीं राजा और तुम्हारी कन्या के योग्य वर है, पर राजा इस पर और भी क्रुद्ध हुआ। इस बीच जोगियों का दल चारों ओर से लड़ाई के लिए चढ़ा। महादेव के साथ हनुमान आदि सब देवता जोगियों की सहायता के लिए आ खड़े हुए। गंधर्वसेन की सेना के हाथियों का समूह जब आगे बढ़ा तब हनुमानजी ने अपनी लंबी पूँछ में सबको लपेटकर आकाश में फेंक दिया। राजा गंधर्वसेन को फिर महादेव का घंटा और विष्णु का शंख जोगियों की ओर सुनाई पड़ा और साक्षात् शिव युद्ध-स्थल में दिखाई पड़े। यह देखते ही गंधर्वसेन महादेव के चरणों पर जा गिरा और बोला—'कन्या आपकी है, जिसे चाहिए उसे दीजिए'। इसके उपरांत हीरामन सूए ने आकर राजा रत्नसेन के चित्तौर से आने का सब वृत्तांत कह सुनाया और गंधर्वसेन ने बड़ी धूमधाम से रत्नसेन के साथ पद्मावती का विवाह कर दिया। रत्नसेन के साथी जो सोलह हजार कुँवर थे उन सबका विवाह भी पद्मिनी स्त्रियों के साथ हो गया और सब लोग बड़े आनंद के साथ कुछ दिनों तक सिंहल में रहे।

इधर चित्तौर में वियोगिनी नागमती को राजा की बाट जोहते एक वर्ष हो गया। उसके विलाप से पशु-पक्षी विकल हो गए। अंत में आधी रात को एक पक्षी ने नागमती के दुःख का कारण पूछा। नागमती ने उससे रत्नसेन के पास पहुँचाने के लिए अपना संदेसा कहा। वह पक्षी नागमती का संदेसा लेकर सिंहलद्वीप गया और समुद्र के किनारे एक पेड़ पर बैठा। संयोग से रत्नसेन शिकार खेलते-खेलते उसी पेड़ के नीचे जा खड़ा हुआ। पक्षी ने पेड़ पर नागमती की दुःखकथा और चित्तौर की हीन दशा का वर्णन किया। रत्नसेन का जी सिंहल से उचटा और उसने स्वदेश की ओर प्रस्थान

किया। चलते समय उसे सिंहल के राजा के यहाँ से विदाई में बहुत सा सामान और धन मिला। इतनी अधिक संपत्ति देख राजा के मन में गर्व और लोभ हुआ। वह सोचने लगा कि इतना अधिक धन लेकर यदि मैं स्वदेश पहुँचा तो फिर मेरे समान संसार में कौन है। इस प्रकार लोभ ने राजा को आ घेरा।

समुद्रतट पर जब रत्नसेन आया तब समुद्र याचक का रूप धरकर राजा से दान माँगने आया, पर राजा ने लोभवश उसका तिरस्कार कर दिया। राजा आधे समुद्र में भी नहीं पहुँचा था कि बड़े जोर का तूफान आया जिससे जहाज दक्खिन लंका की ओर बह गए। वहाँ विभीषण का एक राक्षस माँझी मछली मार रहा था। वह अच्छा आहार देख राजा से आकर बोला कि चलो हम तुम्हें रास्ते पर लगा दें। राजा उसकी बातों में आ गया। वह राक्षस सब जहाजों को एक भयंकर समुद्र में ले गया जहाँ से निकलना कठिन था। जहाज चक्कर खाने लगे और हाथी, घोड़े, मनुष्य आदि डूबने लगे। वह राक्षस आनंद से नाचने लगा। इस बीच समुद्र का राजपक्षी वहाँ आ पहुँचा जिसके डैनों का ऐसा घोर शब्द हुआ मानो पहाड़ के शिखर टूट रहे हों। वह पक्षी उस दुष्ट राक्षस को चंगुल में दबाकर उड़ गया। जहाज के एक तख्ते पर एक ओर राजा बहा और दूसरे तख्ते पर दूसरी ओर रानी।

पद्मावती बहते-बहते वहाँ जा लगी जहाँ समुद्र की कन्या लक्ष्मी अपनी सहेलियों के साथ खेल रही थी। लक्ष्मी मूर्छित पद्मावती को अपने घर ले गई। पद्मावती को जब चेत हुआ तब वह रत्नसेन के लिए विलाप करने लगी। लक्ष्मी ने उसे धीरज बँधाया और अपने पिता समुद्र से राजा की खोज कराने का वचन दिया। इधर राजा बहते-बहते एक ऐसे निर्जन स्थान में पहुँचा जहाँ मूँगों के टीलों के सिवा और कुछ न था। राजा पद्मिनी के लिए बहुत विलाप करने लगा और कटार लेकर अपने गले में मारा ही चाहता था कि ब्राह्मण का रूप धरकर समुद्र उसके सामने आ खड़ा हुआ और उसे मरने से रोका। अंत में समुद्र ने राजा से कहा कि तुम मेरी लाठी पकड़कर आँख मूँद लो; मैं तुम्हें जहाँ पद्मावती है उसी तट पर पहुँचा दूँगा।

जब राजा उस तट पर पहुँच गया तब लक्ष्मी उसकी परीक्षा लेने के लिए पद्मावती का रूप धारण कर रास्ते में जा बैठी। रत्नसेन उन्हें पद्मावती समझ उनकी ओर लपका। पास जाने पर वे कहने लगीं—'मैं पद्मावती हूँ।' पर रत्नसेन ने देखा कि यह पद्मावती नहीं है, तब चट मुँह फेर लिया। अंत में लक्ष्मी रत्नसेन को पद्मावती के पास ले गई। रत्नसेन और पद्मावती कई दिनों तक समुद्र और लक्ष्मी के मेहमान रहे। पद्मावती की प्रार्थना पर लक्ष्मी ने उन सब साथियों को भी ला खड़ा किया जो इधर-उधर बह गए थे। जो मर गए थे वे भी अमृत से जिला दिए गए। इस प्रकार बड़े आनंद से दोनों वहाँ से विदा हुए। विदा होते समय समुद्र ने बहुत से अमूल्य रत्न दिए। सबसे बढ़कर पाँच पदार्थ दिए—अमृत, हंस, राजपक्षी, शार्दूल और पारस पत्थर। इन सब अनमोल पदार्थों को लिये अंत में रत्नसेन और पद्मावती चित्तौर पहुँच गए। नागमती

और पद्मावती दोनों रानियों के साथ रत्नसेन सुखपूर्वक रहने लगे। नागमती से नागसेन और पद्मावती से कमलसेन ये दो पुत्र राजा को हुए।

चित्तौर की राजसभा में राघव चेतन नाम का एक पंडित था जिसे यक्षिणी सिद्ध थी। एक दिन राजा ने पंडितों से पूछा 'दूज कब है?' राघव के मुँह से निकला 'आज'। और सब पंडितों ने एक स्वर से कहा कि 'आज नहीं हो सकती, कल होगी।' राघव ने कहा कि 'यदि आज दूज न हो तो मैं पंडित नहीं।' पंडितों ने कहा कि 'राघव वाममार्गी है; यक्षिणी की पूजा करता है, जो चाहे सो कर दिखावे, पर आज दूज नहीं हो सकती।' राघव ने यक्षिणी के प्रभाव से उसी दिन संध्या के समय द्वितीया का चंद्रमा दिखा।[1] पर जब दूसरे दिन चंद्रमा देखा गया तब वह द्वितीया का ही चंद्रमा था। इस पर पंडितों ने राजा रत्नसेन से कहा—'देखिए, यदि कल द्वितीया रही होती, तो आज चंद्रमा की कला कुछ अधिक होती; झूठ और सच की परख कर लीजिए।' राघव का भेद खुल गया और वह वेदविरुद्ध आचार करने वाला प्रमाणित हुआ। राजा रत्नसेन ने उसे देशनिकाले का दंड दिया।

पद्मावती ने जब यह सुना तब उसने ऐसे गुणी पंडित का असंतुष्ट होकर जाना राज्य के लिए अच्छा नहीं समझा। उसने भारी दान देकर राघव को प्रसन्न करना चाहा। सूर्यग्रहण का दान देने के लिए उसने उसे बुलाया। जब राघव महल के नीचे आया तब पद्मावती ने अपने हाथ का एक अमूल्य कंगन—जिसका जोड़ा और कहीं दुष्प्राप्य था—झरोखे पर से फेंका। झरोखे पर पद्मावती की झलक देख राघव बेसुध होकर गिर पड़ा। जब उसे चेत हुआ तब उसने सोचा कि अब यह कंगन लेकर बादशाह के पास दिल्ली चलूँ और पद्मावती के रूप का उसके सामने वर्णन करूँ। वह लंपट है, तुरंत चित्तौर पर चढ़ाई करेगा और इसके जोड़ का दूसरा कंगन भी मुझे इनाम देगा। यदि ऐसा हुआ तो राजा से मैं बदला भी ले लूँगा और सुख से जीवन भी बिताऊँगा।

यह सोचकर राघव दिल्ली पहुँचा और वहाँ बादशाह अलाउद्दीन को कंगन दिखाकर उसने पद्मावती के रूप का वर्णन किया। अलाउद्दीन ने बड़े आदर से उसे अपने यहाँ रखा और सरजा नामक एक दूत के हाथ एक पत्र रत्नसेन के पास भेजा कि पद्मावती को तुरंत भेज दो, बदले में और जितना राज्य चाहो ले लो। पत्र पाते ही राजा रत्नसेन क्रोध से लाल हो गया और बिगड़कर दूत को वापस कर दिया। अलाउद्दीन ने चित्तौर गढ़ पर चढ़ाई कर दी। आठ वर्ष तक मुसलमान चित्तौड़ को घेरे रहे और घोर युद्ध होता रहा, पर गढ़ न टूट सका। इसी बीच दिल्ली से एक

1. लोना चमारिन के संबंध में भी प्रसिद्ध है कि उसकी बात इसी प्रकार से सत्य करने के लिए देवी ने प्रतिपदा के दिन आकाश में जाकर अपने हाथ का कंगन दिखाया था जिसे देखने वालों को द्वितीया के चंद्रमा का भ्रम हुआ था।

पत्र अलाउद्दीन को मिला जिसमें हरेव लोगों के फिर से चढ़ आने का समाचार लिखा था। बादशाह ने जब यह देखा कि गढ़ नहीं टूटता है तब उसने कपट की एक चाल सोची। उसने रत्नसेन के पास संधि का एक प्रस्ताव भेजा और यह कहलाया कि मुझे पद्मावती नहीं चाहिए; समुद्र से जो पाँच अमूल्य वस्तुएँ तुम्हें मिली हैं उन्हें देकर मेल कर लो।

राजा ने स्वीकार कर लिया और बादशाह को चित्तौरगढ़ के भीतर ले जाकर बड़ी धूमधाम से उसकी दावत की। गोरा बादल नामक विश्वासपात्र सरदारों ने राजा को बहुत समझाया कि मुसलमानों का विश्वास करना ठीक नहीं, पर राजा ने ध्यान न दिया। वे दोनों वीर नीतिज्ञ सरदार रूठकर अपने घर चले गए। कई दिनों तक बादशाह की मेहमानदारी होती रही। एक दिन वह टहलते-टहलते पद्मावती के महल की ओर भी जा निकला, जहाँ एक से एक रूपवती स्त्रियाँ स्वागत के लिए खड़ी थीं। बादशाह ने राघव से, जो बराबर उसके साथ-साथ था, पूछा कि 'इनमें पद्मावती कौन है?' राघव ने कहा, 'पद्मावती इनमें कहाँ? ये तो उसकी दासियाँ हैं।' बादशाह पद्मावती के महल के सामने ही एक स्थान पर बैठकर राजा के साथ शतरंज खेलने लगा। जहाँ वह बैठा था वहाँ उसने एक दर्पण भी रख दिया था कि पद्मावती यदि झरोखे पर आवेगी तो उसका प्रतिबिंब दर्पण में देखूँगा। पद्मावती कुतूहलवश झरोखे के पास आई और बादशाह ने उसका प्रतिबिंब दर्पण में देखा। देखते ही वह बेहोश होकर गिर पड़ा।

अंत में बादशाह ने राजा से विदा माँगी। राजा उसे पहुँचाने के लिए साथ-साथ चला। एक-एक फाटक पर बादशाह राजा को कुछ न कुछ देता चला। अंतिम फाटक पार होते ही राघव के इशारे से बादशाह ने रत्नसेन को पकड़ लिया और बाँधकर दिल्ली ले गया। वहाँ राजा को तंग कोठरी में बंद करके वह अनेक प्रकार के भयंकर कष्ट देने लगा। इधर चित्तौर में हाहाकार मच गया। दोनों रानियाँ रो-रोकर प्राण देने लगीं। इस अवसर पर राजा रत्नसेन के शत्रु कुंभलनेर के राजा देवपाल को दुष्टता सूझी। उसने कुमुदनी नाम की दूती को पद्मावती के पास भेजा। पहले तो पद्मावती अपने मायके की स्त्री सुनकर बड़े प्रेम से मिली और उससे अपना दुःख कहने लगी, पर जब धीरे-धीरे उसका भेद खुला तब उसने उचित दंड देकर उसे निकलवा दिया। इसके पीछे अलाउद्दीन ने भी जोगिन के वेश में एक दूती इस आशा से भेजी कि वह रत्नसेन से भेंट कराने के बहाने पद्मावती को जोगिन बनाकर अपने साथ दिल्ली लाएगी। पर उसकी दाल भी न गली।

अंत में पद्मावती गोरा और बादल के घर गई और उन दोनों क्षत्रिय वीरों के सामने अपना दुःख रोकर उसने उनसे राजा को छुड़ाने की प्रार्थना की। दोनों ने राजा को छुड़ाने की दृढ़ प्रतिज्ञा की और रानी को बहुत धीरज बँधाया। दोनों ने सोचा कि जिस प्रकार मुसलमानों ने धोखा दिया है उसी प्रकार उनके साथ भी

चाल चलनी चाहिए। उन्होंने सोलह सौ ढकी पालकियों के भीतर सशस्त्र राजपूत सरदारों को बिठाया और जो सबसे उत्तम और बहुमूल्य पालकी थी उसके भीतर औजार के साथ एक लोहार को बिठाया। इस प्रकार वे यह प्रसिद्ध करके चले कि सोलह सौ दासियों के सहित पद्मावती दिल्ली जा रही है।

गोरा के पुत्र बादल की अवस्था बहुत थोड़ी थी। जिस दिन दिल्ली जाना था उसी दिन उसका गौना आया था। उसकी नवागता वधू ने उसे युद्ध में जाने से बहुत रोका पर उस वीर कुमार ने एक न सुनी। अंत में सोलह सौ सवारियों के सहित वे दिल्ली के किले में पहुँचे। वहाँ कर्मचारियों को घूस देकर उन्हें अपने अनुकूल किया जिससे किसी ने पालकियों की तलाशी न ली। बादशाह के यहाँ खबर गई कि पद्मावती आई है और कहती है कि राजा से मिल लूँ और उन्हें चित्तौर के खजाने की कुंजी सुपुर्द कर दूँ तब महल में जाऊँ। बादशाह ने आज्ञा दे दी। वह सजी हुई पालकी वहाँ पहुँचाई गई जहाँ राजा रत्नसेन कैद था। पालकी में से निकलकर लोहार ने चट राजा की बेड़ी काट दी और वह शस्त्र लेकर एक घोड़े पर सवार हो गया जो पहले से तैयार था। देखते-देखते और हथियारबंद सरदार भी पालकियों में से निकल पड़े। इस प्रकार गोरा और बादल राजा को छुड़ाकर चित्तौर चले।

बादशाह ने जब सुना तब अपनी सेना सहित पीछा किया। गोरा बादल ने जब शाही फौज पीछे देखी तब एक हजार सैनिकों को लेकर गोरा तो शाही फौज को रोकने के लिए डट गया और बादल राजा रत्नसेन को लेकर चित्तौर की ओर बढ़ा। वृद्ध वीर गोरा बड़ी वीरता से लड़कर और हजारों को मारकर अंत में सरजा के हाथ से मारा गया। इस बीच में राजा रत्नसेन चित्तौर पहुँच गया। पहुँचते ही उसी दिन रात को पद्मावती के मुँह से रत्नसेन ने जब देवपाल की दुष्टता का हाल सुना तब उसने उसे बाँध लाने की प्रतिज्ञा की। सबेरा होते ही रत्नसेन ने कुंभलनेर पर चढ़ाई कर दी। रत्नसेन और देवपाल के बीच द्वंद्व युद्ध हुआ। देवपाल की साँग रत्नसेन की नाभि में घुसकर उस पार निकल गई। देवपाल साँग मारकर लौटा ही चाहता था कि रत्नसेन ने उसे जा पकड़ा और उसका सिर काटकर उसके हाथ-पैर बाँधे। इस प्रकार अपनी प्रतिज्ञा पूरी कर और चित्तौरगढ़ की रक्षा का भार बादल को सौंप रत्नसेन ने शरीर छोड़ा।

राजा के शव को लेकर पद्मावती और नागमती दोनों रानियाँ सती हो गईं। इतने में शाही सेना चित्तौरगढ़ आ पहुँची। बादशाह ने पद्मावती के सती होने का समाचार सुना। बादल ने प्राण रहते गढ़ की रक्षा की पर अंत में वह फाटक की लड़ाई में मारा गया और चित्तौरगढ़ पर मुसलमानों का अधिकार हो गया।

ऐतिहासिक आधार

पदमावत की संपूर्ण आख्यायिका को हम दो भागों में विभक्त कर सकते हैं। रत्नसेन

की सिंहलद्वीप यात्रा से लेकर चित्तौर लौटने तक हम कथा का पूर्वार्ध मान सकते हैं और राघव के निकाले जाने से लेकर पद्मावती के सती होने तक उत्तरार्ध। ध्यान देने की बात यह है कि पूर्वार्ध तो बिल्कुल कल्पित कहानी है और उत्तरार्ध ऐतिहासिक आधार पर है। ऐतिहासिक अंश के स्पष्टीकरण के लिए टाड राजस्थान में दिया हुआ चित्तौरगढ़ पर अलाउद्दीन की चढ़ाई का वृत्तांत हम नीचे देते हैं–

'विक्रम संवत् 1331 में लखनसी चित्तौर के सिंहासन पर बैठा। वह छोटा था इससे इसका चाचा भीमसी (भीमसिंह) ही राज्य करता था। भीमसी का विवाह सिंहल के चौहान राजा हम्मीर शंक की कन्या पद्मावती से हुआ था जो रूप-गुणों में जगत् में अद्वितीय थी। उसके रूप की ख्याति सुनकर दिल्ली के बादशाह अलाउद्दीन ने चित्तौर पर चढ़ाई की। घोर युद्ध के उपरांत अलाउद्दीन ने संधि का प्रस्ताव भेजा कि मुझे एक बार पद्मावती का दर्शन ही हो जाए तो मैं दिल्ली लौट जाऊँ। इस पर यह ठहरी कि अलाउद्दीन दर्पण में पद्मावती की छाया मात्र देख सकता है। इस प्रकार युद्ध बंद हुआ और अलाउद्दीन बहुत थोड़े से सिपाहियों के साथ चित्तौरगढ़ के भीतर लाया गया। वहाँ से जब वह दर्पण में छाया देखकर लौटने लगा तब राजा उस पर पूरा विश्वास करके गढ़ के बाहर तक उसको पहुँचाने आया। बाहर अलाउद्दीन के सैनिक पहले से घात में लगे हुए थे। ज्यों ही राजा बाहर आया, वह पकड़ लिया गया और मुसलमानों के शिविर में, जो चित्तौर से थोड़ी दूर पर था, कैद कर लिया गया। राजा को कैद करके यह घोषणा की गई कि जब तक पद्मावती न भेज दी जाएगी, राजा नहीं छूट सकता।

'चित्तौर में हाहाकार मच गया। पद्मावती ने जब यह सुना तब उसने अपने मायके के गोरा और बादल नाम के दो सरदारों से मंत्रणा की। गोरा पद्मावती का चाचा लगता था और बादल गोरा का भतीजा था। उन दोनों ने राजा के उद्धार की एक युक्ति सोची। अलाउद्दीन के पास कहलाया गया कि पद्मावती जाएगी, पर रानी की मर्यादा के साथ। अलाउद्दीन अपनी सब सेना वहाँ से हटा दे और परदे का पूरा इंतजाम कर दे। पद्मावती के साथ बहुत सी दासियाँ रहेंगी और दासियों के सिवा बहुत सी सखियाँ भी होंगी जो उसे केवल पहुँचाने और विदा करने जाएँगी। अंत में सौ पालकियाँ अलाउद्दीन के खेमे की ओर चलीं। हर एक पालकी में एक-एक सशस्त्र वीर राजपूत बैठा था। एक-एक पालकी उठाने वाले जो छह-छह कहार थे वे भी कहार बने हुए सशस्त्र सैनिक थे। जब वे शाही खेमे के पास पहुँचे तब चारों ओर कनातें घेर दी गईं। पालकियाँ उतारी गईं।

'पद्मावती को अपने पति से अंतिम भेंट के लिए आधे घंटे का समय दिया गया। राजपूत चटपट राजा को पालकी में बिठाकर चित्तौरगढ़ की ओर चल पड़े। शेष पालकियाँ मानो पद्मावती के साथ दिल्ली जाने के लिए रह गईं। अलाउद्दीन की भीतरी इच्छा भीमसी को चित्तौरगढ़ जाने देने की न थी। देर देखकर वह घबराया।

इतने में पालकियों से वीर राजपूत निकल पड़े। अलाउद्दीन पहले से सतर्क था। उसने पीछा करने का हुक्म दिया। पालकियों से निकले हुए राजपूत बड़ी वीरता से उन पीछा करने वालों को कुछ देर तक रोके रहे पर अंत में एक-एक करके वे सब मारे गए।

'इधर भीमसी के लिए बहुत तेज घोड़ा तैयार खड़ा था। वह उस पर सवार होकर गोरा, बादल आदि कुछ चुने साथियों के साथ चित्तौरगढ़ के भीतर पहुँच गया। पीछा करने वाली मुसलमान सेना फाटक तक साथ लगी आई। फाटक पर घोर युद्ध हुआ। गोरा बादल के नेतृत्व में राजपूत वीर खूब लड़े। अलाउद्दीन अपना सा मुँह लेकर दिल्ली लौट गया; पर इस युद्ध में चित्तौर के चुने-चुने वीर काम आए। गोरा भी इसी युद्ध में मारा गया। बादल, जो चारणों के अनुसार केवल बारह वर्ष का था, बड़ी वीरता के साथ लड़कर जीता बच आया। उसके मुँह से अपने पति की वीरता का वृत्तांत सुनकर गोरा की स्त्री सती हो गई।

'अलाउद्दीन ने संवत् 1346 (सन् 1290 ई.; पर फरिश्ता के अनुसार सन् 1303 ई. जो कि ठीक माना जाता है) में फिर चित्तौरगढ़ पर चढ़ाई की। इसी दूसरी चढ़ाई में राणा अपने ग्यारह पुत्रों सहित मारे गए। जब राणा के ग्यारह पुत्र मारे जा चुके और स्वयं राणा के युद्धक्षेत्र में जाने की बारी आई तब पद्मावती ने जौहर किया। कई सहस्र राजपूत ललनाओं के साथ पद्मावती ने चित्तौरगढ़ के उस गुप्त भूधरे में प्रवेश किया जहाँ उन सती स्त्रियों को अपनी गोद में लेने के लिए आग दहक रही थी। इधर यह कांड समाप्त हुआ उधर वीर भीमसी ने रणक्षेत्र में शरीरत्याग किया।'

टाड ने जो वृत्त दिया है वह राजपूताने में रक्षित चारणों के इतिहासों के आधार पर है। दो-चार ब्योरों को छोड़कर ठीक यही वृत्तांत 'आइने अकबरी' में दिया हुआ है। 'आइने अकबरी' में भीमसी के स्थान पर रतनसी (रत्नसिंह या रत्नसेन) नाम है। रतनसी के मारे जाने का ब्योरा भी दूसरे ढंग पर है। 'आइने अकबरी' में लिखा है कि अलाउद्दीन दूसरी चढ़ाई में भी हारकर लौटा। वह लौटकर चित्तौर से सात कोस पहुँचा था कि रुक गया और मैत्री का नया प्रस्ताव भेजकर रतनसी को मिलने के लिए बुलाया। अलाउद्दीन की बार-बार की चढ़ाइयों से रतनसी ऊब गया था इससे उसने मिलना स्वीकार किया। एक विश्वासघाती को साथ लेकर वह अलाउद्दीन से मिलने गया और धोखे से मार डाला गया। उसका संबंधी अरसी चटपट चित्तौर के सिंहासन पर बिठाया गया। अलाउद्दीन चित्तौर की ओर फिर लौटा और उस पर अधिकार किया। अरसी मारा गया और पद्मावती सब स्त्रियों के सहित सती हो गई।

इन दोनों ऐतिहासिक वृत्तों के साथ जायसी द्वारा वर्णित कथा का मिलान करने से कई बातों का पता चलता है। पहली बात तो यह है कि जायसी ने जो 'रत्नसेन' नाम दिया है यह उनका कल्पित नहीं है, क्योंकि प्रायः उनके समसामयिक या थोड़े ही पीछे के ग्रंथ 'आइने अकबरी' में भी यही नाम आया था। यह नाम अवश्य इतिहासज्ञों

में प्रसिद्ध था। जायसी को इतिहास की जानकारी थी, यह 'जायसी की जानकारी' के प्रकरण में हम दिखावेंगे। दूसरी बात यह है कि जायसी ने रत्नसेन का मुसलमानों के हाथ से मारा जाना न लिखकर जो देवपाल के साथ द्वंद्वयुद्ध में कुंभलनेर गढ़ के नीचे मारा जाना लिखा है उसका आधार शायद विश्वासघाती के साथ बादशाह से मिलने जाने वाला वह प्रवाद हो जिसका उल्लेख आइने अकबरीकार ने किया है।

अपनी कथा को काव्योपयोगी स्वरूप देने के लिए ऐतिहासिक घटनाओं के ब्योरों में कुछ फेरफार करने का अधिकार कवि को बराबर रहता है। जायसी ने भी इस अधिकार का उपयोग कई स्थानों पर किया है। सबसे पहले तो हमें राघव चेतन की कल्पना मिलती है। इसके उपरांत अलाउद्दीन के चित्तौरगढ़ घेरने पर संधि की जो शर्त (समुद्र से पाई हुई पाँच वस्तुओं को देने की) अलाउद्दीन की ओर से पेश की गई वह भी कल्पित है। इतिहास में दर्पण के बीच पद्मावती की छाया देखने की शर्त प्रसिद्ध है। पर दर्पण के प्रतिबिंब देखने की बात का जायसी ने आकस्मिक घटना के रूप में वर्णन किया है। इतना परिवर्तन कर देने से नायक रत्नसेन के गौरव की पूर्ण रूप से रक्षा हुई है। पद्मावती की छाया भी दूसरे को दिखाने पर सम्मत होना रत्नसेन ऐसे पुरुषार्थी के लिए कवि ने अच्छा नहीं समझा। तीसरा परिवर्तन कवि ने यह किया है कि अलाउद्दीन के शिविर में बंदी होने के स्थान पर रत्नसेन का दिल्ली में बंदी होना लिखा है। रत्नसेन को दिल्ली में ले जाने से कवि को दूती और जोगिन के वृत्तांत, रानियों के विरह और विलाप तथा गोरा बादल के प्रयत्न विस्तार का पूरा अवकाश मिला है। इस अवकाश के भीतर जायसी ने पद्मावती के सतीत्व की मनोहर व्यंजना के अनंतर बालक बादल का वह क्षात्र तेज तथा कर्तव्य की कठोरता का वह दिव्य और मर्मस्पर्शी दृश्य दिखाया है जो पाठक के हृदय को द्रवीभूत कर देता है। देवपाल और अलाउद्दीन का दूती भेजना तथा बादल और उसकी स्त्री का संवाद, ये दोनों प्रसंग इसी निमित्त कल्पित किए गए हैं। देवपाल कल्पित पात्र है, पीछा करते हुए अलाउद्दीन के चित्तौर पहुँचने के पहले ही रत्नसेन का देवपाल के हाथ से मारा जाना और अलाउद्दीन के हाथ से न पराजित होना दिखाकर कवि ने अपने चरितनायक की आन रखी है।

पद्मावती क्या सचमुच सिंहल की थी? पद्मावती सिंहलद्वीप की हो नहीं सकती। यदि 'सिंहल' नाम ठीक मानें तो वह राजपूताने या गुजरात का कोई स्थान होगा। न तो सिंहलद्वीप में चौहान आदि राजपूतों की बस्ती का कोई पता है, न इधर हजार वर्ष से कूपमंडूक बने हुए हिंदुओं के सिंहलद्वीप में जाकर विवाह संबंध करने का। दुनिया जानती है कि सिंहलद्वीप के लोग (तमिल और सिंहली दोनों) कैसे काले-कलूटे होते हैं। यहाँ पर पद्मावती स्त्रियों का पाया जाना गोरखपंथी साधुओं की कल्पना है।

नाथपंथ की परंपरा वास्तव में महायान शाखा के योगमार्गी बौद्धों की थी जिसे

गोरखनाथ ने शैव रूप दिया। बौद्ध धर्म जब भारतवर्ष से उठ गया तब उसके शास्त्रों के अध्ययन-अध्यापन का प्रचार यहाँ न रह गया। सिंहलद्वीप में ही बौद्ध शास्त्रों के अच्छे-अच्छे पंडित रह गए। इसी से भारतवर्ष के अवशिष्ट योगमार्गी बौद्धों में सिंहलद्वीप एक सिद्धपीठ समझा जाता रहा। इसी धारणा के अनुसार गोरखनाथ के अनुयायी भी सिंहलद्वीप को एक सिद्धपीठ मानते हैं। उनका कहना है कि योगियों को पूर्ण सिद्धि प्राप्त करने के लिए सिंहलद्वीप जाना पड़ता है जहाँ साक्षात् शिव परीक्षा के पीछे सिद्धि प्रदान करते हैं। पर वहाँ जानेवाले योगियों के शम दम की पूरी परीक्षा होती है। वहाँ सुवर्ण और रत्नों की अतुल राशि सामने आती है तथा पद्मावती स्त्रियाँ अनेक प्रकार से लुभाती हैं। बहुत से योगी उन पद्मावतियों के हाव-भाव में फँस योगभ्रष्ट हो जाते हैं। कहते हैं, गोरखनाथ (वि. संवत् 1407) के गुरु मत्स्येंद्रनाथ (मछंदरनाथ) जब सिंहल में सिद्धि की पूर्णता के लिए गए तब पद्मावतियों के जाल में इसी प्रकार फँस गए। पद्मावतियों ने उन्हें एक कुएँ में डाल रखा था। अपने गुरु की खोज में गोरखनाथ भी सिंहल गए और उसी कुएँ के पास से होकर निकले। उन्होंने अपने गुरु की आवाज पहचानी और कुएँ के किनारे खड़े होकर बोले 'जाग मछंदर गोरख आया।' इसी प्रकार की और कहानियाँ प्रसिद्ध हैं।

अब 'पदमावत' की पूर्वार्ध कथा के संबंध में एक और प्रश्न यह होता है कि वह जायसी द्वारा कल्पित है अथवा जायसी के पहले से कहानी के रूप में जनसाधारण के बीच प्रचलित चली आती है। उत्तर भारत में, विशेषतः अवध में, 'पद्मावती रानी और हीरामन सूए' की कहानी अब तक प्रायः उसी रूप में कही जाती है जिस रूप में जायसी ने उसका वर्णन किया है। जायसी इतिहासविज्ञ थे इससे उन्होंने रत्नसेन, अलाउद्दीन आदि नाम दिए हैं, पर कहानी कहने वाले नाम नहीं लेते हैं; केवल यही कहते हैं कि 'एक राजा था', 'दिल्ली का एक बादशाह था', इत्यादि। यह कहानी बीच-बीच में गा-गाकर कही जाती है। जैसे, राजा की पहली रानी जब दर्पण में अपना मुँह देखती है तब सूए से पूछती है–

देस देस तुम फिरौ हौ सुअटा! मोरे रूप और कहु कोई?

सूआ उत्तर देता है–

काह बखानौं सिंहल कै रानी। तोरे रूप भरैं सब पानी।।

इसी प्रकार 'बाला लखनदेव' आदि की और रसात्मक कहानियाँ अवध में प्रचलित हैं जो बीच-बीच में गा-गाकर कही जाती हैं।

इस संबंध में हमारा अनुमान है कि जायसी ने प्रचलित कहानी को ही लेकर सूक्ष्म ब्योरों की मनोहर कल्पना करके, इसे काव्य का सुंदर स्वरूप दिया है। इस मनोहर कहानी को कई लोगों ने काव्य के रूप में बाँधा। हुसैन गजनबी ने 'किस्सए पदमावत' नाम का एक फारसी काव्य लिखा। सन् 1652 ई. में रायगोविंद मुंशी ने पद्मावती की कहानी फारसी गद्य में 'तुकफतुल कुलूब' के नाम से लिखी। उसके

पीछे मीर जियाउद्दीन 'इब्रत' और गुलामअली 'इशरत' ने मिलकर सन् 1769 ई. में उर्दू शे'रों में इस कहानी को लिखा। यह कहा जा चुका है कि मलिक मुहम्मद जायसी ने अपनी पदमावत सन् 1520 ई. में लिखी थी।

'पदमावत' की प्रेमपद्धति

'पदमावत' की जो आख्यायिका ऊपर दी जा चुकी है उससे स्पष्ट है कि वह एक प्रेम कहानी है। अब संक्षेप में यह देखना चाहिए कि कवियों में दांपत्य प्रेम का आविर्भाव वर्णन करने की जो प्रणालियाँ प्रचलित हैं उनमें से 'पदमावत' में वर्णित प्रेम किसके अंतर्गत आता है।

(1) सबसे पहले उस प्रेम को लीजिए जो आदिकाव्य रामायण में दिखाया गया है। इसका विकास विवाह संबंध हो जाने के पीछे और पूर्ण उत्कर्ष जीवन की विकट स्थितियों में दिखाई पड़ता है। राम के वन जाने की तैयारी के साथ ही सीता के प्रेम का स्फुरण होता है; सीताहरण होने पर राम के प्रेम की कांति सहसा फूटती हुई दिखाई पड़ती है। वन के जीवन में इस पारस्परिक प्रेम की आनंदविधायिनी शक्ति लक्षित है और लंका की चढ़ाई में इसका तेज, साहस और पौरुष। यह प्रेम अत्यंत स्वाभाविक, शुद्ध और निर्मल है। यह विलासिता या कामुकता के रूप में हमारे सामने नहीं आता बल्कि मनुष्य जीवन के बीच एक मानसिक शक्ति के रूप में दिखाई पड़ता है। उभय पक्ष में सम होने पर भी नायक पक्ष में यह कर्तव्यबुद्धि द्वारा कुछ संयत सा दिखाई पड़ता है।

(2) दूसरे प्रकार का प्रेम विवाह के पूर्व का होता है, विवाह जिसका फलस्वरूप होता है। इसमें नायक-नायिका संसारक्षेत्र में घूमते-फिरते हुए कहीं—जैसे उपवन, नदीतट, वीथी इत्यादि में एक-दूसरे को देख मोहित होते हैं और दोनों में प्रीति हो जाती है। अधिकतर नायक की ओर से नायिका की प्राप्ति का प्रयत्न होता है। इसी प्रयत्नकाल में संयोग और विप्रलंभ दोनों के अवसरों का सन्निवेश रहता है और विवाह हो जाने पर प्रायः कथा की समाप्ति हो जाती है। इसमें कहीं बाहर घूमते-फिरते साक्षात्कार होता है, इससे मनुष्य के आदिम प्राकृतिक जीवन की स्वाभाविकता बनी रहती है। अभिज्ञान शाकुंतल, विक्रमोर्वशीय आदि की कथा इसी प्रकार की है। गोस्वामी तुलसीदासजी ने सीता और राम के प्रेम का आरंभ विवाह से पूर्व दिखाने के लिए ही उनका जनक की वाटिका में परस्पर साक्षात्कार कराया है। पर साक्षात्कार और विवाह के बीच के थोड़े से अवकाश में परशुरामवाले झमेले को छोड़ प्रयत्न का कोई विस्तार दिखाई नहीं पड़ता। अतः रामकथा को इस दूसरे प्रकार की प्रेमकथा का स्वरूप न प्राप्त हो सका।

(3) तीसरे प्रकार के प्रेम का उदय प्रायः राजाओं के अंतःपुर, उद्यान आदि के भीतर भोगविलास या रंग रहस्य के रूप में दिखाया जाता है, जिसमें सपत्नियों

के द्वेष, विदूषक आदि के हास-परिहास और राजाओं की स्त्रैणता आदि का दृश्य होता है। उत्तरकाल के संस्कृत नाटकों में इसी प्रकार के पौरुषहीन, निःसार और विलासमय प्रेम का प्रायः वर्णन हुआ है, जैसे रत्नावली, प्रियदर्शिका, कर्पूरमंजरी इत्यादि में। इसमें नायक को कहीं वन, पर्वत आदि के बीच नहीं जाना पड़ता है; वह घर के भीतर ही लुकता- छिपता, चौकड़ी भरता दिखाया गया है।

(4) चौथे प्रकार का वह प्रेम है जो गुणश्रवण, चित्रदर्शन, स्वप्नदर्शन आदि से बैठे-बिठाए उत्पन्न होता है और नायक या नायिका को संयोग के लिए प्रयत्नवान करता है। उषा और अनिरुद्ध का प्रेम इसी प्रकार का समझिए जिसमें प्रयत्न स्त्री जाति की ओर से होने के कारण कुछ अधिक विस्तार या उत्कर्ष नहीं प्राप्त कर सका है। पर स्त्रियों का प्रयत्न भी यह विस्तार या उत्कर्ष प्राप्त कर सकता है इसकी सूचना भारतेंदु ने 'पगन में छाले परे, नाँघिबे को नाले परे, तऊ लाल लाले परे रावरे दरस के' के द्वारा दिया है।

इन चार प्रकार के प्रेमों का वर्णन नये और पुराने भारतीय साहित्य में है। ध्यान देने की बात यह है कि विरह की व्याकुलता और असह्य वेदना स्त्रियों के मत्थे अधिक मढ़ी गई है। प्रेम के वेग की मात्रा स्त्रियों में अधिक दिखाई गई है। नायक के दिन-दिन क्षीण होने, विरहताप में भस्म होने, सूखकर ठठरी होने के वर्णन में कवियों का जी उतना नहीं लगा है। बात यह कि स्त्रियों की शृंगारचेष्टा वर्णन करने में पुरुषों को जो आनंद आता है, वह पुरुषों की दशा का वर्णन करने में नहीं। इसी से स्त्रियों का विरहवर्णन हिंदी काव्य का एक प्रधान अंग ही बन गया। ऋतुवर्णन तो केवल इसी की बदौलत रह गया।

कहने की आवश्यकता नहीं कि जायसी ने 'पदमावत' में जिस प्रेम का वर्णन किया है वह चौथे ढंग का है। पर इसमें वे कुछ विशेषता भी लाए हैं। जायसी के शृंगार में मानसिक पक्ष प्रधान है, शारीरिक गौण है। चुंबन, आलिंगन आदि का वर्णन कवि ने बहुत कम किया है, केवल मन के उल्लास और वेदना का कथन अधिक किया है। प्रयत्न नायक की ओर से है और उसकी कठिनता द्वारा कवि ने नायक के प्रेम को नापा है। नायक का यह आदर्श लैला-मजनूँ, शीरीं-फरहाद आदि उन अरबी-फारसी कहानियों के आदर्श से मिलता-जुलता है जिनसे हड्डी की ठठरी भर लिये हुए टाँकियों से पहाड़ खोद डालने वाले आशिक पाए जाते हैं। फारस के प्रेम में नायक के प्रेम का वेग अधिक तीव्र दिखाई पड़ता है और भारत के प्रेम में नायिका के प्रेम का। जायसी ने आगे चलकर नायक और नायिका दोनों के प्रेम को तीव्रता को समान करके दोनों आदर्शों का एक में मेल कर दिया है। राजा रत्नसेन सूए के मुँह से पद्मावती का रूपवर्णन सुन योगी होकर घर से निकल जाता है और मार्ग के अनेक दुःखों को झेलता हुआ सात समुद्र पार करके सिंहलद्वीप पहुँचता है। उधर पद्मावती भी राजा के प्रेम को सुन विरहाग्नि में जलती हुई साक्षात्कार के लिए विह्वल

होती है और जब रत्नसेन को सूली की आज्ञा होती है तब उसके लिए मरने को तैयार होती है।

एक प्रकार का और मेल भी कवि ने किया है। फारसी की मसनवियों का प्रेम ऐकांतिक, लोकबाह्य और आदर्शात्मक (आयडियलिस्टिक) होता है। वह संसार की वास्तविक परिस्थिति के बीच नहीं दिखाया जाता, संसार की और सब बातों से अलग एक स्वतंत्र सत्ता के रूप में दिखाया जाता है। उससे जो घटनाएँ आती हैं वे केवल प्रेममार्ग की होती हैं, संसार के और व्यवहारों से उत्पन्न नहीं। साहस, दृढ़ता और वीरता भी यदि कहीं दिखाई पड़ती है, तो प्रेमोन्माद के रूप में, लोककर्तव्य के रूप में नहीं। भारतीय प्रेम पद्धति आदि में तो लोकसंबद्ध और व्यवहारात्मक थी ही, पीछे भी अधिकतर वैसी ही रही। आदिकवि के काव्य में प्रेम लोकव्यवहार से कहीं अलग नहीं दिखाया गया है, जीवन के और विभागों के सौंदर्य के बीच उसके सौंदर्य की प्रभा फूटती दिखाई पड़ती है। राम के समुद्र में पुल बाँधने और रावण ऐसे प्रचंड शत्रु के मार गिराने को हम केवल एक प्रेमी के प्रयत्न के रूप में नहीं देखते, वीर धर्मानुसार पृथ्वी का भारत उतारने के प्रयत्न के रूप में देखते हैं। पीछे कृष्णचरित, कादंबरी, नैषधीय चरित, माधवानल कामकंदला आदि ऐकांतिक प्रेम कहानियों का भी भारतीय साहित्य में प्रचुर प्रचार हुआ। ये कहानियाँ अब फारस की प्रेमपद्धति के अधिक मेल में थीं। नल-दमयंती की प्रेम कहानी का अनुवाद बहुत पहले फारसी क्या अरबी तक में हुआ। इन कहानियों का उल्लेख 'पदमावत' में स्थान-स्थान पर हुआ है।

जायसी ने यद्यपि इश्क के दास्तानवाली मसनवियों के प्रेम के स्वरूप को प्रधान रखा है पर बीच-बीच में भारत के लोक-व्यवहार-संलग्न स्वरूप का भी मेल किया है। इश्क की मसनवियों के समान 'पदमावत' लोकपक्षशून्य नहीं है। राजा जोगी होकर घर से निकलता है, इतना कहकर कवि यह भी कहता है कि चलते समय उसकी माता और रानी दोनों उसे रो-रोकर रोकती हैं। जैसे कवि ने राजा से संयोग होने पर पद्मावती के रसरंग का वर्णन किया वैसे ही सिंहलद्वीप से विदा होते समय परिजनों और सखियों से अलग होने का स्वाभाविक दुःख भी। कवि ने जगह-जगह पद्मावती को जैसे चंद्र, कमल इत्यादि के रूप में देखा है, वैसे ही उसे प्रथम समागम से डरते, सपत्नी से झगड़ते और प्रिय के हित के अनुकूल लोकव्यवहार करते भी देखा है। राघव चेतन के निकाले जाने पर राजा और राज्य के अनिष्ट की आशंका से पद्मावती उस ब्राह्मण को अपना खास कंगन दान देकर संतुष्ट करना चाहती है। प्रेम का लोकपक्ष कैसा सुंदर है! लोकव्यवहार के बीच भी अपनी आभा का प्रसार करने वाली प्रेम ज्योति का महत्त्व कुछ कम नहीं।

जायसी ऐकांतिक प्रेम की गूढ़ता और गंभीरता के बीच में जीवन के और अंगों के साथ भी उस प्रेम के संपर्क का स्वरूप कुछ दिखाते गए हैं, इससे उनकी

प्रेमगाथा पारिवारिक और सामाजिक जीवन से विच्छिन्न होने से बच गई है। उसमें भावात्मक और व्यवहारात्मक दोनों शैलियों का मेल है। पर है वह प्रेमगाथा ही, पूर्ण जीवनगाथा नहीं। ग्रंथ का पूर्वार्ध—आधे से अधिक भाग—तो प्रेममार्ग के विवरण से ही भरा है। उत्तरार्ध में जीवन के और अंगों का सन्निवेश मिलता है पर वे पूर्णतया परिस्फुट नहीं हैं। दांपत्य प्रेम के अतिरिक्त मनुष्य की और वृत्तियाँ, जिनका कुछ विस्तार के साथ समावेश है, वे यात्रा, युद्ध, सपत्नीकलह, मातृस्नेह, स्वामिभक्ति, वीरता, छल और सतीत्व हैं। पर इनके होते हुए भी 'पदमावत' को हम शृंगार-रस-प्रधान काव्य ही कह सकते हैं। 'रामचरित' के समान मनुष्य जीवन की भिन्न-भिन्न बहुत सी परिस्थितियों और संबंधों का इसमें समन्वय नहीं है।

तोते के मुँह से पद्मावती का रूपवर्णन सुनने से राजा रत्नसेन को जो पूर्वराग हुआ, अब उस पर थोड़ा विचार कीजिए। देखने में तो वह उसी प्रकार का जान पड़ता है जिस प्रकार का हंस के मुख से दमयंती का रूपवर्णन सुनकर नल को या नल का रूपवर्णन सुनकर दमयंती को हुआ था। पर ध्यान देकर विचार करने से दोनों में एक ऐसा अंतर दिखाई पड़ेगा जिसके कारण एक की तीव्रता जितनी अयुक्त दिखाई देगी उतनी दूसरे की नहीं। पूर्वराग में ही विप्रलंभ शृंगार की बहुत सी दशाओं की योजना श्रीहर्ष ने भी की है और जायसी ने भी। पूर्वराग पूर्ण रति नहीं है, अतः उसमें केवल 'अभिलाष' स्वाभाविक जान पड़ता है; शरीर का सूखकर काँटा होना, मूर्छा, उन्माद नहीं। तोते के मुँह से पहले ही पहले पद्मावती का वर्णन सुनते ही रत्नसेन का मूर्छित हो जाना और पूर्ण वियोगी बन जाना अस्वाभाविक सा लगता है। पर हंस के मुँह से रूप, गुण आदि की प्रशंसा सुनने पर जो विरह की दारुण दशा दिखाई गई है वह इसलिए नहीं अधिक खटकती कि नल और दमयंती दोनों बहुत दिनों से एक-दूसरे के रूप-गुण की प्रशंसा सुनते आ रहे थे जिससे उनका पूर्वराग 'मंजिष्ठा राग' की अवस्था को पहुँच गया था।

जब तक पूर्वराग आगे चलकर पूर्ण रति या प्रेम के रूप में परिणत नहीं होता तब तक उसे हम चित्त की कोई उदात्त या गंभीर वृत्ति नहीं कह सकते। हमारी समझ में तो दूसरे के द्वारा, चाहे वह चिड़िया हो या आदमी, किसी पुरुष या स्त्री के रूप, गुण आदि को सुनकर चट उसकी प्राप्ति की इच्छा उत्पन्न करने वाला भाव लोभ मात्र कहला सकता है, परिपुष्ट प्रेम नहीं। लोभ और प्रेम के लक्ष्य में सामान्य और विशेष का ही अंतर समझा जाता है। कहीं कोई अच्छी चीज सुनकर दौड़ पड़ना, यह लोभ है। विशेष वस्तु—चाहे दूसरों के निकट वह अच्छी हो या बुरी—देख उसमें इस प्रकार रम जाना कि उससे कितनी ही बढ़कर अच्छी वस्तुओं के सामने आने पर भी उनकी ओर ध्यान न जाये, प्रेम है। व्यवहार में भी प्रायः देखा जाता है कि वस्तुविशेष के ही प्रति जो लोभ होता है वह लोभ नहीं कहलाता। जैसे, यदि कोई मनुष्य पकवान या मिठाई का नाम सुनते ही चंचल हो जाए तो लोग कहेंगे कि वह

बड़ा लालची है, पर यदि कोई केवल गुलाबजामुन का नाम आने पर चाह प्रकट करे तो लोग यही कहेंगे कि इन्हें गुलाबजामुन बहुत अच्छी लगती है। तत्काल सुने हुए रूपवर्णन से उत्पन्न 'पूर्वराग' और 'प्रेम' में भी इसी प्रकार का अंतर समझिए। पूर्वराग रूपगुणप्रधान होने के कारण सामान्योन्मुख होता है पर प्रेम व्यक्तिप्रधान होने के कारण विशेषोन्मुख होता है। एक ने आकर कहा, अमुक बहुत सुंदर है; फिर कोई दूसरा आकर कहता है कि अमुक नहीं अमुक बहुत सुंदर है। इस अवस्था में बुद्धि का व्यभिचार बना रहेगा। प्रेम में पूर्ण व्यभिचारशांति प्राप्त हो जाती है।

कोई वस्तु बहुत बढ़िया है, जैसे यह सुनकर हमें उसका लोभ हो जाता है, वैसे ही कोई व्यक्ति बहुत सुंदर है, इतना सुनते ही उसकी जो चाह उत्पन्न हो जाती है वह साधारण लोभ से भिन्न नहीं कही जा सकती। प्रेम भी लोभ ही है पर विशेषोन्मुख। वह मन और मन के बीच का लोभ है, हृदय और हृदय के बीच का संबंध है। उसके एक पक्ष में भी हृदय है और दूसरे पक्ष में भी। अतः सच्चा सजीव प्रेम प्रेममात्र के हृदय को स्पर्श करने का प्रयत्न पहले करता है, शरीर पर अधिकार करने का प्रयत्न पीछे करता है, सुंदर स्त्री कोई बहुमूल्य पत्थर नहीं है कि अच्छा सुना और लेने के लिए दौड़ पड़े। इस प्रकार का दौड़ना रूपलोभ ही कहा जाएगा, प्रेम नहीं।

बिना परिचय के प्रेम नहीं हो सकता। यह परिचय पूर्णतया तो साक्षात्कार से होता है; पर बहुत दिनों तक किसी के रूप, गुण, कर्म आदि का ब्योरा सुनते-सुनते भी उसका ध्यान मन में जगह कर लेता है। किसी के रूप-गुण की प्रशंसा सुनते ही एकबारगी प्रेम उत्पन्न हो जाना स्वाभाविक नहीं जान पड़ता। प्रेम दूसरे की आँखों नहीं देखता, अपनी आँखों देखता है। अतः राजा रत्नसेन तोते के मुँह से पद्मावती का अलौकिक रूपवर्णन सुन जिस भाव की प्रेरणा से निकल पड़ता है वह पहले रूपलोभ ही कहा जा सकता है। इस दृष्टि से देखने पर कवि जो उसके प्रयत्न को तप का स्वरूप देता हुआ आत्मत्याग और विरहविकलता का विस्तृत वर्णन करता है वह एक नकल सा मालूम होता है। प्रेमलक्षण उसी समय दिखाई पड़ता है जब वह शिवमंदिर में पद्मावती की झलक देख बेसुध हो जाता है। इस प्रेम की पूर्णता उस समय स्फुट होती है जब पार्वती अप्सरा का रूप धारण करके उसके सामने आती हैं और वह उनके रूप की ओर ध्यान न देकर कहता है कि—

भलेहि रंग अछरी तोर राता। मोहिं दुसरे सौं भाव न बाता।।

उक्त कथन से रूपलोभ की व्यंजना नहीं होती, प्रेम की व्यंजना होती है। प्रेम दूसरा रूप चाहता नहीं, चाहे वह प्रेमपात्र के रूप से कितना ही बढ़कर हो। लैला कुछ बहुत खूबसूरत न थी, पर मजनूँ उसी पर मरता था। यही विशिष्टता और एकनिष्ठता प्रेम है। पर इस विशिष्टता के लिए निर्दिष्ट भावना चाहिए जो एक तोते के वर्णन मात्र से नहीं प्राप्त हो सकती। भावना को निर्दिष्ट करने के लिए ही मनस्तत्व से अभिज्ञ कवि पूर्वराग के बीच चित्रदर्शन की योजना करते हैं। पर यह रूपभावना

पूर्ण रूप से निर्दिष्ट साक्षात्कार द्वारा ही होती है। शिवमंदिर में पद्मावती की एक झलक जब राजा ने देखी तभी उसकी भावना निर्दिष्ट हुई। मंदिर में उस साक्षात्कार के पूर्व राजा की भावना निर्दिष्ट नहीं कही जा सकती। मान लीजिए कि सिंहल के तट पर उतरते ही वही अप्सरा कहती है कि 'मैं ही पद्मावती हूँ' और तोता भी सकारता, तो रत्नसेन उसे स्वीकार ही कर लेता। ऐसी अवस्था में उसके प्रेम का लक्ष्य निर्दिष्ट कैसे कहा जा सकता है? अतः रूपवर्णन सुनते ही रत्नसेन के प्रेम का जो प्रबल और अदम्य स्वरूप दिखाया गया है वह प्राकृतिक व्यवहार की दृष्टि से उपयुक्त नहीं दिखाई पड़ता।

राजा रत्नसेन तोते के मुँह से पद्मावती का रूपवर्णन सुन उसके लिए जोगी होकर निकल पड़ा और अलाउद्दीन ने राघव चेतन के मुँह से वैसा ही वर्णन सुन उसके लिए चित्तौर पर चढ़ाई कर दी। क्यों एक प्रेमी के रूप में दिखाई पड़ता है और दूसरा रूपलोभी लंपट के रूप में? अलाउद्दीन के विपक्ष में दो बातें ठहरती हैं–(1) पद्मावती का दूसरे को विवाहिता स्त्री होना और (2) अलाउद्दीन का उग्र प्रयत्न करना। दोनों प्रकार के अनौचित्य अलाउद्दीन की चाह को प्रेम का स्वरूप प्राप्त नहीं होने देते। यदि इस अनौचित्य का विचार छोड़ दें तो रूपवर्णन सुनते ही तत्काल दोनों के हृदय में जो चाह उत्पन्न हुई वह एक दूसरे से भिन्न नहीं जान पड़ती।

रत्नसेन के पूर्वराग के वर्णन में जो यह अस्वाभाविकता आई है इसका कारण है लौकिक प्रेम और ईश्वर प्रेम दोनों को एक स्थान पर व्यंजित करने का प्रयत्न। शिष्य जिस प्रकार गुरु से परोक्ष ईश्वर के स्वरूप का कुछ आभास पाकर प्रेममग्न होता है उसी प्रकार रत्नसेन तोते के मुँह से पद्मावती का रूपवर्णन सुन बेसुध हो जाता है। ऐसी ही अलौकिकता पद्मावती के पक्ष में भी कवि ने दिखाई है।

राजा रत्नसेन के सिंहल पहुँचते ही कवि ने पद्मावती की बेचैनी का वर्णन किया है। पद्मावती को अभी तक रत्नसेन के आने की कुछ भी खबर नहीं है। अतः यह व्याकुलता केवल काम की कही जा सकती है, वियोग की नहीं। बाह्य या अभ्यंतर संयोग के पीछे ही वियोगदशा संभव है। यद्यपि आचार्यों ने वियोगदशा को कामदशा ही कहा है पर दोनों में अंतर है। समागम के सामान्य अभाव का दुःख कामवेदना है और विशेष व्यक्ति के समागम के अभाव का दुःख वियोग है। जायसी के वर्णन में दोनों का मिश्रण है। रत्नसेन का नाम तक सुनने के पहले वियोग की व्याकुलता कैसे हुई, इसका समाधान कवि के पास यदि कुछ है तो रत्नसेन के योग का अलक्ष्य प्रभाव–

पदमावति तेहि जोग सँजोगा। परी प्रेम बस गहे वियोगा।।

साधनात्मक रहस्यवाद में योग जिस प्रकार अज्ञात ईश्वर के प्रति होता है उसी प्रकार सूफियों का प्रेमयोग भी अज्ञात के प्रति होता है। पर इस प्रकार के परोक्षवाद या योग के चमत्कार पर ध्यान जाने पर भी वह वर्णन के अनौचित्य की ओर बिना

गए नहीं रह सकता। जब कोई व्यक्ति निर्दिष्ट ही नहीं तब कहाँ का प्रेम और कहाँ का वियोग? उस कामदशा में पद्मावती को धाय समझा ही रही है कि हीरामन सूआ आकर रत्नसेन के रूप-गुण का वर्णन करता है और पद्मावती उसकी प्रेमव्यथा और तप को सुनकर दयार्द्र और पूर्वरागयुक्त होती है। पूर्वराग का आरंभ पद्मावती में यहीं से समझना चाहिए। अतः इसके पहले योग की दुहाई देकर भी वियोग का नाम लेना ठीक नहीं जँचता।

विवाह हो जाने के पीछे पद्मावती का प्रेम दो अवसरों पर अपना बल दिखाता है। एक तो उस समय जब राजा रत्नसेन के दिल्ली में बंदी होने का समाचार मिलता है और फिर उस समय जब राजा युद्ध में मारा जाता है ये दोनों अवसर विपत्ति के हैं। साधारण दृष्टि से एक में आशा के लिए स्थान है, दूसरे में नहीं। पर सच्चे पहुँचे हुए प्रेमी के समान प्रथम स्थिति में तो पद्मावती संसार की ओर दृष्टि रखती हुई विह्वल और क्षुब्ध दिखाई पड़ती है; और दूसरी स्थिति दूसरे लोक की ओर दृष्टि फेरे हुए पूर्ण आनंदमयी और प्रशांत। राजा के बंदी होने का समाचार पाने पर रानी के विरहविह्वल हृदय में उद्योग और साहस का उदय होता है। वह गोरा और बादल के पास आप दौड़ी जाती है और रो-रोकर अपने पति के उद्धार की प्रार्थना करती है। राजा रत्नसेन के मरने पर रोना-धोना नहीं सुनाई देता। नागमती और पद्मावती दोनों शृंगार करके प्रिय से उस लोक में मिलने के लिए तैयार होती हैं। यह दृश्य हिंदू स्त्री के जीवन दीपक की अत्यंत उज्ज्वल और दिव्य प्रभा है जो निर्वाण के पूर्व दिखाई पड़ती है।

राजा के बंदी होने पर जिस प्रकार कवि ने पद्मावती के प्रेमप्रसूत साहस का दृश्य दिखाया है उसी प्रकार सतीत्व की दृढ़ता का भी। पर यह कहना पड़ता है कि कवि ने जो कसौटी तैयार की है वह इतने बड़े प्रेम के उपयुक्त नहीं हुई है। कुंभलनेर का राजा देवपाल रूप, गुण, ऐश्वर्य, पराक्रम, प्रतिष्ठा किसी में भी रत्नसेन की बराबरी का न था। अतः उसका दूती भेजकर पद्मावती को बहकाने का प्रयत्न गड़ा हुआ खंभा ढकेलने का बाल-प्रयत्न सा लगता है। इस घटना के सन्निवेश से पद्मावती के सतीत्व की उज्ज्वल कांति में और अधिक ओप चढ़ती नहीं दिखाई देती। यदि वह दूती दिल्ली के बादशाह की होती और वह दिल्लीश्वर की सारी शक्ति और विभूति का लोभ दिखाती तो अलबत्ता यह घटना किसी हद तक इतने बड़े प्रेम की परीक्षा का पद प्राप्त कर सकती थी; क्योंकि देवलदेवी और कमलादेवी के विपरीत आचरण का दृष्टांत इतिहासविज्ञ जानते ही हैं।

पद्मावती के नवप्रस्फुटित प्रेम के साथ-साथ नागमती का गार्हस्थ्यपरिपुष्ट प्रेम भी अत्यंत मनोहर है। पद्मावती प्रेमिका के रूप में अधिक लक्षित होती है, पर नागमती पतिप्राण हिंदू पत्नी के मधुर रूप में ही हमारे सामने आती है। उसे पहले पहल हम रूपगर्विता और प्रेमगर्विता के रूप में देखते हैं। ये दोनों प्रकार के गर्व दांपत्य सुख

के द्योतक हैं। राजा के निकल जाने के पीछे फिर हम उसे प्रोषितपतिका के उस निर्मल स्वरूप में देखते हैं जिसका भारतीय काव्य और संगीत में प्रधान अधिकार रहा है, और है। यह देखकर अत्यंत दुःख होता है कि प्रेम का यह पुनीत भारतीय स्वरूप विदेशीय प्रभाव से—विशेषतः उर्दू शायरी के चलते गीतों से—हटता सा जा रहा है। यार, महबूब, सितम, तेग, खंजर, जख्म, आबले, खून और मवाद आदि का प्रचार बढ़ रहा है। जायसी के भावुक हृदय ने स्वकीया के पुनीत प्रेम के सौंदर्य को पहचाना। नागमती का वियोग हिंदी साहित्य में विप्रलंभ शृंगार का अत्यंत उत्कृष्ट निरूपण है।

पुरुषों के बहुविवाह की प्रथा से उत्पन्न प्रेममार्ग की व्यावहारिक जटिलता को जिस दार्शनिक ढंग से कवि ने सुलझाया है वह ध्यान देने योग्य है। नागमती और पद्मावती को झगड़ते सुनकर दक्षिण नायक राजा रत्नसेन दोनों को समझाता है—

एक बार जेइ प्रिय मन बूझा। सो दुसरे सौं काहे क जूझा?
ऐसा ज्ञान मन जान न कोई। कबहूँ राति, कबहूँ दिन होई।।
धूप-छाँह दूनौ एक रंगा। दूनौ मिल रहहिं एक संगा।।
जूझब छाँड़हु, बूझहु दोऊ। सेव करहु, सेवाफल होऊ।।

कवि के अनुसार जिस प्रकार करोड़ों मनुष्यों का उपास्य एक ईश्वर होता है उसी प्रकार कई स्त्रियों का उपास्य एक पुरुष हो सकता है। पुरुष की यह विशेषता उसकी सबलता और उच्च स्थिति की भावना के कारण है जो बहुत प्राचीन काल से बद्धमूल है। इस भावना के अनुसार पुरुष स्त्री के प्रेम का ही अधिकारी नहीं है, पूज्य भाव का भी अधिकारी है। ऊपर की चौपाइयों में पति-पत्नी के पारस्परिक प्रेमसंबंध की बात बचाकर सेव्य-सेवक-भाव पर जोर दिया गया है। इसी प्रकार की युक्तियों से पुरानी रीतियों का समर्थन प्रायः किया जाता है। हिंदुओं और मुसलमानों दोनों में कई स्त्रियों से विवाह करने की रीति बराबर से है। अतः एक प्रेमगाथा के भीतर भी जायसी ने उसका सन्निवेश करके बड़े कौशल से उसके द्वारा मत संबंधी विवादशांति का उपदेश निकाला है।

वियोग पक्ष

जायसी का विरहवर्णन कहीं-कहीं अत्यंत अत्युक्तिपूर्ण होने पर भी मजाक की हद तक नहीं पहुँचने पाया है, उसमें गांभीर्य बना हुआ है। इनकी अत्युक्तियाँ बात की करामात नहीं जान पड़तीं, हृदय की अत्यंत तीव्र वेदना के शब्दसंकेत प्रतीत होती हैं। उनके अंतर्गत जिन पदार्थों का उल्लेख होता है वे हृदयस्थ ताप की अनुभूति का आभास देने वाले होते हैं; बाहर-बाहर से ताप की मात्रा नापनेवाले मानदंड मात्र नहीं। जाड़े के दिनों में भी पड़ोसियों तक पहुँच उन्हें बेचैन करनेवाले, शरीर पर रखे हुए कमल के पत्तों को भूनकर पापड़ बना डालनेवाले, बोतल का गुलाबजल सुखा

डालनेवाले ताप से कम ताप जायसी का नहीं है पर उन्होंने उसके वेदनात्मक और दृश्य अंश पर जितनी दृष्टि रखी है उतनी उसकी बाहरी नाप-जोख पर नहीं जो प्रायः ऊहात्मक हुआ करती है। नाप-जोखवाली ऊहात्मक पद्धति का जायसी ने कुछ ही स्थानों पर प्रयोग किया है। जैसे, राजा की प्रेमपत्रिका के इस वर्णन में—

आखर जरहिं, न काहू छूआ। तब दुख देखि चला लेइ सूआ।।

अथवा नागमती के विरहताप की इस व्यंजना में—

जेहि पंखी के नियर होइ, कहै बिरह कै बात।
सोई पंखी जाइ जरि, तरिवर होहिं निपात।।

इस ऊहात्मक पद्धति का दो-चार जगह व्यवहार चाहे जायसी ने किया हो पर अधिकतर विरहताप के वेदनात्मक स्वरूप की अत्यंत विशद व्यंजना ही जायसी की विशेषता है। इन्होंने अत्युक्ति की है और खूब की है पर वह अधिकांश संवेदना के स्वरूप में है, परिमाणनिर्देश के रूप में नहीं है। संवेदना का यह स्वरूप उत्प्रेक्षा अलंकार द्वारा व्यक्त किया गया है। अत्युक्ति या अतिशयोक्ति और उत्प्रेक्षा में सिद्ध और साध्य का भेद होता है। उत्प्रेक्षा में अध्यवसाय साध्य (संभावना या संवेदना के रूप में) होता है और अत्युक्ति या अतिशयोक्ति में सिद्ध। 'धूप ऐसी है कि रखते-रखते पानी खौल जाता है', यह वाक्य मात्रा का आधिक्य मात्र सूचित करता है। मात्रा के आधिक्य का निरूपण ऊहा द्वारा कुछ चक्कर के साथ भी हो सकता है, जैसा कि बिहारी ने प्रायः किया है। पर यह पद्धति काव्य के लिए सर्वत्र उपयुक्त नहीं। लाक्षणिक प्रयोगों को लेकर कुछ कवियों ने ऊहा का जो विस्तार किया है वह अस्वाभाविक, नीरस और भद्दा हो गया है। वह 'कुल का दीपक है' इस बात को लेकर कोई कहे कि 'उसके घर तेल के खर्च की बिल्कुल बचत होती है' तो इस उक्ति में कवित्व की कुछ भी सरसता न पाई जाएगी। बिहारी का 'पत्रा ही तिथि पाइए' वाला दोहा इसी प्रकार का है। अस्तु, 'धूप ऐसी है कि रखते-रखते पानी खौल जाता है' यह कथन ऊहा द्वारा मात्रानिरूपण के रूप में हुआ। यही बात यदि इस प्रकार कही जाए कि 'धूप क्या है, मानो चारों ओर आग बरस रही है'। तो यह संवेदना के रूप में कहा जाना होगा। पहले कथन में ताप की मात्रा का आधिक्य व्यंग्य है, दूसरे में उस ताप से उत्पन्न हृदय की वेदना। एक में वस्तु व्यंग्य है, दूसरे में संवेदना। पहला वाक्य बाह्य वृत्त का व्यंजक है और दूसरा आभ्यंतर अनुभूति का। मतलब यह कि जायसी ने यह कम कहा है कि विरहताप इतनी मात्रा का है, यह अधिक कहा है कि ताप हृदय में ऐसा जान पड़ता है; जैसे—

(क) जानहुँ अगिनि के उठहिं पहारा। औ सब लागहि अंग अँगारा।।
(ख) जरत बजागिनी करु, पिउ छाहाँ। आइ बुझाउ अँगारन्ह माँहा।।
लागिउँ जरै, जरै जस भारू। फिरि-फिरि भूँजेसि तजिउँ न बारू।।

'फिरि-फिरि भूँजेसि तजिउँ न बारू।' भाड़ की तपती बालू के बीच पड़ा हुआ

अनाज का दाना जैसे बार-बार भूने जाने पर उछल-उछल पड़ता है पर उस बालू से बाहर नहीं जाता उसी प्रकार इस प्रेमजन्य संताप के अतिरेक से मेरा जी हट-हटकर भी उस संताप के सहने की बुरी लत के कारण उसी की ओर प्रवृत्त रहता है। मतलब यह कि वियुक्त प्रिय का ध्यान आते ही चित्त ताप से विह्वल हो जाता है फिर भी वह बार-बार उसी का ध्यान करता रहता है। प्रेमदशा चाहे घोर यंत्रणामय हो जाए पर हृदय उस दशा से अलग होना नहीं चाहता। यहाँ इसी विलक्षण स्थिति का चित्रण है। यहाँ हम कवि को वेदना के स्वरूपविश्लेषण में प्रवृत्त पाते हैं, ताप की मात्रा नापने में नहीं। मात्रा की नाप तो बाहर-बाहर से भी हो सकती है, पर प्रेमवेदना के आभ्यंतर स्वरूप की पहचान प्रेमवेदनापूर्ण हृदय में ही हो सकती है। जायसी का ऐसा ही हृदय था। विरहताप का वर्णन कवि ने अधिकतर सादृश्य-संबंध-मूलक गौणी लक्षणा द्वारा किया है।

आधिक्य या न्यूनता सूचित करने के लिए ऊहात्मक या वस्तुव्यंजनात्मक शैली का विधान कवियों में तीन प्रकार का देखा जाता है–

(1) ऊहा की आधारभूत वस्तु असत्य अर्थात् कवि-प्रौढ़ोक्ति-सिद्ध है।

(2) ऊहा की आधारभूत वस्तु का स्वरूप तो सत्य या स्वतःसंभवी है और किसी प्रकार की कल्पना नहीं की गई है।

(3) ऊहा की आधारभूत वस्तु का स्वरूप तो सत्य है पर उसके हेतु की कल्पना की गई है।

इनमें से प्रथम प्रकार के उदाहरण वे हैं जिन्हें बिहारी ने विरहताप के वर्णन में दिए हैं–जैसे पड़ोसियों को जाड़े की रात में भी बेचैन करने वाला, या बोतल में भरे गुलाब जल को सुखा डालने वाला ताप। दूसरे प्रकार का उदाहरण एक स्थल पर जायसी ने बहुत अच्छा दिया है, पर वह विरहताप के वर्णन में नहीं है, काल की दीर्घता के वर्णन में है। आठ वर्ष तक अलाउद्दीन चित्तौरगढ़ घेरे रहा। इस बात को एक बार तो कवि ने साधारण इतिवृत्त के रूप में कहा, पर उससे वह गोचर प्रत्यक्षीकरण न हो सका जिसका प्रयत्न काव्य करता है। आठ वर्ष की दीर्घता के अनुमान के लिए फिर उसने यह दृश्य आधार सामने रखा–

आइ साह अमराव जो लाए। फरे, झरे पर गढ़ नहीं पाए।।

सच पूछिए तो वस्तु व्यंजनात्मक या ऊहात्मक पद्धति का इसी रूप में अवलंबन सबसे अधिक उपयुक्त जान पड़ता है। इसमें अनुमान का आधार सत्य या स्वतःसंभवी है। जायसी अनुमान या ऊहा के आधार के लिए ऐसी वस्तु सामने लाए हैं जिसका स्वरूप प्राकृतिक है और जिससे सामान्यतः सब लोग परिचित होते हैं। इसी प्रकार एक गीत में एक वियोगिनी नायिका कहती है कि 'मेरा प्रिय दरवाजे पर जो नीम का पेड़ लगा गया था वह बढ़कर अब फूल रहा है, पर प्रिय न लौटा।' आधार के सत्य और प्राकृतिक स्वरूप के कारण इस उक्ति से कितना भोलापन बरस रहा है!

विरहताप की मात्रा का आधिक्य सूचित करने के लिए जहाँ कहीं जायसी ने ऊहात्मक या वस्तुव्यंजनात्मक शैली का अवलंबन किया है वहाँ अधिकतर तीसरे प्रकार का विधान ही देखने में आता है जिसमें ऊहा की आधारभूत वस्तु का स्वरूप तो सत्य और स्वतः संभवी होता है पर उसके हेतु की कुछ और ही कल्पना की जाती। इस प्रकार का विधान भी प्रथम प्रकार के विधान से अधिक उपयुक्त होता है। इसमें हेतूत्प्रेक्षा का सहारा लिया जाता है जिसमें 'अप्रस्तुत' वस्तुओं का गृहीत दृश्य वास्तविक होता है, केवल उसका हेतु कल्पित होता है। हेतु परोक्ष हुआ करता है इससे उसकी अतथ्यता सामने आकर प्रतीति में बाधा डालती नहीं जान पड़ती। इस युक्ति से कवि विरहताप के प्रभाव की व्यापकता को बढ़ाता-बढ़ाता सृष्टि भर में दिखा देता है। एक उदाहरण काफी होगा—

अब परजरा विरह कर गठा । मेघ साम भए धूम जो उठा।।
दाढ़ा राहु केतु गा दाधा । सूरुज जरा, चाँद जरि आधा।।
औ सब नखत तराईं जरहीं । टूटहिं लूक, धरति महँ परहीं।।
जरै सो धरती ठावहिं ठाऊँ । दहकि पलास जरै तेहि दाऊँ।।

इन चौपाइयों में मेघों का श्याम होना, राहु, केतु का काला (झुलसा सा) होना, सूर्य का तपना, चंद्रमा की कला का खंडित होना, पलाश के फूलों का लाल (दहकते अंगारे सा) होना आदि सत्य हैं। वे विरहताप के कारण ऐसे हैं, केवल यह बात कल्पित है।

ताप के अतिरिक्त विरह के और और अंगों का भी विन्यास जायसी ने इसी हृदय-हारिणी और व्यापकत्वविधायिनी पद्धति पर बाह्य प्रकृति को मूल आभ्यंतर जगत् का प्रतिबिंब सा दिखाते हुए किया है। काम हेतूत्प्रेक्षा से लिया गया है। प्रेमयोगी रत्नसेन के विरहव्यथित हृदय का भाव हम सूर्य, चंद्र, वन के पेड़, पक्षी, पत्थर, चट्टान सबमें देखते चलते हैं—

रोवँ-रोवँ वै बान जो फूटे । सूतहि सूत रुहिर मुख छूटे।।
नैनहिं चली रकत कै धारा । कंथा भीजि भएउ रतनारा।।
सूरुज बूड़ि उठा होइ ताता । औ मजीठ टेसू बन राता।।
भा बसंत, रातीं बनसपती । औ राते सब जोगी जती।।
भूमि जो भीजि भएउ सब गेरू । औ राते तहँ पंखि पखेरू।।
राती सती, अगिनि सब काया । गगन मेघ राते तेहि छाया।।
ईंगुर भा पहार जौ भीजा । पै तुम्हार नहिं रोवँ पसीजा।।

इसी प्रकार नागमती के आँसुओं से सारी सृष्टि भीगी हुई जान पड़ती है—

कुहुकि-कुहुकि जस कोइल रोई।रकत आँसु घुँघची बन बोई।।
जहँ-जहँ ठाढ़ि होइ बनबासी।तहँ-तहँ होइ घुँघची कै रासी।।
बूँद-बूँद महँ जानहुँ जीऊ।गूँजा गुंजि करै, 'पिउ पीऊ'।

तेहि दुख भए परास निपाते। लोहू बूड़ि उठे होइ राते।।
राते बिंब भीजि तेहि लोहू। परवर पाक, फाट हिय गोहूँ।।

विरहवर्णन में भक्तवर सूरदासजी ने भी गोपियों के हृदय के रंग में बाह्य प्रकृति को रँगा है। एक स्थान पर तो गोपियों ने उन-उन पदार्थों को कोसा है जो उस रंग से कोरे दिखाई पड़े हैं–

मधुबन! तुम कत रहत हरे?
विरह वियोग स्यामसुंदर के ठाढ़े क्यों न जरे?
कौन काज ठाढ़े रहे बन में, काहे न उकठि परे?

नागमती का विरहवर्णन हिंदी साहित्य में एक अद्वितीय वस्तु है। नागमती उपवनों के पेड़ों के नीचे रात भर रोती फिरती है। इस दशा में पशु, पक्षी, पेड़, पल्लव जो कुछ सामने आता है उसे वह अपना दुखड़ा सुनाती है। वह पुण्यदशा धन्य है जिसमें ये सब अपने सगे लगते हैं और यह जान पड़ने लगता है कि इन्हें दुःख सुनाने से भी जी हल्का होगा। सब जीवों का शिरोमणि मनुष्य और मनुष्यों का अधीश्वर राजा! उसकी पटरानी, जो कभी बड़े-बड़े राजाओं और सरदारों की बातों की ओर भी ध्यान न देती थी, वह पक्षियों से अपने हृदय की वेदना कह रही है, उनके सामने अपना हृदय खोल रही है। हृदय की इस उदार और व्यापक दशा का कवियों ने केवल प्रेमदशा के भीतर ही वर्णन किया है, यह बात ध्यान देने योग्य है। मारने के लिए शत्रु का पीछा करता हुआ क्रोधातुर मनुष्य पेड़ों और पक्षियों से यह पूछता हुआ कहीं नहीं कहा गया है कि 'भाई! किधर गया?' वाल्मीकि, कालिदास आदि से लेकर जायसी, सूर, तुलसी आदि भाषाकवियों तक सब ने इस दशा का सन्निवेश विप्रलंभ (या कहीं-कहीं करुण) में ही किया है। वाल्मीकि के राम सीताहरण होने पर वन-वन पूछते फिरते हैं–

'हे कदंब! तुम्हारे फूलों से अधिक प्रीति रखनेवाली मेरी प्रिया को यदि जानते हो तो बताओ। हे बिल्ववृक्ष! यदि तुमने उस पीतवस्त्रधारिणी को देखा हो तो बताओ। हे मृग! उस मृगनयनी को तुम जानते हो?'

इसी प्रकार तुलसी के राम भी वन के पशु-पक्षियों से पूछते हैं–

हे खग, मृग, हे मधुकर स्रेनी। तुम देखी सीता मृगनैनी?

कालिदास का यक्ष भी चेतनाचेतन भेद इसी प्रेमदशा के ही भीतर भूला है। इससे यह सिद्ध है कि कवि परंपरा के बीच यह एक मान्य परिपाटी है कि इस प्रकार की दशा का वर्णन प्रेमदशा के भीतर ही हो।

इस संबंध में मामूली तौर पर तो इतना ही कहना काफी समझा जाता है कि 'उन्माद' की व्यंजना के लिए इस प्रकार का आचरण दिखाया जाता है। 'उन्माद' ही सही पर एक खास ढर्रे का है। इसका आविर्भाव प्रेमताप से पिघलकर फैले हुए हृदय में ही होता है। संबंध का मूल प्रेम है, अतः प्रेमदशा के भीतर ही मनुष्य का

हृदय उस संबंध का आभास पाता है जो पशु, पक्षी, द्रुम, लता आदि के साथ अनादि काल से चला आ रहा है।

नागमती उपवनों में रोती फिरती है। उसके विलाप से घोंसलों में बैठे हुए पक्षियों की नींद हराम हो गई है–

फिरि-फिरि रोव, कोइ नहीं डोला। आधी रात विहंगम बोला।।
तू फिरि-फिरि दाहै सब पाँखी। केहि दुख रैनि न लावसि आँखी।।

और कवियों ने पशु-पक्षियों को संबोधन भर करने का उल्लेख करके बात और आगे नहीं बढ़ाई है जिससे ऊपर से देखनेवालों का ध्यान 'उन्माद' की दशा ही तक रह जाता है। पर जायसी ने जिस प्रकार मनुष्य के हृदय में पशु-पक्षियों से सहानुभूति प्राप्त करने की संभावना की है, उसी प्रकार पक्षियों के हृदय में सहानुभूति से संचार की भी। उन्होंने सामान्य हृदयतत्त्व की सृष्टिव्यापिनी भावना द्वारा मनुष्य और पशु-पक्षी सबको एक जीवन-सूत्र में बद्ध देखा है। राम के प्रश्न का खग, मृग और मधुकर कुछ जवाब नहीं देते। राजा पुरूरवा कोकिल, हंस इत्यादि को पुकारता ही फिरता है, पर कोई सहानुभूति प्रकट करता नहीं दिखाई पड़ता (विक्रमोर्वशीय अंक 4) पर नागमती की दशा पर एक पक्षी को दया आती है–वह उसके दुःख का कारण पूछता है। नागमती उस पक्षी से कहती है–

चारिउ चक्र उजार भए, कोई न सँदेसा टेक।
कहौं विरह दुख आपन, बैठि सुनहु दँड एक।।

इस पर वह पक्षी संदेशा ले जाने को तैयार हो जाता है।

पद्मावती से कहने के लिए नागमती ने जो संदेशा कहा है, वह अत्यंत मर्मस्पर्शी है। उसमें मान, गर्व आदि से रहित, सुखभोग की लालसा से अलग, अत्यंत नम्र, शीतल और विशुद्ध प्रेम की झलक पाई जाती है–

पद्मावती सौ कहेहु, बिहंगम। कंत लोभाइ रही करि संगम।।
तोहि चैन सुख मिलै सरीरा। मो कहँ दिए दुंद दुख पूरा।।
हमहुँ बिआही संग ओहि पीऊ। आपुहिं पाइ, जानु पर जीऊ।।
मोहि भोग सौं काज न बारी। सौंह दिष्टि कै चाहनहारी।।

मनुष्य के आश्रित, मनुष्य के पाले हुए, पेड़-पौधे किस प्रकार मनुष्य के सुख से सुखी और दुःख से दुःखी दिखाई देते हैं, यह दृश्य बड़े कौशल और बड़ी सहृदयता से जायसी ने दिखाया है। नागमती की विरहदशा में उसके बाग-बगीचों में उदासी बरस रही थी। पेड़-पौधे सब मुरझाए पड़े थे। उनकी सुध कौन लेता है? पर राजा रत्नसेन के चित्तौर लौटते ही–

पलुही नागमती कै बारी। सोने फूल फूलि फुलवारी।।
जावत पंखि रहे सब दहे। सबै पंखि बोले गहगहे।।

जब पेड़-पौधे सूख रहे थे तब पक्षी भी आश्रय न पाकर ताप से झुलस रहे

थे। इस प्रकार नागमती की वियोगदशा का विस्तार केवल मनुष्य जाति तक ही नहीं, पशु- पक्षियों और पेड़-पौधों तक दिखाई पड़ता था। कालिदास ने पाले हुए मृग और पौधों के प्रति शकुंतला का स्नेह दिखाकर इसी व्यापक और विशद भाव की व्यंजना की है।

विप्रलंभ शृंगार ही 'पदमावत' में प्रधान है। विरहदशा के वर्णन में जहाँ कवि ने भारतीय पद्धति का अनुसरण किया है, वहाँ कोई अरुचिकारक बीभत्स दृश्य नहीं आया है। कृशता, ताप, वेदना आदि के वर्णन में भी उन्होंने शृंगार के उपयुक्त वस्तु सामने रखी है, केवल उसके स्वरूप में कुछ अंतर दिखा दिया है। जो पद्मावती स्वभावतः पद्मावती के समान विकसित रहा करती थी वह सूखकर मुरझाई हुई लगती है–

कँवल सूख, पखुरी बेहरानी। गलि-गलि कै मिलि छार हेरानी।।

इस रूप में प्रदर्शित व्यक्ति के प्रति सहानुभूति और दया का पूरा अवसर रहता है। पाठक उसकी दशा व्यंजित करने वाली वस्तु की ओर कुछ देर दृष्टि गड़ाकर देख सकते हैं। मुरझाया फूल भी फूल ही है। अतीत सौंदर्य के स्मरण से भाव और उद्दीप्त होता है। पर उसके स्थान पर यदि चीरकर हृदय का खून, नसें और हड्डियाँ आदि दिखाई जाएँ तो दया होते हुए भी इन वस्तुओं की ओर दृष्टि जमाते न बनेगा।

विरहदशा के भीतर 'निरवलंबता' की अनुभूति रह-रहकर विरही को होती है। देखिए, कैसा परिचित और साधारण प्राकृतिक व्यापार सामने रखकर कवि ने इस 'निरवलंबता' का गोचर प्रत्यक्षीकरण किया है–

आवा पवन बिछोह कर पात परा बेकरार।
तरिवर तजा जो चूरि कै लागै केहि के डार।।

'लाग केहि के डार' मुहावरा भी बहुत अच्छा आया है।

'पदमावत' में यद्यपि हिंदू जीवन के परिचायक भावों की ही प्रधानता है, पर बीच-बीच में फारसी साहित्य द्वारा घोषित भावों के भी छींटे कहीं-कहीं मिलते हैं। विदेशीय प्रभाव के कारण वियोगदशा के वर्णन में कहीं-कहीं बीभत्स चित्र सामने आ जाते हैं; जैसे 'कबाबे सीख' वाला यह भाव–

विरह सरागन्हि भूँजै माँसू। गिरि-गिरि परै रकत कै आँसू।।
कटि-कटि माँसु सराग पिरोवा। रकत कै आँसु माँसु सब रोवा।।
खिन एक बार माँसु अस भूँजा। खिनहिं चबाइ सिंध अस गूँजा।।

वियोग में इस प्रकार के बीभत्स दृश्य का समावेश जायसी ने जो किया है वह तो किया ही है, संयोग के प्रसंग में भी वे एक स्थान पर ऐसा ही बीभत्स चित्र सामने लाए हैं। बादल जब अपनी नवागत वधू की ओर से दृष्टि फेर लेता है, तब वह सोचती है कि क्या मेरे कटाक्ष तो उसके हृदय को बेधकर पीठ की ओर नहीं जा निकले हैं। यदि ऐसा है तो तूँबी लगाकर मैं उसे खींच लूँ और जब वह पीड़ा से चौंककर मुझे पकड़े तो गहरे रस से उसे धो डालूँ–

मकु पिउ दिस्टि समानेउ सालू। हुलसा पीठि कढ़ावौं सालू।।
कुच तूँबी अब पीठि गड़ोवौं। गहै जो हूकि, गाढ़ रस धोवौं।।

कटाक्ष या नेत्रों को 'अनियारे', 'नुकीले' तक कह देना तो ठीक है, पर ऊहात्मक या वस्तुव्यंजनात्मक पद्धति पर इस कल्पना को और आगे बढ़ाकर शरीर पर सचमुच घाव आदि दिखाने लगना काव्य की सीमा के बाहर जाना है, जैसा कि एक कविजी ने किया है—

काजर दे नहिं, एरी सुहागिनि! आँगुरी तेरी कटैगी कटाछन।

यदि कटाक्ष से उँगली कटने का डर है तब तो तरकारी चीरने या फल काटने के लिए छुरी, हँसिया आदि की कोई जरूरत न होनी चाहिए। कटाक्ष मन में चुभते हैं न कि प्रत्यक्ष शरीर पर घाव करते हैं।

विरहजन्य कृशता के वर्णन में जायसी ने कविप्रथानुसार पूरी अत्युक्ति की है, पर उस अत्युक्ति में भी गंभीरता बनी हुई है, वह खेलवाड़ या मजाक नहीं होने पाई है। बिहारी की नायिका इतनी क्षीण हो गई है कि जब साँस खींचती है तब उसके झोंके से चार कदम पीछे हट जाती है और जब साँस निकालती है तब उसके साथ चार कदम आगे बढ़ जाती है। घड़ी के पेंडुलम की सी दशा उसकी रहती है। इसी प्रकार उर्दू के एक शायर साहब ने आशिक को जूँ या खटमल का बच्चा बना डाला—

इंतहाए लागरी से जब नजर आया न मैं।
हँस के वो कहने लगे, बिस्तर को झाड़ा चाहिए।।

पर जायसी का यह वर्णन सुन हृदय द्रवीभूत होता है, हँसी नहीं आती—

दहि कोइला भइ कंत सनेहा। तोला माँसु रहा नहिं देहा।।
रकत न रहा, बिरह तन जरा। रती-रती होइ नैनन्ह ढरा।।
हाड़ भए सब किंगरी, नसै भई सब ताँति।
रोवँ-रोवँ ते धुनि उठै, कहौं बिथा केहि भाँति।।

इसी नागमती के विरहवर्णन के अंतर्गत वह प्रसिद्ध बारहमासा है जिसमें वेदना का अत्यंत निर्मल और कोमल स्वरूप, हिंदू दांपत्य जीवन का अत्यंत मर्मस्पर्शी माधुर्य, अपने चारों ओर की प्राकृतिक वस्तुओं और व्यापारों के साथ विशुद्ध भारतीय हृदय की साहचर्य भावना तथा विषय के अनुसार भाषा का अत्यंत स्निग्ध, सरल मृदुल और अकृत्रिम प्रवाह देखने योग्य है। पर इन कुछ विशेषताओं की ओर ध्यान जाने पर भी इसके सौंदर्य का बहुत कुछ हेतु अनिर्वचनीय रह जाता है। इस बारहमासे में वर्ष के बारह महीनों का वर्णन विप्रलंभ श्रृंगार के उद्दीपन की दृष्टि से है जिसमें आनंदप्रद वस्तुओं का दुःखप्रद होना दिखाया जाता है, जैसा कि मंडन कवि ने कहा है—

जेइ-जेइ सुखद, दुःखद अब तेइ-तेइ कवि मंडन बिछुरत जदुपत्ती।

प्रेम में सुख और दुःख दोनों की अनुभूति की मात्रा जिस प्रकार बढ़ जाती

है उसी प्रकार अनुभूति के विषयों का विस्तार भी। संयोग की अवस्था में जो प्रेम सृष्टि की सब वस्तुओं से आनंद का संग्रह करता है वही वियोग की दशा में सब वस्तुओं में दुःख का संग्रह करने लगता है। इसी दुःखद रूप में प्रत्येक मास की उन सामान्य प्राकृतिक वस्तुओं और व्यापारों का वर्णन जायसी ने किया है जिनके साहचर्य का अनुभव मनुष्यमात्र—राजा से लेकर रंक तक—करते हैं। अतः इस बारहमासे में मुख्यतः दो बातें देखने की हैं—

(1) प्राकृतिक वस्तुओं और व्यापारों का दिग्दर्शन।

(2) दुःख के नाना रूपों और कारणों की उद्भावना।

प्रथम के संबंध में यह जान लेना चाहिए कि प्राचीन संस्कृत कवियों का सा संश्लिष्ट विशद चित्रण उद्दीपन की दृष्टि से किए हुए ऋतुवर्णन में नहीं हुआ करता, केवल वस्तुओं और व्यापारों की अलग-अलग झलक भर दिखाकर प्रेमी के हृदय की अवस्था की व्यंजना हुआ करती है। परिचित प्राकृतिक दृश्यों को साहचर्य द्वारा और कवियों की वाणी द्वारा जो मर्मस्पर्शी प्रभाव प्राप्त है, उसका अनुभव उनकी ओर संकेत करने मात्र से भी सहृदयों को हो जाता है। इस प्रकार बहुत ही सुंदर संकेत—बहुत ही मनोहर झलक—इस बारहमासे में हम पाते हैं। कुछ उदाहरण लीजिए—

चढ़ा असाढ़, गगन घन गाजा। साजा बिरह, दुंद बाजा।।
धूम, साम धौरे धन आए। सेत धजा बगपाँति देखाए।।
खड़ग बीजु चमकै चहुँ ओरा। बुंदबान बरिसहिं चहुँ ओरा।।
बाट असूझ अथाह गँभीरी। जिउ बाउर भा फिरै भँभीरी।।
जग जल बूड़ जहाँ लगि ताकी। मोरि नाव खेवक बिनु थाकी।।
जेठ जरै जग चलै लुवारा। उठिहिं बवंडर परहिं अँगारा।।
उठै आगि औ आवै आँधी। नैन न सूझ मरौं दुख बाँधी।।

अपनी भावुकता का बड़ा भारी परिचय जायसी ने इस बात में दिया है कि रानी नागमती विरहदशा में अपना रानीपन बिल्कुल भूल जाती है और अपने को केवल साधारण स्त्री के रूप में देखती है। इसी सामान्य स्वाभाविक वृत्ति के बल पर उसके विरहवाक्य छोटे-बड़े सबके हृदय को समान रूप में स्पर्श करते हैं। यदि कनकपर्यंक, मखमली सेज, रत्नजटित अलंकार, संगमरमर के महल, खसखाने इत्यादि की बातें होतीं तो वे जनता के एक बड़े भाग के अनुभव से कुछ दूर की होतीं। जायसी ने स्त्री जाति की या कम से कम हिंदू गृहिणी मात्र की सामान्य स्थिति के भीतर विप्रलंभ शृंगार के अत्यंत समुज्ज्वल रूप का विकास दिखाया है। देखिए, चौमासे में स्वामी के न रहने से घर की जो दशा होती है वह किस प्रकार गृहिणी के विरह का उद्दीपन करती है—

पुष्य नखत सिर ऊपर आवा। हौं बिनु नाह, मँदिर को छावा?

इसी प्रकार शरीर का रूपक देकर बरसात आने पर साधारण गृहस्थों की चिंता

और आयोजना की झलक दिखाई गई है—

तपै लागि अब जेठ असाढ़ी। मोहि पिउ बिन छाजनि भइ गाढ़ी।।
तन तिनउर भा, झूरौं खरी। भइ बरखा, दुख आगरि जरी।।
बंध नाहिं औ कंध न कोई। बात न आव, कहौं का रोई?
साँठि नाँठि, जग बात को पूछा। बिनु जिउ फिरै मूँज तनु छूछा।।
भई दुहेली टेक बिहूनी। थाँभ नाहिं, उठि सकै न थूनी।।
बरसै मेह, चुबहिं नैनाहा। छपर-छपर होइ रहि बिनु नाहा।।
कोरौ कहाँ, ठाट नव साजा। तुम बिनु कंत न छाजनि छाजा।।

यह आशिक माशूकों का निर्लज्ज प्रलाप नहीं है; यह हिंदू गृहिणी की विरहवाणी है। इसका सात्विक मर्यादापूर्ण माधुर्य परम मनोहर है।

यद्यपि इस बारहमासे में प्राकृतिक वस्तुओं और व्यापारों की रूढ़ि के अनुसार अलग-अलग झलक भर दिखाई गई है, उनका संश्लिष्ट चित्रण नहीं है, पर एक-आध जगह कवि का अपना निरीक्षण भी बहुत सूक्ष्म और सुंदर है जिसका उल्लेख वस्तुवर्णन के अंतर्गत किया जाएगा।

अब दुःख के नाना रूपों और कारणों की उद्‌भावना लीजिए। जायसी के विरहोद्‌गार अत्यंत मर्मस्पर्शी हैं। जायसी को हम विप्रलंभ शृंगार का प्रधान कवि कह सकते हैं। जो वेदना, जो कोमलता, जो सरलता और जो गंभीरता इनके वचनों में है, वह अन्यत्र दुर्लभ है। नागमती सब जीव-जंतुओं, पशु-पक्षियों में सहानुभूति की भावना करती हुई कहती है—

पिउ सों कहेउ सँदेसड़ा, हे भौंरा! हे काग!
सो धनि बिरहै जरि मुई, तेहि क धुवाँ हम्ह लाग।।

इस सहानुभूति की संभावना रानी के हृदय में होती कैसे है? यह समझकर होती है कि भौंरा और कौआ दोनों उसी विरहाग्नि के धुएँ से काले हो गए हैं जिसमें मैं जल रही हूँ। सब दुःखभोगियों में परस्पर सहानुभूति का उदय अत्यंत स्वाभाविक है। 'सँदेसड़ा' शब्द में स्वार्थे 'ड़ा' का प्रयोग भी बहुत उपयुक्त है। ऐसा शब्द उस दशा में मुँह से निकलता है जब हृदय प्रेम, माधुर्य, अल्पता, तुच्छता, आदि में से कोई भाव लिये हुए होता है। 'हे भौंरा!' 'हे काग!' से एक-एक को अलग-अलग संबोधन करना सूचित होता है। आवेग की दशा में यही उचित है। 'हे भौंरा औ काग' कहने में यह बात न होती।

दुःख और आह्लाद की दशा में एक बड़ा भारी भेद है। जब हृदय दुःख में मग्न रहता है तब सुखद और दुःखद दोनों प्रकार की वस्तुओं से दुःख का संग्रह करता है। पर आनंद की दशा का पोषण केवल सामान्य या आनंददायक वस्तुओं से ही होता है, दुःखप्रद वस्तुओं से नहीं। विरहदशा दुःखदशा है। इसमें कष्टदायक वस्तुएँ तो और भी कष्टदायक हो ही जाती हैं, जैसे—

(क) काँपै हिया जनावै सीऊ। तो पै जाइ होइ सँग पीऊ।।
पहल-पहल तन रूई झाँपै। हहरि-हहरि अधिकौ हिय काँपै।।
(ख) चारिहु पवन झकोरै आगी। लंका दाहि पलंका लागी।।
उठै आगि औ आवै आँधी। नैन न सूझ, मरौं दुःख बाँधी।।

सुखदायक वस्तुएँ भी दुःख को बढ़ाती हैं, जैसे—

कातिक सरद चंद उजियारी। जग सीतल हौं बिरहै जारी।।
चौदह करा चाँद परगासा। जनहुँ जरै सब धरति अकासा।।
तन, मन, सेज करै अगिदाहू। सब कहँ चंद भयहु मोहिं राहू।।

कहीं संयोगसुख या आनंदोत्सव देखकर अपने पक्ष में उसके अभाव की भावना से विरह की आग और भी भड़कती है—

(क) अबहूँ निठुर आउ एहि बारा। परब देवारी होइ सँसारा।।
सखि झूमुक गावैं अंग मोरी। हौं झुरावँ, बिछुरी मोरी जोरी।।
(ख) करहिं बनसपति हिये हुलासू। मोकहँ भा जग दून उदासू।।
फागु करहिं सब चाँचरि जोरी। मोहिं तन लाइ दीन्हि जस होरी।।

नागमती देखती है कि बहुतों के बिछुड़े हुए प्रिय मित्र आ रहे हैं पर मेरे प्रिय नहीं आ रहे हैं। इस वैषम्य की भावना उसे और भी व्याकुल करती है। किसी वस्तु के अभाव से दुःखी मनुष्य के हृदय की यह एक अत्यंत स्वाभाविक वृत्ति है। पपीहे का प्रिय पयोधर आ गया, सीप के मुँह में स्वाति की बूँद पड़ गई, पर नागमती का प्रिय न आया—

चित्रा मित्र मीन कर आवा। पपिहा पीउ पुकारत पावा।।
स्वाति बूँद चातक मुख परे। समुद सीप मोती सब भरे।।
सरवर सँवरि हंस चलि आए। सारस कुरलहिं खँजन देखाए।।

विरह का दुःख ऐसा नहीं कि चारों ओर जो वस्तुएँ दिखाई पड़ती हैं उनसे कुछ जी बहले। उनसे तो और भी अपनी दशा की ओर विरही का ध्यान जाता है, और उस दशा का दुःसह स्वरूप स्पष्ट होता है—चाहे वे उसकी दुःखदशा से भिन्न दशा में दिखाई पड़ें, चाहे कुछ सादृश्य लिये हुए। भिन्न भाव में दिखाई पड़नेवाली वस्तुओं के नमूने तो ऊपर के उदाहरणों में आ गए हैं। अब भिन्न-भिन्न ऋतुओं की नाना वस्तुओं और व्यापारों को विरही लोग किस प्रकार सादृश्यभावना द्वारा अपनी दशा की व्यंजना का सुलभ साधन बनाया करते हैं, यह भी देखिए—

बरसै मघा झकोरि झकोरी। मोर दुइ नैन चुवैं जस ओरी।।
पुरवा लाग, भूमि जल पूरी। आक जवास भई तस झूरी।।
सखिन्ह रचा पिउ संग हिंडोला। हरियर भूमि, कुसुंभी चोला।।
हिय हिंडोल अस डोलै मोरा। बिरह झुलाइ देह झकझोरा।।

....

तन जस पियर पात भा मोरा। तेहि पर विरह देह झकझोरा।।

विरहिणी की इस सादृश्य भावना का वर्णन कविपरंपरासिद्ध है। सूरदास का 'निसि दिन बरसत नैन हमारे' यह पद प्रसिद्ध है। और कवियों ने भी ऋतुसुलभ वस्तुओं और व्यापारों के साथ विरहिणी के तन और मन की दशा का सादृश्यवर्णन किया है। यह सादृश्यकथन अत्यंत स्वाभाविक होता है, क्योंकि इसमें उपमान ऊहा द्वारा सोचकर निकाला हुआ नहीं होता बल्कि सामने प्रस्तुत रहता है, और प्रस्तुत रहकर उपमेय की ओर ध्यान ले जाता है। वैशाख में विरहिणी एक ओर सूखते तालों की दरारों को देखती है, दूसरी ओर विदीर्ण होते हुए अपने हृदय को। बरसात में वह एक ओर तो टपकती हुई ओलती देखती है, दूसरी ओर अपने आँसुओं की ध ारा। एक ओर सूखे हुए 'आक जवास' को देखती है, दूसरी ओर अपने शरीर को। शिशिर में एक ओर सूखकर झड़े हुए पीले पत्तों को देखती है, दूसरी ओर अपनी पीली पड़ी देह को। अतः उक्त उपमाएँ 'दूर की सूझ' नहीं हैं। उनमें सादृश्य बहुत सोचा-विचारा हुआ नहीं है, उनका उदय विरहविह्वल अंतःकरण में बिना प्रयास हुआ है। दो उपस्थित वस्तुओं में सादृश्य की ऐसी स्वाभाविक भावना संस्कृत कवियों ने बहुत अच्छी की है। कालिदास का यह श्लोक ही लीजिए—

स पाटलायां गवि तस्थिवांसं धनुर्धरः केसरिणं ददर्श।
अधित्यकायामिव धातुमय्यां लोध्रद्रुमं सानुमतः प्रफुल्लम्।।

(रघु. 2-29)

इस बारहमासे में हृदय के वेग की व्यंजना अत्यंत स्वाभाविक रीति से होने पर भी भाव अत्यंत उत्कर्ष दशा को पहुँचे हुए दिखाए गए हैं। देखिए, अभिलाष का यहाँ कैसा उत्कर्ष है—

रात-दिवस बस यह जिउ मोरे। लगौं निहोर कंत अब तोरे।।
यह तन जारौं छार के कहौं कि पवन उड़ाव।
मकु तेहि मारग उड़ि परै कंत धरै जहँ पाव।।

संयोग शृंगार

यद्यपि 'पदमावत' में वियोग शृंगार ही प्रधान है, पर संयोग शृंगार का भी पूरा वर्णन हुआ है। जिस प्रकार 'बारहमासा' विप्रलंभ के उद्दीपन की दृष्टि से लिखा गया है, उसी प्रकार षड्ऋतु वर्णन संयोग शृंगार के उद्दीपन की दृष्टि से। राजा रत्नसेन के साथ संयोग होने पर पद्मावती को पावस की शोभा का कैसा अनुभव हो रहा है—

पदमावति चाहत ऋतु पाई। गगन सोहावन भूमि सोहाई।।
चमक बीजु, बरसै जल सोना। दादुर मोर सबद सुठि लोना।।
रँगराती पीतम सँग जागी। गरजै गगन चौंकि गर लागी।।
सीतल बूँद ऊँच चौपारा। हरियर सब देखाइ संसारा।।

नागमती को जो बूँदें विरह दशा में बाण की तरह लगती हैं, पद्मावती को संयोग दशा में वे ही बूँदें कौंधे की चमक में सोने की सी लगती हैं। मनुष्य के आनंद या दुःख के रंग में रँगी हुई प्रकृति को ही जायसी ने देखा है, स्वतंत्र रूप में नहीं। यह षड्ऋतुवर्णन रूढ़ि के अनुसार ही है। इसमें आनंदोत्सव और सुखसंभोग आदि का कविप्रथानुसार वर्णन है।

विवाह के उपरांत पद्मावती और रत्नसेन के समागम का वर्णन कवि ने विस्तार के साथ किया है। ऐसे अवसर के उपयुक्त पहले कवि ने कुछ विनोद का विधान किया है। सखियाँ पद्मावती को छिपा देती हैं और राजा उससे मिलने के लिए आतुर होता है। पर इस विधान में जायसी को सफलता नहीं हुई है। विनोद का कुछ भाव उत्पन्न होने के पहले ही रसायनियों की परिभाषाएँ आ दबाती हैं। सखियों के मुँह से 'धातु कमाय सिखे तैं जोगी' सुनते ही राजा धातुवादियों की तरह बर्राने लगता है जिसमें पाठक या श्रोता का हृदय कुछ भी लीन नहीं होता। कवियों के बहुज्ञताप्रदर्शन की जो प्रवृत्ति कुछ दिनों से चल पड़ी, उसके कारण कवियों के प्रबंधाश्रित भावप्रवाह में कहीं-कहीं बेतरह बाधा पड़ी। प्रथम समागम के रसरंग प्रवाह के बीच 'पारे, गंधक और हरताल' का प्रसंग अनुकूल नहीं पड़ता। यदि प्रसंग अनुकूल हो तो उसका समावेश रसधारा के बाहर नहीं लगता, जैसा कि इसी समागम के प्रसंग में 'सोलह शृंगार' और 'बारह आभरण' का वर्णन। यह वर्णन नायिका अर्थात् आलंबन की रूपभावना में सहायक होता है। फिर भी वस्तुओं की गिनती से पाठक या श्रोता का जी अवश्य ऊबता है।

इस प्रकार के कुछ बाधक प्रसंगों के होते हुए भी वर्णन अत्यंत रसपूर्ण है। पद्मावती जिस समय शृंगार करके राजा के पास जाती है उस समय कवि कैसा मनोहर चित्र खड़ा करता है—

साजन लेइ पठावा, आयसु जाइ न मेट।
तन, मन, जोबन साजि कै देह चली लेइ भेंट।।

इस दोहे में तन, मन और यौवन तीनों का अलग-अलग उल्लेख बहुत ही सुंदर है। मन का सजाना क्या है? समागम की उत्कंठा या अभिलाष। बिना इस मन की तैयारी के तन की सब तैयारी व्यर्थ हो जाती है। देखिए, प्रिय के पास गमन करते समय कविपरंपरा के अनुसार शेष सृष्टि से चुनकर सौंदर्य का कैसा संचार, कैसी सीधी-सादी भाषा में किया गया है—

पदमिनि गवन हंस गए दूरी। कुंजर लाज मेल सिर धूरी।।
बदन देख घटि चंद समाना। दसन देखि कै बीजु लजाना।।
खंजन छपे देखि कै नैना। कोकिल छपी सुनत मधु बैना।।
पहुँचहि छपी कँवल पौनारी। जाँघ छपा कदली होइ बारी।।

संयोगवर्णन में जायसी पहले तो सहसा सौंदर्य के साक्षात्कार से हृदय के उस

आनंदसम्मोहन का वर्णन करते हैं जो मूर्च्छा की दशा तक पहुँचा हुआ जान पड़ता है। फिर राजा अपने दुःख की कहानी और प्रेममार्ग में अपने ऊपर पड़े हुए संकट का वर्णन करके प्रेममार्ग की उस सामान्य प्रवृत्ति का परिचय देता है जिसके अनुसार प्रेमी अपने प्रियतम के हृदय में अपने ऊपर दया तथा करुणा का भाव जाग्रत करने का बराबर प्रयत्न किया करता है। इसी प्रवृत्ति की उत्कर्षव्यंजना के लिए फारसी या उर्दू शायरी में मुर्दे अपना हाल सुनाया करते हैं। सबसे बड़ा दुःख होने के कारण 'मरणदशा' के प्रति सबसे अधिक दया या करुणा का उद्रेक स्वभावसिद्ध है। शत्रु तक का मरण सुनकर सहानुभूति का एक-आध शब्द मुँह से निकल ही जाता है। प्रिय के मुख से सहानुभूति के वचन का मूल्य प्रेमियों के निकट बहुत अधिक होता है। 'बेचारा बहुत अच्छा था', प्रिय के मुख से इस प्रकार के शब्दों की संभावना ही पर वे अपने मर जाने की कल्पना बड़े आनंद से किया करते हैं। जो हमें अच्छा लगता है उसे हमारी भी कोई बात अच्छी लगे, यह अभिलाषा प्रेम का एक विशेष लक्षण है। इस अभिलाषापूर्ति की आशा प्रिय हृदय को दयार्द्र करने में सबसे अधिक दिखाई पड़ती है, इसी से प्रेमी अपने दुःख और कष्ट की बात बड़े तूल के साथ प्रिय को सुनाया करते हैं।

नायक-नायिका के बीच कुछ वाक्चातुर्य और परिहास भी भारतीय प्रेमप्रवृत्ति का एक मनोहर अंग है, अतः उसका विधान यहाँ के कवियों की शृंगारपद्धति में चला आ रहा है। फारसी, अँगरेजी आदि के साहित्य में हम इसका विधान नहीं पाते। पर नये प्रेम से प्रभावित प्रत्येक भारतीय हृदय इस प्रवृत्ति का अनुभव करता है। देश और काल के भेद से हृदय के स्वरूप में भी भेद होता है। भारतीय प्रकृति के अनुसार संयोग पक्ष की नाना वृत्तियों का भी कुछ विधान हो जाने से जायसी का प्रेम आनंदी जीवों द्वारा बिल्कुल 'मुहर्रमी' कहे जाने से बाल-बाल बच गया है।

पीछे तो उर्दूवालों में भी 'खूबाँ से छेड़छाड़' की रस्म चल पड़ी।

राजा की सारी कहानी सुनकर पद्मावती कहती है कि "तू जोगी और मैं रानी, तेरा-मेरा कैसा साथ?"

हौं रानी, तुम जोगि, भिखारी । जोगिहि भोगिहि कौंनि चिन्हारी।।
जोगी सवै छंद अस खेला । तू भिखारि तिन्ह माँह अकेला।।
एही भाँति सिष्टि सब छरी । एही भेख रावन सिय हरी।।

संयोग शृंगार में कविपरंपरा 'हावों' का विधान करती आई है। अतः यहाँ पर यह कह देना आवश्यक है कि जायसी ने 'हावों' का सन्निवेश एक प्रकार से नहीं के बराबर किया है। केवल इसी प्रसंग में 'विव्वोक हाव' की कुछ झलक मिलती है, जैसे–

ओहट होसि, जोगि! तोरि चेरी।आवै बास कुरकुटा केरी।
जोगि तोरि तपसी कै काया।लागि चहै मोरे अँग छाया।।

'हावों' की सम्यक् योजना न होने से जायसी के संयोग पक्ष में वैसी सजीवता नहीं दिखाई देती।

राजा इस प्रेमगर्भ फटकार पर भी अपने कष्टपूर्ण प्रयत्नों और प्रेम की गंभीरता की बात कहता ही चला जाता है। इस पर पद्मावती सच्चे प्रेम की व्याख्या करने लगती है–

कापर रँगे रंग नहिं होई । उपजै औटि रंग भल सोई।।
जो मजीठ औटै बहु आँचा । सो रँग जनम न डोलै राँचा।।
जरि परास होइ कोइल भेसू । तब फूलै राता होइ टेसू।।

पर सच पूछिए तो यह गंभीर व्याख्या अवसर के उपयुक्त नहीं है। इस प्रकार का निरूपण प्रशांत मानस में ही ठीक है, मोदतरंगाकुल मानस में नहीं। पर कवि अपनी चिंतनशील प्रकृति के अनुसार अवसर-अनवसर का विचार न करके ऐसी बातों को बीच-बीच में बराबर घुसाया करता है।

पहले पद्मावती में प्रिय समागम का भय दिखाकर कवि ने उसे नवोढ़ा का रूप दिया। अतः उसके मुँह से इस प्रकार का प्रौढ़ परिहास या प्रगल्भता नायिकाभेद के उस्तादों को खटकेगी। समाधान केवल यही हो सकता है कि सूए ने पद्मावती को बहुत पहले से प्रेममार्ग में दीक्षित कर रखा था। राजा रत्नसेन के सिंहल आने पर सूआ संदेसों के द्वारा पद्मावती को प्रेम में पक्की करता रहा। अतः इस प्रकार के परिपुष्ट वचन अनुपयुक्त नहीं।

संयोग श्रृंगार की रीति के अनुसार जायसी ने अभिसार का पूरा वर्णन किया है। पद्मावती के समागम की कुछ पंक्तियाँ अश्लील भी हो गई हैं; पर सर्वत्र जायसी ने प्रेम का भावात्मक रूप ही प्रधान रखा है। शारीरिक भोग-विलास का वर्णन कवि ने यहाँ कुछ ब्योरे के साथ किया है, पर इस विलासिता के बीच-बीच में भी प्रेम का भावात्मक स्वरूप प्रस्फुटित दिखाई पड़ता है। राजा जिससे मतवाला हो रहा है वह प्रेम की सुरा है जिसका जिक्र सूफी शायरों ने बहुत ज्यादा किया है–

सुनु धनि! प्रेम सुरा के पिए । मरन-जियन डर रहै न हिए।।
जेहि मद तेहि कहाँ संसारा । की सो धूमि रह, की मतवारा।।
जाकहँ होइ बार एक लाहा । रहै न ओहि बिनु, ओही चाहा।।
अरथ दरब सो देह बहाई । की सब जाहु, न जाहु पियाई।।

पद्मावती पासा खेलने का विचार करती है। नवदंपति का पासा खेलना बहुत पुरानी रीति है। अब भी बहुत जगह विवाह के समय वरकन्या के पासा खेलने की नकल चली आती है। पर इस प्रसंग में भी कवि ने श्लेष और अन्योक्ति आदि द्वारा उभय पक्ष का वाक्चातुर्य दिखाने का आयोजन बाँधा है जिससे पाठक का कुछ भी मनोरंजन नहीं होता। जैसा कि आगे चलकर दिखाया जाएगा, जायसी की इस प्रवृत्ति के कारण प्रबंध के रसपूर्ण प्रवाह में बहुत जगह बाधा पड़ी है–

बिहँसी धनि सुनिकै सब बाता। निहचय तू मोरे रँग राता।।
जब हीरामन भयउ सँदेसी। तुम्ह हुँत मँडप गइउँ, परदेसी।।
तोर रूप तस देखिउँ लोना। जनु जोगी तू मेलेसि टोना।।
भुगुति देह कहँ मैं तोहि दीठा। कँवल नयन होइ भँवर बईठा।।
नैन पुहुप, तू अलि भा सोभी। रहा बेधि अस, उड़ा न लोभी।।
कौन मोहिनी दहुँ हुति तोही। जो तोहि बिथा सो उपनी मोही।।
तोरे प्रेम प्रेम मोहि भएऊ। राता हेम अगिनि जौं तएऊ।।

प्रेम की पूर्वापर (युगपत् नहीं) स्थिति में एक की व्यथा से दूसरे को व्यथा या करुणा उत्पन्न हुई कि एक के प्रेमप्रवाह से दूसरे में प्रेम की नींव पड़ी समझनी चाहिए। रत्नसेन और पद्मावती का प्रेम पूर्वापर है। पद्मावती के अलौकिक रूप-सौंदर्य को सुनकर पहले राजा रत्नसेन के हृदय में प्रेमव्यथा उत्पन्न होती है, पीछे पद्मावती के हृदय में उस व्यथा के प्रति सहानुभूति—

सुनि कै धनि, 'जारी अस काया'। तन भा मयन, हिये भइ माया।।

यही 'माया' या सहानुभूति प्रेम की पवित्र जननी हो जाती है। सहसा साक्षात्कार के द्वारा प्रेम के युगपत् आविर्भाव में उक्त पूर्वापर क्रम नहीं होता इसलिए उसमें प्रेमी और प्रिय का भेद नहीं होता। उसमें दोनों एक-दूसरे के प्रेमी और एक-दूसरे को प्रिय साथ-साथ होते हैं। उसमें यार की संगदिली या बेवफाई की शिकायत—निष्ठुरता के उपालंभ—की जगह पहले तो नहीं होती, आगे चलकर हो जाए तो हो जाए। तुलसीदास द्वारा वर्णित जनकपुर के बगीचे में उत्पन्न सीता और राम का युगपत् प्रेम बराबर सम रहा। पर सूरदास द्वारा वर्णित गोपी-कृष्ण का प्रेम आगे चलकर सम से विषम हो गया। इसीलिए अयोध्या से निर्वासित सीता राम की बेवफाई की कुछ भी शिकायत नहीं करतीं, पर गोपियाँ मारे शिकायतों के उद्धव के कान बहरे कर देती हैं। रत्नसेन और पद्मावती के प्रेम में आरंभ में विषमता है और गोपी कृष्ण के प्रेम में अंत में। दोनों की विषमता की स्थिति में यही अंतर है। गोपी-कृष्ण-प्रेम समता से विषमता की ओर प्रवृत्त हुआ है और रत्नसेन पद्मावती का प्रेम विषमता से समता की ओर। इस समता की प्राप्ति की व्यंजना पद्मावती कैसे भोले-भाले शब्दों में अपनी सखियों से करती है—

आजु मरम मैं जानिउँ सोई। जस पियार पिउ और न कोई।।
हियै छाहँ उपना औ सीऊ। पिउ न रिसाउ लेउ बरु जीऊ।।

....

करि सिंगार तापहँ का जाऊँ। ओही देखहुँ ठावहिं ठाऊँ।।
जो जिउ महँ तौ उहै पियारा। तन-मन सौं नहिं होइ निनारा।।
नैन माँह है उहै समाना। देखौं तहाँ नाहिं कोउ आना।।

अब यहाँ प्रश्न उठता है कि जायसी ने विषम प्रेम से क्यों आरंभ किया, आरंभ

ही से सम प्रेम क्यों नहीं लिया। इसका उत्तर यह है कि जायसी को इस प्रेम को लेकर भगवत्पक्ष में भी घटाना था। ईश्वर के प्रति प्रेम का उदय पहले भक्त के हृदय में होता है। ज्यों-ज्यों यह प्रेम बढ़ता जाता है, त्यों-त्यों भगवान् की कृपादृष्टि भी होती जाती है यहाँ तक कि पूर्ण प्रेमदशा को प्राप्त भक्त भगवान् का भी प्रिय हो जाता है। प्रेमी होकर प्रिय होने की यह पद्धति भक्तों की है। भक्ति की साधना का क्रम यही है कि पहले भगवान् हमें प्रिय लगें, पीछे अपने प्रेम के प्रभाव से हम भी भगवान् को प्रिय लगने लगेंगे।

ईश्वरोन्मुख प्रेम

पहले कहा जा चुका है कि जायसी का झुकाव सूफी मत की ओर था जिसमें जीवात्मा और परमात्मा में पारमार्थिक भेद न माना जाने पर भी साधकों के व्यवहार में ईश्वर की भावना प्रियतम के रूप में की जाती है। इन्होंने ग्रंथ के अंत में सारी कहानी को अन्योक्ति कह दिया है और बीच-बीच में भी उनका प्रेमवर्णन लौकिक पक्ष में अलौकिक पक्ष की ओर संकेत करता जान पड़ता है। इसी विशेषता के कारण कहीं-कहीं इनके प्रेम की गंभीरता और व्यापकता अनंतता की ओर अग्रसर दिखाई पड़ती है। 'रति भाव' का वर्णन हिंदी के बहुत से कवियों ने किया है—कुछ लोगों का तो कहना है कि इसके अतिरिक्त और हमने किया ही क्या है—पर एक प्रबंध के भीतर शुद्ध भाव के स्वरूप का ऐसा उत्कर्ष जो पार्थिव प्रतिबंधों से परे होकर आध्यात्मिक क्षेत्र में जाता दिखाई पड़े, जायसी का मुख्य लक्ष्य है। क्या संयोग, क्या वियोग, दोनों में कवि प्रेम के उस आध्यात्मिक स्वरूप का आभास देने लगता है, जगत् के समस्त व्यापार जिसकी छाया से प्रतीत होते हैं। वियोगपक्ष में जब कवि लीन होता है तब सूर्य, चंद्र और नक्षत्र सब उसी परम विरह में जलते और चक्कर लगाते दिखाई देते हैं, प्राणियों का लौकिक वियोग जिसका आभास मात्र है—

बिरह के आगि सूर जरि काँपा। रातिउ दिवस जरै ओहि तापा।।

यद्यपि इस प्रकार के विरहवर्णन की ओर सगुण धारा के भक्तों की प्रवृत्ति नहीं रही है, पर तुलसी की 'विनयपत्रिका' में एक जगह ऐसे विश्वव्यापी विरह की भावना पाई जाती है—

बिछुरे रवि ससि, मन! नैनन तें पावत दुख बहुतेरो।
भ्रमत स्रमित निसि दिवस गगन महँ, तहँ रिपु राहु बड़ेरो।।
जद्यपि अति पुनीत सुरसरिता, तिहुँ पर सुजस घनेरो।
तजे चरन अजहूँ न मिटत नित बहिबो ताहू केरो।।

इसी शुद्ध भावक्षेत्र में अग्नि, पवन इत्यादि सब उस प्रिय (ईश्वर) के पास तक पहुँचने में व्यस्त दिखाई पड़ते हैं—सारी सृष्टि उसी 'परम भाव' में लीन होने को बढ़ती जान पड़ती है। परम साधना पूरी हुए बिना कोई यों ही इच्छा मात्र करके

नहीं पहुँच सकता है–

धाइ जो बाजा कै मन साधा। मारा चक्र, भएउ दुइ आधा।।
पवन धाइ तहँ पहुँचै चहा। मारा तैस, लोटि भुइँ रहा।।
अगिनि उठी, जरि उठा निआना। धुआँ उठा, उठि बीच बिलाना।।
पानि उठा, उठि जाइ न छूआ। बहुरा रोइ आइ भुँइ चूआ।।

लौकिक सौंदर्य का वर्णन करते-करते कवि की दृष्टि किस प्रकार उस चरम सौंदर्य की ओर जा पड़ती है, यह रूप-सौंदर्य-वर्णन के अंतर्गत देखिए। उस चरम सौंदर्य की कुछ झलक मानो सृष्टि के वृक्ष, वल्ली, पशु, पक्षी, पृथ्वी, आकाश सबको मिली हुई है, सबके हृदय में मानो उसकी दृष्टिकोर गड़ी हुई है, सब उसके विरह में लीन हैं–

उन बानन्ह अस को जो न मारा। बेधि रहा सगरौ संसारा।।
गगन नखत जो जाहिं न गने। वै सब बान ओहि के हने।।
धरती बान बेधि सब राखी। साखी ठाढ़ देहिं सब साखी।।
रोवँ-रोवँ मानुष तन ठाढ़े। सूतहि सूत बेध अस गाढ़े।।
बरुनि बान अस ओपहँ, बेधे रन, बन ढाँख।
सौजहि तन सब रोवाँ, पंखिहि तन सब पाँख।।

सृष्टि के नाना पदार्थ रूप, रस, गंध आदि का जो विकास करते दिखाई पड़ते हैं–सौंदर्य और माधुर्य धारण करते दिखाई पड़ते हैं–वह मानो उस अनंत सौंदर्य के समागम के अभिलाष से उसके पास तक पहुँचने की आशा से–

पुहुप सुगंध करहिं एहि आसा। मकु हिरकाइ लेइ हम्ह पासा।।

रत्नसेन को पद्मावती तक पहुँचाने वाला प्रेमपंथ जीवात्मा को परमात्मा में ले जाकर मिलाने वाले प्रेमपंथ का स्थूल आभास है। प्रेमपथिक रत्नसेन में सच्चे साधक भक्त का स्वरूप दिखाया गया है। पद्मावती ही ईश्वर से मिलानेवाला ज्ञान या बुद्धि है अथवा चैतन्य-स्वरूप परमात्मा है, जिसकी प्राप्ति का मार्ग बतलानेवाला सूआ सद्गुरु है। उस मार्ग में अग्रसर होने से रोकने वाली नागमती संसार का जंजाल है। तनरूपी चित्तौरगढ़ का राजा मन है। राघव चेतन शैतान है जो प्रेम का ठीक मार्ग न बताकर इधर-उधर भटकाता है। माया में पड़े हुए सुलतान अलाउद्दीन को मायारूप ही समझना चाहिए। इसी प्रकार जायसी ने 'पदमावत' के अंत में अपने सारे प्रबंध को व्यंग्यगर्भित कह दिया है–

तन चितउर, मन राजा कीन्हा। हिय सिंहल, बुधि पदमिनि चीन्हा।।
गुरु सुआ जेहि पंथ देखावा। बिन गुरु जगत् को निरगुन पावा।।
नागमती यह दुनिया धंधा। बाँचा सोइ न एहि चित बंधा।।
राघव दूत, सोइ सैतानू। माया अलादीन सुलतानू।।

अब यदि कवि के स्पष्टीकरण के अनुसार व्यंग्य अर्थ को ही प्रधान या प्रस्तुत

मानें तो जहाँ-जहाँ दूसरे अर्थ भी निकलते हैं, वहाँ-वहाँ अन्योक्ति माननी पड़ेगी। पर ऐसे स्थल अधिकतर कथा के अंग हैं और पढ़ते समय कथा के अप्रस्तुत होने की धारणा किसी पाठक को नहीं हो सकती। अतः इन स्थलों के वाच्यार्थ को अप्रस्तुत नहीं कह सकते। इस प्रकार वाच्यार्थ के प्रस्तुत और व्यंग्यार्थ के अप्रस्तुत होने से ऐसी जगह सर्वत्र 'समासोक्ति' ही माननी चाहिए। 'पदमावत' के सारे वाक्यों के दोहरे अर्थ नहीं हैं, सर्वत्र अन्य पक्ष के व्यवहार का आरोप नहीं है। केवल बीच-बीच में कहीं-कहीं दूसरे अर्थ की व्यंजना होती है। ये बीच-बीच में आए हुए स्थल, जैसा कि कहा जा चुका है, अधिकतर तो कथाप्रसंग के अंग हैं, जैसे—सिंहलगढ़ की दुर्गमता और सिंहलद्वीप के मार्ग का वर्णन, रत्नसेन का लोभ के कारण तूफान में पड़ना और लंका के राक्षस द्वारा बहकाया जाना। अतः इन स्थलों में वाच्यार्थ से अन्य अर्थ जो साधनापक्ष में व्यंग्य रखा गया है वह प्रबंध काव्य की दृष्टि से अप्रस्तुत ही कहा जा सकता है और 'समासोक्ति' ही माननी पड़ती है।

एक छोटा सा उदाहरण लीजिए। राजा रत्नसेन जब दिल्ली में कैद हो गए तब रानी पद्मावती इस प्रकार विलाप करती है—

सो दिल्ली अस निबहुर देसू। केहिं पूछहुँ, को कहै सँदेसू?
जो कोई जाइ तहाँ कर होई। जो आवै किछु जान न सोई।।
अगम पंथ पिय तहाँ सिधाबा। जो रे गयउ सो बहुरि न आवा।।

प्रबंध के भीतर ये सारे वाक्य प्रस्तुत प्रसंग का वर्णन करते हैं पर इनमें परलोकयात्रा का अर्थ भी व्यंग्य है। यहाँ वाच्यार्थ को प्रस्तुत और व्यंग्यार्थ को अप्रस्तुत मानकर तथा 'कोई किछु जान न' और 'बहुरि न आवा' को दिल्ली गमन और परलोकगमन दोनों के सामान्य कार्य ठहराते हुए, दिल्ली गमन में परलोकगमन के व्यवहार का आरोप करके हम समासोक्ति ही कह सकते हैं।

जहाँ कथाप्रसंग से भिन्न वस्तुओं के द्वारा प्रस्तुत प्रसंग की व्यंजना होती है वहाँ 'अन्योक्ति' होगी, जैसे—

(क) सूर उदयगिरि चढ़त भुलाना। गहनै गहा, कँवल कुँभिलाना।।

यहाँ इस 'अप्रस्तुत' के कथन द्वारा राजा रत्नसेन के सिंलहगढ़ पर चढ़ने और पकड़े जाने की व्यंजना की गई है। दूसरा उदाहरण लीजिए—

(ख) कँवल जो बिगसा मानसर, बिनु जल गयउ सुखाइ।।
अबहुँ बेलि फिर पलुहै, जौ पिय सींचै आइ।।

यहाँ जल कमल का प्रसंग प्रस्तुत नहीं है, प्रस्तुत है विरहिणी की दशा। अतः यहाँ अप्रस्तुत से प्रस्तुत की व्यंजना होने के कारण 'अन्योक्ति' है।

सारांश यह है कि जहाँ-जहाँ प्रबंध प्रस्तुत-वर्णन में अध्यात्मपक्ष का कुछ अर्थ भी व्यंग्य हो वहाँ समासोक्ति ही माननी चाहिए। जहाँ प्रथम पक्ष में अर्थात् अभिधेयार्थ में किसी भाव की व्यंजना नहीं है (जैसे मार्ग की कठिनता और सिंहलगढ़ की दुर्गमता

के वर्णन में) वहाँ तो वस्तुव्यंजना स्पष्ट ही है, क्योंकि वहाँ एक प्रस्तुत अर्थ से दूसरे वस्तु रूप अर्थ की ही व्यंजना है। पर जहाँ किसी भाव की भी व्यंजना है वहाँ यह जिज्ञासा हो सकती है कि एक पक्ष की वस्तु दूसरे पक्ष की दूसरी वस्तु को व्यंजित करती है अथवा एक पक्ष का भाव दूसरे पक्ष के दूसरे भाव को व्यंजित करता है। विचार के लिए यह पद्य लीजिए—

पिउ हिरदय महुँ भेंट न होई। को रे मिलाव, कहौं केहि रोई।।

ये पद्मावती के वचन हैं जिसमें रतिभावव्यंजक 'विषाद' और 'औत्सुक्य' की व्यंजना है। ये वचन जब भगवत्पक्ष में घटते हैं तब भी इन भावों की व्यंजना बनी रहती है। इस अवस्था में क्या हम कह सकते हैं कि प्रथम पक्ष में व्यंजित भाव दूसरे पक्ष में उसी भाव की व्यंजना करता है? नहीं; क्योंकि व्यंजना अन्य अर्थ की हुआ करती है, उसी अर्थ की नहीं। उक्त पद्य में भाव दोनों पक्षों में वे ही हैं। आलंबन भिन्न होने से भाव अपर (अर्थात् अन्य और समान; समानता अपरता में ही होती है) नहीं हो सकता। प्रेम चाहे मनुष्य के प्रति हो चाहे ईश्वर के प्रति, दोनों पक्षों में प्रेम ही रहेगा। अतः यहाँ वस्तु से वस्तु ही व्यंग्य है और भावव्यंजना का विधान दोनों पक्षों में अलग-अलग माना जाएगा।

पहले तो पद्मावती और रत्नसेन के पक्ष में वाच्यार्थ की प्रतीति के साथ ही असंलक्ष्यक्रम व्यंग्य द्वारा उन दो भावों (विषाद और औत्सुक्य) की प्रतीति होती है। इसके उपरांत हम फिर प्रथम पक्ष के वाच्यार्थ से चलकर लक्ष्यक्रम व्यंग्य द्वारा दूसरे पक्ष की इस वस्तु पर पहुँचते हैं—'ईश्वर तो अंतःकरण में ही है, पर साक्षात्कार नहीं होता। किस गुरु से कहें जो उपदेश देकर मिलावे।' इसमें अन्य आश्रय और अन्य आलंबन का ग्रहण है अतः यह वस्तुव्यंजना हुई। इस प्रकार दूसरे पक्ष की व्यंग्य वस्तु पर पहुँचकर हम चट उसके व्यंग्य भाव (ईश्वरप्रेम) पर पहुँच जाते हैं। मतलब यह है कि एक पक्ष से दूसरे पक्ष पर हम वस्तुव्यंजना द्वारा ही आते हैं। यह वस्तुव्यंजना अधिकतर अर्थशक्त्युद्भव ही है, शब्दशक्त्युद्भव नहीं—अर्थात् अर्थ के सादृश्य से ही लक्ष्यक्रम व्यंग्य जायसी में मिलता है, श्लेष के सहारे पर नहीं। कहीं एकाध जगह ऐसे उदाहरण मिलते हैं जिसमें शब्द के दोहरे अर्थ से कुछ काम लिया गया है, जैसे—

जो यहि खीर समुद महँ परे। जीव गँवाइ हंस होइ तरे।।

यहाँ 'हंस' शब्द का पक्षी भी अर्थ है और उपाधिमुक्त शुद्ध आत्मा भी।

जैसा कि कह आए हैं, भगवत्पक्ष में घटने वाले व्यंग्यार्थगर्भ वाक्य बीच-बीच में बहुत से हैं। हीरामन तोते के मुँह से पद्मावती का रूपवर्णन सुन राजा उसके ध्यान में बेसुध हो गया। पर राजा केवल संसार के देखने में बेसुध था। अपने ध्यान की गंभीरता में, समाधि की अवस्था में, उसे उस समय परम ज्योति के सामीप्य की आनंदमयी अनुभूति हो रही थी जिसके भंग होने का दुःख वह सचेत होने पर प्रकट करता है—

आवत जग बालक जस रोवा। उठा रोइ 'हा ज्ञान सो खोवा'।।
हौं तो अहा अमरपुर जहाँ। इहाँ मरनपुर आएउ कहाँ?
केह उपकार मरन कर कीन्हा । सकति हँकारि जीउ हरि लीन्हा।।

यहाँ राजा का पद्मावती के ध्यान में बेसुध होना कहकर साधक भक्त की समाधि द्वारा ईश्वर-सान्निध्य-प्राप्ति की व्यंजना की गई है। वह सान्निध्य कैसा आनंदमय है! उस अमर धाम से जीव जब इस संसार में आता है तब उसकी सुध करके एकबारगी रो पड़ता है। जायसी ने तो जन्म के समय में बच्चे के रोने पर हेतूत्प्रेक्षा करके भाव को यहीं छोड़ दिया है, पर अँगरेज कवि वड्र्सवर्थ इस भाव को और आगे ले गए हैं। वे कहते हैं कि अपने उस अमर धाम की सुध संसार में आते ही यद्यपि भूल जाती है, पर उसका संस्कार कुछ काल तक रहता है। अपने बचपन के दिनों का स्मरण कीजिए। ये ही हरे-भरे मैदान, अमराइयाँ और नाले आदि जो अब साधारण दृश्य जान पड़ते हैं, कैसी आनंदमयी दिव्य प्रभा से मंडित दिखाई पड़ते थे। फूल अब भी सुंदर लगते हैं, चंद्रमा अब भी शरत्काल में सुहावना लगता है, पर इन सबकी वह दिव्य आभा अब पृथ्वी पर कहाँ जो बचपन में हृदय को आनंदोल्लास से भर देती थी। बचपन में हमारे चारों ओर स्वर्ग का आभास कुछ बना रहता है। पर ज्यों-ज्यों हम बड़े होते जाते हैं त्यों-त्यों इस भवसागर की छाया में बद्ध होते जाते हैं—वह आनंदसंस्कार मिटता जाता है, हम उसे भूलते जाते हैं। अतः इस संसार में जन्म लेना क्या है, एक प्रकार का भूलना है, एक प्रकार की निद्रा है—

अवर बर्थ इज बट ए स्लीप ऐंड ए फारगेटिंग;
द सोल दैट राइजेज विथ अस, अवर लाइव्ज स्टार;
हैथ हैड एल्सह्वेयर इट्स सेटिंग
ऐंड कमेथ फ्राम एफार;
नाट इन एंटायर फारगेटफुलनेस
ऐंड नाट इन अटर नेकेडनेस
बट ट्रेलिंग क्लाउड्ज आव ग्लोरी डू वी कम
फ्राम गाड, हू इज अवर होम,
हेवेन लाइज एबाउट अस इन अवर इनफैंसी!
शेड्स आव द प्रिजन हाउस बिगिन टु क्लोज
अपान द ग्रोइंग ब्याय।
—ओड आन इंटिमेशन आव इम्मारटैलिटी फ्राम रिकलेशन्स आव
अर्ली चाइल्डहुड।

शास्त्राभिमानी लोग तर्कबुद्धि से जिन तत्त्वों का साक्षात्कार करते हैं मनुष्य की रागात्मिकता वृत्ति भी पूर्ण शुद्धता प्राप्त करके उन तथ्यों में रमती है। पहुँचे हुए

कवियों की वाणी में जो सत्य की मार्मिक अनुभूति (ज्ञान मात्र नहीं) मिलती है, वह भी अमूल्य है।

देखिए, जोगी होते हुए राजा के मुँह से कवि ने उसी अमरधाम की ओर स्वाभाविक दृश्य द्वारा संकेत कराया है–

हौं रे पथिक पखेरू, जेहि बन मोर निबाहु।
खेलि चला तेहि बन कहँ, तुम अपने घर जाहु।।

राजा रत्नसेन जब सिंहल के पास सातवें समुद्र में पहुँचता है तब दुःख की सारी छाया हट जाती है, आनंद की अमंद आभा फूटती दिखाई पड़ती है और हृदय की कली खिल जाती है। यह है साधक का अपनी साधना के फल के निकट पहुँचना, जब कि सारे भ्रम और संताप दूर होते दिखाई पड़ने लगते हैं और ब्रह्म की आनंदमयी ज्योति के साक्षात्कार से आत्मा अपने शुद्ध स्वरूप की ओर अग्रसर होती जान पड़ने लगती है–

देखि मानसर रूप सोहावा। हिय हुलाम पुरइनि होइ छावा।।
गा अँधियार, रैन मसि छूटी। भा भिनुसार किरिन रवि फूटी।।
'अस्ति अस्ति' सब साथी बोले। अंध जो अहे, नैन बिधि खोले।।

आनंद की कैसी लोकव्यापिनी व्यंजना है। एक-एक शब्द से ऐसा उल्लास उमड़ा पड़ता है जिसमें वृत्ति मग्न हो जाती है।

मंदिर में पद्मावती के आने पर राजा रत्नसेन जो बेसुध होकर सो गया है उससे इस बात की व्यंजना की गई है कि ईश्वर बराबर सामने रहता है, पर जो इस संसार की माया में लिप्त होकर सोए रहते हैं उन्हें साक्षात्कार नहीं होता, जो योगी जागते हैं उन्हीं को होता है–

तबहुँ न जागा, गा तू सोई। जागे भेंट, न सोए होई।।

और जागने वाले योगी कौन हैं, गोस्वामी तुलसीदासजी कहते हैं–

एहि जग जामिनि जागहिं जोगी। परमारथी प्रपंच वियोगी।।

हीरामन के मुँह से सिंहलद्वीप और पद्मावती का वर्णन सुन बेसुध होकर राजा जब फिर जागता है तब अपने चित्तौर के राजपाट और घरबार से उसकी दृष्टि फिरकर उस सिंहलद्वीप की ओर लग जाती है। यह दशा उस सच्चे भावुक जिज्ञासु की है जो गुरु से ब्रह्मज्योति का आभास पाकर उसी की ओर प्रवृत्त हो जाता है और इस संसार में सब व्यवहार उसे अज्ञानांधकार के समान लगने लगते हैं–

हिय के जोति दीप वह सूझा। यह जो दीप अँधियारा बूझा।।
उलटि दीठि माया सौं रूठी। पलटि न फिरी जानि कै झूठी।।

प्रेमपथिक रत्नसेन के इस मार्ग में साधक के मार्ग की झलक देखिए–

ओहि मिलान जो पहुँचै कोई। तब हम कहब पुरुष भल सोई।।
है आगे परबत कै बाटा। विषम पहार अगम सुठि घाटा।।

बिच-बिच नदी, खोह औ नारा । ठाँवहिं ठाँव बैठ बटपारा।।

वह 'मिलान' जहाँ पहुँचना है ईश्वर है। अनेक प्रकार के विघ्न पहाड़ और नदी खोह हैं। काम, क्रोध, मोह आदि बटमार या डाकू हैं। साधक के विघ्नों का स्वरूप दिखाने के लिए ही कवि ने राजा रत्नसेन के लौटते समय तूफान की घटना का आयोजन किया है। लोभ के कारण राजा विपत्ति में फँसता है और लंका का राक्षस उसे मिलकर भटकाता है। यह लंका का राक्षस शैतान है जो साधकों को भटकाया करता है।

इसी प्रकार सिंहलगढ़ का निम्नलिखित वर्णन भी हठयोग के विभागों के अनुसार शरीर का वर्णन है—

गढ़ तस बाँक जैसि तोरी काया । पुरुष देखु ओही कै छाया।।
पाइय नाहिं जूझ हठि कीन्हें । जेइ पावा तेइ आपुहि चीन्हें।।
नौ पौरी तेहि गढ़ मझियारा । औ तहँ फिरहिं पाँच कोटबारा।।
दसहुँ दुआर गुपुत एक ताका । अगम चढ़ाव बाट सुठि बाँका।।
भेदै जाइ कोइ वह घाटी । जो लह भेद चढ़ै होइ चाँटी।।
गढ़तर कुंड सुरँग तेहि माहाँ । तहँ वह पंथ, कहौं तोहि पाहाँ।।
दसवँ दुआर ताल कै लेखा । उलटि दिस्ट जो लाव सो देखा।।

हठयोगी अपनी साधना के लिए शरीर के भीतर तीन नाड़ियाँ मानते हैं। मेरुदंड या रीढ़ की बायीं ओर इला, दाहिनी ओर पिंगला नाड़ी है। इन दोनों के बीच में सुषुम्ना नाम की नाड़ी है। स्वरोदय के अनुसार बायें नथने से जो साँस आती-जाती है वह इला नाड़ी से होकर और दाहिने नथने से जो आती-जाती है वह पिंगला से होकर। यदि श्वास कुछ क्षण दाहिने और कुछ क्षण बायें नथने से निकले तो समझना चाहिए कि वह सुषुम्ना नाड़ी से आ रही है। मध्यस्था सुषुम्ना नाड़ी ब्रह्मस्वरूप है और उसी में जगत् अवस्थित है। बिना इन नाड़ियों के ज्ञान के योगाभ्यास में सिद्धि नहीं होती। जो योगाभ्यास करना चाहते हैं वे पहले इला, फिर पिंगला और उसके अनंतर सुषुम्ना को साधते हैं। सुषुम्ना के सबसे नीचे के भाग में नाभि के नीचे, योगी कुंडलिनी मानते हैं। इसी को जगाने का प्रयत्न वे करते हैं। जाग्रत होने पर कुंडलिनी चंचल होकर सुषुम्ना नाड़ी के भीतर-भीतर सिर की ओर चढ़ने लगती है और हृत्कमल और बारह चक्रों को पार करती हुई ब्रह्मरंध्र या मूर्द्धज्योति तक चली जाती है। जैसे-जैसे वह ऊपर चढ़ती जाती है, योगी के सांसारिक बंधन ढीले पड़ते जाते हैं। यहाँ तक कि ब्रह्मरंध्र में पहुँचने पर मन और शरीर से उसका संबंध छूट जाता है और साधक पूर्ण समाधि या तुरीयावस्था को प्राप्त होकर ब्रह्म के स्वरूप में मग्न हो जाता है।

ऊपर जो पंक्तियाँ उद्धृत हैं उनमें 'नौ पौरी' नाक, कान, मुँह आदि नव द्वार हैं। दशम द्वार ब्रह्मरंध्र है जिसके पास तक पहुँचने में बहुत से विघ्न या अंतराय

पड़ते हैं। पाँच कोतवाल, काम, क्रोध आदि विकार हैं। गढ़ के नीचे का कुंड नाभिकुंड है जहाँ कुंडलिनी है। इस नाभिकुंड से गई हुई सुरंग सुषुम्ना नाड़ी है जो ब्रह्मरंध्र तक चली गई है। वह ब्रह्मरंध्र बहुत ऊँचे है, वहाँ तक पहुँचना अत्यंत कठिन है। संसार से अपनी दृष्टि हटाकर जो उसकी ओर निरंतर ध्यान लगाए रहता है वही साधक वहाँ तक पहुँच पाता है। जैसे रत्नसेन को शिव ने सिंहलगढ़ के भीतर पहुँचने का मार्ग बताया है वैसे ही साधक को किसी सिद्ध पुरुष से उपदेश ग्रहण किए बिना ब्रह्म की प्राप्ति नहीं हो सकती। आरंभ में कवि ने जो सिंहलगढ़ का वर्णन किया है उसमें कहा है कि 'चारि बसेरे सौं चढ़ै, सत सौं उतरै पार'। ये चार बसेरे सूफी साधकों की चार अवस्थाएँ हैं—शरीअत, तरीकत, हकीकत और मारफत। यही मारफत पूर्ण समाधि की अवस्था है जिसमें ब्रह्म के स्वरूप की अनुभूति होती है।

रत्नसेन का सिंहलद्वीप में जाना भी हठयोगियों के प्रवाद के अनुकरण पर है। गोरखपंथी जोगी सिंहलद्वीप को सिद्धपीठ मानते हैं जहाँ शिव से पूर्ण सिद्धि प्राप्त करने के लिए साधक को जाना पड़ता है।

लड़की का मायके से पति के पास जाना अैर जीव का ईश्वर के पास जाना दोनों में एक प्रकार के साम्य की कल्पना निर्गुणोपासक भावुक भक्तों में बहुत दिनों से चली आती है। कबीरदास के तो बहुत से भजनों में यह कल्पना भरी हुई है, जैसे—

खेलि लेइ नैहर दिन चारी।
पहिली पठौनी तीनि जन आए, नाऊ, ब्राह्मण, बारी।
दुसरी पठौनी पिय आपुहि आए, डोली, बाँस-कहारी।।
धरि बहियाँ डोलिया बैठावैं, कोउ न लगत गोहारी।
अब कर जाना, बहुरि नहीं अवना, इहै भेंट-अँकवारी।।

———

सुनि कै गवन मोरा जिया घबराई।
आज मँदिरवा में अगिया लगिहै, कोउ न बुझावन जाई।।

इस प्रकार की अन्योक्तियाँ हिंदू गृहस्थों, विशेषतः स्त्रियों के मर्म को अधिक स्पर्श करने वाली होती हैं, इससे इनके द्वारा माँगने वाले साधु लोगों के हृदय पर प्रभाव डालकर भिक्षा का अच्छा योग कर लेते हैं। जायसी ने भी प्रथम समागम के अवसर पर पद्मावती के मुँह से इस प्रकार के व्यंग्यगर्भित वाक्य कहलाए हैं—

अनचिन्ह पिउ काँपौं मन माहाँ । का मैं कहब, गहब जो बाहाँ।।
बारि बैस गहै प्रीति न जानी । तरुनि भई मैमंत भुलानी।।
जीवन गरब न किछु मैं चेता । नेह न जानौं साम कि सेता।।
अब सो कंत जौ पूछिहि बाता । कस मुख होइहि पीत की राता।।

इसी प्रकार की उक्तियाँ पद्मावती की विदाई के समय भी हैं, जैसे—

रोवहिं मातु-पिता औ भाई । कोइ न टेक जौ कंत चलाई।।

भरीं सखी सब, भेंटत फेरा। अंत कंत सौ भएउ गुरेरा।।
कोउ काहु कर नाहिं निआना। मया मोह बाँधा अरुझाना।।
जब पहुँचाइ फिरा सब कोऊ। चला साथ गुन अवगुन दोऊ।।

इसी मायके और ससुराल की प्रचलित अन्योक्ति को ध्यान में रखकर जायसी ने ग्रंथ के आरंभ में ही पद्मावती और सखियों के खेलकूद का ऐसा माधुर्यपूर्ण वर्णन किया है। सिंहल की हाट आदि के वर्णन में भी बीच-बीच में जायसी ने पारमार्थिक झलक दिखाई है, जैसे–

जिन्ह एहि हाट न लीन्ह बेसाहा। ता कहँ आन हाट कित लाहा?
कोई करे बेसाहनी, काहू केर बिकाइ।
कोई चलै लाभ सौं, कोई मूर गँवाइ।।

प्रेम तत्त्व

प्रेम के स्वरूप का दिग्दर्शन जायसी ने स्थान-स्थान पर किया है। कहीं तो यह स्वरूप लौकिक ही दिखाई पड़ता है और कहीं लोकबंधन से परे। पिछले रूप में प्रेम इस लोक के भीतर अपने पूर्ण लक्ष्य तक पहुँचता हुआ नहीं जान पड़ता। उसका उपयुक्त आलंबन वही दिखाई पड़ता है जो अपने प्रेम से संपूर्ण जगत् की रक्षा करता है।

प्रिय से संबंध रखनेवाली वस्तुएँ भी कितनी प्रिय होती हैं! प्रिय की ओर ले जाने वाला मार्ग नागमती को कितना प्रिय होगा, उसी के मुँह से सुनिए–

वह पथ पलकन्ह जाइ बोहारौं। सीस चरन कै चलौं सिधारौं।।

पथ पर पलक बिछाने या उसे पलकों से बुहारने की बात उस अवसर पर कही जाती है जब प्रिय उस मार्ग से आने को होता है, पर जहाँ उस मार्ग पर चलने के लिए नागमती ही तैयार है, जैसा कि प्रसंग के पढ़ने से विदित होगा (दे. पद्मावती-नागमती- विलाप खंड), तो क्या वह अपने चलने के आराम के लिए सफाई करने को कह रही है? नहीं, उस मार्ग के प्रति जो स्नेह उमड़ रहा है, उसकी झोंक में कह रही है। जो मार्ग प्रिय की ओर ले जाएगा उस पर भला पैर कैसे रखेगी, वह उस पर सिर को पैर बनाकर चलेगी। प्रिय के संबंध से कितनी वस्तुओं से सुहृद भाव स्थापित हो जाता है। सच्चे प्रेमी को प्रिय ही नहीं, जो कुछ उस प्रिय का होता है, सब प्रिय होता है। जिसे यह जगत् प्रिय नहीं, जो इस जगत् के छोटे-बड़े सबसे सद्भाव नहीं रखता, जो लोक की भलाई के लिए सब कुछ सहने को तैयार नहीं रहता, वह कैसे कह सकता है कि ईश्वर का भक्त हूँ? गोस्वामी तुलसीदासजी कहते हैं कि मैं भी वह भक्तजीवन प्राप्त कर सकूँगा और–

पर हित निरत निरंतर मन क्रम बचन नेम निबहौंगो?

यह दिखाया जा चुका है कि रत्नसेन पद्मावती का प्रेम विषम से सम की ओर प्रवृत्त हुआ है जिसमें एक पक्ष की कष्टसाधना दूसरे पक्ष में पहले दया और फिर

तुल्य प्रेम की प्रतिष्ठा करती है। साधना का फलारंभस्वरूप उस दया की सूचना पाने पर जो तुल्यानुराग का पूर्वलक्षण है, रत्नसेन को समागनम का सा ही आनंद होता है, उसकी संजीवनी शक्ति से वह मूर्च्छा से जाग उठता है—

सुनि पदमावति कै असि मया। भा बसंत, उपनी नइ कया।।
सुआ क बोल पवन होइ लागा। उठा सोइ हनुवँत अस जागा।।

तुल्यानुराग की सूचना के अद्‍भुत प्रभाव का अनुभव राजा पुरूरवा ने भी उस समय किया है जब उर्वशी ने अदृश्य भाव से भोजपत्र पर अपने अनुराग की दशा लिखकर गिराई है—

तुल्यानुरागपिशुनं ललितार्थबंधं पत्रे निवेशितमुदाहरणं प्रियायाः।
उत्पक्ष्मणा, मम सखे! मदिरेक्षणायास्तस्याः समागतमिवाननमाननेन।।

(विक्रमोर्वशी, अंक 2)

राजा रत्नसेन ने 'अनुराग' शब्द का प्रयोग न करके 'मया' शब्द का प्रयोग किया है। यह उसके प्रेम के विकास के हिसाब से बहुत ठीक है। पहले पद्मावती को रत्नसेन के कष्टों की सूचना मिली है, तब उसका हृदय उसकी ओर आकर्षित हुआ है; अतः पद्मावती के हृदय में पहले दया का भाव ही स्वाभाविक है। पर उर्वशी और पुरूरवा का प्रेम आरंभ ही से सम था, केवल एक-दूसरे के प्रेम का परिज्ञान नहीं था। आगे चलकर रत्नसेन जो हर्ष प्रकट करता है, वह तुल्यानुराग पर है। राजा रत्नसेन को जब सूली देने ले जा रहे थे तब हीरामन पद्मावती का यह सँदेसा लेकर आया—

काढ़ि प्रान बैठी लेइ हाथा। मरै तौ, मरौं, जिऔं एक साथा।।

इतना सुनते ही रत्नसेन के हृदय से सूली आदि का सब ध्यान हवा हो जाता है, वह आनंद में मग्न हो जाता है—

सुनि सँदेस राजा तब हँसा। प्रान-प्रान घट-घट महँ बसा।।

प्रेम के प्रभाव से प्रेमी की वेदना मानो उसके हृदय के साथ प्रिय के पास चली जाती है। अतः जब वह प्रेम चरम सीमा को पहुँच जाता है तब प्रेमी तो दुःख की अनुभूति से परे हो जाता है और उसकी सारी वेदना प्रिय के मत्थे जा पड़ती है। समवेदना का यही उत्कर्ष तुल्य प्रेम है—

जीउ काढ़ि लेइ तुम अपसई। वह भा कया, जीव तुम भई।।
कया जो लाग धूप औ सीऊ। कया न जान, जान पै जीऊ।।
भोग तुम्हार मिला ओहि जाई। जो ओहि बिथा सो तुम्ह कहँ आई।।

योगियों के परकाय-प्रवेश का सा रहस्य समझना चाहिए—

''अस वह जोगी अमर भा, पर काया परवेस।।''

प्रेम की प्राप्ति से दृष्टि आनंदमयी और निर्मल हो जाती है। जो बातें पहले नहीं सूझती थीं वे सूझने लगती हैं, चारों ओर सौंदर्य का विकास दिखाई पड़ने लगता

है। पद्मावती की प्रशंसा सुनते ही जो प्रेम रत्नसेन के हृदय में संचरित होता है उसके प्रभाव का वर्णन वह इस प्रकार करता है–

सहसौ करा रूप मन भूला। जहँ-जहँ दीठ कँवल जनु फूला।।
तीनि लोक चौदह खँड, सबै परै मोहि सूझि।
प्रेम छाँड़ि नहिं लोन किछु, जौ देखा मन बूझि।।

प्रेम का क्षीर-समुद्र अपार और अगाध है। जो इस क्षीर-समुद्र को पार करते हैं उसकी शुभ्रता के प्रभाव से 'जीव' संज्ञा को त्याग शुद्ध आत्मस्वरूप को प्राप्त हो जाते हैं–'जो एहि खीर समुद महँ परे। जीव गँवाइ, हंस होइ तरे।' फिर तो वे 'बहुरि न आइ मिलहिं एहि छारा।'

प्रेम की यदि एक चिनगारी हृदय में पड़ गई और उसे सुलगाते बन पड़ा तो फिर ऐसी अद्भुत अग्नि प्रज्वलित हो सकती है जिससे सारे लोक विचलित हो जाएँ–

मुहमद चिनगी प्रेम कै सुनि महि गगन डेराइ।
धनि बिरही औ धनि हिया, जहँ अस अगिनि समाइ।।

भगवत्प्रेम की यह चिनगारी अच्छे गुरु से प्राप्त हो सकती है। पर गुरु एक चिनगारी भर डाल देगा, उसे सुलगाना चेले का काम है–

गुरु बिरह चिनगी जो मेला। जो सुलगाइ लेइ सो चेला।।

गुरु केवल उस प्रिय (ईश्वर) के रूप का बहुत थोड़ा सा आभास भर दे सकता है– उसे शब्दों द्वारा पूर्ण रूप से व्यक्त करना असंभव है। भावना के निरंतर उत्कर्ष द्वारा शिष्य को उत्तोरोत्तर अधिक साक्षात्कार प्राप्त होता जाएगा और उसके प्रेम की मात्रा बढ़ती चली जाएगी।

दूरारूढ़ प्रेम में प्रिय के साक्षात्कार के अतिरिक्त और कोई (सुख आदि की) कामना नहीं होती। ऐसा प्रेम प्रिय को छोड़ किसी अन्य वस्तु का आश्रित नहीं होता। न उसे सुराही चाहिए, न प्याला, न गुलगुली गिल में न गलीचा। न उसमें स्वर्ग की कामना होती है, न नरक का भय। ऐसी निष्कामना का अनुभव राजा रत्नसेन भयंकर समुद्र के बीच इस प्रकार कर रहा है–

ना हौं सरग क चाहौं राजू। ना मोहि नरक सेंति किछु काजू।।
चाहौं ओहिकर दरसन पावा। जेइ मोहि आनि प्रेम पथ लावा।।

प्रेम की कुछ विशेषताओं का वर्णन जायसी ने हीरामन तोते के मुँह से भी कराया है। सच्चा प्रेम एक बार उत्पन्न होकर फिर जा नहीं सकता। पहले उत्पन्न होते और बढ़ते समय तो उसमें सुख ही सुख दिखाई पड़ता है; पर बढ़ चुकने पर भारी दुःख का सामना करना पड़ता है। प्रेम बढ़ जाने पर और किसी भाव के लिए स्वतंत्र स्थान नहीं छोड़ता। जो और भाव उत्पन्न भी होते हैं वे सब उसके अधीन और वशवर्ती होते हैं–

प्रीति बेलि जिन अरुझै कोई। अरुझे, मुए न छूटै सोई।।

प्रीति बेलि ऐसै तन डाढ़ा। पलुहत सुख, बाढ़त दुख बाढ़ा।।
प्रीति अकेलि बेलि चढ़ि छावा। दूसर बेलि न सँचरै पावा।।

पद्मावती और नागमती के विवाद में जो 'असूया' का भाव प्रकट होता है वह स्त्री-स्वभाव चित्रण की दृष्टि से है। वह प्रेम के लौकिक स्वरूप के अंतर्गत है। जिन कालिदास ने प्रेम की प्रारंभिक दशा में उर्वशी के मुँह से पुरूरवा की रानी की रूपश्री की प्रशंसा कराकर चित्रलेखा को 'असूया पराङ्मुखं मन्त्रितम्' कहने का अवसर दिया उन्हीं ने आगे चलकर उर्वशी के लतारूप में परिणत हो जाने पर उसके संबंध में सहजन्या के मुँह से कहलाया कि 'दूरारूढ़ खलु प्रणयोऽसहनः'। पर जायसी की दृष्टि इस लौकिक प्रेम से आगे बढ़ी हुई है। वे प्रेम का वह विशुद्ध रूप दिखाना चाहते हैं जो भगवत्प्रेम में परिणत हो सके। इसी से वे प्रेम की और भी दूरारूढ़ भावना करके रत्नसेन के मुँह से विवादशांति का तत्त्वभरा उपदेश दिलाते हैं।

प्रबंधकल्पना

किसी प्रबंध कल्पना पर और कुछ विचार करने के पहले यह देखना चाहिए कि कवि घटनाओं को किसी आदर्श परिणाम पर ले जाकर तोड़ना चाहता है अथवा यों ही स्वाभाविक गति पर छोड़ना चाहता है। यदि कवि का उद्देश्य सत् और असत् का परिणाम दिखाकर शिक्षा देना होगा तो वह प्रत्येक पात्र का परिणाम वैसा ही दिखाएगा जैसा न्यायनीति की दृष्टि से उसे उचित प्रतीत होगा। ऐसे नपे-तुले परिणाम काव्यकला की दृष्टि से कुछ कृत्रिम जान पड़ते हैं।

'पदमावत' के कथानक से यह स्पष्ट है कि घटनाओं को आदर्श परिणाम पर पहुँचाने का लक्ष्य कवि का नहीं है। यदि ऐसा लक्ष्य होता तो राघव चेतन का बुरा परिणाम बिना दिखाए वह ग्रंथ समाप्त न करता। कर्मों के लौकिक शुभाशुभ परिणाम दिखाना जायसी का उद्देश्य नहीं प्रतीत होता। संसार की गति जैसी दिखाई पड़ती है वैसे ही उन्होंने रखी है। संसार में अच्छे आदर्श चरित्रवालों का परिणाम भी आदर्श अर्थात् अत्यंत आनंदपूर्ण ही होता है और बुरे कर्म करने वालों पर अंत में आपत्ति का पहाड़ ही आ टूटता हो, ऐसा कोई निर्दिष्ट नियम नहीं दिखाई पड़ता। पर आदर्श परिणाम के विधान पर लक्ष्य न रहने पर भी जो बात बचानी चाहिए वह बच गई है। किसी सत्पात्र का न तो ऐसा भीषण परिणाम ही दिखाया गया है जिससे चित्त को क्षोभ प्राप्त होता हो और न किसी बुरे पात्र की ऐसी सुख-समृद्धि ही दिखाई गई है जिससे अरुचि और उदासीनता उत्पन्न होती हो। अंतिम दृश्य से अत्यंत शांतिपूर्ण उदासीनता बरसती है। कवि की दृष्टि में मनुष्य जीवन का सच्चा अंत करुण क्रंदन नहीं, पूर्ण शांति है। राजा के मरने पर रानियाँ विलाप नहीं करती हैं, बल्कि इस लोक से अपना मुँह फेरकर दूसरे लोक की ओर दृष्टि किए आनंद के साथ पति की चिता में बैठ जाती हैं। इस प्रकार कवि ने सारी कथा का शांत रस में पर्यवसान किया

है। पुरुषों के वीरगति प्राप्त हो जाने और स्त्रियों के सती हो जाने पर अलाउद्दीन गढ़ के भीतर घुसा और—

'छार उठाइ लीन्ह एक मूठी। दीन्ह उठाइ पिरिथिवी झूठी।।'

प्रबंध काव्य में मानवजीवन का एक पूर्ण दृश्य होता है। उसमें घटनाओं की संबद्धशृंखला और स्वाभाविक क्रम के ठीक-ठीक निर्वाह के साथ-साथ हृदय को स्पर्श करने वाले—उसे नाना भावों का रसात्मक अनुभव कराने वाले—प्रसंगों का समावेश होना चाहिए। इतिवृत्त मात्र के निर्वाह से रसानुभव नहीं कराया जा सकता। उसके लिए घटनाचक्र के अंतर्गत ऐसी वस्तुओं और व्यापारों का प्रतिबिंबवत् चित्रण चाहिए जो श्रोता के हृदय में रसात्मक तरंगें उठाने में समर्थ हो। अतः कवि को कहीं तो घटना का संकोच करना पड़ता है, कहीं विस्तार।

घटना का संकुचित उल्लेख तो केवल इतिवृत्त मात्र होता है। उसमें एक-एक ब्योरे पर ध्यान नहीं दिया जाता और न पात्रों के हृदय की झलक दिखाई जाती है। प्रबंध-काव्य के भीतर ऐसे स्थल रसपूर्ण स्थलों की केवल परिस्थिति की सूचना देते हैं। इतिवृत्तरूप इन वर्णनों के बिना उन परिस्थितियों का ठीक परिज्ञान नहीं हो सकता जिनके बीच पात्रों को देखकर श्रोता उनके हृदय की अवस्था का अपनी सहृदयता के अनुसार अनुमान करते हैं। यदि परिस्थिति के अनुकूल पात्र के भाव नहीं हैं तो विभाव, अनुभाव और संचारी द्वारा उनकी अत्यंत विशद व्यंजना भी फीकी लगती है। प्रबंध और मुक्तक में यही बड़ा भारी भेद होता है। मुक्तक में किसी भाव की रसपद्धति के अनुसार अच्छी व्यंजना हो गई, बस। पर प्रबंध में इस बात पर भी ध्यान रहता है कि वह भाव परिस्थिति के अनुरूप है या नहीं। पात्र की परिस्थिति भी सहृदय श्रोता के हृदय में भाव का उद्‌बोधन करती है। उसके ऊपर से जब श्रोता के भाव के अनुकूल उसकी पूर्ण व्यंजना भी पात्र द्वारा हो जाती है तब रस की गहरी अनुभूति उत्पन्न होती है। 'वनवासी राम स्वर्णमृग को मार जब कुटी पर लौटे तब देखा कि सीता नहीं है' यह इतिवृत्तमात्र है; पर यह सहृदयों के हृदय को उस दुःखानुभव की ओर प्रवृत्त कर देता है, जिसकी व्यंजना राम ने अपने विरहवाक्यों में की। इसी बात को ध्यान में रखकर विश्वनाथ ने कहा है कि प्रबंध के रस से नीरस पद्यों में भी रसवत्ता मानी जाती है—रसवत्पद्यांतर्गतनीरसपदानामिव पद्यरसेन प्रबंधरसेनैव तेषां रसवत्ताङ्गीकारात्।

जिनके प्रभाव से सारी कथा में रसात्मकता आ जाती है वे मनुष्य जीवन के मर्मस्पर्शी स्थल हैं जो कथाप्रवाह के बीच-बीच में आते रहते हैं। यह समझिए कि काव्य में कथावस्तु की गति इन्हीं स्थलों तक पहुँचने के लिए होती है। 'पदमावत' में ऐसे स्थल बहुत से हैं—जैसे, मायके में कुमारियों को स्वच्छंद क्रीड़ा, रत्नसेन के प्रस्थान पर नागमती आदि का शोक, प्रेममार्ग के कष्ट, रत्नसेन को सूली की व्यवस्था, उस दंड के संवाद से विप्रलंभ दशा में पद्मावती की करुण सहानुभूति, रत्नसेन और

पद्मावती का संयोग, सिंहल से लौटते समय की सामुद्रिक घटना से दोनों की विह्वल स्थिति, नागमती की विरहदशा और वियोगसंदेश, उस संदेश को पाकर रत्नसेन की स्वाभाविक प्रणयस्मृति, अलाउद्दीन के संदेसे पर रत्नसेन का गौरवपूर्ण रोष और युद्धोत्साह, गोरा-बादल की स्वामिभक्ति और क्षात्रतेज से भरी प्रतिज्ञा, अपनी सजलनेत्रा भोली-भाली नवागता वधू की ओर पीठ फेर बादल का युद्ध के लिए प्रस्थान, देवपाल की दूती के आने पर पद्मावती द्वारा सतीत्वगौरव की अपूर्व व्यंजना, पद्मावती और नागमती का उत्साहपूर्ण सहगमन, चित्तौर की दशा इत्यादि। इनमें से पाँच स्थल तो बहुत ही अगाध और गंभीर हैं—नागमती वियोग, गोरा-बादल प्रतिज्ञा, कुँवर बादल का घर से निकलकर युद्ध के लिए प्रस्थान, दूती के निकट पद्मावती द्वारा सतीत्व गौरव की व्यंजना और सहगमन। ये पाँचों प्रसंग ग्रंथ के उत्तरार्द्ध में हैं। पूर्वार्द्ध में तो प्रेम ही प्रेम है; मानव जीवन की और-और उदात्त वृत्तियों का जो कुछ समावेश है वह उत्तरार्द्ध में है।

जायसी के प्रबंध की परीक्षा के लिए सुभीते के विचार से हम उसके दो विभाग कर सकते हैं—इतिवृत्तात्मक और रसात्मक।

पहले इतिवृत्त लीजिए। प्रबंधकाव्य में इतिवृत्त की गति इस ढंग से होनी चाहिए कि मार्ग में जीवन की ऐसी बहुत सी दशाएँ पड़ जाएँ जिनमें मनुष्य के हृदय में भिन्न-भिन्न भावों का स्फुरण होता है और जिनका सामान्य अनुभव प्रत्येक मनुष्य स्वभावतः कर सकता है। इन्हीं स्थलों में रसात्मक वर्णनों की प्रतिष्ठा होती है। अतः इनमें एक प्रकार से इतिवृत्त या कथा के प्रवाह का विराम सा रहता है। ऐसे रसात्मक वर्णन यदि छोड़ भी दिए जाएँ तो वृत्त खंडित नहीं होता। रसानुकूल परिस्थिति तक श्रोता को पहुँचाने के लिए बीच-बीच में घटनाओं के सामान्य कथन या उल्लेख मात्र को ही शुद्ध इतिवृत्त समझना चाहिए, जैसी कि 'रामचरितमानस' की ये चौपाइयाँ हैं—

> आगे चले बहुरि रघुराया। ऋष्यमूक पर्वत नियराया।
> तहँ रह सचिव सहित सुग्रीवा। आवत देखि अतुल बल सीवा।।
> अति सभीत कह सुनु हनुमाना। पुरुष जुगल बल-रूप निधाना।।
> धरि बटुरूप देखु तैं जाई। कहेसि जानि जिय सैन बुझाई।।

हितोपदेश, कथासरित्सागर, सिंहासन बत्तीसी, बैताल पच्चीसी आदि की कहानियाँ इतिवृत्त रूप में ही हैं, इसी से उन्हें कोई काव्य नहीं कहता। ऐसी कहानियों से भी श्रोता या पाठक का मनोरंजन होता है पर वह काव्य के मनोरंजन से भिन्न होता है। रसात्मक वाक्यों में मनुष्य के हृदय की वृत्तियाँ लीन होती हैं और इतिवृत्त से उसकी जिज्ञासा वृत्ति तुष्ट होती है। 'तब क्या हुआ?' इस वाक्य द्वारा श्रोता अपनी जिज्ञासा प्रायः प्रकट करते हैं। इससे प्रत्यक्ष है कि जो कहा गया है उसमें कुछ देर के लिए भी श्रोता का हृदय रमा नहीं है, आगे की बात जानने की उत्कंठा ही मुख्य

है। कोरी कहानियों में मनोरंजन इसी कुतूहलपूर्ण जिज्ञासा के रूप में होता है। उनके द्वारा हृदय की वृत्तियों (रति, शोक आदि) का व्यायाम नहीं होता; जिज्ञासा वृत्ति का व्यायाम होता है। उनका प्रधान गुण घटना-वैचित्र्य द्वारा कुतूहल को बनाए रखना ही होता है। कही जाने वाली कहानियाँ अधिकतर ऐसी ही होती हैं। पर कुछ कहानियाँ ऐसी भी जनसाधारण के बीच प्रचलित होती हैं जिनके बीच-बीच में भावोद्रेक करने वाली दशाएँ भी पड़ती चलती हैं। इन्हें हम रसात्मक कहानियाँ कह सकते हैं। इनमें भावुकता का अंश बहुत कुछ होता है और ये अपढ़ जनता के बीच प्रबंधकाव्य का ही काम देती हैं। इनमें जहाँ-जहाँ मार्मिक स्थल आते हैं वहाँ-वहाँ कथोपकथन आदि के रूप में कुछ पद्य या गाना रहता है।

ऐसी रसात्मक कहानियों का घटनाचक्र ही ऐसा होता है जिसके भीतर सुख-दुःख पूर्ण जीवनदशाओं का बहुत कुछ समावेश रहता है। पहले कहा जा चुका है कि 'पद्मावती और हीरामन तोते की कहानी' इसी प्रकार की है। इसके घटनाचक्र के भीतर प्रेम, वियोग, माता की ममता, यात्रा का कष्ट, विपत्ति, आनंदोत्सव, युद्ध जय, पराजय आदि के साथ-साथ विश्वासघात, वैर, छल, स्वामिभक्ति, पातिव्रत, वीरता आदि का भी विधान है। पर 'पदमावत' शृंगारप्रधान काव्य है। इसी से इसके घटनाचक्र के भीतर जीवनदशाओं और मानवसंबंधों की वह अनेकरूपता नहीं है जो रामचरितमानस में है। इसमें रामायण की अपेक्षा बहुत मानव दशाओं और संबंधों का रसपूर्ण प्रदर्शन और बहुत कम प्रकार के चरित्रों का समावेश है। इसका मुख्य कारण यह है कि जायसी का लक्ष्य प्रेमपथ का निरूपण है। जो कुछ हो, यह अवश्य मानना पड़ता है कि रसात्मकता के संचार के लिए प्रबंधकाव्य का जैसा घटनाचक्र चाहिए पदमावत का वैसा ही है। चाहे इसमें अधिक जीवनदशाओं को अंतर्भूत करने वाला विस्तार और व्यापकतत्व न हो, पर इसका स्वरूप बहुत ठीक है।

संबंध-निर्वाह

प्रबंधकाव्य में बड़ी भारी बात है संबंध-निर्वाह। माघ ने कहा है—

बह्वपि स्वेच्छया कामं प्रकीर्णमभिधीयते।
अनुज्झितार्थसंबंधः प्रबन्धो दुरुदाहरः।।

जायसी का संबंध निर्वाह अच्छा है। एक प्रसंग से दूसरे प्रसंग की शृंखला बराबर लगी हुई है। कथाप्रवाह खंडित नहीं है जैसा केशव की 'रामचंद्रिका' का है, जो अभिनय के लिए चुने हुए फुटकर पद्यों का संग्रह सी जान पड़ती है। जायसी में विराम अवश्य हैं—जो कहीं-कहीं अनावश्यक हैं—पर विवरण का लोप नहीं है जिससे प्रवाह खंडित होता है।

हमारे आचार्यों ने कथावस्तु दो प्रकार की कही है—आधिकारिक और प्रासंगिक। अतः संबंधनिर्वाह पर विचार करते समय सबसे पहले तो यह देखना चाहिए कि प्रासंगिक

कथाओं का जोड़ आधिकारिक वस्तु के साथ अच्छी तरह मिला हुआ है या नहीं अर्थात् उनका आधिकारिक वस्तु के साथ ऐसा संबंध है या नहीं जिससे उसकी गति में कुछ सहायता पहुँचती हो। जो वृत्तांत इस प्रकार संबद्ध न होंगे वे ऊपर से व्यर्थ ठूँसे हुए मालूम होंगे चाहे उनमें कितनी ही अधिक रसात्मकता हो। 'हितोपदेश' में एक कथा के भीतर कोई जो दूसरी कथा कहने लगता है या 'अलिफलैला' में एक कहानी के भीतर का कोई पात्र जो दूसरी कहानी छेड़ बैठता है वह मुख्य कथाप्रवाह से संबद्ध नहीं कही जा सकती। पदमावत में कई प्रासंगिक वृत्त हैं—जैसे, हीरामन तोता खरीदने वाले ब्राह्मण का वृत्तांत, राघव चेतन का हाल, बादल का प्रसंग—जिनका आधिकारिक वस्तु के प्रवाह पर पूरा प्रभाव है। उनके कारण आधिकारिक वस्तुस्रोत का मार्ग बहुत कुछ निर्धारित हुआ है। प्रासंगिक वस्तु ऐसी ही होनी चाहिए जो आधिकारिक वस्तु की गति आगे बढ़ाती या किसी ओर मोड़ती हो, जैसे देवपाल के वृत्त ने अलाउद्दीन के फिर चित्तौर पहुँचने के पहले ही रत्नसेन के जीवन का अंत कर दिया।

यह तो हुई प्रासंगिक कथा की बात जिसमें प्रधान नायक के अतिरिक्त किसी अन्य का वृत्त रहता है। अब आधिकारिक वस्तु की योजना पर आइए। सबसे पहले तो यह प्रश्न उठता है कि प्रबंध काव्य में क्या जीवनचरित के समान उन सब बातों का विवरण होना चाहिए जो नायक के जीवन में हुई हों। संस्कृत के प्रबंधकाव्यों को देखने से पता चलता है कि कुछ में तो इस प्रकार का विवरण होता है और कुछ में नहीं, कुछ की दृष्टि तो व्यक्ति पर होती है और कुछ की किसी प्रधान घटना पर। जिनकी दृष्टि व्यक्ति पर होती है उसमें नायक के जीवन की सारी मुख्य घटनाओं का वर्णन—गौरववृद्धि या गौरवरक्षा के ध्यान से अवश्य कहीं-कहीं कुछ उलटफेर के साथ—होता है। जिनकी दृष्टि किसी मुख्य घटना पर होती है उनका सारा वस्तुविन्यास उस घटना के उपक्रम के रूप में होता है। प्रथम प्रकार के प्रबंधों को हम व्यक्तिप्रधान कह सकते हैं जिसके अंतर्गत रघुवंश, बुद्धचरित, विक्रमांकदेवचरित आदि हैं। दूसरे प्रकार के घटनाप्रधान प्रबंधों के अंतर्गत कुमारसंभव, किरातार्जुनीय, शिशुपालवध आदि हैं। 'पदमावत' को इसी दूसरे प्रकार के प्रबंध के अंतर्गत समझना चाहिए।

कहने की आवश्यकता नहीं कि दृश्य काव्य का स्वरूप भी घटना प्रधान ही होता है। अतः इस प्रकार के प्रबंध के वस्तुविन्यास की समीक्षा बहुत कुछ दृश्य काव्य के वस्तुविन्यास के समान ही होनी चाहिए। जैसे दृश्य काव्य का वैसे ही प्रत्येक घटनाप्रधान प्रबंध काव्य का एक 'कार्य' होता है जिसके लिए घटनाओं का सारा आयोजन होता है; जैसे, रामचरित में रावण का वध। अतः घटनाप्रधान प्रबंध काव्य में उन्हीं वृत्तांतों का सन्निवेश अपेक्षित होता है जो उस साध्य 'कार्य' के साधन मार्ग में पड़ते हैं अर्थात् जिनका उस कार्य से संबंध होता है। प्राचीन यवन आचार्य अरस्तू ने इसका विचार अपने 'काव्य सिद्धांत' के आठवें प्रकरण में किया है और यह अब

भी पाश्चात्य समालोचकों में 'कार्यान्वय' (यूनिटी ऑफ ऐक्शन) के नाम से प्रसिद्ध है।

'पदमावत' में कार्य है पद्मावती का सती होना। उसकी दृष्टि से राघव चेतन का उतना ही वृत्त आया है जितने का घटनाओं के 'कार्य' की ओर अग्रसर करने में योग है। इसी सिद्धांत पर न तो चित्तौर की चढ़ाई के उपरांत राघव की कोई चर्या आती है और न विवाह के उपरांत तोते की। यहाँ पर दो प्रसंगों पर विचार कीजिए—सिंहल से लौटते समय समुद्र के तूफान के प्रसंग पर और देवपाल के दूती भेजने के प्रसंग पर। तूफानवाली घटना यद्यपि प्रधान नायक के जीवन की घटना है पर यों देखने में 'कार्य' के साथ उसका स्पष्ट संबंध नहीं जान पड़ता। वह केवल भाग्य की अस्थिरता, संयोग की आकस्मिकता और विरह की विह्वलता दिखाने तथा लोभ के विरुद्ध शिक्षा देने के निमित्त लाई जान पड़ती है। पर उक्त उद्देश्य प्रधान होने पर भी वह घटना 'कार्य्य' से बिल्कुल असंबद्ध नहीं है। कवि ने बड़े कौशल से सूक्ष्म संबंधसूत्र रखा है। उसी घटना के अंतर्गत रत्नसेन को समुद्र से पाँच रत्न प्राप्त हुए थे। जब अलाउद्दीन से चित्तौरगढ़ न टूट सका तब उसने संधि के लिए वे ही पाँच रत्न रत्नसेन से माँगे। अतः वे ही पाँच रत्न उस संधि के हेतु हुए जिनके द्वारा बादशाह का गढ़ में प्रवेश और रत्नसेन का बंधन हुआ। प्रबंधनिपुणता यही है कि जिस घटना का सन्निवेश हो वह ऐसी हो कि 'कार्य' से दूर या निकट का संबंध भी रखती हो और नये-नये विशद भावों की व्यंजना का अवसर भी देती हो। देवपाल की दूती का आना भी इसी प्रकार की घटना है जो सतीत्वगौरव की अपूर्व व्यंजना के लिए अवकाश भी निकालती है और रत्नसेन की उस मृत्यु का हेतु भी होती है जो 'कार्य' का (पद्मावती के सती होने का) कारण है।

'कार्यान्वयन' के अंतर्गत ही यवनाचार्य ने कहा है कि कथावस्तु के आदि, मध्य और अंत तीनों स्फुट हों। आदि से आरंभ होकर कथाप्रवाह मध्य में जाकर कुछ ठहरा सा जान पड़ता है, फिर चट 'कार्य' की ओर मुड़ पड़ता है। 'पदमावत' की कथा में हम तीनों अवस्थाओं को अलग-अलग बता सकते हैं। पद्मावती के जन्म से लेकर रत्नसेन के सिंहलगढ़ घेरने तक कथाप्रवाह का आदि समझिए, विवाह से लेकर सिंहलद्वीप से प्रस्थान तक मध्य और राघवचेतन के देशनिर्वासन से लेकर पद्मावती के सती होने तक अंत। आदि अंश की सब घटनाएँ मध्य अर्थात् विवाह की ओर उन्मुख हैं। विवाह के उपरांत जो उत्सव, समागम और सुखभोग आदि का वर्णन है उसे मध्य का विराम समझिए। उसके उपरांत राघव चेतन के निर्वासन से घटनाओं का प्रवाह 'कार्य' की ओर मुड़ता है।

प्राचीनों के अनुसार 'कार्य' महत्त्वपूर्ण होना चाहिए; नैतिक, सामाजिक या मार्मिक प्रभाव की दृष्टि से 'कार्य' बड़ा होना चाहिए, जैसा 'रामचरित' में रावण का वध है और 'पदमावत' में पद्मावती का सती होना। आधुनिक पाश्चात्य काव्यमर्मज्ञ

यह आवश्यक नहीं मानते। काउपर, बर्न्स और वर्डस्वर्थ के प्रभाव से अँगरेजी काव्यक्षेत्र में जो विचारविप्लव घटित हुआ उसके अनुसार जिस प्रकार साधारण दीन जीवन के दृश्य काव्य के उपयुक्त विषय हो सकते हैं उसी प्रकार साधारण 'कार्य' भी। इस संबंध में आज से पचहत्तर वर्ष पहले प्रसिद्ध साहित्यमर्मज्ञ मैथ्यूआर्नल्ड ने कहा है—

"मैं यह नहीं कहता कि कवित्वशक्ति का विकास साधारण से साधारण 'कार्य' के वर्णन में नहीं हो सकता या नहीं होता है। पर यह खेद की बात है कि कवि विषय से भी और शक्ति तथा रोचकता प्राप्त करते हुए अपनी प्रभविष्णुता को दूनी न करके विषय को ही अपनी कवित्वशक्ति से जबरदस्ती शक्ति और रोचकता प्रदान कराए।"[1]

इस प्रकार आर्नल्ड ने प्राचीन आदर्श का समर्थन किया है। जो हो; जायसी का भी यही आदर्श है। उन्होंने भी अपने काव्य के लिए 'महत्कार्य' चुना है जिसका आयोजन करने वाली घटनाएँ भी बड़े डील-डौल की हैं—जैसे, बड़े-बड़े कुँवरों और सरदारों की तैयारी, राजाओं और बादशाहों की लड़ाई इत्यादि। इसी प्रकार दृश्यवर्णन भी ऐसे-ऐसे आते हैं, जैसे, गढ़ वाटिका, राजसभा, राजसी भोज और उत्सव आदि के वर्णन।

संबंधनिर्वाह के अंतर्गत ही गति के विराम का विचार कर लेना चाहिए। यह कहना पड़ता है कि 'पदमावत' में कथा की गति के बीच-बीच में अनावश्यक विराम बहुत से हैं। मार्मिक परिस्थिति के विवरण और चित्रण के लिए घटनावली का जो विराम पहले कह आए हैं वह तो काव्य के लिए अत्यंत आवश्यक विराम है क्योंकि उसी से सारे प्रबंध में रसात्मकता आती है, पर उसके अतिरिक्त केवल पांडित्यप्रदर्शन के लिए, केवल जानकारी प्रकट करने के लिए, केवल अपनी अभिरुचि के अनुसार असंबद्ध प्रसंग छेड़ने के लिए या इसी प्रकार की और बातों के लिए जो विराम होता है वह अनावश्यक होता है। जायसी के कथाप्रवाह में इस प्रकार के अनावश्यक विराम बहुत से हैं। बहुत स्थलों पर तो ऐसा विराम कुछ दिनों से चली हुई उस भद्दी वर्णन परंपरा का अनुसरण है जिसमें वस्तुओं के बहुत से नाम और भेद गिनाए जाते हैं—जैसे सिंहलद्वीप वर्णन खंड में फलों, फूलों और घोड़ों के नाम, रत्नसेन के विवाह और बादशाह की दावत में पकवानों और व्यंजनों की बड़ी लंबी सूची। कुछ स्थलों पर तो केवल विषयों की जानकारी के लिए ही अनावश्यक विवरण जोड़े गए हैं—जैसे,

1. नार डू आइ डिनाइ दैट द पोएटिक फैकल्टी कैन ऐंड डज मैनिफेस्ट इटसेल्फ इन ट्रीटिंग द मोस्ट ट्राइफ्लिग एक्शन, द मोस्ट होपलेस सब्जेक्ट, बट इट इज ए पिटी दैट पॉवर शुड बी कंपेल्ड टु इंपार्ट इंटरेस्ट ऐंड फोर्स, इंस्टीड ऑव रिसीविंग देम फ्रॉम इट, ऐंड देयर बाइ डब्लिंग इट्स इंप्रसिवनेस।—प्रौफेस टु पोएम्स।

पद्मावती के प्रथम समागम के अवसर पर सोलह शृंगारों और बारह आभरणों के नाम, सिंहलद्वीप से रत्नसेन और पद्मावती की यात्रा के समय फलित ज्योतिष के यात्राविचार की पूरी उद्धरणी, राघव का बादशाह के सामने पद्मावती, चित्रणी आदि स्त्री-भेद-कथन।

कई स्थलों पर तो 'गूढ़ बानी' का दम भरने वाले मूर्खपंथियों के अनुकरण पर कुछ पारिभाषिक शब्दों से ढँकी हुई थिगलियाँ व्यर्थ जोड़ी जान पड़ती हैं, जैसे, विवाह के समय भोजन के अवसर पर बाजा न बजने पर यह कथोपकथन–

तुम पंडित जान्हु सब भेदू। पहिले नाद भएउ तब वेदू।।
आदि पिता जो बिधि अवतारा। नाद संग जिउ ज्ञान सँचारा।।
नाद, वेद मद, पैड़ जो चारी। काया महँ ते लेहु बिचारी।।
नाद हिये, मद उपनै काया। जहँ मद तहाँ पैड़ नहीं छाया।।

अथवा प्रथम समागम के समय सखियों द्वारा पद्मावती के छिपाए जाने पर राजा रत्नसेन का यह रसायनी प्रलाप–

का पूछहु तुम धातु, निछोही। जो गुरु कीन्ह अँतरपट ओही।।
सिधि गुटिका अब मो सँग कहा। भएउँ राँग, सत हिये न रहा।।
सो न रूप जासौं दुख खोलौं। गएउ भरोस तहाँ का बोलौं?।।
जहँ लोना बिरवा कै जाती। कहि कै सँदेस आन को पाती?।।
कै जो पार हरतार करीजै। गंधक देखि अबहि जिउ दीजै।।
तुम जोरा कै सूर मयंकू। पुनि बिछोहि सो लीन कलंकू।।

इन उक्तियों में 'सोन,' 'रूप', 'लोना', 'जारा के' आदि में श्लेष और मुद्रा का कुछ चमत्कार अवश्य है पर यह सारा कथन रस में सहायता पहुँचाता नहीं जान पड़ता। कुछ समाधान यह कह कर किया जा सकता है कि राजा रत्नसेन भी जोगी होकर अनेक प्रकार के साधुओं का सत्संग कर चुका था इससे विप्रलब्ध दशा में उसका यह पारिभाषिक प्रलाप बहुत अनुचित नहीं। पर कवि ने इस दृष्टि से उसकी योजना नहीं की है। पारिभाषिक शब्दों से भरे कुछ प्रसंग घुसेड़ने का जायसी को शौक ही रहता है, जैसे पद्मावती के मुँह से 'तौ लगि रंग न राँचै जौ लगि होई न चून' सुनते ही राजा रत्नसेन पानों की जातियाँ गिनाने लगता है–

हौं तुम नेह पियर भा पानू। पेड़ी हुँत सोनरास बखानू।।
सुनि तुम्हार संसार बड़ौना। जोग लीन्ह, तन कीन्ह गड़ौना।।
फेरि-फेरि तन कीन्ह भुँजौना। औटि रकत रँग हिरदय औना।।

एक देश प्रसिद्ध ऐसे शब्दों के प्रयोग से जो 'अप्रतीतत्व' दोष आता है वह इस अनावश्यक विराम के बीच और भी खटकता है। कहीं-कहीं तो जायसी कोई शब्द पकड़ लेते हैं और उस पर यों ही बिना प्रसंग के उक्तियाँ बाँध चलते हैं–जैसे, बादशाह की दावत के प्रकरण में पानी का जिक्र आया कि 'पानी' को ही लेकर

वे यह ज्ञानचर्चा छेड़ चले–

पानी मूल परख जौ कोई। पानी बिना सवाद न होई।।
अमृतपान यह अमृत आना। पानी सौं घट रहै पराना।।
पानी दूध और पानी घीऊ। पानि घटे घट रहै न जीऊ।।
पानी माँझ समानी जोती। पानिहि उपजै मानिक मोती।।
सो पानी मन गरब न करई। सीस नाइ खाले पग धरई।।

जायसी के प्रबंधविस्तार पर और कुछ विचार करने के पहले हमने उसके दो विभाग किए थे–इतिवृत्तात्मक और रसात्मक। इतिवृत्त की दृष्टि से तो विचार हो चुका। अब रसात्मक विधान की भी थोड़ी-बहुत समीक्षा आवश्यक है। इतिवृत्त के विषय में यह कहा जा चुका है कि 'पदमावत' के घटनाचक्र के भीतर ऐसे स्थलों का पूरा सन्निवेश है जो मनुष्य की रागात्मिका प्रकृति का उद्बोधन कर सकते हैं, उसके हृदय को भावमग्न कर सकते हैं। अब देखना यह है कि कवि ने घटनाक्रम के बीच उन स्थलों को पहचानकर उनका कुछ विस्तृत वर्णन किया है या नहीं। किसी कथा के सब स्थल ऐसे नहीं होते जिनमें मनुष्य की रागात्मिका वृत्ति लीन होती है। एक उदाहरण लीजिए। किसी वणिक को व्यापार में घाटा आया जिसके कारण उसके परिवार की दशा बहुत बुरी हो गई। कवि यदि इस घटना को लेगा तो वह घाटा किस प्रकार आया, पूरे ब्योरे के साथ इसका सूक्ष्म वर्णन न करके दीन दशा का ही विस्तृत वर्णन करेगा। पर यदि व्यापारशिक्षा की किसी पुस्तक में यह घटना ली जाएगी तो उसमें घाटे के कारण आदि का पूरा सूक्ष्म ब्योरा होगा। 'पदमावत' की कथा पर विचार करके हम कह सकते हैं कि उसमें जिन-जिन स्थलों का वर्णन अधिक ब्योरे के साथ है–ऐसे ब्यौरे के साथ है जो इतिवृत्त मात्र के लिए आवश्यक नहीं, जैसे, किसी का वक्त, संवाद या वस्तु व्यापारचित्रण–वे सब रागात्मिका वृत्ति से संबंध रखनेवाले हैं; केवल उन प्रसंगों को छोड़ जिनका उल्लेख 'अनावश्यक विराम' के अंतर्गत हो चुका है। काव्यों में विस्तृत विवरण दो रूपों में मिलते हैं–

(1) कवि द्वारा वस्तु-वर्णन के रूप में।
(2) पात्र द्वारा भाव-व्यंजना के रूप में।

कवि द्वारा वस्तुवर्णन

वस्तुवर्णन-कौशल से कवि लोग इतिवृत्तात्मक अंशों को भी सरस बना सकते हैं। इस बात में हम संस्कृत के कवियों को अत्यंत निपुण पाते हैं। भाषा के कवियों में वह निपुणता नहीं पाई जाती। मार्ग चलने का ही एक छोटा सा उदाहरण लीजिए। राम किष्किंधा की ओर जा रहे हैं। तुलसीदासजी इसका कथन इतिवृत्त के रूप में इस प्रकार करते हैं–

आगे चले बहुरि रघुराया। ऋष्यमूक पर्वत नियराया।।

किसी पर्वत की ओर जाते समय दूर से उसका दृश्य कैसा जान पड़ता है, फिर ज्यों-ज्यों उसके पास पहुँचते हैं त्यों-त्यों उस दृश्य में किस प्रकार का अंतर पड़ता जाता है, पहाड़ी मार्ग के आस-पास का दृश्य कैसा हुआ करता है, यह सब ब्योरा उक्त कथन में या उसके आगे कुछ भी नहीं है। वही रघुवंश के द्वितीय सर्ग में दिलीप, उनकी पत्नी और नंदिनी गाय के 'मार्ग चलने का दृश्य' देखिए। आसपास की प्राकृतिक परिस्थिति का कैसा सूक्ष्म बिंबग्रहण कराता हुआ कवि चला है। चलने में मार्ग के स्वरूप को ही देखिए कवि ने कैसा प्रत्यक्ष किया है—

तस्याः खुरन्यासपवित्रपांसुमपांसुलानां धुरि कीर्त्तनीया।
मार्ग मनुष्येश्वर-धर्मपत्नी श्रुतेरिवार्थ स्मृतिरन्वगच्छत्।।

'गाय के पीछे-पीछे पगडंडी पर सुदक्षिणा चली' इतना ही तो इतिवृत्त है, पर जिसकी धूल पर नंदिनी के खुर के चिह्न पड़ते चलते हैं यह विशेषण वाक्य देकर कवि ने उस मार्ग का चित्र भी खड़ा कर दिया है। वस्तुओं की ऐसी संश्लिष्ट योजना द्वारा बिंबग्रहण कराने का—वस्तुओं का अलग-अलग नाम लेकर अर्थग्रहण मात्र कराने का नहीं—प्रयत्न हिंदी कवियों में बहुत ही कम दिखाई पड़ता है। अतः जायसी में भी हम इसका आभास बहुत कम पाते हैं। इन्होंने जहाँ-जहाँ वस्तुवर्णन किया है वहाँ-वहाँ भाषाकवियों को पृथक्-पृथक् वस्तुपरिगणनवाली शैली ही पर अधिकतर किया है। अतः ये वर्णन परंपरामुक्त ही कहे जा सकते हैं। केवल वस्तुपरिगणन में नवीनता कहाँ तक आ सकती है? ऋतु का वर्णन होगा तो उस ऋतु में फलने-फूलने वाले पेड़-पौधों और दिखाई पड़नेवाले पक्षियों के नाम होंगे, वन का वर्णन होगा तो कुछ इने-गिने जंगली पेड़ों के नाम आ जाएँगे, नगर या हाट का वर्णन होगा तो बाग, बगीचों, मकानों और दुकानों का उल्लेख होगा। नवीनता की संभावना तो कवि के निज परीक्षण द्वारा प्रत्यक्ष की हुई वस्तुओं और व्यापारों की संश्लिष्ट योजना में ही हो सकती है। सामग्री नयी नहीं होती, उसकी योजना नये रूप में होती है।

ऊपर लिखी बात का ध्यान रखते हुए भी यह मानना पड़ता है कि वस्तुवर्णन के लिए जायसी ने घटना-चक्र के बीच उपयुक्त स्थलों को चुना है और उनका विस्तृत वर्णन अधिकतर भाषाकवियों की पद्धति पर होते हुए भी बहुत ही भावपूर्ण है। अब संक्षेप में कुछ मुख्य स्थलों का उल्लेख किया जाता है जिन्हें वर्णनविस्तार के लिए जायसी ने चुना है।

सिंहलद्वीप वर्णन—इसमें बगीचों, सरोवरों, कुओं, बावलियों, पक्षियों, नगर, हाट, गढ़, राजद्वार और हाथी-घोड़ों का वर्णन है। अमराई की शीतलता और सघनता का अंदाज इस वर्णन से कीजिए—

घन अमराउ लाग चहुँ पासा। उठा भूमि हुँत लागि अकासा।।
तरिवर सवै मलयगिरि लाई। भइ जग छाँह, रैनि होइ आई।।
मलय समीर सोहावनि छाँहा। जेठ जाड़ लागै तेहि माहाँ।।

ओही छाँह रैनि होइ आवै। हरियर सबै अकास देखावै।।
पथिक जो पहुँचै सहिकै घामू। दुख बिसरै, सुख होइ बिसरामू।।

इतना कहते-कहते कवि का ध्यान ईश्वर के सामीप्य की भावना की ओर चला जाता है और वह उस अमर धाम की ओर, जहाँ पहुँचने पर भवताप से निवृत्ति हो जाती है, इस प्रकार संकेत करता है—

जेइ पाई वह छाँह अनूपा। फिर नहिं आइ सहै यह धूपा।।

कवि की यही पारमार्थिक प्रवृत्ति उसे हेतूत्प्रेक्षा की ओर ले जाती है। ऐसा जान पड़ता है, मानो उसी अमराई की छाया से ही संसार में रात होती है और आकाश हरा (प्राचीन दृष्टि हरे और नीले में इतना भेद नहीं करती थी) दिखाई देता है।

जैसा कि पहले कहा जा चुका है, जिन दृश्यों का माधुर्य भारतीय हृदय पर चिरकाल से अंकित चला आ रहा है उन्हें चुनने की सहृदयता जायसी का एक विशेष गुण है। भारत के शृंगारप्रिय हृदयों में 'पनिघट का दृश्य' एक विशेष स्थान रखता है। बूढ़े केशवदास ने पनिघट ही पर बैठे-बैठे अपने सफेद बालों को कोसा था। सिंहल के पनिघट का वर्णन जायसी इस प्रकार करते हैं—

पानि भरै आवहिं पनिहारी। रूप सुरूप पदमिनी नारी।।
पद्‌म गंध तिन्ह अंग बसाहीं। भँवर लागि तिन्ह संग फिराहीं।।
लंक सिंघिनी, सारँग नैनी। हंस गामिनी, कोकिल बैनी।।
आवहिं झुंड सो पाँतिहि पाँती। गवन सोहाइ सो भाँतिहि भाँती।।
कनक कलस, मुख चंद दिपाहीं। रहस केलि सन आवहिं जाहीं।।
जा सहुँ वै हेरहिं चख नारी। बाँक नैन जनु हनहिं कटारी।।
केस मेघावर सिर ता पाईं। चमकहिं दसन बीजु कै नाईं।।

पद्मावती का अलौकिक रूप ही सारी आख्यायिका का आधार है। अतः कवि इन पनिहारियों के रूप की झलक दिखाकर पद्मावती के रूप के प्रति पहले ही से इस प्रकार उत्कंठा उत्पन्न करता है—

माथे कनक गागरी आवहिं रूप अनूप।
जेहिके अस पनिहारी सो रानी केहि रूप?

बाजार के वर्णन में 'हिंदू हाट' की अच्छी झलक मिल जाती है—

कनक हाट सब कुहँकुहँ लीपी। बैठ महाजन सिंघलदीपी।।
सोन रूप भल भएउ पसारा। धवल सिरी पोते घर बारा।।

जिस प्रकार नगर हाट के वर्णन से सुख-समृद्धि टपकती है उसी प्रकार गढ़ और राजद्वार के अतिशयोक्तिपूर्ण वर्णन से प्रताप और आतंक—

निति गढ़ बाँचि चलै ससि सूरू। नाहिं त होइ बाजि रथ चूरू।।
पौरी नवौ वज्र कै साजी। सहस-सहस तहँ बैठे पाजी।।
फिरहिं पाँच कोटवार सुभौंरी। काँपै पाँव चपत वह पौरी।।

जलक्रीड़ा वर्णन–सिंहलद्वीप वर्णन के उपरांत सखियों सहित पद्मावती की जलक्रीड़ा का वर्णन है (दे. मानसरोदक खंड)। यद्यपि जायसी ने इस प्रकरण की योजना कौमार अवस्था के स्वाभाविक उल्लास और मायके की स्वच्छंदता की व्यंजना के लिए की है, पर सरोवर के जल में घुसी हुई कुमारियों का मनोहर दृश्य भी दिखाया है और जल में उनके केशों के लहराने आदि का चित्रण भी किया है–

घरी तीर सब कंचुकि सारी। सरवर मँह पैठीं सब नारी।।
पाइ नीर जानहु सब बेली। हुलसहिं करहिं काम कै केली।।
करिल केस बिसहर बिस भरे। लहरैं लेहिं कँवल मुख घरे।।
नवल बसंत सँवारी करी। भई प्रगट जानहु रस भरी।।
सरवर नहिं समाइ संसारा। चाँद नहाइ पैठ लेइ तारा।।

उल्लास के अनुरूप क्रिया जायसी ने इस खेल में दिखाई है–

सँवरिहिं साँवरि, गोरिहि गोरी। आपनि-आपनि लीन्हि सो जोरी।।

सिंहलद्वीप यात्रा वर्णन–वस्तुवर्णन की जो पद्धति जायसी की कही गई है उसे ध्यान में रखते हुए मार्गवर्णन जैसा चाहिए वैसे की आशा नहीं की जा सकती। चित्तौर से कलिंग तक जाने में मार्ग में न जाने कितने वन, पर्वत, नदी, निर्झर, ग्राम, नगर तथा भिन्न-भिन्न आकृति-प्रकृति के मनुष्य इत्यादि पड़ेंगे पर जायसी ने उनका चित्रण करने की आवश्यकता नहीं समझी। केवल इतना ही कहकर वे छुट्टी पा गए–

है आगे परबत कै बाटा। विषम पहार अगम सुठि घाटा।।
बिच-बिच नदी खोह औ नारा। ठाँवहिं ठाँव बैठ बटपारा।।

प्राकृतिक दृश्यों के साथ जायसी के हृदय का वैसा मेल नहीं जान पड़ता। मनुष्य के शारीरिक सुख-दुःख से, उनके आराम और तकलीफ से, उनका जहाँ तक संबंध होता है वहीं तक उनकी ओर उनका ध्यान जाता है। बगीचों और अमराइयों का वर्णन वे जो करते हैं सो केवल उनकी सघन शीतल छाया के विचार से। वन का जो वे वर्णन करते हैं वह कुश कंटकों के विचार से, कष्ट और भय के विचार से–

करहु दीठि थिर होइ बटाऊ। आगे देखि धरहु भुइँ पाऊ।।
जो रे उबट होइ परे भुलाने। गए मारि, पथ चलै न जाने।।
पायँन पहिरि लेहु सब पौरी। काँट धँसै न गड़ै अँकरौरी।।
परे आइ बन परबत माहाँ। दंडाकरन बीझ बन गाहाँ।।
सघन ढाक बन चहुँदिसि फूला। बहु दुख पाव उहाँ कर भूला।।
झाँखर जहाँ सो छाँड़हु पंथा। हिलगि मकोय न घारहु कंथा।।

फारसी की शायरी में जंगल और बयाबान का वर्णन केवल कष्ट या विपत्ति के प्रसंग में आता है। वहाँ जिस प्रकार चमन आनंदोत्सव का सूचक है उसी प्रकार कोह या बयाबान विपत्ति का। संस्कृत साहित्य का जायसी को परिचय न था। वे

वन, पर्वत आदि के अनुरंजनकारी स्वरूप के चित्रण की पद्धति पाते तो कहाँ पाते? उनकी प्रतिभा इस प्रकार की न थी कि किसी नयी पद्धति की उद्भावना करके उस पर चल खड़ी होती।

समुद्र वर्णन—हिंदी के कवियों में केवल जायसी ने समुद्र का वर्णन किया है, पर पुराणों के 'सात समुद्र' के अनुकरण के कारण समुद्र का प्रकृत वर्णन वैसा होने नहीं पाया। क्षीर, दधि और सुरा के कारण समुद्र के प्राकृतिक स्वरूप का अच्छा प्रत्यक्षीकरण न हो सका। आरंभ में समुद्र का जो सामान्य वर्णन है उसके कुछ पद्य अवश्य समुद्र की महत्ता और भीषणता का चित्र खड़ा करते हैं, जैसे—

समुद अपार सरग जनु लागा। सरग न घाल गनै बैरागा।।
उठै लहरि जनु ठाढ़ पहारा। चढ़ै सरग औ परै पतारा।।

विशेष समुद्रों में से केवल 'किलकिला समुद्र' का वर्णन अत्यंत स्वाभाविक तथा वैसे महत्त्वजन्य आश्चर्य और भय का संचार करने वाला है जैसा समुद्र के वर्णन द्वारा होना चाहिए।

भा किलकिल अस उठै हिलोरा। जनु अकास टूटै चहुँ ओरा।।
उठहि लहरि परबत कै नाईं। फिरि आवहिं जोजन सौ ताईं।।
धरती लेइ सरग लहि बाढ़ा। सकल समुद जानहु भा ठाढ़ा।।
नीर होइ तर ऊपर सोई। माथे रंभ समुद जस होई।।

यदि इसी प्रकार के वर्णन का विस्तार और अधिक होता तो क्या अच्छा होता! 'समुद्र अपार सरग जनु लागा' इस वाक्य में विस्तार का बहुत ही सुंदर प्रत्यक्षीकरण हुआ है। जहाँ तक दृष्टि जाती है वहाँ तक समुद्र ही फैला हुआ और क्षितिज से लगा हुआ दिखाई पड़ता है। दृश्य रूप में विस्तार का यह कथन अत्यंत काव्योचित है। अँगरेजी के कवि गोल्डस्मिथ ने भी अपने 'श्रांत पथिक' (ट्रैवेलर) नामक काव्य में विस्तार का प्रत्यक्षीकरण—'ए वेयरी वेस्ट इक्स्पैंडिंग टु द स्काईज' (आकाश तक फैला हुआ मैदान) कहकर किया है। 'परबत कै नाईं' इस साम्य द्वारा भी लहरों की ऊँचाई की जो भावना उत्पन्न की गई वह काव्य पद्धति के बहुत ही अनुकूल है। इसके स्थान पर यदि कहा गया होता कि लहरें बीस-पचीस हाथ ऊँची उठती हैं तो माप शायद ठीक होती पर जो प्रभाव कवि उत्पन्न किया चाहता था वह उत्पन्न न होता। इसी से काव्य के वर्णनों में संख्या या परिमाण का उल्लेख नहीं होता और जहाँ होता भी है वहाँ उसका लाक्षणिक अर्थ ही लिया जाता है, जैसे 'फिरि आवहिं जोजन सौ ताईं' में। काव्य के वाक्य श्रोता की ठीक मान निर्धारित करने वाली या सिद्धांत निरूपित करने वाली निश्चयात्मिका बुद्धि को संबोधन करके नहीं कहे जाते।

समुद्र के जीव-जंतुओं का जो काल्पनिक और अत्युक्त वर्णन जायसी ने किया है उससे सूचित होता है कि उन्होंने किस्से-कहानियों में सुनी-सुनाई बातें ही लिखी हैं, अपने अनुभव की नहीं। उन्होंने शायद समुद्र देखा भी न रहा हो।

सात समुद्रों के जो नाम जायसी ने लिखे हैं उनमें से प्रथम पाँच तो पुराणानुकूल हैं, पर अंतिम दो किलकिला और मानसर–भिन्न हैं। पुराणों के अनुसार सात समुद्रों के नाम हैं : क्षार (खारे पानी का), जल (मीठे पानी का), क्षीर, दधि, घृत, सुरा और मधु। इनमें से जायसी ने घृत और मधु को छोड़ दिया है। सिंहलद्वीप के पास 'मानसर' की कल्पना वैसी ही है जैसी कैलास में इंद्र और अप्सराओं की।

विवाहवर्णन–इसमें आनंदोत्सव और ओज का वर्णन है। सजावट आदि का चित्रण अच्छा है। इसमें राजा के ऐश्वर्य और प्रजा के उल्लास का आभास मिलता है–

रचि-रचि मानिक माँड़व छावा । औं भुइँ रात बिछाव बिछावा।।
चंदन खाँभ रचे बहु भाँती। मानिक दिया बरहिं दिन-राती।।
साजा राजा, बाजन बाजे। मदन सहाय दुवौ दर गाजे।।
औ राता सोने रथ साजा। भए बरात गोहने सब राजा।।
घर-घर बंदन रचे दुवारा । गावत नगर गीत झनकारा।।
हाट बाट सब सिघंल, जहँ देखहुँ तहँ रात।
धनि रानी पद्मावती, जेहिकै ऐसि बरात।।

बरात निकलने के समय अटारियों पर दूल्हा देखने की उत्कंठा से भरी स्त्रियों का जमावड़ा भारतवर्ष का एक बहुत पुराना दृश्य है। ऐसे दृश्यों को रखना जायसी नहीं भूलते, यह पहले कहा जा चुका है। पद्मावती अपनी सखियों को लेकर वर देखने की उत्कंठा से कोठे पर चढ़ती है–

पद्मावति धौराहर चढ़ी। दहुँ कस रवि जेहि कहँ ससि गढ़ी।
देखि बरात सखिन्ह सौं कहा। इन्ह महँ सो जोगी कहँ अहा?।।

सखियाँ उँगली से दिखाती हैं कि वह देखो–

जस रवि, देखु, उठै परभाता। उठा छत्र तस बीच बराता।।
ओहि माँझ भा दूलह सोई। और बरात संग सब कोई।।

इस कथन में कवि ने निपुणता यह दिखाई है कि सखी उस बरात के बीच पहले सबसे अधिक लक्षित होने वाली वस्तु छत्र की ओर संकेत करती है; फिर कहती है कि उसके नीचे वह जोगी दूल्हा बना बैठा है।

भोज के वर्णन में व्यंजनों और पकवानों की नामावली है।

गोस्वामी तुलसीदासजी ने राम-सीता के विवाह का जितना विस्तृत वर्णन किया है उतना विस्तृत वर्णन जायसी का नहीं है। गोस्वामीजी का रामचरितमनस लोकपक्षप्रधान काव्य है और जायसी के 'पद्मावत' में व्यक्तिगत प्रेमसाधना का पक्ष प्रधान है। अतः 'पदमावत' में लोकव्यवहार का जो इतना चित्रण मिलता है उसी को बहुत समझना चाहिए। जैसा पहले कह आए हैं, इश्क की मसनवियों के समान यह लोकपक्षशून्य नहीं है।

युद्ध यात्रा-वर्णन–सेना की चढ़ाई का वर्णन बड़ी धूमधाम का है। ग्रंथारंभ में शेरशाह की सेना के प्रसंग की चौपाइयाँ ही देखिए कितनी प्रभावपूर्ण हैं–

हय गय सेन चलै जग पूरी। परबत टूटि मिलहिं होइ धूरी।।
रेनु रैनि होइ रविहिं गरासा। मानुख पंखि लेहिं फिरि बासा।।
भुई उड़ि अंतरिक्ख मृदमंडा। खंड-खंड धरती बरम्हंडा।।
डोलै गगन, इंद्र डरि काँपा। बासुकि जाइ पतारहिं चाँपा।।
मेरु धसमसै, समुद सुखाई। बनखँड टूटि खेह मिलि जाई।।
अगिलन्ह कहँ पानी लेइ बाँटा। पलिछन्ह कहँ नहिं काँदौ आँटा।।

इसी ढंग का चित्तौर पर अलाउद्दीन की चढ़ाई का बड़ा विस्तृत वर्णन है—

बादसाह हठि कीन्ह पयाना। इंद्र भँडार डोल भय माना।।
नब्बे लाख सवार जो चढ़ा। जो देखा सो सोने मढ़ा।।
बीस सहस घुम्मरहिं निसाना। गलगंजहिं फेरहिं असमाना।।
बैरख ढाल गगन गा छाई। चला कटक धरती न समाई।।
सहस पाँति गज मत्त चलावा। घुसत अकास, धँसत भुइँ आवा।।
बिरिछ उपारि पेड़ि स्यों लेहीं। मस्तक झारि तोरि मुख देहीं।।
कोउ काहू न सँभारे, होत आव डर चाप।
धरति आपु कहँ काँपै, सरग आपु कहँ काँप।।
आवै डोलत सरग पतारू। काँपै धरति, न अँगवै भारू।।
टूटहिं परबत मेरु पहारा। होइ-होइ चूरि उड़हिं होइ छारा।।
सत खँड धरती भइ षट खंडा। ऊपर अस्ट भए बरम्हांडा।।
गगन छपान खेह तस छाई। सूरुज छपा, रैनि होइ आई।।
दिनहिं-राति अस परी अचाका। भा रवि अस्त, चंद रथ हाँका।।
मँदिरन्ह जगत् दीप परगसे। पंथी चलत बसेरहि बसे।।
दिन के पंखि चरत उड़ि भागे। निसि के निसरि चरै सब लागे।।

कैसे घोर सृष्टिविप्लव का दृश्य जायसी ने सामने रखा है! मानव व्यापारों की व्यापकता और शक्तिमत्ता का प्रभाव वर्णन करने में जायसी को पूरी सफलता हुई है। मनुष्य की शक्ति तो देखिए! उसकी एक गति में सारी सृष्टि में खलबली पड़ गई है। पृथ्वी और आकाश दोनों हिल रहे हैं। एक के सात के छः ही खंड रहते दिखाई देते हैं और दूसरे के सात के आठ हुए जाते हैं। दिन की रात हो रही है। जिन जायसी ने विशुद्ध प्रेममार्ग में मनुष्य की मानसिक और आध्यात्मिक शक्ति का साक्षात्कार किया—सच्चे प्रेमी की वियोगाग्नि की लपट को लोकलोकांतर में पहुँचाया—उन्होंने यहाँ उसकी भौतिक शक्ति का प्रसार दिखाया है।

इस वर्णन में बिंबग्रहण कराने के हेतु चित्रण का प्रयत्न भी पाया जाता है। इसमें कई व्यापारों की संश्लिष्ट योजना कई स्थलों पर दिखाई देती है। जैसे, हाथी पेड़ों को पेड़ी सहित उखाड़ लेते हैं, और फिर मस्तक झाड़ते हुए उन्हें तोड़कर मुँह में डाल लेते हैं। इस रूप में वर्णन न होकर यदि एक स्थान पर यह कहा जाता

है कि हाथी पेड़ उखाड़ लेते हैं, फिर कहीं कहा जाता कि वे मस्तक झाड़ते हैं और आगे चल कर यह कहा जाता कि वे डालियाँ मुँह में डाल लेते हैं तो यह संकेत रूप में (अर्थग्रहण मात्र कराने के लिए, चित्त में प्रतिबिंब उपस्थित करने के लिए नहीं) कथन मात्र होता, चित्रण न होता इसी प्रकार पहाड़ टूटते हैं, टूटकर चूर-चूर होते हैं और फिर धूल होकर ऊपर छा जाते हैं। इस पंक्ति में भी व्यापारों की शृंखला एक में गुँथी हुई है। ये वर्णन संस्कृत चित्रणप्रणाली पर हैं। जिन व्यापारों या वस्तुओं में जायसी के हृदय की वृत्ति पूर्णतया लीन हुई है उनका ऐसा चित्रण मानो आपसे आप हो गया है।

इसके आगे राजा रत्नसेन के घोड़ों, हथियारों और उनकी सजावट आदि का अच्छे विस्तार के साथ वर्णन है। सब बातों की दृष्टि से यह युद्ध-यात्रा वर्णन सर्वांगपूर्ण कहा जा सकता है।

युद्धवर्णन–घमासान युद्ध वर्णन करने का भी जायसी ने अच्छा आयोजन किया है। शस्त्रों की चमक और झनकार हथियारों की रेलपेल, सिर और धड़ का गिरना आदि सब कुछ है–

हस्ती सहुँ हस्ती हठि गाजहिं । जनु परबत परबत सौं बाजहिं।।
कोउ गयंद न टारे टरहीं। टूटहिं दाँत, सूँड़ गिरि परहीं।।
बाजहिं खड़ग, उठै दर आगी । भुइँ जरि चहै सरग कहँ लागी।।
चमकहिं बीजु होइ उँजियारा। जेहिं सिर परे होइ दुइ फारा।।
बरसहिं सेल बान, होइ काँदों । जस बरसे सावन औ भादों।।
लपटहिं कोपि परहिं तरवारी । औ गोला ओला जस भारी।।
जूझे बीर लखौं कहँ ताई। लेइ अछरी कैलास सिधाई।।

अंतिम पंक्ति में वीरों के प्रति जो सम्मान का भाव प्रकट किया गया है वह हिंदुओं और मुसलमानों दोनों की महत्त्वभावना के अनुकूल है। रणक्षेत्र में वीरगति को प्राप्त शूर वीरों का स्वागत जैसे हिंदुओं के स्वर्ग में अप्सराएँ करती हैं वैसे ही मुसलमानों के बहिश्त में भी। लोकसंगत आदर्श के प्रति यह पूज्य बुद्धि जायसी को कबीर आदि व्यक्तिपक्ष ही तक दृष्टि ले जाने वाले साधकों से अलग करती है।

भारतीय कविपरंपरा युद्ध की भीषणता के बीच गीध, गीदड़ आदि के रूप में कुछ बीभत्स दृश्य भी लाया करती है। जायसी ने भी इस परंपरा का अनुसरण किया है–

आनँद ब्याह करहिं मँसखावा। अब भख जनम-जनम कहँ पावा।।
चौंसठ जोगिनि खप्पर पूरा। विग जंबुक पर बाजहिं तूरा।।
गिद्ध चील सब मंडप छावहिं। काग कलोल करहिं औ गावहिं।।

बादशाह-भोजन-वर्णन–जैसा पहले कह आए हैं, इसमें अनेक युक्तियों से बनाए हुए व्यंजनों, पकवानों, तरकारियों और मिठाइयों इत्यादि की बड़ी लंबी सूची है–इतनी

लंबी कि पढ़नेवाले का जी ऊब जाता है। यह भद्दी परंपरा जायसी के पहले से चली आ रही थी। सूरदासजी ने भी इसका अनुसरण किया है।

चित्तौरगढ़ वर्णन–यह भी उसी ढंग का है जिस ढंग का सिंहलगढ़ का वर्णन है। इसमें भी सात पौरें हैं, पर नवद्वारवाली कल्पना नहीं आई है क्योंकि कवि को यहाँ किसी अप्रस्तुत अर्थ का समावेश नहीं करना था। चित्तौर बहुत दिनों तक हिंदुओं के बल, प्रताप और वैभव का केंद्र रहा। सारी हिंदू जाति उसे सम्मान और गौरव की दृष्टि से देखती रही। चित्तौर के नाम के साथ हिंदूपन का भाव लगा हुआ था। यह नाम हिंदुओं के मर्म को स्पर्श करनेवाला है। भारतेंदु के इस वाक्य में हिंदूहृदय की कैसी वेदना भरी है–

हाय चितौर! निलज तू भारी। अजहुँ खरो भारतहि मँझारी।।

उसी प्रिय भूमि के संबंध में जायसी क्षत्रिय राजाओं के मुँह से कहलाते हैं–

चितउर हिंदुन कर अस्थाना। सत्रु तुरुक हटि कीन्ह पयाना।।
है चितउर हिंदुन कै माता। गाढ़ परे तजि जाइ न नाता।।

चित्तौर के इसी गौरव और ऐश्वर्य के अनुरूप गढ़ का यह वर्णन है–

सातौ पँवरी कनक केवारा। सातहु पर बाजहिं घरियारा।।
खँड-खँड साज पलँग औ पीढ़ी। मानहुँ इंद्रलोक कै सीढ़ी।।
चंदन बिरिछ सुहाई छाहाँ। अमृत कुंड भरे तेहि माहाँ।।
फरे खजहजा दारिउँ दाखा। जो ओहि पंथ जाइ सो चाखा।।
कनक छत्र सिंघासन साजा। पैठत पँवरि मिला लेइ राजा।।
चढ़ा साह, गढ़ चितउर देखा। सब संसार पायँ तर लेखा।।
देखा साह गगन गढ़, इंद्रलोक कर साज।
कहिय राज फुर ताकर, करै सरग अस राज।।

षट् ऋतु, बारह मास वर्णन–उद्दीपन की दृष्टि से तो इन पर विचार 'विप्रलंभ श्रृंगार' और 'संयोग श्रृंगार' के अंतर्गत हो चुका है। वहाँ इनके नाना दृश्यों का जो आनंददायक या दुःखदायक स्वरूप दिखाया गया है वह किसी अन्य (आलंबन रत्नसेन) के प्रति प्रतिष्ठित रतिभाव के कारण है। उद्दीपन में वर्णन दृश्यों के स्वतंत्र प्रभाव की दृष्टि से नहीं होता। पर यहाँ उन दृश्यों का विचार हमें इस दृष्टि से करना है कि उनका मनुष्य मात्र की रागात्मिका वृत्ति के आलंबन के रूप में चित्रण कहाँ तक और कैसा हुआ है। ऐसे दृश्यों में स्वतः एक प्रकार का आकर्षण होता है, यह बात तो सहृदय मात्र स्वीकार करेंगे। इसी आकर्षण के कारण प्राचीन कवियों ने प्राकृतिक वस्तुओं और व्यापारों का सूक्ष्म निरीक्षण करके तथा उनके संश्लिष्ट ब्योरों को संश्लिष्ट रूप में ही रखकर दृश्यों का मनोहर चित्रण किया है। पर जैसा कि पहले कह आए हैं, जायसी के ये वर्णन उद्दीपन की दृष्टि से हैं जिसमें वस्तुओं और व्यापारों की झलक मात्र–जो नामोल्लेख मात्र से भी मिल सकती है–काफी समझी जाती है।

पर बहुत ही प्यारे शब्दों में दिखाई हुई यह झलक है बहुत मनोहर। कुछ उदाहरण 'विप्रलंभ श्रृंगार' के अंतर्गत दिए जा चुके हैं, कुछ और लीजिए–

अद्रा लाग, लागि भुइँ लेई । मोहि बिनु पिउ को आदर देई?।।
सावन बरस मेह अति पानी । भरनि परी, हौं बिरह झुरानी।।
भा परगास काँस बन फूले । कंत न फिरे, बिदेसहि भूले।।
कातिक सरद चंद उजियारी । जग सीतल, हौं बिरहै जारी।।
टप-टप बूँद परहिं, औ ओला । बिरह पवन होइ मारै झोला।।
तरिवर झरहिं झरहिं बन ढाखा । भई ओनंत फूलि-फरि साखा।।
बौरे आम फरै अब लागे । अबहुँ आउ घर, कंत सभागे।।

यह झलक बारहमासे में हमें मिलती है। षट्ऋतु के वर्णन में सुखसंभोग का ही उल्लेख अधिक है, प्राकृतिक वस्तुओं और व्यापारों का बहुत कम। दोनों का वर्णन यद्यपि उद्दीपन की दृष्टि से है, दोनों में यद्यपि प्राकृतिक वस्तुओं और व्यापारों की अलग-अलग झलक भर दिखाई गई है, पर एक-आध जगह कवि का अपना निरीक्षण भी अत्यंत सूक्ष्म और सुंदर है, जैसे–

चमक बीजु बरसै जल सोना। दादुर-मोर सब सुठि लोना।।

इसमें बिजली का चमकना और उसकी चमक में बूँदों का सुवर्ण के समान झलकना इन दो व्यापारों की एक साथ योजना दृश्य पर कुछ देर ठहरी हुई दृष्टि सूचित करती है। यही बात बैसाख के इस रूपकवर्णन में भी है–

सरवर हिया घटत निति जाई । टूक-टूक होइ कै बिहराई।।
बिहरत हिया करहु, पिउ! टेका । दीठि दवँगरा, मेरवहु एका।।

तालों का पानी जब सूखने लगता है तब पानी सूखे हुए स्थान में बहुत सी दरारें पड़ जाती हैं जिससे खाने कटे दिखाई पड़ते हैं। वर्षा के आरंभ की झड़ी (दवँगरा) जब पड़ती है तब वे दरारें फिर मिल जाती हैं। विदीर्ण होते हुए हृदय को सूखता हुआ सरोवर और प्रिय के दृष्टिपात को 'दवँगरा' बनाकर कवि ने प्रकृति के सूक्ष्म निरीक्षण का बहुत ही अच्छा परिचय दिया है। इसके अतिरिक्त दो प्रस्तुत (बैसाख का वर्णन है इससे सूखते हुए सरोवर का वर्णन प्रस्तुत है, नागमती वियोगिनी है इससे विदीर्ण होते हृदय का वर्णन भी प्रस्तुत ही है) वस्तुओं के बीच सादृश्य की भावना भी अत्यंत माधुर्यपूर्ण और स्वाभाविक है। मैं तो समझता हूँ इसके जोड़ की सुंदर और स्वाभाविक उक्ति हिंदी काव्यों में बहुत ढूँढ़ने पर कहीं मिले तो मिले।

बारहमासे के संबंध में यह जिज्ञासा हो सकती है कि कवि ने वर्णन का आरंभ आषाढ़ से क्यों किया है, चैत से क्यों नहीं किया? बात यह है कि राजा रत्नसेन ने गंगा-दशहरे को चित्तौर से प्रस्थान किया था जैसा कि इस चौपाई से प्रकट है–

दसवँ दावँ कै गा जो दसहरा। पलटा सोइ नाव लेइ महरा।।

यह वचन नागमती ने उस समय कहा है जब राजा रत्नसेन सिंहल से लौटकर

चित्तौर के पास पहुँचा है। इसका अभिप्राय यह है कि जो केवट दसहरे के दिन मेरी दशम दशा (मरण) करके गया था, जान पड़ता है कि वह नाव लेकर आ रहा है। दसहरे के पाँच दिन पीछे ही आषाढ़ लगता है इससे कवि ने नागमती की वियोगदशा का आरंभ आषाढ़ से किया है।

रूप-सौंदर्य-वर्णन–जैसा कि पहले कह आए हैं, रूप-सौंदर्य ही सारी आख्यायिका का आधार है अतः पद्मावती के रूप का बहुत ही विस्तृत वर्णन तोते के मुँह से जायसी ने कराया है। यह वर्णन यद्यपि परंपराभुक्त ही है, अधिकतर परंपरा से चले आते हुए उपमानों के आधार पर ही है, पर कवि की भोली-भाली और प्यारी भाषा के बल से यह श्रोता के हृदय को सौंदर्य की अपरिमित भावना से भर देता है। सृष्टि के जिन-जिन पदार्थों में सौंदर्य की झलक है, पद्मावती की रूपराशि की योजना के लिए कवि ने मानो सबको एकत्र कर दिया है। जिस प्रकार कमल, चंद्र, हंस आदि अनेक पदार्थों से सौंदर्य लेकर तिलोत्तमा का रूप संघटित हुआ था उसी प्रकार कवि ने मानो पद्मावती का रूपविधान किया है। पद्मावती का सौंदर्य अपरिमेय है, अलौकिक है और दिव्य है। उसके वर्णन मात्र से, उसकी भावना मात्र से, राजा रत्नसेन बेसुध हो जाता है। उसकी दृष्टि संसार के सारे पदार्थों से फिर जाती है, उसका हृदय उसी रूपसागर में मग्न हो जाता है। वह जोगी होकर निकल पड़ता है।

पद्मावती के रूप का वर्णन दो स्थानों पर है। एक स्थान पर हीरामन सूआ चित्तौर में राजा रत्नसेन के सामने वर्णन करता है; दूसरे स्थान पर राघव चेतन दिल्ली में बादशाह अलाउद्दीन के सामने। दोनों स्थानों पर वर्णन नख-शिख की प्रणाली पर और सादृश्यमूलक है अतः उसका विचार अलंकारों के अंतर्गत करना अधिक उपयुक्त जान पड़ता है। यहाँ पर केवल उन दो-चार स्थलों का उल्लेख किया जाता है जहाँ सौंदर्य के सृष्टिव्यापी प्रभाव की लोकोत्तर कल्पना पाई जाती है, जैसे–

सरवर तीर पद्मावती आई। खोंपा छोरि केस मुकलाई।।
ओनई घटा, परी जग छाहाँ।
बेनी छोरि झार जौ बारा। सरंग पतार होइ अँधियारा।।

केशों की दीर्घता, सघनता और श्यामता के वर्णन के लिए सादृश्य पर जोर न देकर कवि ने उनके प्रभाव की उद्भावना की है। इस छाया और अंधकार में माधुर्य और शीतलता है, भीषणता नहीं।

पद्मावती के पुतली फेरने से उत्पन्न इस रस-समुद्र-प्रवाह को तो देखिए–

जग डोलै डोलत नैनाहाँ। उलटि अड़ार जाहिं पल माहाँ।।
जबहिं फिराहिं गगन गहि बोरा। अस वै भँवर चक्र के जोरा।।
पवन झकोरहिं देइ हिलोरा । सरग लाइ भुँइँ लाइ बहोरा।।

उसके मंद मृदु हास के प्रभाव से देखिए कैसी शुभ्र उज्ज्वल शोभा कितने रूप धारण करके सरोवर के बीच विकीर्ण हो रही है–

बिगसा कुमुद देखि ससिरेखा। भइ तहँ ओप जहाँ जो देखा।।
पावा रूप, रूप जस चहा। ससिमुख सहुँ दरपन होइ रहा।।
नयन जो देखा कँवल भा, निरमल नीर सरीर।
हँसत जो देखा हंस भा, दसन ज्योति नग हीर।।

पद्मावती के हँसते ही चंद्रकिरण सी आभा फूटी इससे सरोवर के कुमुद खिल उठे यहीं तक नहीं, उसके चंद्रमुख के सामने वह सारा सरोवर दर्पण सा हो उठा अर्थात् उसमें जो-जो सुंदर वस्तुएँ दिखाई पड़ती थीं वे सब मानो उसी के अंगों की छाया थीं। सरोवर में चारों ओर जो कमल दिखाई पड़ रहे थे वे उसके नेत्रों के प्रतिबिंब थे, जल जो इतना स्वच्छ दिखाई पड़ रहा था वह उसके स्वच्छ, निर्मल शरीर के प्रतिबिंब के कारण। उसके हास की शुभ्र कांति की छाया वे हंस थे जो इधर-उधर दिखाई पड़ते थे और उस सरोवर में (जिसे जायसी ने एक झील या छोटा समुद्र माना है) जो हीरे थे वे उसके दर्शनों की उज्ज्वल दीप्ति से उत्पन्न हो गए थे। पद्मावती का रूपवर्णन करते-करते किस अनंत सौंदर्य-सत्ता की ओर कवि की दृष्टि जा पड़ी है! जिसकी भावना संसार के सारे रूपों को भेदती हुई उस मूल सौंदर्यसत्ता का कुछ आभास पा चुकी है वह सृष्टि के सारे सुंदर पदार्थों में उसी का प्रतिबिंब देखता है।

इसी प्रकार उस 'पारसरूप' का आभास—जिसके छायास्पर्श से यह जगत् रूपवान् है—जायसी ने उस स्थल पर भी दिया है जहाँ अलाउद्दीन ने दर्पण में पद्मावती के स्मित आनन का प्रतिबिंब देखा है—

बिहँसि झरोखे आइ सरेखी। निरखि साह दरपन महँ देखी।।
होतहिं दरस, परस भा लोना। धरती सरग भएउ सब सोना।।

उसकी एक जरा सी झलक मिलते ही सारा जगत् सौंदर्यमय हो गया, जैसे पारस मणि के स्पर्श से लोहा सोना हो जाता है। उस 'पारस-रूप-दरस' के प्रभाव से शाह बेसुध हो जाता है और उस दर्पण को एक सरोवर के रूप में देखता है।

'नख-सिख खंड' में भी दाँतों का वर्णन करते-करते कवि की भावना उस अनंत ज्योति की ओर बढ़ती जान पड़ती है—

जेहि दिन दसन जोति निरमई। बहुतै जोति-जोति ओहि भई।।
रवि-ससि नखत दिपहिं ओहि जोती। रतन पदारथ मानिक मोती।।
जहँ-जहँ बिहँसि सुभावहिं हँसी। तहँ-तहँ छिटकि जोति परगसी।।

इसी रहस्यमय परोक्षाभास के कारण जायसी की अत्युक्तियाँ उतनी नहीं खटकतीं जितनी शृंगाररस के उट पद्यों की वे उक्तियाँ जो ऊहा अथवा नापजोख द्वारा निर्धारित की जाती हैं। 'शरीर की निर्मलता' और 'जल की स्वच्छता' के बीच जो बिंब-प्रतिबिंब-संबंध जायसी ने देखा है वह हृदय को कितना प्यारा जान पड़ता है। इसके सामने बिहारी की वह स्वच्छता जिसमें भूषण 'दोहरे, तिहरे, चौहरे' जान पड़ते हैं, कितनी अस्वाभाविक और कृत्रिम लगती है। शरीर के ऊपर दर्पण के गुण का यह आरोप भद्दा लगता

है। यह बात नहीं है कि उपमान के चाहे जिस गुण का आरोप हम उपमेय में करें वह मनोहर ही होगा।

कवियों की प्रथा के अनुसार पद्मावती की सुकुमारता का भी अत्युक्तिपूर्ण वर्णन जायसी ने किया है। उसकी शय्या पर फूल की पंखड़ियाँ चुन-चुनकर बिछाई जाती हैं। यदि कहीं समूचा फूल रह जाए तो रात भर नींद न आए—

पखुरी काढ़हिं फूलन्ह सेंती। सोई डासहिं सौंर सपेती।।
फूल समूचै रहै जो पावा। व्याकुल होइ नींद नहिं आवा।।

बिहारी इससे भी बढ़ गए हैं। उन्होंने अपनी नायिका के सारे शरीर को फोड़ा बना डाला है। वह तो 'झिझकति हिये गुलाब के झवाँ झवाँवत पाय'। जायसी ने भी इस प्रकार की भद्दी अत्युक्तियाँ की हैं, जैसे—

नस पानन्ह कै काढ़हिं हेरी। अधर न गड़ै फाँस ओहि केरी।।
मकरि क तार ताहि कर चीरू। सो पहिरे छिरि जाइ सरीरू।।

सुकुमारता की ऐसी अत्युक्तियाँ अस्वाभाविकता के कारण, केवल ऊहा द्वारा मात्रा या परिमाण के आधिक्य की व्यंजना के कारण कोई रमणीय चित्र सामने नहीं लातीं। प्राचीन कवियों के 'शिरीषपुष्पाधिकसौकुमार्य्य' का जो प्रभाव हृदय पर पड़ता है वह इस खरोंट और छालेवाले सौकुमार्य का नहीं। कहीं-कहीं गुण की अवस्थिति मात्र का दृश्य जितना मनोरम होता है उतना उस गुण के कारण उत्पन्न दशांतर का चित्र नहीं। जैसे, नायिका के होठ की ललाई का वर्णन करते-करते यदि कोई 'तद्गुण' अलंकार की झोंक में यह कह डाले कि जब वह नायिका पीने के लिए पानी होठों से लगाती है तब वह खून हो जाता है तो यह दृश्य कभी रुचिकर नहीं लग सकता। ईंगुर, बिंबा आदि सामने रखकर उस लाली की मनोहर भावना उत्पन्न कर देना ही काफी समझना चाहिए। उस लाली के कारण क्या-क्या बातें पैदा हो सकती हैं, इसका हिसाब-किताब बैठाना जरूरी नहीं।

इसी प्रकार की विस्तारपूर्ण अत्युक्ति ग्रीवा की कोमलता और स्वच्छता के इस वर्णन में भी है—

पुनि तेहि ठाँव परीं तिनि रेखा। घूँट जो पीक लीक सब देखा।।

इस वर्णन से तो चिड़ियों के अंडे से तुरंत फूटकर निकले हुए बच्चे का चित्र सामने आता है। वस्तु या गुण का परिमाण अत्यंत अधिक बढ़ाने से ही सर्वत्र सरसता नहीं आती। इस प्रकार की वस्तुव्यंग्य उक्तियों की भरमार उस काल से आरंभ हुई जब से 'ध्वनि' का आग्रह बहुत बढ़ा, और सब प्रकार की व्यंजनाएँ उत्तम काव्य समझी जाने लगीं। पर वस्तुव्यंजनाएँ ऊहा द्वारा ही की और समझी जाती हैं, सहृदयता से उनका नित्य संबंध नहीं होता।

वस्तुवर्णन का संक्षेप में इतना दिग्दर्शन कराके हम यह कह देना आवश्यक समझते हैं कि जिन-जिन वस्तुओं का विस्तृत वर्णन हुआ है उन सबको हम 'आलंबन'

मानते हैं। जो वस्तुएँ किसी पात्र के आलंबन के रूप में नहीं आतीं उन्हें कवि और श्रोता दोनों के आलंबन समझना चाहिए। कवि ही आश्रय बनकर श्रोता या पाठक के प्रति उनका प्रत्यक्षीकरण करता है। उनके प्रत्यक्षीकरण में कवि की भी वृत्ति रमती है और श्रोता या पाठक की भी। वन, सरोवर, नगर, प्रदेश, उत्सव, सजावट, युद्ध, यात्रा, ऋतु इत्यादि सब वस्तुएँ और व्यापार मनुष्य की रागात्मिका वृत्ति के सामान्य आलंबन हैं। अतः इनके वर्णनों को भी हम रसात्मक वर्णन मानते हैं। आलंबन मात्र के वर्णन में भी रसात्मकता माननी पड़ेगी। 'नख-शिख' की पुस्तकों में श्रृंगार रस के आलंबन का ही वर्णन होता है और वे काव्य की पुस्तकें मानी जाती हैं। जिन वस्तुओं का कवि विस्तृत चित्रण करता है उनमें से कुछ शोभा या सौंदर्य या चिर साहचर्य के कारण मनुष्य के रतिभाव का आलंबन होती हैं; कुछ भव्यता, विशालता, दीर्घता आदि के कारण उसके आश्चर्य का; कुछ घिनौने रूप के कारण जुगुप्सा का इत्यादि। यदि बलभद्र कृत 'नख-शिख' और गुलाम नबी कृत 'अंगदर्पण' रसात्मक काव्य हैं तो कालिदास कृत हिमालयवर्णन और भू-प्रदेश-वर्णन भी।

पात्र द्वारा भावव्यंजना

पात्र द्वारा जिन स्थायी भावों की प्रधानतः व्यंजना जायसी ने कराई है वे रति, शोक और युद्धोत्साह हैं। दो-एक स्थानों पर क्रोध की भी व्यंजना है। भय का केवल आलंबन मात्र हम समुद्रवर्णन के भीतर पाते हैं, किसी पात्र द्वारा भय का प्रदर्शन नहीं। बीभत्स का भी आलंबन ही प्रथानुसार युद्धवर्णन में है। हास का तो अभाव ही समझना चाहिए। गौण भावों की व्यंजना कुछ तो अन्य भाव के संचारियों के रूप में है, कुछ स्वतंत्र रूप में। जायसी की भावव्यंजना के संबंध में यह समझ रखना चाहिए कि उन्होंने जबरदस्ती विभाव, अनुभाव और संचारी ठूँसकर पूर्ण रस की रस्म अदा करने की कोशिश नहीं की है। भाव का उत्कर्ष जितने से सध गया है उतने ही से उन्होंने प्रयोजन रखा है। अनुभावों की योजना कम है। 'पदमावत' में यद्यपि श्रृंगार ही प्रधान है पर उसके संभोग पक्ष में स्तंभ, स्वेद, रोमांच नहीं मिलते। वियोग में अश्रुओं का बाहुल्य है। हावों का भी विधान नहीं है। विप्रलंभ में वैवर्ण्य आदि थोड़े से सात्विकों का कहीं-कहीं आभास मिलता है। इस कमी से रतिभाव के स्वरूप के उत्कर्ष में तो कोई कमी नहीं हुई है पर संभोगपक्ष उतना अनुरंजनकारी नहीं हुआ है।

भावव्यंजना का विचार करते समय दो बातें देखनी चाहिए—

(1) कितने भावों और गूढ़ मानसिक विकारों तक कवि की दृष्टि पहुँची है।

(2) कोई भाव कितने उत्कर्ष तक पहुँचा है।

पहली बात में हम जायसी को बढ़ाचढ़ा नहीं पाते। इनमें गोस्वामी तुलसीदासजी की सी वह सूक्ष्म अंतर्दृष्टि नहीं है जो भिन्न-भिन्न परिस्थितियों के बीच संघटित होने वाली अनेक मानसिक अवस्थाओं का विश्लेषण करती है। कैकेयी और मंथरा

के संवाद में मानव प्रकृति का जैसा सूक्ष्म अध्ययन पाया जाता है वैसा पद्मावती और दूती के संवाद में नहीं। क्षोभ से उत्पन्न उदासीनता और आत्मनिंदा, आश्चर्य से भिन्न चकपकाहट ऐसे गूढ़ भावों तक जायसी की पहुँच नहीं पाई जाती। सारांश यह कि मनुष्यहृदय की अधिक अवस्थाओं का सन्निवेश जायसी में नहीं मिलता। जो भाव संचारियों में गिना दिए हैं उनका भी बहुत ही कम संचरण किसी स्थायी भाव के भीतर दिखाई पड़ता है। इन गिनाए हुए भावों के अतिरिक्त और न जाने कितने छोटे-छोटे भाव और मानसिक दशाएँ हैं जो व्यवहार में देखी जाती हैं और अनुसंधान करने पर भावुक कवियों की रचनाओं में बराबर पाई जाएँगी। आश्चर्य ऐसे लोगों पर होता है जो 'देव' कवि के 'छल' नामक एक और संचारी ढूँढ़ निकालने पर वाह-वाह का पुल बाँधते हैं और देव को एक आचार्य समझते हैं। गोस्वामीजी की आलोचना में मैं कई ऐसे भाव दिखा चुका हूँ जिनके नाम संचारियों की गिनती में नहीं हैं। संचारियों में गिनाए हुए भाव तो उपलक्षण मात्र हैं। खैर, यहाँ केवल हमें इतना ही कहना है कि जायसी में भावों के भीतर संचारियों का सन्निवेश बहुत कम मिलता है। 'पदमावत' में रतिभाव की प्रधानता है पर उसके अंतर्गत भी हम 'असूया', 'गर्व' आदि दो-एक संचारियों को छोड़ 'क्रीड़ा', 'अवहित्था' आद अनेक भावों का कहीं पता नहीं पाते। इनके अवसर आए हैं पर कवि ने इनका विधान नहीं किया है—जैसे पद्मावती के मंडपमगन का अवसर, प्रथम समागम का अवसर।

अब दूसरी बात भाव के उत्कर्ष पर आइए। इमें जायसी बहुत बढ़े-चढ़े हैं, पर जैसा कि दिखाया जा चुका है, यह उत्कर्ष विप्रलंभ पक्ष में ही अधिक दिखाई पड़ता है।

शृंगार का बहुत कुछ विवेचन विप्रलंभ शृंगार और संयोग शृंगार के अंतर्गत हो चुका है। यहाँ पर केवल रतिभाव के अंतर्गत कुछ मानसिक दशाओं की व्यंजना के उदाहरण ही काफी समझता हूँ। रत्नसेन से विवाह हो जाने पर पद्मावती अपनी कामदशा का वर्णन कैसे सीधे-सादे पर भावगर्भित वचनों द्वारा करती है—

कौन मोहनी दहुँ हुति तोही। जो तोहि बिथा सो उपनी मोही।।
बिनु जल मीन तलफ जस जीऊ। चातक भइउँ कहत 'पिउ पीऊ'।।
जरिउँ बिरह जस दीपक बाती। पथ जोहत भइँ सीप सेवाती।।
भइउँ बिरह दहि कोइल कारी। डारि-डारि जिमि कूकि पुकारी।।
कौन सो दिन जब पिउ मिलै, यह मन राता जासु।
वह दुख देखै मोर सब, हौं दुख देखौं तासु।।

दोहे में 'अभिलाष' का कैसा सच्चा प्रकृत स्वरूप है। प्रभ प्रेम चाहता है। इसी अभिलाष के अंतर्गत अपना दुःख प्रिय के सामने रखने, और प्रिय भी मेरे बिरह में दुःखी है, इस बात का निश्चय प्राप्त करने की उत्कंठा प्रेमी को होती है। रतिभाव के संचारी के रूप में 'आशा' या 'विश्वास' की बड़ी सुंदर व्यंजना जायसी ने पद्मावती

के मुँह से कराई है। देवपाल की दूती के यह कहने पर कि 'कस तुइँ, बारि, रहसि कुँभिलानी?' पद्मावती कहती है—

तौ लौं रहौं झुरानी जौ लहि आव सो कंत।
एहि फूल, एहि सेंदुर होइ सो उठै बसंत।।

इसी फूल (शरीर) से जिसे तुम इतना कुँभलाया हुआ कहती हो और इसी सिंदूर की फीकी रेखा से जो रूखे सिर में दिखाई पड़ती है फिर वसंत का विकास और उत्सव हो सकता है, यदि पति आ जाए। इस बात का ध्यान रखना चाहिए कि होली के उत्सव के लिए जायसी ने अबीर के स्थान पर बराबर सिंदूर का व्यवहार किया है। संभव है, उस समय सिंदूर से ही अबीर बनाया जाता रहा हो।

शृंगार के संचारी 'वितर्क' का एक उदाहरण, जो नया नहीं कहा जा सकता, लीजिए। बादल की नवागता वधू युद्ध के लिए जाने को तैयार पति की ओर देख रही है और खड़ी-खड़ी सोचती है—

रहौं लजाइ तो पिउ चलै, कहौं तो कह मोंहि ढीठ।

'वात्सल्य' के उद्‌गार दो स्थानों पर हैं। एक तो वहाँ जहाँ राजा रत्नसेन जोगी होकर घर से निकलने को तैयार होता है; फिर वहाँ जहाँ बादल रत्नसेन को छुड़ाने की प्रतिज्ञा करने के उपरांत युद्धयात्रा के लिए चलने को उद्यत होता है। दोनों स्थानों पर व्यंजना माता के मुख से है पर विस्तीर्ण और गंभीर नहीं है, साधारण है। परिस्थिति के अनुसार रत्नसेन की माता का वात्सल्य 'सुख के अनिश्चय' के द्वारा व्यक्त होता है और बादल की माता का 'शंका संचारी' द्वारा। रत्नसेन की माता कहती है—

सब दिन रहेहु करत तुम भोगू। सो कैसे साधब तप जोगू।।
कैसे धूप सहब बिनु छाहाँ। कैसे नींद परिहि भुइँ माहाँ।।
कैसे ओढ़ब काथरि कंथा? कैसे पावँ चलब तुम पंथा।।
कैसे सहब खनहि खन भूखा? कैसे खाब कुरकुटा रूखा।।

जितना दुःख औरों के दुःख को सुनकर होता है, उतना दुःख प्रिय व्यक्ति के सुख के अनिश्चय मात्र से होता है। यह अनिश्चय प्रिय व्यक्ति के आँख से ओझल होते ही उत्पन्न होने लगता है। तुलसी और सूर ने कौशल्या और यशोदा के मुख से ऐसे अनिश्चय की बड़ी सुंदर व्यंजना कराई है। ऐसे स्थलों पर इस अनिश्चय का कारण रतिभाव ही होता है; अतः जिस प्रकार 'शंका' रतिभाव का संचारी होती है उसी प्रकार यह 'अनिश्चय' भी। परिस्थिति भेद से कहीं संचारी केवल 'अनिश्चय' तक रहता है और कहीं 'शंका' तक पहुँचता है। छोटी अवस्था का बादल जिस समय रणक्षेत्र में जाने को तैयार होता है, उस समय माता की यह 'शंका' बहुत ही स्वाभाविक है—

बादल राय मोर तुइ बारा । का जानसि कस होइ जुझारा।।
बादसाह पुहुमीपति राजा । सनमुख होइ न हमीरहि छाजा।।
बरिसहिं सेल बान घन घोरा । धीरज धीर न बाँधिहिं तोरा।।

जहाँ दलपती दलमलहिं, तहाँ तोर का काज?
आजु गवन तोर आवै, बैठि मानु सुख राज।।

शंका तक पहुँचता हुआ यह 'अनिश्चय' प्रेमप्रसूत है, गूढ़ रहित भाव का द्योतक है—

ह्वेयर लव इज ग्रेट, द लिटिलेस्ट डाउट्स आर फियर्स।
ह्वेयर लिटिल फियर्स ग्रो ग्रेट, ग्रेट लव इस देयर।

—शेक्सपियर

मायके के स्वाभाविक प्रेम की कैसी गंभीर व्यंजना इन पंक्तियों में है—

गहबर नैन आए भरि आँसू। छाँड़ब यह सिंघल कैलासू।।
छाँड़िउँ नैहर, चलिउँ बिछोई। एहि रे दिवस कहँ हौं तब रोई।।
छाड़िउँ आपनि सखी-सहेली। दूरि गवन तजि चलिउँ अकेली।।
नैहर आइ काह सुख देखा। जनु होइगा सपने कर लेखा।।
मिलहु सखी हम तहँवा जाहीं। जहाँ जाइ पुनि आउब नाहीं।।
हम-तुम मिलि एकै सँग खेला। अंत विछोह आनि गिउ मेला।।

दूती और पद्मावती के संवाद में पद्मावती द्वारा पातिव्रत की बड़ी ही विशद व्यंजना हुई है। पातिव्रत कोई भाव नहीं है। वह धम और पूज्यबुद्धिमिश्रित दांपत्य प्रेम है। उसके अंतर्गत कभी रतिभाव की व्यंजना होती है, कभी प्रिय के महत्त्व को प्रकाशित करने वाले पूज्य भाव की, कभी प्रिय के महत्त्व के गर्व की और कभी धर्मानुराग की। पहले पद्मावती उस दूती को अपने अनन्य प्रेम की सूचना इस प्रकार देती है—

अहा न राजा रतन अँजोरा। केहि क सिंहासन केहि क पटोरा।।
चहुँ दिसि यह घर भा अँधियारा। सब सिंगार लेइ साथ सिधारा।।
काया बेलि जानु तब जामी। सींचनहार आव घर स्वामी।।

इस पर जब दूती दूसरे पुरुष की बात कहती है तब वह क्रोध से तमतमा उठती है और धर्म के तेज से भरे ये वचन कहती है—

रँग ताकर हौं जारौं काँचा। आपन तजि जो पराएहि राँचा।।
दूसर करै जाइ दुइ बाटा। राजा दुइ न होहिं एक पाटा।।

साथ ही अपने पति का महत्त्व दिखाती हुई उस पर इस प्रकार गर्व प्रकट करती है—

कुल कर पुरुषसिंह जेहि केरा। तेहि थल कैस सियार बसेरा?।।
हिया फार कूकुर तेहि केरा। सिंघहि तजि सियारमुख हेरा।।
सोन नदी अस मोर पिउ गरुवा। पाहन होइ परै जो हरुवा।।
जेहि ऊपर अस गरुआ पीऊ। सो कस डोलाए डोलै जीऊ।।

पिछली चौपाई में 'गरुआ' और 'डोलै' शब्दों के प्रयोग द्वारा कवि ने जो एक अगोचर मानसिक विषय का गोचर भौतिक व्यापार के रूप में प्रत्यक्षीकरण किया

है वह काव्य पद्धति का अत्यंत उत्कृष्ट उदाहरण है, पर उससे भी बढ़कर है व्यंजित गर्व की मार्मिकता। यह गर्व पातिव्रत की अचल धुरी है। जिसमें यह गर्व नहीं, वह पतिव्रता नहीं। एक बार एक लुच्चे ने रास्ते में एक स्त्री को छेड़ा। वह स्त्री छोटी जाति की थी पर उसके ये शब्द मुझे अब तक याद हैं कि "क्या तू मेरे पति से बहुत सुंदर है?"

'सम्मान' और 'कृतज्ञता' ऐसे भावों की व्यंजना भी जायसी ने बड़ी ही मार्मिक भाषा में कराई है। बादल जब राजा रत्नसेन को दिल्ली से छुड़ाकर लाता है तब पद्मावती बादल की आरती-पूजा करके कहती है—

यह गजगवन गरब सौं मोरा । तुम राखा बादल औ गोरा।।
सेंदुर तिलक जो आँकुस अहा । तुम राखा माथे तौ रहा।।
काछ काछि तुम जिउ पर खेला । तुम जिउ आनि मँजूसा मेला।।
राखा छात, चँवर औधारा । राखा छुद्रघंट झनकारा।।

राजा रत्नसेन के बंदी होने पर नागमती जो विलाप करती है उसके बीच पद्मावती के प्रति उसकी झुँझलाहट कितनी स्वाभाविक है, देखिए—

पद्मावती ठगिनी भइ कित साथा। जेहि ते रतन परा पर हाथा।

शोक के दो प्रसंग 'पदमावत' में आए हैं—पहला रत्नसेन के जोगी होने पर और दूसरा रत्नसेन के मारे जाने पर। इनमें से पात्र द्वारा व्यंजना पहले ही प्रसंग में है, दूसरे में केवल करुण दृश्य का चित्रण है। रत्नसेन के जोगी होकर घर से निकलने पर रानियाँ जो विलाप करती हैं उसमें पहले सुख के आधार के हटने का उल्लेख है फिर उससे उत्पन्न विषाद की व्यंजना है—

रोवहिं रानी तजहिं पराना । नोंचहिं बार करहिं खरिहाना।।
चूरहिं गिउ-अभरन उर हारा । अब कापर हम करब सिंगारा।।
जाकहँ कहिं रहसि कै पीऊ । सोइ चला, काकर यह जीऊ।।
मरै चहहिं पै मरै न पावहिं । उठै आगि सब लोग बुझावहिं।।

रसज्ञों की दृष्टि में यहाँ करुण रस की पूरी व्यंजना है, क्योंकि विभाव के अतिरिक्त रोना और बाल नोचना अनुभाव और विषाद संचारी भी है।

जैसा पहले कहा जा चुका है, राजा रत्नसेन के मरने पर कवि ने जिस करुण परिस्थिति का दृश्य दिखाया है वह अत्यंत प्रशांत और गंभीर है। रानियों के मुख से क्षुब्ध आवेग की व्यंजना नहीं कराई गई है, केवल पद्मावती के उस समय के रूप की झलक दिखाकर परिस्थिति की गंभीरता का आभास दिया गया है—

पदमावति पुनि पहिरि पटोरी । चली साथ पिय के होइ जोरी।।
सूरुज छिपा रैनि होइ गई । पूनिउँ ससी अमावस भई।।
छूटे केस, मोति लर छूटीं। जानहुँ रैनि नखत सब टूटीं।।
सेंदुर परा जो सीस उघारी। आगि लागि चह जग अँधियारी।।

सूर्यरूपी रत्नसेन अस्त हुआ। पद्मावती के पूर्ण-चंद्र-मुख में एक कला भी नहीं रह गई। पहले एक स्थान पर कवि कह चुका है कि 'चाँदहिं कहाँ जोति औ करा? सुरुज के जोति चाँद निरमरा'। जब सूर्य ही नहीं रहा, तब चंद्रमा में कला कहाँ से रह सकती है? काले केश छूट पड़े हैं, मोती बिखरकर गिर रहे हैं—अमावस्या की अँधेरी छा गई है जिसमें नक्षत्र इधर-उधर टूटकर गिरते दिखाई पड़ते हैं। वह घने काले केशों के बीच सिंदूर की रेखा दिखाई पड़ी—अब घोर अंधकार के बीच आग भी लगा चाहती है—सती की ज्योति से सारा जगत् जगमगाया चाहता है।

देखिए, पद्मावती के तात्कालिक रूप में ही कवि ने प्रस्तुत करुण परिस्थिति की गंभीरता की पूर्ण छाया दिखा दी है। पद्मावती सारे जगत् के शोक का स्वच्छ आदर्श हो गई जिसमें सारे जगत् के गंभीर शोक का प्रशांत स्वरूप दिखाई पड़ता है। कुछ काल के लिए पद्मावती के सहित सारा जगत् शोकसागर में मग्न दिखाई पड़ता है। फिर पद्मावती और नागमती दोनों इस दुःखमय जगत् से मुँह फेरती हैं और उस लोक की ओर दृष्टि करती हैं जहाँ दुःख का लेश नहीं—

दोउ सौति चढ़ि खाट बइठीं। औ सिवलोक परा तिन्ह दीठीं।।

इस जगत् से दृष्टि फिरते ही सारे दुःख-द्वंद्व छूट गए हैं। अब न झगड़ा और कलह है, न क्लेश और संताप। दोनों सपत्नी एक साथ मिलकर दूसरे लोक में पति से जा मिलने की आशा से परिपूर्ण और शांत दिखाई पड़ती हैं और सती होने जा रही हैं। आगे बाजा बजता चलता है। यह प्रेममार्ग के विजय का बाजा है—

एक जो बाजा भएउ बियाहू। अब दुसरे होइ ओर निबाहू।।

रत्नसेन की चिता तैयार है। दोनों रानियाँ चिता की सात प्रदक्षिणा करती हैं। एक बार जो भावँरी (विवाह के समय) हुई थी उससे इस संसार यात्रा में रत्नसेन का साथ हुआ था, अब इस भाँवरी से परलोक के मार्ग में साथ हो रहा है—

एक जो भाँवरि भई बियाही । अब दुसरै होइ गोहन जाही।।
जियत कंत! तुम हम्ह घर लाई । मुए कंठ नहिं छाड़हिं साँई।।
अही जो गाँठि कंत! तुम जोरी । आदि अत लहि जाइ न छोरी।।
एहि जग काह जो अछहि न आथी। हम-तुम नाह! दुबौ जगसाथी।।

सतियों के मुख पर आनंद की शुभ्र ज्योति दिखाई पड़ती है। इस लोक से मुँह मोड़ अब वे दूसरे लोक के मार्ग के द्वार पर खड़ी हैं। इस लोक की अग्नि में अब उन्हें क्लेश और ताप पहुँचाने की शक्ति नहीं रही है। उनके लिए वह सबसे शीतल करनेवाली वस्तु हो गई है क्योंकि वह पतिलोक का द्वार खोलना चाहती है। हिंदू सती का यह कैसा गंभीर, शांत और मर्मभेदी उत्सव है!

आजु सूर दिन अथवा, आजु रैनि ससि बूड़।
आजु नाचि जिउ दीजिए, आजु आगि हम्ह जूड़।।

फिर क्या था?

लेइ सर ऊपर खाट बिछाई । पौढ़ीं दुवौ कंत गर लाई।।
लागी कंठ आगि दिय होरी । छार भईं जरि, अंग न मोरी।।

क्रोध का प्रसंग केवल वहाँ आया है जहाँ राजा रत्नसेन को अलाउद्दीन की चिट्ठी मिलती है। पर वहाँ भी रौद्र रस का विस्तृत संचार नहीं है। क्रोध का वह आवेश नहीं है जिसमें नीति और विचार का पता नहीं रह जाता। चिट्ठी पढ़ी जाने पर–

सुनि अस लिखा उठा जरि राजा। जानहु देव तड़पि घन गाजा।।
का मोहि सिंघ देखावसि आई। कहौं तो सारदूल धरि खाई।।
तुरुक जाइ कहु मरै न धाई। होइहि इसकंदर कै नाई।।

पर इस उग्र वचन के उपरांत ही राजा अलाउद्दीन के संदेश के औचित्य-अनौचित्य की मीमांसा करने लगता है–

भलेहि जौ साह भूमिपति भारी। माँग न कोउ पुरुष कै नारी।।

रस की रस्म के विचार से तो उपर्युक्त वर्णन पूरा ठहर जाता है क्योंकि इसके अनुभाव के रूप में डाँट-डपट और उग्र वचन तथा संचारी के रूप में अमर्ष मौजूद है। यहीं तक नहीं, साहित्य के आचार्यों ने आत्मावदानकथन अर्थात् अपने मुँह से अपनी बड़ाई को भी रौद्र रस का अनुभाव कहा है। आगे वह भी मौजूद है–

हौं रनथँभउर नाथ हमीरू । कलपि माथ जेइ दीन्ह सरीरू।।
हौं सो रतनसेन सकबंधी। राहु बेधि जीता सैरंधी।।
हनुमत सरिस भार जेइ काँधा । राघव सरिस समुद जेइ बाँधा।।
विक्रम सरिस कीन्ह जेइ साका । सिंघलदीप लीन्ह जौ ताका।।
जौ अस लिखा, भएउँ नहिं ओछा । जियत सिंघ कै गह को मोछा।।

पर यह सामग्री होते हुए भी यह कहना पड़ता है कि रौद्र रस का परिपाक जायसी में नहीं है। न तो अनुभावों और संचारियों की मात्रा ही यथेष्ट है, न स्वरूप ही पूर्ण स्फुट है। जायसी का कोमल भावपूर्ण हृदय उग्र वृत्तियों के वर्णन के उपयुक्त नहीं था।

वीर रस का वर्णन अच्छा है। अलाउद्दीन के चित्तौरगढ़ घेरने पर तो केवल सेना की सजावट और तैयारी, चढ़ाई की हलचल तथा युद्ध की घमासान के वर्णन में ही कवि रह गया है, युद्धोत्साह की व्यंजना किसी व्यक्ति द्वारा नहीं कराई गई है। उत्साह की व्यंजना गोरा बादल के प्रसंग में हमें मिलती है। पद्मावती के विलाप पर दोनों वीरों ने कैसी क्षात्र तेज से भरी प्रतिज्ञा की है–

जौ लगि जियहि न भागहिं दोऊ । स्वामि जियत कित जोगिन होऊ।।
उए अगस्त हस्ति जब गाजा। नीर घटे घर आइहि राजा।।
बरषा गए अगस्त के दीठी। परै पलानि तुरंगन पीठी।।
बेधौं राहु छोड़ावहुँ सूरू । रहै न दुखकर मूल अँकूरू।।

इसको कहते हैं उत्साह—आशा से भरी हुई साहस की उमंग। अगस्त्य के उदय होने पर नदियों और तालों का जल जब घटने लगेगा तब बंदीगृह से छूटकर राजा अपने घर आ जाएँगे। शरत्काल आते ही चढ़ाई हो जाएगी।

बादल की माता जब हाथियों की रेलपेल और युद्ध की भीषणता दिखाकर उसे रोकना चाहती है, तब वह कहता है—

मातु न जानेसि बालक आदी । हौं बादला सिंघ-रन बादी।।
सुनि गजजूह अधिक जिउ तपा । सिंघ जाति कहुँ रहहिं न छपा।।
तब दलगंजन गाजि सिंघेला । सौंह साह सौं जुरौं अकेला।।
को मोहिं सौंह होइ मैमंता। फारौं सूँड़, उखारौं दंता।।
जुरौं स्वामि सँकरे जस ढारा । औ भिवँ जस दुरजोधन मारा।।
अंग कोपि पाँव जस राखा। टेकौं कटक छतीसौ लाखा।।
हनुमत सरिस जंघ बल जोरौं । दहौं समुद्र, स्वामिबंदि छोरौं।।

इसी प्रकार के उत्साहपूर्ण वाक्य वृद्ध वीर गोरा के हैं जब वह केवल हजार कुँवर लेकर बादशाह की उमड़ती हुई सेना को रोकने के लिए खड़ा होता है। ऐसे वाक्यों में अपने बल का पूर्ण निश्चय और समुपस्थित कर्म की अल्पता का भाव प्रधान हुआ करता है। इस वीरदर्प को उत्साह का मुख्य अवयव समझना चाहिए। देखिए, इस उक्ति में कैसा अमर्षमिश्रित वीरदर्प है—

रतनसेन जो बाँधा, मसि गोरा के गात।
जौ लगि रुहिर न धोवौं, तौ लगि होइ न रात।।

हास्य और बीभत्स—ये दो रस ऐसे हैं जिनमें आलंबन के स्वरूप से ही कवि परंपरा काम चलाती है, आश्रय द्वारा व्यंजना की अपेक्षा नहीं रहती। वस्तुवर्णन के अंतर्गत युद्ध वर्णन में डाकिनियों आदि का बीभत्स दृश्य दिया जा चुका है। जैसा कहा जा चुका है, भय के भी आलंबन का ही चित्रण कवि ने किया है। हास्य रस का तो 'पदमावत' में अभाव ही है।

अब एक विशेष बात पर पाठकों का ध्यान आकर्षित करके इस भावव्यंजना के प्रकरण को समाप्त करता हूँ। एक स्थायी भाव दूसरे स्थायी भाव का संचारी होकर आ सकता है, यह बात तो ग्रंथों में प्रसिद्ध ही है। पर रीतिग्रंथों में जो संचारी कहे गए हैं उनमें से भी कुछ ऐसे हैं जो कभी-कभी स्थायी बनकर आते हैं और दूसरे भावों को अपना संचारी बनाते हैं। जायसी का एक छोटा सा उदाहरण देते हैं। जब पद्मावती ने सुना कि उपपत्नी नागमती के बगीचे में बड़ी चहलपहल है और राजा भी वहीं बैठा है तब—

सुनि पदमावति रिस न सँभारी। सखिन्ह साथ आई फुलवारी।।

यह रिस या अमर्ष स्वतंत्र भाव नहीं है, क्योंकि पद्मावती का कोई अनिष्ट नागमती ने नहीं किया था। यह 'असूया' का संचारी होकर आया है; क्योंकि यह

'असूया' से उत्पन्न भी है और रस की दृष्टि से उससे विरुद्ध भी नहीं पड़ता। एक संचारी का दूसरे संचारी का स्थायी बनकर आना लक्षण ग्रंथों के अभ्यासियों को कुछ विलक्षण अवश्य लगेगा। किसी दूसरे स्थल पर हम कुछ संचारियों को विभाव, अनुभाव और संचारी तीनों से युक्त दिखाएँगे।

उक्त उदाहरण में यह नहीं कहा जा सकता कि जिस प्रकार 'असूया' रतिभाव का संचारी होकर आया है उसी प्रकार 'अमर्ष' भी। इस अमर्ष का सीधा लगाव 'असूया' से है, न कि रति से । यदि असूया न होती तो यह अमर्ष न होता। अब प्रश्न यह उठता है कि यदि किसी स्थायी भाव का संचारी भी विभाव, अनुभाव और संचारी से युक्त हो तो क्या वह भी स्थायी कहा जाएगा। स्थायी तो वह अवश्य होगा, पर ऐसा स्थायी नहीं जो रसावस्था तक पहुँचानेवाला हो। इन सब बातों का विवेचन मैं कभी अन्यत्र करूँगा, यहाँ इतना ही दिग्दर्शन बहुत है।

अलंकार

अधिकतर अलंकारों का विधान सादृश्य के आधार पर होता है। जायसी ने सादृश्य मूलक अलंकारों का ही प्रयोग अधिक किया है। सादृश्य की योजना दो दृष्टियों से की जाती है—स्वरूपबोध के लिए और भाव तीव्र करने के लिए। कवि लोग सदृश वस्तुएँ भाव तीव्र करने के लिए ही अधिकतर लाया करते हैं पर बाह्य कारणों से अगोचर तथ्यों के स्पष्टीकरण के लिए जहाँ सादृश्य का आश्रय लिया जाता है वहाँ कवि का लक्ष्य स्वरूपबोध भी रहता है। भगवद्भक्तों की ज्ञानगाथा में सादृश्य की योजना दोनों दृष्टियों से रहती है। 'माया' को ठगिनी और काम, क्रोध आदि को बटमार, संसार को मायका और ईश्वर को पति रूप में दिखाकर बहुत दिनों से रमते साधु उपदेश देते आ रहे हैं। पर इन सदृश वस्तुओं की योजना से केवल स्वरूपबोध ही नहीं होता, भावोत्तेजना भी प्राप्त होती है। बल्कि यों कहना चाहिए कि उत्तेजित भाव ही उन सदृश वस्तुओं की कल्पना कराता है। विरक्तों के हृदय में माया और काम, क्रोध आदि का भाव ही उस भय की ओर ध्यान ले जाता है जो ठगों और बटमारों से होता है। तात्पर्य यह कि स्वरूप बोध के लिए भी काव्य में जो सदृश वस्तु लाई जाती है उसमें यदि भाव उत्तेजित करने की शक्ति भी हो तो काव्य के स्वरूप की प्रतिष्ठा हो जाती है। नाना रागबंधनों से युक्त इस संसार के छूटने का दृश्य कैसा मर्मस्पर्शी है! भावुक हृदय में उसका क्षणिक साम्य मायके से स्वामी के घर जाने में दिखाई पड़ता है। बस इतनी ही झलक मिल सकती है। सदृश वस्तु के इस कथन द्वारा अगोचर आध्यात्मिक तथ्यों का कुछ स्पष्टीकरण भी हो जाता है और उनकी रुखाई भी दूर हो जाती है।

यह कहा जा चुका है कि जायसी का कथानक व्यंग्यगर्भित है। यहाँ पर इतना और जान लेना चाहिए कि भगवत्पक्ष को प्रस्तुत मानने पर अप्रस्तुत की योजना दोनों

दृष्टियों से की हुई मिलेगी—अगोचर बातों को गोचर स्वरूप देने की दृष्टि से भी और भावोत्तेजन की दृष्टि से भी। साधक के मार्ग की कठिनाइयों की भावना उत्पन्न करने के लिए कवि विषम पहाड़, अगम घाट तथा खोह और नालों की ओर ध्यान ले जाता है; काम, क्रोध आदि की भीषणता दिखाने को वह ऐसे प्रबल चोरों को सामने करता है जिनका घर का कोना-कोना देखा हो और जो दिन-रात चोरी की ताक में रहते हों।

सादृश्य की योजना में पहले यह देखना चाहिए कि जिस वस्तु, व्यापार या गुण के सदृश वस्तु, व्यापार या गुण सामने लाया जाता है वह ऐसा तो नहीं है जो किसी भाव—स्थायी या क्षणिक का आलंबन या आलंबन का अंग हो। यदि प्रस्तुत वस्तुव्यापार आदि ऐसे हैं तो यह विचार करना चाहिए कि उनके सदृश अप्रस्तुत वस्तु या व्यापार भी उसी भाव के आलंबन हो सकते हैं या नहीं। यदि कवि द्वारा लाए हुए अप्रस्तुत वस्तुव्यापार ऐसे हैं तो कविकर्म सिद्ध समझना चाहिए। उदाहरण के लिए रमणी के नेत्र, वीर का युद्धार्थ गमन और हृदय की कोमलता लीजिए। इन तीनों के वर्णन क्रमशः रतिभाव, उत्साह और श्रद्धा द्वारा प्रेरित समझे जाएँगे और कवि का मुख्य उद्देश्य यह ठहरेगा कि वह श्रोता को भी इन भावों की रसात्मक अनुभूति कराए। अतः जब कवि कहता है कि नेत्र कमल के समान हैं, वीर सिंह के समान झपटता है और हृदय नवनीत के समान है तो ये सदृश वस्तुएँ सौंदर्य, वीरत्व और कोमल सुखदता की व्यंजना भी साथ ही साथ करेंगी। इनके स्थान पर यदि हम रसात्मकता का विचार न करके केवल नेत्र के आकार, झपटने की तेजी और प्रकृति की नरमी की मात्रा पर ही दृष्टि रखकर कहें कि 'नेत्र बड़ी कौड़ी या बादाम के समान हैं', 'वीर बिल्ली की तरह झपटता है' और 'हृदय सेमर के घूए के समान है' तो काव्योपयुक्त कभी न होगा। कवियों की प्राचीन परंपरा में जो उपमान बँधे चले जा रहे हैं उनमें से अधिकांश सौंदर्य आदि की अनुभूति के उत्तेजक होने के कारण रस में सहायक होते हैं। पर कुछ ऐसे भी हैं जो आकार आदि ही निर्दिष्ट करते हैं; सौंदर्य की अनुभूति अधिक करने में सहायक नहीं होते—जैसे जंघों की उपमा के लिए हाथी की सूँड़, नायिका की कटि की उपमा के लिए भिड़ या सिंहनी की कमर इत्यादि। इनसे आकार के चढ़ाव, उतार और कटि की सूक्ष्मता भर का ज्ञान होता है, सौंदर्य की भावना नहीं उत्पन्न होती; क्योंकि न तो हाथी की सूँड़ में ही दांपत्य रति के अनुकूल अनुरंजनकारी सौंदर्य है और न भिड़ की कमर में ही। अतः रसात्मक प्रसंगों में इस बात का ध्यान रहना चाहिए कि अप्रस्तुत (उपमान) भी उसी प्रकार के भाव के उत्तेजक हों, प्रस्तुत जिस प्रकार के भाव का उत्तेजक हो।

उपर्युक्त कथन का यह अभिप्राय कदापि नहीं कि ऐसे प्रसंगों में पुरानी बँधी हुई उपमाएँ ही लाई जाएँ, नयी न लाई जाएँ। 'अप्रसिद्धि' मात्र उपमा का कोई दोष नहीं, पर नयी उपमाओं की सारी जिम्मेदारी कवि पर होती है। अतः रसात्मक प्रसंगों

में ऊपर लिखी बातों का ध्यान रखना आवश्यक है। जहाँ कोई रस स्फुट न भी हो वहाँ भी यह देख लेना चाहिए कि किसी पात्र के लिए जो उपमान लाया जाए वह उस भाव के अनुरूप हो जो कवि ने उस पात्र के संबंध में अपने हृदय में प्रतिष्ठित किया है और पाठक के हृदय में भी प्रतिष्ठित करना चाहता है। राम की सेवा करते हुए लक्ष्मण के प्रति श्रद्धा का भाव उत्पन्न होता है अतः उनकी सेवा का यह वर्णन जो गोस्वामी जी ने किया है कुछ खटकता है–

सेवत लखन सिया रघुबीरहि। जिमि अविवेकी पुरुष सरीरहि।।

इस दृष्टांत में लक्ष्मण का सादृश्य जो अविवेकी पुरुष से किया गया है उससे सेवा का आधिक्य तो प्रकट होता है पर लक्ष्मण के प्रति प्रतिष्ठित भाव में व्याघात पड़ता है। यहाँ यह कहा जा सकता है कि लक्ष्मण का सादृश्य अविवेकी पुरुष के साथ कवि ने नहीं दिखाया है बल्कि लक्ष्मण के सेवाकार्य का सादृश्य अविवेकी के सेवाकर्म से दिखाया गया है। ठीक है, पर लक्ष्मण का कर्म शलाघ्य है और अविवेकी का निंद्य, इससे ऐसे अप्रस्तुत कर्म को मेल में रखने से प्रस्तुत कर्मसंबंधी भावना में बाधा अवश्य पड़ती है। रसात्मक प्रसंगों में केवल किसी बात के आधिक्य या न्यूनता की हद से ही काम नहीं चलता। जो भावुक और रसज्ञ न होकर केवल अपनी दूर की पहुँच दिखाना चाहते हैं वे कभी-कभी आधिक्य या न्यूनता की हद दिखाने में ही फँसकर भाव के प्रकृत स्वरूप को भूल जाते हैं। कोई आँखों के कोनों को कान तक पहुँचाता है, कोई नायिका की कटि को ब्रह्म के समान अगोचर और सूक्ष्म बताता है, कोई यार की कमर 'कहाँ है, किधर है' यही पता लगाने में रह जाता है। नायिका श्रृंगार का आलंबन होती है। उसके स्वरूप के संघटन में इस बात का ध्यान चाहिए कि उसकी रमणीयता बनी रहे। प्राचीन कवि जहाँ मृणाल की ओर संकेत करके सूक्ष्मता और सौंदर्य एक साथ दिखाते थे, वहाँ लोग या तो भिड़ की कमर सामने लाने लगे या कमर ही गायब करने लगे। चमत्कारवादी इसमें अद्भुत रस का आनंद मानने लगे। पर सोचने की बात है कि नायिका अद्भुत रस का आलंबन है या श्रृंगार रस का। श्रृंगार रस के आलंबन में 'अद्भुत' केवल सौंदर्य का विशेषण हो सकता है। 'अद्भुत सौंदर्य' हम दिखा सकते हैं पर सौंदर्य को गायब नहीं कर सकते।

कहने की आवश्यकता नहीं कि ऊपर जो बात कही गई है वह ऐसी वस्तुओं के संबंध में कहीं गई है जिनका वर्णन कवि किसी भाव में मग्न होकर उसी भाव में मग्न करने के लिए करता है,–जैसे, नायिका का वर्णन, प्राकृतिक शोभा का वर्णन, वीर कर्म का वर्णन; इत्यादि। जहाँ वस्तुएँ ऐसी होती हैं कि उनके संबंध में अलग कोई उपयुक्त भाव (जैसे रति, भय, हर्ष, घृणा, श्रद्धा इत्यादि) नहीं होता, केवल उनका रूप, गुण, क्रिया आदि का ही गोचर स्पष्टीकरण करना या अधिकता न्यूनता की ही भावना तीव्र करना अपेक्षित होता है–उनके द्वारा किसी भाव की अनुभूति की

वृद्धि करना नहीं—वहाँ आकृति, गुण आदि का निरूपण और आधिक्य या न्यूनता का बोध कराने वाली सदृश वस्तुओं से ही प्रयोजन रहता है। हाथियों के डीलडौल, तलवार की धार, किसी कर्म की कठिनता, खाई की चौड़ाई इत्यादि के वर्णन से केवल इस प्रकार का सादृश्य अपेक्षित रहता है जैसे पहाड़ के समान हाथी, बाल की तरह धार, पहाड़ सा काम, नदी सी खाई, इत्यादि।

जायसी ने सादृश्य मूलक अलंकारों का ही आश्रय अधिक लिया है। अतः उपर्युक्त विवेचन के साथ जब हम उनके अप्रस्तुतान्वय या सादृश्यविधान पर विचार करते हैं, तब देखते हैं कि रसात्मक प्रसंगों में अधिकांश भाव के अनुरूप ही अनुरंजनकारी अप्रस्तुत वस्तुओं की योजना हुई है। पर साथ ही यह बात भी ध्यान में रखनी चाहिए कि जायसी के वर्णन अधिकतर परंपरानुगत ही हैं इससे उनमें कविसमयसिद्ध उपमान ही अधिक मिलते हैं और इन परंपरागत उपमानों में कुछ अवश्य ऐसे हैं जो प्रसंग के अनुकूल भाव को पुष्ट करने में सहायक नहीं होते, जैसे हाथी की सूँड़; सिंहनी और भिड़ की कमर। सुंदरी नायिका की भावना करते समय सिंहनी, भिड़ और हाथी सामने आ जाने से उस भावना की पुष्टि में सहायता के स्थान पर बाधा ही पहुँचती है। ऐसे उपमानों को भी जायसी ने छोड़ा नहीं है। बल्कि यों कहिए कि सादृश्य का आरोप करने में फारसी के जोर पर वे एक-आध जगह और बढ़ गए हैं। भारतीय काव्यपद्धति में उपमान चाहे उदासीन हों, पर भाव के विरोधी कभी नहीं होते। 'भाव' से मेरा अर्थ वही है जो साहित्य में लिया जाता है। 'भाव' का अभिप्राय साहित्य में तात्पर्यबोध मात्र नहीं है बल्कि वह वेगयुक्त और जटिल अवस्थाविशेष है जिसमें शरीरवृत्ति और मनोवृत्ति दोनों का योग रहता है। क्रोध को ही लीजिए। उसके स्वरूप के अंतर्गत अपनी हानि या अपमान की बात का तात्पर्यबोध, उग्र वचन और कर्म की प्रवृत्ति का वेग तथा त्योरी चढ़ना, आँखें लाल होना, हाथ उठना, ये सब बातें रहती हैं। मनोविज्ञान की दृष्टि से इन सबके समष्टिविधान का नाम क्रोध का भाव है। रौद्र रस प्रसंग में कवि लोग जो उपमान लाते हैं वे भी संतापदायक या उग्र होते हैं, जैसे अग्नि। क्रोध से रक्तवर्ण नेत्रों की उपमा जब कोई कवि देगा तब अंगार आदि की देगा, रक्तकमल या बंधूकपुष्प की नहीं। इसी प्रकार शृंगार रस में रक्त, मांस, फफोले, हड्डी आदि का बीभत्स दृश्य सामने आना अरुचिकर प्रतीत होता है। पर जहाँ केवल 'तात्पर्य' के उत्कर्ष का ध्यान प्रधान रहेगा—खयाल की बारीकी या बलंदपरवाजी पर ही नजर रहेगी—वहाँ भाव के स्वरूप का उतना विचार न रह जाएगा। फारसी की शायरी में विप्रलंभ शृंगार के अंतर्गत ऐसे बीभत्स दृश्य प्रायः लाए जाते हैं। इस बात का उल्लेख हो चुका है कि जायसी में कहीं-कहीं इस प्रकार के वर्णन मिलते हैं; जैसे, 'विरह सरागन्हि भूजै माँसू। ढरि-ढरि परहि रकत कै आँसू' ।। इसी प्रकार नखशिख के प्रसंग में हथेली के वर्णन में जो यह हेतूत्प्रेक्षा की गई है वह भी कोई रमणीय रुचिकर दृश्य सामने

नहीं लाती—

हिया काढ़ि जनु लीन्हेसि हाथा। रुहिर भरी अँगुरी तेहि साथा।।

यदि कवि सच्चा है, शेष सृष्टि के साथ उसके हृदय का पूर्ण सामंजस्य है, उसमें सृष्टिव्यापिनी सहृदयता है तो उसके सादृश्यविधान में एक बात और लक्षित होगी। वह जिस सदृश वस्तु या व्यापार की ओर ध्यान ले जाएगा कहीं-कहीं उससे मनुष्य को और प्राकृतिक पदार्थों के साथ अपने संबंध की बड़ी सच्ची अनुभूति होगी। विरहताप से झुलसी और सूखी हुई नागमती को जब प्रिय के आगमन का आभास मिलता है तब उसकी दशा कैसी होती है—

जस भुइँ दहि असाढ़ पलुहाई। परहिं बूँद औ सोंध बसाई।।
ओहि भाँति पलुही सुख बारी। उठी करिल नइ कोंप सँवारी।।

इसमें मनुष्य देखता है कि जिस प्रकार संताप और आह्लाद के चिह्न मेरे शरीर में दिखाई पड़ते हैं वैसे ही पेड़-पौधों के भी। इस प्रकार उनके साथ अपने संबंध की अनुभूति का उदय उसके हृदय में होता है। ऐसी अनुभूति द्वारा मानवहृदय का प्रसार करने में जो कवि समर्थ हो वह धन्य है। 'शरीर पनपना' आदि लाक्षणिक प्रयोग जो बोलचाल में आए हैं वे ऐसे ही कवियों की कृपा से प्राप्त हुए हैं।

सादृश्यमूलक अलंकारों में उपमा, रूपक और उत्प्रेक्षा का व्यवहार अधिक मिलता है। इनमें से हेतूत्प्रेक्षा जायसी को बहुत प्रिय थी। इसके सहारे उन्होंने अपनी कल्पना का विस्तार बहुत दूर तक बढ़ाया है—कहीं-कहीं तो सारी सृष्टि को अपने भाव के भीतर ले लिया है (दे. विरहवर्णन)। रूपवर्णन में कवियों को अलंकार भरने का खूब मौका मिलता है। जायसी का शिखनख वर्णन भी अधिकतर परंपरानुगत ही है। इससे अलंकारों की भरमार उसमें और जगहों से अधिक देखी जाती है। सादृश्यमूलक अलंकारों में वस्तूत्प्रेक्षा अधिक है। काले केशों के बीच माँग की शोभा देखिए—

कंचन रेख कसौटी कसी। जनु घन महँ दामिनी परगसी।।
सुरुज किरन जनु गगन बिसेखी। जमुना माँह सुरसती देखी।।

इसी प्रकार आँख की बरुनियाँ भी कुछ और ही जान पड़ती हैं—

बरुनी का बरनौं इमि बनी । साधे बान जान दुह अनी।।
जुरी राम रावन कै सैना । बीच समुद्र भए दुइ नैना।।

इस सादृश्य में उपमानों की परिमाणगत अधिकता यदि कुछ खटके तो इस बात का स्मरण कर लेना चाहिए कि जायसी का प्रेम केवल लौकिक नहीं है अतः उसका आलंबन भी अनंत सौंदर्य की ओर संकेत करने वाला है।

इस संबंध में वस्तूत्प्रेक्षा का एक और उदाहरण देकर आगे चलता हूँ। पद्मावती की कटि इतनी सूक्ष्म जान पड़ती है—

मानहुँ नाल खंड दुइ भए। दुहुँ बिच लंकतार रहि गए।।

ये तो वस्तूत्प्रेक्षा या स्वरूपोत्प्रेक्षा के उदाहरण हुए। क्रियोत्प्रेक्षा के भी बहुत

बढ़े-चढ़े उदाहरण इस रूपवर्णन के भीतर मिलते हैं, जैसे–

अस वै नयन चक्र दुइ, भँवर समुद उलथाहिं।
जनु जिउ घालिहिं डोल महँ, लेइ आवहिं लेइ जाहिं।।

हेतूत्प्रेक्षा के कुछ उदाहरण विरहवर्णन आदि के अंतर्गत आ चुके हैं। यह अलंकार उत्कर्ष की व्यंजना के लिए बड़ा शक्तिशाली होता है। लोक में कार्य और कारण एक साथ बहुत ही कम देखे जाते हैं। प्रायः कारण परोक्ष ही रहता है। अतः कोई रूप या क्रिया यदि अपने प्रकृत रूप में हमारे सामने रख दी गई तो वह उस प्रभाव का प्रमाणस्वरूप लगने लगती है जिसे कवि खूब बढ़ाकर दिखाना चाहता है और हम इस बात की छानबीन में नहीं पड़ने जाते कि हेतु ठीक है या नहीं। इस अलंकार के दो एक उदाहरण देकर हम यह सूचित कर देना चाहते हैं कि जायसी की हेतूत्प्रेक्षाएँ अधिकतर असिद्धविषया ही मिलती हैं। ललाट का वर्णन करता हुआ कवि कहता है–

सहस किरिन जो सुरुज दिपाई। देखि लिलार सोउ छपि जाई।

सूर्य छिपता अवश्य है पर उसके छिपने का जो हेतु कहा गया है वह कविकल्पित है और उस हेतु का आधार 'लज्जित होना' सिद्ध नहीं है। इसी प्रकार की हेतूत्प्रेक्षा दाँतों पर है–

दारिउँ सरि जो न कै सका, फाटेउ हिया दरक्कि।

रूपवर्णन के अंतर्गत फलोत्प्रेक्षा भी कई जगह दिखाई देती है, जैसे नासिका के वर्णन में यह पद्य–

पुहुप सुगंध करहिं एहि आसा। मकु हिरकाइ लेइ हम्ह पासा।।

अथवा माँग के संबंध में ये उक्तियाँ–

करवत तपा लेहिं होइ चूरू। मकु सो रुहिर लेइ सेंदूरू।।
कनक दुवादस बानि होइ, चह सोहाग ओहि माँग।।

व्यतिरेक के दो उदाहरण नीचे दिए जाते हैं–

का सरवरि तेहि देउँ मयंकू। चाँद कलंकी वह निकलंकू।।
औ चाँदहिं पुनि राहु गरासा। वह बिनु राहु सदा परगासा।।
सुवा सो नाक कठोर पँवारी। वह कोमल तिलपुहुप सँवारी।।

दूसरे उदाहरण में 'तिलपुहुप' पद आक्षेप द्वारा दूसरे उपमान के रूप में नहीं लाया गया है बल्कि तृतीयांत (तिलपुष्प से) है। इससे व्यतिरेक ही अलंकार कहा जाएगा।

'रूपकातिशयोक्ति' (भेदेप्यभेदः) भी जायसी की अत्यंत मनोहर है। इसके द्वारा कवि ऐसी मनोहर और रमणीय प्राकृतिक वस्तुएँ सामने रखता है कि हृदय सौंदर्य की भावना में मग्न हो जाता है। हेतूत्प्रेक्षा के समान यह अलंकार भी कवि को बहुत प्रिय है। स्थान-स्थान पर इसका प्रयोग मिलता है। रतनारे नेत्रों के बीच घूमती हुई

पुतलियों की शोभा की ओर कवि इस प्रकार इशारा करता है–

राते कँवल करहिं अलि भँवा। धूमहिं माति चहहिं अपसवाँ।।

इसी कमल और भ्रमरवाले रूपक को अतिशयोक्ति में जायसी और जगह भी बड़ी सुंदरता से लाए हैं। प्रेमजोगी रत्नसेन के सिंहलगढ़ में पकड़े जाने पर पद्मावती विरह में अचेत पड़ी है, आँखें नहीं खोलती है। इतने में कोई सखी आकर कहती है–

कँवल कली तू, पदमिनी! गह निसि भएउ बिहानु।
अबहुँ न संपुट खोलसि, जब रे उवा जग भानु।।

यह सुनते ही पद्मावती आँखें खोलती है जिसकी सूचना रूपकातिशयोक्ति के बल से कवि इन शब्दों में देता है–

भानु नावँ सुनि कँवल बिगासा। फिर कै भँवर लीन्ह मधु बासा।।

यहाँ भी कवि ने केवल कमलदल पर बैठे भौंरे का उल्लेख करके आँख खुलने (डेले के बीच काली पुतली दिखाई देने) की सूचना दी है। इसी अलंकार के कुछ और नमूने देखिए–

(क) साम भुअंगिनि रोमावली। नाभिहि निकसि कँवल कहँ चली।
आइ दुवौ नारँग बिच भई। देखि मयूर ठमकि रहि गई।।

(ख) पन्नग पंकज मुख गहे, खंजन तहाँ बईठ।
छत्र, सिंघासन, राज, धन, ता कहँ होइ जो दीठ।।

कहीं-कहीं तो जायसी ने अलंकारों की बड़ी जटिल और गूढ़ योजना की है। देवपाल की दूती पद्मावती को बहका रही है कि जब तक यौवन है तब तक भोगविलास कर ले–

जोबन जल दिन-दिन जस घटा। भँवर छपान, हंस परगटा।।

जैसे-जैसे यौवनरूपी जल दिन-दिन घटता जाता है वैसे ही वैसे (शरीर रूपी नदी या सरोवर में) पानी की बाढ़ के भँवर छिपते जाते हैं और हंस (मानसरोवर से आकर) दिखाई पड़ने लगते हैं। यह तो हुआ सांग रूपक। पर एक बात है। जल का आरोप जिस पर किया गया है उस यौवन का उल्लेख तो साथ ही है। पर दूसरी पंक्ति में भँवर और हंस का जिन पर आरोप है उन काले और श्वेत केशों का उल्लेख नहीं है अतः दूसरी पंक्ति में हमें रूपकातिशयोक्ति माननी पड़ती है। दोनों पंक्तियों का एक साथ विचार करने पर नदी या सरोवर के ही अंग भँवर (पानी के भँवर) और हंस ठहरते हैं जो शरत् के दृश्य को पूरा करते हैं। अतः दूसरी पंक्ति में अतिशयोक्ति सिद्ध हो जाने पर ही 'सांग रूपक' होता है। पर अतिशयोक्ति की सिद्धि के लिए श्लेष द्वारा 'भँवर' शब्द का दूसरा अर्थ, काला भौंरा, लेना पड़ता है तब जाकर उपमेय अर्थात् काले केश की उपलब्धि होती है। इस प्रकार रूपक को प्रधान या अंगी मानने से श्लेष और अतिशयोक्ति उसके अंग हो जाते हैं और अलंकारों का यह मेल 'अंगांगि भाव संकर' ठहरता है।

प्रसंगवश 'सांग रूपक' के गुण-दोष का भी थोड़ा विचार कर लेना चाहिए। यह तो मानना ही पड़ेगा कि एक वस्तु से दूसरी वस्तु का आरोप सादृश्य और सामंजस्य के आधार पर ही होता है। अधिकतर देखा जाता है कि 'निरंग रूपक' में तो सादृश्य और साधर्म्य का ध्यान रहता है पर सांग और परंपरित में इनका पूरा निर्वाह नहीं होता और जल्दी हो भी नहीं सकता। दो में से एक का भी पूरा निर्वाह हो जाए तो बड़ी बात है, दोनों का एक साथ निर्वाह तो बहुत कम देखा जाता है। सादृश्य से हमारा अभिप्राय बिंबप्रतिबिंब रूप और साधर्म्य से वस्तुप्रतिवस्तु धर्म है। साहित्यदर्पणकार का यह उदाहरण लेकर विचार कीजिए—

'रावणरूप अवर्षण से क्लांत देवतारूप शस्य को इस प्रकार वाणीरूप अमृतजल से सींच वह कृष्णरूप मेघ अंतर्हित हो गया।'

इस उदाहरण में रावण और अवर्षण में रूपसादृश्य नहीं है, केवल साधर्म्य है। इसी प्रकार देवता और शस्य में तथा वाणी और जल में कोई रूपसादृश्य नहीं है, साधर्म्य मात्र है—विष्णु का स्वरूप नील जलद का सा और धर्म भी उसी के समान लोकानंदप्रदान है। पर सांग रूपक में कहीं-कहीं तो केवल अप्रस्तुत (उपमान) दृश्य को किसी प्रकार बढ़ाकर पूरा करने का ही ध्यान कवियों को रहता है। वे यह नहीं देखने जाते कि एक-एक अंग या ब्योरे में किसी प्रकार का सादृश्य या साधर्म्य है अथवा नहीं। विनयपत्रिका के 'सेइय सहित सनेह देह भरि कामधेनु कलि कासी' वाले पद में रूपक के अंगों की योजना अधिकतर इसी प्रकार की है।

अब इस विवेचन के अनुसार जायसी के उपर्युक्त रूपक की समीक्षा कीजिए—यौवनरूप जल, काले केशरूपी भँवर (जलावर्त) और श्वेत केशरूपी हंस। यौवन और जल में उमड़ने या उमंग के धर्म को लेकर साधर्म्य मात्र है। काले केश का पहले तो अतिशयोक्ति में काले भँवरों के साथ वर्णसादृश्य है फिर श्लेष द्वारा रूपक में पहुँचकर जलावर्त के साथ कुछ आकृतिसादृश्य (केश कुंचित या घूमे हुए होने से) है। श्वेत केश और हंस में वर्णसादृश्य है। इसके उपरांत जब दूसरी पंक्ति के इस व्यंग्यार्थ पर आते हैं कि युवावस्था में मनुष्य विषयों के चक्कर में पड़ा रहता है और वृद्धावस्था में उसमें सद्सद्विवेक करने वाली आत्मा (हंस) का उदय होता है तब हमें सादृश्य और साधर्म्य दोनों मिल जाते हैं क्योंकि जलावर्त का धर्म है चक्कर में डालना और हंस का स्वभाव है नीर-क्षीर-विवेक।

उसी दूती के मुख से वृद्धावस्था का यह वर्णन गूढ़ 'अप्रस्तुत प्रशंसा' द्वारा कवि ने कराया है—

छल कै जाइहि बान पै, धनुष छाँड़ि कै हाथ।

बान या तीर सीधे शरीर का उपमान है और धनुष झुके हुए शरीर का। ये दोनों क्रमशः युवावस्था और बुढ़ापे के कार्य हैं। अतः कार्य द्वारा कारण के निर्देश से यहाँ 'अप्रस्तुत प्रशंसा' हुई, जो रूपकातिशयोक्ति द्वारा सिद्ध हुई है। इस प्रकार

दोनों का 'अंगांगिभाव संकर' है। इसके अतिरिक्त 'बान' शब्द का दूसरा अर्थ वर्ण या कांति लेने से श्लेष की 'संसृष्टि' भी हुई।

कहीं-कहीं तो संकर या 'संसृष्टि' के बिना ही रूपकातिशयोक्ति बहुत दुर्बोध हो गई है, जैसे–

जौ लगि कालिंदि, होहि बिरासी। पुनि सुरसरि होइ समुद परासी।।

यह भी उसी दूती का वचन है। अभिप्राय यह है कि जब तक तू काले केशोंवाली (अर्थात् युवती) है तब तक विलास कर ले, फिर जब श्वेत केशोंवाली हो जाएगी तब तो काल के मुँह में पड़ने के लिए जल्दी-जल्दी बढ़ने लगेगी। जमुना की काली धारा सीधे समुद्र में गिरती है। जब वह श्वेत धारावाली गंगा के साथ मिलकर श्वेत गंगा हो जाती है तब समुद्र की ओर जाती है जहाँ जाकर उसका अलग अस्तित्व नहीं रह जाता। यह अतिशयोक्ति दुर्बोध हो गई है। दुर्बोधता का कारण है अप्रसिद्धि। रूपकातिशयोक्ति में प्रसिद्ध उपमान ही लाए जाते हैं। प्रसिद्ध और नये कल्पित उपमानों के रखने से तो पद्य पहेली हो जाएगा। उक्त पद्य में जायसी ने स्वतंत्रता यह दिखाई कि परंपरा से व्यवहृत प्रसिद्ध उपमान न लेकर स्वकल्पित अप्रसिद्ध उपमान लिये हैं, जिससे एक प्रकार की दुरूहता आ गई है। काले केशों के लिए कालिंदी नदी की और श्वेत केशों के लिए गंगा की उपमा प्रसिद्ध नहीं है। यह रूपकातिशयोक्ति अलंकार ही लीक पीटने वालों के लिए है। जो नये उपमानों की उद्‌भावना करे वह इस अलंकार की ओर जाए क्यों?

इसी प्रकार की गूढ़ और अर्थगर्भित योजना 'तद्‌गुण अलंकार' की भी लीजिए। देवपाल की दूती बहुत से पकवान लाकर पद्मावती के सामने रखती है। वह उन्हें हाथों से भी न छूकर कहती है–

रतन छुवा जिन्ह हाथन्ह सेंती। और न छुवौं सो हाथ सँकेती।।
दमक रंग भए हाथ मँजीठी। मुकुता लेउँ पै घुघुँची दीठी।।

अर्थात् जिन हाथों से मैंने उस दिव्य रत्न (राजा रत्नसेन) का स्पर्श किया अब उनसे और वस्तु क्या छूऊँ? उस दिव्य रत्न या माणिक्य के प्रभाव से मेरे हाथ इतने लाल हैं कि मोती भी अपने हाथ में लेकर देखती हूँ तो वह गुंजा (हाथ की ललाई से गुंजा का लाल रंग और देखने से पुतली की छाया पड़ने के कारण गुंजा का सा काला दाग) हो जाता है, अर्थात् उसका कुछ भी मूल्य नहीं दिखाई पड़ता।

अब इसके अलंकारों पर विचार कीजिए। सबसे पहले तो 'रतन' पद में हमें श्लेष मिलता है। फिर दूसरे चरण में काकु वक्रोक्ति। तीसरे-चौथे चरण में जटिलता है। 'उस रत्न के स्पर्श से मेरे हाथ लाल हुए' इसका विचार यदि हम गुण की दृष्टि से करते हैं तो 'तद्‌गुण' अलंकार ठहरता है। फिर जब हम यह विचार करते हैं कि पद्मावती के हाथ तो स्वभावतः लाल हैं (उनमें लाली का आरोप नहीं है) तब हमें रत्नस्पर्श रूप हेतु का आरोप करके हेतूत्प्रेक्षा कहनी पड़ती है। अतः यहाँ इन दोनों

अलंकारों का 'संदेह संकर' हुआ। चौथे चरण में 'तद्गुण' अलंकार स्पष्ट है। पर यह अलंकारनिर्णय भी हमें व्यंग्य अर्थ तक नहीं पहुँचाता। अतः हम लक्षणा से तो 'मुक्ता' का अर्थ लेते हैं 'बहुमूल्य वस्तु' और घुँघुची का अर्थ लेते हैं 'तुच्छ वस्तु'। इस प्रकार हम इस व्यंग्य अर्थ पर पहुँचते हैं कि रत्नसेन के सामने मुझे संसार की उत्तम वस्तु तुच्छातितुच्छ दिखाई पड़ती है।

इन उदाहरणों से पाठक समझ सकते हैं कि जायसी ने अलंकारों से अर्थ पर अर्थ भरने का कैसा कड़ा काम किया है। इसी 'मुक्ता' को लेकर कवियों ने भी तद्गुण अलंकार बाँधा है, पर वे रूपाधिक्य की व्यंजना के आगे नहीं बढ़ सके हैं, जैसे कि इस प्रसिद्ध दोहे में–

अधर जोति बिद्रुम लसत, पिय मुकुता कर दीन्ह।
देखत ही गुंजा भयो, पुनि हँसि मुकुता कीन्ह।।

सिंदूर से लाल माँग के इस वर्णन में जायसी ने तद्गुण और हेतूत्प्रेक्षा का मेल किया है–

भोर साँझ रवि होइ जो राता। ओहि देखि राता भा गाता।।

'निदर्शना' और 'यमक' का यह उदाहरण है–

धरती बान बेधि सब राखी। साखी ठाढ़ देहिं सब साखी।।

इसी प्रकार दाँतों के इस वर्णन में भी 'तृतीय निदर्शना' है–'हारी जोति सो तेहि परिछाहीं।'।

देखिए, 'गोरा' नाम का कैसा अर्थगर्भित प्रयोग इस सुंदर दोहे में जायसी ने किया है–

रतनसेन जो बाँधा, मसि गोरा के गात।
जौ लगि रुहिर न धोवौं, तौ लगि होइ न रात।।

'गोरा' नाम भी है और शुभ्रश्वेत अर्थ का द्योतक भी है। जो वस्तु श्वेत और निर्मल है उस पर मसि या स्याही का धब्बा पड़ना कितना बुरा है! यह धब्बा मिटेगा कैसे? जब (अपने या शत्रु के) रुधिर से धोया जाएगा। इस दोहे में यदि 'गात' के स्थान पर 'वदन' या 'मुख' शब्द आया होता तो इसका मोल अधिक बढ़ जाता क्योंकि उस अवस्था में 'सुर्खरू' होने का मुहाविरा भी सटीक बैठ जाता।

एक स्थान पर तो जायसी ने ऐसी ढकी हुई या गूढ़ रमणीय रूपयोजना (अप्रस्तुत) रखी है जिसका आभास मिलने पर कवि के कौशल पर चित्त चमत्कृत हो जाता है। जब पद्मावती हँसती है तब उसके लाल होठों और सफेद दाँतों की द्युति का प्रसार किस प्रकार होता है, देखिए–

हीरा लेइ सो विद्रुम धारा। बिहँसत जगत होइ उजियारा।।

हीरे की ज्योति लिये हुए जब वह विद्रुम वर्ण की (अरुण) द्युतिधारा फैलती है तब सारा जगत् प्रकाशित हो जाता है। इस उक्ति में उषा की मधुर श्वेत अरुण

ज्योति के उदय का दृश्य किस प्रकार छिपा है! जब पद्मावती हँसती है तब संसार उसी प्रकार खिल उठता है, जगमगा उठता है, जिस प्रकार उषा का मधुर प्रकाश फैलने पर। उक्ति के भीतर अप्रस्तुत रूप में इस प्रकार का दबा हुआ रूपविधान (सप्रेस्ड इमैजरी) आधुनिक काव्याभिव्यंजन की दृष्टि से भी परम रमणीय माना जाता है।

'संदेहालंकार' का उदाहरण जायसी में नहीं मिलता। एक स्थान पर (नखशिख में) रोमावली के वर्णन में वह खंडित रूप में मिलता है—

मनहुँ चढ़ी भौंरन्ह कै पाती। चंदन खाँभ बास कै माती।।
की कालिंदी बिरह सताई। चलि पयाग अरइल बिच आई।।

संदेह में दो कोटियाँ होनी चाहिए और दोनों कोटियों में समान रूप से ज्ञान होना चाहिए। यहाँ एक ही कोटि है, चौपाई के पिछले दो चरणों में। चौपाई के प्रथम दो चरणों में तो उत्प्रेक्षा है। अतः संदेह अलंकार सिद्ध नहीं है, खंडित है।

कुछ और अलंकारों के उदाहरण लीजिए—

(1) कहाँ छपाए चाँद हमारा। जेहि बिनु रैनि जगत अँधियारा।। (विनोक्ति)
(2) बसा लंक बरनै जग झीनी। तेहि ते अधिक लंक वह खीनी।।
परिहस पियर भए तेहि बसा। लये डंक लोगन्ह कहँ डसा।। (प्रत्यनीक)
सिंह न जीता लंक सरि, हारि लीन्ह बनवासु।
तेहि रिस मानुस रकत पिय, खाइ मारि कै माँसु।। (प्रत्यनीक)
(3) निति गढ़ बाँचि चलै ससि सूरू। नाहि त होइ बाजि रथ चूरू।। (संबंधातिशयोक्ति)
(4) मिलिहहिं बिछुरे साजन अकम भेंटि गहंत।
तपनि मृगसिरा जे सहहिं ते अद्रा पलुहंत।। (अर्थांतरन्यास)
(5) का भा जोग कथनि के कथे। निकसै घिउ न बिना दधि मथे।।(दृष्टांत)
(6) घट महँ निकट, बिकट होइ मेरू। मिलहिं न मिले परा तस फेरू।। (विशेषोक्ति)
(7) ना जिउ जिए, न दसवँ अवस्था। कठिन मरन तें प्रेम बेवस्था।।(विरोध)
(8) भूलि चकोर दीठि मुख लावा। (भ्रम)
(9) नैन नीर सौं पोता किया। तस मद चुवा बरा जस दिया।। (परिणाम)
(10) जीभ नाहिं पै सब किछु बोला। तन नाहीं सब ठाहर डोला।।(विभावना)
(11) पद्मावती ठगिनी भइ कित साथा। जेहिं तें रतन परा पर हाथा।। (परिकरांकुर)
(12) रतन चला भा घर अँधियारा।। (परिकरांकुर)

नीचे पहली पंक्ति में तो 'विषादन' अलंकार की पुरानी उक्ति है जिसका व्यवहार सूरदास ने भी किया है, पर आगे उसमें जायसी ने 'द्वितीय पर्यायोक्ति' का मेल बड़ी सफाई से किया है—

गहै बीन मकु रैनि बिहाई। ससि बाहन तहँ रहै ओनाई।।(विषादन)
पुनि धनि सिंघ उरेहे लागै। ऐसिहि बिथा रैनि सब जागै।।
(द्वितीय पर्यायोक्ति)

इतने उदाहरणों से यह स्पष्ट हो गया होगा कि जायसी ने बहुत से अलंकारों का विधान किया है और यह विधान अधिकतर भाव या विषय के अनुरूप तथा अर्थविस्तार में सहायता की दृष्टि से किया है। पर यह कहा जा चुका है कि उन्होंने परंपरापालन का ध्यान भी बहुत रखा है। इससे कहीं-कहीं भद्दी परंपरा के भी उदाहरण मिलते हैं। इस प्रकार का एक सांग रूपक और एक परिणाम नीचे दिया जाता है। एक में तो वीररस की सामग्री में शृंगार की सामग्री का आरोप है और दूसरे में शृंगार की सामग्री में वीररस की सामग्री का। पहले स्त्री के रूपक में तोप का यह वर्णन लीजिए—

कहौं सिंगार जैसि वै नारी । दारू पियहिं जैसि मतवारी ।।
सेंदुर आगि सीस उपराहीं । पहिया तरिवत चमकत जाहीं ।।
कुच गोला दुइ हिरदय लाई । अंचल धुजा रहै छिटकाई ।।
रसना लूक रहहिं मुख खोले । लंका जरै सो उनके बोले ।।
अलक जँजीर बहुत गिउ बाँधे । खींचहिं हस्ती, टूटहिं काँधे ।।
बीर सिंगार दोउ एक ठाऊँ । सत्रुसाल गढ़भंजन नाऊँ ।।

इसी प्रकार का उदाहरण नीचे 'परिणाम' अलंकार का भी है जो बादल की नवागत वधू के मुँह से कहलाया गया है—

जौ तुम चहहु जुझि, पिय बाजा । कीन्ह सिंगार जूझ मैं साजा ।।
जोबन आइ सौंह होइ रोपा । पिघला बिरह कामदल कोपा ।।
भौहैं धनुष, नयन सर साधे । बरुनि बीच काजर विष बाँधे ।।
अलक फाँस गिउ मेलि असूझा । अधर अधर सौं चाहहिं जूझा ।।
कुंभस्थल कुच दोउ मैमंता । पेलौं सौंह, सँभारहु कंता ।।

इन दोनों उदाहरणों में प्रस्तुत रस के विरुद्ध सामग्री का आरोप है। यद्यपि साहित्य के आचार्यों ने साम्य से कहे हुए विरोधी रस या भाव को (विभाव आदि को भी) दोषाधायक नहीं माना है, पर इस प्रकार के आरोपों से रस की प्रतीति में व्याघात अवश्य पड़ता है, वाग्वैदग्ध्य द्वारा मनोरंजन चाहे कुछ हो जाए। काव्य में बिंबस्थापना (इमैजरी) प्रधान वस्तु है। वाल्मीकि, कालिदास आदि प्राचीन कवियों में यह पूर्णता को प्राप्त है। अँगरेजी कवि शेली इसके लिए प्रसिद्ध हैं। भाषा के दो पक्ष होते हैं—एक सांकेतिक (सिंबोलिक) और दूसरा बिंबाधायक (प्रेजेंटेटिव)। एक में तो नियत संकेत द्वारा अर्थबोध मात्र हो जाता है, दूसरे में वस्तु का बिंब या चित्र अंतःकरण में उपस्थित होता है। वर्णनों में सच्चे कवि द्वितीय पक्ष का आलंबन करते हैं। वे वर्णन इस ढंग पर करते हैं कि बिंबग्रहण हो। अतः रसात्मक वर्णनों में यह आवश्यक है कि ऐसी वस्तुओं का बिंबग्रहण कराया जाए, ऐसी वस्तुएँ सामने लाई जाएँ जो प्रस्तुत रस के अनुकूल हों, उसकी प्रतीति में बाधक न हों। सादृश्य और साधर्म्य के आधार पर आरोप द्वारा भी जो वस्तुएँ लाई जाएँ, वे भी ऐसी ही होनी

चाहिए। वीररस की अनुभूति के समय कुच, तरिवन, सिंदूर आदि सामने लाना या शृंगार रस की अनुभूति के अवसर पर मस्त हाथी, भाले, बरछे, सामने रखना रसानुभूति में सहायक कदापि नहीं।

बात की काटछाँटवाले अलंकार—जैसे, परिसंख्या—यद्यपि जायसी में कम हैं पर कई प्रसंगों में जहाँ किसी पात्र का वाक्चातुर्य दिखाना कवि को इष्ट है वहाँ श्लेष और मुद्रा अलंकार का आश्रय बहुत लिया गया है—यहाँ तक कि जी ऊबने लगता है। रत्नसेन पद्मावती के प्रथम समागम के अवसर पर जब सखियाँ पद्मावती को छिपा देती हैं तब राजा के रसायनी प्रलाप में धातुओं आदि के बहुत से नाम निकलते हैं जैसे—

सो न रूप जासौं दुख खोलौं। गएउ भरोस तहाँ का बोलौं।।
जहँ **लोना** बिरवा कै जाती। कहि कै सँदेस आन को **पाती**।।
जो एहि घरी मिलावै मोहीं। **सीस** देउँ बलिहारी ओही।।

राजा कहता है 'वह रूप (पद्मावती) सामने नहीं है जिसके आगे मैं अपना दुःख खोलूँ।...जहाँ वह सलोनी लता (पद्मावती) है वहाँ सँदेसा कहकर उसका पत्र कौन लावे?' इत्यादि। इसमें श्लेष और मुद्रा दोनों अलंकार हैं। इसी प्रकार की एक उक्ति वियोगदशा में नागमती की है—

धौरी पंडुक कह पिउ नाऊँ। जौं **चित रोख** न दूसर ठाऊँ।।
जाहि **बया** होइ पिउ **कंठ लवा**। करै मेराव सोइ **गौरवा**।।

अर्थात्—सफेद और पीली (पांडुवर्ण) पड़कर भी मैं उस प्रिय का नाम लेती हूँ। (क्योंकि) यदि मैं चित्त में रोष करूँ तो मेरे लिए और दूसरा ठिकाना नहीं है। जा और (सँदेसा कहकर) आ[1], जिसमें प्रिय कंठ से लगे। जो मिलाप करावे वही गौरवान्वित है। (चौपाई के बड़े टाइपों के शब्द चिड़ियों के नाम भी हैं।)

इसी प्रकार रत्नसेन के सिंहलद्वीप से चलने की तैयारी करने पर पद्मावती कहती है—

मोहि असि कहाँ सो मालति बेली। **कदम सेवतीं** चंप चमेली।।

(कदम सेवतीं=(1) चरणों की सेवा करती हैं, (2) कदंब और सेवती फूल)।

यहाँ तक अर्थालंकारों के नमूने हुए। शब्दालंकारों में जायसी ने वृत्यनुप्रास, यमक और श्लेष का प्रयोग किया है, पर संयम के साथ। अनुप्रास आदि पर ही लक्ष्य रखकर खेलवाड़ इन्होंने कहीं नहीं किया है। नीचे कुछ उदाहरण दिये जाते हैं—

(1) रसनहि रस नहिं एकौ भावा। (यमक)
(2) गइ सो पूजि, मन पूजि न आसा। (यमक)
(3) भूमि जो भीजि भएउ सब गेरू। (अनुप्रास)

1. बया (फारसी) = आ।

(4) पपिहा पीउ पुकारत पावा। (अनुप्रास)

(5) रंग रकत रह हिरदय राता। (अनुप्रास)

(6) भइ बगमेल सेन घनघोरा। औ गजपेल अकेल सो गोरा। (अनुप्रास)

श्लेष के बहुत से उदाहरण पहले आ चुके हैं।

अलंकार हैं क्या? वर्णन करने की अनेक प्रकार की चमत्कारपूर्ण शैलियाँ, जिन्हें काव्यों से चुनकर प्राचीन आचार्यों ने नाम रखे और लक्षण बनाए। ये शैलियाँ न जाने कितनी हो सकती हैं। अतः यह नहीं कहा जा सकता कि जितने अलंकारों के नाम ग्रंथों में मिलते हैं उतने ही अलंकार हो सकते हैं। बीच-बीच में नये आचार्य नये अलंकार बढ़ाते आए हैं; जैसे, 'विकल्प' अलंकार को अलंकारसर्वस्वकार राजानक रुय्यक ने ही निकाला था। इसलिए यह न समझना चाहिए कि किसी कवि की रचना में उतनी ही चमत्कारपूर्ण शैलियों का समावेश होगा जितनी नाम रखकर गिना दी गई हैं। बहुत से स्थलों पर कवि ऐसी शैली का अवलंबन कर जाएगा जिसके प्रभाव या चमत्कार की ओर लोगों का ध्यान न गया होगा और जिसका कोई नाम न रखा गया होगा; यदि रखा भी गया होगा तो किसी दूसरे देश के रीतिग्रंथ में। उदाहरण के लिए यह पद्य लीजिए–

कँवलहि बिरह बिथा जस बाढ़ी। केसर बरन पीर हिय गाढ़ी।।

'केसर बरन पीर हिय गाढ़ी', इस पंक्ति का अर्थ अन्वयभेद से तीन ढंग से हो सकता है–(1) कमल केसरवर्ण (पीला) हो रहा है, हृदय में गाढ़ी पीर है। (2) गाढ़ी पीर से हृदय केसरवर्ण हो रहा है। (3) हृदय में केसर वर्ण गाढ़ी पीर है। इनमें से पहला अर्थ तो ठीक नहीं होगा, क्योंकि कवि की उक्ति का आधार केवल कमल के हृदय का पीला होना है, सारे कमल का पीला होना नहीं। दूसरा अर्थ अलबत्ते सीधा और ठीक जँचता है, पर अन्वय इस प्रकार खींचतान कर करना पड़ता है–'गाढ़ी पीर हिय केसर बरन।' तीसरा अर्थ यदि लेते हैं तो 'पीर' का एक असाधारण विशेषण 'केसर बरन' रखना पड़ता है। इस दशा में 'केसरवर्ण' का लक्षणा से अर्थ करना होगा 'केसरवर्ण करने वाली, पीला करने वाली' और पीड़ा का आतिशय्य लक्षणा का प्रयोजन होगा। पर योरोपीय साहित्य में इस प्रकार की शैली अलंकार रूप से स्वीकृत है और हाईपैलेज कहलाती है। इसमें कोई गुण प्रकृत गुणी से हटाकर दूसरी वस्तु में आरोपित कर दिया जाता है; जैसे यहाँ पीलेपन का गुण 'हृदय' से हटाकर 'पीड़ा' पर आरोपित किया गया है।

एक उदाहरण और लीजिए–'जस भुइँ दहि असाढ़ पलुहाई।' इस वाक्य में 'पलुहाई' की सगति के लिए 'भुइँ' शब्द का अर्थ उस पर के घास पौधे अर्थात् आधार के स्थान पर आधेय लक्षणा से लेना पड़ता है। बोलचाल में भी इस प्रकार के रूढ़ प्रयोग आते हैं, जैसे 'इन दोनों घरों में झगड़ा है।' योरोपीय अलंकार शास्त्र में आधेय के स्थान पर आधार के कथन की प्रणाली को मेटानमी अलंकार कहेंगे। इसी प्रकार

अंगी के स्थान पर अंग, व्यक्ति के स्थान पर जाति आदि का लाक्षणिक प्रयोग सिनेकडोकी अलंकार कहा जाता है। सारांश यह कि चमत्कार प्रणालियाँ बहुत सी हो सकती हैं।

स्वभावचित्रण

आरंभ में ही हम यह कह देना अच्छा समझते हैं कि जायसी का ध्यान स्वभावचित्रण की ओर वैसा न था। 'पदमावत' में हम न तो किसी व्यक्ति के ही स्वभाव का ऐसा प्रदर्शन पाते हैं जिसमें कोई व्यक्तिगत विलक्षणता पूर्ण रूप से लक्षित होती हो, और न किसी वर्ग या समुदाय की ही विशेषताओं का विस्तृत प्रत्यक्षीकरण हमें मिलता है। मनुष्य प्रकृति के सूक्ष्म निरीक्षण का प्रमाण हमें जायसी के प्रबंध के भीतर नहीं मिलता। राम, लक्ष्मण, भरत और परशुराम आदि के चरित्रों में जैसी व्यक्तिगत विशेषताएँ तथा कैकेयी, कौशल्या और मंथरा आदि के व्यवहारों में जैसी वर्गगत विशेषताएँ गोस्वामी तुलसीदासजी हमारे सामने रखते हैं, वैसी विभिन्न विशेषताएँ जायसी अपने पात्रों के द्वारा नहीं सामने लाते। इतना होने पर भी कोई यह नहीं कह सकता कि 'पदमावत' में मानवी प्रकृति के चित्रण का एकदम अभाव है।

प्रबंध काव्य में भाव की व्यंजना पात्रों के वचन और कर्म द्वारा ही होती है, उनके स्वगत भावों और विचारों का उल्लेख बहुत कम मिलता है। 'पदमावत' में प्रबंध के आदि से लेकर अंत तक चलनेवाले पात्र तीन मिलते हैं—पद्मावती, रत्नसेन और नागमती। इनमें से किसी के चरित्र में कोई ऐसी व्यक्तिगत विशेषता कवि ने नहीं रखी है जिसे पकड़कर हम इस बात का विचार करें कि उस विशेषता का निर्वाह अनेक अवसरों पर हुआ है या नहीं। इन्हें हम प्रेमी और पति-पत्नी के रूप में ही देखते हैं, अपनी किसी व्यक्तिगत विशेषता का परिचय देते नहीं पाते। अतः इनके संबंध में चरित्रनिर्वाह का एक प्रकार से प्रश्न ही नहीं रह जाता। राजा रत्नसेन में हम जो कष्टसहिष्णुता, धीरता या साहस इत्यादि देखते हैं वे कोई व्यक्तिगत विशिष्ट लक्षण नहीं जान पड़ते, बल्कि सब सच्चे प्रेमियों का आदर्श पूरा करते पाए जाते हैं। वियोग या विपत्ति की दशा में उसी रत्नसेन को आत्मघात करने को तैयार देखते हैं। पद्मावती भी चित्तौर आने से पहले तक तो आदर्श प्रेमिका के रूप में दिखाई पड़ती है और चित्तौर आने पर उसके सतीत्व का विकास आरंभ होता है। नागमती को भी हम सामान्य स्त्रीस्वभाव से युक्त पतिपरायण हिंदू स्त्री के रूप में देखते हैं। आदि से अंत तक चलनेवाले इन तीनों पात्रों का व्यवहार या तो किसी आदर्श की पूर्ति करता है या किसी वर्ग की सामान्य प्रवृत्ति का परिचय कराता है।

चरित्र का विधान चार रूपों में हो सकता है—(1) आदर्श रूप में, (2) जातिस्वभाव के रूप में, (3) व्यक्तिस्वभाव के रूप में, और (4) सामान्य स्वभाव के रूप में। अतः जिन पात्रों के चरित्र का हम विवेचन करेंगे उनके संबंध में पहले यह देखेंगे कि उनके

चरित्रों का चित्रण किन-किन रूपों में हुआ है। जो चार रूप पीछे कहे गए हैं, उनमें सामान्य स्वरूप का चित्रण तो चरित्रचित्रण के अंतर्गत नहीं, वह सामान्य प्रकृतिवर्णन के अंतर्गत है, जिसे पुराने ढंग के आलंकारिक 'स्वभावोक्ति' कहेंगे। आदर्श चित्रण के संबंध में एक बात ध्यान देने की यह है कि जायसी का आदर्श चित्रण एकदेशव्यापी है। तुलसीदास जी के समान किसी सर्वांगपूर्ण आदर्श की प्रतिष्ठा का प्रयत्न उन्होंने नहीं किया है। रत्नसेन प्रेम का आदर्श है, गोरा बादल वीरता के आदर्श हैं, पर एक साथ ही शक्ति, वीरता, दया, क्षमा, शील, सौंदर्य और विनय इत्यादि सबका कोई एक आदर्श जायसी के पात्रों में नहीं है। गोस्वामी जी का लक्ष्य था मनुष्यत्व के सर्वतोमुख उत्कर्ष द्वारा भगवान् के लोकपालक स्वरूप का आभास देना। जायसी का लक्ष्य था प्रेम का वह उत्कर्ष दिखाना जिसके द्वारा साधक अपने विशेष अभीष्ट की सिद्धि प्राप्त कर सकता है। रत्नसेन प्रेममार्ग के भीतर तो अपना सुखभोग क्या प्राण तक त्याग करने को तैयार है; पर वह ऐसा नहीं है कि प्रेममार्ग के बाहर भी उसे द्रव्य आदि का लोभ कभी स्पर्श न कर सके। प्रेममार्ग के भीतर तो उसे लड़ाई-भिड़ाई अच्छी नहीं लगती, अपने साथियों के कहने पर भी वह गंधर्वसेन की सेना से लड़ना नहीं चाहता, पर अलाउद्दीन का पत्र पढ़कर वह युद्ध के उत्साह से पूर्ण हो जाता है। इसी प्रकार पद्मावती को देखिए। जहाँ तक रत्नसेन से संबंध है वहाँ तक वह त्याग की मूर्ति है, पर इसका मतलब यह नहीं है कि सपत्नी के प्रति स्वप्न में भी वह ईर्ष्या का भाव नहीं रखती।

यह तो स्पष्ट ही है कि कथा का नायक रत्नसेन और नायिका पद्मावती है। अतः पहले इन्हीं दोनों चरित्रों को लेते हैं—

रत्नसेन—नायक होने से प्राचीन पद्धति के अनुसार रत्नसेन के चरित्र में आदर्श की प्रधानता है। यद्यपि उसके व्यक्तिगत स्वभाव (जैसे, बुद्धि की अतत्परता, अदूरदर्शिता) तथा जातिगत स्वभाव (जैसे राजपूतों की प्रतिकारवासना) की भी कुछ झलक मिलती है, पर प्रधानता आदर्शप्रतिष्ठापक व्यवहारों की ही है। आदर्श प्रेम का है, और गहरे सच्चे प्रेम का। अतः उस प्रबल प्रेम के आवेग में जो कुछ करणीय अकरणीय रत्नसेन ने भी किया है उसका विचार साधारण कर्मनीति की दृष्टि से न करना चाहिए। प्रसिद्ध पाश्चात्य भाववेत्ता मनोविज्ञानी शैंड ने बहुत ठीक कहा है—'प्रत्येक भाव (रति, शोक, जुगुप्सा आदि) के कुछ अपने निज के गुण होते हैं, जिनमें से लोकनीति के अनुसार कुछ सद्‌गुण कहे जाते हैं, और कुछ दुर्गुण—जो उस भाव की लक्ष्यपूर्ति के लिए आवश्यक होते हैं।'[1] इन गुणों का विकास भावोत्कर्ष की दृष्टि से करना चाहिए, लोकनीति

1. एव्री सेंटिमेंट टेंड्स टु ऐक्वायर द वरच्यूज ऐंड वाइसेज दैट आर रिक्वायर्ड बाई इट्स सिस्टम. ..दोज वरच्यूज ऐंड वाइसेज आर एकाउंटेड सच फ्राम टू डिफरेंट प्लाइंट्स ऑव व्यू, फर्स्ट, फ्राम द प्वाइंट ऑव व्यू ऑव सोसायटी; सेकेंडली, फ्राम द प्वाइंट ऑव व्यू ऑव द सेंटिमेंट इटसेल्फ एकॉर्डिंग टु ए स्टैंडर्ड ह्विच इट इटसेल्फ फर्निशेज।—फाउंडेशन्स आव कैरेक्टर।

की दृष्टि से नहीं। रत्नसेन अपनी विवाहिता पत्नी नागमती की प्रीति का कुछ विचार न करके घर से निकल पड़ता है और सिंहलगढ़ के भीतर चोरों की तरह सेंध देकर घुसना चाहता है। पहली बात चाहे हिंदुओं में प्रचलित रीति के कारण बुरी न लगे पर दूसरी बात लोकदृष्टि में निंद्य अवश्य जान पड़ेगी। बात-बात में अपने सदाचार का दंभ दिखाने वाले तो इसे 'बहुत बुरी बात' कहेंगे। पर प्रेममार्ग की नीति जाननेवाले चोरी से गढ़ में घुसने वाले रत्नसेन को कभी चोर न कहेंगे। वे इस बात का विचार करेंगे कि वह प्रेम के लक्ष्य से कहीं च्युत तो नहीं हुआ। उनकी व्यवस्था के अनुसार रत्नसेन का आचरण उस समय निंदनीय होता जब वह अप्सरा के वेश में हुई पार्वती और लक्ष्मी के रूपजाल और बातों में फँसकर मार्गभ्रष्ट हो जाता। पर उस परीक्षा में वह पूरा उतरा।

उपर्युक्त विवेचन का तात्पर्य यह है कि प्रेम के साधनकाल में रत्नसेन में जो साहस, कष्टसहिष्णुता, नम्रता, कोमलता, त्याग आदि गुण तथा अधीरता, दुराग्रह और चौर्य आदि दुर्गुण दिखाई पड़ते हैं वे प्रेमजन्य हैं, वे स्वतंत्र गुण या दोष नहीं माने जा सकते। यदि ये बातें प्रेमपथ के अतिरिक्त जीवन के दूसरे व्यवहारों में भी दिखाई गई होतीं तो इन्हें हम रत्नसेन के व्यक्तिगत स्वभाव के अंतर्गत ले सकते थे।

इसी प्रकार सिंहलद्वीप से लौटते समय रत्नसेन का जो अर्थलोभ कवि ने दिखाया है वह भी रत्नसेन के व्यक्तिगत स्वभाव के अंतर्गत नहीं आता। किसी विशेष अवसर पर असाधारण सामग्री के प्रति लोभ प्रकट करते देख हम किसी को लोभी नहीं कह सकते। हाँ, उस आसाधारण सामग्री के तिरस्कार से उसे निर्लोभ अवश्य कह सकते हैं। दोनों अवस्थाओं में अंतर यह है कि एक में लोभ करना साधारण बात है और दूसरी में त्याग करना असाधारण बात है। किसी एक अवसर पर प्रदर्शित मनोवृत्ति स्वभाव के अंतर्गत तभी समझी जा सकती है जब वह या तो साधारण से अधिक मात्रा में हो अथवा वह ऐसे शब्दों में व्यक्त की जाए जिससे उसका स्वभावगत होना पाया जाए। जैसे 'चाहे लोग कितना ही बुरा कहें मैं इतना धन छोड़ नहीं सकता' अथवा 'चार पैसे के लिए तो मैं कोस भर दौड़ा जाऊँ, इसमें से चार पैसे तुम्हें कैसे दे दूँ?' पर रत्नसेन के लोभ में इन दोनों में से एक बात भी नहीं पाई जाती। वह लोभवाला प्रसंग केवल इस उपदेश के निमित्त जोड़ा गया है कि बहुत अधिक संपत्ति देखकर बड़े-बड़े त्यागियों को भी लोभ हो जाता है।

रत्नसेन की व्यक्तिगत विशेषता की झलक हमें उस स्थान पर मिलती है जहाँ गोरा बादल के चेताने पर भी वह उलाउद्दीन के छल को नहीं समझता और उसके साथ गढ़ के बाहर तक चला जाता है। दूसरे पर छल का संदेह न करने में राजा के हृदय की उदारता और सरलता तथा नीति की दृष्टि से अपनी रक्षा का पूरा ध्यान न रखने में अदूरदर्शिता प्रकट होती है।

जातिगत स्वभाव का आभास इस घटना से मिलता है। दिल्ली से छूटकर जिस

दिन राजा चित्तौर आया है उसी दिन रात को पद्मावती से देवपाल की दुष्टता का हाल सुनकर क्रोध से भर जाता है और सबेरा होते ही बिना पहले से किसी प्रकार की तैयारी किए देवपाल को बाँधने की प्रतिज्ञा करके कुंभलनेर पर जा टूटता है। पेट में साँग घुसने पर भी वह मरने के पहले देवपाल को मारकर बाँधता है। प्रतिकार की यह प्रबल वासना राजपूतों का जातिगत लक्षण है। वीर लड़ाकी जातियों में प्रतिकारवासना बड़ी प्रबल हुआ करती है। अरबों का भी यही हाल था।

पद्मावती—नायिका होने से पद्मावती के चरित्र में भी आदर्श ही की प्रधानता है। चित्तौर आने के पूर्व वह सच्ची प्रेमिका के रूप में दिखाई पड़ती है। जब रत्नसेन को सूली की आज्ञा होती है तब वह भी प्राण देने को तैयार होती है। इसके उपरांत सिंहल से चित्तौर के मार्ग में ही उसमें चतुर गृहिणी के गुण का स्फुरण होने लगता है। समुद्र में जहाज नष्ट हो गए और राजा-रानी बहकर दो घाट लगे। राजा का खजाना और हाथी- घोड़े सब डूब गए। समुद्र के यहाँ से जब राजा रानी विदा होकर चलने लगे तब राजा को समुद्र ने हंस, शार्दूल आदि पाँच अलभ्य वस्तुएँ दीं और रानी को लक्ष्मी ने पान के बीड़े के साथ कुछ रत्न दिए। जगन्नाथपुरी में आने पर राजा ने जब देखा कि उसके पास उन पाँच वस्तुओं के सिवा कुछ द्रव्य नहीं है तब वह मार्गव्यय की चिंता में पड़ गया।[1] उसी समय पद्मावती ने वे रत्न बेचने के लिए निकाले जो लक्ष्मी ने विदा होते समय छिपाकर दिये थे। इस बात से पद्मावती की उस संचयबुद्धि का आभास मिलता है जो उत्तम गृहिणी में स्वाभाविक होती है।

अपनी व्यक्तिगत दूरदर्शिता और बुद्धिमत्ता का परिचय पद्मावती ने निकाले हुए राघवचेतन को दान द्वारा संतुष्ट करके प्रयत्न में दिया है। राघव को निकालने का परिणाम उसे अच्छा नहीं दिखाई पड़ा—

ज्ञान दिस्टि धनि अगम विचारा। भल न कीन्ह अस गुनी निकारा।।

बुद्धिमानी का दूसरा परिचय पद्मिनी ने राजा के बंदी होने पर गोरा बादल के पास जाने में दिया है। यद्यपि वे राजा से रूठे थे पर पद्मावती ने उन्हीं को सच्चे हितैषी और सच्चे वीर पहचाना।

जातिगत स्वभाव उस स्त्रीसुलभ प्रेमगर्व और सपत्नी के प्रति उस ईर्ष्या में मिलता है जो नागमती के साथ विवाद का कारण है। नागमती के बगीचे में बड़ी चहलपहल है और राजा भी वहीं हैं, यह सुनते ही पद्मावती को इतना बुरा लगता है कि वह

1. यद्यपि समुद्र से विदा होते समय 'और दीन्ह बहु रतन पखाना' कवि ने कहा है पर जगन्नाथपुरी में आने पर राजा के पास कुछ भी नहीं रह गया था, यह स्पष्ट लिखा है—'राजै पदमावति सौं कहा। साँठि नाठि, किछु गाँठि न रहा।।' अब या तो यह मानें कि समुद्र का दिया हुआ रत्न द्रव्य सब रास्ते में खर्च हो गया अथवा यह मानें कि समुद्र से उन पाँच वस्तुओं के अतिरिक्त द्रव्य मिलने का प्रसंग प्रक्षिप्त है।

तुरंत वहाँ जा पहुँचती है और विवाद छेड़ती है। उस विवाद में वह राजा के प्रेम का गर्व भी प्रकट करती है। यह ईर्ष्या और प्रेमगर्व स्त्री जाति के सामान्य स्वभाव के अंतर्गत माना जाता है। इसी से इनके वर्णन में रसिकों को एक विशेष प्रकार का आनंद आया करता है। ये भाव व्यक्तिगत दुष्ट प्रकृति के अंतर्गत नहीं कहे जा सकते। पुरुषों ने अपनी जबरदस्ती से स्त्रियों के कुछ दुःखात्मक भावों को भी अपने विलास और मनोरंजन की सामग्री बना रखा है। जिस दिलचस्पी के साथ वे मेढ़ों की लड़ाई देखते हैं उसी दिलचस्पी के साथ अपनी कई स्त्रियों के परस्पर कलह को। नवोढ़ा का 'भय और कष्ट' भी नायिकाभेद और रसिकों के आनंद के प्रसंग हैं। इसी परिपाटी के अनुसार स्त्रियों की प्रेमसंबंधिनी ईर्ष्या का भी शृंगाररस में एक विशेष स्थान है। यदि स्त्रियाँ भी इसी प्रकार पुरुषों की प्रेमसंबंधिनी ईर्ष्या को अपने खेलवाड़ की चीज बनावें तो कैसा?

सबसे उज्ज्वल रूप जिसमें हम पद्मावती को देखते हैं वह सती का है। यह हिंदू नारी का चरम उत्कर्ष को पहुँचा हुआ रूप है। जायसी ने उसके सतीत्व की परीक्षा का भी आयोजन किया है। पर जैसा पहले कहा जा चुका है, जायसी ने ऐसे लोकोत्तर दिव्य प्रेम की परीक्षा के लिए जो कसौटी तैयार की है, वह कदापि उसके महत्त्व के उपयुक्त नहीं है।

राजपूतों में जौहर की प्रथा थी। पर पद्मावती का सती होना 'जौहर' के रूप में नहीं कहा जा सकता। जौहर तो उस समय होता था जब शत्रुओं से घिरे गढ़ के भीतर सैनिक गढ़रक्षा की आशा न देख शस्त्र लेकर बाहर निकल पड़ते थे और उनके पराजित होने या मारे जाने का समाचार गढ़ के भीतर पहुँचने पर स्त्रियाँ शत्रु के हाथ में पड़ने के पहले अग्नि में कूद पड़ती थीं। पर जायसी ने मुसलमान सेना के आने के पहले ही रत्नसेन की मृत्यु दिखाकर पद्मावती और नागमती का विधिपूर्वक पति की चिता में बैठकर 'सती होना' दिखाया है। इसके उपरांत और सब क्षत्राणियों का 'जौहर' कहा गया है।

जातिगत स्वभाव के भीतर क्षत्रिय नारी के उपयुक्त पद्मावती के उस साहसपूर्ण उद्योग को भी लेना चाहिए जो उसने अपने पति के छुटकारे के लिए किया। उसने कैसे ओजभरे शब्दों में गोरा बादल को बढ़ावा दिया है।

नागमती–सती नागमती को पहले हम 'रूपगर्विता' के रूप में देखते हैं। यह रूपगर्व स्त्रियों के जातिगत सामान्य स्वभाव के अंतर्गत समझिए। ऐसा ही सपत्नी के प्रति उसकी ईर्ष्या को भी समझना चाहिए। इस जातिगत ईर्ष्या की मात्रा सामान्य से अधिक बढ़ी हुई हम नहीं पाते हैं जिससे विशेष ईर्ष्यालु प्रकृति का अनुमान कर सकें। नागमती पद्मावती के विरुद्ध कोई भीषण षड्यंत्र आदि नहीं रचती है। कहीं-कहीं तो उसकी ईर्ष्या भी पति की हितकामना के साथ मिश्रित दिखाई पड़ती है। राजा रत्नसेन के बंदी होने पर नागमती इस प्रकार विलाप करती है–

पद्मावती ठगिनी भइ कित साथा। जेहि तैं रतन परा पर हाथा।।

इस जातिगत स्वभाव से आगे बढ़कर हम नागमती के आदर्श पक्ष पर आते हैं। पति पर उसका कैसा गूढ़ और गंभीर प्रेम है—यह उसकी वियोगदशा द्वारा व्यक्त होता है। पारिवारिक जीवन की दृष्टि से यह पक्ष अत्यंत गंभीर और मधुर है। पतिपरायणा नागमती जीवनकाल में अपनी प्रेमज्योति से गृह को आलोकित करके अंत में सती की दिगंतव्यापिनी प्रभा से दमककर इस लोक से अदृश्य हो जाती है।

रत्नसेन और बादल की माता—ये दोनों सामान्य माता के रूप में हमारे सामने आती हैं, क्षत्रिय माता के रूप में नहीं। इनके वात्सल्य की व्यंजना में हम उस स्नेह की झलक पाते हैं जो पुत्र के प्रति माता में सामान्यतः होता है। दोनों में किसी प्रकार की व्यक्तिगत विशेषता नहीं दिखाई पड़ती। वर्गविशेष की किसी प्रवृत्ति का भी पता उनमें नहीं है। रण में जाते हुए पुत्र को रोकने का प्रयत्न करके बादल की माता सामान्य माता का रूप दिखाती है, क्षत्राणी या क्षत्रिय माता का नहीं।

राघव चेतन—इस पात्र का स्वरूप समाज की उस भावना का पता देता है जो लोकप्रिय वैष्णव धर्म के कई रूपों में प्रचार के कारण शाक्तों, तांत्रिकों या वाममार्गियों के विरुद्ध हो रही थी। इस सामाजिक दृष्टि से यदि हम देखते हैं तो राघवचेतन वर्गविशेष का उसी प्रकार प्रतिनिधि ठहरता है जिस प्रकार शेक्सपियर के 'वेनिस नगर का व्यापारी' का शाइलाक। यह भूत, प्रेत, यक्षिणी की पूजा करता था। उसकी वृत्ति उग्र और हिंसापूर्ण थी, कोमल और उदात्त भावों से उसका हृदय शून्य था। विवेक का उसमें लेश न था। वह इस बात का मूर्तिमान प्रमाण था कि उत्तम संस्कार और बात है, पांडित्य और बात। हृदय के उत्तम संस्कार के बिना श्रेष्ठ आचरण का विधान नहीं हो सकता। उसकी संप्रदायगत प्रवृत्ति के अतिरिक्त उसकी व्यक्तिगत अहंकार वृत्ति का भी कुछ पता इस बात से मिलता है कि वह अपने को औरों से भिन्न और श्रेष्ठ प्रकट करना चाहता था। जो बात सब लोग कहते उसके प्रतिकूल कहकर वह अपनी धाक जमाने की फिक्र में रहता था। सब पंडितों ने अमावस्या बताई तब उसने द्वितीया कहकर सिद्ध यक्षिणी के बल से अपनी बात रखनी चाही।

जिस राजा रत्नसेन के यहाँ वह जीवन भर रहा, उसके प्रति कृतज्ञता का कुछ भाव उसके हृदय में हम नहीं पाते। देश से निकाले जाने की आज्ञा होते ही उसे बदला लेने की धुन हुई। पद्मावती ने अत्यंत अमूल्य दान देकर उसे संतुष्ट करना चाहा पर उस कृपा का उस पर उल्टा प्रभाव पड़ा। पहले तो अपने स्वामी की पत्नी को बुरे भाव से देख उसने घोर अविवेक का परिचय दिया, फिर उसके हृदय में हिंसावृत्ति और प्रतिकारवासना के साथ ही साथ लोभ का उदय हुआ। वह सोचने लगा कि दिल्ली का बादशाह अलाउद्दीन अत्यंत प्रबल और लंपट है, उसके यहाँ चलकर पद्मावती के रूप का वर्णन करूँ तो वह चित्तौर पर अवश्य चढ़ाई कर देगा जिससे पूरा बदला भी चुक जाएगा और धन भी बहुत प्राप्त होगा। निर्लज्ज भी वह परले सिरे का दिखाई

पड़ता है। जिस स्वामी के साथ उसने इतनी कृतघ्नता की, चित्तौरगढ़ के भीतर बादशाह के साथ जाकर, उसको मुँह दिखाते कुछ भी लज्जा न आई। अपनी नीचता की हद को वह उस समय पहुँचता है जब राजा रत्नसेन के गढ़ के बाहर निकलने पर वह उन्हें बंदी करने का इशारा करता है।

सारांश यह कि अहंकार, अविवेक, कृतघ्नता, लोभ, निर्लज्जता और हिंसा द्वारा ही उसका हृदय संघटित रहता है। यदि पद्मावती के कथानक की रचना सदसत् के लौकिक परिणाम की दृष्टि से की गई होती तो राघव का परिणाम अत्यंत भयंकर दिखाया गया होता। पर कवि ने उसके परिणाम की कुछ भी चर्चा नहीं की है।

गोरा बादल–क्षत्रिय वीरता के ये दो अत्यंत निर्मल आदर्श जायसी ने सामने रखे हैं। अबलाओं की रक्षा से जो माधुर्य योरोप के मध्य युग के नाइटों की वीरता में दिखाई पड़ता था उसकी झलक के साथ स्वामिभक्ति का अपूर्व गौरव इनकी वीरता में देख मन मुग्ध को जाता है। जायसी की अंतर्दृष्टि धन्य है जिसने भारत के इस लोकरंजनकारी क्षात्र तेज हो पहचाना।

पहले हम इन दोनों वीरों के खरेपन, दूरदर्शिता, आत्मसम्मान और स्वामिभक्ति, इन व्यक्तिगत गुणों की ओर ध्यान देते हैं। गढ़ के भीतर बादशाह को घूमते देख इनसे न रहा गया। इन्हें बादशाह के रंग-ढंग से छल का संदेह हुआ और इन्होंने राजा को तुरंत सावधान किया। जब राजा ने इनकी बात न मानी तब ये आत्मसम्मान के विचार से रूठकर घर बैठ रहे। मंत्रणा के कर्तव्य से मुक्त होकर शस्त्रग्रहण के कर्तव्य का अवसर देखने लगे। वह अवसर भी आया। रानी पद्मावती पैदल इनके घर आई और रो-रोकर उसने राजा को छुड़ाने की प्रार्थना की। कठोरता के अवसर पर कठोर होने वाला और कोमलता के अवसर पर कोमल से कोमल होनेवाला हृदय ही प्रकृत क्षत्रिय हृदय है। अत्याचार से द्रवीभूत होने वाले हृदय की उग्रता ही लोकरक्षा के उपयोग में आ सकती है। रानी की दशा देखते ही–

गोरा बादल दुवौ पसीजे। रोवत रुहिर सीस लहि भीजै।।

दोनों की तेज भरी प्रतिज्ञा सुनकर पद्मावती ने जो साधुवाद दिया उसके भीतर क्षात्र धर्म की ओर स्पष्ट संकेत है–

तुम टारन भारन्ह जग जाने। तुम सुपुरुष औ करन बखाने।।

संसार का भार टालना, विपत्ति से उद्धार करना, अन्याय और अत्याचार का दमन करना ही क्षात्र धर्म है।

इस क्षात्र धर्म का अत्यंत उज्ज्वल स्वरूप इन दोनों वीरों के आचरण में झलकता है। कवि ने बादल की छोटी अवस्था दिखाकर उसकी नवागता वधू को लाकर कर्तव्य की एक बड़ी कड़ी कसौटी सामने रखने के साथ संपूर्ण प्रसंग को अत्यंत मर्मस्पर्शी बना दिया। बादल युद्धयात्रा के लिए तैयार होता है। उसकी माता स्नेहवश युद्ध की भीषणता दिखाकर रोकना चाहती है। इस पर वह अपने बल के विश्वास की

दृढ़ता दिखाता है। इसके पीछे उसकी तुरंत की आई हुई वधू सामने आकर खड़ी होती है, पर वह हृदय को कठोर करके मुँह फेर लेता है—

तब धनि कीन्हि बिहँसि चख दीठी। बादल तबहि दीन्हि फिरि पीठी।।
मुख फिराइ मन अपने रीसा। चलत न तिरिया कर मुख दीसा।।

यह कर्तव्य की कठोरता है। फिर स्त्री फेंटा पकड़ती है; पर बादल छुड़ाकर अपना कर्तव्य समझाता है—

जौ तुइँ गवन आइ गजगामी। गवन मोर जहँवा मोर स्वामी।।

कर्तव्य की यह कठोरता कितनी सुंदर और कितनी मर्मस्पर्शिनी है।

इस आदर्श क्षत्रिय वीरता के अतिरिक्त दोनों में युक्तिपटुता का व्यक्तिगत गुण भी हम पूरा-पूरा पाते हैं। सोलह सौ पालकियों के भीतर राजपूत योद्धाओं को बिठाकर दिल्ली ले जाने की युक्ति इन्हीं दोनों वीरों की सोची हुई थी, जो पूरी उतरी।

वृद्ध वीर गोरा ने अपने पुत्र बादल को 600 सरदारों के साथ छूटे हुए राजा को पहुँचाने चित्तौर की ओर भेजा और आप केवल एक हजार सरदारों को लेकर बादशाही फौज को तब तक रोके रहा जब तक राजा चित्तौर नहीं पहुँच गया। अंत में उसी युद्ध में वह वीरगति को प्राप्त हुआ। उसके पेट में साँग धँसी और आँतें जमीन पर गिर पड़ीं। पर आँतों को बाँधकर वह फिर घोड़े पर सवार हो लड़ने लगा। उसी समय चारण ने साधुवाद किया—

भाँट कहा, धनि गोरा! तू भी रावन राव।
आँति समेटी बाँधि कै, तुरयं देत है पाव।।

बादल भी रत्नसेन की मृत्यु के पीछे चित्तौरगढ़ की रक्षा में फाटक पर मारा गया।

बादल की स्त्री—बादल की स्त्री का चित्रण बराबर तो सामान्य स्त्री के रूप में है पर अंत में वह अपना वीरपत्नी और क्षत्राणी का रूप प्रकट करती है। जब उसने देखा कि पति किसी प्रकार युद्ध से विमुख न होंगे, तब वह कहती है—

जौ तुम कंत! जूझ जिउ काँधा। तुम, पिउ! साहस, मैं सत बाँधा।।
रन संग्राम जूझि जिति आवहु। लाज होइ जौ पीठि देखावहु।।

इसके उपरांत अपनी दृढ़ता और छात्रगौरव की व्यंजना देखिए, कैसे अर्थगर्भित वाक्य द्वारा वह करती है—

तुम, पिउ! साहस बाँधा, मैं दिय माँग सेंदूर।
दोउ सँभारे होइ सँग, बाजे मादर तूर।।

तुम युद्ध का साहस बाँधते हो और मैं सती का बाना लेती हूँ। इन दोनों बातों का जब दोनों ओर से निर्वाह होगा तभी फिर हमारा तुम्हारा साथ हो सकता है। यदि तुम युद्ध में वीरगति को प्राप्त हुए और मैं सती न हुई तो साथ न होगा; यदि तुम पीठ दिखाकर भाग आए तब भी मैं तुमसे न मिल सकूँगी। यदि दोनों ने

अपने-अपने पक्ष का निर्वाह किया, जय और पराजय दोनों अवस्थाओं में मिलाप हो सकता है—तुम जीतकर आए तो इसी लोक में और मारे गए तो उस लोक में।

देवपाल की दूती—इसका चित्रण दूतियों का सामान्य लक्षण लेकर ही हुआ है। दूतियों में जैसा आडंबर, धूर्तता, प्रगल्भता, वाक्चातुर्य दिखाने की परिपाटी है, वैसा ही कवि ने दिखाया है। पहले तो अपने ऊपर कुछ स्नेह और विश्वास उत्पन्न करने के लिए वह पद्मावती के मायके की बनती है, फिर उसके रूप, यौवन आदि का वर्णन करके उसके हृदय में विषयवासना उद्दीप्त करना चाहती है। परपुरुष की चर्चा छेड़ने पर जब पद्मावती चौंककर कहती है कि तू मेरे ऊपर मसि या कालिमा लगाना चाहती है तब वह 'मसि' शब्द पर इस प्रकार तर्क करती है—

पद्मावती! पुनि मसि बोलु न बैना। सो मसि देखु दुहूँ तोरे नैना।।
मसि सिँगार, काजर सब बोला।मसि क बुंद तिल सोह कपोला।।
लोना सोइ जहाँ मसि रेखा।मसि पुतरिन्ह जिन्हसों जग देखा।।
मसि केसहि, मसि भौंह उरेही। मसि बिनु दसन सोभ नहिं देही।।
सो कस सेत जहाँ मसि नाहीं। सो कस पिंड न जहँ परछाँहीं?।।

देखिए, 'लोना सोइ जहाँ मसि रेखा' कहकर दूती किस प्रकार मसि भीनते हुए जवान की ओर इशारा करके कामवासना उत्पन्न करना चाहती है। फिर अंत में श्वेत और कृष्ण—सफेद और स्याह—को जगत् में सापेक्ष दिखाकर पद्मावती का संकोच दूर करना चाहती है। अंतिम युक्ति तो दार्शनिकों की सी है।

अलाउद्दीन—अपने बल, प्रताप और श्रेष्ठता के अभिमान में अलाउद्दीन इस बात को सहन नहीं कर सकता कि और किसी के पास कोई ऐसी वस्तु रहे जैसी उसके पास न हो। जब राघव चेतन पद्मावती की प्रशंसा करता है तब पहले तो उसे यह समझकर बुरा लगता है कि मेरे हरम में एक से एक बढ़कर सुंदरी स्त्रियाँ हैं, उन सबसे बढ़कर सुंदरी का होना यह एक राजा के यहाँ बतला रहा है। पर जब राघव चेतन स्त्रियों के चार भेद बतलाकर पद्मावती के रूप का विस्तृत वर्णन करता है तब उसे रूपलोभ आ धरता है और वह चित्तौर दूत भेजता है। रत्नसेन के क्रोधपूर्ण उत्तर पर चढ़ाई कर देता है। इस चढ़ाई के कारण लोभ और अभिमान ही कहे जाएँगे, क्रोध तो लोभ और अभिमान की तुष्टि के मार्ग में बाधा पड़ने के कारण उत्पन्न हुआ। अलाउद्दीन वीर था। अतः वीरों का सम्मान उसके हृदय में था। बादशाह का संधि संबंधी प्रस्ताव जब राजा रत्नसेन ने स्वीकार कर लिया तब इस बात की सूचना बादशाह को देते समय सरजा ने चापलूसी के ढंग पर राजपूतों को 'काग' कह दिया। इस पर अलाउद्दीन ने उसको यह कहकर फटकारा कि 'वे काग नहीं हैं, काग हो तुम जो धूर्तता करते हो और इधर का संदेसा उधर कहते फिरते हो। काग धनुष पर बाण चढ़ा हुआ देखते ही भाग खड़े होते हैं, पर वे राजपूत यदि हमारी ओर धनुष पर बाण चढ़ा देखें तो तुरंत सामना करने के लिए लौट पड़ें।'

'पदमावत' के पात्रों में राघव और अलाउद्दीन ही ऐसे हैं जिनके प्रति अरुचि या विरक्ति का भाव पाठकों के मन में उत्पन्न हो सकता है। इनमें से राघव के प्रति तो जायसी ने अपनी अरुचि का आभास दिया है, पर कथा के बीच में अलाउद्दीन के प्रति उनके किसी भाव की झलक नहीं मिलती। हाँ, ग्रंथ के अंत में 'माया अलादीन सुलतानू' कहकर उसके असत् रूप का आभास दिया गया है। अलाउद्दीन का आचरण अच्छा कभी नहीं कहा जा सकता। किसी की ब्याही स्त्री माँगना धर्म और शिष्टता के विरुद्ध है। उसके आचरण के प्रति कवि की यह उदासीनता कैसी है? पक्षपात तो हम कह नहीं सकते, क्योंकि जायसी ने कहीं इसका परिचय नहीं दिया है। उसके बल और प्रताप को कवि ने जो रत्नसेन के बल प्रताप से अधिक दिखाया है वह उचित ही है क्योंकि अलाउद्दीन एक बड़े भूखंड का बादशाह था। पर राजपूतों की वीरता बादशाह के बल और प्रताप के ऊपर दिखाई पड़ती है। आठ वर्ष तक चित्तौरगढ़ को घेरे रहने पर भी अलाउद्दीन उसे न तोड़ सका। इसके अतिरिक्त कवि ने अलाउद्दीन की दूसरी चढ़ाई में रत्नसेन का मारा जाना जैसा कि इतिहास में प्रसिद्ध है न दिखाकर उसके पहले ही एक राजपूत के हाथ से मारा जाना दिखाया है। यदि कवि बादशाह द्वारा राजा का गर्व चूर्ण होना दिखाया चाहता तो ऐसा कभी न करता। उसने रत्नसेन के मान की रक्षा की है। अतः कवि की उदासीनता या मौन का कारण पक्षपात नहीं है, बल्कि मुसलमान बादशाहों की बराबर चली आती हुई चाल है जो कुचाल होने पर भी व्यक्तिगत नहीं कही जा सकती।

इस प्रकरण के आरंभ में ही स्वभावचित्रण हमने चार प्रकार के कहे थे। इनमें से जायसी के सामान्य मानवी प्रकृति के चित्रण के संबंध में अभी तक कुछ विशेष नहीं कहा गया। कारण यह कि इसका सन्निवेश 'पदमावत' में बहुत कम मिलता है। गोस्वामी तुलसीदास जी ने जिस प्रकार स्थान-स्थान पर मनुष्य मात्र में सामान्यतः पाई जानेवाली अंतर्वृत्ति की झलक दिखाई है, उस प्रकार जायसी ने नहीं। एक उदाहरण लीजिए। गौरी के मंदिर में जाकर इच्छा रहते भी जानकी का राम की ओर न ताककर आँख मूँदकर ध्यान करने लगना उस कृत्रिम उदासीनता की व्यंजना करता है जो ऐसे अवसरों पर स्वाभाविक होती है। सखियों ने उस अवसर पर जो परिहास की स्वच्छंदता दिखाई है वह भी सामान्य स्वभावगत है। पर जायसी की पद्मावती महादेव के मंडप में सीधे जोगी रत्नसेन के पास जा पहुँचती है और उसकी सखियों में ऐसे अवसर पर स्वाभाविक परिहास का उदय भी नहीं दिखाई पड़ता है।

रूप और शील के साक्षात्कार से मनुष्य मात्र की अंतर्वृत्ति जिस रूप की हो जाती है उसकी बहुत सुंदर झाँकी गोस्वामी जी ने उस समय दिखाई है जिस समय बनवासी राम को जनपदवासी कुछ दूर तक पहुँचा आते हैं और उनकी वाणी सुनने के लिए कुछ प्रश्न करते हैं। कैकेयी और मंथरा के संवाद में भी मनोवृत्तियों का बहुत ही सूक्ष्म निरीक्षण है। जायसी भिन्न-भिन्न मनोवृत्तियों की परख में ऐसी दक्षता

नहीं दिखलाते।

कहने का मतलब यह नहीं कि जायसी ने इस बात की ओर ध्यान कुछ नहीं दिया है। गोरा बादल के प्रतिज्ञा करने पर कृतज्ञतावश पद्मावती के हृदय में उन दोनों वीरों के प्रति जो महत्त्व की भावना जाग्रत होती है वह बहुत ही स्वाभाविक है। पर ऐसे स्थल बहुत कम हैं। सामान्यतः यही कहा जा सकता है कि भिन्न-भिन्न परिस्थितियों की अंतर्वृत्ति का सूक्ष्म निरीक्षण जायसी में बहुत कम है।

मत और सिद्धांत

यह आरंभ में ही कहा जा चुका है कि मुसलमान फकीरों की एक प्रसिद्ध गद्दी की शिष्यपरंपरा में होते हुए भी, तत्त्वदृष्टिसंपन्न होने के कारण, जायसी के भाव अत्यंत उदार थे। पर विधिविरोध, विद्वानों की निंदा, अनधिकार चर्चा, समाजविद्वेष आदि इनकी उदारता के भीतर नहीं थे। व्यक्तिगत साधना की उच्च भूमि पर पहुँचकर भी लोकरक्षा और लोकरंजन के प्रतिष्ठित आदर्शों को ये प्रेम और सम्मान की दृष्टि से देखते थे। न्यायनिष्ठ राजशक्ति, सच्ची वीरता, सुखविधायक प्रभुत्व, अनुरंजनकारी ऐश्वर्य, ज्ञानवर्धक पांडित्य में ये भगवान् की लोकरक्षिणी कला का दर्शन करते थे और उनकी स्तुति करना वाणी का सदुपयोग मानते थे। साधारण धर्म और विशेष धर्म दोनों के तत्त्व को ये समझते थे। लोकमर्यादा के अनुसार जो सम्मान की दृष्टि से देखे जाते हैं उनके उपहास और निंदा द्वारा निम्न श्रेणी की जनता की ईर्ष्या और अहंकार वृत्ति को तुष्ट करके यदि चाहते तो ये भी एक नया 'पंथ' खड़ा कर सकते थे। पर इनके हृदय में यह वासना न थी। पीरों, पैगंबरों, मुल्लों और पंडितों की निंदा करने के स्थान पर इन्होंने ग्रंथारंभ में इनकी स्तुति की है और अपने को 'पंडितों का पछलगा' कहा है।

विधि पर इनकी पूरी आस्था थी। 'वेद, पुराण' और 'फुरान' आदि को ये लोक-कल्याणमार्ग प्रतिपादित करने वाले वचन मानते थे। जो वेदप्रतिपादित मार्ग पर न चलकर मनमाने मार्ग पर चलते हैं उन्हें जायसी अच्छा नहीं समझते—

राघव पूज जाखिनी, दुइज देखाएसि साँझ।
वेदपंथ जे नहिं चलहिं, ते भूलहिं बन माँझ?

झूठ बोल थिर रहै न राँचा। पंडित सोइ वेदमत साँचा।।
वेद वचन मुख साँच जो कहा। सो जुग-जुग अहथिर होइ रहा।।

आरंभ में ही कहा जा चुका है कि वल्लभाचार्य, रामानंद, चैतन्य महाप्रभु आदि के प्रभाव से जिस शांतिपूर्ण और अहिंसामय वैष्णव धर्म के प्रवाह ने सारे देश को भक्तिरस में मग्न किया उसका सबसे अधिक विरोध उग्र हिंसापूर्ण शाक्त मत और वाममार्ग से दिखाई पड़ा। मंत्र-तंत्र के प्रयोग करनेवाले, भूत, प्रेत और यक्षिणी आदि सिद्ध करनेवाले तांत्रिकों और शाक्तों के प्रति उस समय समाज के भाव कैसे हो

रहे थे, इसका पता राघव चेतन के चरित्रचित्रण से मिलता है। शाक्तमत विहित मंत्र-तंत्र और प्रयोग आदि वेदविरुद्ध अनाचार के रूप में समझे जाने लगे थे। गोस्वामी तुलसीदास ने भी कई जगह समाज की प्रवृत्ति का आभास दिया है; जैसे–

जे परिहरि हरिहर चरन, भजहिं भूतगन घोर।
तिनकी गति मोहिं देहु विधि जो जननी मत मोर।।

प्रेमप्रधान वैष्णव मत के इस पुनरुत्थान में अहिंसा का भाव यों तो सारी जनता में आदरलाभ कर चुका था पर साधुओं और फकीरों के हृदय में विशेष रूप से बद्धमूल हो गया था। क्या हिंदू, क्या मुसलमान, क्या सगुणोपासक, क्या निर्गुणोपासक, सब प्रकार के साधु और फकीर इसका महत्त्व स्वीकार कर चुके थे। कबीरदास का यह दोहा प्रसिद्ध ही है–

बकरी पाती खाति है ताकी काढ़ी खाल।
जो नर बकरी खात हैं तिनको कौन हवाल?।।

इसी प्रकार और बहुत जगह कबीरदासजी ने पशुहिंसा के विरुद्ध वाणी सुनाई है, जैसे–

दिन को रोजा रहत हैं, राति हनत हैं गाय।
यह तो खून, वह बंदगी, कहु क्यों खुसी खुदाय।।
खुस खाना है खीचरी, माँझ परा टुक लोन।
माँस पराया खाय कै, गला कटावै कौन?।।

इस साधु प्रवृत्ति के अनुसार जायसी ने पशुहिंसा के विरुद्ध अपने विचार, युद्ध स्थल के वर्णन में, इस प्रकार प्रकट किए हैं–

जिन्ह जस माँसू भखा परावा। तस तिन्ह कर लेइ औरन खावा।।

जायसी मुसलमान थे इससे उनकी उपासना निराकारोपासना ही कही जाएगी। पर सूफी मत की ओर पूरी तरह झुकी होने के कारण उनकी उपासना में साकारोपासना की सी ही सहृदयता थी। उपासना के व्यवहार के लिए सूफी परमात्मा को अनंत सौंदर्य, अनंत शक्ति और अनंत गुणों का समुद्र मानकर चलते हैं। सूफियों के अद्वैतवाद ने एक बार मुसलमानी देशों में बड़ी हलचल मचाई थी। ईरान, तूरान आदि में आर्य संस्कार बहुत दिनों तक दबा न रह सका। शामी कट्टरपन के प्रवाह के बीच भी उसने अपना सिर उठाया। मंसूर हल्लाज खलीफा के हुक्म से सूली पर चढ़ाया गया पर 'अनलहक' (मैं ब्रह्म हूँ) की आवाज बंद न हुई। फारस के पहुँचे हुए शायरों की प्रवृत्ति इसी अद्वैतपक्ष की ओर रही।

पैगंबरी एकेश्वरवाद (मोनोथेइज्म) और इस अद्वैतवाद (मोनिज्म) में बड़ा सिद्धांत-भेद था। एकेश्वरवाद और बात है, अद्वैतवाद और बात। एकेश्वरवाद स्थूल देववाद है और अद्वैतवाद सूक्ष्म आत्मवाद या ब्रह्मवाद। बहुत से देवी-देवताओं को मानना और सबके दादा एक बड़े देवता (ईश्वर) को मानना एक ही बात है। एकेश्वरवाद

भी देववाद ही है। भावना में कोई अंतर नहीं है। पर अद्वैतवाद गूढ़ दार्शनिक चिंतन का फल है, सूक्ष्म अंतर्दृष्टि द्वारा प्राप्त तत्त्व है, जिसको अनुभूतिमार्ग में लेकर सूफी आदि अद्वैती भक्त संप्रदाय चले। एकेश्वरवाद का मतलब यह है कि एक सर्वशक्तिमान् सबसे बड़ा देवता है जो सृष्टि की रचना, पालन और नाश करता है। अद्वैतवाद का मतलब है कि दृश्य जगत् की तह में उसका आधारस्वरूप एक ही अखंड नित्य तत्त्व है और वही सत्य है। उससे स्वतंत्र और कोई अलग सत्ता नहीं है और न आत्मा-परमात्मा में कोई भेद है। दृश्य जगत् के नाना रूपों को उसी अव्यक्त ब्रह्म के व्यक्त आभास मानकर सूफी लोग भावमग्न हुआ करते हैं।

अतः स्थूल एकेश्वरवाद और ब्रह्मवाद में भेद यह हुआ कि एकेश्वरवाद के भीतर बाह्यार्थवाद छिपा है क्योंकि यह जीवात्मा, परमात्मा और जड़ जगत् तीनों को अलग-अलग तत्त्व मानता है पर ब्रह्मवाद में शुद्ध परमात्मा के अतिरिक्त और सत्ता नहीं मानी जाती, आत्मा और परमात्मा में भी कोई भेद नहीं माना जाता। अतः स्थूल दृष्टिवाले पैगंबरी एकेश्वरवादियों के निकट यह कहना कि 'आत्मा और परमात्मा एक ही है' अथवा 'मैं ही ब्रह्म हूँ' कुफ्र की बात है। इसी से सूफियों को कट्टर मुसलमान एक तरह के काफिर समझते थे। सूफी मजहबी दस्तूर (कर्मकांड और संस्कार) आदि के संबंध में भी कुछ आजाद दिखाई देते थे और मोक्ष के लिए किसी पैगंबर आदि मध्यस्थ की जरूरत नहीं बताते थे। इस प्रकार के भावों का प्रचार वे कथाओं द्वारा भी किया करते थे। जैसे कयामत के दिन जब मुहम्मद साहब खुदा के सामने सबको पेश करने लगेंगे तब कुछ लोग भीड़ से अलग दिखाई देंगे। मुहम्मद साहब कहेंगे, 'ऐ खुदावंद! ये लोग कौन हैं, मैं नहीं जानता।' खुदा उस वक्त कहेगा, 'ऐ मुहम्मद! जिनको तुमने पेश किया वे तुम्हें जानते हैं, मुझे नहीं जानते। ये लोग मुझे जानते हैं, तुम्हें नहीं जानते।' फारस के शिक्षित समाज का झुकाव इसी सूफी मत की ओर बहुत कुछ रहा। जायसी ने सूफियों के उदार प्रेममार्ग के प्रति अपना अनुराग प्रकट किया है—

प्रेम पहार कठिन बिधि गढ़ा। सो पै चढ़े जो सिर सौं चढ़ा।।
पंथ सूरि कर उठा अँकूरू। चोर चढ़ै की चढ़ मंसूरू।।

यहाँ पर संक्षेप में सूफी मत का कुछ परिचय दे देना आवश्यक जान पड़ता है। आरंभ में सूफी एक प्रकार के फकीर या दरवेश थे जो खुदा की राह पर अपना जीवन ले चलते थे, दीनता और नम्रता के साथ बड़ी फटी हालत में दिन बिताते थे, ऊन के कंबल लपेटे रहते थे, भूख-प्यास सहते थे, और ईश्वर के प्रेम में लीन रहते थे। कुछ दिनों तक तो इस्लाम की साधारण धर्मशिक्षा के पालन में विशेष त्याग और आग्रह के अतिरिक्त इनमें कोई नयी बात या विलक्षणता नहीं दिखाई पड़ती थी। पर ज्यों-ज्यों ये साधना के मानसिक पक्ष की ओर अधिक प्रवृत्त होते गए, त्यों-त्यों इसलाम के बाह्य विधानों से उदासीन होते गए। फिर तो धीरे-धीरे अंतःकरण की

पवित्रता और हृदय के प्रेम को ही मुख्य कहने लगे और बाहरी बातों को आडंबर। मुहम्मद साहब के लगभग ढाई सौ वर्ष पीछे इनकी चिंतन-पद्धति का विकास हुआ और ये इसलाम के एकेश्वरवाद (तौहीद) से अद्वैतवाद पर जा पहुँचे। जिस प्रकार हमारे यहाँ अद्वैतवादी, विशिष्टाद्वैतवादी, विशुद्धाद्वैतवादी और द्वैतवादी आदि सब श्रुतियों को ही आधार मानकर उन्हीं के वचनों को प्रमाण में लाते थे उसी प्रकार वे कुरान के वचनों की अपने ढंग पर व्याख्या करते थे। कहते हैं कि अद्वैतवाद का बीज इन्हें कुरान के कुछ वचनों में ही मिला, जैसे 'अल्लाह के मुख के सिवा सब वस्तुएँ नाशवान् (हालिक) हैं; चाहे तू जिधर फिरे अल्लाह का मुँह उधर ही पावेगा।' चाहे जो हो, कुरान का अल्लाह रूप 'पुरुषविशेष' सूफियों के यहाँ आकर अद्वैत पारमार्थिक सत्ता हुआ।

इसमें संदेश नहीं कि सूफियों को अद्वैतवाद पर लाने वाले प्रभाव अधिकतर बाहर के थे। खलीफा लोगों के जमाने में कई देशों के विद्वान् बगदाद और बसरे में आते-जाते थे। आयुर्वेद, दर्शन, ज्योतिष, विज्ञान आदि अनेक भाषाओं के ग्रंथों का अरबी में भाषांतर भी हुआ। यूनानी भाषा के किसी ग्रंथ का अनुवाद 'अरस्तू के सिद्धांत' के नाम से अरबी भाषा में हुआ जिसमें अद्वैत का दार्शनिक रीति पर प्रतिपादन था। इसके अतिरिक्त भारतवर्ष के वेदांतकेसरी का गर्जन भी दूर-दूर तक गूँज गया था। मुहम्मद बिन कासिम के साथ आए हुए कुछ अरब सिंध में रह गए थे। इतिहासों में लिखा है कि वे और उनकी संतति ब्राह्मणों के साथ बहुत मेलजोल से रही। इन अरबों में कुछ सूफी भी थे जिन्होंने हिंदुओं के अद्वैतवाद का ज्ञान प्राप्त किया और साधना की बातें भी सीखीं। सिंध के अबूअली प्राणायाम की विधि (पास-ए-अनफास) जानते थे। उन्होंने बायजीद को 'फना' (गुजर जाना अर्थात् अहं भाव का सर्वथा त्याग और विषयवासना की निवृत्ति) का सिद्धांत बताया। कहने की आवश्यकता नहीं कि यह 'फना' बौद्धों के निर्वाण की प्रतिध्वनि थी। बल्ख और तुर्किस्तान आदि देशों में बौद्ध सिद्धांतों की गूँज तब तक कुछ बनी हुई थी। बहुत से शक और तुरुष्क उस समय तक बौद्ध बने थे और पीछे भी कुछ दिनों तक रहे। चंगेज खाँ बौद्ध ही था। अलाउद्दीन के समय में कुछ ऐसे मंगोल भारतवर्ष में भी आकर बसे थे जो 'नये बने हुए मुसलमान' कहे गए हैं।

अब सूफियों की सिद्धांत संबंधिनी कुछ खास बातों का थोड़े में उल्लेख करता हूँ जिससे जायसी के दोनों ग्रंथों का तात्पर्य समझने में सहायता मिलेगी। सूफी लोग मनुष्य के चार विभाग मानते हैं–(1) नफ्स (विषयभोग वृत्ति या इंद्रिय), (2) रूह (आत्मा या चित्), (3) कल्ब (हृदय) और (4) अक्ल (बुद्धि)।

नफ्स के साथ युद्ध साधक का प्रथम लक्ष्य होना चाहिए। कल्ब (हृदय) और रूह (आत्मा) द्वारा ही साधक अपनी साधना करते हैं। कुछ लोग हृदय का एक सबसे भीतरी तल 'सिर्र' भी मानते हैं। कल्ब और रूह का भेद सूफियों में बहुत स्पष्ट नहीं

है। हमारे यहाँ मन (अंतःकरण) और आत्मा में प्राकृतिक अप्राकृतिक का जैसा भेद है वैसा कोई भेद नहीं है। 'कल्ब' भी एक भूतातीत पदार्थ कहा गया है, प्रकृति का विकार या भौतिक पदार्थ नहीं। उसके द्वारा ही सब प्रकार का वस्तुज्ञान होता है अर्थात् उसी पर वस्तु का प्रतिबिंब पड़ता है, ठीक वैसे जैसे दर्पण पर पड़ता है। शाहजहाँ के पुत्र दाराशिकोह ने अपनी छोटी सी पुस्तक 'रिसालए हकनुमा' में चार जगत् कहे हैं—(1) आलमे नासूत—भौतिक जगत्, (2) आलमे मलकूत या आलमे अरवाह—चित् जगत् या आत्म जगत्, (3) आलमे जबरूत—आनंदमय जगत् जिसमें सुख-दुःख आदि द्वंद्व नहीं और (4) आलमे लाहत—सत्य जगत् या ब्रह्म। 'कल्ब' रूह (आत्मा) और रूपात्मक जगत् के बीच का एक साधनरूप पदार्थ है। इसका कुछ स्पष्टीकरण दाराशिकोह के इस विवरण से होता है—

'दृश्य जगत् में जो नाना रूप दिखाई पड़ते हैं वे तो अनित्य हैं पर उन रूपों की जो भावनाएँ होती हैं वे अनित्य नहीं हैं। वे भावचित्र नित्य हैं उसी भावचित्र जगत् (आलमे मिसाल) से हम आत्मजगत् को जान सकते हैं जिसे 'आलमे' गैब' और 'आलमे ख्वाब' भी कहते हैं। आँख मूँदने पर जो रूप दिखाई पड़ता है वही उस रूप की आत्मा या सारसत्ता है। अतः यह स्पष्ट है कि मनुष्य की आत्मा उन्हीं रूपों की है जो रूप बाहर दिखाई पड़ते हैं, भेद इतना ही है कि अपनी सारसत्ता में स्थित रूप पिंड या शरीर से मुक्त होते हैं। सारांश यह कि आत्मा और बाह्य रूपों का बिंब प्रतिबिंब संबंध है। स्वप्न की अवस्था में आत्मा का यही सूक्ष्म रूप दिखाई पड़ता है जिसमें आँख, कान, नाक आदि सबकी वृत्तियाँ रहती हैं पर स्थूल रूप नहीं रहते।'

इस विवरण से यह आभास मिलता है कि सूफियों के अनुसार 'ज्ञान' या 'प्रत्यय' तो है आत्मा और जिस पर विविध ज्ञान या भाव चित्र अंकित होते हैं वह है 'कल्ब' वा हृदय। ऊपर जो चार जगत् कहे गए हैं उन पर ध्यान देने से प्रथम को छोड़ शेष तीन जगत् हमारे यहाँ के 'सच्चिदानंद' के विश्लेषण प्रतीत होंगे। सूफियों के अनुसार 'सत्' ही चरम पारमार्थिक सत्ता है। वह सत्य या ब्रह्म चित् या आत्मजगत् से भी परे है। हमारे यहाँ बहुत से वेदांती भी ब्रह्म को आत्मस्वरूप या परमात्मा कहते हुए भी चिद्रूप कहना ठीक नहीं समझते। उनका कहना है कि आत्मा के सान्निध्य से जड़ बुद्धि में उत्पन्न धर्म ही चित् अर्थात् ज्ञान कहलाता है। अतः बुद्धि के इस धर्म का आरोप आत्मा या ब्रह्म पर उचित नहीं। ब्रह्म को निर्गुण और अज्ञेय ही कहना चाहिए।

पारमार्थिक वस्तु या सत्य के बोध के लिए 'कल्ब' का स्वच्छ निर्मल होना आवश्यक है। उसकी शुद्धि जिक्र (स्मरण) और मुराकबत (ध्यान) से होती है। स्मरण और ध्यान से ही 'मंजु मन मुकुर' का मल छूट सकता है। जिक्र या स्मरण की प्रथमावस्था है अहंभाव का त्याग अर्थात् अपने को भूल जाना और परमावस्था है

ज्ञाता और ज्ञान दोनों की भावना का नाश अर्थात् यह भावना न रहना कि हम ज्ञाता हैं और यह किसी वस्तु का ज्ञान है बल्कि अर्थ या विषय के आकार का ही रह जाना। कहने की आवश्यकता नहीं कि यह योग की निर्विकल्प या असंप्रज्ञात समाधि है।

सूफी मत की भक्ति का स्वरूप प्रायः वही है जो हमारे यहाँ की भक्ति का। नफ्स के साथ जिहाद (धर्मयुद्ध) विरति पक्ष है और जिक्र और मुराकबत (स्मरण और ध्यान) नवधा भक्ति पक्ष। रति और विरति इन दोनों पक्षों को लिये बिना अनन्य भक्ति की साधना हो नहीं सकती। हम व्यावहारिक सत्ता के बीच अपने होने का अनुभव करते हैं। जगत् केवल नामरूप और असत् सही पर ये नामरूपात्मक दृश्य जब तक ध्यान की परमावस्था द्वारा एकदम मिटा न दिए जाएँ, तब तक हमें इनका कुछ इंतजाम करके चलना चाहिए। जबकि हम अपने रतिभाव को पूर्णतया दूसरे (अदृश्य) पक्ष में लगाना चाहते हैं तब पहले उसे दृश्य पक्ष से धीरे-धीरे सुलझाकर अलग करना पड़ेगा। साधना के व्यवहारक्षेत्र में हमें ईश्वर और जगत् ये दो पक्ष मानकर चलना ही पड़ेगा। तीसरे हम ऊपर से होंगे। इसी से भक्ति के साथ एक ओर तो वैराग्य दिखाई पड़ता है, दूसरी ओर योग।[1]

'कल्ब' क्या है, इस पर कुछ विचार हो चुका। जबकि कल्ब पर पड़े हुए प्रतिबिंब का ही आत्मा को बोध होता है तब वह शुद्ध वेदांत की दृष्टि से आत्मा के साथ लगा हुआ अंतःकरण ही है और जड़ प्रकृति का ही विकार है। प्रकृति का विकार होने से वह भी 'जगत्' के अंतर्भूत है। इस पद्धति पर चलने से हम वेदांत के 'प्रतिबिंबवाद' पर पहुँचते हैं। जायसी ने इसी भारतीय पद्धति का अनुसरण करके जगत् को दर्पण कहा है जिसमें ब्रह्म का प्रतिबिंब पड़ता है।

'कल्ब' या हृदय को भी सूफियों ने जो रूह (आत्मा) के समान अभौतिक माना है वह अपने प्रेममार्ग या भक्तिमार्ग की भावना के अनुसार उसे परमात्मा के नित्य स्वरूप के अंतर्भूत करने के लिए। जैसा कि गोस्वामी तुलसीदास जी की आलोचना में हम कह चुके हैं, परोक्ष 'चित्' और परोक्ष 'शक्ति' मात्र की भावना से मनुष्य की वृत्ति पूर्णतया तुष्ट न हुई, इससे वह परोक्ष 'हृदय' की खोज में बराबर रहा। भक्ति मार्ग में जाकर परमात्मा का 'हृदय' मनुष्य को मिला और मनुष्य की संपूर्ण सत्ता का एक परोक्ष आधार प्रतिष्ठित हो गया। मनुष्य का हृदय मानो उस परोक्ष हृदय के बिना अकेले ऊबता सा था। किस प्रकार उस 'परोक्ष हृदय' का आभास ईसाई मत ने पहले पहल संसार की भिन्न-भिन्न जातियों को दिया, इसका वर्णन अंग्रेज कवि ब्राउनिंग ने मार्मिक ढंग से किया है। कारसिश नामक एक विद्वान् अरब

1. यहाँ 'योग' शब्द का व्यवहार उसी अर्थ में है जो 'याज्ञवल्क्य स्मृति' में है– संयोगों योग इत्युक्तो जीवात्मपरामात्मनः।

हकीम की भेंट लाजरस नामक एक यहूदी से होती है जो अपनी जाति के एक ईसाई हकीम द्वारा अपने मरकर जिलाए जाने की बात कहता है और ईसाई मत के प्रेम-तत्व का संदेश भी सुनाता है। अरब हकीम उस यहूदी से मिलने का वृत्तांत अपने एक मित्र को लिखते हुए उक्त प्रेममार्ग की चर्चा इस प्रकार करता है–

'द वेरी गाड! थिंक अबीब डस्ट दाऊ थिंक?
सो द आल-ग्रेट वेयर द आल-लविंग टू–
सो, थ्रू द थंडर कम्स ए ह्यूमन वाएस,
सेइंग, ओ हार्ट आई मेड ए हार्ट बीट्स हियर!
फेस, माइ हैण्ड्स फैशंड, सी इट इन माइसेल्फ।
दाऊ हैस्ट नो पॉवर, नार मेएस्ट कन्सीव ऑव् माइन।
बट लव आइ गेव दी, विद माइसेल्फ टु लव,
ऐंड दाऊ मस्ट लव मी हू हैव डाइड फार दी'।[1]

(भावार्थ–हबीब! सोचो तो; वही सर्वशक्तिमान् ईश्वर प्रेममय भी है। मेघगर्जन के बीच से मनुष्य का सा यह स्वर सुनाई पड़ता है–'हे मेरे बनाए हुए हृदय! इधर भी हृदय है। हे मेरे बनाए हुए मुखड़े! मुझमें भी मुखड़ा देख। तुझमें शक्ति नहीं है और न तू मेरी शक्ति का अनुमान कर सकता है। पर प्रेम मैंने तुझको दिया है कि तू मुझसे प्रेम कर जो तेरे लिए मर चुका है'।)

तत्त्वज्ञानसंपन्न प्राचीन यूनानी (यवन) जाति के बीच जब 'पाल' नामक यहूदी स्थूल सीधे-सादे प्रेममय ईसाई मत का ही प्रचार करने गया तब किस प्रकार ज्ञानगर्व से भरे यूयानियों ने उस 'असभ्य यहूदी' की बातों की पहले उपेक्षा की, पर पीछे उसके शांतिदायक संदेश पर मुग्ध हुए, यह बात वर्णन करने के लिए ब्राउनिंग ने इसी प्रकार के एक और पत्र की रचना की है।

ब्राउनिंग के समान ही और योरोपियनों की भी यही धारणा थी कि प्रेमतत्त्व या भक्तिमार्ग का आविर्भाव पहले पहल ईसाई मत में हुआ और ईसाई उपदेशकों द्वारा भिन्न-भिन्न देशों में फैला। भारतवर्ष के 'भागवत संप्रदाय' की प्राचीनता पूर्णतया सिद्ध हो जाने पर भी बहुतेरे अब तक उस प्रिय धारणा को छोड़ना नहीं चाहते। सच पूछिए तो 'भगवान्' के हृदय की पूर्ण भावना भारतीय भक्तिमार्ग में ही हुई। ईसाई मत को पीछे से भगवान् के हृदय का वहाँ तक आभास मिला जहाँ तक उपास्य उपासक का संबंध है। व्यक्तिगत साधना के क्षेत्र के बाहर उस हृदय की खोज नहीं की गई। केवल इतने ही से संतोष किया गया कि ईश्वर शरणागत भक्तों के पापों को क्षमा करता है और सब प्राणियों से प्रेम रखता है। इतने से ईश्वर और मनुष्य के बीच के व्यवहार में तो वह हृदय दिखाई पड़ा पर मनुष्य-मनुष्य के बीच के व्यवहार

1. ऐन एपिसल कंटेनिंग द स्ट्रेंज मेडिकल एक्स्पीरिएंस ऑव् कारसिश दि अरब फिसीशियन।

में अभिव्यक्त होने वाले तथा लोकरक्षा और लोकरंजन करने वाले हृदय की ओर ध्यान न गया। लोक में जिस हृदय से दीन-दुखियों की रक्षा की जाती है, गुरुजनों का आदर-सम्मान किया जाता है, भारी-भारी अपराध क्षमा किए जाते हैं, अत्यंत प्रबल और असाध्य अत्याचारियों का ध्वंस करने में अद्भुत पराक्रम दिखाया जाता है, नाना कर्तव्यों और स्नेह संबंधों का अत्यंत भव्य निर्वाह किया जाता है, सारांश यह कि जिससे लोक का सुखद परिपालन होता है, वह भी उसी एक 'परम हृदय' की अभिव्यक्ति है, इसकी भावना भारतीय भक्तिपद्धति में ही हुई।

जिस समय 'निर्गुनिए' भक्तों की लोकधर्म से उदासीन या विमुख करने वाली वाणी सर्वसाधारण के कानों में गूँज रही थी उस समय गोस्वामी तुलसीदास जी ने किस प्रकार भक्ति के उपयुक्त प्राचीन व्यापक स्वरूप की जनसाधारण के बीच प्रतिष्ठा की, गोस्वामी जी की आलोचना में हम दिखा चुके हैं।

सूफी लोग साधक की क्रमशः चार अवस्थाएँ कहते हैं—(1) 'शरीअत'—अर्थात् धर्मग्रंथों के विधिनिषेध का सम्यक् पालन। यह है हमारे यहाँ का कर्मकांड। (2) 'तरीकत'—अर्थात् बाहरी क्रियाकलाप से परे होकर केवल हृदय की शुद्धता द्वारा भगवान् का ध्यान। इसे उपासना कांड कह सकते हैं। (3) 'हकीकत'—भक्ति और उपासना के प्रभाव से सत्य का सम्यक् बोध जिससे साधक तत्त्वदृष्टिसंपन्न और त्रिकालज्ञ हो जाता है। इसे ज्ञानकांड समझिए। (4) 'मारफत'—अर्थात् सिद्धावस्था जिसमें कठिन उपवास और मौन आदि की साधना द्वारा अंत में साधक की आत्मा परमात्मा में लीन हो जाती है और वह भगवान् की सुंदर प्रेममयी प्रकृति (जमाल) का अनुसरण करता हुआ प्रेममय हो जाता है।

जायसी ने इन अवस्थाओं का उल्लेख 'अखरावट' में इस प्रकार किया है—

कही 'सरीअत' चिस्ती पीरू। उधरित असरफ औ जहँगीरू।।
राह 'हकीकत' परे न चूकी। पैठि 'मारफत' मार बुडूकी।।

यह कह आए हैं कि जायसी को विधि पर पूरी आस्था थी। वे उसको साधना की पहली सीढ़ी कहते हैं जिस पर पैर रखे बिना कोई आगे बढ़ नहीं सकता—

साँची राह 'सरीअत' जेहि बिसवास न होइ।
पाँव रखै तेहि सीढ़ी निभरम पहुँचै सोइ।।

साधक के लिए कहा गया है कि वह प्रकट में तो सब लोकव्यवहार करता रहे, सैकड़ों लोगों के बीच अपना काम करता रहे, पर भीतर हृदय में भगवान् की भावना करता रहे, जैसा कि जायसी ने कहा है—

परगट लोक चार कहु नाता। गुपुत भाउ मन जासौं राता।।

इसे 'खिलवत दर अंजुमन' कहते हैं।

नफ्स के साथ जिहाद करते हुए—इंद्रियदमन करते हुए—उस परमात्मा तक पहुँचने का जो मार्ग बताया गया है 'तरीकत' कहलाता है। इस मार्ग का अनुसरण

करने वाले को क्षुत्पिपासा सहन, एकांतवास और मौन का आश्रय लेना चाहिए। इस मार्ग में कई पड़ाव हैं जो 'मुकामात' कहलाते हैं। इनमें से पहला 'मुकाम' है 'तौबा'। जायसी ने जो चार टिकान या बसेरे कहे हैं (चारि बसेरे सौं चढ़े, सत सौं उतरै पार) वे या तो ऊपर कही हुई चार अवस्थाएँ हैं अथवा ये ही मुकामात हैं। ये 'मुकामात' या अवस्थाएँ उन आभ्यंतर अवस्थाओं के अधीन हैं जो परमात्मा के अनुग्रह से कल्ब या हृदय के बीच उपस्थित होती हैं और 'अहवाल' कहलाती हैं। इसी 'अहवाल' की अवस्था का प्राप्त होना 'हाल आना' कहलाता है जिसमें भक्त अपने को बिल्कुल भूल जाता है और ब्रह्मानंद में झूमने लगता है। जायसी ने इन पद्यों में इसी अवस्था की ओर संकेत किया है–

कया जो परम तंत मन लावा। धूम माति, सुनि और न भावा।।
जस मद पिए धूम कोइ नाद सुने पै धूम।
तेहि तें बरजे नीक है, चढ़े रहसि कै दूम।।

इस 'हाल'[1] या प्रलयावस्था के दो पक्ष हैं–त्यागपक्ष और प्राप्तिपक्ष। त्यागपक्ष के अंतर्गत हैं–(1) फना (अपनी अलग सत्ता की प्रतीति के परे हो जाना), (2) फकद (अहंभाव का नाश) और सुक्र (प्रेममद। प्राप्तिपक्ष के अंतर्गत हैं–(1) बका (परमात्मा में स्थिति), (2) वज्द (परमात्मा की प्राप्ति) और (3) शह्व (पूर्ण शांति)।

बसरा और बगदाद बहुत दिनों तक सूफियों के प्रधान स्थान रहे। बसरे में 'राबिया' और बगदाद में 'मंसूर हल्लाज' प्रसिद्ध सूफी हुए हैं। मंसूर हल्लाज की पुस्तक 'किताबे तवासीफ' सूफियों का सिद्धांत ग्रंथ माना जाता है। अतः उसके अनुसार ईश्वर और सृष्टि के संबंध में सूफियों का सिद्धांत नीचे दिया जाता है–

परमात्मा की सत्ता का सार है प्रेम। सृष्टि के पूर्व परमात्मा का प्रेम निर्विशेष भाव से अपने ऊपर था इससे वह अपने को–अकेले अपने आपको ही–व्यक्त करता रहा। फिर अपने उस एकांत अद्वैत प्रेम को, उस अपनत्वरहित प्रेम को, बाह्य विषय के रूप में देखने की इच्छा से उस शून्य से अपना एक प्रतिरूप या प्रतिबिंब उत्पन्न किया जिसमें उसी के गुण और नामरूप थे। यही प्रतिरूप 'आदम' कहलाया जिसमें और जिसके द्वारा परमात्मा ने अपने को व्यक्त किया–

आपुहि आपुहि चाह देखावा। आदम रूप भेस धरि आवा।।

हल्लाज ने ईश्वरत्व और मनुष्यत्व में कुछ भेद रखा है। वह 'ब्रह्मैव भवति' तक नहीं पहुँचता है। साधना द्वारा ईश्वर की प्राप्ति हो जाने पर भी, ईश्वर की सत्ता में लीन हो जाने पर भी, कुछ विशिष्टता बनी रहती है। ईश्वरत्व (लाहूत) मनुष्यत्व (नासूत) में वैसे ही ओतप्रोत हो जाता है–बिल्कुल एक नहीं हो जाता–जैसे शराब

1. यह 'हाल' समाधि की अवस्था है जिसकी प्राप्ति सूफी एकमात्र 'ईश्वर प्रणिधान' द्वारा ही मानते हैं।

में पानी। इसी से ईश्वर दशाप्राप्त मनुष्य कहने लगता है 'अनहलक'—मैं ही ईश्वर हूँ। ईश्वरत्व का इस प्रकार मनुष्यत्व में ओतप्रोत हो जाना—हल हो जाना—'हुलूल' कहलाता है। इस हुलूल में अवतारवाद की झलक है, इससे मुल्लाओं ने इसका घोर विरोध किया। जो कुछ हो, हल्लाज ने यह प्रतिपादित किया कि अद्वैत परमसत्ता में भी भेदविधान है, उसमें भी विशिष्टता है, जैसे कि रामानुजाचार्य जी ने किया था।

इब्न अरबी ने 'लाहूत' और 'नासूत' की यह व्याख्या की है कि दोनों एक ही परम सत्ता के दो पक्ष हैं। लाहूत नासूत हो सकता है और नासूत लाहूत। इस प्रकार उसने ईश्वर और जीव दोनों के परे ब्रह्म को रखा और वेदांतियों के उस भेद पर आ पहुँचा जो वे ब्रह्म और ईश्वर अर्थात् निर्गुण ब्रह्म और सगुण ब्रह्म में करते हैं। वेदांत में भी एक ही ब्रह्म शुद्ध सत्व में प्रतिबिंबित होने पर ईश्वर और अशुद्ध सत्व में प्रतिबंबित होने पर जीव कहलाता है। परब्रह्म के नीचे एक और ज्योतिस्वरूप की भावना पश्चिम की पुरानी जातियों में भी थी—जैसे, प्राचीन मिस्रियों में 'लोगस' की, यहूदियों में 'कबाला' की और पारसियों में 'बहमन' की। ईसाइयों में भी 'पवित्रात्मा' के रूप में वह बना हुआ है।

सूफियों के एक प्रधान वर्ग का मत है कि नित्य पारमार्थिक सत्ता एक ही है। यह अनेकत्व जो दिखाई पड़ता है वह उसी एक का ही भिन्न-भिन्न रूपों में आभास है। यह नामरूपात्मक दृश्य जगत् उसी एक सत् की बाह्य अभिव्यक्ति है। परमात्मा का बोध इन्हीं नामों और गुणों के द्वारा हो सकता है। इसी बात को ध्यान में रखकर जायसी ने कहा—

दीन्ह रतन बिधि चारि, नैन, बैन, सरवन्न, मुख।
पुनि जब मेटिहि मारि, मुहम्मद तब पछिताब मैं।।

(अखरावट)

इस परम सत्ता के दो स्वरूप हैं—नित्यत्व और अनंतत्व; दो गुण हैं—जनकत्व और जन्यत्व। शुद्ध सत्ता में न तो नाम है, न गुण। जब वह निर्विशेषत्व या निर्गुणत्व से क्रमशः अभिव्यक्ति के क्षेत्र में आती है तब उस पर नाम और गुण लगे प्रतीत होते हैं इन्हीं नामरूपों और गुणों की समष्टि का नाम जगत् है। सत्ता और गुण दोनों मूल में जाकर एक ही हैं। दृश्य जगत् भ्रम नहीं है, उस परम सत्ता की आत्माभिव्यक्ति या अपर रूप में उसका अस्तित्व है। वेदांत की भाषा में वह ब्रह्म का ही 'कनिष्ठ' स्वरूप है। हल्लाज के मत की अपेक्षा यह मत वेदांत के अद्वैतवाद के अधिक निकट है।

सूफियों के मत का जो थोड़ा सा दिग्दर्शन ऊपर कराया गया उससे इस बात पर ध्यान गया होगा कि उनके अद्वैतवाद में दो बातें स्फुट नहीं हैं—(1) परम सत्ता चित्स्वरूप ही है, (2) जगत् अध्यास मात्र है। पर जैसा कि पाठकों को पढ़ने से ज्ञात

होगा, जायसी सूफियों के अद्वैतवाद तक ही नहीं रहे हैं, वेदांत के अद्वैतवाद तक भी पहुँचे हैं। भारतीय मतमतांतरों की उनमें अधिक झलक है।

ज्ञानकांड के निर्गुण ब्रह्म को यदि उपासना क्षेत्र में ले जाएँगे तो उसे सगुण करना ही पड़ेगा। जिन्होंने मूर्ति के निषेध को ठीक खुदा के पास तक पहुँचा देनेवाला रास्ता समझा था, वे भी उसकी देश-काल-संबंध शून्य भावना नहीं कर सके थे। खुदा का कयामत के दिन एक जगह बैठना, चारों ओर सब जीवों का इकट्ठा होना, बगल में हजरत मुहम्मद या ईसा का होना, जड़ द्रव्य लेकर अपनी ही सूरत-शकल का पुतला बनाना और उसमें रूह फूँकना, छः दिन काम करके सातवें दिन आराम करना, ये सब बातें अव्यक्त और निर्गुण की नहीं हैं। ज्ञानेंद्रियगोचर आकार के बिना चाहे किसी प्रकार काम चल भी जाए पर मन का गोचर गुणों के बिना तो किसी दशा में नहीं चल सकता। अतः मूर्तामूर्त सबको उस ब्रह्म का व्यक्ताव्यक्त रूप माननेवाले सूफी यदि उस ब्रह्म की भावना अनंत सौंदर्य और अनंत गुणों से संपन्न प्रियतम के रूप में करें तो उनके सिद्धांत में कोई विरोध नहीं आ सकता। उपनिषदों में भी उपासना के लिए ब्रह्म की सगुण भावना की गई है। सूफी लोग ब्रह्मानंद का वर्णन लौकिक प्रेमानंद के रूप में करते हैं और इस प्रसंग में शराब, मद आदि को भी लाते हैं।

प्रतीकोपासना (अग्नि, जल, वायु आदि के रूप में) और प्रतिमापूजन के प्रति जो घोर द्वेषभाव पैगंबरी मतों में फैला हुआ था वह सूफियों की उदार और व्यापक दृष्टि में अत्यंत अनुचित और घोर अज्ञानमूलक दिखाई पड़ा। उस कट्टरपन का शांत विरोध प्रकट करने के लिए वे कभी-कभी अपने उपास्य प्रियतम की भावना 'बुत' (प्रतिमा) के रूप में करते थे। जितना ही इस 'बुत' का विरोध किया गया उतना ही वह फारसी की शायरी में दखल जमाता गया। सूफी बराबर 'खुदा के नूर को हुस्ने बुताँ के परदे में' देखते रहे। सूफियों के प्राधान्य के कारण धीरे-धीरे 'बुत' और 'मैं' (शराब) दोनों शायरी के अंग हो गए। शायर लोग 'खुदा-खुदा करना' और 'बुतों के आगे सिजदा करना' दोनों बराबर ही समझने लगे।[1]

पदमावत में अद्वैतवाद की झलक स्थान-स्थान पर दिखाई पड़ती है। अद्वैतवाद के अंतर्गत दो प्रकार के द्वैत का त्याग लिया जाता है—आत्मा और परमात्मा के द्वैत का तथा ब्रह्म और जड़ जगत् के द्वैत का। इनमें से सूफियों का जोर पहली बात पर ही समझना चाहिए। यजुर्वेद के बृहदारण्यक उपनिषद् का 'अहं ब्रह्मास्मि' वाक्य जिस प्रकार ब्रह्म की एकता और अपरिच्छिन्नता का प्रतिपादन करता है उसी प्रकार सूफियों का 'अनलहक' वाक्य भी। इस अद्वैतवाद के मार्ग में बाधक होता है अहंकार। यह अहंकार यदि छूट जाए तो इस ज्ञान का उदय हो जाए कि 'सब मैं ही हूँ', मुझसे अलग कुछ नहीं है—

---

1. करूँ मैं सिजदा बुतों के आगे, तू ऐ बरहमन! 'खुदा, खुदा' कर।

हौं-हौं कहत सबै मति खोई। जौ तू नाहिं आहि सब कोई।।
आपुहि गुरु सो आपुहि चेला। आपुहि सब औ आपु अकेला।।

'अखरावट' में जायसी ने 'सोऽहं' इस तत्त्व की अनुभूति से ही पूर्ण शांति की प्राप्ति बताई है–

'सोऽहं सोऽहं' बसि जो करई। सो बूझै, सो धीरज धरई।।

वेदांत का अनुसरण करते हुए जायसी ब्रह्म और जगत् की समस्या पर भी जाते हैं और जगत् को ब्रह्म से अलग नहीं करते। जगत् की जो अलग सत्ता प्रतीत होती है, वह पारमार्थिक नहीं है, अवभास या छायामात्र है–

जब चीन्हा तब और न कोई। तन-मन, जिउ, जीवन सब सोई।।
हौं-हौं कहत धोख इतराहीं। जब भा सिद्ध कहाँ परछाहीं?

चित् अचित् की इस अनन्यता के प्रतिपादन के लिए वेदांत 'विवर्तवाद' का आश्रय लेता है जिसके अनुसार यह जगत् ब्रह्म का विवर्त (कल्पित कार्य) है। मूल सत्य द्रव्य ब्रह्म ही है जिस पर अनेक असत्य अर्थात् सदा बदलते रहने वाले दृश्यों का अध्यारोप होता है। जो नामरूपात्मक दृश्य हम देखते हैं वह न तो ब्रह्म का वास्तव स्वरूप ही है, न ब्रह्म का कार्य या परिणाम ही है। वह है केवल अध्यास या भ्रांतिज्ञान। उसकी कोई अलग सत्ता नहीं है। नित्य तत्त्व एक ब्रह्म ही है। इसी सामान्य सिद्धांत के स्पष्टीकरण के लिए वेदांत में प्रतिबिंबवाद, दृष्टिसृष्टिवाद, अवच्छेदवाद, अजातवाद (प्रौढ़िवाद) आदि कई वाद चलते हैं।

'प्रतिबिंबवाद' का तात्पर्य यह है कि नामरूपात्मक दृश्य (जगत्) ब्रह्म के प्रतिबिंब हैं। बिंब ब्रह्म है; यह जगत् उसका प्रतिबिंब है। इस प्रतिबिंबवाद की ओर जायसी ने 'पदमावत' में बड़े ही अनूठे ढंग से संकेत किया है। दर्पण में पद्मावती के रूप की झलक देख अलाउद्दीन कहता है–

देख एक कौतुक हौं रहा। रहा अँतरपट पै नहिं अहा।।
सरवर देख एक मैं सोई। रहा पानि औ पान न होई।।
सरग आइ धरती महँ छावा। रहा धरति, पै धरत न आवा।।

परदा था भी और नहीं भी था–अर्थात् इस विचार से तो व्यवधान था कि उस स्वरूप का हम स्पर्श नहीं कर सकते थे और इस विचार से नहीं भी था कि उस व्यवधान में उस स्वरूप की छाया दिखाई पड़ती थी। प्रकृति की दो शक्तियाँ मानी जाती हैं–आवरण और विक्षेप। आवरण द्वारा वह मूल निर्गुण सत्ता के वास्तव स्वरूप को ढँकती है और विक्षेप द्वारा उसके स्थान पर बदलनेवाले नाना रूपों को निकालती है। जबकि ये नाना रूप ब्रह्म ही के प्रतिबिंब हैं तब हम यह नहीं कह सकते कि वह आवरण या परदा ऐसा है जिसमें ब्रह्म का आभास बिल्कुल नहीं मिल सकता। सरोवर में पानी था, पर पानी तक पहुँच नहीं होती थी–उस शीतल करने वाले तत्त्व की झलक मिलती है, पर उसकी प्राप्ति यों नहीं हो सकती। पूर्ण साधना

द्वारा यदि उसकी प्राप्ति हो जाए तो भवताप से चिरनिवृत्ति हो जाए और आत्मा की प्यास सब दिन के लिए बुझ जाय। 'सरग आइ धरती महँ छावा'—स्वर्गीय अमृत तत्त्व इसी पृथ्वी में व्याप्त है पर पकड़ में नहीं आता है। इसी भाव को जायसी ने 'अखरावट' में अधिक स्पष्ट रूप में प्रकट किया है—

आपुहि आपु जो देखै चहा। आपनि प्रभुत आप से कहा।।
सबै जगत् दरपन कै लेखा। आपुहि दरपन, आपुहि देखा।।
आपुहि बन औ आपु पखेरू। आपुहि सौजा, आपु अहेरू।।
आपुहि पुहुप फूलि बन फूलै। आपुहि भँवर बासरस भूलै।।
आपुहि घट-घट महँ मुख चाहै। आपुहि आपन रूप सराहै।।
दरपन बालक हाथ, मुख देखै, दूसर गनै।
तस भा दुइ एक साथ, मुहम्मद एकै जानिए।।

'आपुहि दरपन आपुहि देखा' इस वाक्य से दृश्य और द्रष्टा, ज्ञेय और ज्ञाता का एक दूसरे से अलग न होना सूचित होता है। इसी अर्थ को लेकर वेदांत में यह कहा जाता है ब्रह्म जगत् का केवल निमित्त कारण ही नहीं, उपादान कारण भी है। 'आपुहि आपु जो देखै चहा' का मतलब यह है कि अपनी ही शक्ति की लीला का विस्तार जब देखना चाहा। शक्ति या माया ब्रह्म की ही है, ब्रह्म से पृथक् उसकी कोई स्वतंत्र सत्ता नहीं। 'आपुहि घट घट महँ मुख चाहै'—प्रत्येक शरीर में जो कुछ सौंदर्य दिखाई पड़ता है वह उसी का है। किस प्रकार एक ही अखंड सत्ता के अलग-अलग बहुत से प्रतिबिंब दिखाई पड़ते हैं, यह बताने के लिए जायसी यह पुराना उदाहरण देते हैं—

गगरी सहस पचास, जो कोउ पानी भरि धरै।
सूरुज दिपै अकास, मुहमद सब महँ देखिए।।

जिस ज्योति से मनुष्य उस परमहंस ब्रह्म की छाया देखता है वह स्थिर है क्योंकि वह ब्रह्म ही है। वह ब्रह्मज्योति अपनी माया से आच्छादित होने पर भी न उससे मिली हुई कही जा सकती है न अलग—मिली हुई इसलिए नहीं कि नामरूपात्मक दृश्यों का उसके स्वरूप पर कोई प्रभाव नहीं पड़ सकता, अलग इसलिए नहीं कि उसकी अभिव्यक्ति छाया रूप में रहती है—

देखेउ परमहंस परछाहीं। नयन ज्योति सौं बिछुरति नाहीं।।
जगमग जल महँ दीसै जैसे। नाहिं मिला नहिं बेहरा तैसे।।

नाम, रूप असत्य हैं अर्थात् बदलते रहते हैं पर उनकी तह में जो आत्मसत्ता है वह नित्य और अपरिणामी है, इसका स्पष्ट शब्दों में उल्लेख इस सोरठे में है—

बिगरि गए सब नाँव, हाथ, पाँव, मुँह, सीस धर।
तोर नाँव केहि ठाँव, मुहमद सोइ बिचारिए।। —(अखरावट)

नित्य तत्त्व और नामरूप का भेद समझाने के लिए वेदांती समुद्र और तरंग का

या सुवर्ण और अलंकार का दृष्टांत लाया करते हैं। अखरावट में वह भी मौंजूद है—

सुन्न समुद चख माहिं, जल जैसी लहरै उठहिं।
उठि-उठि मिटि-मिटि जाहिं, मुहमद खोज न पाइए।।

वह अव्यक्त तत्त्व यद्यपि घट-घट में व्याप्त है, नामरूपात्मक जगत् की तह में है, पर नामरूपों का उस पर कोई प्रभाव नहीं, वह निर्लिप्त और अविकारी है—'न चैनं क्लेदयन्त्यापो न शोषयति मारुतः'—

चख महँ नियर, निहारत दूरी। सब धट माहँ रहा भरि पूरी।
पवन न उड़ै, न भीजै पानी। अगिनि जरै जस निरमल बानी।।

ब्रह्म अपनी माया का विस्तार करके उसमें अपना प्रतिबिंब देखता है। इस बात को समझाने के लिए जायसी आँख की पुतली के बिंदु की ओर संकेत करते हैं। यह बिंदु जब अपनी शक्ति का प्रसार करता है तभी जगत् को देखता है। इस बात की ओर पूर्ण ध्यान देकर विचार करने से मनुष्य को दृग्दृश्य विवेक प्राप्त हो सकता है और वह यह समझ सकता है कि दृश्य की प्रतीति होना अव्यक्त में अव्यक्त का समाना ही है, नित्य अव्यक्त तत्त्व ब्रह्म मायापट का विस्तार करके—अर्थात् दिक्काल आदि का आरोप करके—अपना प्रतिबिंब डालता है। अव्यक्तमूल प्रतिबिंब प्रतीति के रूप में फिर उसी अव्यक्त नित्य चित्तत्व में पलटकर समाता है—

पुतरी महँ जो बिंदि एक कारी। देखै जगत् सो पट बिस्तारी।।
हेरत दिस्टि उघरि तस आई। निरखि सुन्न महँ सुन्न समाई।।

प्रसिद्ध जर्मन दार्शनिक फिक्ट ने भी जगत् की प्रतीति की प्रायः यही पद्धति बताई है।

ब्रह्म को 'ईश्वर' संज्ञा किस प्रकार प्राप्त होती है इसका विवरण वेदांत के ग्रंथों में मिलता है। पहले प्रकृति रजोगुण की प्रवृत्ति से दो रूपों में विभक्त होती है सत्वप्रधान और तमःप्रधान। सत्वप्रधान के भी दो रूप हो जाते हैं—शुद्ध सत्व (जिसमें सत्व गुण पूर्ण हों) और अशुद्ध सत्व (जिसमें सत्व अंशतः हो)। प्रकृति के इन्हीं भेदो में प्रतिबिंबित होने के अनुसार ब्रह्म कभी 'ईश्वर', कभी 'हिरण्यगर्भ' और कभी 'जीव' कहलाता है। जब माया या शक्ति के तीन गुणों में से शुद्ध सत्व का उत्कर्ष होता है तब उसे 'माया' कहते हैं और इस माया में प्रतिबिंबित होने वाले ब्रह्म को सगुण यानी व्यक्त ईश्वर कहते हैं। अशुद्ध. सत्व की प्रधानता को 'अविद्या' और उसमें प्रतिबिंबित होने वाले चित् या ब्रह्म को प्राज्ञ या जीव कहते हैं—इस सिद्धांत का भी आभास जायसी ने इस प्रकार दिया है—

भए आपु औ कहा गोसाईं। सिर नावहु सगरिउदुनियाईं।।

आप ही तो सब कुछ हुआ, पर माया के भेद के अनुसार एक ओर तो ईश्वर (सर्वशक्तिमान्! विधायक और शासक) रूप में व्यक्त हुआ और दूसरी ओर जीव रूप में, जो उस ईश्वर को सिर नवाता है।

ब्रह्म और जीव, आत्मा और परमात्मा की एकता इस प्रकार भी समझाई जाती है कि 'जो पिंड में है वही ब्रह्मांड में है। इस तथ्य को लेकर साधना के क्षेत्र में एक विलक्षण रहस्यवाद की उत्पत्ति हुई जिसकी प्रेरणा से योग में पिंड या घट के भीतर ही ब्रह्म का एक विशेष स्थान निर्दिष्ट हुआ और उसके पास तक पहुँचाने वाले विकट मार्ग (नाभि से चलकर) की कल्पना की गई। जायसी ने इस रहस्यमयी भावना को स्वीकार किया है–

सातौं दीप नवौ खँड, आठौ दिसा जो आहिं।
जो बरह्मंड सो पिंड है, हेरत अंत न जाहिं।।

और एक पूरा रूपक बाँधकर पिंड को ही ब्रह्मांड बनाया है–

टा टुक झाँकहु सातौं खंडा । खंडै खंड लखहु बरम्हंडा।।
पहिल खंड जो सनीचर नाऊं । लखि न अँटकु पौरी महँ ठाऊँ।।
दूसर खंड बृहस्पति तहँवाँ । काम दुवार भोगघर जहँवाँ।।
तीसर खंड जो मंगल मानहुँ । नाभि कँवल महँ ओहि अस्थानहु।।
चौथ खंड जो आदित अहई । बाईं दिसि अस्तन महँ रहई।।
पाँचवँ खंड सुक्र उपराहीं । कंठ माहँ औ जीभ तराहीं।।
छठएँ खंड बुद्धि कर बासा । दोउ भौंहन्ह के बीच निवासा।।
सातवँ सोम कपार महँ, कहा जो दसवँ दुवार।
जो वह पवँरि उघारै, सो बड़ सिद्ध अपार।।

इसमें जायसी ने मनुष्य शरीर के पैर, गुह्येंद्रिय, नाभि, स्तन, कंठ दोनों भौहों के बीच के स्थान और कपाल को क्रमशः शनि, बृहस्पति, मंगल, आदित्य, शुक्र, बुध और सोम स्वरूप कहा है। एक और ध्यान देने की बात यह है कि कवि ने जिस क्रम से एक दूसरे के ऊपर ग्रहों की स्थिति लिखी है वह सूर्यसिद्धांत आदि ज्योतिष के ग्रंथों के अनुकूल है।

तत्त्व दृष्टि से 'पिंड और ब्रह्मांड की एकता' के निश्चय पर पहुँच जाने पर फिर उसी के अनुकूल साधना मार्ग सामने आता है, जो योगशास्त्र का विषय है। पतंजलि ने विभूतिपाद में नाभिचक्र, कंठकूप, कूर्मनाड़ी और मूर्धज्योति का ही उल्लेख किया है, पर हठयोग में काव्यव्यूह का विशेष विस्तार से वर्णन है जिसकी चर्चा पहले कर आए हैं। मूर्धज्योति या ब्रह्मरंध्र को ही जायसी ने 'दसवाँ द्वार' कहा है जहाँ वृत्ति को ले जाकर लीन करने से ब्रह्म के स्वरूप का साक्षात्कार हो सकता है। जायसी ने वेदांत के सिद्धांतों के साथ हठयोग की बातों का भी समावेश क्यों किया, इसका कारण उपर्युक्त विवेचन से स्पष्ट हो गया होगा। तत्त्वज्ञान के पश्चात् उसके अनुकूल साधना होनी चाहिए। जब कि यह सिद्ध हो गया कि जो ब्रह्म विश्व की आत्मा के रूप में ब्रह्मांड में व्याप रहा है वही मनुष्य के पिंड या शरीर में भी है तब शरीर के भीतर ही उसके साक्षात्कार की साधना का निरूपण होना ही चाहिए।

अब यह देखिए कि तत्त्व दृष्टि से जायसी सृष्टिविकास का किस रूप में वर्णन करते हैं। वे कहते हैं कि सृष्टि के पहले ब्रह्म अपने को अपने में समेटे हुए था—'रहा आपु महँ आपु समाना (अखरावट)। सर्गोन्मुख होने के पहले वह 'वज्रबीज' अव्यक्त था—

बजर बीज बीरौ अस, ओहि न रंग न भेस।

अंकुरित होने पर उसमें से दो पत्ते निकले—एक चित्तत्व, दूसरा पार्थिव तत्त्व—

होतै बिरवा भए दुइ पाता। पिता सरग औ धरती माता।।

इन्हीं दो से फिर अनेक प्रकार की चराचर सृष्टि हुई—

बिरिछ एक लागी दुइ डारा। एकहिं ते नाना परकारा।।
मातु के रकत पिता के बिंदू। उपने दुवौ तुरुक औ हिंदू।।
रकत हुते तन भए चौरंगा। बिंदु हुते जिउ पाँचौ संगा।।
जस ए चारिउ धरति बिलाहीं। तस वै पाँचहु सरगहिं जाहीं।।

एक ही वृक्ष की दो डालियाँ हुईं—एक चेतन तत्त्व अर्थात् जीवात्मा और दूसरा अचेतन अर्थात् जड़ द्रव्य। चित् पुरुषपक्ष या पितृपक्ष है और अचित् प्रकृति पक्ष या मातृपक्ष है। चित् को आकाशरूप (चिदाकाश) सूक्ष्म समझना चाहिए और अचित् को पृथ्वीस्वरूप स्थूल।

जब कि व्यक्त चित् (जीव) और व्यक्त अचित् (विकृति) दोनों एक ब्रह्म से उत्पन्न हैं तब ब्रह्म में भी ये दोनों पक्ष अव्यक्त या सूक्ष्म रूप में होंगे। इस प्रकार जायसी के उक्त कथन में रामानुज के विशिष्टाद्वैत की झलक साफ है जिसके अनुसार ब्रह्म चिदचिद्विशिष्ट है अर्थात् चित् और अचित् दोनों उसके अंग हैं। जायसी ने आगे चलकर तो ब्रह्म को द्विकलात्मक साफ कहा है—

खा खेलार जस है दुइ करा। उहै रूप आदम अवतरा।।

ब्रह्म के सूक्ष्म चित् से जीवात्माओं की उत्पत्ति और सूक्ष्म अचित् से उनके शरीर और जड़ जगत् की उत्पत्ति हुई। विशिष्टाद्वैत के अनुसार ब्रह्म केवल निमित्त कारण है; उपादान हैं जड़ (स्थूल अचित्) और जीव (स्थूल चित्)। पर दूरारूढ़ वेदांत के अद्वैतवाद में ब्रह्म सब भेदों (स्वगत, सजातीय और विजातीय) से रहित तथा जगत् का निमित्त और उपादान दोनों माना जाता है। सूफियों को भी आत्मा और परमात्मा में किसी प्रकार का पारमार्थिक भेद (जन्य जनक का भी), मान्य नहीं है। अतः अद्वैतियों के अनुकूल यदि हम 'बिरिछ एक लागीं दुइ डारा' का अर्थ करना चाहें तो जीव और जड़ को क्रमशः ब्रह्म के श्रेष्ठ और कनिष्ठ स्वरूप (जिन्हें गीता में परा और अपरा प्रकृति कहा है) मानकर कर सकते हैं। श्रेष्ठ स्वरूप निर्विकार रहता है और कनिष्ठ स्वरूप (माया) में अनेक प्रकार के भेद और विकार दिखाई पड़ते हैं। पर अद्वैतवाद के अनुकूल सृष्टि के वर्णन में अधिक जटिलता है और शब्दों के प्रयोग में सावधानी की भी बहुत आवश्यकता है। इसका निर्वाह जायसी के लिए कठिन था। इसी से आगे चलकर इन्होंने चित्तत्त्व के समुद्र से जो असंख्य प्रकार के भीतर

जीवबिंदुओं की वर्षा कराई है वह शुद्ध वेदांत के अपरिच्छिन्न चित् के अनुकूल नहीं है, विशिष्टाद्वैत भावना से ही मेल खाती है—

रहा जो एक जल गुपुत समुंदा । बरसा सहस अठारह बुंदा।।
सोई अंश घटहिं घट मेला । औ सोइ बरन-बरन होइ खेला।।

इस चौपाई में 'गुपुत समुंदा' सूक्ष्म चित् है जिससे अनेक प्रकार के जीवात्माओं की उत्पत्ति हुई।

यहीं तक नहीं[1] उत्पत्ति का और आगे चलकर जो वर्गीकरण किया गया है वह भी विचारणीय है; जैसे—

रकत हुते तन भए चौरंगा । बिंदु हुते जिउ पाँचौ संगा।।
जस ए चारिउ धरति बिलाहीं । तस वै पाँचौ सरगहि जाहीं।।

'रक्त' से अभिप्राय यहाँ माता के रज अर्थात् प्रकृति के उपादान से है। प्रकृति के क्रमागत विकार से नाना प्रकार के शरीर संघटित हुए, यहाँ तक तो ठीक ही ठीक है। पर चित्तत्त्व के अंतर्गत जीवात्मा के अतिरिक्त पाँचों ज्ञानेंद्रियाँ (या पंचप्राण अर्थ लीजिए) भी हैं। यह मत भारतीय दृष्टि से शास्त्रसम्मत नहीं है। सांख्य और वेदांत दोनों में ज्ञानेंद्रियाँ और अंतःकरण तथा प्राण भी प्रकृति के उत्तरोत्तर विकास माने जाते हैं। पर अंतःकरण या मन से आत्मा भिन्न है, यह सूक्ष्म भावना पश्चिमी देशों में स्फुट नहीं थी। पर 'जस वै पाँचौ सरगहि जाहीं' का भारतीय अध्यात्म की दृष्टि से यह अर्थ ले सकते हैं कि जीवात्मा के साथ 'लिंग' शरीर लगा जाता है।

पदमावत के आरंभ में सृष्टि का जो वर्णन है वह तो बिल्कुल स्थूल तथा नैयायिकों, पौराणिकों तथा जनसाधारण के 'आरंभवाद' के अनुसार है। यहीं तक नहीं, उसमें हिंदुओं और मुसलमानों दोनों की भावनाओं का मेल है। उसमें एक ओर तो पुराणों के 'सप्तद्वीप' और 'नव खंड' हैं, और दूसरी ओर 'नूर' की उत्पत्ति और 'हिजद हजार आलम'। उक्त वर्णन में एक बात पर और ध्यान जाता है कवि ने सर्वत्र भूतकालिक रूप 'कीन्हेसि' का प्रयोग किया है जिसमें शामी पैगंबरी मतों (यहूदी, ईसाई और इसलाम) की इसी परिमित भावना का आभास मिलता है कि वर्तमान सृष्टि प्रथम और अंतिम है। इन मतों के अनुसार ईश्वर ने न तो इसके पहले सृष्टि की थी और न वह आगे कभी करेगा। इसमें न तो कल्पांतर की कल्पना है, न जीवों के पुनर्जन्म की। कयामत या प्रलय आने तक सब जीवात्मा इकट्ठे होते जाएँगे और अंत में सबका फैसला एक साथ हो जाएगा। जो पुण्यात्मा होंगे वे अनंत काल तक स्वर्ग भोगने चले जाएँगे और जो पापी होंगे वे अनंत काल तक नरक भोगा करेंगे। 'पदमावत' में तो एक ही बार सृष्टि होने का थोड़ा सा आभास मात्र है। पर 'अखरावट' में यह बात कुछ अधिक खोलकर कही गई है—

---

1. द्वैवावब्रह्मणो रूपे, मूर्तञ्चैवामूर्तञ्च, मर्त्यञ्चामृतञ्च।—बृहदारण्यक (मूर्तामूर्त ब्राह्मण)

ऐस जो ठाकुर किय एक दाऊँ। पहिले रचा मुहम्मद नाऊँ।।

हिंदू पौराणिक भावना के अनुसार भी सृष्टि का जहाँ वर्णन होगा वहाँ यही अभिप्राय प्रकट होगा कि ईश्वर 'सृष्टि करता है' अर्थात् बराबर करता रहता है।

आदम की उत्पत्ति का और गेहूँ खाने के अपराध में आदम हौवा के स्वर्ग से निकाले जाने का उल्लेख भी है—

जबहीं किएउ जगत सब साजा ।आदि चहेउ आदम उपराजा।।
खाएनि गोहूँ कुमति भुलाने ।परे आइ जग मँह, पछिताने।।
(अखरावट)

छोह न कीन्ह निछोही ओहू। का हम्ह दोष लाग एक गोहूँ।। (पदमावत)

स्तुति खंड में यह इसलामी विश्वास भी मौजूद है कि ईश्वर ने पहले नूर (पैगंबर) या ज्योति उत्पन्न की और मुहम्मद ही की खातिर से स्वर्ग और पृथ्वी की रचना की—

कीन्हेसि प्रथम जोति परगासू। कीन्हेसि तेहि पिरीति कविलासू।।

'कविलास' शब्द का प्रयोग जायसी ने बराबर स्वर्ग के अर्थ में किया है।

यह तो प्रसिद्ध ही है कि यहूदियों के पुराने पैगंबर मूसा की उस सृष्टिकथा को ईसाइयों ने भी माना और मुसलमानों ने भी लिया जिसके अनुसार ईश्वर ने छः दिन में आकाश, पृथ्वी, जल तथा वनस्पतियों और जीवों को अलग-अलग उत्पन्न किया और अंत में मनुष्य का पुतला बनाकर उसमें अपनी रूह फूँकी। इसलाम में आकर सृष्टि की इस पौराणिक कथा में दो एक बातों का अंतर पड़ा। मूसा के खुदा को सृष्टि बनाने में छः दिन लगे थे, पर अल्लाह ने सिर्फ 'कुन' कहकर एक क्षण में सारी सृष्टि खड़ी कर दी। ज्योति की प्रथम उत्पत्ति का उल्लेख मूसा के वर्णन में भी है पर इसलाम में उस ज्योति का अर्थ 'मुहम्मद का नूर' किया जाता है। कहने की आवश्यकता नहीं कि सृष्टि का उक्त पैगंबरी वर्णन किसी तात्विक क्रम पर नहीं है। जायसी ने भी आरंभ में ज्योति का नाम लेकर फिर आगे किसी क्रम का अनुसरण नहीं किया है। वे सिर्फ वस्तुएँ गिनाते गए हैं। पर 'पदमावत' में एक स्थान पर भूतों की उत्पत्ति का क्रम इस प्रकार कहा गया है—

पवन होइ भा पानी, पानी होइ भइ आगि।
आगि होइ भइ माटी, गोरखधंधै लागि।।

यह क्रम तैत्तिरीयोपनिषद् में जो क्रम कहा गया है उससे नहीं मिलता। तैत्तिरीयोपनिषद् में यह क्रम है—आत्मा (परमात्मा) से आकाश, आकाश से वायु, वायु से अग्नि, अग्नि से जल और जल से पृथ्वी। यह क्रम इस आधार पर है कि पहले एक गुण का पदार्थ हुआ, फिर उससे दो गुणवाला और फिर उस दो गुणवाले से तीन गुणवाला—इसी प्रकार बराबर होता गया। पर जायसी का क्रम किस आधार पर है, नहीं कहा जा सकता। हाँ, पाँच भूतों के स्थान पर जायसी ने जो चार ही

कहे हैं वह प्राचीन यूनानियों के विचार के अनुसार है जिसका प्रचार अरब आदि देशों में हुआ। प्राचीन पाश्चात्यों का भूतकल्पना इतनी सूक्ष्म न थी कि वे भूतों के अंतर्गत आकाश को लेते। आकाश के संबंध में अरब और फारस आदि मुसलमानी देशों के जनसाधारण की भावना भी बहुत स्थूल थी। वे उसे नक्षत्रों से जुड़ा हुआ एक शामियाना समझते थे, इसी से जायसी ने कहा है–

गगन अंतरिख राखा, बाज खंभ बिनु टेक।

'अखरावट' में उपनिषद् की कुछ बातें कहीं-कहीं ज्यों की त्यों मिलती हैं। आत्मा के संबंध में जायसी कहते हैं–

पवन चाहि मन बहुत उताइल। तेहि तें परम आसु सुठि पाइल।।
मन एक खंड न पहुँचै पावै। आसु भुवन चौदह फिरि आवै।।
पवनहिं महँ जो आपु समाना। सब भा बरन जो आपु अमाना।।
जैस डोलाए बेना डोलै। पवन सबद होइ किछुइ न बोलै।।

यही बात ईशोपनिषद् में कही गई है–

अनेजदेकं मनसो जवीयो नैनद्देवाऽऽप्नुवन् पूर्वमर्षत्।
तद्धावतोऽन्यानत्येति तिष्ठत्तस्मिन्नपो मातरिश्वा दधाति।। 4।।

अर्थात्–आत्मा अचल मन से अधिक वेगवाला है, इंद्रियाँ उसको नहीं पा सकतीं। वह मन, इंद्रिय आदि दौड़ने वालों से ठहरा हुआ भी, परे निकल जाता है और उसी की सत्ता से वायु में कर्मशक्ति है।

सारांश यह है कि अद्वैतपक्ष मान्य होने पर भी जायसी ने अन्य पक्षों की भावना द्वारा उद्घाटित स्वरूपों का भी पूरे औत्सुक्य के साथ अवलोकन किया है। सूक्ष्म और स्थूल दोनों प्रकार के विचारों का समावेश उनमें है। जगह-जगह उन्होंने संसार को असत्य और माया कहा है जिससे मूल पारमार्थिक सत्ता का केवल आत्मस्वरूप होना ध्वनित होता है। साथ ही, जगत् को दर्पण कहना, नामरूपात्मक दृश्यों को प्रतिबिंब या छाया कहना यह सूचित करता है कि अचित् को ब्रह्म तो नहीं कह सकते, पर है वह उसी रूप की छाया जिस रूप में यह जगत् दिखाई पड़ता है। दूसरी ओर ईश्वर की भावना कर्ता या केवल निमित्त कारण के रूप में भी सृष्टिवर्णन में उन्होंने की है। यहीं तक नहीं, कहीं-कहीं उन्होंने हिंदू और मुस्लिम भावना का मेल भी एक नए और अनूठे ढंग से किया है।

इस प्रकार के कई परस्पर भिन्न सिद्धांतों की झलक से यह लक्षित होता है कि उन्होंने जो कुछ कहा है वह उनके तर्क या 'ब्रह्मजिज्ञासा' का फल नहीं है; उनकी सारग्राहिणी और उदार भावुकता का फल है, उनके अनन्य प्रेम का फल है। इसी प्रेमाभिलाष की प्रेरणा से प्रेमी भक्त उस अखंड रूप ज्योति की किसी न किसी कला के दर्शन के लिए सृष्टि का कोना-कोना झाँकता है, प्रत्येक मत और सिद्धांत की ओर आँख उठाता है और सर्वत्र जिधर देखता है उधर उसका कुछ न कुछ आभास

पाता है। यही उदार प्रवृत्ति सब सच्चे भक्तों की रही है। जायसी की उपासना 'माधुर्य भाव' से, प्रेमी और प्रिय के भाव से है। उनका प्रियतम संसार के परदे के भीतर छिपा हुआ है। जहाँ जिस रूप में उसका आभास कोई दिखाता है, वहाँ उसी रूप में उसे देख ये गद्गद होते हैं। वे उसे पूर्णतया ज्ञेय या प्रमेय नहीं मानते। उन्हें यही दिखाई पड़ता है कि प्रत्येक मत अपनी पहुँच के अनुसार, अपने मार्ग के अनुसार, उसका कुछ अंशतः वर्णन करता है। किसी मत या सिद्धांत विशेष का यह आग्रह कि ईश्वर ऐसा ही है, भ्रम है। जायसी कहते हैं—

सुनि हस्ती कर नावँ, अँधरन्ह टोवा धाइकै।
जेइ टोवा जेहि ठाँव, मुहमद सो तैसै कहा।।

'एकांगदस्सिनो' (एकांगदर्शियों) का यह दृष्टांत पहले पहल बुद्ध ने दिया था। इसको जायसी ने बड़ी मार्मिकता से अपनी उदार मनोवृत्ति की व्यंजना के लिए लिया है। इससे यह व्यंजित होता है कि प्रत्येक मत में सत्य का कुछ न कुछ अंश रहता है। इंगलैंड के प्रसिद्ध तत्त्वदर्शी हर्बर्ट स्पेंसर ने भी यही कहा है कि 'कोई मत कैसा ही हो उसमें कुछ न कुछ सत्य का अंश रहता है। भूत-प्रेतवाद से लेकर बड़े-बड़े दार्शनिक वादों तक सब में एक बात सामान्यतः पाई जाती है कि सबके सब संसार का मूल कोई अज्ञेय और अप्रमेय रहस्य समझते हैं जिसका वर्णन प्रत्येक मत करना चाहता है, पर पूरी तरह कर नहीं सकता।'

यह बात प्रसिद्ध है कि पहुँचे हुए साधक अपने अनुभव को गुप्त रखते हैं। उसे प्रकट करना वे ठीक नहीं समझते। जायसी भी कहते हैं—

गति ठाकुर कै सुनि कै, कहै जो हिय मझियार।
बहुरि न मत तासौं करै, ठाकुर दूजी बार।।

इस मौन का रहस्य यही है कि अध्यात्म का विषय स्वसंवेद्य और अनिर्वचनीय है। शब्दों में उसका ठीक-ठीक प्रकाश हो नहीं सकता। शब्दों में प्रकट करने के प्रयत्न से दो बातें होती हैं—एक तो शब्द भावना को परिमित करके अनुभूति में कुछ बाधक हो जाते हैं—दूसरे श्रोता के तर्क-वितर्क से भी वृत्ति चंचल हो जाती है। जो अचिंत्य है वह शब्दों में ठीक-ठीक कैसे आ सकता है?

अचिंत्याः खलु ये भावा न तांस्तर्केण साधयेत्।

इसी से ब्रह्म के संबंध में तीन बार प्रश्न करने पर एक ऋषि ने तीनों बार मौन द्वारा ही उत्तर दिया था।

यहाँ तक तो तत्त्वसिद्धांत की बात हुई। सामाजिक विचार जायसी के प्रायः वैसे ही थे, जैसे उस समय जनसाधारण के थे। अरब, फारस आदि देशों में स्त्रियों का पद बहुत नीचा समझा जाता था। वे विलास की सामग्री मात्र समझी जाती थीं। प्राचीन भारत की बात तो नहीं कह सकते पर इधर बहुत दिनों से इस देश में भी यही भाव चला आ रहा है। बादल युद्ध में जाते समय अपनी स्त्री का हाथ छुड़ाकर

उससे कहता है—

तिरिया भूमि खड़ग कै चेरी। जीत जो खड़ग होइ तेहि केरी।।

जायसी का रहस्यवाद

सूफियों के अद्वैतवाद का जो विचार पूर्वप्रकरण में हुआ था उससे यह स्पष्ट हो गया कि किस प्रकार आर्य जाति (भारतीय और यूनानी) के तत्त्वचिंतकों द्वारा प्रतिपादित इस सिद्धांत को सामी पैगंबरी मतों में रहस्यभावना के भीतर स्थान मिला। उक्त मतों (यहूदी, ईसाई, इसलाम) के बीच तत्त्वचिंतन की पद्धति या ज्ञानकांड का स्थान न होने के कारण—मनुष्य की स्वाभाविक बुद्धि या अक्ल का दखल न होने के कारण—अद्वैतवाद का ग्रहण रहस्यवाद के रूप में ही हो सकता था। इस रूप में पड़कर वह धार्मिक विश्वास में बाधक नहीं समझा गया। भारतवर्ष में तो यह ज्ञानक्षेत्र से निकला और अधिकतर ज्ञानक्षेत्र में ही रहा; पर अरब, फारस आदि में जाकर यह भावक्षेत्र के बीच मनोहर रहस्यभावना के रूप मैं फैला।

योरप में भी प्राचीन यूनानी दार्शनिकों द्वारा प्रतिष्ठित अद्वैतवाद ईसाई मजहब के भीतर रहस्यभावना के ही रूप में लिया गया। रहस्योन्मुख सूफियों और पुराने कैथलिक ईसाई भक्तों की साधना समान रूप से माधुर्य भाव की ओर प्रवृत्त रही। जिस प्रकार सूफी ईश्वर की भावना प्रियतम के रूप में करते थे उसी प्रकार स्पेन, इटली आदि योरोपीय प्रदेशों के भक्त भी। जिस प्रकार सूफी 'हाल' की दशा में उस माशूक से भीतर ही भीतर मिला करते थे उसी प्रकार पुराने ईसाई भक्त साधक भी दुलहनें बनकर उस दूल्हे से मिलने के लिए अपने अंतर्देश में कई खंडों के रंगमहल तैयार किया करते थे। ईश्वर की पति रूप में उपासना करने वाली सैफो, सेंट टेरेसा आदि कई भक्तिनें भी योरप में हुई हैं।

अद्वैतवाद के दो पक्ष हैं—आत्मा और परमात्मा की एकता तथा ब्रह्म और जगत् की एकता। दोनों मिलकर सर्ववाद की प्रतिष्ठा करते हैं—सर्वं खल्विदं ब्रह्म। यद्यपि साधना के क्षेत्र में सूफियों और पुराने ईसाई भक्तों, दोनों की दृष्टि प्रथम पक्ष पर ही दिखाई देती है। पर भावक्षेत्र में जाकर सूफी प्रकृति की नाना विभूतियों से भी उसकी छवि का अनुभव करते आए हैं।

ईसा की 19वीं शताब्दी में रहस्यात्मक कविता का जो पुनरुत्थान योरप के कई प्रदेशों में हुआ उसमें सर्ववाद (पैनथेइज्म) का—ब्रह्म और जगत् की एकता का—भी बहुत कुछ आभास रहा। वहाँ इसकी ओर प्रवृत्ति—स्वातंत्र्य और लोकसत्तात्मक भावों के प्रचार के साथ ही साथ दिखाई पड़ने लगी। स्वातंत्र्य के बड़े भारी उपासक अँगरेज कवि शेली में इस प्रकार के सर्ववाद की झलक पाई जाती है। आयरलैंड में स्वतंत्रता की भीषण पुकार के बीच ईट्स की रहस्यमयी कविवाणी भी सुनाई देती रही है। ठीक समय पर पहुँचकर हमारे यहाँ के कवींद्र रवींद्र भी वहाँ के सुर में सुर मिला

आए थे। पश्चिम के समालोचकों की समझ में वहाँ के इस काव्यगत सर्ववाद का संबंध लोकसत्तात्मक भावों के साथ है। इन भावों के प्रचार के साथ ही स्थूल गोचर पदार्थों के स्थान पर सूक्ष्म अगोचर भावना (ऐब्स्ट्रैक्शन्स) की प्रवृत्ति हुई और वही काव्यक्षेत्र में जाकर भड़कीली और अस्फुट भावनाओं तथा चित्रों के विधान के रूप में प्रकट हुई।[1]

अद्वैतवाद मूल में एक दार्शनिक सिद्धांत है, कविकल्पना या भावना नहीं है। वह मनुष्य के बुद्धिप्रयास या तत्वचिंतन का फल है। वह ज्ञान-क्षेत्र की वस्तु है। जब उसका आधार लेकर कल्पना या भावना उठ खड़ी होती है अर्थात् जब उसका संचार भावक्षेत्र में होता है तब उच्च कोटि के भावात्मक रहस्यवाद की प्रतिष्ठा होती है। रहस्यवाद दो प्रकार का होता है—भावात्मक और साधनात्मक। हमारे यहाँ का योगमार्ग साधनात्मक रहस्यवाद है। यह अनेक अप्राकृतिक और जटिल अभ्यासों द्वारा मन को अव्यक्त तथ्यों का साक्षात्कार कराने तथा साधक को अनेक अलौकिक सिद्धियाँ प्राप्त कराने की आशा देता है। तंत्र और रसायन भी साधनात्मक रहस्यवाद हैं, पर निम्न कोटि के। भावात्मक रहस्यवाद की भी कई श्रेणियाँ हैं जैसे, भूत-प्रेत की सत्ता मानकर चलने वाली भावना, परम सत्ता के रूप में एक ईश्वर की सत्ता मानकर चलने वाली भावना स्थूल रहस्यवाद के अंतर्गत होगी। अद्वैतवाद या ब्रह्मवाद को लेकर चलने वाली भावना से सूक्ष्म और उच्च कोटि के रहस्यवाद की प्रतिष्ठा होती है। तात्पर्य यह कि रहस्यभावना किसी विश्वास के आधार पर चलती है, विश्वास करने के लिए कोई नया तथ्य या सिद्धांत नहीं उपस्थित कर सकती। किसी नवीन ज्ञान का उदय उसके द्वारा नहीं हो सकता। जिस कोटि का ज्ञान या विश्वास होगा उसी कोटि की उससे उद्भूत रहस्यभावना होगी।

अद्वैतवाद का प्रतिपादन सबसे पहले उपनिषदों में मिलता है। उपनिषद् भारतीय ज्ञानकांड के मूल हैं। प्राचीन ऋषि तत्त्वचिंतन द्वारा ही अद्वैतवाद के सिद्धांत पर पहुँचे थे। उनमें इस ज्ञान का उदय बुद्धि की स्वाभाविक क्रिया द्वारा हुआ था, प्रेमोन्माद या बेहोशी की दशा में सहसा एक दिव्य आभास या इलहाम के रूप में नहीं। विविध धर्मों का इतिहास लिखने वाले कुछ पाश्चात्य लेखकों ने उपनिषदों के ज्ञान को जो रहस्यवाद की कोटि में रखा है, वह उनका भ्रम या दृष्टिसंकोच है। बात यह है कि उस प्राचीन काल में दार्शनिक विवेचन को व्यक्त करने की व्यवस्थित शैली नहीं निकली

---

1. द पैशन फार इनटेलेक्चुअचल ऐब्सट्रैक्शन्स, ह्वेन ट्रांसफर्ड टु द लिटरेचर आव इमैजिनेशन, बिकम्स ए पैशन फार ह्वाट इज ग्रैंडियोज ऐण्ड वेग इन सेंटिमेंट ऐंड इन इमैजरी।...द ग्रेट लारिएट आव यूरोपियन डिमाक्रेसी, विक्टर ह्यूगो, एग्जिबिट्स ऐटवन्स द डिमाक्रैटिक लव आव ऐब्स्ट्रैक्ट आइडियाज, द डिमाक्रैटिक डिलाइट इन ह्वाट इज ग्रैंडियोज (ऐज वेल ऐज ह्वाट इज ग्रैंड) इन सेंटिमेंट, ऐंड द डिमाक्रैटिक टेंडेंसी टुवर्ड्स ए पोएटिकल पैनथेइज्म।

—डाउडेंस 'न्यू स्टडीज इन लिटरेचर' (इंट्रोडक्शन)

थी। जगत् और उसके मूल कारण का चिंतन करते-करते जिस तथ्य तक वे पहुँचते थे उसकी व्यंजना अनेक प्रकार से वे करते थे। जैसे आजकल किसी गंभीर विचारात्मक लेख के भीतर कोई मार्मिक स्थल आ जाने पर लेखक की मनोवृत्ति भावोन्मुख हो जाती है और वह काव्य की भावात्मक शैली का अवलंबन करता है उसी प्रकार उन प्राचीन ऋषियों को भी विचार करते-करते गंभीर मार्मिक तथ्य पर पहुँचने पर कभी-कभी भावोन्मेष हो जाता था और वे अपनी उक्ति का प्रकाश रहस्यात्मक और अनूठे ढंग से कर देते थे।

गीता के दसवें अध्याय में सर्ववाद का भावात्मक प्रणाली पर निरूपण है। वहाँ भगवान् ने अपनी विभूतियों का जो वर्णन किया है वह अत्यंत रहस्यपूर्ण है। सर्ववाद को लेकर जब भक्त की मनोवृत्ति रहस्योन्मुख होगी तब वह अपने को जगत् के नाना रूपों के सहारे उस परोक्ष सत्ता की ओर ले जाता हुआ जान पड़ेगा। वह खिले हुए फूलों में, शिशु के स्मित आनन में, सुंदर मेघमाला में, निखरे हुए चंद्रबिंब में उसके सौंदर्य का, गंभीर मेघगर्जन में, बिजली की कड़क में, वज्रपात में, भूकंप आदि प्राकृतिक विप्लवों में उसकी रौद्र मूर्ति का, संसार के असामान्य वीरों, परोपकारियों और त्यागियों में उसकी शक्ति, शील आदि का साक्षात्कार करता है। इस प्रकार अवतारवाद का मूल भी रहस्यभावना ही ठहरती है।

पर अवतारवाद के सिद्धांत रूप में गृहीत हो जाने पर, राम और कृष्ण के व्यक्त ईश्वर विष्णु के अवतार स्थिर हो जाने पर रहस्यदशा की एक प्रकार से समाप्ति हो गई। फिर राम और कृष्ण का ईश्वर के रूप में ग्रहण व्यक्तिगत रहस्यभावना के रूप में नहीं रह गया। वह समस्त जनसमाज के धार्मिक विश्वास का एक अंग हो गया। इस व्यक्त जगत् के बीच प्रकाशित राम कृष्ण की नरलीला भक्तों के भावोद्रेक का विषय हुई। अतः रामकृष्णोपासकों की भक्ति रहस्यवाद की कोटि में नहीं आ सकती।

यद्यपि समष्टि रूप में वैष्णवों की सगुणोपासना रहस्यवाद के अंतर्गत नहीं कही जा सकती, पर श्रीमद्भागवत के उपरांत कृष्णभक्ति को जो रूप प्राप्त हुआ उसमें रहस्य- भावना की गुंजाइश हुई। भक्तों की दृष्टि से जब धीरे-धीरे श्रीकृष्ण का लोकसंग्रही रूप हटने लगा और वे प्रेममूर्तिमात्र रह गए तब उनकी भावना एकांतिक हो चली। भक्त लोग भगवान् को अधिकतर अपने संबंध से देखने लगे, जगत् के संबंध से नहीं। गोपियों का प्रेम जिस प्रकार एकांत और रूपमाधुर्यमात्र पर आश्रित था, उसी प्रकार भक्तों का भी हो चला। यहाँ तक कि कुछ स्त्री भक्तों में भगवान् के प्रति उसी रूप का प्रेमभाव स्थान पाने लगा जिस रूप का गोपियों का कहा गया था। उन्होंने भगवान् की भावना प्रियतम के रूप में की। बड़े-बड़े मंदिरों में देवदासियों की जो प्रथा थी उससे इस 'माधुर्यभाव' को और भी सहारा मिला। माता-पिता कुमारी लड़कियों को मंदिर में दान कर आते थे, जहाँ उनका विवाह देवता के साथ हो जाता था। अतः उनके लिए उस देवता की भक्ति पतिरूप में ही विधेय थी। इन देवदासियों

में से कुछ उच्च कोटि की भक्तिनें भी निकल आती थीं। दक्षिण में अंदाल इसी प्रकार की भक्तिन थी जिसका जन्म विक्रम संवत् 773 के आस-पास हुआ था। वह बहुत छोटी अवस्था में किसी साधु को एक पेड़ के नीचे मिली थी। वह साधु भगवान् का स्वप्न पाकर, इसे विवाह के वस्त्र पहनाकर श्रीरंग जी के मंदिर में छोड़ आया था।

अंदाल के पद द्रविड़ भाषा में 'तिरुप्पावइ' नामक पुस्तक में अब तक मिलते हैं। अंदाल एक स्थान पर कहती है—'अब मैं पूर्ण यौवन को प्राप्त हूँ और स्वामी कृष्ण के अतिरिक्त और किसी को अपना पति नहीं बना सकती।' पति या प्रियतम के रूप में भगवान् की भावना को वैष्णव भक्तिमार्ग में 'माधुर्य भाव' कहते हैं। इस भाव की उपासना में रहस्य का समावेश अनिवार्य और स्वाभाविक है। भारतीय भक्ति का सामान्य स्वरूप रहस्यात्मक न होने के कारण इस 'माधुर्य' भाव' का अधिक प्रचार नहीं हुआ। आगे चलकर मुसलमानी जमाने में सूफियों की देखादेखी इस भाव की ओर कृष्णभक्ति शाखा के कुछ भक्त प्रवृत्त हुए। इनमें मुख्य मीराबाई हुईं जो 'लोकलाज खोकर' अपने प्रियतम श्रीकृष्ण के प्रेम में मतवाली रहा करती थीं। उन्होंने एक बार कहा था कि 'कृष्ण को छोड़ और पुरुष है कौन? सारे जीव स्त्री रूप हैं।'

सूफियों का असर कुछ और कृष्णभक्तों पर भी पूरा-पूरा पाया जाता है। चैतन्य महाप्रभु में सूफियों की प्रवृत्तियाँ साफ झलकती हैं। जैसे सूफी कव्वाल गाते-गाते हाल की दशा में हो जाते हैं वैसे ही महाप्रभु जी की मंडली भी नाचते-नाचते मूर्छित हो जाती थी। यह मूर्छा रहस्यवादी सूफियों की रूढ़ि है। इसी प्रकार मद, प्याला, उन्माद तथा प्रियतम ईश्वर के विरह को दूरारूढ़ व्यंजना भी सूफियों की बँधी हुई परंपरा है। इस परंपरा का अनुसरण भी कुछ पिछले कृष्णभक्तों ने किया। नागरीदास जी इश्क का प्याला पीकर बराबर झूमा करते थे। कृष्ण की मधुर मूर्ति ने कुछ आजाद सूफी फकीरों को भी आकर्षित किया। नजीर अकबराबादी ने खड़ी बोली के अपने बहुत से पद्यों में श्रीकृष्ण का स्मरण प्रेमालंबन के रूप में किया है।

निर्गुण शाखा के कबीर, दादू आदि संतों की परंपरा में ज्ञान का जो थोड़ा बहुत अवयव है वह भारतीय वेदांत का है—पर प्रेमतत्व बिल्कुल सूफियों का है। इनमें से दादू, दरियासाहब आदि तो खालिस सूफी ही जान पड़ते हैं। कबीर में 'माध ुर्य भाव' जगह-जगह पाया जाता है। वे कहते हैं—

हरि मोर पिय, मैं राम की बहुरिया।

'राम की बहुरिया' कभी तो प्रिय से मिलने की उत्कंठा और मार्ग की कठिनता प्रकट करती है, जैसे—

मिलना कठिन है, कैसे मिलौंगी पिय जाय?
समुझि सोचि पग धरौं जतन से, बार बार डगि जाय।
ऊँची गैल, राह रपटीली, पाँव नहीं ठहराय।

और कभी विरहदुःख निवेदन करती है।

पहले कहा जा चुका है कि भारतवर्ष में साधनात्मक रहस्यवाद ही हठयोग, तंत्र और रसायन के रूप में प्रचलित था। जिस समय सूफी यहाँ आए उस समय उन्हें रहस्य की प्रवृत्ति हठयोगियों, रसायनियों और तांत्रिकों में ही दिखाई पड़ी। हठयोग की तो अधिकांश बातों का समावेश उन्होंने अपनी साधनापद्धति में कर लिया। पीछे कबीर ने भारतीय ब्रह्मवाद और सूफियों की प्रेमभावना को मिलाकर जो 'निर्गुण संत मत' खड़ा किया, उसमें भी 'इला, पिंगला, सुषमन, नारी' तथा भीतरी चक्रों की पूरी चर्चा रही। हठयोगियों वा नाथपंथियों की दो मुख्य बातें सूफियों और निर्गुण मत वाले संतों को अपने अनुकूल दिखाई पड़ीं—(1) रहस्य की प्रवृत्ति, (2) ईश्वर को केवल मन के भीतर समझना और ढूँढ़ना।

कहने की आवश्यकता नहीं कि ये दोनों बातें भारतीय भक्तिमार्ग से पूरा मेल खानेवाली नहीं थीं। अवतारवाद के सिद्धांत रूप से प्रतिष्ठित हो जाने के कारण भारतीय परम्परा का भक्त अपने उपास्य को बाहर लोक के बीच प्रतिष्ठित करके देखता है, अपने हृदय के एकांत कोने में ही नहीं। पर फारस में भावात्मक अद्वैती रहस्यवाद खूब फैला। वहाँ की शायरी पर इसका रंग बहुत गहरा चढ़ा। खलीफा लोगों के कठोर धर्मशासन के बीच भी सूफियों की प्रेममयी वाणी ने जनता को भावमग्न कर दिया।

इसलाम के प्रारंभिक काल में ही भारत का सिंध प्रदेश ऐसे सूफियों का अड्डा रहा जो यहाँ वेदांतियों और साधकों के सत्संग से अपने मार्ग की पुष्टि करते रहे। अतः मुसलमानों का साम्राज्य स्थापित हो जाने पर हिंदुओं और मुसलमानों के समागम से दोनों के लिए जो एक 'सामान्य भक्तिमार्ग' आविर्भूत हुआ वह अद्वैती रहस्यवाद को लेकर, जिसमें वेदांत और सूफी मत दोनों का मेल था। पहले पहल नामदेव ने, फिर रामानंद के शिष्य कबीर ने जनता के बीच इस 'सामान्य भक्तिमार्ग' की अटपटी वाणी सुनाई। नानक, दादू आदि कई साधक इस नए मार्ग के अनुयायी हुए, और 'निर्गुण संत मत' चल पड़ा। पर इधर यह निर्गुण भक्तिमार्ग निकला उधर भारत के प्राचीन 'सगुण मार्ग' ने भी, जो पहले से चला आ रहा था, जोर पकड़ा और राम कृष्ण की भक्ति का स्रोत बड़े वेग से हिंदू जनता के बीच बहा। दोनों की प्रवृत्ति में बड़ा अंतर यह दिखाई पड़ा कि एक तो लोकपक्ष से उदासीन होकर केवल व्यक्तिगत साधना का उपदेश देता रहा पर दूसरा अपने प्राचीन स्वरूप के अनुसार लोकपक्ष को लिए रहा। 'निर्गुन बानी' वाले संतों के लोकविरोधी स्वरूप को गोस्वामी तुलसीदास जी ने अच्छी तरह पहचाना था।

जैसा कि अभी कहा जा चुका है, रहस्यवाद का स्फुरण सूफियों में पूरा-पूरा हुआ। कबीरदास में जो रहस्यवाद पाया जाता है वह अधिकतर सूफियों के प्रभाव के कारण। पर कबीरदास पर इसलाम के कट्टर एकेश्वरवाद और वेदांत के मायावाद का रूखा संस्कार भी पूरा-पूरा था। इनमें वाक्चातुर्य था, प्रतिभा थी, पर प्रकृति के

प्रसार में भगवान् की कला का दर्शन करने वाली भावुकता न थी। इससे रहस्यमयी परोक्ष सत्ता की ओर संकेत करने के लिए जिन दृश्यों को वे सामने करते हैं वे अधिकतर वेदांत और हठयोग की बातों के खड़े किए हुए रूपक मात्र होते हैं। अतः कबीर में जो कुछ रहस्यवाद है वह सर्वत्र एक भावुक या कवि का रहस्यवाद नहीं है। हिंदी के कवियों में यदि कहीं रमणीय और सुंदर अद्वैती रहस्यवाद है तो जायसी में, जिनकी भावुकता बहुत ही ऊँची कोटि की है। वे सूफियों की भक्तिभावना के अनुसार कहीं तो परमात्मा को प्रियतम के रूप में देखकर जगत् के नाना रूपों में उस प्रियतम के रूपमाधुर्य की छाया देखते हैं और कहीं सारे प्राकृतिक रूपों और व्यापारों का 'पुरुष' के समागम के हेतु प्रकृति के शृंगार, उत्कंठा या विरहविकलता के रूप में अनुभव करते हैं। दूसरे प्रकार की भावना पदमावत में अधिक मिलती है।

आरंभ में कह आए हैं कि 'पदमावत' के ढंग के रहस्यवादपूर्ण प्रबंधों की परंपरा जायसी से पहले की है। मृगावती, मधुमालती आदि की रचना जायसी के पहले हो चुकी थी और उनके पीछे भी ऐसी रचनाओं की परंपरा चली। सबमें रहस्यवाद मौजूद है। अतः हिंदी के पुराने साहित्य में 'रहस्यवादी कविसंप्रदाय' यदि कोई कहा जा सकता है तो इन कहानी कहने वाले मुसलमान कवियों को ही।

जायसी कवि थे और भारतवर्ष के कवि थे। भारतीय पद्धति के कवियों की दृष्टि फारसवालों की अपेक्षा प्राकृतिक वस्तुओं और व्यापारों पर कहीं अधिक विस्तृत तथा उनके मर्मस्पर्शी स्वरूपों को कहीं अधिक परखनेवाली होती है। इससे उस रहस्यमयी सत्ता का आभास देने के लिए जायसी बहुत ही रमणीय और मर्मस्पर्शी दृश्यसंकेत उपस्थित करने में समर्थ हुए हैं। कबीर के चित्रों (इमैजरी) में न वह अनेकरूपता है, न वह मधुरता। देखिए, उस परोक्ष ज्योति और सौंदर्यसत्ता की ओर कैसी लौकिक दीप्ति और सौंदर्य के द्वारा जायसी संकेत करते हैं–

बहुतै जोति जोति ओहि भई।
रवि, ससि, नखत दिपहिं ओहि जोती। रतन पदारथ मानिक मोती।।
जहँ जहँ बिहँसि सुभावहिं हँसी। तहँ तहँ छिटकि जोति परगसी।।
नयन जो देखा कँवल भा, निरमल नीर सरीर।
हँसत जो देखा हंस भा, दसनजोति नग हीर।।

प्रकृति के बीच दिखाई देनेवाली सारी दीप्ति उसी से है, इस बात का आभास पद्मावती के प्रति रत्नसेन के ये वाक्य दे रहे हैं–

अनु धनि! तू निसिअर निसि माहाँ । हौं दिनिअर जेहि कै तू छाहाँ।।
चाँदहिं कहाँ जोति औ करा । सुरुज के जोति चाँद निरमरा।।

अँगरेज कवि शैली की पिछली रचनाओं में इस प्रकार के रहस्यवाद की झलक बड़ी सुंदर दृश्यावली के बीच दिखाई देती है। स्त्रीत्व का आध्यात्मिक आदर्श उपस्थित करने वाले (एपीसाइकीडियन) में प्रिया की मधुर वाणी प्रकृति के क्षेत्र में कहाँ-कहाँ

सुनाई पड़ती है—

इन सालीट्यूड्स,
हर वायस केम टु मी थ्रू द ह्विस्परिंग उड्स,
ऐंड फ्राम द फाउन्टेंस, ऐंड दि ओडर्स डीप
आव फ्लावर्स ह्विच, लाइक लिप्स मरमरिंग इन देयर स्लीप
आव द स्वीट किसेज ह्विच हैड लल्ड देम देयर,
ब्रीद्ड बट आव हर टु दि इनैमर्ड एअर;
ऐंड फ्राम द ब्रीजेज, ह्वेदर लो आर लाउड,
ऐंड फ्राम द रेन आव एव्री पासिंग क्लाउड,
ऐंड फ्राम द सिंगिंग आव द समर बड्र्स,
ऐंड फ्राम आल साउंड्स, आल साइलेंस।

भावार्थ—निर्जन स्थानों के बीच मर्मर करते हुए काननों में, झरनों में, उन पुष्पों की परागगंध में जो उस दिव्य चुंबन के सुखस्पर्श से सोए हुए कुछ बर्राते से मुग्ध पवन को उसका परिचय दे रहे हैं; इसी प्रकार मंद या तीव्र समीर में, प्रत्येक दौड़ते हुए मेघखंड की झड़ी में, वसंत के विहंगमों के कलकूजन में तथा प्रत्येक ध्वनि में और निःस्तब्धता में भी मैं उसी की वाणी सुनता हूँ।

कबीरदास में यह बात नहीं है। उन्हें बाहर जगत् में भगवान् की रूपकला नहीं दिखाई देती। वे सिद्धों और योगियों के अनुकरण पर ईश्वर को केवल अंतस् में बताते हैं—

मो को कहाँ ढूँढ़ै बंदे मैं तो तेरे पास में।
ना मैं देवल ना मैं मसजिद; ना काबे कैलास में।।

जायसी भी उसे भीतर बताते हैं—

पिउ हिरदय महँ भेंट न होई। को रे मिलाव, कहौं केहि रोई!

पर, जैसा कि पहले दिखा चुके हैं, वे उसके रूप की छटा प्रकृति के नाना रूपों में भी देखते हैं।

मानस के भीतर उस प्रियतम के सामीप्य से उत्पन्न कैसे अपरिमित आनंद की, कैसे विश्वव्यापी आनंद की, व्यंजना जायसी की इन पंक्तियों में है—

देखि मानसर रूप सोहावा। हिय हुलास पुरइनि होइ छावा।।
गा अँधियार रैनि मसि छूटी। भा भिनसार किरिन रवि फूटी।।
कँवल बिगस तत बिहँसी देही। भँवर दसन होइ कै रस लेहीं।।

देखि अर्थात् उस अखंड ज्योति का आभास पाकर वह मानस (मानसरोवर और हृदय) जगमगा उठा। देखिए न, खिले कमल के रूप में उल्लास मानसर में चारों ओर फैला है। उस ज्योति के साक्षात्कार से अज्ञान छूट गया—प्रभात हुआ, पृथ्वी पर से अंधकार हट गया। आनंद से चेहरा (देही=बदन=मुँह) खिल उठा, बत्तीसी

निकल आई[1]— कमल खिल उठे और उनपर भौंरे दिखाई दे रहे हैं। अंतर्जगत् और बाह्यजगत् का कैसा अपूर्व सामंजस्य है, कैसी बिंबप्रतिबिंब स्थिति है!

उस प्रियतम पुरुष के प्रेम से प्रकृति कैसी बिद्ध दिखाई देती है—

उन्ह बानन्ह अस को जो न मारा। वेधि रहा सगरौ संसारा।।
गगन नखत जो जाहि न गने। वै सब बान ओहि के हने।।
धरती बान बेधि सब राखी। साखी ठाढ़ देहिं सब साखी।।
रोवँ रोवँ मानुष तन ठाढ़े। सूतहि सूत बेध अस गाढ़े।।
बरुनि चाप अस ओपहँ, बेधे रन बन ढाँख।
सौजहि तन सब रोवाँ, पंखिहि तन सब पाँख।।

पृथ्वी और स्वर्ग, जीव और ईश्वर, दोनों एक थे, बीच में न जाने किसने इतना भेद डाल दिया है—

धरती सरग मिले हुत दोऊ। केइ निनार कै दीन्ह बिछोऊ।

जो इस पृथ्वी और स्वर्ग के वियोगत्व को समझेगा और उस वियोग में पूर्ण रूप से सम्मिलित होगा उसी का वियोग सारी सृष्टि में इस प्रकार फैला दिखाई देगा—

सूरुज बूड़ि उठा होइ ताता। औ मजीठ टैसू बन राता।।
भा बसंत, रातीं बनसपती। औ राते सब जोगी जती।।
भूमि जो भीजि भएउ सब गेरू। औ राते सब पंखि पखेरू।।
राती सती, अगिनि सब काया। गगन मेघ राते तेहि छाया।।

सायं प्रभात न जाने कितने लोग मेघखंडों को रक्तवर्ण होते देखते हैं पर किस अनुराग से वे लाल हैं इसे जायसी ऐसे रहस्यदर्शी भावुक ही समझते हैं।

प्रकृति के सारे महाभूत उस 'अमरधाम' तक पहुँचने का बराबर प्रयत्न करते रहते हैं पर साधना पूरी हुए बिना पहुँचना असंभव है—

धाइ जो बाजा कै मन साधा। मारा चक्र, भएउ दुइ आधा।।
चाँद सुरुज औ नखत तराईं। तेहि डर अँतरिख फिरँहिं सबाईं।।
पवन जाइ तहँ पहुँचै चहा। मारा तैस लोटि भुइँ रहा।।
अगिनि उठी, जरि बुझी निआना। धुआँ उठा, उठि बीच बिलाना।।
पानि उठा, उठि जाइ न छूआ[2]। बहुरा रोइ, आइ भुइ चूआ।।

इस अद्वैती रहस्यवाद के अतिरिक्त जायसी कहीं-कहीं उस रहस्यवाद में आ फँसे हैं जो पाश्चात्यों की दृष्टि में 'झूठा रहस्यवाद' है। उन्होंने स्थान-स्थान पर हठयोग, रसायन आदि का भी आश्रय लिया है।

---

1. एक स्थान पर जायसी ने कहा है—'मसि बिनु दसन सोह नहिं देहीं।' लखनऊ में मर्द लोग भी मिस्सी से दाँत काले करते हैं। पान के रंग से भी दाँतों पर स्याही चढ़ जाती है।
2. 'उठि जाइ न छूआ' के स्थान पर यदि 'उठि होइ गा धूआ' पाठ होता तो और भी अच्छा होता।

सूक्तियाँ

सूक्तियों से मेरा अभिप्राय वैचित्र्यपूर्ण उक्तियों से है जिनमें वाक्चातुर्य ही प्रधान होता है। कोई बात यदि नए अनूठे ढंग से कही जाय तो उससे लोगों का बहुत कुछ मनोरंजन हो जाता है, इससे कवि लोग वाग्वैदग्ध्य से प्रायः काम लिया करते हैं। नीति-संबंधी पद्यों में चमत्कार की योजना अकसर देखने में आती है। जैसे, बिहारी के 'कनक कनक ते सौ गुनी' वाले दोहे में अथवा रहीम के इस प्रकार के दोहों में–

(क) बड़े पेट के भरन में, है रहीम दुख बाढ़ि।
यातें हाथी हहरि कै, दिए दाँत द्वै काढ़ि।।

(ख) ज्यों रहीम गति दीप की, कुल कुपूत गति सोइ।
बारे उजियारो लगै, बढ़े अँधेरो होइ।।

ऐसे कथनों में आकर्षित करने वाली वस्तु होती है वर्णन के ढंग का चमत्कार। इस प्रकार का चमत्कार चित्त को आकर्षित करता है पर उसी रूप में जिस रूप में कोई तमाशा आकर्षित करता है। इस प्रकार के आकर्षण में ही काव्यत्व नहीं है। मन को इस प्रकार से ऊपर ही ऊपर आकर्षित करना, केवल कुतूहल उत्पन्न करना, काव्य का लक्ष्य नहीं है। उसका लक्ष्य है मन को भिन्न-भिन्न भावों में (केवल आश्चर्य में ही नहीं, जैसा चमत्कारवादी कहा करते हैं) लीन करना। कुछ वैलक्षण्य द्वारा आकर्षण साधन हो सकता है, साध्य नहीं। जो लोग कथन की चतुराई या अनूठेपन को ही काव्य समझा करते हैं उन्हें अग्निपुराण के वचन पर ध्यान देना चाहिए–

वाग्वैदग्ध्यप्रधानेऽपि रस एवात्र जीवितम्।

भावव्यंजना, वस्तुवर्णन और तथ्यप्रकाश सबके अंतर्गत चमत्कारपूर्ण कथन हो सकता है। ऊपर जो दोहे दिए गए हैं वे तथ्यप्रकाश के उदाहरण हैं। भावव्यंजना के अंतर्गत जायसी की चमत्कारयोजना के कुछ उदाहरण आ चुके हैं, जैसे–

यह तन जारौं छार कै, कहौं कि 'पवन! उड़ाव'।
मकु तेहि मारग उड़ि परै, कंत धरै जहँ पाव।।

वस्तुचित्रण के बीच भी जायसी में उक्तिवैचित्र्य स्थान-स्थान पर है, जैसे–

चकई बिछुरि पुकारै, कहाँ मिलौं, हो नाह।
एक चाँद निसि सरग महँ, दिन दूसर जल माँह।।

भावव्यंजना, वस्तुवर्णन और तथ्यप्रकाश तीनों में यह बात है कि यदि चमत्कार के साथ ही किसी भाव की अनुभूति में उपयोगी सामग्री भी है तब तो उक्ति प्रकृत काव्य कही जा सकती है नहीं तो काव्याभास होगी। जायसी के दोनों दोहों को लेकर देखते हैं तो प्रथम में जो चमत्कार है वह अभिलाष के उत्कर्ष की व्यंजना में सहायक है और द्वितीय में जो चमत्कार है वह आलंबन के सौंदर्य की अनुभूति में।

यहाँ पर चमत्कारपद्धति और रसपद्धति में जो भेद है उसे स्पष्ट करने का

थोड़ा प्रयत्न करना चाहिए। किसी वस्तु के वर्णन या किसी तथ्य के कथन में बुद्धि को दौड़ाकर यदि ऐसी वस्तु या प्रसंग की योजना की जाए जिसकी ओर प्रस्तुत वस्तु या प्रसंग के संबंध में श्रोता का ध्यान पहले कभी न गया हो और इस कारण बिल्कुल नया या विलक्षण लगे तो एक प्रकार का कुतूहल उत्पन्न होगा। यही कुतूहल उत्पन्न करना चमत्कार का उद्देश्य है। रससंचार के निमित्त जो कथन किया जाता है उसमें भी कभी-कभी साधारण से कुछ और ढंग पकड़ना पड़ता है (क्या ढंग पकड़ना पड़ता है, इस पर और कभी विचार किया जाएगा) पर उसमें यह उद्देश्य मुख्य नहीं होता कि जिस वस्तु या प्रसंग की योजना की जाय वह श्रोता को नया, विलक्षण या झूठा लगे बल्कि अपने मर्मस्पर्शी स्वरूप के कारण भाव की गहरी व्यंजना करे या श्रोता के हृदय में वासनारूप में स्थित किसी भाव को जाग्रत करे। इस प्रकार विचार करने से कवि की उक्ति तीन प्रकार की हो सकती है—(1) जिसमें केवल चमत्कार या वैलक्षण्य हो; (2) जिसमें केवल रस या भावुकता हो; (3) जिसमें रस और चमत्कार दोनों हों।

इनमें से प्रकृत काव्य हम केवल पिछली दो उक्तियों में ही मान सकते हैं, प्रथम में केवल काव्याभास मानेंगे। यहाँ पर हमें प्रयोजन प्रथम और द्वितीय प्रकार की उक्ति से है। ऊपर बिहारी और रहीम के जिन दोहों का उल्लेख हुआ है वे जनसमाज से स्वीकृत साधारण तथ्यों को एक अनूठे ढंग से सामने रखते हैं। अब यह देखिए कि इनमें काव्य का प्रकृत स्वरूप किसमें है, किसमें नहीं। किसी तथ्य का कथन जब काव्यपद्धति द्वारा किया जाता है तब उसकी सत्यता का निश्चय करना विवक्षित नहीं रहता, बल्कि उस तथ्य के प्रति किसी स्वाभाविक भाव के अनुभव को तीव्र करना—जैसे, 'कनक कनक तें सौगुनी' वाले दोहे में कवि धन के बुरे प्रभाव के कारण उसके प्रति श्रोता की तिरस्कार बुद्धि जाग्रत करना चाहता है, इसलिए धतूरे का उल्लेख करता है। इसी प्रकार 'बड़े पेट के भरन में' वाले दोहे में असंतोषजन्य दीनता के प्रति जो जुगुप्सा विवक्षित है वह हाथी ऐसे बड़े जानवर का दाँत निकलना देखकर उत्पन्न हो सकती है। इन दोनों उक्तियों की तह में कुछ भाव निहित हैं अतः हम इन्हें चमत्कारप्रधान काव्य कह सकते हैं। इस प्रकार का काव्य रसप्रधान काव्य की कोटि तक तो नहीं पहुँच सकता पर काव्य कहला सकता है।

जिसमें भाव का पता देने वाला अथवा भाव जाग्रत करने वाला कोई शब्द या वाक्य अथवा प्रस्तुत प्रसंग के प्रति किसी प्रकार का भाव उत्पन्न कराने में समर्थ अप्रस्तुत वस्तु या व्यापार न हो, केवल दूर की सूझ या शब्दसाम्यमूलक विलक्षणता हो वह उक्ति काव्याभास होगी। जैसे, मिस्सी लगे काले दाँत को देखकर यह कहना कि 'मनो खेलत हैं लरिका हबसी के', दूर की सूझ या अनूठापन चाहे सूचित करे पर सौंदर्य का भाव उत्पन्न करने में समर्थ नहीं है। दूर की सूझ दिखाने के लिए लोगों ने 'भानु मनो सनि अंक लिए' तक कह डाला है पर उनकी यह सूझ वास्तव

में दूर की नहीं है—उन पोथियों तक की है जिनमें ग्रहों का रंग लिखा रहता है। ऐसी भद्दी उक्तियाँ भी सूक्ति कहलाती हैं। सूक्ति कहलाएँ, पर इनका उत्तम काव्य कहा जाना तो रोकना चाहिए।

तथ्यवर्णन में अब रहीम का 'ज्यों रहीम गति दीप की' वाला दूसरा दोहा लीजिए। इसमें कही हुई बात यह है कि कुपुत्र जब तक बच्चा रहता है तभी तक अच्छा लगता है, जब बढ़ता है तब दुःखदायी हो जाता है। 'बारे' और 'बाढ़े' शब्दों के श्लेष के आधार पर ही कवि ने दीपक का उल्लेख किया है। पर इस दीपक के व्यापार की योजना कुपुत्र के प्रति विरक्ति आदि के अनुभव में कुछ जोर नहीं पहुँचाती। अतः इन दोहों में कोरा चमत्कार ही कहा जा सकता है। इसी चमत्कार के कारण हम इस उक्ति को कोरा तथ्यकथन न कहकर काव्याभास कहेंगे। काव्य का बाहरी रूपरंग इसमें पूरा है, पर प्राण नहीं है। रहीम के कुछ ही दोहे ऐसे मिलेंगे। उनके दोहे भावुकता से भरे हुए हैं। पर नीति के अधिकांश दोहे (जैसे वृंद के) काव्याभास ही के अंतर्गत आ सकते हैं।

यहाँ पर सूक्ति के अंतर्गत हम जायसी के उन्हीं कथनों को लेते हैं जिनमें किसी तथ्य का प्रकाश है। इन कथनों के संबंध में हम यह कह सकते हैं कि इनमें अधिकतर चमत्कार के साथ भावुकता भी है। जैसे बुढ़ापे पर ये उक्तियाँ लीजिए—

मुहमद बिरिध जो नइ चलै, काह चलै भुइँ टोइ।
जीवन रतन हेरान है, मकु धरती पर होइ।।
बिरिध जो सीस डोलावै, सीस धुनै तेहि रीस।।
बूढी आऊ होहु तुम्ह, केइ यह दीन्ह असीस।।

यहाँ यौवनावस्था के प्रति मनुष्य का जो स्वाभाविक राग होता है उसकी व्यंजना चमत्कार की अपेक्षा प्रधान है।

मिट्टी पर यह उक्ति देखिए—

माटी मोल न किछु लहै, औ माटी सब मोल।
दिस्टि जो माटी सौं करै, माटी होइ अमोल।।

यों तो मिट्टी का कुछ भी मूल्य नहीं कहा जाता पर इसी मिट्टी अर्थात् मनुष्य शरीर का बहुत कुछ मूल्य है। मिट्टी पर भी यदि दृष्टि करे अर्थात् तुच्छ से तुच्छ का भी तिरस्कार न करे तो मिट्टी (शरीर) अमूल्य हो जाए। इसमें विनय या दैन्य का भाव प्रकट होता है।

'जेहिपर जेहि कर सत्य सनेहू, सो तेहि मिलत न कछु संदेहू' इस बात को प्रत्यक्ष करने के लिए जायसी ने बहुत दूर की दो वस्तुओं का एकत्र होना दिखाया है—

बसै मीन जल धरती, अंबा बसै अकास।
जो पिरीत पै दुवौ महँ, अंत होहिं एक पास।।

इस कथन में जायसी केवल प्रमाण द्वारा निश्चय करते हुए जान पड़ते हैं,

यद्यपि प्रमाण तर्क की कोटि का नहीं है। यदि प्रमाण तर्क की कोटि का होता तो हम इस उक्ति को साधारण तथ्यकथन कहते, पर उसका न्यास काव्य की रीति पर है अतः इस उक्ति को हम काव्याभास कहेंगे।

कौवे सबेरा होने पर क्यों काँव-काँव करके चिल्लाते हैं? जायसी कहते हैं कि वे यह देखकर चिल्लाते हैं कि रात्रि की इतनी फैली हुई कालिमा तो छूट गई, वे ही ऐसे अभागे हैं जिनकी कालिमा ज्यों की त्यों बनी है—

भोर होइ जौ लागै, उठहिं रोर कै काग।
मसि छूटै सब रैनि कै, कागहिं केर अभाग।।

इस उक्ति में भी जो कुछ है वह वैलक्षण्य ही है, यद्यपि कालिमा या बुराई की ओर अरुचि की भी झलक है।

फुटकल प्रसंग

पदमावत के बीच-बीच में बहुत से ऐसे फुटकल प्रसंग भी आए हैं जैसे, दानमहिमा, द्रव्य महिमा, विनय इत्यादि। ऐसे विषयों के वर्णन को काव्यपद्धति के भीतर करने के लिए कविजन या तो उनके प्रति अनुराग, श्रद्धा विरक्ति आदि अपना कोई भाव व्यंग्य रखते हैं या कुछ चमत्कार की योजना करते हैं। कवि के भाव का पता विषय को प्रिय या अप्रिय, विशद या कुत्सित रूप में प्रदर्शित करने से लग सकता है। इस रूप में प्रदर्शित करते समय अत्युक्ति प्रायः करनी पड़ती है क्योंकि रूप के उत्कर्ष या अपकर्ष से ही कवि (आश्रय) की रति या विरक्ति का आभास मिलता है। जैसे यदि कोई पात्र किसी स्त्री का बहुत सुंदर रूप में वर्णन करता है तो उसके प्रति उसके रतिभाव का पता लगता है, वैसे ही यदि कवि दानशीलता, विनय आदि गुणों का खूब बढ़ा-चढ़ाकर वर्णन करता है, तो उन गुणों के प्रति उसका अनुराग प्रकट होता है। नीचे कुछ फुटकल प्रसंग दिए जाते हैं।

दान महिमा—

धनि जीवन औ ताकर हीया । ऊँच जगत महँ जाकर दीया।।
दिया जो जप तप सब उपराहीं । दिया बराबर जग किछु नाहीं।।
एक दिया ते दसगुन लहा । दिया देखि सब जग मुख चहा।।
दिया करै आगे उजियारा । जहाँ न दिया तहाँ अँधियारा।।
दिया मँदिर निसि करै अँजोरा । दिया नाहिं, घर मूसहिं चोरा।।

नम्रता की शक्ति—

एहि सेंति बहुरि जूझ नहिं करिए । खड़्ग देखि पानी होइ ढरिए।।
पानिहि काह खड़्ग कै धारा । लौटि पानि होइ सोइ जो मारा।।
पानी केर आगि का करई । जाइ बुझाइ जौ पानी परई।।

दुःख की घोरता—

दुख जारै, दुख भूँजै, दुख खोवै सब लाज।
गाजहि चाहि अधिक दुख, दुखी जान जेहि बाज।।

इस दोहे से कवि के हृदय की कोमलता, प्राणिमात्र के दुःख से सहानुभूति प्रकट होती है।

अपकार के बदले उपकार—

मंदहि भल जो करै भल सोई । अंतहि भला भले कर होई।।
शत्रु जो विष देइ चाहै मारा । दीजिय लोन जानि विषहारा।।
विष दीन्हें विसहर होइ खाई । लोन दिए होइ लोन बिलाई।।
मारे खड़ग खड़ग कर लेई । मारे लोन नाइ सिर देई।।

साहस—

साहस जहाँ सिद्धि तहँ होई

द्रव्यमहिमा—

(क) दरब तें गरब करै जो चाहा। दरब तें धरती सरग बेसाहा।।
दरब तें हाथ आव कविलासू। दरब तें अछरी छाँड़ न पासू।।
दरब तें निरगुन होइ गुनवंता। दरब तें कुबुज होइ रुपवंता।।
दरब रहै भुइँ, दिपै लिलारा। अस मन दरब देइ को पारा।।

(ख) साँठि होइ जेहि तेहि सब बोला । निसँठ जो पुरुष पात जिमि डोला।।
साँठिहि रंक चलै झौंराई। निसँठ राव सब कह बौराई।।
साँठिहि आव गरब तन फूला । निसँठिहि बोल बुद्धि बल भूला।।
साँठिहि जागि नींद निसि जाई । निसँठहिं काह होइ औंघाई।।
साँठिहि दिस्टि जोति होइ नैना । निसँठ होइ, मुख आव न बैना।।

जायसी की जानकारी

साहित्य की दृष्टि से जायसी की रचना की जो थोड़ी बहुत समीक्षा हुई उससे यह तो प्रकट ही है कि उन्हें भारतीय काव्यपद्धति और भाषासाहित्य का अच्छा परिचय था। भिन्न-भिन्न अलंकारों की योजना, काव्यसिद्ध उक्तियों का विस्तृत समावेश (जैसा कि नखशिख-वर्णन में है); प्रबंध काव्य के भीतर निर्दिष्ट वर्ण्य विषयों का सन्निवेश (जैसे जलक्रीड़ा, समुद्र वर्णन) प्रचलित काव्यरीति के परिज्ञान के परिचायक हैं। यह परिज्ञान किस प्रकार का था, यह ठीक नहीं कहा जा सकता। वे बहुश्रुत थे, बहुत प्रकार के लोगों से उनका सत्संग था, यह तो आरंभ में ही कहा जा चुका है। पर उनके पहले चारणों के वीरकाव्यों और कबीर आदि कुछ निर्गुणोपासक भक्तों की वाणियों के अतिरिक्त और नाम लेने लायक काव्यों का पता न होने से यह निश्चयपूर्वक नहीं कहा जा सकता कि उन्होंने काव्यों और रीतिग्रंथों का क्रमपूर्वक अध्ययन किया था। ग्रियर्सन साहब ने लिखा है कि जायस में आकर जायसी ने पंडितों से संस्कृत

काव्यरीति का अध्ययन किया। इस अनुमान का उन्होंने कोई आधार नहीं बताया। संस्कृत ज्ञान का अनुमान जायसी की रचना से तो नहीं होता। उनका संस्कृत शब्दभंडार बहुत परिमित है। उदाहरण के लिए 'सूर्य' और 'चंद्र' ये दो शब्द लीजिए जिनका व्यवहार जायसी ने इतना अधिक किया है। कि जी ऊब जाता है। इन दोनों शब्दों के कितने अधिक पर्याय संस्कृत में हैं, यह हिंदी जानने वाले भी जानते हैं। पर जायसी ने सूर्य के लिए रवि, भानु और दिनअर (दिनकर) और चंद्र के लिए ससि, ससहर और मयंक (मृगांक) शब्दों का ही व्यवहार किया है। दूसरी बात यह है कि संस्कृताभ्यासी से चंद्र को स्त्रीरूप में कल्पित करते न बनेगा।

यह आरंभ में ही कह आए हैं कि पदमावत के ढंग के चरितकाव्य जायसी के पहले बन चुके थे। अतः जायसी ने काव्यशैली किसी पंडित से न सीखकर किसी कवि से सीखी। उस समय काव्यव्यवसायियों को प्राकृत और अपभ्रंश से पूर्ण परिचित होना पड़ता था। छंद और रीति आदि के परिज्ञान के लिए भाषा कविजन प्राकृत और अपभ्रंश का सहारा लेते थे। ऐसे ही किसी कवि से जायसी ने काव्यरीति सीखी होगी। पदमावत में 'दिनअर', 'ससहर', 'अहुठ', 'भुवाल', 'बिसहर', 'पुहुमी' आदि शब्दों का प्रयोग तथा प्राकृत अपभ्रंश की पुरानी प्रथा के अनुसार 'हि' विभक्ति का सब कारकों में व्यवहार देख यह दृढ़ अनुमान होता है कि जायसी ने किसी से भाषा-काव्य परंपरा की जानकारी प्राप्त की थी। 'सैरंधी' (सैरंध्री=द्रौपदी), 'गंगेऊ' (गांगेय=भीष्म), 'पारथ' ऐसे अप्रचलित शब्दों का जो कहीं-कहीं उन्होंने व्यवहार किया है वह इसी जानकारी के बल से, न कि संस्कृत के अभ्यास के बल से।

यह ठीक है कि संस्कृत कवियों के भाव कहीं-कहीं ज्यों के त्यों पाए जाते हैं, जैसे इस दोहे में—

भवँर जो पावा कँवल कहँ, मन चीता बहु केलि।
आइ परा कइ हस्ति तहँ, चूर किएउ सो बेलि।।

यह इस श्लोक का अनुवाद जान पड़ता है—

रात्रिर्गमिष्यति भविष्यति सुप्रभातं
भान्वानुदेष्यति हसिष्यति पंकजश्री।
इत्थं विचिन्तयति कोशगते द्विरेफे
हा हन्त! हन्त! नलिनीं गज उज्जहार।।

इसी प्रकार—

'शैले शैले न माणिक्यं, मौक्तिकं न गजे गजे।
साधवो न हि सर्वत्र, चंदनं न वने वने।।'

चाणक्य के इस श्लोक का हिंदी रूप भी पदमावत में मौजूद है—

थल थल नग न होहिं जेहि जोती। जल जल सीप न उपनहिं मोती।।
बन बन बिरिछ न चंदन होई। तन तन बिरह न उपनै सोई।।

पर इस प्रकार के भाव भी उन्हें भाषा काव्य द्वारा ही मिले।

छंदःशास्त्र के ज्ञान का प्रमाण जायसी की रचनाओं से नहीं मिलता। चौपाई बहुत ही सीधा छंद है, पर उसमें भी कहीं 16 मात्राएँ हैं, कहीं 15 ही। दोहों के चरण तो प्रायः गड़बड़ हैं। तुलसीदास जी के दोहों में भी कहीं-कहीं मात्राए घटती हैं, पर जायसी में तो बहुत कम दोहे ऐसे मिलेंगे जो ठीक उतरते हों। विषम चरण कोई 11 मात्राओं का है, कोई 16—जैसे,

(क) जो चाहा सो चीन्हेसि, करै जो चाहै कीन्ह।

(ख) काया मरम जान पै रोगी, भोगी रहै निचिंत।।

'नखशिख' में आए हुए उपमान प्रायः सब काव्यप्रसिद्ध ही हैं। बहुत सी चमत्कारपूर्ण उक्तियाँ भी पुरानी हैं जिनका प्रयोग सूर आदि और समसामयिक कवियों ने भी किया है। उदाहरण के लिए यह मनोहर उक्ति लीजिए—

गहै बीन मकु रैनि बिहाई। ससि बाहन तहँ रहै ओनाई।।

सूरदास जी ने भी इस उक्ति की योजना की है—

दूर करहु बीना कर धरिबो।
मोहे मृग नाहीं रथ हाँक्यौ, नाहिं न होत चंद को ढरिबो।।

पर जायसी ने इस उक्ति को बढ़ाकर कुछ और भी सुसज्जित किया है।

यह तो हुई साहित्य की अभिज्ञता। अब थोड़ा यह भी देखना चाहिए कि और विषयों का ज्ञान उनका कैसा था। पदमावत में ज्योतिष, हठयोग, कामशास्त्र और रसायन की बातें भी आई हैं। हमारी समझ में ज्योतिष को छोड़कर और बातों की जानकारी उन्हें सत्संग द्वारा प्राप्त हुई थी, न कि ग्रंथों के अध्ययन द्वारा। किसी कवि की रचना में किसी शास्त्र की साधारण बातों का कुछ उल्लेख देख चट यह कह बैठना कि वह उस शास्त्र का बड़ा भारी पंडित था, अपनी भी हँसी करना है और उस कवि की भी। 'कहत सवै बेंदी दिए आँक दसगुनो होत' और 'यह जग काँचो काँच सो मैं समुझ्यौ निरधार' को आगे करके जो लोग कह बैठते हैं कि 'वाह! वाह! कवि गणित और वेदांत शास्त्र का कैसा भारी पंडित था'। उन्हें विचार से काम लेने और वाणी का संयम रखने का अभ्यास करना चाहिए। 'अहा हा!' और 'वाह-वाह' वाली इस चाल की समालोचना जितनी ही जल्द बंद हो उतना ही अच्छा। सिद्धांतों पर विचार करते समय वेदांत की कई बातों की झलक हम पदमावत और अखरावट में दिखा आए हैं। पर उसका यह अभिप्राय नहीं है कि जायसी 'शारीरिक भाष्य' और 'पंचदशी' धोखे बैठे थे। 'पंचभूत' शब्द का प्रयोग उन्होंने पाँच ज्ञानेन्द्रियों के अर्थ में किया है। यह बात दर्शनशास्त्र का अभ्यास नहीं सूचित करती।

हिंदुओं के पौराणिक वृत्तों की जानकारी जायसी को थी, पर बहुत पक्की न थी। कुबेर का स्थान अलकापुरी है, इसका पता उन्हें था क्योंकि वह बादशाह की भेजी योगिनी से कहलाते हैं—'गइउँ अलकपुर जहाँ कुबेरू'। 'नारद' का जो उन्होंने

शैतान के स्थान पर रखा है, उसका कारण सूफियों की प्रवृत्तिविशेष है। सूफी शैतान को ईश्वर का विरोधी नहीं मानते बल्कि उसकी आज्ञा के अनुसार अनधिकारियों को ईश्वर तक पहुँचने से रोकनेवाला मानते हैं। 'सरग' शब्द जायसी आसमान के अर्थ में ही लाए हैं। हिंदू कथाओं का यदि उन्हें अच्छा परिचय होता तो वे चंद्रमा को स्त्री कभी न बनाते। उनके चंद्रमा वही हैं जिन्हें अवध की स्त्रियाँ 'चंदा माई! धाय आव' कहकर बुलाती हैं। सप्तद्वीपों के तो उन्होंने कहीं नाम नहीं लिये हैं, पर सात समुद्रों के नाम उन्हें समुद्रवर्णन में गिनने पड़े हैं। इन नामों में दो (किलकिला और मानसर) पुराणों के अनुसार नहीं हैं। पुराणों में एक ही मानसरोवर उत्तर में माना गया है पर जायसी ने उसे सिंहल के पास कहा और सात समुद्रों में गिन लिया है। पर रामायण, महाभारत आदि के प्रसिद्ध-प्रसिद्ध पात्रों के स्वरूप से वे अच्छी तरह परिचित थे। इंद्र द्वारा कर्ण से अक्षय कवच ले लिये जाने तथा इसी प्रकार के और प्रसंगों का उन्होंने उल्लेख किया है।

अब उनका भौगोलिक ज्ञान लीजिए। इतिहास और भूगोल दोनों में हमारे देश के पुराने लोग कच्चे होते थे। अपने देश के ही भिन्न-भिन्न प्रदेशों और स्थानों की यदि ठीक-ठीक जानकारी उस समय किसी को हो तो उसे बहुत समझना चाहिए। अपने देश के बाहर की बात जानना तो कई सौ वर्षों से भारतवासी छोड़े हुए थे। सिंहलद्वीप, लंका आदि के नाम ही जायसी के समय में याद रह गए थे। अतः जायसी को यदि सिंहल की ठीक-ठीक स्थिति का पता न हो तो कोई आश्चर्य नहीं। जायसी सिंहलद्वीप को चित्तौर से पूरब समझते थे, जैसा कि इस चौपाई से प्रकट होता है—

पच्छिउँ कर बर, पुरुब क बारी।
जोरी लिखी न होइ निनारी।।

लंका को वे सिंहल के दक्षिण मानते थे, यह बात उस प्रसंग को ध्यान देकर पढ़ने से विदित हो जाती है जिसमें सिंहल से लौटते समय तूफान में बहकर रत्नसेन के जहाज नष्ट हुए थे। जायसी लिखते हैं कि जहाज आधे समुद्र में भी नहीं आए थे कि उत्तर की हवा बड़े जोर से उठी—

आधे समुद्र ते आए नाहीं।
उठी बाउ आँधी उतराहीं।।

इस तूफान के कारण जहाज भटककर लंका की ओर चल पड़े—

बोहित चले जो चितउर ताके। भए कुपंथ लंक दिसि हाँके।।

उत्तर की ओर से आँधी आने से जहाज दक्षिण की ओर ही जाएँगे। इससे लंका सिंहल से दक्षिण की ओर हुई।

इस अज्ञान के होते हुए भी जनता के बीच प्राचीन काल की विलक्षण स्मृति का आभास पदमावत में मिलता है। भारत के प्राचीन इतिहास का विस्तृत परिचय रखने वाले मात्र यह जानते होंगे कि प्राचीन हिंदुओं के अर्णवपोत पूर्वीय समुद्रों में बराबर दौड़ा

करते थे। पच्छिम के समुद्रों में जाने का प्रमाण तो वैसा नहीं मिलता पर पूर्वीय समुद्रों में जाने के चिह्न अब तक वर्तमान हैं। सुमात्रा, जावा आदि द्वीपों में हिंदू मंदिरों के चिह्न तथा सुदूर बाली, लंबक आदि द्वीपों में हिंदुओं की बस्ती अब तक पाई जाती है। बंगाल की खाड़ी से लेकर प्रशांत महासागर के बीच होते हुए चीन तक हिंदुओं के जहाज जाते थे। ताम्रलिप्ति (आधुनिक तमलूक जो मेदिनीपुर जिले में है) और कलिंग में पूर्व समुद्र में जाने के लिए प्रसिद्ध बंदरगाह थे। फाहियान नामक चीनी यात्री, जो द्वितीय चंद्रगुप्त के समय भारतवर्ष में आया था, ताम्रलिप्ति ही से जहाज पर बैठकर सिंहल और जावा होता हुआ अपने देश को लौटा था। उड़ीसा के दक्षिण कलिंग देश में कोरिंगापटम (कलिंगपट्टन) नाम का एक पुराना नगर अब भी समुद्रतट पर है। बाली और लंबक टापुओं के हिंदू अपने को कलिंग ही से आए हुए बताते हैं। जायसी के समय में यद्यपि हिंदुओं का भारतवर्ष के बाहर जाना बंद हो गया था पर समुद्र के उस पुराने घाट (कलिंग) की स्मृति बनी हुई थी–

आगे पाव उड़ैसा, बायें दिए सो बाट। दहिनाबरत देइकै उतरु समुद्र के घाट।।

यहीं तक नहीं, पूर्वीय-समुद्र की कुछ विशेष बातें भी उस समय तक लोकस्मृति में बनी हुई थीं। प्रशांत महासागर के दक्षिण भाग में मूँगों से बने हुए टापू बहुत से हैं। कहीं- कहीं मूँगों की तह जमते-जमते टीले बन जाते हैं। कपूर निकालनेवाले पेड़ भी प्रशांत महासागर के टापुओं में बहुत हैं। इन दोनों बातों पर प्राचीन समुद्रयात्रियों का ध्यान विशेष रूप से गया होगा। इनका स्मरण जनता के बीच बना हुआ था, इसका पता जायसी इस प्रकार देते हैं–

राजा जाइ तहाँ बहि लागा। जहाँ न कोई सँदेसी कागा।।
तहाँ एक परबत अह डूँगा। जहवाँ सब कपूर और मूँगा।।

जायसी ने चित्तौर से सिंहल जाने का जो मार्ग वर्णन किया है वह यद्यपि बहुत संक्षिप्त है पर उससे कवि की दक्षिण अर्थात् मध्य प्रदेश के स्थानों की जानकारी प्रकट होती है। चित्तौर से रत्नसेन पूर्व की ओर चले हैं। कुछ दूर चलने पर जायसी कहते हैं–

'दहिने' बिदर, चँदेरी बायें।।

'चँदेरी' आजकल ग्वालियर राज्य के अंतर्गत है और ललितपुर से पश्चिम पड़ता है। बिदर गोलकुंडे के पासवाला सुदूर दक्षिण का बिदर नहीं बल्कि बरार (प्राचीन विदर्भ) के अंतर्गत एक स्थान था।[1] जायसी का बिदर से अभिप्राय बिदर्भ या बरार से है। रत्नसेन चित्तौर से कुछ दक्षिण लिए पूर्व की ओर चला और रतलाम के पास आ निकला जहाँ से चंदेरी बायीं ओर या उत्तर और बरार दक्षिण पड़ेगा। यहाँ से

1. आईने अकबरी में सूबा बरार का उत्तर-दक्षिण विस्तार हँड़िया (मध्य प्रदेश की पश्चिमी सीमा पर नर्मदा के किनारे एक छोटा कसबा) से बिदर तक 180 कोस लिखा है और बरार के दक्षिण तिलंगाना बताया गया है।

शुक राजा को 'विजयगढ़ (जो सूबा मालवा के भीतर था और जिसका प्रधान नगर विजयगढ़ था) होते हुए और अंधियार खटोला (होशंगाबाद और सागर के बीच के प्रदेश) बायीं या उत्तर की ओर छोड़ते हुए गोंड़ों के देश गोंडवाने में पहुँचने को कहता है—

सुनु मत, काज चहसि जौ साजा। बीजानगर बिजयगढ़ राजा।।
पहुँचहु जहाँ गोड़ औ कोला। तजि बायें अँधियार खटोला।।

विजयगढ़ इंदौर के दक्षिण नर्मदा के दोनों ओर फैला हुआ राज्य था। तात्पर्य यह कि रत्नसेन रतलाम के पास से चलकर इंदौर के दक्षिण नर्मदा के किनारे होता हुआ हँड़िया या हरदा के पास निकला जहाँ से पूरब जानेवाले को होशंगाबाद (अँधियार खटोला) उत्तर या बायीं ओर पड़ेगा। हँड़िया बरार की उत्तरी सीमा पर था और बरार के दक्षिण तिलंगाना देश माना जाता था जो आजकल के बरार का ही दक्षिणी भाग है। हँड़िया के उत्तर जबलपुर पड़ेगा जिसके पास गढ़कंटक था। अतः इस स्थान पर (हँड़िया के पास) शुक का कहना बहुत ही ठीक है कि—

दक्खिन दहिने रहहिं तिलंगा। उत्तर बायें गढ़ काटंगा।।

हँड़िया के पास से फिर आगे बढ़ने के लिए तोता इस प्रकार कहता है—

माँझ रतनपुर सिंहदुवारा। झारखंड देह बाँव पहारा।।

यहाँ पर कवि ने केवल छंद के बंधन के कारण 'सिंहदुवारा' (छिंदवाड़ा) के पहले रतनपुर रख दिया है। हँड़िया के पास पूरब चलने वाले को पहले छिंदवाड़ा पड़ेगा तब रतनपुर जो बिलासपुर जिले में है। रतनपुर से फिर शुक झारखंड (सरगुजा का जंगल) उत्तर छोड़ते हुए आगे बढ़ने को कहता है। यदि बराबर आगे बढ़ा जाएगा तो चलने वाला उड़ीसा में पहुँचेगा, अतः कुछ दूर बढ़ने पर उड़ीसा जानेवाला मार्ग छोड़कर शुक रत्नसेन को दक्षिण की ओर घूम पड़ने को कहता है। दक्षिण घूमने पर कलिंग देश में समुद्र का घाट मिलेगा—

आगे पाव उड़ैसा बायें दिए सो बाट।
दहिनावरत देह कै, उतरु समुद के घाट।।

ऊपर के विवरण से यह स्पष्ट हो जाता है कि जायसी ने चित्तौर से कलिंग तक जाने का मार्ग लिखा है वह यों ही ऊटपटाँग नहीं है। उत्तरोत्तर पड़ने वाले प्रदेशों का क्रम ठीक है।

जायसी को बहुत दूर-दूर के स्थानों के नाम मालूम थे। बादशाह की दूती जब योगिनी बनकर चित्तौर गई है तब उसने अपने तीर्थाटन के वर्णन में बहुत से तीर्थों के नाम बताए हैं जिनमें से अधिकतर तो बहुत प्रसिद्ध हैं पर कुछ ऐसे अप्रसिद्ध स्थान भी आए हैं जिन्हें इधर के लोग कम जानते हैं, जैसे नागरकोट और बालनाथ का टीला—

गउमुख हरिद्वार फिरि कीन्हिउँ। नगरकोट कटि रसना दीन्हिउँ।।
ढूँढ़िउँ बालनाथ कर टीला। मथुरा मथिउँ न सो पिउ मीला।।

'नागरकोट' काँगड़े में है जहाँ लोग ज्वालादेवी के दर्शन को जाते हैं। 'बालनाथ का टीला' भी पंजाब में है। सिंध और झेलम के बीच सिंध सागर दोआब में जो नमक के पहाड़ पड़ते हैं उसी के अंतर्गत यह एक बहुत ऊँची पहाड़ी है जिसमें बालनाथ नामक एक योगी की गुफा।[1] साधु यहाँ बहुत जाते हैं।

इतिहास का ज्ञान भी जायसी की जनसाधारण से बहुत अधिक था। इसका एक प्रमाण तो 'पदमावत' का प्रबंध ही है। जैसा कि आरंभ में कहा जा चुका है, पद्मावती और हीरामन सूए की कहानी उत्तरीय भारत में, विशेषतः अवध में, बहुत दिनों से प्रसिद्ध चली आ रही है। कहानी बिल्कुल ज्यों की त्यों यही है। पर कहानी कहने वाले राजा का नाम, बादशाह का नाम आदि कुछ भी नहीं बताते। वे यों ही कहते हैं कि 'एक राजा था', एक बादशाह था'। समय के फेर से जैसे कहानी इतिहास हो जाती है वैसे ही इतिहास कहानी। अतः जायसी ने जो चित्तौर, रत्नसेन, अलाउद्दीन, गोरा, बादल आदि नाम देकर इस कहानी का वर्णन किया है उससे यह स्पष्ट है कि वे जानते थे कि घटना किस स्थान की और किस बादशाह के समय की है, पद्मावती किसकी रानी थी, और किस राजपूत ने युद्ध में सबसे अधिक वीरता दिखाई थी। इसके अतिरिक्त अलाउद्दीन की और चढ़ाइयों का भी उन्हें पूरा पता था, जैसे देवगिरि और रणथंभौर गढ़ पर की चढ़ाई का। देवगिरि पर चढ़ाई अलाउद्दीन ने अपने चाचा सुल्तान जलालुद्दीन के समय में ही सन् 1296 ई. में की थी। रणथंभौर पर चढ़ाई उसने बादशाह होने के चार वर्ष पीछे अर्थात् सन् 1300 में की थी पर उसे ले न सका था। दूसरे वर्ष सन् 1301 में रणथंभौर गढ़ टूटा है और प्रसिद्ध वीर हम्मीर मारे गए हैं। ये दोनों घटनाएँ चित्तौर टूटने (सन् 1301 ई.) के पहले की हैं, अतः इनका उल्लेख ग्रंथ में इतिहास की दृष्टि से अत्यंत उचित हुआ है।

अलाउद्दीन के समय की और घटनाओं का भी जायसी को पूरा पता था। मंगोलों के देश का नाम उन्होंने 'हरेव' लिखा है। अलाउद्दीन के समय में मंगोलों के कई आक्रमण हुए थे जिनमें सबसे जबरदस्त हमला सन् 1303 ई. में हुआ था। सन् 1303 ई. में ही चित्तौर पर अलाउद्दीन ने चढ़ाई की। अब देखिए मंगोलों की इस चढ़ाई का उल्लेख जायसी ने किस प्रकार किया है। अलाउद्दीन चित्तौर गढ़ को घेरे हुए है, इसी बीच में दिल्ली से चिट्ठी आती है—

> ऐहि बिधि ढील दीन्ह तब ताईं ! दिल्ली तें अरदासैं आईं।।
> पछिउँ हरेव दीन्हि जो पीठी। सो अब चढ़ा सौंह कै दीठी।।
> जिन्ह भुइँ माथ गगन तेहि लागा। थाने उठे आव सब भागा।।
> उहाँ साह चितउर गढ़ छावा। इहाँ देस अब होइ परावा।।

1. बालनाथ नाथसंप्रदाय या गोरखपंथ के एक योगी हो गए हैं।

ज्योतिष का परिज्ञान जायसी को अच्छा प्रतीत होता है। रत्नसेन के सिंहलद्वीप से प्रस्थान करने के पहले उन्होंने जो यात्राविचार लिखा है वह बहुत विस्तृत भी है और ग्रंथों के अनुकूल भी। इस प्रसंग की उनकी बहुत सी चौपाइयाँ तो सर्वसाधारण की जबान पर हैं, जैसे—

सोम सनीचर पुरुब न चालू। मंगर बुद्ध उतर दिसि कालू।।

पिंड और ब्रह्मांड की एकता का प्रतिपादन करते हुए अखरावट में जायसी ने शरीर में ही जो ग्रहों की नीचे-ऊपर स्थिति लिखी है वह सूर्यसिद्धांत आदि ज्योतिष ग्रंथों के ठीक अनुकूल है। अरबी, फारसी नामों के साथ भारतीय नामों के तारतम्य का भी ज्ञान कवि को पूरा-पूरा था, जो एक कठिन बात है। 'सहैल' तारे का 'सोहिल' के नाम से पदमावत में उन्होंने कई जगह उल्लेख किया है। यह 'सुहैल' अरबी शब्द है। फारसी और उर्दू की शायरी में इस तारे का नाम बराबर आता है, पर शोभावर्णन की दृष्टि से प्रायः हिलाल के साथ। यह तारा भारतीयों का अगस्त्य तारा है, इस बात का पता जायसी को था। अतः उन्होंने इसका वर्णन उस रूप में भी किया है जिस रूप में भारतीय कवि किया करते हैं। भारतीय कवि इसका वर्णन वर्षा का अंत और शरत् का आगमन सूचित करने के लिए किया करते हैं, जैसे गोस्वामी तुलसीदास जी ने कहा है—

उदित अगस्त पंथ जल सोषा। जिमि लोभहिं सोखै संतोषा।।

जायसी ने ठीक इसी प्रकार का वर्णन 'सुहैल' का किया है—

बिछरंता जब भेंटे, सो जानै जेहि नेह।
सुक्ख सुहेला उग्गवै, दुःख झरै जिमि मेह।।

ऐसा ही एक स्थल पर और है। राजा रत्नसेन को दिल्ली से छुड़ाकर जब गोरा, बादल लेकर चले हैं तब बादशाही सेना ने उनका पीछा किया है। उस समय गोरा के कहने से बादल तो रत्नसेन को लेकर चित्तौर की ओर जाता है और वृद्ध गोरा मुसलमान सेना की ओर लौटकर इस प्रकार ललकारता है—

सोहिल जैस गगन उपराहीं। मेघ घटा मोहिं देखि बिलाहीं।।

इसी प्रकार 'अगस्त' शब्द का उल्लेख भी वे गोरा बादल की प्रतिज्ञा में करते हैं—

उए अगस्त हस्ति जब गाजा। नीर घटे पर आवहिं राजा।।

यह तो हुआ शास्त्रीय ज्ञान। व्यवहारज्ञान भी जायसी का बहुत बढ़ा-चढ़ा था। घोड़ों और भोजनों के अनेक भेद तो इन्होंने कहे ही हैं, पुराने समय के वस्त्रों के नाम भी 'पद्मावती रत्नसेन भेंट' के प्रसंग में बहुत से गिनाए हैं।

जायसी मुसलमान थे, इससे कुरान के वचनों का पूरा अभ्यास उन्हें होना ही चाहिए। पदमावत के आरंभ में ही चौपाई के ये दो चरण—

कीन्हेंसि प्रथम जोति परगासू। कीन्हेंसि तेहि पिरीत कैलासू।।

कुरान की एक आयत के अनुसार है जिसका मतलब है–'अगर न पैदा करता मैं तुझको, न पैदा करता मैं स्वर्ग को।' इसके अतिरिक्त ये पंक्तियाँ भी कुरान के भाव को लिये हुए हैं–

(1) सवै नास्ति वह अहथिर ऐस साज जेहि केर।

(2) ना ओहि पूत, न पिता न माता।

(3) 'अति अपार करता कर करना' से लेकर कई चौपाइयों तक।

(4) 'दूसर ठाँवदई ओहि लिखे।'

अभिप्राय यह है कि खुदा ने अपने नाम के बाद पैगंबर का ही नाम रखा, जैसा कि मुसलमानों के कलमा में है।

इस्लाम धर्म की और अनेक बातों का समावेश पदमावत और अखरावट में हम पाते हैं। सिद्धांतों के प्रसंग में हम कह आए हैं कि सामी पैगंबर मतों के अनुसार कयामत या प्रलय के दिन ही सब मनुष्यों के कर्मों का विचार होगा। मुसलमानों का विश्वास है कि भले और बुरे कर्मों के लेख की वही खुदा के सामने एक तराजू में तौली जाएगी और वह तराजू जिब्राईल फरिश्ते के हाथ में होगा। सबूत के लिए सब अंग और इंद्रियाँ अपने द्वारा किए हुए कर्मों की साख देंगी। उस समय मुहम्मद साहब उन लोगों की ओर से प्रार्थना करेंगे जो उन पर ईमान लाए होंगे। इन बातों का उल्लेख पदमावत में स्पष्ट शब्दों में है–

गुन अवगुन विधि पूछब, होइहि लेख औ जोख।
वै बिनउब आगे होइ, करब जगत कर मोख।।

हाथ पाँव, सरवन औ आँखी। ऐ सब उहाँ भरहिं मिलि साखी।

स्वर्ग के रास्ते में एक पुल पड़ता है जिसे 'पुले सरात' कहते हैं। पुल के नीचे घोर अंधकारपूर्ण नरक है। पुण्यात्माओं के लिए वह पुल खूब लंबी-चौड़ी सड़क हो जाता है। पर पापियों के लिए तलवार की धार की तरह पतला हो जाता है। पुल का उल्लेख पदमावत में तो बिना नाम दिए और अखरावट में नाम देकर स्पष्ट रूप में हुआ है–

खाड़े चाहि पैनि बहुताई। बार चाहि ताकर पतराई।।

पुराने पैगंबर मूसा की किताब में आदम के स्वर्ग से निकाले जाने का कारण हौवा के कहने से एक वृक्षविशेष का फल खाना लिखा है। मुसलमानों में यह वृक्ष गेहूँ प्रसिद्ध है। अखरावट में तो इस कहानी का उल्लेख है ही, पदमावत में भी पद्मावती की सखियाँ उसकी विदाई के समय कहती हैं–

आदि अंत जो पिता हमारा। ओहु न यह दिन हिए बिचारा।।
छोह न कीन्ह निछोही ओहू। का हम्ह दोष लाग एक गोहूँ।।

एक पढ़ा-लिखा मुसलमान फारसी से अपरिचित हो, यह हो ही नहीं सकता। फारसी शायरों की कई उक्तियाँ पदमावत में ज्यों की त्यों आई हैं। अलाउद्दीन की

चढ़ाई करने का वर्णन करते हुए घोड़ों की टापों से उठी धूल के आकाश में छा जाने पर जायसी कहते हैं—

सत षँड धरती भइ षट खंडा। ऊपर अस्ट भए बरम्हंडा।।

यह फिरदौसी के शाहनामे के इस शे'र का ज्यों का त्यों अनुवाद है—

जे सुम्मे सितौराँ दरा पन्हे दश्त। जमीं शश शुदो, आस्माँ गश्त हश्त।।

अर्थात्—उस लंबे-चौड़े मैदान में घोड़ों की टाप से जमीन सात खंड के स्थान पर छह ही खंड की रह गई और आसमान सात खंड (तबक) वे स्थान पर आठ खंड का हो गया। मुसलमानों की कल्पना के अनुसार भी सात लोक नीचे हैं (तल, वितल, रसातल के समान) और सात लोक ऊपर।

राजा रत्नसेन का संदेश सुआ इस प्रकार कहता है—

दहुँ जिउ रहै कि निसरै, काह रजायसु होइ?

यह हाफिज के इस शे'र का भाव है—

अज्म दीदारे तू दारद जान बर लब आमदः।
बाज गरदद या बर आयद चीस्त फरमाने शुमा।।

कवियों के भावों के अतिरिक्त फारसी की चलती कहावतों की भी छाया कहीं-कहीं दिखाई पड़ती है; जैसे—

(क) नियरहिं दूर फूल जस काँटा। दूरहिं नियर सो जस गुर चाँटा।।

फारसी—दूराँ बाबसर नजदीक वा नजदीकाँ बेबसर दूर (अर्थात् दृष्टिवाले को दूर भी नजदीक और बिना दृष्टिवाले को नजदीक भी दूर है)।

(ख) परिमल प्रेम न आछे छपा।

फारसी—इश्क व मुश्क रा नतवाँ नहुफ्तन।

(प्रीति और कस्तूरी छिपाए नहीं छिपती)

हिंदुओं की ऐसी प्राचीन रीतियों का उल्लेख भी पदमावत में मिलता है जो जायसी के समय तक न रह गई होंगी। जायसी ने उनका उल्लेख साहित्य की परंपरा के अनुसार किया है। पत्रावलि या पत्रभंगरचना प्राचीन समय में ही श्रृंगार करने में होती थी। वह किस प्रकार होती थी, इसका ठीक पता आजकल नहीं है। कुछ लोग चंदन या रंग से गंडस्थल पर चित्र बनाने को पत्रभंग कहते हैं। प्राचीन रीति, नीति और वेशविन्यास जानने की अपनी बड़ी पुरानी उत्कंठा के कारण उनके संबंध में जो कुछ विचार हम अपने मन में जमा सके हैं उसके अनुसार पत्रभंग सोने या चाँदी के महीन वरक या पत्रों के कटे हुए टुकड़े होते थे जिन्हें कानों के पास से लेकर कपोलों तक एक पंक्ति में चिपकाते थे। आजकल हम रामलीला आदि में उसी रीति पर चमकी या सितारे चिपकाते हैं। स्त्रियाँ अब तक माथे पर इस प्रकार के बुंदे चिपकाती हैं। पत्रभंग शब्द से भी इसी बात का संकेत मिलता है। खैर जो हो, जायसी ने इस पत्रावलि रचना का उल्लेख पद्मावती के श्रृंगार के प्रसंग में (विवाह

के उपरांत प्रथम समागम के अवसर पर) किया है—

रचि पत्रावलि, माँग सेंदुरू। भरे मोति औ मानिक चूरू।।

प्राचीन काल में प्रधान राजमहिषी या पटरानी को 'पट्टमहादेवी' कहते थे। यह उस समय की बात है जब क्षत्रिय लोग एक-दूसरे को 'सलाम' नहीं करते थे और 'रानी' शब्द के आगे 'साहबा' नहीं लगता था—जब हमारा अपना निज का शिष्टाचार था, फारसी तहजीब की नकल मात्र नहीं। राजा रत्नसेन को चित्तौर से गए बहुत दिन हो जाने पर जब नागमती विरह से व्याकुल होती है तब दासियाँ समझाती हैं—

पाठ महादेइ! हिये न हारू। समुझि जीउ चित चेत सँभारू।।

यह 'पाट महादेइ' शब्द 'पट्टमहादेवी' का अपभ्रंश है।

भारतीय 'वीरपूजा' का प्रसंग बड़ी मार्मिकता से बड़े सुंदर अवसर पर जायसी लाए हैं। जिस समय बादल के साथ राजा रत्नसेन छूटकर आता है उस समय पद्मावती बादल की आरती उतारती है—

परसि पायँ राजा कै रानी। पुनि आरति बादल कहँ आनी।।
पूजे बादल कै भुजदंडा। तुरी के पाँव दाब करखंडा।।

प्राचीन काल में वर्षाऋतु में सब प्रकार की यात्रा बंद रहती थी। शरद् ऋतु आते ही वणिकों की विदेशयात्रा और राजाओं की युद्धयात्रा होती थी। शरद् के वर्णन में पुराने कवि राजाओं की युद्धयात्रा का भी उल्लेख करते हैं। इसी पुरानी रीति के अनुकूल गोरा, बादल प्रतिज्ञा करते समय पद्मावती से कहते हैं—

उए अगस्त हस्ति जब गाजा। नीर घटै, घर आइहि राजा।।
बरसा गए, अगस्त के दीठी। परै पलानि तुरंगन्ह पीठी।।

राजपूतों की भिन्न-भिन्न जातियों के बहुत से नाम तो जायसी को मालूम थे पर इस बात का ठीक-ठीक पता उन्हें न था कि किस जाति का राज्य कहाँ था। यदि इसका पता होता तो वे रत्नसेन को चौहान न लिखते। रत्नसेन को जब सूली देने के लिए ले जाते थे तब भाँट ने राजा गंधर्वसेन से उनका परिचय इस प्रकार दिया था—

जंबूदीप चित्तउर देसा। चित्रसेन बड़ तहाँ नरेसा।।
रतनसेन यह ताकर बेटा । कुल चौहान जाइ नहिं मेटा।।

यह इतिहासप्रसिद्ध बात है कि चित्तौर में बाप्पा रावल के समय से अंत तक सिसोदियों का राज्य चला आ रहा है।

जायसी की भाषा

जायसी की भाषा ठेठ अवधी है और पूरबी हिंदी के अंतर्गत है इससे उसमें ब्रजभाषा और खड़ी बोली दोनों से कई बातों में विभिन्नता है। जायसी को अच्छी तरह समझने के लिए अवधी की मुख्य-मुख्य विशेषताओं को जान लेना आवश्यक है। अतः संक्षेप

में कुछ बातों का उल्लेख यहाँ किया जाता है।

शुद्ध अवधी की बोलचाल में क्रिया का रूप सदा कर्ता के पुरुष, लिंग और वचन के अनुसार होता है; कर्म के अनुसार सकर्मक भूतकालिक क्रिया में भी नहीं होता। कारण यह है कि पूरबी बोलियाँ भूतकाल में कृदंत रूप नहीं लेती हैं, तिङंत रूप ही रखती हैं। मूल चाहे इन रूपों का कृदंत ही हो, जैसा कि कहीं-कहीं लिंगभेद से प्रकट होता है, पर व्यवहार तिङंत ही सा होता है। नीचे के उदाहरणों से यह बात स्पष्ट हो जाएगी–

(1) उत्तम पुरुष

(क) **देखेउँ** तोरे मंदिर घमोई। (पुं. एकवचन) मैं

(ख) **ढूँढ़िउँ** बालनाथ कर टीला। (स्त्री. एकवचन) मैं

(ग) औ हम **देखा**, सखी सरेखा। (पुं. स्त्री बहुवचन) हम

(2) मध्यम पुरुष

(क) **चाहेसि** परा नरक के कूआँ
धातु कमाय **सिखे** तैं जोगी (पु. स्त्री. एकवचन) तू या तैं

(ख) चीन्ह कै जोग **बिसेखेहु** (पुं. बहुवचन) तुम

(ग) पूजि **मनाइउ** बहुतै भाँती। (स्त्री. बहुवचन) तुम

(3) प्रथम पुरुष

(क) रोइ **हँकारेसि** माझी सूआ। (पु. स्त्री. एकवचन) वह

(ख) **कहेन्हि** 'न रोव, बहुत तैं रोवा'। (पुं. बहुवचन) तुम

मध्यम पुरुष के रूप ही आज्ञा में भी वहाँ आते हैं जहाँ खड़ी बोली में साधारण क्रिया का प्रयोग होता है; जैसे–

आयसु लिहे **रहिउ** निति हाथा। सेवा **करिउ** लाइ भुँइ माथा।।

प्रथम पुरुष की भूतकालिक क्रिया के स्त्रीलिंग रूपों में 'एसि' और 'एनि' की जगह 'इसि' और 'इनि' अंत में होते हैं, जैसे–पुं. 'लखेनि', स्त्री. 'लखिनि बोलचाल में अकसर अंत्य 'नि' निकालकर बचे हुए खंड के अंतिम स्वर को सानुनासिक कर देते हैं–जैसे पुं. 'गएनि', 'लखेनि' को 'गएँ' 'लखें' और स्त्री 'गइनि', 'लखिनि' को 'गईं', 'लखीं' भी बोलते हैं। जायसी ने बोलचाल के इस रूप का भी प्रयोग किया है–

लछिमी लखन बतीसौ लखीं।
(लखीं=लखिन्हि या लखिनि)

ऊपर जो सकर्मक क्रिया के रूपों के उदाहरण दिए गए हैं वे ठेठ या पूरबी अवधी के हैं और उनमें पुरुषभेद बराबर बना हुआ है। पश्चिमी हिंदी की सकर्मक

भूतकालिक क्रिया में पुरुषभेद नहीं रहता—जैसे, मैंने किया, तुमने किया, उसने किया। ठेठ अवधी के ऊपर दिए हुए रूपों के अतिरिक्त जायसी और तुलसी दोनों एक सामान्य अकारांत रूप भी रखते हैं जिसका प्रयोग वे तीनों पुरुषों, दोनों लिंगों और दोनों वचनों में समान रूप से करते हैं, जैसे—

उत्तम पुरुष (1) का मैं **बाआ** जनम ओहि भूँजी?
(2) हम तो ताहिं **देखावा** पीऊ।
मध्यम पु. (3) तुइ **सिरजा** यह समुद अपारा।
(4) अब तुम आइ अँतरपट **साजा**।
प्रथम पु. (5) भूलि चकोर दिस्टि तहँ **लावा**।
(6) तिन्ह **पावा** उत्तिम कैलासू।

वर्तमानकालिक क्रिया के रूप ब्रजभाषा के समान ही होते हैं। केवल मध्यम पुरुष एकवचन के रूप के अंत में संस्कृत के समान 'सि' होता है जैसे करसि, जासि—

तू जुग सारि, **चहसि** पुनि छूवा।

विधि और आज्ञा में भी यही रूप रहता है, पर कभी-कभी संस्कृत के समान 'हि' से अंत होने वाला रूप भी आता है, जैसे—

तू सपूत माता कर अस परदेस न **लेहि**।
अब ताईं मुइ होइहि, मुए जाइ गति **देहि**।।

भविष्यत् के रूप ठेठ अवधी के कुछ निज के होते हैं—

उत्तम पुरुष

(1) कौन उतर **देबौं** तेहि पूछे। (एकवचन) मैं
(2) कौन उतर **पाउब** पैंसारू (बहुवचन) हम

प्रथम पुरुष

(1) **होइहि** नाप औ जोख (एकवचन)
(2) देव बार सब **जैहैं** बारी। (बहुवचन)

'होइहि' पुराना रूप है। 'ह' के घिस जाने से आजकल 'होई' (=होगा) बोलते हैं।

इनमें उत्तम पुरुष के बहुवचन का जो रूप (पाउब) है वह अवधी साहित्य में सब पुरुषों में मिलता है (यद्यपि बोलचाल में उत्तम पुरुष बहुवचन 'हम' के ही साथ आता है)। जायसी और तुलसी दोनों ने सब पुरुषों में और दोनों वचनों में इस रूप का व्यवहार किये हैं, जैसे—

घर कैसे **पैठब** मैं छूछे (उत्तम पुरुष, एकवचन)
गुन अवगुन विधि **पूछब** (प्रथम पुरुष, एकवचन)

पूरबी अवधी में साधारण क्रिया (इनफिनिटिव) का भी यही 'ब' वर्णांत रूप है।

ठेठ अवधी की एक बड़ी भारी विशेषता को सदा ध्यान में रखना चाहिए।

खड़ी बोली और ब्रजभाषा दोनों में कारक चिह्न सदा क्रिया के साधारण रूप में लगते हैं, जैसे—'करने का', 'करने को' या 'करिबे को'। पर ठेठ या पूरबी अवधी में कारकचिह्न प्रथम पुरुष, एकवचन की वर्तमानकालिक क्रिया के से रूप में लगता है, जैसे—'आवै कहँ', 'खाय माँ', 'बैठे कर'—

(क) दीन्हेसि स्रवन **सुनै** कहँ मैना।

(ख) सती **होइ** कहँ सीस उघारा।

कहीं-कहीं कारक चिह्न का लोप भी मिलता है, जैसे—

(क) जो नित **चलै** सँवारै पाँखा। आजु जो रहा कालि को राखा।।

(ख) सबै सहेली **देखै** धाईं।

(चलै=चलने के लिए; देखै=देखने के लिए)

इसी प्रकार संयुक्त क्रिया में भी जहाँ पहले साधारण क्रिया का रूप रहता है वहाँ भी अवधी में यही वर्तमान का सा रूप ही रहता है—

(क) **तपै लागि** अब जेठ असाढ़ी।

(ख) **मरै चहहिं पै मरै न पावहिं।**

पूरबी अवधी में मागधी की प्रवृत्ति के अनुसार ब्रजभाषा के ओकारांत सर्वनामों के स्थान पर एकारांत सर्वनाम होते हैं, जैसे—'को' (=कौन) के स्थान पर 'के', 'जो' के स्थान पर 'जे' और 'कोऊ' के स्थान पर 'केऊ' या 'कोहू'। नीचे कुछ उदाहरण दिए जाते हैं—

(क) **केइ** उपकार मरन कर कीन्हा। (=किसने)

(ख) **जेइ** जिउ दीन्ह कीन्ह संसारू। (=जिसने)

(ग) तजा राज रावन, **का केहू** ? (=कोई)

(घ) जियत न रहा जगत् महँ **केऊ** (=कोई)

इन सर्वनामों का रूप विभक्ति और कारक चिह्न लगाने के पहले एकारांत ही रहता है (जैसे, केहि कर, जेहि पर); ब्रज भाषा या पश्चिमी अवधी के समान आकारांत (जैसे, जाको और जाकर, तापर और तापै) नहीं होता।

जायसी और तुलसी दोनों की रचनाओं में एक विलक्षण नियम मिलता है। वे सकर्मक भूतकालिक क्रिया के कर्ता को तो सविभक्ति पूरबी रूप 'केइ' 'जेइ' 'तेइ' रखते हैं पर अकर्मक क्रिया के कर्ता का 'को, जो, सो', जैसे—

(क) **जो** एहि खीर समुद महँ परे।

(ख) **जो** ओहि विषै मारि कै खाई।।

अवधी के कारक चिह्न इस प्रकार हैं—

कर्ता—×

कर्म—कहँ (आधुनिक 'काँ'), के

करण—सन, से (पश्चिमी अवधी 'सौं')

संप्रदान—कहँ (आधुनिक 'काँ'), के

अपादान—से (पश्चिमी अवधी 'तइँ', 'तैं')

संबंध—कर, कै

अधिकरण—पुराना रूप 'मह', आधुनिक 'माँ, 'पर'

हिंदी के संबंधकारक चिह्न में लिंगभेद होता है। बड़ी बोली में पु. संबंधकारक चिह्न है 'का' और स्त्री. 'की'। ब्रजभाषा में भी यह भेद है। अवधी की बोलचाल में तो यह भेद लक्षित नहीं होता पर साहित्य की भाषा में भेद दिखाई पड़ता है। जायसी और तुलसी दोनों पुं. संबंधकारक चिह्न 'कर' रखते हैं और स्त्री. संबंधकारक चिह्न 'कै' जैसे—

(1) राम तें अधिक राम **कर** दासा।
जेहि पर कृपा राम **कै** होई।।—तुलसी

(2) सुनि तेहि सन राजा **कर** नाऊँ।
पलुही नागमती **कै** बारी।।—जायसी

इससे यह स्पष्ट ही है कि अवधी में स्त्री. संबंधकारक चिह्न 'की' कभी नहीं होता, 'कै' ही होता है।

बोलचाल में उच्चारण संक्षिप्त करने की प्रवृत्ति स्वाभाविक होती है। इसी प्रवृत्ति के अनुसार 'कर' के स्थान पर केवल 'क' बोल देते हैं। तुलसी और जायसी दोनों में यह संक्षिप्त रूप मिलता है, जैसे—

(क) धनपति उहै जेहि **क** संसारू।—जायसी

(ख) पितु आयसु सब धरम **क** टीका।—तुलसी

ठेठ अवधी का एक प्रकार का प्रयोग भाषा के इतिहास की दृष्टि से ध्यान देने योग्य है। वर्तमान रूप में आने के पहले हमारी भाषा के कारकों की कुछ दिनों तक बड़ी अव्यवस्थित दशा रही। कुछ तो संबंधकारक की 'ही' विभक्ति (मागधी 'ह', अप. हो) से काम चलता रहा जिसका प्रयोग सब कारकों में होता था और कुछ स्वतंत्र शब्दों द्वारा। पुराने ग्रंथ के नमूने अभी टीकाओं आदि में मिल सकते हैं जिसमें 'पृथ्वी पर' के स्थान में 'पृथ्वी विषय' लिखा मिलेगा, जैसे—'नारद जी पृथ्वी विषय आए।' संबंध कारक के चिह्न के रूप में इस 'कृत' शब्द का प्रयोग गोस्वामी तुलसीदास जी ने कई जगह किया है, जिससे वर्तमान 'कर' और 'का' निकले हैं। यह तो हुई पुरानी बात। पूरबी अवधी में अब तक अपादान कारक के (और करण के भी) चिह्न के रूप में 'भै' या 'भए' शब्द का प्रयोग होता है, जैसे—'मीत भै' (=मित्र से), 'तर भै' (=नीचे से), 'ऊपर भै' (=ऊपर से)। जायसी और तुलसी ने ऐसा प्रयोग किया है—

(1) **मीत भै** माँगा बेगि विमानू। (= मित्र से तुरंत विमान माँगा)

(2) **ऊपर भए** सो पातुर नाचहिं (=ऊपर से)
तर भए तुरुक कमानहिं खाँचहिं (=नीचे से)

(3) भरत आइ **आगे भए** लीन्हें (=आगे से)–तुलसी

इसी तरह जायसी ने 'होइ' शब्द का प्रयोग भी पंचमी विभक्ति के स्थान पर किया है, जैसे–

बैठि **तहाँ होइ** लंका ताका (=वहाँ से)

इसमें तो कुछ कहना ही नहीं है कि यह 'भए' या 'होइ' 'भू' धातु से निकले हुए 'होना' क्रिया के रूप हैं। प्राकृत की 'हितों' विभक्ति भी वास्तव में 'भू' धातु से निकली है और 'भूत्वा' शब्द का अपभ्रंश है। जायसी ने 'हुँत' रूप में ही इस विभक्ति का बराबर प्रयोग किया है, जैसे–

(क) तेहि **बंदि हुँत** छुटै जो पावा। (=बंदि से)

(ख) **जल हुँत** निकसि भुवै नहिं काछू। (=जल से)

(ग) **जबहुँत** कहिगा पंखि सँदेसी। (=जब से)

(घ) **तबहुँत** तुम बिनु रहै न जीउ। (=तब से)

'कारण और 'द्वारा' के अर्थ में भी 'हुँत' का प्रयोग होता है, जैसे–

(क) **तुम हुँत** मँडप गइउँ परदेसी। (=तुम्हारे लिए, तुम्हारे कारण)

(ख) **उन्ह हुँत** देखै पाइउँ दरस गोसाईं केर (=उनके द्वारा)

जायसी ने ठेठ पूरबी अवधी के शब्दों का जितना अधिक व्यवहार किया है उतना अधिक तुलसीदास जी ने नहीं। नीचे कुछ शब्दों के उदाहरण दिए जाते हैं–

(1) **राँध** जो मंत्री बोले सोई

तेहि डर **राँध** न बैठों, मकु साँवरि होइ जाउँ।

(राँध=निकट, पास)

इस शब्द का व्यवहार अब केवल यौगिक रूप में रह गया है, जैसे–**राँध पड़ोसी**। और ठेठ शब्द लीजिए, जो साहित्यज्ञों को ग्राम्य लगेंगे–

(2) **अहक** मोरि पुरुषारथ देखेहु। (अहक=लालसा)

(3) **नौजि** होइ घर पुरुष बिहूना। (नौजि=ईश्वर न करे। अरबी नऊज= बिल्ला)

(4) **जहिया** लंक दही श्रीरामा। (जहिया=जब)

(5) जौ देखा **तीवइ** है साँसा। (तीवइ=स्त्री)

(6) जस यह समुद दीन्ह दुख **मोकाँ**। (मोंका=मोंकहँ=मुझको)

(7) जाना नहिं कि होब अस **महूँ**। (महूँ=मैं भी)

(8) हहरि हहरि **अधिकौ** हिय काँपै। (अधिकौ=और भी अधिक)

ऊपर जो पूरबी अवधी के रूप दिखाए गए उनसे यह न समझना चाहिए कि जायसी ने सर्वत्र पूरबी अवधी ही के व्याकरण का अनुसरण किया है। कवि ने तुलसीदास जी के समान सकर्मक भूतकालिक क्रिया के लिंग, वचन अधिकतर पच्छिमी हिंदी के ढंग पर कर्म के अनुसार ही रखे हैं, जैसे–

बसिठन्ह आइ कही अस बाता।

इसी प्रकार भूतकालिक क्रिया का पुरुष-भेद-शून्य पश्चिमी रूप भी प्रायः मिलता है, जैसे–

तुम तौ **खेलि** मँदिर महँ **आईं**।

इसके अतिरिक्त पश्चिमी साधारण क्रिया (इनफिनिटिव) के 'न' वर्णांत रूप का प्रयोग भी कहीं-कहीं देखा जाता है, जैसे–

कित **आवन** पुनि अपने हाथा। कित मिल कै खेलब एक साथा।।

पूरबी हिंदी में जब तक कोई कारकचिह्न नहीं लगता तब तक संज्ञाओं के बहुवचन का रूप वही रहता है जो एकवचन का। पर जायसी ने पछाँही हिंदी के बहुवचन रूप कहीं-कहीं रखे हैं, जैसे–

(क) **नसैं** भईं सब ताँति।

(ख) जोबन लाग **हिलोरैं** लेई।।

जायसी 'तू' या 'तैं' के स्थान पर अकसर 'तुइँ' का प्रयोग करते हैं। यह कन्नौजी और पच्छिमी अवधी का रूप है जो खीरी, शाहजहाँपुर से लेकर कन्नौज तब बोला जाता है।

खड़ी बोली और ब्रज भाषा दोनों पछाहीं बोलियों की प्रवृत्ति दीर्घांत पदों की ओर है, पर अवधी की लघ्वंत प्रवृत्ति है। खड़ी बोली और ब्रज भाषा में जो विशेषण और संबंधकारक के सर्वनाम आकारांत और ओकारांत मिलते हैं वे अवधी में अकारांत पाए जाते हैं। नीचे ऐसे कुछ शब्द दिए जाते हैं–

खड़ी बोली	**ब्रजभाषा**	**अवधी**
ऐसा	ऐसो	ऐस या अस
जैसा	जैसो	जैस या जस
तैसा	तैसो	तैस या तस
कैसा	कैसो	कैस या कस
छोटा	छोटो	छोट
बड़ा	बड़ो	बड़
खोटा	खोटो	खोट
खरा	खरो	खर
भला	भलो	भल
×	नीको	नीक
थोड़ा	थोरो	थोर
गहिरा	गहिरो	गहिर
पतला	पतरो, पातरो	पातर
पिछला	पाछिलो	पाछिल
चकला	चकरो	चाकर

दूना	दूनो	दून
साँवला	साँवरो	साँवर
गोरा	गोरो	गोर
प्यारा	प्यारो	पियार
ऊँचा	ऊँचो	ऊँच
नीचा	नीचो	नीच
अपना	अपनो	आपन
मेरा	मेरो	मोर
तेरा	तेरो	तोर
हमारा	हमारो	हमार
तुम्हारा	तुम्हारो	तुम्हार
पीला	पीरो	पीयर
हरा	हरो	हरियर

साधारण क्रिया (इनफिनिटिव) के रूप अवधी में लघ्वंत बकारांत होते ही हैं जैसे—आउब, जाब, करब, खाब इत्यादि। पच्छिमी हिंदी के कुछ दीर्घांत संज्ञा शब्द भी अवधी में कहीं-कहीं लध्वंत होते हैं, जैसे—

बहल **घोड़** हस्ती सिंहनी

खड़ी बोली के समान अवधी में भी भूतकालिक कृदंत होते हैं। बहुत से अकर्मक कृदंत विकल्प से लघ्वंत भी होते हैं जैसे ठाढ़, बैठ, आय, गय इत्यादि। नीचे कुछ उदाहरण दिए जाते हैं—

(1) **बैठ** महाजन सिंहलदीपी (बैठ=बैठ हैं=बैठे हैं)

(2) रहा न जोबन **आव** बुढ़ापा (आव=आया)

(3) कटक सरह अस **छूट** (छूट=छूटा)

सकर्मक में करना, देना और लेना इन तीनों क्रियाओं के भी विकल्प से क्रमशः 'कीन्ह', 'दीन्ह', और 'लीन्ह' रूप होते हैं। इसी प्रकार पद्य में कभी-कभी वर्तमान काल के रूप के स्थान पर संक्षेप के लिए धातु का रूप रख दिया जाता है जैसे—

(क) हौं अंधा जेहि **सूझ** न पीठी। (सूझ=सूझती है)

(ख) बिनु गथ बिरिछ निपात जिमि ठाढ़ ठाढ़ पै **सूख**। (सूख=सूखता है)

संभाव्य भविष्यत् का रूप साधारणतः तो वर्तमान ही के समान पुरुषभेद लिए हुए होता है पर ठेठ पूरबी अवधी में प्रायः प्रथम पुरुष में भी मध्यम पुरुष बहुवचन का रूप ही रहता है जैसे—

(क) **जोबन जाउ,** जाउ सो भँवरा।

(जाउ=जाय, चाहे चला जाय)

(ख) सब लिखनी कै **लिखु** संसारा।

(लिखु=यदि लिखे)

(ग) अजस **होउ,** जग सुजस **नसाऊ।**

(होउ=चाहे हो। नसाऊ=चाहे नसाय)

तुलसी और जायसी के लिंगनिर्णय में ऊपर लिखी बातों का ध्यान रखना चाहिए। चौपाई में चरण के अंत का पद यदि लध्वंत हो तो भी दीर्घांत कर दिया जाता है, यह तो प्रसिद्ध ही है। अतः चरण के अंत में आए हुए किसी पद के लिंग का निर्णय करते समय यह विचार लेना चाहिए कि वह छंद की दृष्टि से लध्वंत से दीर्घांत तो नहीं किया गया है। तुलसी और जायसी के कुछ उदाहरण लीजिए—

(क) मरम वचन जब सीता **बोला**– तुलसी

(ख) देखि चरित पदमावति **हँसा**– जायसी

ऊपर कह आए हैं कि कभी-कभी वर्तमान में संक्षेप के लिए धातु का रूप रख दिया जाता है। अतः 'बोला' और 'हँसा' वास्तव में 'बोल' और 'हँस' हैं जो छंद की दृष्टि से दीर्घांत कर दिए गए हैं। कहने की आवश्यकता नहीं कि इन संक्षिप्त रूपों का व्यवहार दोनों लिंगों में समान रूप से हो सकता है। इसी प्रकार संभाव्य भविष्यत् का रूप भी कभी-कभी दीर्घांत होकर चरण के अंत में आ जाता है, जैसे—

(क) को हींछा पूरै, दुख **खोवा**?

(खोवा=खोव या खोउ अर्थात् खोवे)

(ख) दरपन साहि भीति तहँ **लावा**। देखहुँ जबहि झरोखे **आवा**।।

(आवा=**आव** या आउ अर्थात् आवे)

जायसी और तुलसी दोनों कवियों ने कहीं-कहीं बहुत पुराने शब्दों और रूपों का व्यवहार किया है जिनसे परिचय हो जाना बहुत ही आवश्यक है। दिनिअर, ससहर, अहुट्ठ, भुवाल, पइट्ठ, बिसहर, सरह, पुहुमी (दिनकर, शशधर, अध्युष्ठ, भूपाल, प्रविष्ट, विषधर, शलभ, पृथ्वी) आदि प्राकृत संज्ञाओं के अतिरिक्त और प्रकार के पुराने शब्द और रूप भी मिलते हैं। उनमें से मुख्य-मुख्य का उल्लेख नीचे किया जाता है।

किसी समय संबंध की 'हि' विभक्ति से सब कारकों का काम लिया जाता था, पीछे वह कर्म और संप्रदान में नियत सी हो गई। इस 'हि' या 'ह' विभक्ति का सब कारकों में प्रयोग जायसी और तुलसी दोनों की रचनाओं में देखा जाता है। जायसी के उदाहरण लीजिए—

(1) **जेहि** जिउ दीन्ह कीन्ह संसारू। (कर्ता)

(2) **चाँटहि** करै हस्ति सरि जोगू। (कर्म)

(3) **बज्रहि** तिनकहि मारि उड़ाई। (करण)

(4) देस देस के बर **मोहिं** आवहि। (संप्रदान)

(5) राजा **गरबहि** बोलहिं नाहीं। (अपादान)

(6) **सौंजहि** तन सब रोवाँ, पंखिहि तन सब पाँख
चतुर वेद हौ पंडित, हीरामन **मोहि** नावँ (संबंध)

(7) **तेहि** चढ़ि हेर, कोइ नहिं साथा।
कौन पानि **जेहि** पवन न मिला? (अधिकरण)

कर्ता कारक में 'हि' की विभक्ति गोस्वामी तुलसीदास जी ने तो केवल सकर्मक भूतकालिक क्रिया के सर्वनाम कर्ता में ही लगाई है (जैसे, तेइ सब लोक लोकपति जीते) पर जायसी में आकारांत संज्ञा कर्ता में भी यह चिह्न प्रायः मिलता है, जैसे–

(क) **राजै** कहा 'सत्य कहु सूआ'।
(राजै=राजहिं=राजा ने)

(ख) **राजै** लीन्ह ऊबि कै साँसा।

(ग) **सुऐ** तहाँ दिन दस कल काटी।
(सूए=सुअहि=सुए ने)

उच्चारण में 'हि' के 'ह' के घिस जाने से केवल स्वर रह गया जिससे 'राजहि' का 'राजइ' हुआ और 'राजइ' से 'राजै'। इसी तरह 'केहि', 'जेहि', 'तेहि' भी 'केइ' 'जेइ' 'तेइ' बोले जाने लगे। इसी से हमने पाठ में ये पिछले रूप ही रखे हैं। जायसी के समय इस 'ह' का लोप हो चला था इसका प्रमाण दो-चार जगह हकारलुप्त कारकचिह्नों का प्रयोग है, जैसे–

जस यह समुद दीन्ह दुख **मोकाँ**।

यह 'काँ' आजकल की अवधी बोलचाल में कर्म और संप्रदान का चिन्ह है और 'कहँ' का बिगड़ा हुआ (हकारलुप्त) रूप है। 'कहँ' पुराना रूप है। बोलचाल की अवधी में 'काँ' और 'के' दो रूप चलते हैं। यह 'के' भी अपभ्रंश की पुरानी कर्मविभक्ति 'केहि' का घिसा हुआ रूप है।

'हि' और 'ह' दोनों एक ही हैं। 'ह' का व्यवहार पृथ्वीराज रासो में बराबर मिलता है। 'तुम्हारा' में यह 'ह' अब तक लिपटा चला आ रहा है। 'ह' के साथ संयुक्त सर्वनामों का व्यवहार जायसी ने बहुत किया है, जैसे–हम्ह=हमको, तुम्ह=तुमको। इसी प्रकार और कारकों में भी यह 'ह' सर्वनाम में संयुक्त मिलता है। कुछ उदाहरण देखिए–

(क) गुरु भएउँ आप कीन्ह **तुम्ह** चेला। (तुम्ह=तुमको)

(ख) आजु आगि **हम्ह** जूड़। (हम्ह=हमको, हमारे लिए)

(ग) पदुम गंध **तिन्ह** अंग बसाहीं। (तिन्ह=उनके)

(घ) **जिन्ह** एहि हाट न लीन्ह बेसाहा। (जिन्ह=जिन्होंने)

(ङ) मैं **तुम्ह** राज बहुत सुख देखा। (तुम्ह=तुम्हारे)

(च) एहि बन बसत गई **हम्ह** आऊ। (हम्ह=हमारी)

(छ) परसत आइ भए **तुम्ह** राती। (तुम्ह=तुम्हारे ऊपर)

इस पुरानी विभक्ति के अतिरिक्त जायसी और तुलसी ने कुछ पुराने शब्दों का भी व्यवहार किया है। इनमें से कई एक ऐसे हैं जो अब प्रसिद्ध नहीं हैं। उदाहरण के लिए, **'चाहि'** और **'बाज'** इन दो शब्दों को लीजिए। चाहि का अर्थ है अपेक्षाकृत अधिक बढ़कर—

(क) मेघहु **चाहि** अधिक वै कारे।

(ख) एक सो एक **चाहि** रुपमनी।

(ग) कुलिसहु **चाहि** कठोर अति, कोमल कुसुमहु **चाहि**।—तुलसी

यह 'चाहि' शायद संस्कृत 'चापि' से निकला हो। बँगला में यह 'चेये' इस रूप में बोला जाता है। अब दूसरा शब्द 'बाज' लीजिए जिसके अर्थ होते हैं बिना, बगैर, अतिरिक्त, छोड़कर।

(क) गगन अंतरिख राखा, **बाज** खंभ बिनु टेक।

(ख) को उठाइ बैठारे **बाज** पियारे जीउ।

(ग) दीन दुख दारिद दरै को कृपाबारिधि **बाज**?—तुलसी

यह 'बाज' संस्कृत 'वर्ज्य' का अपभ्रंश है।

'पारना' क्रिया के रूप अब बंगाल ही में सुनाई पड़ते हैं पर जायसी और तुलसी के जमाने तक शायद वे अवध की बोलचाल में भी रहे हों; क्योंकि इनके पहले के कबीर साहब की वाणी में भी वे पाए जाते हैं। जो कुछ हो, जायसी और तुलसी दोनों ने इस 'पारना' (=सकना) क्रिया का खूब व्यवहार किया है, जैसे—

(क) परी नाथ कोइ **छुवै न पारा**।—जायसी

(ख) तुमहि अछत को **बरनै पारा**।—तुलसी

यही दशा 'आछनी' क्रिया की भी है। यह 'अस' धातु से निकली जान पड़ती है जिसके रूप पाली में 'अच्छति' 'अच्छंति' आदि होते हैं। अब हिंदी में तो उसका वर्तमान कृदंत रूप 'अछत' या 'आछत' ही बोलचाल में है, पर बँगला में इसके और रूप प्रचलित हैं। कबीर साहब और जायसी दोनों में इसके कुछ रूप पाए जाते हैं—

(क) कह कबीर किछु **अछिलो** न जहिया।

(अछिलो=था; मिलाओ बँगला 'छिलो')

(ख) कँवल न **आछै** आपनि बारी।

(आछै=है; बँगला 'आछे')

(ग) का निचिंत रे मानुष आपन चीते **आछु**। (आछु=रह)

इसी प्रकार 'आदि' शब्द का प्रयोग 'बिल्कुल' या 'निपट' के अर्थ में अब केवल बंगभाषा में ही सुनाई पड़ता है, जैसे, नदी में **बिल्कुल पानी नहीं है**=आदौ जल नाय; पर जायसी ने 'पदमावत' में किया है। 'बादल' अपनी माता से कहता है—

मातु न जानसि बालक आदी। हौं बादला सिंह रनबादी।।

अर्थात् माता मुझे बिल्कुल बालक न समझ।

सत्तार्थक 'होना' क्रिया के रूपों के आदि में 'अ' अक्षर पहले रहता था वह अब तक अवध के कुछ हिस्सों में—जायस और अमेठी के आसपास—वर्तमान काल में बना हुआ है। वहाँ 'है' के स्थान पर 'अहै' बोलते हैं। जायसी ने भूतकालिक रूप 'अह' (=था) का भी व्यवहार किया है। संभव है उस समय बोला जाता रहा हो। उदाहरण—

(क) भाँट **अहै** ईसर कै कला।
(ख) परबत एक **अहा** तह डूँगा।
(ग) जब लग गुरु हौं **अहा** न चीन्हा।

तुलसीदास जी में केवल वर्तमान का रूप 'अहै' मिलता है। यह सत्तार्थक क्रिया 'भू' धातु से न निकलकर अस् धातु से निकली जान पड़ती है। भू धातु से निकले हुए पुराने प्राकृत कृदंत 'हुत' (=था) का प्रयोग जायसी की भाषा में हमें प्रायः मिलता है—

(क) **हुत** पहले औ अब है सोई।
(ख) गगन हुता नहिं महि **हुती**, हुते चंद नहिं सूर।

ब्रज और बुंदेलखंड में यह शब्द 'हतो' इस रूप में अब तक बोला जाता है।

एक बहुत पुराना निश्चयार्थक शब्द 'पै' है जो निश्चय या 'ही' के अर्थ में आता है। यह ठीक नहीं मालूम होता कि यह 'अपि' शब्द से आया है या और किसी शब्द से; क्योंकि 'अपि' शब्द 'भी' के अर्थ में आता है। जायसी ने इसका प्रयोग बहुत किया है। तुलसी ने कम किया है; पर किया है, जैसे—

माँगु माँगु पै कहहु पिय, कबहुँ न देहु न लेहु।

उच्चारण—दो से अधिक वर्णों के शब्द के आदि में ह्रस्व 'इ' और ह्रस्व 'उ' के उपरांत 'आ' का उच्चारण अवधी को पसंद और पच्छिमी हिंदी (खड़ी और ब्रज) को नापसंद है। इसी भिन्न प्रवृत्ति के अनुसार अवधी में बोले जाने वाले 'सियार', 'कियारी', 'बियारी', 'बियाज', 'बियाह', 'पियार', 'नियाव' आदि शब्द तथा 'दुआर', 'कुआर', 'खुआर', 'गुवाल' आदि शब्द खड़ी बोली और ब्रजभाषा में क्रमशः स्यार, क्यारी, ब्यारी, ब्याज, ब्याह, प्यारा, प्यारो, न्याव तथा द्वार, क्वार, ख्वार, ग्वाल बोले जाएँगे। 'इ' और 'उ' के स्थान पर 'य' और 'व' की इसी प्रवृत्ति के अनुसार अवधी 'इहाँ', 'उहाँ' या 'हिआँ' 'हुआँ' खड़ी बोली और ब्रजभाषा में 'यहाँ', 'वहाँ' और 'ह्याँ', 'ह्वाँ' बोले जाते हैं। इसी प्रकार 'अ' और 'आ' के उपरांत अवधी को 'इ' पसंद है और ब्रजभाषा को 'य' जैसे—अवधी के 'आइ, जाइ, पाइ, कराइ' तथा 'आइहै, 'जाइहै', 'पाइहै, कराइहै', (अथवा अइहै, जइहै, पइहै, करइहै) के स्थान पर ब्रजभाषा में क्रमशः 'आय, पाय, जाय, कराय', 'आयहै, जायहै, पायहै, करायहै (अथवा

आयहै=ऐहै, जायहै=जैहै)' कहेंगे।

इसी रुचिवैचित्र्य के कारण 'ऐ' और 'औ' का संस्कृत उच्चारण (अइ, अउ के समान) पच्छिमी हिंदी से जाता सा रहा, केवल 'यकार' और 'वकार' के पहले रह गया (जैसे, गैया, कन्हैया) पर यह अवधी में बना हुआ है। इससे अवधी में 'ऐ' और 'औ' का उच्चारण 'अय' और 'अव' सा न करके 'अइ' और 'अउ' सा करना चाहिए, जैसे—ऐस-अइस, जैस-जइस, भैस-भँइस, दौरि-दउरि इत्यादि। केवल पदांत के 'ऐ' और 'औ' का उच्चारण पश्चिमी हिंदी के समान 'अय' और 'अव' सा करना चाहिए, जैसे—कहै लाग=कहय लाग, तपै लागत-पय लाग, चलौ=चलव इत्यादि।

प्राकृत की एक पंचमी विभक्ति 'सुंतो' थी, जो 'से' के अर्थ में आती थी। इसका हिंदी रूप 'सेंता' (तृतीया में) बहुत दिनों तक बोला जाता रहा। 'वली' आदि उर्दू के पुराने शायरों तक में यह विभक्ति मिलती है। कबीरदास ने भी इसका व्यवहार किया है, जैसे—

तोहि पीर जो प्रेम की पाका **सेंती** खेल।।

तुलसीदास जी ने इसका कहीं व्यवहार किया है या नहीं, ठीक-ठीक नहीं कह सकते पर जायसी इसे बहुत जगह लाए हैं, जैसे—

(क) सबन्ह कहा मन समझहु राजा।
काल **सेंति** कै जूझ न छाजा।।
(ख) रतन छुवा जिन्ह हाथन्ह **सेंती**।

हिंदी कवि कभी-कभी श्रवणसुखदता की दृष्टि से लकार के स्थान पर रकार कर दिया करते हैं, जैसे 'दल' के स्थान पर 'दर', 'बल' के स्थान पर 'बर'। जायसी ने ऐसा बहुत किया है। नीचे कुछ उदाहरण दिए जाते हैं—

(क) होत आव **दर** जगत असूझ। (दर=दल)
(ख) सत्त के **बर** जो नहिं हिय फटा। (बर=बल)
(ग) कीन्हेसि पुरुष एक **निरमरा**। (निरमरा=निर्मल)
(घ) नाम मुहम्मद पूनिउँ **करा**। (करा=कला)

यहाँ तक तो इस बात का विचार हुआ कि जायसी की भाषा कौन सी है और उसका व्याकरण क्या है। अब थोड़ा यह भी देखना चाहिए कि जायसी की भाषा कैसी है।

जायसी ने अपनी भाषा अधिकांश पूरबी या ठेठ अवधी रखते हुए भी जो बीच-बीच में नए पुराने, पूरबी पच्छिमी कई प्रकार के रूपों को स्थान दिया है, इससे भाषा कुछ अव्यवस्थित सी लगती है। पर उन रूपों का विवेचन कर लेने पर यह अवस्था नहीं रह जाती। केशव के अनुयायी भूषण, देव आदि फुटकरिए कवियों की भाषा से इनकी भाषा कहीं स्वच्छ और व्यवस्थित है। चरणों की पूर्ति के लिए अर्थसंबंध और व्याकरण-संबंध-रहित शब्दों की भरती कहीं नहीं है। कहीं कुछ शब्दों के रूप

व्याकरणविरुद्ध मिल जाएँ तो मिल जाएँ पर वाक्य का वाक्य शिथिल और बेढंगा कहीं नहीं मिलेगा। शब्दों के व्याकरणविरुद्ध रूप अवश्य कहीं-कहीं मिल जाते हैं, जैसे—

दसन देखि कै बीजु लजाना।

'लजाना' के स्थान पर 'लजानी' चाहिए। पूरबी अवधी में भी 'लजानि' रूप होगा जिसे छंद के विचार से यदि दीर्घांत करेंगे तो 'लजानी' होगा। कहीं-कहीं तो जायसी के वाक्य बहुत चलते हुए हैं; जैसे देवपाल की दूती पद्मावती के मायके की स्त्री बनकर उससे कहती है—

सुनि तुम कहँ चितउर महँ कहिउँ कि भेटौं जाइ।

बोलचाल में ठीक इसी तरह कहा जाता है—'तुमको चित्तौर में सुनकर मैंने कहा कि जरा चलकर भेंट कर लूँ।' कहावतें और मुहाविरे भी कहीं-कहीं मिलते हैं, पर वे यों ही भाषा के स्वाभाविक प्रवाह में आए हुए हैं, काव्यरचना के कोई आवश्यक अंग समझकर नहीं बाँधे गए हैं। मुहाविरे को अधिक प्राधान्य देने से रूढ़ पदसमूहों में भाषा बँधी सी रहती है, उसकी शक्तियों का नवीन विकास नहीं होने पाता। कवि अपने विचारों को ढालने के लिए नए-नए साँचे न तैयार करके बने बनाए साँचों में ढलने वाले विचारों को ही बाहर करता है। खैर, इस प्रसंग में यहाँ कुछ अधिक कहने की आवश्यकता नहीं। जायसी के दो एक उदाहरण देकर आगे चलते हैं—

(क) जोबन नीर घटे का घटा। सत्त के बर जौ नहिं हिय फटा।।

यहाँ कवि ने 'हृदय फटना' या 'जी फटना' इस मुहावरे का बड़े कौशल से प्रयोग किया है। कवि ने हृदय को सरोवर माना है, यद्यपि 'सरोवर' पद आ नहीं सका है। पद की न्यूनता से अभिप्राय जरा देर से खुलता है। जब जल घटने लगता है तब ताल की गीली मिट्टी सूखकर फट जाती है। कवि का अभिप्राय है कि जिस प्रकार जल घटने से ताल फट जाता है उसी प्रकार यदि यौवन के ह्रास से प्रिय से जी न फटे, प्रीति वैसी ही बनी रहे तो कोई हर्ज़ नहीं। कुछ और उदाहरण लीजिए—

(क) हाथ लिए अपना जिउ होई।

(ख) आवा पवन बिछोह कर, पात परा बेकरार।
तरिवर तजा जो चूरि कै, लागै केहि डार?।

दूसरे उदाहरण में 'किसी की डाल लगना' यह मुहावरा अन्योक्ति में खूब ही बैठा है। लोकोक्तियों के भी कुछ नमूने देखिए—

(क) सूधी अँगुरि न निकसै घीऊ।

(ख) दरब रहै भुइँ, दिपै लिलारा।

(ग) धरती परा सरग को चाटा।

जायसी की काव्यरचना स्वच्छ होने पर भी तुलसी के समान सुव्यवस्थित नहीं है। उसमें जो वाक्यदोष मुख्यतः दिखाई पड़ता है वह 'न्यूनपदत्व' है। विभक्तियों

का लोप, संबंधवाचक सर्वनामों का लोप, अव्ययों का लोप, जायसी में बहुत मिलता है। विभक्ति या कारकचिह्न का अध्याहार तुलसी की रचनाओं में कहीं-कहीं करना पड़ता है, पर उन्होंने लोप या तो ऐसा किया है जैसा बोलचाल में भी प्रायः होता है—जैसे सप्तमी के चिह्न का—अथवा लुप्त चिह्न का पता प्रसंग से बहुत जल्द लग जाता है। पर जायसी ने मनमाना लोप किया है—विभक्तियों का ही नहीं, सर्वनामों, अव्ययों का भी। कही-कहीं तो इस लोप के कारण 'प्रसादगुण' बिल्कुल जाता रहा है और अर्थ का पता लगाना दुष्कर हो गया है, जैसे—

सरजै लीन्ह साँग पर धाऊ। परा खड़ग जनु परा निहाऊ।।

इसमें दूसरे चरण का अर्थ शब्दों से यही निकलता है कि 'खड्ग ऐसा पड़ा मानों निहाई पड़ी' पर कवि का तात्पर्य यह कि 'खड्ग निहाई पर पड़ा' देखिए इस 'पर' के लोप से अर्थ में कितनी गड़बड़ी पड़ गई। विभक्ति और कारकचिह्न के बेढंगे लोप के और नमूने देखिए—

(क) **जंघ** छपा कदली होइ बारी। (जंघ=जंघ से)

(ख) करन **पास** लीन्हेउ कै छंदू? (पास=पास से)

अव्ययों का लोप भी प्रायः मिलता है—और ऐसा जिससे अर्थ समझने में भी कभी-कभी कुछ देर लगती है, जैसे—

(1) तब तहँ चढ़े **फिरै** नौ भँवरी। (फिरै=जब फिरै)

(2) दरपन साहि भीति तहँ लावा।
देखहुँ जबहिं झरोखे=आवा।।
(देखहुँ=इसलिए जिसमें देखूँ)

(3) पुनि सो रहै, रहै नहिं कोई।
(दूसरे 'रहै' के पहले 'जब' चाहिए)

(4) काँच रहा तुम कंचन कीन्हा।
तब भा रतन जोति तुम दीन्हा।
('जोति' के पहले 'जब' चाहिए)

संबंधवाचक सर्वनामों के लोप में तो जायसी अँगरेज कवि ब्राउनिंग से भी बढ़े हैं। एक नमूना काफी है—

कह सो दीप पतँग कै मारा।

इस चरण में 'पतँग' के पहले 'जेई' (=जिसने) पद लुप्त हैं जिससे अभिप्रेत अर्थ तक पहुँचने में व्यर्थ देर होती है। पहले देखने में यही अर्थ भासित होता है कि 'पतँग का मारा हुआ दीपक कहाँ है?' न्यूनपदत्व के अतिरिक्त 'समाप्तपुनरात्तत्व' भी प्रायः मिलता है, जैसे—'हिये छाहँ उपना औ सीऊ।' यदि उपना शब्द आदि में कर दें तो यह दोष दूर हो जाय।

हिंदी के अधिकांश कवियों पर शब्दों का अंगभंग करने का दोष लगाया जा

सकता है। पर जायसी के चरण के अंत में पड़ने वाले शब्द को दीर्घांत करने में जितना रूपांतर होता है उतने से अधिक किसी शब्द का रूप नहीं बिगड़ा है। कहीं एकाध जगह ऐसा उदाहरण मिल जाय तो मिल जाय जैसे कि ये हैं–

(क) दंडा करन बीझ बन **जाहाँ**? (जाहाँ=जहाँ)

(ख) करन पास लीन्हेउ कै छंदू।
विप्र रूप धरि झिलमिल इंदू।।

(इंद्र के स्थान पर 'इंदू' करना ठीक नहीं हुआ है।)

जायसी के दो शब्दों का व्यवहार पाठकों को कुछ विलक्षण प्रतीत होगा। उन्होंने 'निरास' शब्द का प्रयोग 'जो किसी की आशा का न हो, जो किसी का आश्रित न हो' इस अर्थ में किया है, जैसे–

ओहि न मोरि किछु आसा, हौं ओहि आस करउँ।
तेहि **निरास** प्रीतम कह, जिउ न देउँ, का देउँ?।।

व्युत्पत्ति के अनुसार तो इस अर्थ में कोई बाधा नहीं पर प्रवृत्ति से भिन्न होने के कारण 'अप्रयुक्तत्व' दोष अवश्य है। दूसरा शब्द है 'बिसवास' जिसे जायसी 'विश्वासघात' के अर्थ में लाए हैं, जैसे–

(क) राजै बीरा दीन्हा, नहिं जाना **बिसवास**।

(ख) आदम हौवा कहँ सृजा, लेइ घाला कैलास।
पुनि तहँवा से काढ़ा, नारद के **बिसवास**।।

इसी प्रकार 'बिसवासी' शब्द भी विश्वासघाती के अर्थ में कई जगह लाया गया है–

अरे मलिछ **बिसवासी** देवा। कित मैं आइ कीन्हि तोरि सेवा।।

और कवियों ने भी 'बिसासी' शब्द का इसी अर्थ में प्रयोग किया है, जैसे–

(क) कबहूँ वा **बिसासी** सुजान के आँगन मों अँसुवान को लै बरसौ।
–घनानंद

(ख) अब तौ उर माहि बसाय कै मारत ए जू **बिसासी**! कहाँ धौं बसे।
–घनानंद

(ग) सेखर घेरे करें सिगरे, पुरवासी **बिसासी** भए दुखदात हैं।
–शेखर

(घ) जापै हौं पठाई ता **बिसासी** पै गई न दीसै;
संकर की चाही चंदकला तैं लहाई री। **–दूलह**

जायसी की भाषा बोलचाल की और सीधी है। समस्त पदों का व्यवहार उन्होंने बहुत ही कम किया है। जहाँ किया भी है वहाँ दो से अधिक पदों के समास का नहीं। दो पदों के समासों का भी हाल यह है कि वे तत्पुरुष ही हैं और अधिकतर संस्कृत की रीति पर नहीं हैं, विपरीत क्रम से हैं, जैसे कि फारसी में हुआ करते

हैं। दो उदाहरण नमूने के लिए काफी होंगे–

(क) **लीक पखान** पुरुष कर बोला। (=पखान-लीक)

(ख) भा भिनसार **किरिन रवि** फूटी। (=रवि-किरिन)

एक स्थान में तो पद्मावत में फारसी का एक वाक्यखंड ही उठाकर रख दिया गया है–

केस मेघावरि **सिर ता पाईं।**

यह 'सिर ता पाईं' फारसी का 'सर ता पा' है जिसका अर्थ होता है 'सिर से पैर तक।' फारसी की बस इतनी ही थोड़ी सी झलक कहीं-कहीं पर दिखाई पड़ती है, और सब तरह से जायसी की भाषा देशी साँचे में ढली हुई, हिंदुओं के घरेलू भावों से भरी हुई, बहुत ही मधुर और हृदयग्राहिणी है। 'खुसबोय', 'दराज', ऐसे भोंड़े शब्द, 'खुसाल खुसबाही सौं' ऐसे बेहूदा वाक्य कहीं नहीं मिलते। बादशाही दरबार आदि के वर्णन में 'अरकान', 'बारिगह' आदि कुछ शब्द आए हैं पर वे प्रसंग के विचार से नहीं खटकते।

जायसी की भाषा बहुत ही मधुर है पर उसका माधुर्य निराला है। वह माधुर्य 'भाषा' का माधुर्य है, संस्कृत का माधुर्य नहीं। वह संस्कृत की कोमलकांत पदावली पर अवलंबित नहीं। उसमें अवधी अपनी निज की स्वाभाविक मिठास लिए हुए है। 'मंजु', 'अमंद' आदि की चाशनी उसमें नहीं है। जायसी की भाषा और तुलसी की भाषा में यह बड़ा भारी अंतर है। जायसी की पहुँच अवध में प्रचलित लोकभाषा के भीतर बहते हुए माधुर्यस्रोत तक ही थी, पर गोस्वामी जी की पहुँच दीर्घ संस्कृत परंपरा द्वारा परिपक्व चाशनी के भांडागार तक भी पूरी-पूरी थी। दोनों के भिन्न प्रकार के माधुर्य का अनुमान नीचे उद्धृत चौपाइयों से हो सकता है–

(1) जब हुँत कहि गा पंखि सँदेसी। सुनिउँ की आवा है परदेसी।।
तब हुँत तुम्ह बिनु रहै न जीऊ। चातक भइउँ कहत 'पिउ पीऊ'।।
भइउँ चकोरि सो पंथ निहारी। समुद सीप जस नयन पसारी।।
भइउँ विरह जरि कोइलि कारी। डार डार जिमि कूकि पुकारी।।

–जायसी

(2) अमिय मूरि मय चूरन चारू। समन सकल भवरुज परिवारू।।
सुकृत संभु तन बिमल विभूती। मंजुल मंगल मोद प्रसूती।।
जन मन मंजु मुकुर मल हरनी। किए तिलक गुनगन बस करनी।।
श्रीगुरु पद नख मनि गन जोती। सुमिरत दिव्य दृष्टि हिय होती।।

–तुलसी

यदि गोस्वामी जी ने अपने 'मानस' की रचना ऐसी ही भाषा में की होती जैसी कि इन चौपाइयों की है–

कोउ नृप होउ हमै का हानी। चेरि छाँड़ि अब होब कि रानी।।
जारै जोग सुभाउ हमारा। अनभल देखि न जाइ तुम्हारा।।

तो उनकी भाषा 'पदमावत' की ही भाषा होती और यदि जायसी ने सारी 'पदमावत' की रचना ऐसी भाषा में की होती जैसी कि इस चौपाई की है—

उदधि आइ तेइ बंधन कीन्हा। हति दसमाथ अमरपद दीन्हा।।

तो उसकी और 'रामचरितमानस' की एक भाषा होती। पर जायसी में इस प्रकार की भाषा कहीं ढूँढ़ने से एकाध जगह मिल सकती है। तुलसीदास जी में ठेठ अवधी की मधुरता भी प्रसंग के अनुसार जगह-जगह मिलती है। सारांश यह कि तुलसीदास जी को दोनों प्रकार की भाषाओं पर अधिकार था और जायसी को एक ही प्रकार की भाषा पर। एक ही ढंग की भाषा की निपुणता उनकी अनूठी थी। अवधी की खलिस, बेमेल मिठास के लिए 'पदमावत' का नाम बराबर लिया जाएगा।

संक्षिप्त समीक्षा

अब तक जो कुछ लिखा गया उसमें जायसी की इन विशेषताओं और गुणों की ओर मुख्यतः ध्यान गया होगा—

(1) विशुद्ध प्रेममार्ग का विस्तृत प्रत्यक्षीकरण

लौकिक प्रेमपथ के त्याग, कष्टसहिष्णुता तथा विघ्नबाधाओं का चित्रण करके कवि ने भगवत्प्रेम की उस साधना का स्वरूप दिखाया है जो मनुष्य की वृत्तियों को विश्व का पालन और रंजन करने वाली उस परम वृत्ति में लीन कर सकती है।

(2) प्रेम की अत्यंत व्यापक और गूढ़ भावना

लौकिक प्रेम के उत्कर्ष द्वारा जायसी को भगवत्प्रेम की गंभीरता का निरूपण करना था इससे वियोगवर्णन में सारी सृष्टि वियोगिनी की अनुभूति में योग देती दिखाई गई है। जिस प्रेम का आलंबन इतना बड़ा है—अनंत और विश्वव्यापक है—उसके अनुरूप प्रेम की व्यंजना के लिए एक मनुष्य का क्षुद्र हृदय पर्याप्त नहीं जान पड़ता; इससे कहीं-कहीं वियोगिनी सारी सृष्टि के प्रतिनिधि के रूप में दिखाई पड़ती है। उसकी 'प्रेमपीर' सारे विश्व की 'प्रेमपीर' सी लगती है।

(3) मर्मस्पर्शिनी भावव्यंजना

प्रेम या रति भाव के अतिरिक्त स्वामिभक्ति, वीरदर्प, पातिव्रत तथा और छोटे-छोटे भावों की व्यंजना अत्यंत स्वाभाविक और हृदयग्राही रूप में जायसी ने कराई है; जिससे उनके हृदय की उदात्त वृत्ति और कोमलता का परिचय मिलता है।

(4) प्रबंधसौष्ठव

पद्मावत की कथावस्तु का प्रवाह स्वाभाविक है। केवल कुतूहल उत्पन्न करने के लिए घटनाएँ इस प्रकार कहीं नहीं मोड़ी गई हैं जिससे बनावट या अलौकिकता प्रकट

हो। किसी गुण का उत्कर्ष दिखाने के लिए भी घटना में अस्वाभाविकता जायसी ने नहीं आने दी है। दूसरी बात यह है कि वर्णन के लिए जायसी ने मनुष्यजीवन के मर्मस्पर्शी स्थलों को पहचान कर रखा है। परिणाम वैसे ही दिखाए गए हैं, जैसे संसार में दिखाई पड़ते हैं कर्मफल के उपदेश के लिए उनकी योजना नहीं की गई है। पदमावत में राघवचेतन ही का चरित्र खोटा दिखाया गया है; पर उसकी कोई दुर्गति कवि ने नहीं दिखाई। राघव का उतना ही वृत्त आया है जितने का घटनाओं को 'कार्य' की ओर अग्रसर करने में योग है।

(5) वर्णन की प्रचुरता

जायसी के वर्णन बहुत विस्तृत हैं—विशेषतः सिंहलद्वीप, नखशिख, भोज, बारहमासा, चढ़ाई और युद्ध के—जिनसे उनकी जानकारी और वस्तुपरिचय का अच्छा पता लगता है। कहीं तो इतनी वस्तुएँ गिनाई गई हैं कि जी ऊब जाता है।

(6) प्रस्तुत अप्रस्तुत का सुंदर समन्वय

पदमावत की अन्योक्तियों और समासोक्तियों में प्रस्तुत अप्रस्तुत का जैसा सुंदर समन्वय देखा जाता है वैसा हिंदी के कम कवियों में पाया जाता है। अप्रस्तुत की व्यंजना के लिए जो प्रस्तुत वस्तुएँ काम में लाई गई हैं और प्रस्तुत की व्यंजना के लिए जो अप्रस्तुत वस्तुएँ सामने रखी गई हैं, वे आवश्यकतानुसार कहीं बोधवृत्ति में सहायक होती हैं और कहीं भावों के उद्दीपन में। योगसाधकों के मार्ग की जो व्यंजना चित्तौरगढ़ के प्रस्तुत वर्णन द्वारा कराई गई है, वह रोचक चाहे न हो पर ज्ञानप्रद अवश्य है। इसी प्रकार 'कँवल जो बिगसा मानसर बिनु जल गएउ सुखाइ' वाले दोहे में जो जल बिना सूखते कमल का अप्रस्तुत दृश्य सामने रखा गया है वह सौंदर्य की भावना के साथ-साथ दया और सहानुभूति के भाव को उद्दीप्त करता है।

(7) ठेठ अवधी का माधुर्य

जायसी ने संस्कृत के सुंदर पदों की सहायता के बिना ठेठ अवधी का भोला-भाला माधुर्य दिखाया है, इसका वर्णन पूर्व प्रकरण में आ चुका है।

जिस प्रकार जायसी के उपर्युक्त गुणों और विशेषताओं की ओर पाठक का ध्यान गए बिना नहीं रह सकता उसी प्रकार इन नीचे लिखी त्रुटियों की ओर भी—

(1) पुनरुक्ति

'पदमावत' में एक ही भाव, एक ही उपमा, कहीं-कहीं तो एक ही वाक्य में न जाने कितनी जगह और कितनी बार आई है। सूर और चाँद के जोड़े से तो शायद ही कोई पृष्ठ खाली मिले। पद्मावती के नखशिख का जो वर्णन सूए ने रत्नसेन से किया है, प्रायः वही राघवचेतन अलाउद्दीन के सामने दुहराता है। प्रायः वे उपमाएँ और उत्प्रेक्षाएँ फिर आई हैं; कुछ थोड़ी सी दूसरी हों तो हों। सूखे सरोवर के फटने

का भाव तीन जगह लाया गया है। इसी प्रकार और बहुत सी पुनरुक्तियाँ हैं जिनके कारण पाठकों को कभी-कभी विरक्ति हो जाती है।

(2) अरोचक और अनपेक्षित प्रसंगों का सन्निवेश

रत्नसेन-पद्मावती-समागम के वर्णन में राजा का रसायनी प्रलाप और शतरंज के मोहरों और चालों की बंदिश, नागमती-पद्मावती-विवाद के भीतर फूल-पौधों के नामों की अनावश्यक योजना इसी प्रकार की है। सोलह शृंगार और बारह आभरणों का वर्णन तथा ज्योतिष का लंबा-चौड़ा यात्राविचार केवल जानकारी प्रकट करने के लिए जोड़े हुए जान पड़ते हैं। ये किसी काव्य के प्रकृत अंग कदापि नहीं हो सकते। पद्मावती, चित्रिणी आदि चार प्रकार की स्त्रियों के वर्णन भी कामशास्त्र के ग्रंथ में ही उपयुक्त हो सकते हैं। काव्य कामशास्त्र नहीं है।

(3) वर्णनों में वस्तुनामावली का अरोचक विस्तार

रत्नसेन के विवाह और बादशाह की दावत के वर्णन में पकवानों और व्यंजनों की लंबी सूची, बगीचे के वर्णन में पौधों के नाम ही नाम, युद्धयात्रा आदि के वर्णन में घोड़ों की जातियों की गिनती से पाठक का जी ऊबने लगता है। वर्णन का अर्थ गिनती नहीं है।

(4) अनुचितार्थत्व

कई जगह शृंगार के प्रसंग में नायक रत्नसेन रावण कहा गया है—ऐसा हिंदी के कुछ सूफी कवियों ने भी, शायद 'रावण' का अर्थ रमण करने वाला मानकर, किया है। पर इस शब्द से 'रुलानेवाले' रावण की ओर ही ध्यान जाता है। रावण बड़ा भारी प्रतापी और शूरवीर रहा हो, पर मनोहर नायक के रूप में कविपरंपरा से उसकी प्रसिद्धि नहीं है। वह हीन और दुष्ट पात्र ही प्रसिद्ध है।

(5) न्यूनपदत्व

भाषा पर विचार करते समय विभक्तियों, कारकचिह्नों, संबंधवाचक, सर्वनामों और अव्ययों के लोप के ऐसे उदाहरण दिए जा चुके हैं जिनके कारण अर्थ में गड़बड़ी होती है।

(6) च्युतसंस्कृति

इसका एक उदाहरण दिया जाता है—

दसन देखि कै बीजु लजाना।

हिंदी में चरित्रकाव्य बहुत थोड़े हैं। ब्रजभाषा में तो कोई ऐसा चरितकाव्य नहीं जिसने जनता के बीच प्रसिद्धि प्राप्त की हो। पुरानी हिंदी के पृथ्वीराजरासो, बीसलदेवरासो, हम्मीररासो आदि वीरगाथाओं के पीछे चरितकाव्य की परंपरा हमें अवधी

भाषा में ही मिलती है। ब्रजभाषा में केवल ब्रजवासीदास के ब्रजविलास का कुछ प्रचार कृष्णभक्तों में हुआ, शेष रामरसायन आदि जो दो एक प्रबंधकाव्य लिखे गए वे जनता को कुछ भी आकर्षित न कर सके। केशव की रामचंद्रिका का काव्यप्रेमियों में आदर रहा पर उसमें प्रबंधकाव्य के वे गुण नहीं हैं जो होने चाहिए। चरितकाव्य में अवधी भाषा को ही सफलता हुई और अवधी साहित्य में हम जायसी के उच्च स्थान का अनुमान कर सकते हैं।

बिना किसी निर्दिष्ट विवेचन पद्धति के यों ही कवियों की श्रेणी बाँधना और एक कवि को दूसरे कवि से छोटा या बड़ा कहना हम एक बहुत भोंड़ी बात समझते हैं। जायसी के स्थान का निश्चय करने के लिए हमें चाहिए कि हम पहले अलग-अलग क्षेत्र निश्चित कर लें। सुबीते के लिए यहाँ हम हिंदी काव्य के दो ही क्षेत्रविभाग करके चलते हैं—प्रबंध क्षेत्र और मुक्तक क्षेत्र। इन दोनों क्षेत्रों के भीतर भी कई उपविभाग हो सकते हैं। यहाँ मुक्तक क्षेत्र से कोई प्रयोजन नहीं जिसके अंतर्गत केशव, बिहारी, भूषण, देव, पदमाकर आदि कवि आते हैं। प्रबंध क्षेत्र के भीतर हम कह चुके हैं, दो काव्य सर्वश्रेष्ठ हैं—'रामचरितमानस' और 'पदमावत'। दोनों में 'रामचरितमानस' का पद ऊँचा है यह हम स्थान-स्थान पर दिखाते भी आए हैं और सबको स्वीकृत भी होगा। अतः समग्र प्रबंधक्षेत्र के विचार से हम कह सकते हैं कि प्रबंधक्षेत्र में जायसी का स्थान तुलसी से दूसरा है। और जीवनगाथा—और इस व्यवस्था के अनुसार रासो आदि को वीरगाथा के अंतर्गत, मृगावती, पद्मावती आदि—को प्रेमगाथा के अंतर्गत तथा रामचरितमानस को जीवनगाथा के अंतर्गत रखते हैं तो प्रेमगाथा की परंपरा के भीतर (जिसमें कुतुबन, उसमान, नूरमुहम्मद आदि हैं) जायसी का नंबर सबसे ऊँचा ठहरता है। मृगावती, चंद्रावती, चित्रावली आदि को बहुत कम लोग जानते हैं, पर 'पदमावत' हिंदी साहित्य का एक जगमगाता रत्न है।

यदि कोई इसके विचार का आग्रह करे कि प्रबंध और मुक्तक इन दो क्षेत्रों में कौन क्षेत्र अधिक महत्त्व का है, किस क्षेत्र में कवि की सहृदयता और भावुकता की पूरी परख हो सकती है, तो हम बार-बार वही बात कहेंगे जो गोस्वामी जी की आलोचना में कह आए हैं अर्थात् प्रबंध के भीतर आई हुई मानवजीवन की भिन्न-भिन्न दशाओं के साथ जो अपने हृदय का पूर्ण सामंजस्य दिखा सके वही पूरा और सच्चा कवि है। प्रबंध क्षेत्र में तुलसीदास जी का जो सर्वोच्च आसन है, उसका कारण यह है कि वीरता, प्रेम आदि जीवन का कोई एक ही पक्ष न लेकर उन्होंने संपूर्ण जीवन को लिया है और उसके भीतर आने वाली अनेक दशाओं के प्रति अपनी गहरी अनुभूति का परिचय दिया है। जायसी का क्षेत्र तुलसी की अपेक्षा परिमित है पर प्रेमवेदना उनकी अत्यंत गूढ़ है।

—रामचंद्र शुक्ल

पदमावत

(1) स्तुतिखंड

सुमिरौं आदि एक करतारू । जेहि जिउ दीन्ह कीन्ह संसारू।।
कीन्हेसि प्रथम जोति परकासू । कीन्हेसि तेहि पिरीत कैलासू।।
कीन्हेसि अगिनि, पवन, जल खेहा । कीन्हेसि बहुतै रंग उरेहा।।
कीन्हेसि धरती, सरग, पतारू । कीन्हेसि बरन बरन औतारू।।
कीन्हेसि दिन, दिनअर, ससि, राती । कीन्हेसि नखत, तराइन पाँती।।
कीन्हेसि धूप, सीउ औ छाँहा । कीन्हेसि मेघ, बीजु तेहि माँहा।।
कीन्हेसि सप्त मही बरम्हंडा । कीन्हेसि भुवन चौदहो खंडा।।
कीन्ह सबै अस जाकर दूसर छाज न काहि।
पहिले ताकर नावँ लै कथा करौं औगाहि।। 1 ।।
कीन्हेसि सात समुंद अपारा। कीन्हेसि मेरु, खिखिंद पहारा।।
कीन्हेसि नदी, नार औ झरना । कीन्हेसि मगर मच्छ बहु बरना।।
कीन्हेसि सीप, मोति जेहि भरे। कीन्हेसि बहुतै नग निरमरे।।
कीन्हेसि वनखँड औ जरि मूरी। कीन्हेसि तरिवर तार खजूरी।।
कीन्हेसि साउज आरन रहईं । कीन्हेसि पंखि उड़हिं जहँ चहईं।।
कीन्हेसि बरन सेत औ स्यामा । कीन्हेसि भूख नींद बिसरामा।।
कीन्हेसि पान फूल बहु भोगू। कीन्हेसि बहु ओषद, बहु रोगू।।
निमिख न लाग करत ओहि, सबै कीन्ह पल एक।
गगन अंतरिख राखा बाज खंभ बिनु टेक।। 2 ।।
कीन्हेसि अगर कसतुरी बेना। कीन्हेसि भीमसेन औ चीना।।
कीन्हेसि नाग, जो मुख बिष बसा। कीन्हेसि मंत्र, हरे जेहि डसा।।

---

(1) उरेहा=चित्रकारी। सीउ=शीत। कीन्हेसि...कैलासू=उसी ज्योति अर्थात् पैगबर मुहम्मद की प्रीति के कारण स्वर्ग की सृष्टि की (कुरान की आयत)। कैलासू=स्वर्ग, बिहिश्त। इस शब्द का प्रयोग जायसी ने बराबर इसी अर्थ में किया है। (2) खिखिंद=किष्किंधा। निरमरे=निर्मल। साउज=वे जानवर जिनका शिकार किया जाता है। आरन=अरण्य। (2) बाज=बिना (सं. वर्ज्य)। जैसे, दीन दुख दारिद दलै को कृपा बारिधि बाज?—तुलसी।

कीन्हेसि अमृत, जियै जो पाए। कीन्हेसि बिक्ख, मीचु जेहि खाए।।
कीन्हेसि ऊख मीठ-रस-भरी। कीन्हेसि करू बेल बहु फरी।।
कीन्हेसि मधु लावै लै माखी। कीन्हेसि भौंर पंखि औ पाँखी।।
कीन्हेसि लोवा इंदुर चाँटी। कीन्हेसि बहुत रहहिं खनिमाटी।।
कीन्हेसि राकस भूत परेता। कीन्हेसि भोकस देव दएता।।
कीन्हेसि सहस अठारह बरन बरन उपराजि।।
भुगुति दिहेसि पुनि सबन कहँ सकल साजना साजि।।3।।

कीन्हेसि मानुष, दिहेसि बड़ाई। कीन्हेसि अन्न, भुगुति तेहि पाई।।
कीन्हेसि राजा भूजहिं राजू। कीन्हेसि हस्ति घोर तेहि साजू।।
कीन्हेसि दरब गरब जेहि होई। कीन्हेसि लोभ, अघाइ न कोई।।
कीन्हेसि जियन, सदा सब चहा। कीन्हेसि मीचु, न कोई रहा।।
कीन्हेसि सुख औ कोटि अनंदू। कीन्हेसि दुख चिंता औ धंदू।।
कीन्हेसि कोइ भिखारि, कोई धनी। कीन्हेसि संपति विपति पुनी घनी।।
कीन्हेसि कोइ निभरोसी, कीन्हेसि कोइ बरियार।
छारहिं तें सब कीन्हेसि, पुनि कीन्हेसि सब छार।।4।।

धनपति उहै जेहिक संसारू। सबैं देइ नित, घट न भँडारू।।
जावत जगत हस्ति औ चाँटा। सब कहँ भुगुति रात दिन बाँटा।।
ताकर दीठि जो सब उपराहीं। मित्र सत्रु कोइ बिसरै नाहीं।।
पंखि पतन न बिसरे कोई। परगट गुपुत जहाँ लगि होई।।
भोग भुगुति बहु भाँति उपाई। सबै खवाइ, आप नहिं खाई।।
ताकर उहै जो खाना पियना। सब कहँ देइ भुगुति औ जियना।।
सबै आसहर ताकर आसा। वह न काहु के आस निरासा।।
जुग जुग देत घटा नहिं, उभै हाथ अस कीन्ह।
और जो दीन्ह जगत महँ, सो सब ताकर दीन्ह।।5।।

आदि एक बरनौं सोइ राजा। आदि न अंत राज जेहि छाजा।।
सदा सरबदा राज करेई। औ जेहि चहै राज तेहि देई।।
छत्रहिं अछत, निछत्रहिं छावा। दूसर नाहिं जो सरवरि पावा।।
परबत ढाह देख सब लोगू। चाँटहि करै हस्ति सरि-जोगू।।
बज्रहिं तिनकहिं मारि उड़ाई। तिनहि बज्र करि देइ बड़ाई।।
ताकर कीन्ह न जानै कोई। करै सोइ जो चित्त न होई।।
काहू भोग भुगुति सुख सारा। काहू बहुत भूख दुख मारा।।

(3) बेना=खस। भीमसेन, चीना=कपूर के भेद। लोवा=लोमड़ी। इंदुर=चूहा। चाँटी=चींटी। भोकस=दानव। सहस अठारह=अठारह हजार प्रकार के जीव (इसलासी किताबों के अनुसार)। (4) भूजहिं=भागते हैं। बरियार=बलवान। (5) उपाई=उत्पन्न की। आसहर=निराशा।

सबै नास्ति वह अहथिर, ऐस साज जेहि केर।
एक साज औ भाँजै, चहै सँवारै फेर।।6।।

अलख अरूप अबरन सो कर्ता। वह सब सों, सब ओहि सों बर्ता।।
परगट गुपुत सो सरबबिआपी। धरमी चीन्ह न चीन्है पापी।।
ना ओहि पूत न पिता न माता। ना ओहि कुटुंब न कोई सँग नाता।।
जना न काहु न कोइ ओहि जना। जहँ लगि सब ताकर सिरजना।।
वै सब कीन्ह जहाँ लगि कोई। वह नहिं कीन्ह काहु कर होई।।
हुत पहिले अरु अब है सोई। पुनि सो रहै रहै नहिं कोई।।
और जो होइ सो बाउर अंधा। दिन दुइ चारि मरै करि धंधा।
जो चाहा सो कीन्हेसि, करै जो चाहे कीन्ह।
बरजनहार न कोई, सवै चाहि जिउ दीन्ह।।7।।

एहि विधि चीन्हहु करहु गियानू। जस पुरान महँ लिखा बखानू।।
जीउ नाहिं पै जियै गुसाईं। कर नाहीं पर करै सबाईं।।
जीभ नाहिं पै सब किछु बोला। तन नाहीं सब ठाहर डोला।।
स्रवन नाहिं पै सब किछु सुना। हिया नाहिं पै सब किछु गुना।।
नयन नाहि पै सब किछु देखा। कौन भाँति अस जाइ बिसेखा।।
है नाहीं कोइ ताकर रूपा। ना ओहि सन कोइ आहि अनूपा।।
ना ओहि ठाउँ न ओहि बिनु ठाऊँ। रूप रेख बिनु निरमल नाऊँ।।
ना वह मिला न बेहरा, ऐस रहा भरिपूर।
दीठिवंत कहँ नीयरे, अंध मूरखहिं दूरि।।8।।

और जो दीन्हेसि रतन अमोला। ताकर मरम न जानै भोला।।
दीन्हेसि रसना औ रस भोगू। दीन्हेसि दसन जो बिहँसै जोगू।।
दीन्हेसि जग देखन कहँ नैना। दीन्हेसि स्रवन सुनै कहँ बैना।।
दीन्हेसि कंठ बोल जेहि माहाँ। दीन्हेसि कर पल्लौ बर बाँहा।।
दीन्हेसि चरन अनूप चलाहीं। सो जानइ जेहि दीन्हेसि नाहीं।।
जोबन मरम जान पै बूढ़ा। मिला न तरुनापा जग ढूँढ़ा।।
दुख कर मरम न जानै राजा। दुखी जान जापर दुख बाजा।।
काया मरम जान पै रोगी, भोगी रहै निचिंत।
सब कर मरम गोसाईं (जान) जो घट घट रहै निंत।।9।।

अति अपार करता कर करना। बरनि न कोई पावै बरना।।
सात सरग जो कागद करई। धरती समुद दुहूँ मसि भरई।।
जावत जग साखा बनढाखा। जावत केस रोंव पँखि पाँखा।।

---

(6) भाँजै=भंजन करता है, नष्ट करता है। (7) सिरजना=रचना। (8) बेहरा=अलग (बिहरना=फटना)।
(9) बाजा=पड़ा है।

जावत खेह रेह दुनियाई। मेघबूँद औ गगन तराई।।
सब लिखनी कै लिखु संसारा। लिखि न जाइ गति समुद अपारा।।
ऐस कीन्ह सब गुन परगटा। अबहुँ समुद महँ बूँद न घटा।।
ऐस जानि मन गरब न होई। गरब करै मन बाउर सोई।।

बड़ गुनवंत गोसाईं, कहै सँवारै वेग।
औ अस गुनी सँवारै, जो गुन करै अनेग।।10।।

कीन्हेसि पुरुष एक निरमरा। नाम मुहम्मद पूनौ करा।।
प्रथम जोति विधि ताकर साजी। औ नहिं प्रीति सिहिटि उपराजी।।
दीपक लेसि जगत कहँ दीन्हा। भा निरमल जग, मारग चीन्हा।।
जौ न होत अस पुरुष उजारा। सूझि न परत पंथ अँधियारा।।
दुसरे ठाँव दैव वै लिखे। भए धरमी जे पाढ़त सिखे।।
जेहि नहिं लीन्ह जनम भरि नाऊँ। ता कहँ कीन्ह नरक महँ ठाऊँ।।
जगत बसीठ दई ओहि कीन्हा। दुइ जग तरा नावँ जेहि लीन्हा।।

गुन अवगुन विधि पूछब, होइहि लेख औ जोख।
वह बिनउब आगे होइ, करब जगत कर मोख।।11।।

चारि मीत जो मुहम्मद ठाऊँ। जिन्हहिं दीन्ह जग निरमल नाऊँ।।
अबाबकर सिद्दीक सयाने। पहिले सिदिक दीन वइ आने।।
पुनि सो उमर खिताब सुनाए। भा जग अदल दीन जो आए।।
पुनि उसमान पँडित बड़ गुनी। लिखा पुरान जो आयत सुनी।।
चौथे अली सिंह बरियारू। सौहँ न कोऊ रहा जुझारू।।
चारिउ एक मतै, एक बाना। एक पंथ औ एक संधाना।।
बचन एक जो सुनावइ साँचा। भा परवान दुहूँ जग बाँचा।।

जो पुरान विधि पठवा, सोई पढ़त गरंथ।
और जो भूले आवत, सो सुनि लागे पंथ।।12।।

सेरसाहि देहली सुलतानू। चारिउ खंड तपै जस भानू।।
ओही छाज छात औ पाटा। सब राजै भुइँ धरा लिलाटा।।
जाति सूर औ खाँड़े सूरा। औ बुधिवंत सबै गुन पूरा।।
सूर नवाए नवखँड नवई। सातउ दीप दुनी सब नई।।
तहँ लगि राज खड़ग करि लीन्हा। इसकंदर जुलकरन जो कीन्हा।।

---

(10) खेह=धूल, मिट्टी। रेह=राख, क्षार। दुनियाई=दुनिया में। बाउर=बावला। अनेग=अनेक। (11) पूनौ करा=पूर्णिमा की कला। प्रथम उपराजी=कुरान में लिखा है कि यह संसार मुहम्मद के लिए रचा गया, मुहम्मद न होते तो यह दुनिया न होती। जगत्‌बसीठ=संसार में ईश्वर का संदेसा लानेवाला, पैगंबर। लेख जोख=कर्मों का हिसाब। दूसरे ठाँव...वै लिखे=ईश्वर ने मुहम्मद को दूसरे स्थान पर लिखा अर्थात्‌ अपने से दूसरा दरजा दिया। पाढ़त=पढ़ंत, मंत्र, आयत।

हाथ सुलेमाँ केरि अँगूठी। जग कहँ दान दीन्ह भरि मूठी।।
औ अति गरू भूमिपति भारी। टेकि भूमि सब सिहिटि सँभारी।।
दीन्ह असीस मुहम्मद, करहु जुगहि जुग राज।
बादसाह तुम जगत के जग तुम्हार मुहताज।।13।।

बरनौं सूर भूमिपति राजा। भूमि न भार सहै जेहि साजा।।
हय गय सेन चलै जग पूरी। परबत टूटि उड़हिं होइ धूरी।।
रेनु रैनि होइ रबिहिं गरासा। मानुख पंखि लेहिं फिरि बासा।।
भुइँ उड़ि अंतरिक्ख मृतमंडा। खंड-खंड धरती बरम्हंडा।।
डोलै गगन, इंद्र डरि काँपा। बासुकि जाइ पतारहिं चाँपा।।
मेरु धसमसै, समुद सुखाई। बन खँड टूटि खेह मिलि जाई।।
अगिलहिं कहँ पानी लेइ बाँटा। पछिलहिं कहँ नहिं काँदौ आटा।।
जो गढ़ नएउ न काहुहिं चलत होइ सो चूर।
जब वह चढ़ै भूमिपति सेरसाहि जग सूर।। 14।।

अदल कहौं पुहुमी जस होई। चाँटा चलत न दुखवै कोई।।
नौसेरवाँ जो आदिल कहा। साहि अदल सरि सोउ न अहा।।
अदल जो कीन्ह उमर कै नाईं। भई अहा सगरो दुनियाई।।
परी नाथ कोइ छुवै न पारा। मारग मानुष सोन उछारा।।
गऊ सिंह रेंगहि एक बाटा। दूनौ पानि पियहिं एक घाटा।।
नीर खीर छानै दरबारा। दूध पानि सब करै निनारा।।
धरम नियाव चलै, सत भाखा। दूबर बली एक सम राखा।।
सब पृथवी सीसहिं नई जोरि जोरि कै हाथ।
गंग जमुन जौ लगि जल तौ लगि अम्मर नाथ।।15।।

पुनि रूपवंत बखानौ काहा। जावत जगत सबै मुख चाहा।।
ससि चौदसि जो दई सँवारा। ताहू चाहि रूप उँजियारा।।
पाप जाइ जो दरसन दीसा। जग जुहार कै देत असीसा।।
जैस भानु जग ऊपर तपा। सबै रूप ओहि आगे छपा।।
अस भा सूर पुरुष निरमरा। सूर चाहि दस आगर करा।।

---

(12) सिदिक=सच्चा। दीन=धर्म, मत। बाना=रीति, ढंग। संधान=खोज, उद्देश्य, लक्ष्य। (13) छात=छत्र। पाट=सिंहासन। सूर=शेरशाह सूर जाति का पठान था। जुलकरन=जुलकरनैन, सिकंदर की एक अरबी उपाधि जिसका अर्थ लोग भिन्न-भिन्न प्रकार से करते हैं। कोई दो सींगवाला अर्थ करते हैं और कहते हैं कि सिकंदर यूनानी (यवन) प्रथा के अनुसार दो सींगवाली टोपी पहनता था, कोई पूर्व और पश्चिमी दोनों कोनों को जीतने वाला, कोई बीस वर्ष राज्य करने वाला और कोई दो उच्च ग्रहों से युक्त अर्थात् भाग्यवान् अर्थ करते हैं। (14) काँदौ=कर्दम, कीचड़। (15) अहा=था। भई अहा=वाह वाह हुई। नाथ=नाक में पहनने की नथ। पारा=सकता है। निनारा=अलग-अलग (निर्णय)।

सौंह दीठि कै हेरि न जाई। जेहि देखा सो रहा सिर नाई।।
रूप सवाई दिन दिन चढ़ा। बिधि सुरूप जग ऊपर गढ़ा।।
रूपवंत मनि माथे, चंद्र घाटि वह बाढ़ि।
मेदिनि दरस लोभानी, असतुति बिनवै ठाढ़ि।।16।।

पुनि दातार दई जग कीन्हा। अस जग दान न काहू दीन्हा।।
बलि बिक्रम दानी बड़ कहे। हातिम करन तियागी अहे।।
सेरसाहि सरि पूज न कोऊ। समुद सुमेर भँडारी दोऊ।।
दान डाँक बाजै दरबारा। कीरति गई समुंदर पारा।।
कंचन परसि सूर गज भयऊ। दारिद भागि दिसंतर गयऊ।।
जो कोइ जाइ एक बेर माँगा। जनम न भा पुनि भूखा नागा।।
दस असमेध जगत जेइ कीन्हा। दान-पुन्य सरि सौंह न दीन्हा।।
ऐस दानि जग उपजा सेरसाहि सुलतान।
ना अस भयउ न होइहि, ना कोइ देइ अस दान।।17।।

सैयद असरफ पीर पियारा। जेहि मोहि पंथ दीन्ह उँजियारा।।
लेसा हियें प्रेम कर दीया। उठी जोत भा निरमल हीया।।
मारग हुत अँधियार जो सूझा। भा अँजोर, सब जाना बूझा।।
खार समुद्र पाप मोर मेला। बोहित-धरम लीन्ह कै चेला।।
उन्ह मोर कर बूड़त कै गहा। पायों तीर घाट जो अहा।।
जाकहँ ऐस होइ कंधारा। तुरत बेगि सो पावै पारा।।
दस्तगीर गाढ़े कै साथी। वह अवगाह दीन्ह तेहि हाथी।।
जहाँगीर वै चिस्ती निहकलंक जस चाँद।
वे मखदूम जगत के, हौं ओहि घर कै बाँद।।18।।

ओहि घर रतन एक निरमरा। हाजी सेख सबै गुन भरा।।
तेहि घर दुइ दीपक उजियारे। पंथ देई कहँ दैव सँवारे।।
सेख मुहम्मद पून्यो करा। सेख कमाल जगत निरमरा।।
दुऔ अचल ध्रुव डोलहिं नाहीं। मेरु खिखिंद तिन्हहुँ उपराहीं।।
दीन्ह रूप औ जोति गोसाईं। कीन्ह खंभ दुइ जग के ताईं।।
दुहूँ खंभ टेके सब मही। दुहुँ के भार सिहिटि थिर रही।।
जेहि दरसे औ परसे पाया। पाप हरा, निरमल भइ काया।।

---

(16) मुख चाहा=मुँह देखता है। आगर=अय, बढ़कर। चाहि=अपेक्षाकृत (बढ़कर)। करा=कला। ससि चौदसि=पूर्णिमा (मुसलमान प्रथम चंद्रदर्शन अर्थात् द्वितीया से तिथि गिनते हैं, इससे पूर्णिमा को उनकी चौदहवीं तिथि पड़ती है।) (17) डाँक=डंका।। सौंह न दीन्हा=सामना न किया। (18) लेसा=जलाया। कंधार=कर्णधार, केवट। हाथी दीन्ह=हाथ दिया, बाँह का सहारा दिया। अँजोर=उजाला। खिखिंद=किष्किंध पर्वत।

मुहमद तेइ निचिंत पथ जेहि सँग मुरसिद पीर।
जैहिके नाव औ खेवक बेगि लागि सौ तीर।।19।।

गुरु मोहदी खेवक मैं सेवा। जलै उताइल जेहि कर खेवा।।
अगुवा भएउ सेख बुरहानू। पंथ लाइ मोहि दीन्ह गियानू।।
अलहदाद भल तेहि कर गुरू। दीन दुनी रोसन सुरखुरू।।
सैयद मुहमद कै वै चेला। सिद्ध-पुरुष-संगम जेहि खेला।।
दानियाल गुरु पंथ लखाए। हजरत ख्वाज खिजिर तेहि पाए।।
भए प्रसन्न ओहि हजरत ख्वाजे। लिए मेरइ जहँ सैयद राजे।।
औहि सेवत मैं पाई करनी। उघरी जीभ, प्रेम कवि बरनी।।
वै सुगुरू, हो चेला, नित बिनबौं भा चेर।
उन्ह हुत देखै पायउँ दरस गोसाईं केर।।20।।

एक नयन कवि मुहमद गुनी। सोइ विमोहा जेहि कवि सुनी।।
चाँद जँस जग विधि औतारा। दीन्ह कलंक, कीन्ह उजियारा।।
जग सूझा एकै नयनाहाँ। उआ सूक जस नखतन्ह माहाँ।।
जौ लहि अंवहि डाभ न होई। तौ लहि सुगंध बसाइ न सोई।।
कीन्ह समुद्र पानि जो खारा। तौ अति भयउ असूझ अपारा।।
जौ सुमेरु तिरसूल बिनासा। भा कंचन गिरि लाग अकासा।।
एक नयन जस दरपन, औ निरमल तेहि भाउ।
सब रुपवंतइ पाउँ गहि मुख जोहहिं के चाउ।।21।।

चारि मीत कवि मुहमद पाए। जोरि मिताई सिर पहुँचाए।।
यूसुफ मलिक पँडित बहु ज्ञानी। पहिलै भेद बात वै जानी।।
पुनि सलार कादिम मतिमाहाँ। खाँड़े दान उभै निति बाहाँ।।
मियाँ सलोने सिंघ बरियारू। बीर खेतरन खड़ग जुझारू।।
सेख बड़े, बड़ सिद्ध बखाना। किए आदेस सिद्ध बड़ माना।।
चारिउ चतुरदसा गुन पढ़े। औ संजोग गोसाईं गढ़े।।
बिरिछ होइ जौ चंदन पासा। चंदन होइ बेधि तेहि बासा।।
मुहमद चारिउ मीत मिलि भए जो एकै चित्त।
एहि जग साथ जो निबहा, ओहि जग बिछुरन कित्त।।22।।

जायस नगर धरम अस्थानू। तहाँ आइ कवि कीन्ह बखानू।।
औ बिनती पँडितन सन भजा। टूट सँवारहु, नेरवहु सजा।।

---

(19) खेवक=खेनेवाला, मल्लाह। (20) खेवा=नाव का बोझ। सुरखुरू=सुर्खरू, मुख पर तेज धारण करने वाले। उताइल=जल्दी। मेरइ लिए=मिला लिया। सैयद राजे=सैयद राजा हामिद शाह। उन्ह हुत=उनके द्वारा (प्रा. हितो)। (21) नयनाहाँ=नयन से, आँख से। डाभ=आम के फल के मुँह पर का तीखा चेप। चोपी। (22) मतिमाहाँ=मतिमान्। उभै=उठती है। जुझारू=योद्धा। चतुरदसा गुन=चौदह विद्याएँ।

हौं पंडितन केर पछलगा। किछु कहि चला तबल देइ डगा।।
हिय भँडार नग अहै जो पूँजी। खोली जीभ तारु कै कूँजी।।
रतन पदारथ बोल जो बोला। सुरस प्रेम मधु भरा अमोला।।
जेहि के बोल बिरह कै घाया। कहँ तेहि भूख कहाँ तेहि माया।।
फेरे भेख रहै भा तपाँ। धूरि लपेटा मानिक छपा।।
मुहमद कवि जौ बिरह भा ना तन रकत न माँसु।
जेइ मुख देखा तेइ हँसा, सुनि तेहि आयउ आँसु।।23।।

सन नव सै सत्ताइस अहा। कथा अरंभ बैन कवि कहा।।
सिंघलदीप पदमिनी रानी। रतनसेन चितउर गढ़ आनी।।
अलउदीन देहली सुलतानू। राघौ चेतन कीन्ह बखानू।।
सुना साहि गढ़ छेंका आई। हिंदू तुरकन्ह भई लराई।।
आदि अंत जस गाथा अहै। लिखि भाखा चौपाई कहै।।
कवि बियास कँवला रस पूरी। दूरि सो नियर, नियर सो दूरी।।
नियरे दूर फूल जस काँटा। दूरि जो नियरे, जस गुड़ चाँटा।
भँवर आइ बनखँड सन लेइ कँवल कै बास।
दादुर बास न पावई भलहि जो आछै पास।।24।।

---

(23) विनती भजा=विनती की (करता हूँ)। टूट=त्रुटि, भूल। डगा=डुग्गी बजाने की लकड़ी। तारु=(क) तालू। (ख) ताला। कूँजी=कुँजी। फेरे भेष=वेष बदलते हुए। तपा=तपस्वी। (24) आछै=हैं। जैसे—कह कबीर कछु अछिलो न जहिया।

(2) सिंहलद्वीप वर्णन खंड

सिंघलद्वीप कथा अब गावौं।औ सो पदमिनि बरनि सुनावौं।।
निरमल दरपन भाँति बिसेखा। जो जेहि रूप सो तैसइ देखा।।
धनि सो दीप जहँ दीपक बारी। औ पदमिनि जो दई सँवारी।।
सात दीप बरनै सब लोगू।एकौ दीप न ओहि सरि जोगू।।
दियादीप नहिं तस उँजियारा। सरनदीप सर होइ न पारा।।
जंबूदीप कहौं तस नाहीं । लंकदीप सरि पूज न छाहीं।।
दीप गभस्थल आरन परा। दीप महुस्थल मानुस हरा।।
सब संसार परथमैं आए सातौं दीप।
एक दीप नहिं उत्तिम सिंघलदीप समीप।। 1 ।।

गध्रबसेन सुगंध नरेसू। सो राजा, वह ताकर देसू।।
लंका सुना जो रावन राजू। तेहु चाहि बड़ ताकर साजू।।
छप्पन कोटि कटक दल साजा। सवैं छत्रपनि औ गढ़ राजा।।
सोरह सहस घोड़ घोड़सारा। स्यामकरन अरु बाँक तुखारा।।
सात सहस हस्ती सिंघली। जनु कबिलास एरावत बली।।
अस्वपतिक सिरमौर कहावै। गजपतीक आंकुस गज नावै।।
नरपतीक कहँ और नरिंदू। भूपतीक जग दूसर इंदू।।
ऐस चक्कवै राजा चहूँ खंड भय होइ।
सबै आइ सिर नावहिं सरवरि करै न कोइ।।2 ।।

जबहिं दीप नियरावा जाई। जनु कबिलास नियर भा आई।।
धन अमराउ लाग चहुँ पासा। उठा भूमि हुत लागि अकासा।।
तरिवर सबै मलयगिरि लाई । भइ जग छाँह रैनि होइ आई।।
मलय समीर सोहावन छाहाँ । जेठ जाड़ लागै तेहि माहाँ ।।

---

(1) बारी=बाला, स्त्री। सरनदीप=अरबवाले लंका को सरनदीप कहते थे। भूगोल का ठीक ज्ञान न होने के कारण कवि ने स्वर्णद्वीप और सिंहल को भिन्न-भिन्न द्वीप माना है। हरा=शून्य। (2) तुखार=तुषार देश का घोड़ा। इंदू=इंद्र। चाहि=अपेक्षा (बढ़कर), बनिस्बत। कबिलास=स्वर्ग।

ओही छाँह रैनि होइ आवै । हरियर सबै अकास देखावै।।
पथिक जो पहुँचै सहि कै घामू । दुख बिसरै, सुख होइ बिसरामू।।
जेइ वह पाई छाँह अनूपा । फिरि नहिं आइ सहै यह धूपा।।
अस अमराउ सघन घन बरनि न पारौं अंत।
फूलै फरै छवौ ऋतु, जानहु सदा वसंत।।3।।

फरे आँब अति सघन सोहाए । औ जस फरे अधिक सिर नाए।।
कटहर डार पींड सन पाके । बड़हर, सो अनूप अति ताके।।
खिरनी पाकि खांड़ अस मीठी । जामुन पाकि भँवर अति डीठी।।
नरियर फरे फरी फरहरी । फुरै जानु इंद्रासन पुरी।।
पुनि महुआ चुअ अधिक मिठासू । मधु जस मीठ पुहुप जस बासू।।
और खजहजा अनबन नाऊँ । देखा सब राउन अमराऊँ।।
लाग सबै जस अमृत साखा । रहै लोभाइ सो जो चाखा।।
लवँग सुपारी जायफल सब फर फरे अपूर।
आसपास घन इमिली औ घन तार खजूर।।4।।

बसहिं पंखि बोलहिं बहु भाखा । करहिं हुलास देखि कै साखा।।
भोर होत बोलहिं चुहचूही । बोलहिं पाँडुक 'एकै तूही'।।
सारौं सुआ जो रहचह करहीं । कुरहिं परेवा औ करबरहीं।।
'पीव पीव' कर लाग पपीहा । 'तुही तुही' कर गडुरी जीहा।।
'कुहू कुहू' करि कोइल राखा । औ भिंगराज बोल बहु भाखा।।
'दही दही' करि महरि पुकारा । हारिल बिनवै आपन हारा।।
कुहुकहि मोर सोहावन लागा । होइ कुराहर बोलहिं कागा।।
जावत पंखी जगत के भरि बैठे अमराउँ।
आपनि आपनि भाषा लेहिं दई कर नाउँ।।5।।

पैग पैग पर कुवाँ बावरी । साजी बैठक और पाँवरी।।
और कुंड बहु ठावहिं ठाऊँ । औ सब तीरथ तिन्ह के नाऊँ।।
मठ मंडप चहुँ पास सँवारे । तपा जपा सब आसन मारे।।
कोइ सु ऋषीसुर, कोइ संन्यासी । कोई रामजती बिसवासी।।
कोई ब्रह्मचार पथ लागे । कोइ सो दिगंबर बिचरहिं नाँगे।।
कोई सु महेसुर जंगम जती । कोई एक परखै देबी सती।।
कोइ सुरसती कोई जोगी । कोइ निरास पथ बैठ बियोगी।।

---

(3) भूमि हुत=पृथ्वी से (लेकर)। लागि=तक। (4) पींड=जड़ के पास की पेड़ी। फुरै=सचमुच। खजहजा=खाने के फल। अनबन=भिन्न-भिन्न। (5) चुहचुही=एक छोटी चिड़िया जिसे फुलसुँघनी भी कहते हैं। सारौं=सारिका, मैना। महरि=महोख से मिलती-जुलती एक छोटी सी चिड़िया जिसे ग्वालिन और अहीरिन भी कहते हैं। हारा=हाल, अथवा लाचारी, दीनता।

सेवरा, खेवरा, बानपर, सिध, साधक, अवधूत।
आसन मारे बैठ सब जारि आतमा भूत।।6।।

मानसरोदक बरनौं काहा। भरा समुद अस अति अवगाहा।।
पानि मोति अस निरमल तासू। अमृत आनि कपूर सुबासू।।
लंकदीप कै सिला अनाई। बाँधा सरवर घाट बनाई।।
खँड खँड सीढ़ी भईं गरेरी। उतरहिं चढ़हिं लोग चहुँ फेरी।।
फूला कँवल रहा होइ राता। सहस सहस पखुरिन कर छाता।।
उलथहिं सीप, मोति उतराहीं। चुगहिं हंस औ केलि कराहीं।।
खनि पतार पानी तहँ काढ़ा। छीर समुद निकसा हुत बाढ़ा।।[1]

ऊपर पाल चहूँ दिसि अमृत फल सब रूख।
देखि रूप सरबर कै गै पियास औ भूख।।7।।

पानि भरै आवहिं पनिहारी। रूप सुरूप पदमिनी नारी।।
पदुमगंध तिन्ह अंग बसाहीं। भँवर लागि तिन्ह संग फिराहीं।।
लंकसिंघिनी, सारगनैनी। हंसगामिनी कोकिलबैनी।।
आवहिं झुंड सो पाँतिहि पाँती। गवन सोहाइ सु भाँतिहि भाँती।।
कनक कलस मुखचंद दिपाहीं। रहस केलि सन आवहिं जाहीं।।
जा सहुँ वै हेरै चख नारी। बाँक नैन जनु हनहिं कटारी।।
केस मेघावर सिर ता पाईं। चमकहिं दसन बीजु कै नाईं।।

माथे कनक गागरी आवहिं रूप अनूप।[2]
जेहि के अस पनिहारी सो रानी केहि रूप।।8।।

ताल तलाब बरनि नहिं जाहीं। सूझै वार पार किछु नाहीं।।
फूले कुमुद सेत उजियारे। मानहुँ उए गगन महँ तारे।।
उतरहिं मेघ चढ़हिं लेइ पानी। चमकहिं मच्छ बीजु कै बानी।।
पौरहिं पंख सुसंगहिं संगा। सेत पीत राते बहु रंगा।।
चकई चकवा केलि कराहीं। निसि के बिछोह, दिनहिं मिलि जाहीं।।
कुररहिं सारस करहिं हुलासा। जीवन मरन सो एकहिं पासा।।
घोलहिं सोन ढेक बगलेदी। रही अबोल मौन जल भेदी।।

---

(6) पैग पैग पर=कदम-कदम पर। पाँवरी=सीढ़ी। ब्रह्मचार=ब्रह्मचर्य। सुरसती=सरस्वती (दसनामियों में)। खेबरा-सेवड़ों का एक भेद। (7) भईं=घूमी हैं। गरेरी=चक्करदार। पाल=ऊँचा बाँध या किनारा, भाटा। (8) मेघावर=बादल की घटा। ता पाईं=पैर तक। बीजु=बिजली।

1. कुछ प्रतियों में इस चौपाई के स्थान पर यह है—कतक पँखि पौरहिं अति लोने। जानहु चित्र लिखे सब सोने।

2. पाठांतर—मानहु मैन मूरती अछरी बरन अनूप।

नग अमोल तेहि तालहिं दिनहिं बरहिं जस दीप।
जो मरजीया होइ तहँ सो पावै वह सीप।।9।।

आस पास बहु अमृत बारी। फरीं अपूर होइ रखवारी।।
नारँग नींबू सुरँग जँभीरा। औ बदाम बहु भेद अँजीरा।।
गलगल तुरँज सदा फर फरे। नारँग अति राते रस भरे।।
किसमिस सेव फरे नौ पाता। दारिउँ दाख देखि मन राता।।
लागि सुहाई हरफारयोरी। उनै रही केरा कै घौरी।।
फरे तूत कमरख औ न्यौजी। रायकरौंदा बेर चिरौंजी।।
संगतरा व छुहारा दीठे। और खजहजा खाटे मीठे।।
पानि देहिं खँड़बानी कुवहिं खाँड़ बहु मेलि।
लागी घरी रहट कै सींचहिं अमृतबेलि।।10।।

पुनि फुलवारि लागि चहुँ पासा। बिरिछ बेधि चंदन भइ बासा।।
बहुत फूल फूलीं घनबेली। केवड़ा चंपा कुंद चमेली।।
सुरँग गुलाल कदम औ कूजा। सुगँध बकौरी गंध्रब पूजा।।
जाही जूही बगुचन लावा। पुहुप सुदरसन लाग सुहावा।।
नागेसर सदबरग नेवारीं। औ सिंगारहार फुलवारीं।।
सोनजरद फूलीं सेवती। रूपमंजरी और मालती।।
मौलसिरी बेइलि औ करना। सबै फूल फूले बहुबरना।।
तेहिं सिर फूल चढ़हिं वै जेहि माथे मनि भाग।
आछहिं सदा सुगंध बहु जनु बसंत औ फाग।।11।।

सिंघलनगर देखु पुनि बसा। धनि राजा अस जे कै दसा।।
ऊँची पौरी ऊँच अवासा। जनु कैलास इंद्र कर बासा।।
राव रंक सब घर-घर सुखी। जो दीखै सो हँसता मुखी।।
रचि रचि साजे चंदन चौरा। पोतें अगर भेद औ गौरा।।
सध चौपारहिं चंदन खँभा। ओठँघि सभापति बैठे सभा।।
मनहुँ सभा देवतन्ह कर जुरी। परी दीठि इंद्रासन पुरी।।
सबै गुनी औ पंडित ज्ञाता। संसकिरित सबके मुख बाता।।
अस कै मँदिर सँवारे, जनु सिवलोक अनूप।
घर घर नारि पदमिनी मोहहि सरसन रूप।।12।।

---

(9) बानी=वर्ण, रंग, चमक। सोन=ढेक, बगलेदी=ताल की चिड़ियाँ। मरजीया=जान जोखिम में डालकर विकट स्थानों से व्यापार की वस्तुएँ लानेवाले, जीवकिया, जैसे, गोताखोर। (10) हरफारयोरी=लवली। न्योजी=लीची। खँड़वानी=खाँड़ का रस। (11) कूजा=कुब्जक। पहाड़ी या जंगली गुलाब जिसके फूल सफेद होते हैं। घनबेली=बेला की एक जाति। नागेसर=नागकेसर। बकौरी=बकावली। बगुचा=(गट्ठा) ढेर, राशि। सिंगारहार=हरिसिंगार, शेफालिका।

पुनि देखी सिंघल कै हाटा। नवौ निद्धि लछिमी सब बाटा।।
कनक हाट सब कुहकुहँ लीपी। बैठ महाजन सिंघलदीपी।।
रचहिं हथौड़ा रूपन ढारी। चित्र कटाव अनेक सँवारी।।
सोन रूप भल भयउ पसारा। धवल सिरी पोतहिं घर बारा।।
रतन पदारथ मानिक मोती। हीरा लाल सो अनबन जोती।।
औ कपूर बेना कस्तूरी। चंदन अगर रहा भरपूरी।।
जिन्ह एहि हाट न लीन्ह बेसाहा। ता कहँ आन हाट कित लाहा।।
कोई करै बेसाहनी, काहू केर बिकाइ।
कोई चलै लाभ सन, कोई मूर गँवाइ।।13।।

पुनि सिंगारहाट भल देसा। किए सिंगार बैठीं तहँ बेसा।।
मुख तमोल, तन चीर कुसुंभी। कानेन कनक जड़ाऊ खुंभी।।
हाथ बीन सुनि मिरिग भुलाहीं। नर मोहहिं सुनि, पैग न जाहीं।।
भौंह धनुष, तिन्ह नैन अहेरी। मारहिं बान सान सौं फेरी।।
अलक कपोल डोल, हँसि देहीं। लाइ कटाछ मारि जिउ लेहीं।।
कुच कंचुक जानौ जुग सारी। अंचल देहिं सुभावहिं ढारी।।
केत खिलार हारि तेहि पासा। हाथ झारि उठि चलहिं निरासा।।
चेटक लाइ हरहिं मन, जब लगि होइ गथ फेंट।
साँठ नाठि उठि भए बटाऊ, ना पहिचान न भेंट।।14।।

लेइ के फूल बैठि फुलहारी। पान अपूरब धरे सँवारी।।
सोंधा सबै बैठ लै गाँधी। फूल कपूर खिरौरी बाँधी।।
कतहूँ पंडित पढ़हिं पुरानू। धरमपंथ कर करहिं बखानू।।
कतहूँ कथा कहै किछु कोई। कतहूँ नाच कूद भल होई।।
कतहुँ चिरहँटा पंखी लावा। कतहुँ पखंडी काठ नचावा।।
कतहूँ नाद सबद होइ भला। कतहूँ नाटक चेटक कला।।
कतहुँ काहु ठगविद्या लाई। कतहुँ लेहिं मानुष बौराई।।
चरपट चोर गँठिछोरा मिले रहहिं ओहि नाच।
जो ओहि हाट सजग भा गथ ताकर पै बाँच।।15।।

---

(12) मेद=मेदा, एक सुगंधित जड़। गौरा=गोरोचन। ओठँधि=पीठ टिकाकर। (13) कुहकुहँ=कुंकुम, केसर। धवल=सफेदी। सिरी=श्री, रोली, लाल बुकनी (श्री का चिह्न तिलक में रोली से बनाते हैं इसी से रोली को श्री कहते हैं) दूकानदार प्रायः सिंदूर, रोली आदि के चिह्न दूकानों पर बनाते हैं। बेना=खस या गंधबेन। बेसाहनी=खरीद। (14) बेसा=वेश्या। खुंभी=कान में पहनने का एक गहना, लौंग या कील। सारी=सारि, पासा। गथ=पूँजी। साँठ=पूँजी। नाठि=नष्ट हुई। (15) सोंधा=सुगंध द्रव्य। गाँधी=गंधी। खिरौरी=केवड़ा देकर बाँधी हुई खैर या कत्थे की टिकिया। चिरहँटा=बहेलिया। पखंडी=कठपुतली वाला।

पुनि आए सिंघल गढ़ पासा। का बरनौं जनु लाग अकासा।।
तरहिं करिन्ह बासुकि कै पीठी। ऊपर इंद्र लोक पर दीठी।।
परा खोह चहुँ दिसि अस बाँका। काँपै जाँघ, जाइ नहिं झाँका।।
अगम असूझ देखि डर खाई। परै सो सपत पतारहिं जाई।।
नव पौरी बाँकी, नवखंडा। नवौ जो चढ़ै जाइ बरम्हंडा।।
कंचन कोट जरे नग सीसा। नखतहिं भरी बीजु जनु दीसा।।
लंका चाहि ऊँच गढ़ ताका। निरखि न जाइ, दीठि तन थाका।।
हिय न समाइ दीठि नहिं जानहुँ ठाढ़ सुमेर।
कहँ लगि कहौं ऊँचाई, कहँ लगि बरनौं फेर।।16।।

निति गढ़ बाँचि चलै ससि सूरू। नाहि त होइ बाजि रथ चूरू।।
पौरी नवौ बज्र कै साजी। सहस सहस तहँ बैठै पाजी।।
फिरहिं पाँच कोतवार सुभौंरी। काँपै पावै चपत वह पौरी।।
पौरिहिं पौरि सिंह गढ़ि काढ़े। डरपहिं लोग देखि तहँ ठाढ़े।।
बहुविधान वै नाहर गढ़े। जनु गाजहिं, चाहहिं सिर चढ़े।।
टारहिं पूँछ, पसारहिं जीहा। कुंजर डरहिं कि गुंजरि लीहा।।
कनक सिला गढ़ि सीढ़ी लाई। जगमगाहिं गढ़ ऊपर ताईं।।
नवौं खंड नव पौरी औ तहँ बज्र केवार।
चारि बसेरे सौं चढ़ै सत सौं उतरै पार।।17।।

नव पौरी पर दसवँ दुवारा। तेहि पर बाज राज घरियारा।।
घरी सो बैठि गनै घरियारी। पहर पहर सो आपनि बारी।।
जबहीं घरी पूजि तेइँ मारा। घरी घरी घरियार पुकारा।।
परा जो डाँड़ जगत सब डाँड़ा। का निचिंत माटी कर भाँड़ा?।।
तुम्ह तेहि चाक चढ़े हौ काँचे। आएहु रहै न थिर होइ बाँचे।।
घरी जो भरी घटी तुम्ह आऊ। का निचिंत होइ सोउ बटाऊ?।।
पहरहिं पहर गजर निति होई। हिया बजर, मन जाग न सोई।।
मुहमद जीवन जल भरन, रहँट घरी कै रीति।
घरी जो आई ज्यों भरी, घरी, जनम गा बीति।।18।।

गढ़ पर नीर खीर दुइ नदी। पनिहारी जैसे दुरपदी।।
और कुंड एक मोतीचूरू। पानी अमृत कीच कपूरू।।
ओहि कै पानि राजा, पै पीया। बिरिध होइ नहिं जौ लहि जीया।।
कंचन-बिरिछ एक तेहि पासा। जस कलपतरु इंद्र कबिलासा।।

---

(16) करिन्ह=दिग्गजों। (17) पाजी=पैदल सिपाही। कोतवार=कोटपाल, कोतवाल। गूँजरि लीहा=गरजकर लिया। बसेरा=टिकान। (18) रहँट-घरी=रहट में लगा छोटा घड़ा। घरियार=घंटा। घरी भरी=घड़ी पूरी हुई।

मूल पतार, सरग ओहि साखा । अमरबेलि को पाव को चाखा?।।
चाँद पात औ फूल तराईं । होइ उजियार नगर जहँ ताईं।।
वह फल पावै तप करि कोई । बिरिध खाइ तौ जोवन होई।।

राजा भए भिखारी, सुनि वह अमृत भोग।
जेइ पावा सो अमर भा, ना किछु ब्याधि न रोग।। 19।।

गढ़ पर बसहिं चार गढ़पती । असुपति, गजपति, भू-नर पती।।
सब धौराहर सोने साजा । अपने अपने घर सब राजा।।
रूपवंत धनवंत सभागे । परस पखान पौरि तिन्ह लागे।।
भोग-विलास सदा सब माना । दुख चिंता कोई जनम न जाना।।
मँदिर मँदिर सब के चौपारी । बैठि कुँवर सब खेलहिं सारी।।
पासा ढरहिं खेल भल होई । खड़गदान सरि पूज न कोई।।
भाँट बरनि कहि कीरति भली । पावहिं हस्ति घोड़ सिंघली।।

मँदिर मँदिर फुलवारी, चोवा चंदन बास।
निसि दिन रहै बसंत तहँ, छवौ ऋतु बारह मास।। 20।।

पुनि चलि देखा राज दुआरा । मानुष फिरहिं पाइ नहीं बारा।।
हस्ति सिंघली बाँधे बारा । जनु सजीव सब ठाढ़ पहारा।।
कौनौ सेत पीत रतनारे । कौनौ हरे, धूम औ कारे।।
बरनहिं बरन गगन जस मेघा । औ तिन्ह गगन पीठि जनु ठेघा।।
सिंघल के बरनौं सिंघली । एक एक चाहि एक एक बली।।
गिरि पहार वै पैगहि पेलहिं । बिरिछ उचारि डारि मुख मेलहिं।।
माते तेइ सब गरजहिं बाँधे । निसि दिन रहहिं महाउत काँधे।।

धरती भार न अँगवै, पाँव धरत उठ हालि।
कुरुम टुटै, भुइँ फाटै तिन हस्तिन्ह के चालि।।21।।

पुनि बाँधे रजवार तुरंगा । का बरनौं जस उन्हकै रंगा।।
लील, समंद चाल जग जाने । हाँसुल, भौंर गियाह बखाने।।
हरे, कुरंग, महुअ बहु भाँती । गरर, कोकाह, बुलाह सु पाँती।।
तीख तुखार चाँड़ औ बाँके । सँचरहिं पौरि ताज बिनु हाँके।।
मन तें अगमन डोलहिं बागा । लेत उसास गगन सिर लागा।।
पौन समान समुद पर धावहिं । बूड़ न पाँव, पार होइ आवहिं।।
थिर न रहहिं, रिस लोह चबाहीं । भाँजहिं पूँछ, सीस उपराहीं।।

---

(19) पुराने समय में समय जानने के लिए पानी भरी नाँद में एक घड़िया या कटोरा महीन महीन छेद करके तैरा दिया जाता था। जब पानी भर जाने से घड़िया डूब जाती थी तब एक घड़ी का बीतना माना जाता था। (20) परस पखान=स्पर्शमणि, पारस पत्थर। सारी=पासा। झारि=बिल्कुल या समूह। सरि पूज=बराबरी को पहुँचता है। खड़गदान=तलवार चलाना। (21) बारा=द्वार। ठेघा=सहारा दिया। अँगवै=शरीर पर सहती है।

अस तुखार सब देखे जनु मन के रथवाह।
नैन पलक पहुँचावहिं जहँ पहुँचा कोइ चाह।।22।।

राजसभा पुनि देख बईठी। इंद्रसभा जनु परिगै डीठी।।
धनि राजा असि सभा सँवारी। जानहु फूलि रही फुलवारी।।
मुकुट बाँधि सब बैठे राजा। दर निसान नित जिन्हके बाजा।।
रूपवंत, मनि दिपै लिलाटा। माथे छात, बैठ सब पाटा।।
मानहुँ कँवल सरोवर फूले। सभा क रूप देखि मन भूले।।
पान कपूर मेद कस्तूरी। सुगँध बास भरि रही अपूरी।।
माँझ ऊँच इंद्रासन साजा। गंध्रबसेन बैठ तहँ राजा।।

छत्र गगन लगि ताकर, सूर तवै जस आप।
सभा कँवल अस बिगसैं, माथे बड़ परताप।।23।।

साजा राजमँदिर कैलासू। सोने कर सब धरति अकासू।।
सात खंड धौराहर साजा। उहै सँवारि सकै अस राजा।।
हीरा ईंट, कपूर गिलावा। औ नग लाइ सरग लै लावा।।
जावत सबै उरेह उरेहे। भाँति-भाँति नग लाग उबेहे।।
भा कटाव सब अनवत भाँती। चित्र कोरि कै पाँतिहिं पाँती।।
लाग खंभ-मनि-मानिक जरे। निसि दिन रहहिं दीप जनु बरे।।
देखि धौरहर कर उँजियारा। छपि गए चाँद सुरुज औ तारा।।

सुना सात बैकुंठ जस, तस साजे खँड सात।
बेहर बेहर भाव तस, खंड खंड उपरात।।24।।

बरनौ राजमँदिर रनिवासू। जनु अछरीन्ह भरा कविलासू।।
सोरह सहस पदमिनी रानी। एक एक तें रूप बखानी।।
अति सुरूप औ अति सुकुवाँरी। पान फूल के रहहिं अधारी।।
तिन्ह ऊपर चंपावति रानी। महा सुरूप पाट-परधानी।।
पाट बैठि रह किए सिंगारू। सब रानी ओहि करहिं जोहारू।।
निति नौरंग सुरंगम सोई। प्रथम बैस नहिं सरवरि कोई।।
सकल दीप महँ जेती रानी। तिन्ह महँ दीपक बारह-बानी।।

कुँवरि बतीसो लच्छनी, अस सब माँह अनूप।
जावत सिंघलदीप के, सबै बखानैं रूप।।25।।

---

(22) रजवार=राजद्वार। समंद=बादामी रंग का घोड़ा। हाँसुल=कुम्मैत हिनाई, मेहंदी के रंग का और पैर कुछ काले। भौंर=मुश्की। कियाह=ताड़ के पके फल के रंग का। हरे=सब्जा। कुरंग=लाख के रंग का या नीला कुम्मैत। महुअ=महुए के रंग का। गरर=लाल और सफेद मिले रोएँ का, गर्रा। कोकाह=सफेद रंग का। बुलाह=बोल्लाह, गर्दन और पूँछ के बाल पीले। ताज=ताजियाना, चाबुक। अगमन=आगे। तुखार=तुषार देश के घोड़े, यहाँ घोड़े। (23) दर=दरवाजा। मेदमेदा, एक प्रकार की सुगंधित जड़। तवै=तपता है। (24) उरेह=चित्र। उबेहे=चुने हुए, बीछे हुए। कोरिकै=खोदकर। बेहर बेहर=अलग-अलग। (25) बारहबानी=द्वादशवर्णी, सूर्य की तरह चमकने वाली।

(3) जन्म खंड

चंपावति जो रूप सँवारी । पदमावति चाहै औतारी ।।
भै चाहै असि कथा सलोनी । मेटि न जाइ लिखी जस होनी ।।
सिंघलदीप भए तब नाऊँ । जो अस दिया बरा तेहि ठाऊँ ।।
प्रथम सो जोति गगन निरमई । पुनि सो पिता माथे मनि भई ।।
पुनि वह जोति मातु घट आई । तेहि ओदर आदर बहु पाई ।।
जस अवधान पूर होइ मासू । दिन दिन हिये होइ परगासू ।।
जस अंचल महँ छिपै न दीया । तस उँजियार दिखावै हीया ।।
सोने मँदिर सँवारहिं, औ चंदन सब लीप ।
दिया जो मनि सिवलोक महँ, उपना सिंघलद्वीप ।।1 ।।

भए दस मास पूरि भइ घरी । पदमावति कन्या औतरी ।।
जानौ सूर किरिन हुति काढ़ी । सूरज कला घाटि, वह बाढ़ी ।।
भा निसि महँ दिन कर परकासू । सब उजियार भएउ कबिलासू ।।
इते रूप मूरति परगटी । पूनौ ससी छीन होइ घटी ।।
घटतहि घटत अमावस भई । दिन दुइ लाज गाड़ि भुइँ गई ।।
पुनि जो उठी दुइज होइ नई । निहकलंक ससि विधि निरमई ।।
पदुमगंध बेधा जग बासा । भौंर पतंग भए चहुँ पासा ।।
इते रूप भै कन्या, जेहि सरि पूज न कोइ ।
धनि सो देस रूपवंता, जहाँ जन्म अस होइ ।।2 ।।

भै छठि राति छठीं सुख मानी । रहस कूद सौं रैनि बिहानी ।।
भा बिहान पंडित सब आए । काढ़ि पुरान जनम अरथाए ।।
उत्तिम घरी जनम भा तासू । चाँद उआ भुइ, दिपा अकासू ।।
कन्यारासि उदय जग कीया । पदमावती नाम अस दीया ।।
सूर प्रसंसै भएउ फिरीरा । किरिन जामि, उपना नग हीरा ।।

---

(1) उपना=उत्पन्न हुआ। (2) बिहान=सबेरा।

तेहि तें अधिक पदारथ करा । रतन जोग उपना निरमरा।।
सिंहलदीप भए औतारू । जंबूदीप जाइ जमबारू।।
राम अजुध्या ऊपने, लछन बतीसो संग।
रावन रूप सौं भूलिहि, दीपक जैस पतंग।।3।।

कहेन्हि जनमपत्री जो लिखी । देइ असीस बहुरे जोतिषी।।
पाँच बरस महँ भय सो बारी । दीन्ह पुरान पढ़ै बैसारी।।
भै पदमावति पंडित गुनी । चहूँ खंड के राजन्ह सुनी।।
सिंघलदीप राजघर बारी । महा सुरूप दई औतारी।।
एक पदमावति औ पंडित पढ़ी। दहुँ केहि जोग गोसाईं गढ़ी।।
जा कहँ लिखी लच्छि घर होनी । सो असि पाव पढ़ी औ लोनी।।
सात दीप के बर जो ओनाहीं । उत्तर पावहिं, फिरि फिरि जाहीं।।
राजा कहै गरब कै, अहौं इंद्र सिवलोक।
सो सरवरि है मोरे, कासौं करौं बरोक।।4।।

बारह बरस माँह भै रानी । राजै सुना सँजोग सयानी।।
सात खंड धौराहर तासू । सो पदमावति कहँ दीन्ह निवासू।।
औ दीन्हीं सँग सखी सहेली । जो सँग करैं रहसि रस केली।।
सबै नवल पिउ संग न सोईं । कँवल पास जनु बिगसी कोईं।।
सुआ एक पदमावति ठाऊँ । महा पँडित हीरामन नाऊँ।।
दई दीन्ह पंखिहि अस जोती । नैन रतन, मुख मानिक मोती।।
कंचन बरन सुआ अति लोना । मानहुँ मिला सोहागहिं सोना।।
रहहिं एक सँग दोउ, पढ़हिं सासतर वेद।
बरम्हा सीस डोलावहीं, सुनत लाग तस भेद।।5।।

भै उनंत पदमावत बारी। रचि रचि विधि सब कला सँवारी।।
जग बेधा तेहि अंग सुबासा । भँवर आइ लुबुधे चहुँ पासा।।
बेनी नाग मलयगिरि पैठी । ससि माथे होइ दूइज बैठी।।
भौंह धनुक साधे सर फेरै । नयन कुरंग भूलि जनु हेरै।।
नासिक कीर, कँवल मुख सोहा । पदमिनि रूप देखि जग मोहा।।
मानिक अधर, दसन जनु हीरा । हिय हुलसे कुच कनक गँभीरा।।
केहरि लंक, गवन गज हारे । सुरनर देखि माथ भुइँ धारे।।
जग कोइ दीठि न आवै, आछहिं नैन अकास।
जोगी जती संन्यासी, तप साधहिं तेहि आस।।6।।

---

(3) फिरीरा भएउ=फिरेरे के समान चक्कर लगाता हुआ। रतन=राजा रतनसेन की ओर लक्ष्य है! निरमरा=निर्मल। जमबारू=यमद्वार। (4) बैसारि दीन्ह=बैठा दिया। बरोक=(बरुरोक) बरच्छा। (5) कोई=कुमुदिनी। (6) उनंत=ओनंत, भार से झुकी (यौवन के), 'बारी' शब्द के कुमारी और बगीचा दो अर्थ लेने से इसकी संगति बैठती है।

एक दिवस पदमावत रानी। हीरामन तइँ कहा सयानी।।
सुनु हीरामनि कहौं बुझाई। दिन दिन मदन सतावै आई।।
पिता हमार न चालै बाता। त्रासहि बोलि सकै नहिं माता।।
देस देस के बर मोहिं आवहिं। पिता हमार न आँख लगावहिं।।
जोबन मोर भयउ जस गंगा। देह देह हम्ह लाग अनंगा।।
हीरामन तब कहा बुझाई। विधि कर लिखा मेटि नहिं जाई।।
अज्ञा देउ देखौं फिरि देसा। तोहि जोग बर मिलै नरेसा।।

जौ लगि मैं फिरि आवौं, मन चित धरहु निवारि।
सुनत रहा कोइ दुरजन, राजहि कहा बिचारि।।7।।

राजा सुना दीठि भै आना। बुधि जो देहि सँग सुआ सयाना।।
भएउ रजायसु मारहु सूआ। सूर सुनाव चाँद जहँ ऊआ।।
सत्रु सुआ कै नाऊ बारी। सुनि धाए जस धाव मँजारी।।
तब लगि रानी सुआ छपावा। जब लगि ब्याध न आवै पावा।।
पिता के आयसु माथे मोरे। कहहु जाय बिनवौं कर जोरे।।
पंखि न कोई होइ सुजानू। जाने भुगुति कि जान उड़ानू।।
सुआ जो पढ़ै पढ़ाए बैना। तेहि कत बुधि जेहि हिये न नैना।।

मानिक मोती देखि वह, हिये न ज्ञान करेइ।
दारिउँ दाख जानि कै, अबहिं ठोर भरि लेइ।।8।।

वै तो फिरे उतर अस पावा। बिनवा सुआ हिए डर खावा।।
रानी तुम जुग जुग सुख पाऊ। होइ अज्ञा वनवास तौ जाऊँ।।
मोतिहिं मलिन जो होइ गइ कला। पुनि सो पानि कहाँ निरमला?।।
ठाकुर अंत चहै जेहि मारा। तेहि सेवक कर कहाँ उबारा?।।
जेहि घर काल मजारी नाचा। पखिहिं नाउँ जीउ नहिं बाँचा।।
मैं तुम्ह राज बहुत सुख देखा। जौ पूछहि देइ जाइ न लेखा।।
जो इच्छा मन कीन्ह सो जेंवा। यह पछिताव चल्यों बिनु सेवा।।

मारै सोइ निसोगा, डरै न अपने दोस।
केरा केलि करै का, जौ भा बैरि परोस।।9।।

रानी उतर दीन्ह कै माया। जौ जिउ जाइ रहै किमि काया?।।
हीरामन! तू प्रान परेवा। धोख न लाग करत तोहिं सेवा।।
तोहिं सेवा बिछुरन नहिं आखौं। पींजर हिये घालि कै राखौं।।

---

(8) मँजारी=मार्जारी, बिल्ली। (9) पानि=आव, आभा, चमक। जेंवा=खाया। बैरि=बेर का पेड़।

हौं मानुष, तू पंखि पियारा। धरम क प्रीति तहाँ केइ मारा?।।
का सो प्रीत तन माँह बिलाई? सोइ प्रीति जिउ साथ जो जाई।।
प्रीति मार लै हिये न सोचू। ओहि पंथ भल होइ कि पोचू।।
प्रीति पहार भार जो काँधा। सो कस छुटै, लाइ जिउ बाँधा।।
सुअटा रहै खुरुक जिउ, अबहिं काल सो आव।
सत्रु अहै जो करिया, कबहुँ सो बोरै नाव।।10।।

(10) आखों=(सं. आकांक्षा) चाहती हूँ, अथवा (सं. आख्यान, पंजाबी—आखन) कहती हूँ। करिया=कर्णधार, मल्लाह।

(4) मानसरोदक खंड

एक दिवस पून्यो तिथि आई । मानसरोदक चली नहाई ।।
पदमावति सब सखी बुलाई । जनु फुलवारि सबै चलि आई ।।
कोइ चंपा कोइ कुंद सहेली । कोइ सु केत, करना, रस बेली ।।
कोइ सु गुलाल सुदरसन राती । कोइ सो बकावरि-बकुचन भाँती ।।
कोइ सु मौलसिरि, पुहपावती । कोइ जाही जूही सेवती ।।
कोई सोनजरद, कोइ केसर । कोइ सिंगारहार नागेसर ।।
कोइ कूजा सदबर्ग चमेली । कोई कदम सुरस रस बेली ।।
चलीं सबै मालति सँग, फूलीं कवँल कुमोद ।
बेधि रहे गन गंधरब, बासपरमदामोद ।।1 ।।
खेलत मानसरोवर गईं । जाइ पाल पर ठाढ़ी भईं ।।
देखि सरोवर हँसैं कुलेली । पदमावति सौं कहहिं सहेली ।।
ए रानी! मन देखु बिचारी । एहि नैहर रहना दिन चारी ।।
जौ लगि अहै पिता कर राजू । खेलि लेहु जो खेलहु आजू ।।
पुनि सासुर हम गवनब काली । कित हम, कित यह सरवर पाली ।।
कित आवन पुनि अपने हाथा । कित मिलि कै खेलब एक साथा ।।
सासु ननद बोलिन्ह जिउ लेहीं । दारुन ससुर न निसरै देहीं ।।
पिउ पियार सिर ऊपर, पुनि सो करै दहुँ काह ।
दहुँ सुख राखै की दुख, दहुँ कस जनम निबाह ।।2 ।।
मिलहिं रहसि सब चढ़हिं हिंडोरी । झूलि लेहिं सुख बारी भोरी ।।
झूलि लेहु नैहर जब ताईं । फिरि नहिं झूलन देइहिं साईं ।।
पुनि सासुर लेइ राखिहि तहाँ । नैहर चाह न पाउब जहाँ ।।
कित यह धूप, कहाँ यह छाहाँ । रहब सखी बिनु मंदिर माहाँ ।।
गुन पूछिहि और लाइहि दोखू । कौन उतर पाउब तहँ मोखू ।।

---

(1) केत=केतकी। करना=एक फूल। कूजा=सफेद जंगली गुलाब। (2) पाल=बाँध, भीटा, किनारा।

सासु ननद के भौंह सिकोरे। रहब सँकोचि दुवौ कर जोरे।।
कित यह रहसि जो आउब करना। ससुरेइ अंत जनम दुख भरना।।
कित नैहर पुनि आउब, कित ससुरे यह खेल।
आपु आपु कहँ होइहि परब पंखि जस डेल।।3।।

सरवर तीर पदमिनी आई। खोंपा छोरि केस मुकलाई।।
ससिमुख, अंग मलयगिरि बासा। नागिन झाँपि लीन्ह चहुँ पासा।।
ओनई घटा परी जग छाहाँ। ससि कै सरन लीन्ह जनु राहाँ।।
छपि गै दिनहिं भानु कै दसा। लेइ निसि नखत चाँद परगसा।।
भूलि चकोर दीठि मुख लावा। मेघघटा महँ चंद देखावा।।
दसन दामिनी, कोकिल भाखी। भौहैं धनुख गगन लेइ राखी।।
नैन खँजन दुइ केलि करेहीं। कुच नारँग मधुकर रस लेहीं।।
सरवर रूप बिमोहा, हिये हिलोरहि लेइ।
पाँव छुवै मकु पावौं एहि मिस लहरहि देइ।।4।।

धरी तीर सब कंचुकि सारी। सरवर महँ पैठीं सब बारी।।
पाइ नीर जानौं सब बेली। हुलसहिं करहिं काम कै केली।।
करिल केस बिसहर बिस-भरे। लहरैं लेहिं कवँल मुख धरे।।
नवल बसंत सँवारी करी। होइ प्रगट जानहु रस भरी।।
उठी कोंप जस दारिवँ दाखा। भई उनंत पेम कै साखा।
सरिवर नहिं समाइ संसारा। चाँद नहाइ पैठ लेइ तारा।।
धनि सो नीर ससि तरई उईं। अब कित दीठ कमल औ कूईं।।
चकई बिछुरि पुकारै, कहाँ मिलौं, हो नाहँ।
एक चाँद निसि सरग महँ, दिन दूसर जल माहँ।।5।।

लागीं केलि करै मझ नीरा। हंस लजाइ बैठ ओहि तीरा।।
पदमावति कौतुक कहँ राखी। तुम ससि होहु तराइन्ह साखी।।
बादमेलि कै खेल पसारा। हार देह जो खेलत हारा।।
सँवरिहि साँवरि, गोरिहि गोरी। आपनि आपनि लीन्ह सो जोरी।।
बूझि खेल खेलहु एक साथा। हार न होइ पराए हाथा।।
आजुहि खेल, बहुरि कित होई। खेल गए कित खेलै कोई?।।
धनि सो खेल खेल सह पेमा। रउताई औ कूसल खेमा।।
मुहमद बाजी पेम कै, ज्यों भावै त्यों खेल।
तिल फूलहि के संग ज्यों होइ फुलायल तेल।।6।।

---

(3) चाह=खबर। डेल=बहेलिए का डला। (4) खोंपा=चोटी का गुच्छा, जूरा। मुकलाई=खोलकर। मकु=कदाचित्। (5) करिल=काले। बिसहर=विषधर, साँप। करी=कली। कोंप=कोंपल। उनंत=झुकती हुई। (6) साखी=निर्णयकर्ता, पंच। बादमेलि कै=बाजी लगाकर।

सखी एक तेइ खेल न जाना । भै अचेत मनिहार गवाँना।।
कवँल डार गहि भै बेकरारा । कासों पुकारौं आपन हारा।।
कित खेलै आइउँ एहि साथा । हार गँवाइ चलिउँ लेइ हाथा।।
घर पैठत पूँछब यह हारू । कौन उतर पाउब पैसारू।।
नैन सीप आँसू तस भरे । जानौ मोति गिरहिं सब ढरे।।
सखिन कहा बौरी कोकिला । कौन पानि जेहि पौन न मिला?।।
हार गँवाइ सो ऐसे रोवा । हेरि हेराइ लेइ जौं खोवा।।
लागीं सब मिलि हेरै, बूड़ि बूड़ि एक साथ।
कोइ उठी मोती लेइ, काहू घोंघा हाथ।।7।।

कहा मानसर चाह सो पाई । पारस रूप इहाँ लगि आई।।
भा निरमल तिन्ह पायँन्ह परसे । पावा रूप रूप के दरसे।।
मलय समीर बास तन आई । भा सीतल, गै तपनि बुझाई।।
न जनौं कौन पौन लेइ आवा । पुन्य दसा भै पाप गँवावा।।
ततखन हार बेगि उतिराना । पावा सखिन्ह चंद बिहँसाना।।
बिगसा कुमुद देखि ससि रेखा । भै तहँ ओप जहाँ जोइ देखा।।
पावा रूप रूप जस चहा । ससि मुख जनु दरपन होइ रहा।।
नयन जो देखा कवँल भा, निरमल नीर सरीर।
हँसत जो देखा हंस भा, दसन जोति नग हीर।।8।।

---

(7) रउताई=रावत या स्वामी होने का भाव, ठकुराई। फुलायल=फुलेल। (8) चाह=खबर, आहट।

(5) सुआ खंड

पदमावति तहँ खेल दुलारी। सुआ मँदिर महँ देखि मजारी।।
कहेसि चलौं जौलहि तन पाँखा। जिउ लै उड़ा ताकि बनडाँखा।।
जाइ परा बा खंड जिउ लीन्हें। मिले पंखि, बहु आदर कीन्हें।।
आनि धरेन्हि आगे फरि साखा। भुगुति भेंट जौ लहि विधि राखा।।
पाइ भुगुति सुख तेहि मन भयऊ। दुख जो अहा बिसरि सब गयऊ।।
ए गुसाइं तू ऐस विधाता। जावत जीव सबन्ह मुकदाता।।
पाहन महँ बहिं पतँग बिसारा। जहँ तोहि सुनिर दीन्ह तुइँ चारा।।

तौ लगि सोग बिछोह कर, भोजन परा न पेट।
पुनि बिसरन भा सुमिरना, जब संपति भै भेंट।।1।।

पदमावति पहँ आइ भँडारी। कहेसि मँदिर महँ परी मजारी।।
सुआ जो उतर देत रह पूछा। उडिगा, पिंजर न बोलै छूंछा।।
रानी सुना सबहिं सुख गयऊ। जनु निसि परी, अस्त दिन भयऊ।।
गहने गही चाँद कै करा। आँसु गगन जस नखतन्ह भरा।।
टूट पाल सरवर बहि लागे। कवँल बूड़, मधुकर उड़ि भागे।।
एहि विधि आँसु नखत होइ चूए। गगन छाँड़ि सरवर महँ ऊए।।
चिहुर चुई मोतिन कै माला। अब सँकेत बाँधा चहुँ पाला।।

उड़ि यह सुअटा कहँ बसा, खोजु सखी सो बासु।
दहुँ है धरती की सरग, पौन न पावै तासु।।2।।

चहूँ पास समुझावहिं सखी। कहाँ सो अब पाउब, गा पँखी?।।
जौ लहि पींजर अहा परेवा। रहा बंदि महँ, कीन्हेसि सेवा।।
तेहि बंदि हुति छुटै जो पावा। पुनि फिरि बंदि होइ कित आवा?।।
वै उड़ान फर तहियै खाए। जब भा पंखि, पाँख तन आए।।

---

(1) बनढाँख=ढाक का जंगल, जंगल। अहा=था। (2) पाल=बाँध, भीटा, किनारा। चिहुर=चिकुर, केश। सँकेत=सँकरा, तंग।

पींजर जेहिक सौंपि तेहि गयउ । जो जाकर सो ताकर भयऊ।।
दस दुवार जेहि पींजर माँहा । कैसे बाँच मँजारी पाहाँ।।
यह धरती अस केतन लीला । पेट गाढ़ अस, बहुरि न ढीला।।[1]

जहाँ न राति न दिवस है, जहाँ न पौन न पानि।
तेहि बन सुअटा चलि बसा, कौन मिलावै आनि।।3।।

सुए तहाँ दिन दस कल काटी । आय बियाध ढुका लेइ टाटी।।
पैग पैग भुइँ चापत आवा। पंखिन्ह देखि हिए डर खावा।।
देखिय किछु अचरज अनभला । तरिवर एक आवत है चला।।
एहि वन रहत गई हम्म आऊ । तरिवर चलत न देखा काऊ।।
आज तो तरिवर चल, भल नाहीं । आवहु यह वन छाँड़ि पराहीं।।
वै तौ उड़े और वन ताका । पंडित सुआ भूलि मन थाका।।
साखा देखि राजु जनु पावा । बैठ निचिंत चला वह आवा।।

पाँच बान कर खोंचा, लासा भरे सो पाँच।
पाँख भरे तन अरुझा, कित मारे बिनु बाँच।।4।।

बँधिगा सुआ करत सुख केली । चूरि पाँख मेलेसि धरि डेली।।
तहवाँ बहुत पंखि खरभरहीं । आपु आपु मह रोदन करहीं।।
बिखदाना कित होत अँगूरा । जेहि भा मरन डहन धरि चूरा।।
जौं न होत चारा कै आसा । कित चिरिहार ढुकत लेइ लासा।।
यह विष चारै सब बुधि ठगी । औ भा काल हाथ लेइ लगी।।
एहि झूठी माया मन भूला । ज्यों पंखी तैसै तन फूला।।
यह मन कठिन मरै नहिं मारा । काल न देख, देख पै चारा।।

हम तो बुद्धि गँवावा, विष चारा अस खाइ।
तैं सुअटा पंडित होइ, कैसे बाझा आइ।।5।।

सुए कहा हमहूँ अस भूले । टूट हिंडोल गरब जेहि झूले।।
केरा के वन लीन्ह बसेरा । परा साथ तहँ बैरी केरा।।
सुख कुरवारि फरहरी खाना । ओहु विष भा जब ब्याध तुलाना।।
काहेक भोग बिरिछ अस फरा । आड़ लाइ पंखिन्ह कहँ धरा?।।
सुखी निचिंत जोरि धन करना । यह न चिंत आगे है मरना।।
भूले हमहुँ गरब तेहि माहाँ । सो बिसरा पावा जेहि पाहाँ।।
होइ निचिंत बैठे तेहि आड़ा । तब जाना खोंचा हिए गाड़ा।।

---

(3) हुति=से। (4) ढुका=छिपकर बैठा। आऊ=आयु। काऊ=कभी। खोंचा=चिड़िया फँसाने का बाँस। (5) डेली=डली, झाबा। डहन=डैना, पर। चिरिहार=बहेलिया। ढुकत=छिपता। लगी=लग्गी, बाँस की छड़। फूला=हर्ष और गर्व से इतराया। अँगूरा=अंकुर।

1. पाठांतर--असुमति, गजपति भूधर कीला।

चरत न खुरुक कीन्ह जिउ, तब रे चरा सुख सोइ।।
अब जो फाँद परा गिउ, तब रोए का होइ।।6।।

सुनि के उतर आँसु पुनि पोंछे। कौन पंखि बाँधा बुधि ओछे।।
पंखिन्ह जौ बुधि होइ उजारी। पढ़ा सुआ कित धरै मँजारी।।
कित तीतिर वन जीभ उघेला। सो कित हँकरि फाँद गिउ मेला।।
तादिन ब्याध भए जिउलेवा। उठे पाँख भा नाँव परेवा।।
भै बियाधि तिसना सँग खाधू। सूझै भुगुति, न सूझ बियाधू।।
हमहिं लोभवै मेला चारा। हमहिं गर्बवै चाहै मारा।।
हम निचिंत वह आव छिपाना। कौन बियाधहिं दोष अपाना।।
सो औगुन कित कीजिए, जिउ दीजै जेहि काज।
अब कहना है किछु नहीं, मस्ट भली पँखिराज।।7।।

(6) कुरवारि=खोद खोदकर, चोंच मार मारकर, जैसे—धरनी नख चरनन कुरवारति—सूर। बुलाना=आ पहुँचा। जेहि पाहाँ=जिस (ईश्वर) से। गिउ=ग्रीवा, गला। (7) खाधू=खाद्य। लौभवै=लोभ ही ने। मस्ट=मौन।

(6) रत्नसेन जन्म खंड

चित्रसेन चितउर गढ़ राजा । कै गढ़ कोट चित्र सम साजा।।
तेहि कुल रतनसेन उजियारा । धनि जननी जनमा अस बारा।।
पंडित गुनि सामुद्रिक देखा । देखि रूप औ लखन बिसेखा।।
रतनसेन यह कुल निरमरा । रतन जोति मन माथे परा।।
पदुम पदारथ लिखी सो जोरी । चाँद सुरुज जस होइ अँजोरी।।
जस मालति कहँ भौंर बियोगी । तस ओहि लागि होइ यह जोगी।।
सिंघलदीप जाइ यह पावै । सिद्ध होइ चितउर लेइ आवै।।
मोग भोज जस माना, विक्रम साका कीन्ह।
परखि सो रतन पारखी, सबै लखन लिखि दीन्ह।।1।।

(1) पदुम=पद्मावती की ओर लक्ष्य है। भोज=राजा भोज। लखन=लक्षण।

(7) बनिजारा खंड

चितउरगढ़ कर एक बनिजारा । सिंघलदीप चला बैपारा।।
बाम्हन हुत एक निपट भिखारी । सो पुनि चला चलत बैपारी।।
ऋन काहू सन लीन्हेसि काढ़ी । मकु तहँ गए होइ किछु बाढ़ी।।
मारग कठिन बहुत दुख भयऊ । नाँघि समुद्र दीप ओहि गयऊ।।
देखि हाट किछु सूझ न ओरा । सबै बहुत, किछु दीख न थोरा।।
पै सुठि ऊँच बनिज तहँ केरा । धनी पाव, निधनी मुख हेरा।।
लाख करोरिन्ह वस्तु बिकाई । सहसन केरि न कोउ ओनाई।।
सबहीं लीन्ह बेसाहना, औ घर कीन्ह बहोर।
बाम्हन तहवाँ लेइ का? गाँठि साँठि सुठि थोर।।1 ।।

झूरै ठाढ़ हौं, काहे क आवा ? बनिज न मिला, रहा पछितावा।।
लाभ जानि आएउँ एहि हाटा । मूर गँवाइ चलेउँ तेहि बाटा।।
का मैं मरन सिखावन सिखी । आएउँ मरै, मीचु हति लिखी।।
अपने चलत सो कीन्ह कुबानी । लाभ न देख, मूर भै हानी।।
का मैं बोआ जनम ओहि भूँजी ? खोइ चलेऊँ घरहू कै पूँजी।।
जेहि ब्यौहरिया कर ब्यौहारू । का लेइ देब जौ छेंकिहि बारू।।
घर कैसे पैठब मैं छूछे। कौन उतर देबौं तेहि पूछे।।
साथि चले, संग बीछुरा, भए बिच समुद पहार।
आस निरासा हौं फिरौं, तू विधि देहि अधार।।2 ।।

तबहीं ब्याध सुआ लेइ आवा । कंचन बरन अनूप सुहावा।।
बेंचै लाग हाट लै ओही । मोल रतन मानिक जहँ होही।।
सुअहिं को पूछ? पतंग मँडारे । चल न दीख आछै मन मारे।।
बाम्हन आइ सुआ सौं पूछा । दहुँ, गुनवंत कि निरगुन छूछा?।।

---

(1) बनिजारा=वाणिज्य करने वाला, बनिया। मकु=शायद, चाहे; जैसे, गगन मगन मकु मे धहि मिलई—तुलसी। बहोर=लौटना। साँठि=पूँजी, धन। सुठि=खूब। (2) झूरै=निष्फल, व्यर्थ। कुबानी=कुवाणिज्य, बुरा व्यवसाय। भूँजि बोआ=भूनकर बीज बोया (भूनकर बोने से बीज नहीं जमता।

कहु परबत्ते! गुन तोहि पाहाँ । गुन न छपाइय हिरदय माहाँ।।
हम तुम जाति बराम्हन दोऊ । जातिहि जाति पूछ सब कोऊ।।
पंडित हौ तौ सुनावहु बेदू । बिनु पूछे पाइय नहिं भेदू।।
हौं बाम्हन औ पंडित, बहु आपन गुन सोइ।
पढ़े के आगे जो पढ़ै, दून लाभ तेहि होइ।।3।

तब गुन मोहि अहा, हो देवा। जब पिंजर हुत छूट परेवा।।
अब गुन कौन जो बँद, जजमाना । घालि मँजूसा बेचै आना।।
पंडित होइ सो हाट न चढ़ा । चहौं बिकाय, भूलि गा पढ़ा।।
दुइ मारग देखौं एहि हाटा। दई चलावै दहुँ केहि बाटा।।
रोवत रकत भयउ मुख राता । तन भा पियर कहौं का बाता?।।
राते स्याम कंठ दुइ गीवाँ। तेहिं दुइ फंद डरौं सुठि जीवा।।
अब हौं कंठ फंद दुइ चीन्हा । दहुँ ए फंद चाह का कीन्हा?।।
पढ़ि गुनि देखा बहुत मैं, है आगे डर सोइ।
धुंध जगत सब जानि कै, भूलि रहा बुधि खोइ।।4।।

सुनि बाम्हन बिनवा चिरिहारू । करि पंखिन्ह कहँ मया न मारू।।
निठुर होइ जिउ बधसि परावा । हत्या केर न तोहि डर आवा।।
कहसि पंखि का दोस जनावा । निठुर तेइ जे परमस खावा।।
आवहिं रोइ, जात पुनि रोना । तबहुँ न तजहिं भोग सुख सोना।।
औ जानहिं तन होइहि नासू । पोखैं माँसु पराये माँसू।।
जो न होहिं अस परमँस खाधू । कित पंखिन्ह कहँ धरै बियाधू?।।
जो ब्याधा नित पंखिन्ह धरई । सो बेचत मन लोभ न करई।।
बाम्हन सुआ बेसाहा, सुनि मति वेद गरंथ।
मिला आइ कै साथिन्ह, भा चितउर के पंथ।।5।।

तब लगि चित्रसेन सर साजा । रतनसेन चितउर भा राजा।।
आइ बात तेहि आगे चली । राजा बनिज आए सिंघली।।
हैं गजमोति भरी सब सीपी । और वस्तु बहु सिंघलदीपी।।
बाम्हन एक सुआ लेइ आवा । कंचनबरन अनूप सोहावा।।
राते स्याम कंठ दुइ काँठा । राते डहन लिखा सब पाठा।।
औ दुइ नयन सुहावन राता । राते ठौर अमीरस बाता।।
मस्तक टीका, काँध जनेऊ । कवि बियास, पंडित सहदेऊ।।

---

(3) पतंग-मँड़ारे=चिड़ियों के मड़रे में या झावे में। चल=चंचल, हिलता, डोलता। (4) मंजूसा=मंजूषा, डला। कंठ=कंठा, काली लाल लकीर जो तोतों के गले पर होती है। धुंध=अंधकार। (5) परमंस=दूसरे का मांस। खाधू=खानेवाला।

बोल अरथ सौं बोलै, सुनत सीस सब डोल।
राजमँदिर मँह चाहिय, अस वह सुआ अमोल।।6।।

भै रजाइ जन दस दौराए। बाम्हन सुआ बेगि लेइ आए।।
बिप्र असीसि बिनति औधारा। सुआ जीउ नहिं करौं निनारा।
पै यह पेट महा बिसवासी। जेइ सब नाव तपा संन्यासी।।
डासन सेज जहाँ किछु नाहीं। भुइँ परि रहै लाइ गिउ बाहीं।।
आँधर रहै, जो देख न नैना। गूँग रहै, मुख आव न बैना।।
बहिर रहै, जो स्रवन न सुना। पै यह पेट न रह निरगुना।।
कै कै फेरा नित यह दोखी। बारहिं बार फिरै न सँतोषी।।
सो मोहि लेइ मँगावै, लावै भूख पियास।
जौ न होत अस बैरी, केहु न केहु कै आस।।7।।

सुआ असीस दीन्ह बड़ साजू। बड़ परताप अखंडित राजू।।
भागवंत बिधि बड़ औतारा। जहाँ भाग तहँ रूप जोहारा।।
कोइ केहु पास आस कै गौना। जो निरास डिढ़ आसन मौना।
कोइ बिन पूछे बोल जो बोला। होइ बोल माटी के मोला।।
पढ़ि गुनि जानि वेदमति भेऊ। पूछै बात कहै सहदेऊ।।
गुनी न कोई आपु सराहा। जो बिकाइ, गुन कहा सो चाहा।।
जौ लगि गुन परगट नहिं होई। तौ लहि मरम न जानै कोई।।
चतुरवेद हौं पंडित, हीरामन मोहि नाँव।
पदमावति सौं मेरवौं, सेब करौं तेहि ठाँव।।8।।

रतनसेन हीरामन चीन्हा। एक लाख बाम्हन कहँ दीन्हा।।
विप्र असीसि जो कीन्ह पयाना। सुआ सो राजमँदिर महँ आना।।
बरनौं काह सुआ कै भाखा। धनि सो नावँ हीरामन राखा।।
जौ बोलै राजा मुख जोवा। जानौ मोतिन हार परोवा।।
जौ बोलै तो मानिक मूँगा। नाहिं त मौन बाँध रह गूँगा।।
मनहुँ मारि मुख अमृत मेला। गुरु होइ आप, कीन्ह जग चेला।।
सुरुज चाँद कै कथा जो कहेऊ। पेम क कहनि लाइ चित गहेऊ।।
जो जो सुनै धुनै सिर, राजहिं प्रीति अगाहु।
अस गुनवंता नाहिं भल, बाउर करिहै काहु।।9।।

---

(6) सर साजा=चिता पर चढ़ा, मर गया। (7) बिसवासी=विश्वासघाती। नाव=नवाता है, नम्र करता है। न रह निरगुना=अपने गुण या क्रिया के बिना नहीं रहता। बारहिं बार=द्वार द्वार (8) डिढ़=दृढ़। मेरवाँ=मिलाऊँ। (9) बाउर=बावला, पागल।

(8) नागमती सुआ संवाद खंड

दिन दस पाँच तहाँ जो भए। राजा कतहुँ अहेरै गए।।
नागमती रुपवंती रानी। सब रनिवास पाट परधानी।।
कै सिँगार कर दरपन लीन्हा। दरसन देखि गरब जिउ कीन्हा।।
बोलहु सुआ पियारे नाहाँ। मोर रूप कोइ जग माहाँ।।
हँसत सुआ पहँ आइ सो नारी। दीन्ह कसौटी ओपनिवारी।।
सुआ बानि कसि कहु कस सोना। सिंघलदीप तोर कस लोना।।
कौन रूप तोरी रुपमनी। दहुँ हौं लोनि, कि वै पदमिनी।।
जो न कहसि सत सुअटा, तोहि राजा कै आन।
है कोई एहि जगत महँ, मोरे रूप समान।।1।।

सुमिरि रूप पदमावति केरा। हँसा सुआ, रानी मुख हेरा।।
जेहि सरवर महँ हंस न आवा। बगुला तेहि सर हंस कहावा।।
दई कीन्ह अस जगत अनूपा। एक एक तें आगरि रूपा।।
कै मन गरब न छाजा काहू। चाँद घटा औ लागेउ राहू।।
लोनि बिलोनि तहाँ को कहै। लोनी सोइ कंत जेहि चहै।।
का पूछहु सिंघल कै नारी। दिनहिं न पूजै निसि अँधियारी।।
पुहुप सुवास सो तिन्ह के काया। जहाँ माथ का बरनौं पाया?।।
गढ़ी सो सोने सोंधै, भरी सो रूपै भाग।
सुनत रूखि भइ रानी, हिये लोन अस लाग।।2।।

जौ यह सुआ मँदिर महँ अहई। कबहुँ बात राजा सौं कहई।।
सुनि राजा पुनि होइ वियोगी। छाँड़ै राज, चलै होइ जोगी।।
बिख राखिय नहिं, होइ अँकूरू। सबद न देइ भोर तमचूरू।।
धाय दामिनी बेगि हँकारी। ओहि सौंपा हीये रिस भारी।।

---

(1) ओपनिवारी=चमकाने वाली। बानि=वर्ण। कसि=कसौटी पर कसकर। लोनि=लोनी, लावण्यमयी, सुंदरी। आन=शपथ, कसम। (2) सोंधै=सुगंध से।

देखु, सुआ यह है मँदचाला। भयउ न ताकर जाकर पाला।।
मुख कह आन, पेट बस आना। तेहि औगुन दस हाट बिकाना।।
पंखि न राखिय होइ कुभाखी। लेइ तहँ मारु जहाँ नहिं साखी।।
जेहि दिन कहँ मैं डरति हौं, रैनि छपावौं सूर।
लै चह दीन्ह कँवल कहँ, मोकहँ होइ मयूर।।3।।

धाय सुआ लेइ मारै गई। समुझि गियान हिये मति भई।।
सुआ सो राजा कर बिसरामी। मारि न जाइ चहै जेहि स्वामी।।
यह पंडित खँडित बैरागू। दोष ताहि जेहि सूझ न आगू।।
जो तिरिया के काज न जाना। परै धोख, पाछे पछिताना।।
नागमती नागिन बुधि ताऊ। सुआ मयूर होइ नहिं काऊ।।
जो न कंत के आयसु माहीं। कौन भरोस नारि कै वाहीं।।
मकु यह खोज होइ निसि आए। तुरय रोग हरि माथे जाए।।
दुइ सो छपाए ना छपै, एक हत्या एक पाप।
अंतहि करहिं बिनास लेइ, सेइ साखी देइँ आप।।4।।

राखा सुआ, धाय मति साजा। भयउ खोज निसि आयउ राजा।।
रानी उतर मान सौं दीन्हा। पंडित सुआ मजारी लीन्हा।।
मैं पूछा सिंघल पदमिनी। उत्तर दीन्ह तुम्ह, को नागिनी?।।
वह जस दिन, तुम निसि अँधियारी। कहाँ बसंत, करील क बारी।।
का तोर पुरुष रैनि कर राऊ। उलू न जान दिवस कर भाऊ।।
का वह पंखि कूट मुँह कूटे। अस बड़ बोल जीभ मुख छोटे।।
जहर चुवै जो जो कह बाता। अस हतियार लिए मुख राता।।
माथे नहिं बैसारिय, जौ सुठि सुआ सलोन।
कान टुटैं जेहि पहिरे, का लेइ करब सो सोन।।5।।

---

(3) तमचूर=ताम्रचूड़, मुर्गा। 'सबद न देइ...तमचूरू' अर्थात् मुर्गा कहीं पद्मावती रूपी प्रभात की आवाज न दे कि हे राजा उठ! दिन की ओर देख। कवि ऊपर कह चुका है कि 'दिनहिं न पूजै निसि अँधियारी।' धाय=दाई, धात्री। दामिनी=दासी का नाम। मयूर=मोर। मोर नाग का शत्रु है, नागमती के वाक्य से शुक के शत्रु होने की ध्वनि निकलती है। 'कमल' में पद्मावती की ध्वनि है। (4) बिसरामी=मनोरंजन की वस्तु। खंडित बैरागू=वैराग्य में चूक गया इससे तोते का जन्म पाया। काऊ=कभी। मकु=शायद, कदाचित्। तुरय=तुरग, घोड़ा। ताऊ=तासु, उसकी। हरि=बंदर। तुरय रोग हरि माथे जाए=कहते हैं कि घुड़साल में बंदर रखने से घोड़े निरोग रहते तथा उनका रोग बंदर पर जाता है। सेइ=वे ही, हत्या और पाप ही। (5) कूट=कालकूट, विष। कूटे=कूट-कूटकर भरे हुए। बैसारिय=बैठाइए।

राजै सुनि वियोग तस माना। जैसे हिय विक्रम पछिताना[1]।।
वह हीरामन पंडित सूआ। जो बोले मुख अमृत चूआ।।
पंडित तुम्ह खंडित निरदोखा। पंडित हुतें परै नहिं धोखा।।
पंडित केरि जीभ मुख सूधी। पंडित बात न कहै बिरूधी।।
पंडित सुमति देइ पथ लावा। जो कुपंथि तेहि पंडित न भावा।।
पंडित राता बदन सरेखा। जो हत्यार रुहिर सो देखा।।
की परान घट आनहु मती। की चलि होहु सुआ सँग सती।।
जिन जानहु के आँगुन, मँदिर सोइ सुखराज।
आयसु मेटें कंत कर, काकर भा न अकाज।।6।।
चाँद जैस धनि उजियरि अही। भा पिउ रोस, गहन अस गही।।
परम सोहाग निबारिन पारी। भा दोहाग सेवा जब हारी।।
एतनिक दोस विरचि पिउ रूठा। जो पिउ आपन कहै सो झूठा।।
ऐसे गरब न भूलै कोई। जेहि डर बहुत पियारी सोई।।
रानी आइ धाय के पासा। सुआ मुआ सेवँर कै आसा।।
परा प्रीतिकंचन महँ सीसा। बिहरि न मिलै, स्याम पै दीसा।।
कहाँ सोनार पास जेहि जाऊँ। देइ सोहाग करै एक ठाऊँ।।
मैं पिउ प्रीति भरोसे, गरब कीन्ह जिउ माँह।
तेहि रिस हौं परहेली, रूसेउ नागर नाँह।।7।।
उतर धाय तब दीन्ह रिसाई। रिस आपुहि, बुधि औरहि खाई।।
मैं जो कहा रिस जिनि करु बाला। को न गयउ एहि रिस कर घाला?।।
तू रिसभरी न देखेसि आगू। रिस महँ काकर भयउ सोहागू।।
जेहि रिस तेहि रस जोगै न जाई। बिनु रस हरदि होइ पियराई।।
बिरसि विरोध रिसहि पै होई। रिस मारै, तेहि मार न कोई।।

---

1. कहानी है कि राजा विक्रम के यहाँ भी एक हीरामन तोता था। उसने एक दिन राजा को एक फल यह कहकर दिया कि जो इसे खाएगा वह कभी बूढ़ा न होगा। राजा ने वह फल बगीचे में बोने को दिया। जब फल लगा तब माली ने राजा को लाकर दिया। राजा ने रानी को दिया। रानी ने परीक्षा के लिए कुत्ते को थोड़ा दिया। कुत्ता मर गया। बात यह थी कि बगीचे में उस फल में साँप ने अपना विष डाल दिया था। राजा ने क्रुद्ध होकर तोते को मरवा डाला। कुछ दिन पीछे फिर एक फल लगा जिसे मालिन ने रूठकर मरने के लिए खाया। वह बुढ्ढी से जवान हो गई। राजा को यह सुनकर बड़ा पछतावा हुआ।

(6) तुम्ह खंडित=तुमने खंडित या नष्ट किया। सुरेख=सज्ञान, चतुर। मती=विचार करके। (7) दोहाग=दुर्भाग्य। बिरचि=अनुरक्त होकर। देइ सोहाग=(क) सौभाग्य, (ख) सोहागा दे। परहेली=अवहेलना की, बेपरवाही की। (8) आगू=आगम, परिणाम। जोगै न जाई=रक्षा नहीं किया जाता।

जेहि रिस कै मरिए, रस जीजै। सो रस तजि रिस कबहुँ न कीजै।।
कंत सोहाग कि पाइय साधा। पावै सोइ जो ओहि चित बाँधा।।
रहै जो पिय के आयसु, औ बरतै होइ हीन।
सोइ चाँद अस निरमल, जनम न होइ मलीन।।8।।

जुआ हारि समुझी मन रानी। सुआ दीन्ह राजा कहँ आनी।।
मानु पीय! हौ गरब न कीन्हा। कंत तुम्हार मरम मैं लीन्हा।।
सेवा करै जो बरहौ मासा। एतनिक औगुन करहु बिनासा।।
जौं तुम्ह देइ नाइ कै गीवा। छाँड़हुँ नहिं बिनु मारे जीवा।।
मिलतहु महँ जनु अहौ निनारे। तुम्ह सौं अहै अँदेस, पियारे।।
मैं जानेउँ तुम्ह मोही माहाँ। देखौं ताकि तौ हौ सब पाहाँ।।
का रानी, का चेरी कोई। जा कहँ मया करहु भल सोई।।
तुम्ह सौं कोइ न जीता, हारे बररुचि भोज।
पहिलैं आपु जो खोवै, करै तुम्हार सो खोज।।9।।

(9) बिरस=अनबन। साधा=साथ या लालसा मात्र से। हीन=दीन, नम्र।

(9) राजा-सुआ संवाद खंड

राजै कहा सत्य कहु सूआ। बिनु सत जस सेंवर कर भूआ।।
होइ मुख रात सत्य के बाता। जहाँ सत्य तहँ धरम सँघाता।।
बाँधो सिहिटि अहै सत केरी। लछिमी अहै सत्य कै चेरी।।
सत्य जहाँ साहस सिधि पावा। औ सतवादी पुरुष कहावा।।
सत कहँ सती सँवारै सरा। आगि लाइ चहुँ दिसि सत जरा।।
दुइ जग तरा सत्य जेइ राखा। और पियार दइहि सत भाखा।।
सो सत छाँड़ि जो धरम बिनासा। भा मतिहीन धरम करि नासा।
तुम्ह सयान औ पंडित, असत न भाखहु काउ।
सत्य कहहु तुम मोसौं, दहुँ काकर अनियाउ।।1।।
सत्य कहत राजा जिउ जाऊ। पै मुख असत न भाखौं काऊ।।
हौं सत लेइ निसरेउँ एहि बूते। सिंघलदीप राजघर हूँते।।
पदमावति राजा कै बारी। पदुम गंध ससि विधि औतारी।।
समि मुख, अंग मलयगिरि रानी। कनक सुगंध दुआदस बानी।।
अहैं जो पदमिनि सिंघल माहाँ। सुगँध रूप सब तिन्हकै छाहाँ।।
हीरामन हौं तेहिक परेवा। कंठा फूट करत तेहि सेवा।।
औ पाएउँ मानुष कै भाषा। नाहिं त पंखि मूठि भर पाँखा।।
जौ लहि जिऔं रात दिन, सँवरौं ओहि कर नावँ।
मुख राता, तत हरियर, दुहूँ जगत लेइ जावँ।।2।।
हीरामन जो कँवल बखाना। सुनि राजा होइ भँवर भुलाना।।
आगे आव, पंखि उजियारा। कहँ सो दीप पतँग कै मारा।।
अहा जो कनक सुबासित ठाऊँ। कस न होइ हीरामन नाऊँ।।
को राजा, कस दीप उतंगू। जेहि रे सुनत मन भयउ पतंगू।।

---

(1) भूआ=सेमल की रूई। मुख रात होइ=सुर्खरू होता है। सरा=चिता। (2) घर हूँते=घर से (प्रा. पंचमी विभक्ति 'हिंतो')। दुवादस बानी=बारह बानी, चोखा (द्वादश वर्ण अर्थात् द्वादश आदित्य के समान)। कंठा फूट=गले में कंठे की लकीर प्रकट हुई, सयाना हुआ।

सुनि समुद्र भा चख किलकिला । कवँलहि चहौं भँवर होइ मिला ।।
कहु सुगंध कस धनि निरमली । भा अलि संग कि अबहीं कली ।।
औ कहु तहँ जहँ पदमिनि लोनी । घर घर सब के होइ जो होनी ।।
सबै बखान तहाँ कर, कहत सो मोसौं आव ।
चहौं दीप वह देखा, सुनत उठा अस चाव ।।3 ।।

का राजा हौं बरनौं तासू । सिंघलदीप आहि कैलासू ।।
जो गा तहाँ भुलाना सोई । गा जुग बीति न बहुरा कोई ।।
घर घर पदमिनि छतिसौ जाती । सदा बसंत दिवस औ राती ।।
जेहि जेहि बरन फूल फुलवारी । तेहि तेहि बरन सुगंध सो नारी ।।
गंध्रबसेन तहाँ बड़ राजा । अछरिन्ह महँ इंद्रासन साजा ।।
सो पदमावति तेहि कर बारी । जो सब दीप माँह उजियारी ।।
चहूँ खंड के वर जो ओनाहीं । गरबहि राजा बोलै नाहीं ।।
उअत सूर जस देखिय, चाँद छपै तेहि धूप ।
ऐसै सबै जाहिं छपि, पदमावति के रूप ।।4 ।।

सुनि रवि नावँ रतन भा राता । पंडित फेरि उहै कहु बाता ।।
तैं सुरंग मूरति वह कही । चित महँ लागि चित्र होइ रही ।।
जनु होइ सुरुज, आइ मन बसी । सब घट पूरि हिये परगसी ।।
अब हौं सुरुज, चाँद वह छाया । जल बिनु मीन, रकत बिनु काया ।।
किरिन करा भा प्रेम अँकूरू । जौं ससि सरग, मिलौं होइ सूरू ।।
सहसौ करा रूप मन भूला । जहँ जहँ दीठ कँवल जनु फूला ।।
तहाँ भवँर जिउ कँवला गंधी । भइ ससि राहु केलि रिनि बंधी ।।
तीनि लोक चौदह खँड, सबै परै मोहिं सूझि ।
पेम छाँड़ि नहिं लोन किछु, जो देखा मन बूझि ।।5 ।।

पेम सुनत मन भूल न राजा । कठिन पेम, सिर देइ तौ छाजा[1] ।।
पेम फाँद जो परा न छूटा । जीउ दीन्ह पै फाँद न टूटा ।।
गिरगिट छंद धरै दुख तेता । खन खन पीत, रात, खन सेता ।।
जान पुछार जो भा वनबासी । रोंव रोंव परे फँद नगवासी ।।
पाँखन्ह फिरि फिरि परा सो फाँदू । उड़ि न सकै, अरुझा भा बाँदू ।।
'मुयो, मुयो' अहनिसि चिल्लाई । ओही रोस नागन्ह धै खाई ।।
पँडुक, सुआ, कंक बह चीन्हा । जेहिं गिउ परा चाहि जिउ दीन्हा ।।

---

(3) पतंग कै मारा=जिसने पतंग बनाकर मारा। उतंगू=उत्तुंग, ऊँचा। किलकिला=जल के ऊपर मछली के लिए मँडराने वाला एक जलपक्षी। होनी=बात, व्यवहार। (4) अछरी=अप्सरा। ओनाहीं=झुकते हैं। (5) करा=कला। लोन=सुंदर।

1. यह पद एशियाटिक सोसाइटी बंगाल से प्रकाशित पदमावती में है।

तीतिर गिउ जो फाँद है, नित्ति पुकारै दोख।।
सो कित हँकरि फाँद गिउ, मेलै कित मारे होइ मोख।।6।।

राजै लीन्ह ऊबि कै साँसा। ऐस बोल जिनि बोलु निरासा।।
भलेहि पेम है कठिन दुहेला। दुइ जग तरा पेम जेइ खेला।।
दुख भीतर जो पेम मधु राखा। जग नहिं मरन सहै जो चाखा।।
जो नहिं सीस पेम पथ लावा। सो प्रिथिमी महँ काहे क आवा।।
अब मैं पंथ पेम सिर मेला। पाँव न ठेलु, राखु कै चेला।।
पेम बार सो कहै जो देखा। जो न देख का जान बिसेखा।।
तौ लगि दुख पीतम नहि भेंटा। मिलै, तौ जाइ जनम दुख मेटा।।
जस अनूप, तू बरनेसि, नखसिख बरनु सिंगार।
है मोहिं आस मिलै कै, जौं मेरवै करता।।7।।

---

(6) छंद=रूपरचना। पुछार=मयूर, मोर। नगवासी=नागों का फंदा अर्थात् नागपाश। धै=धरकर। चीन्हा=चिह्न, लकीर, रेखा। (7) ऊबि कै साँस लीन्ह=लंबी साँस ली। दुहेला=कठिन खेल। पाँव न ठेलु=पैर से न ठुकरा, तिरस्कार न कर। बिसेखा=मर्म।

(10) नखशिख खंड

का सिंगार ओहि बरनौं, राजा । ओहिक सिंगार ओहि पै छाजा।।
प्रथम सीस कस्तूरी केसा। बलि बासुकि, काक और नरेसा।।
भौंर केस वह मालति रानी। बिसहर लुरे लेहिं अरघानी।।
बेनी छोरि झार जौं बारा। सरग पतार होइ अँधियारा।।
कोंवर कुटिल केस नग कारे। लहरन्हि भरे भुअँग बैसारे।।
बेधे जनौं मलयगिरि बासा । सोस चढ़े लोटहिं चहुँ पासा।।
घुँघुरवार अलकैं विषभरी । सँकरैं पेम चहैं गिउ परी।।
अस फँदवार केस वै, परा सीस गिउ फाँद।
अस्टौ कुरी नाग सब, अरुझ केस के बाँद।।1।।
बरनौं माँग सीस उपराहीं। सेंदुर अबहिं चढ़ा जेहि नाहीं।।
बिनु सेंदुर अस जानहु दीआ। उजियर पंथ रैनि महँ कीआ।।
कंचन रेख कसौटी कसी। जनु घन महँ दामिनि परगसी।।
सुरुज किरिन जनु गगन बिसेखी। जमुना माँह सुरसती देखी।।
खाँड़े धार रुहरि जनु भरा। करवत लेइ बेनी पर धरा।।
तेहि पर पूरि धरे जो मोती। जमुना माँझ गंग कै सोती।।
करवत तपा लेइ होइ चूरू। मकु सो रुहिर देइ सेंदूरू।।
कनक दुवादस बानि होइ, चह सोहाग वह माँग।
सेवा करहिं नखत सब, उवै गगन जस गाँग।।2।।

---

(1) सँकरैं=शृंखला, जंजीर। फँदवार=फंद में फँसाने वाले। बलि=निछावर हैं। लुरे=लुढ़ते या लहरते हुए। अरघानि=महक, आघ्राण। अस्ट कुरी=अष्टकुलनाग (ये हैं—वासुकि, तक्षक, कुलक, कर्कोटक, पद्म, शंखचूड़, महापद्म, धनंजय। (2) उपराहीं=ऊपर। रुहिर=रुधिर। करवत=करपत्र, आरा। बेनी=(क) त्रिवेणी, (ख) वेणी। करवत लेइ=पहले मोक्ष के लिए कुछ लोग त्रिवेणी संगम पर अपना शरीर आरे से चिरवाते थे, इसी को करवत लेना कहते थे। वहाँ एक आरा इसके लिए रखा रहता था। काशी में भी ऐसा स्थान था जिसे काशी करवट कहते हैं। तपा=तपस्वी। सोहाग=(क) सौभाग्य, (ख) सोहागा।

कहौं लिलार दुइज कै जोती । दुइजहि जोति कहाँ जग ओती।
सहस किरिन जो सुरुज दिपाई । देखि लिलार सोउ छपि जाई।।
का सरिवर तेहि देउँ मयंकू । चाँद कलंकी, वह निकलंकू।।
औ चाँदहि पुनि राहु गरासा । वह बिनु राहु सदा परगासा।।
तेहि लिलार पर तिलक बईठा । दुइज पाट जानहु धुव दीठा।।
कनक पाट जनु बैठा राजा । सबै सिँगार अत्र लेइ साजा।।
ओहि आगे थिर रहा न कोऊ । दहुँ का कहँ अस जुरै सँजोऊ।।

खरग, धनुक, चक बान दुइ, जग मारन तिन्ह नावँ।
सुनि कै परा मुरुछि कै, (राजा) मोकहँ हए कुठाँव।।3।।

भौहैं स्याम धनुक जनु ताना । जा सहुँ हेर मार विष बाना।।
हनै धुनै उन्ह भौंहनि चढ़े। केइ हतियार काल अस गढ़े?
उहै धनुक किरसुन पर अहा । उहै धनुक राघौ कर गहा।।
ओहि धनुक रावन संघारा । ओहि धनुक कंसासुर मारा।।
ओहि धनुक बेधा हुत राहू। मारा ओहि सहस्राबाहू।।
उहै धनुक मैं तापहँ चीन्हा। धानुक आप बेझ जग कीन्हा।।
उन्ह भौंहनि सरि केउ न जीता । अछरी छपीं, छपीं गोपीता।।

भौंह धनुक, धनि धानुक, दूसर सरि न कराइ।
गगन धनुक जो ऊगै, लाजहि सो छपि जाइ।।4।।

नैन बाँक, सरि पूज न कोऊ। मानसरोदक उलथहिं दोऊ।।
राते कँवल करहिं अलि भवाँ । घूमहिं माति चहहिं अपसवाँ।।
उठहिं तुरंग लेहिं नहिं बागा । चाहहिं उलथि गगन कहँ लागा।।
पवन झकोरहिं देइ हिलोरा । सरग लाइ भुइँ लाइ बहोरा।।
जग डोलै डोलत नैनाहाँ । उलटि अड़ार जाहिं पल माहाँ।।
जबहिं फिराहिं गगन गहि बोरा । अस वै भौंर चक्र के जोरा।।
समुद्र हिलोर फिरहिं जनु झूले । खंजन लरहिं, मिरिग जनु भूले।।

सुभर सरोवर नयन वै, मानिक भरे तरंग।
आवत तीर फिरावहीं, काल भौंर तेहिं संग।।5।।

बरुनी का बरनौं इमि बनी। साधे बान जानु दुइ अनी।।
जुरी राम रावन कै सैना। बीच समुद्र भए दुइ नैना।।

---

(3) ओती=उतनी। अत्र=अस्त्र। हए=हते, मारा। (4) सहुँ=सामने। हुत=था। बेझ=बेध्य, बेझा, निसाना। (5) उलथहिं=उछलते हैं। भवाँ=फेरा, चक्कर। अपसवाँ चहहिं=जाना चाहते हैं, उड़कर भागना चाहते हैं (अपस्रवण)। उलटि...पल माहाँ=बड़े-बड़े अड़ने वाले या स्थिर रहनेवाले पल भर में उलट जाते हैं। फिरावहीं=चक्कर देते हैं।

वारहिं पार बनावरि साधा । जा सहुँ हेर लाग विष बाधा।।
उन्ह बानन्ह अस को जो न मारा । बेधि रहा सगरौ संसारा।।
गगन नखत जो जाहि न गने । वै सब बान ओही के हने।।
धरती बान बेधि सब राखी । साखी ठाढ़ देहिं सब साखी।।
रोवँ रोवँ मानुष तन ठाढ़े । सूतहि सूत बेध अस गाढ़े।।
बरुनि बान अस आपहँ, बेधै रन बन ढाँख।
सोजहिं तन सब रोवाँ, पंखिहि तन सब पाँख।।6।।

नासिक खरग देउँ कह जोगू । खरग खीन, वह बदन-सँजोगू।।
नासिक देखि लजानेउ सूआ । सूक आइ बेसरि होइ ऊआ।।
सुआ जो पिअर हिरामन लाजा । और भाव का बरनौं राजा।।
सुआ, सो नाक कठोर पँवारी । वह कोंवर तिल पुहुप सँवारी।।
पुहुर सुगंध करहिं एहि आसा । मकु हिरकाइ लेइ हम्ह पासा।।
अधर दसन पर नासिक सोभा । दारिउँ बिंब देखि सुक लोभा।।
खंजन दहुँ दिसि केलि कराहीं । दहुँ वह रस कोउ पाव कि नाहीं।।
देखि अमिय रस अधरन्ह, भयउ नासिका कीर।
पौन बास पहुँचावै, अस रम छाँड़ न तीर।।7।।

अधर सुरंग अमी रस भरे। बिंब सुरंग लाजि बन फरे।।
फूल दुपहरी जानौं राता। फूल झरहिं ज्यों-ज्यों कह बाता।।
हीरा लेइ सो विद्रुम धारा। बिहँसत जगत होइ उजियारा।।
भए मँजीठ पानन्ह रँग लागे । कुसुम रंग थिर रहै न आगे।।
अस कै अधर अमी भरि राखे । अबहिं अछूत, न काहू चाखे।।
मुख तँबोल रँग धारहिं रसा । केहि मुख जोग जो अमृत बसा?।।
राता जगत देखि रँगराती। रुहिर भरे आछहि बिहँसाती।।
अमी अधर अस राजा, सब जग आस करेइ।
केहि कहँ कवँल बिगासा, को मधुकर रस लेइ?।।8।।

दसन चौक बैठे जनु हीरा। औ बिच बिच रँग स्याम गँभीरा।।
जस भादौं निसि दामिनि दीसी । चमकि उठै तस बनी बतीसी।।
वह सुजोति हीरा उपराहीं। हीरा जाति सो तेहि परछाहीं।।

---

(6) अनी=सेना। बनावरि=वाणावलि, तीरों की पंक्ति। साखी=वृक्ष। साखी=साक्ष्य, गवाही। रन=अरण्य (प्रा.रण)। (7) जोगु देउँ=जोड़ मिलाऊँ। समता में रखूँ। पँवारी=लोहारों का एक औजार जिससे लोहे में छेद करते हैं। हिरकाइ लेइ=पास सटा ले। (8) हीरा लेइ...उजियारा=दाँतों की श्वेत और अधरों की अरुण ज्योति के प्रसार से जगत् में उजाला होना, कहकर कवि ने उषा या अरुणोदय का बड़ा सुंदर गूढ़ संकेत रखा है।

जेहि दिन दसनजोति निरमई । बहुतै जोति जोति ओहि भई।।
रवि ससि नखत दिपहिं ओहि जोती । रतन पदारथ मानिक मोती।।
जहँ जहँ बिहँसि सुभावहि हँसी । तहँ तहँ छिटकि जोति परगसी।।
दामिनि दमकि न सरवरि पूजी। पुनि ओहि जोति और को दूजी?।।
हँसत दसन अस चमके, पाहन उठे झरक्कि।
दारिउँ सरि जो न कै सका, फाटेउ हिया दरक्कि।।9।।

रसना कहौं जो कह रस बाता । अमृत बैन सुनत मन राता।।
हरै सो सुर चातक कोकिला । बिनु बसंत यह बैन न मिला।।
चातक कोकिल रहहिं जो नाहीं । सुनि वह बैन लाज छपि जाहीं।।
भरे प्रेमरस बोलै बोला। सुनै सो माति घूमि कै डोला।।
चतुरवेद मत सब ओहि पाहाँ । रिग, जजु, साम अथरबन माहाँ।।
एक एक बोल अरथ चौगुना । इंद्र मोह, बरम्हा सिर धुना।।
अमर, भागवत, पिंगल गीता । अरथ बूझि पंडित नहिं जीता।।
भासवती औ ब्याकरन, पिंगल पढ़ै पुरान।
बेद भेद सौं बात कह, सुजनन्ह लागै बान।।10।।

पुनि बरनौं का सुरँग कपोला। एक नारँग दुइ किए अमोला।।
पुहुप पंक रस अमृत साँधे। कइ यह सुरंग खरौरा बाँधे?।।
तेहि कपोल बाएँ तिल परा। जेइ तिल देखि सो तिल तिल जरा।।
जनु घुँघुची ओहि तिल करमुहीं । बिरह बान साधे सामुहीं।।
अगिनि बान जानो तिल सूझा। एक कटाछ लाख दस जूझा।।
सो तिल गाल मेटि नहि गयऊ । अब वह गाल काल जग भयऊ।।
देखत नैन परी परिछाहीं। तेहि तें रात साम उपराहीं।।
सो तिल देखि कपोल पर, गगन रहा धुव गाड़ि।।
खिनहिं उठै खिन बूड़ै, डालै नहिं तिल छाँड़ि।।11।।

स्रवन सीप दुइ दीप सँवारे। कुंडल कनक रचे उजियारे।।
मनि कुंडल झलकै अति लोने । जनु कौंधा लौकहि दुइ कोने।।
दुहुँ दिसि चाँद सुरुज चमकाहीं । नखतन्ह भरे निरखि नहिं जाहीं।।

---

(9) मजीठ=बहुत गहरा, मजीठ के रंग का लाल। धार=धड़ी रेखा। चौक=आगे के चार दाँत। पाहन=पत्थर, हीरा। झरक्कि उठे=झलक गए। अनेक प्रकार के रत्नों के रूप में हो गए। (10) अमर=अमरकोश। भासवती=भास्वती नामक ज्योतिष का ग्रंथ। सुजन्ह=सुजानों या चतुरों को। (11) साँधे=साने, गूँधे। खरौरा=खाँड़ के लड्डू। खंढ़ौरा घुँघुची=गुंजा। करमुँहा=काले मुँह वाला। (12) लोकहि=चमकती है, दिखाई पड़ती है। खूँट=कान का एक गहना। खूँट=कोने। खुंभी=कान का एक गहना। कचपचिया=कृत्तिका नक्षत्र जिसमें बहुत से तारे एक में गुछे दिखाई पड़ते हैं। गोहने=साथ में, सेवा में।

तेहि पर खूँट दीप दुइ बारे। दुइ धुव दुऔ खूँट बैसारे।।
पहिरे खुंभी सिंघलदीपी। जनो भरी कचपचिया सीपी।।
खिन-खिन जबहि चीर सिर गहै। काँपति बीजु दुऔ दिसि रहै।।
डरपहिं देवलोक सिंघला। परै न बीजु टूटि एक कला।।
करहिं नखत सब सेवा स्रवन दीन्ह अस दोउ।
चाँद सुरुज अस गोहने और जगत का कोउ? ।।12।।

बरनौं गीउ कंबु कै रीसी। कंचन तार लागि जनु सीसी।।
कुदै फेरि जानु गिउ काढ़ी। हरी पुछार ठगी जनु ठाढ़ी।।
जनु हिय काढ़ि परेवा ठाढ़ । तेहि तैं अधिक भाव गिउ बाढ़।।
चाक चढ़ाइ साँच जनु कीन्हा। बाग तुरंग जानु गहि लीन्हा।।
गए मयूर तमचूर जो हारे। उहै पुकारहिं साँझ सकारे।।
पुनि तेहि ठाँव परी तिनि रेखा। घूँट जो पीक लीक सब देखा।।
धनि ओहि गीउ दीन्ह बिधि भाऊ। दहुँ कासौं लेइ करै मेराऊ।।
कंठसिरी मुकुतावली, सोहै अभरन गीउ।
लागै कठहार होइ, को तप साधा जीउ।।13।।

कनक दंड दुइ भुजा कलाई। जानौं फेरि कुँदेरै भाई।।
कदलि गाभ कै जानौ जोरी। औ राती ओहि कँवल हथोरी।।
जानो रकत हथोरी बूड़ी। रवि परभात तात, वै जूड़ी।।
हिया काढ़ि जनु लीन्हेसि हाथा। रुहिर भरी अँगुरी तेहि साथा।।
औ पहिरे नग जरी अँगूठी। जग बिनु जीउ, जीउ ओहि मूठी।।
बाहूँ कंगन, टाड़ सलोनी। डोलत बाँह भाव गति लोनी।।
जानौ गति बेड़िन देखराई। बाँह डोलाइ जीउ लेइ जाई।।
भुज उपमा पौंनार नहिं, खीन भयउ तेहि चिंत।
ठाँवहि ठाँव बेध भा, ऊबि साँस लेइ निंत।।14।।

हिया थार, कुच कंचन लारू। कनक कचोर उठे जनु चारू।।
कुंदन बेल साजि जनु कूँदे। अमृत रतन मोन दुइ मूँदे।।
बेधे भौंर कंट केतकी। चाहहिं बेध कीन्ह कंचुकी।।
जोबन बान लेहिं नहिं बागा। चाहहिं हुलसि हिये हठ लागा।।

---

(13) कंबु=शंख। रीसी=ईर्ष्या (उत्पन्न करने वाली) अथवा 'केरीसी'=कैसी, जैसी; समान (प्रा.केरिसी)। कुदै=खराद। पुछार=मोर। साँच=साँचा। (14) भाई=फिराई हुई, खराद पर घुमाई हुई। गाभ=नरम कल्ला। हथोरी=हथेली। तात=गरम। टाड़=बाँह पर पहनने का एक गहना। बेड़िन=नाचने- गाने वाली एक जाति। पौंनार=पद्मनाल (प्रा.पउमनाल), कमल का डंठल। ठाँवहि ठाँव...निंत=कमल नाल में काँटे से होते हैं और वह सदा पानी के ऊपर उठा रहता है। (15) कचोर=कटोरे। कूँदे=खरादे हुए। मौन=(सं. मोण) मोना, पिटारा, डिब्बा। बारी=(क) कन्या, (ख) बगीचा।

अगिनि बान दुइ जानौ साधे । जग बेधहिं जौं होहिं न बाँधे।।
उतँग जँभीर होइ रखवारी । छुइ को सक राजा कै बारी।।
दारिउँ दाख फरे अनचाखे । अस नारँग दहुँ का कहँ राखे।।
राजा बहुत मुए तपि, लाइ लाइ भुइँ माथ।
काहू छुवै न पाए, गए मरोरत हाथ।।15।।

पेट परत जनु चंदन लावा । कुहँकुहँ केसर बरन सुहावा।।
खीर अहार न कर सुकुवाँरा। पान फूल के रहै अधारा।।
साम भुअंगिनि रोमावली। नाभी निकसि कँवल कहँ चली।।
आइ दुऔ नारँग बिच भई। देखि मयूर ठमकि रहि गई।।
मनहुँ चढ़ी भौंरन्ह कै पाँती । चंदन खाँभ बास कै माती।।
की कालिंदी बिरह सताई। चलि पयाग अरइल बिच आई।।
नाभि कुंड बिच बारानसी। सौंह को होइ, मीचु तहँ बसी।।
सिर करवत, तन करसी बहुत सीझ तेहि आस।
बहुत धूम घुटि घुटि मुए, उतर न देह निरास।।16।।

बैरिनि पीठि लीन्हि बह पाछे । जनु फिरि चली अपछरा काछे।।
मलयागिरि कै पीठि सँवारी । बेनी नागिनि चढ़ी जो कारी।।
लहरैं देति पीठि जनु चढ़ी। चीर ओहार केंचुली मढ़ी।।
दहुँ का कहँ अस बेनी कीन्हीं । चंदन बास भुअंगै लीन्ही।।
किरसुन करा चढ़ा ओहि माथे । तब तौ छूट अब छुटै न नाथे।।
कारे कवँल गहे मुख देखा। ससि पाछे जनु राहु बिसेखा।।
को देखै पावै वह नागू। सो देखै जेहि के सिर भागू।।
पन्नग पंकज मुख गहे, खंजन तहाँ बईठ।
छत्र, सिंघासन, राज, धन, ताकहँ होइ जो दीठ।।17।।

लंक पुहुमि अस आहि न काहू । केहरि कहौं न ओहि सरि ताहू।।
बसा लंक बरनै जग झीनी। तेहि तें अधिक लंक वह खीनी।।
परिहँस पियर भए तेहि बसा । लिए डंक लोगन्ह कहँ डसा।।
मानहुँ नाल खंड दुइ भए। दुहुँ बिच लंक तार रहि गए।।

---

(16) अरइल=प्रयाग में वह स्थान जहाँ जमुना गंगा से मिलती है। करवत=आरा (सं. करपत्र)। करसी=(सं.करीष) उपले या कंडे की आग जिसमें शरीर सिझाना बड़ा तप समझा जाता था, जैसे—गनिका गीध बधिक हरिपुर गए लै करसी प्रयाग कब सीझे।—तुलसी। (17) करा=कला से, अपने तेज से। कारे=साँप। पन्नग पंकज...बईठ सर्प के सिर या कमल पर बैठे खंजन को देखने से राज्य मिलता है, ऐसा ज्योतिष में लिखा है। (18) पुहुमि=पृथिवी (प्र. पुहवी)। बसा=बरट, भिड़, बर्रै। परिहँस=ईर्ष्या, डाह (इस अर्थ में ही अवध में बोला जाता है)। मानहु नाल...गए=कमल के नाल को तोड़ने पर दोनों खंडों के बीच कुछ महीन महीन सूत लगे रह जाते हैं। तागा=सूत। छुद्रघंटिका=घुँघरूदार करधनी।

हिय के मुरे चलै वह तागा। पैग देत कित सहि सक लागा।।
छुद्रघंटिका मोहहिं राजा। इंद्र अखाड़ आइ जनु बाजा।।
मानहुँ बीन गहे कामिनी। गावहिं सबै राग रागिनी।।
सिंघ न जीता लंक सरि, हारि लीन्ह वनबासु।
तेहि रिस मानुस रकत पिय, खाइ मारि कै माँसु।।18।।

नाभिकुंड सो मलय समीरू। समुद भँवर जस भँवै गँभीरू।।
बहुतै भँवर बवंडर भए। पहुँचि न सके सरग कहँ गए।।
चंदन माँझ कुरंगिनि खोजू। दहुँ को पाउ, को राजा भोजू।।
को ओहि लागि हिवंचल सीझा। का कहँ लिखी, ऐस को रीझा।।
तीवइ कँवल सुगंध सरीरू। समुद लहरि सोहै तन चीरू।।
भूलहिं रतन पाट के झोंपा। साजि मैन अस का पर कोपा?।।
अबहिं सो अहैं कँवल कै करी। न जनौ कौन भौंर कहँ धरी।।
बेधि रहा जग बासना परिमल मेद सुगंध।
तेहि अरधानि भौंर सब लुबुधे तजहिं न बंध।।19।।

बरनौं नितँब लंक कै सोभा। औ गज गवन देखि मन लोभा।।
जुरे जंघ सोभा अति पाए। केरा खंभ फेरि जनु लाए।।
कँवल चरन अति रात बिसेखी। रहैं पाट पर पुहुमि न देखी।।
देवता हाथ हाथ पगु लेहीं। जहँ पगु धरै सीस तहँ देहीं।।
माथे भाग कोउ अस पावा। चरन कँवल लेइ सीस चढ़ावा।।
चूरा चाँद सुरुज उजियारा। पायल बीच करहिं झनकारा।।
अनवट बिछिया नखत तराईं। पहुँचि सकै को पायँन ताईं।।
बरनि सिंगार न जानेउँ नखसिख जैस अभोग।
तस जग किछुइ न पाएऊँ, उपमा देउँ ओहि जोग।।20।।

---

(19) भँवै=घूमता है, चक्कर खाता है। खोजू=खोज, खुर का पड़ा हुआ चिह्न। हिमंचल=हिमाचल। तीवइ=स्त्री (पूरब—तिवई)। समुद लहरि=लहरिया कपड़ा। झोंपा=गुच्छा। अरघानि=आघ्राण, महक। (20) फेरि=उलटकर। लाए=लगाए।

(11) प्रेम खंड

सुनतहि राजा गा मुरछाई । जानौं लहरि सुरुज कै आई ।।
प्रेम धाव दुख जान न कोई । जेहि लागै जानै ते सोई ।।
परा सो पेम समुद्र अपारा । लहरहिं लहर होइ बिसँभारा ।।
बिरह भौर होइ भाँवरि देई । खिन खिन जीउ हिलोरा लेई ।।
खिनहिं उसास बूड़ि जिउ जाई । खिनहि उठे निसरै बौराई ।।
खिनहिं पीत, खिन होइ मुख सेता । खिनहिं चेत खिन होइ अचेता ।।
कठिन मरन तें प्रेम बेबस्था । ना जिउ जियै, न दसवँ अवस्था ।।
जनु लेनिहार न लेहिं जिउ, हरहिं तरासहिं ताहि ।।
एतनै बोल आब मुख, करैं 'तराहि तराहि' ।।1 ।।
जहँ लगि कुटुँब लोग औ नेगी । राजा राय आए सब बेगी ।।
जावत गुनी गारुड़ी आए । ओझा, बैद, सयान बोलाए ।।
चरचहिं चेष्टा परिखहिं नारी । नियर नाहिं ओपद तहँ बारी ।।
राजहिं आहि लखन कै करा । सकति कान मोहा है परा ।।
नहिं सो राम, हनिवँत बड़ि दूरी । को लेइ आव सजीवन मूरी ।।
बिनय करहिं जे जे गढ़पती । का जिउ कीन्ह, कौन मति मती ।।
कहहु सो पीर, काह पुनि खाँगा । समुद सुमेरु आव तुम्ह माँगा ।।
धावन तहाँ पठावहु, देहिं लाख दस रोक ।
होइ सो बेलि जेहि बारी, आनहिं सबै बरोक ।।2 ।।
जब भा चेत उठा बैरागा । बाउर जानौं सोइ उठि जागा ।।
आवत जग बालक जस रोआ । उठा रोइ 'हा ज्ञान सो खोआ' ।।
हौं तो अहा अमरपुर जहाँ । इहाँ मरनपुर आएउँ कहाँ ।।

---

(1) बिसँभारा=बेसँभाल, बेसुध। दसवँ अवस्था=दशम दशा, मरण। लेनिहार=प्राण लेने वाले। हरहिं=धीरे-धीरे। तरासहिं=त्रास दिखाते हैं। (2) गारुड़ी=साँप का विष मंत्र से उतारने वाला। चरचहिं=भाँपते हैं। करा=लीला, दशा। खाँगा=घटा। रोक=रोकड़, रुपया (सं. रोक=नकद) पाठांतर='थोक'। बरोक=बरच्छा, फलदान।

केइ उपकार मरन कर कीन्हा । सकति हँकारि जीउ हरि लीन्हा।।
सोवत रहा जहाँ सुख साखा । कस न तहाँ सोवत बिधि राखा।।
अब जिउ उहाँ, इहाँ तन सूना । कब लगि रहै परान बिहूना।।
जौ जिउ घटहि काल के हाथा । घट न नीक पै जीउ निसाथा।।
अहुठ हाथ तन सरवर, हिया कवँल तेहि माँह।
नैनहिं जानहु नीयरे, कर पहुँचत औगाहँ।।3।।

सबन्ह कहा मन समुझहु राजा । काल सेंति कै जूझ न छाजा।।
तासौं जूझ जात जो जीता । जानत कृष्ण तजा गोपीता।।
औ न नेह काहू सौं कीजै । नाँव मिटै, काहे जिउ दीजै।।
पहिले सुख नेहहिं जब जोरा । पुनि होइ कठिन निबाहत ओरा।।
अहुठ हाथ तन जैस सुमेरू । पहुँचि न जाइ परा तस फेरू।।
ज्ञान दिस्टि सौं जाइ पहूँचा । पेम अदिस्ट गगन तें ऊँचा।।
धुव तें ऊँच पेम धुव ऊआ । सिर देइ पाँव देइ सो छूआ।।
तुम राजा औ सुखिया, करहु राज सुख भोग।।
एहि रे पंथ सो पहुँचै, सहै जो दुःख बियोग।।4।।

सुऐ कहा मन बूझहु राजा । करब पिरीत कठिन है काजा।।
तुम राजा जेईं घर पोई। कवँल न भेंटेउ भेंटेउ कोई।।
जानहिं भौंर जौ तेहि पथ लूटै । जीउ दीन्ह औ दिएहु न छूटै।।
कठिन आहि सिंघल कर राजू । पाइय नाहिं जूझ कर साजू।।
ओहि पथ जाइ जो होइ उदासी । जोगी, जती, तपा, संन्यासी।।
भोग किए जौं पावत भोगू । तजि सो भोग कोइ करत न जोगू।।
तुम राजा चाहहु सुख पावा । भोगहि जोग करत नहिं भावा।।
साधन्ह सिद्धि न पाइय, जौ लगि सधै न तप्प।
सो पै जानै बापुरा, करै जो सीस कलप्प।।5।।

का भा जोग कथनि के कथे । निकसै घिउ न बिना दधि मथे।।
जौ लहि आप हेराइ न कोई । तौ लहि हेरत पाव न सोई।।
पेम पहार कठिन विधि गढ़ा । सो पै चढ़ै जो सिर सौं चढ़ा।।
पंथ सूरि कै उठा अँकूरू । चोर चढ़ै, की चढ़ मंसूरू।।

---

(3) बिहूना=विहीन, बिना। घट=शरीर। निसाथा=बिना साथ के। अहुठ=साढ़े तीन (सं. अर्द्ध-चतुर्थ; कल्पित रूप 'अध्युष्ठ', प्रा. अड्ढुट्ठ); जैसे–कबहुँ तो अहुठ परग करी बसुधा, कबहुँ देहरी उलंघि न जानी।–सूर। 'सरवर'–पाठांतर 'तरिवर'। (4) काल सेंति=काल से (प्रा. वि. सुंतो)। अहुठ=दे. 3। धुव=ध्रुव। सिर देह. ..छूआ। सिर काटकर उसपर पैर रखकर खड़ा हो; जैसे–'सीस उतारै भुइँ धरै तापर राखै पाँव। दास कबीरा यों कहै ऐसा होय तो आव।' (5) पोई=पकाई हुई। तुम–पोई=अब तक पकी पकाई खाई अर्थात् आराम चैन से रहे। साधन्ह=केवल साध या इच्छा से। कलप्प करै=काट डाले (सं. क्लुप्त)।

तू राजा का पहिरसि कंथा । तोरे घरहिं माँझ दस पंथा।।
काम, क्रोध, तिस्ना, मद, माया । पाँचौ चोर न छाँड़हिं काया।।
नवौ सेंध तिन्ह कै दिठियारा । घर मूसहिं, निसि की उजियारा।।
अबहू जागु अजाना, होत आव निसि भोर।
तब किछु हाथ न लागिहिं, मूसि जाहिं जब चोर।।6।।

सुनि सो बात राजा मन जागा । पलक न मार, पेम चित लागा।।
नैनन्ह ढरहिं मोति औ मूँगा । जस गुर खाइ रहा होइ गूँगा।।
हिय कै जोति दीप वह सूझा । यह जो दीप अँधियारा बूझा।।
उलटि दीठि माया सौं रूठी । पलटि न फिरी जानि कै झूठी।।
जौ पैं नाहीं अहथिर दसा । जग उजार का कीजिय बसा।।
गुरू बिरह चिनगी जो मेला । जो सुलगाइ लेइ सो चेला।।
अब करि फनिग भृंग कै करा । भौंर होहुँ जेहि कारन जरा।।
फूल फूल फिरि पूछौं, जौ पहुँचौं ओहि केत।
तन नेवछावरि कै मिलौं, ज्यों मधुकर जिउ देत।।7।।

बंधु मीत बहुतै समझावा । मान न राजा कोउ भुलावा।।
उपजी पेम पीर जेहि आई । परबोधत होइ अधिक सो आई।।
अमृत बात कहत विष जाना । पेम क बचन मीठ कै माना।।
जो ओहि विषै मारि कै खाई । पूँछहु तेहि सन पेम मिठाई।।
पूँछहु बात भरथरिहि जाई । अमृत राज तजा विष खाई।।
औ महेस बड़ सिद्ध कहावा । उनहूँ विषय कँठ पै लावा।।
होत आव रवि किरिन विकासा । हनुवँत होइ को देइ सुआसा।।
तुम सब सिद्धि मनावहु, होइ, गनेस सिधि लेव।
चेला को न चलावै, तुलै गुरू जेहि भेव।।8।।

---

(6) सूरि=सूली। दिठियार=देख में, देखा हुआ। मूसि जाहिं=चुरा ले जाएँ (सं. भूषण)। (7) अहथिर=स्थिर। उजार=उजाड़। बसा=बसे हुए। फनिग=फनगा, फतिंगा, पतंग। भृंग=कीड़ा, जिसके विषय में प्रसिद्ध है कि और फतिंगों को अपने रूप का कर लेता है। करा=कला, व्यापार। केत=कैत, ओर, तरफ अथवा केतकी। (8) अमृत=संसार का अच्छा से अच्छा पदार्थ। विषै=विष तथा अध्यात्म पक्ष में विषय। होत आव... सुआसा=लक्ष्मण को शक्ति लगने पर जब यह कहा गया था कि सूर्य निकलने के पहले यदि संजीवनी बूटी आ जाएगी तो वे बचेंगे, तब राम को हनुमान जी ने ही आशा बँधाई थी। तुलै गुरू जेहि भेव=जिस भेद तक गुरु पहुँचता है, जिस तत्त्व का साक्षात्कार गुरु करता है।

(12) जोगी खंड

तजा राज, राजा भा जोगी। औ किंगरी कर गहेउ बियोगी।।
तन बिसँभर मन बाउर लटा। अरुझा पेम, परी सिर जटा।।
चंद्र बदन औ चंदन देहा। भसम चढ़ाइ कीन्ह तन खेहा।।
मेखल, सिंघी, चक्र धँधारी। जोगबाट रुदराछ, अधारी।।
कंथा पहिरि दंड कर गहा। सिद्ध होइ कहँ गोरख कहा।।
मुद्रा स्रवन, कंठ जपमाला। कर उदपान, काँध बघछाला।।
पाँवरि पाँव, दीन्ह सिर छाता। खप्पर लीन्ह भेस करि राता।।
चला भुगुति माँगै कहँ, साधि कथा तप जोग।
सिद्ध होइ पदमावति, जेहि कर हिये वियोग।।1।।

गनक कहहिं गनि गौन न आजू। दिन लेइ चलहु, होइ सिध काजू।।
पेम पंथ दिन घरी न देखा। तब देखै जब होइ सरेखा।।
जेहि तन पेम कहाँ तेहि माँसू। कथा न रकत, नैन नहिं आँसू।।
पंडित भूल, न जानै चालू। जीउ लेत दिन पूछ न कालू।।
सती कि बौरी पूछिहि पाँड़े। औ घर पैठि कि सैंतै भाँड़े।।
मरै जो चलै गंग गति लेई। तेहि दिन कहाँ घरी को देई?।।
मैं घर बार कहाँ कर पावा। धरी के आपन, अंत परावा।।
हौं रे पथिक पखेरू, जेहि वन मोर निवाहु।
खेलि चला तेहि वन कहँ, तुम अपने घर जाहु।।2।।

---

(1) किंगरी=छोटी सारंगी या चिकारा। लटा=शिथिल, क्षीण। मेखल=मेखला। सिंघी=सींग का बाजा जो फूँकने से बजता है। धँधारी=एक में गुछी हुई लोहे की पतली कड़ियाँ जिनमें उलझे हुए डोरे या कौड़ी को गोरखपंथी साधु अद्भुत रीति से निकाला करते हैं, गोरखधंधा। अधारी=झोला जो दोहरा होता है। मुद्रा=स्फटिक का कुंडल जिसे गोरखपंथी कान में बहुत बड़ा छेद करके पहनते हैं। उदपान=कमंडलु। पाँवरि=खड़ाऊँ। राता=गेरुआ। (2) तब देखै=तब तो देखे, तब न देख सकता है। सरेखा=चतुर, होशवाला। सैंतै=सँभालती या सहेजती है।

चहुँ दिसि आन साँटिया फरी । भौ कटकाई राजा केरी।।
जावत अहहिं सकल अरकाना । साँभर लेहु, दूरि है जाना।।
सिंघलदीप जाइ अब चाहा । मोल न पाउब जहाँ बेसाहा।।
सब निबहै तहँ आपनि साँठी । साँठि बिना सो रह मुख माँटी।।
राजा चला साजि कै जोगू । साजहु बेगि चलहु सब लोगू।।
गरब जो चढ़े तुरय कै पीठी । अब भुइँ चलहु सरग कै डीठी।।
मंतर लेहु होहु अंग लागू । गुदर जाइ सब होइहि आगू।।
का निचिंत रे मानुस, आपन चीते आछु।
लेहि सजग होइ अगमन, मन पछिताब न पाछु।।3।।
बिनवै रतनसेन कै माया । माथे छात, पाट निति पाया।।
बिलसहु नौ लख लच्छि पियारी । राज छाँड़ि जिनि होहु भिखारी।।
निति चंदन लागै जेहि देहा । सो तन देख भरत अब खेहा।।
सब दिन रहेउ करत तुम भोगू । सो कैसे साधव तप जोगू।।
कैसे धूप सहब बिनु छाहाँ । कैसे नींद परिहि भुइ माहाँ?।।
कैसे ओढ़ब काथरि कंथा । कैसे पाँव चलब तुम पंथा?।।
कैसे सहब खिनहि खिन भूखा । कैसे खाब कुरकुटा रूखा।।
राजपाट, दर परिगह, तुम्ह ही सौं उजियार।
बैठि भोग रस मानहु, कै न चलहु अँधियार।।4।।
मोहि यह लोभ सुनाव न माया । काकर सुख काकर यह काया।।
जो निआन तन होइहि छारा । माटिहि पोखि मरै को भारा?।।
का भूलौं एहि चंदन चोवा । बैरी जहाँ अंग कर रोवाँ।।
हाथ, पाँव, सरवन औ आँखी । ए सब उहाँ भरहिं मिलि साखी।।
सूत सूत तन बोलहिं दोखू । कहु कैसे होइहि गति मोखू।।
जौ भल होत राज औ भोगू । गोपीचँद नहिं साधत जोगू।।
उन्ह हिय दीठि जो देख परेवा । तजा राज कजरी बन सेवा।।
देखि अंत अस होइहि, गुरू दीन्ह उपदेस।
सिंघल दीप जाब इम, माता! देहु अदेस।।5।।

---

(3) आन=आज्ञा, घोषणा (प्रा. आण्ण)। साँटिया=डौड़ीवाला। कटकाई=दलबल के साथ चलने की तैयारी। अरकाना=अरकान दौलत सरदार। साँभर=संबल, कलेऊ। साँठि=पूँजी। तुरय=तुरग। गुदर होइहि=पेश होइए, हाजिर होइए। आपनि चीते आछु=अपने चेत या होश में रह। अगमन=आगे, पहले से। (4) माया=माता। लच्छि=लक्ष्मी। कंथा=गुदड़ी। कुरकुटा=मोटा कुटा अन्न। दर=दल या राजद्वार। परिगह=परिग्रह, परिजन, परिवार के लोग। (5) निआन=निदान, अंत में। पोखि=पोषण करके। साखी भरहिं=साक्ष्य या गवाही देते हैं। देख परेवा=पक्षी की सी अपनी दशा देखी। कजरी बन=कदलीवन।

रोवहिं नागमती रनिवासू। केइ तुम्ह कंत दीन्ह बनबासू।।
अब को हमहिं करिहिं भोगिनी। हमहूँ साथ होव जोगिनी।।
की हम्ह लावहु अपने साथा। की अब मारि चलहु एहि हाथा।।
तुम्ह अस बिछुरै पीउ पिरीता। जहँवाँ राम तहाँ सँग सीता।।
जौ लहि जिउ सँग छाड़ न काया। करिहौं सेव, पखरिहौं पाया।।
भलेहि पदमिनी रूप अनूपा। हमतें कोइ न आगरि रूपा।।
भँवै भलेहि पुरुखन कै डीठी। जिनहिं जान तिन्ह दीन्ही पीठी।।
देहिं असीस सबै मिलि, तुम्ह माथे निति छात।
राज करहु चितउरगढ़, राखउ पिय! अहिवात।।6।।
तुम्ह तिरिया मति हीन तुम्हारी। मुरुख सो जो मतै घर नारी।।
राघव जो सीता सँग लाई। रावन हरी, कवन सिधि पाई?।।
यह संसार सपन कर लेखा। बिछुरि गए जानौं नहिं देखा।।
राजा भरथरि सुना जो ज्ञानी। जेहि के घर सोरह सै रानी।।
कुच लीन्हे तरवा सहराई। भा जोगी, कोउ संग न लाई।।
जोगिहि काह भोग सौं काजू। चहै न धन घरनी औ राजू।।
जूड़ कुरकुटा भीखहि चाहा। जोगी तात भात कर काहा।।
कहा न मानै राजा, तजी सबाईं भीर।
चला छाँड़ि कै रोवत, फिरि कै देइ न धीर।।7।।
रोवत माय, न बहुरत बारा। रतन चला घर भा अँधियारा।।
बार मोर जो राजहि रता। सो लै चला, सुआ परबता।।
रोवहिं रानी, तजहिं पराना। नोचहिं बार करहिं खरिहाना।।
चूरहिं गिउ अभरन, उर हारा। अब कापर हम करब सिंगारा।।
जा कहँ कहहिं रहसि कै पीऊ। सोइ चला, काकर यह जीऊ।।
मरै चहहिं, पै मरै न पावहिं। उठै आगि, सब लोग बुझावहिं।।
घरी एक सुठि भएउ अँदोरा। पुनि पाछे बीता होइ रोरा।।
टूटे मन नौ मोती, फूटे मन दस काँच।
लीन्ह समेटि सब अभरन, होइगा दुख कर नाच।।8।।
निकसा राजा सिंगी पूरी। छाँड़ा नगर मेलि कै धूरी।।
राय रान सब भए बियोगी। सोरह सहस कुँवर भए जोगी।।
माया मोह हरा सेइ हाथा। देखिन्ह बूझि निआन न साथा।।

(6) भँवै=इधर-उधर घूमती है। जिनहि...पीठी=जिनसे जान पहचान हो जाती है उन्हें छोड़ नए के लिए दौड़ा करती है। (7) मतै=सलाह ले। तात भात=गरम ताजा भात। (8) बारा=बालक, बेटा। खरिहान करहिं=ढेर लगाती हैं। अँदोरा=हलचल, कोलाहल (सं. आंदोलन)

छाँड़ेन्हि लोग कुटुँब सब कोऊ । भए निनार सुख दुख तजि दोऊ।।
सँवरैं राजा सोइ अकेला। जेहि के पंथ चले होइ चेला।।
नगर नगर औ गाँवहिं गाँवाँ । छाँड़ि चले सब ठाँवहिं ठाँवाँ।।
काकर मढ़, काकर घर माया । ताकर सब जाकर जिउ काया।।
चला कटक जोगिन्ह कर कै गेरुआ सब भेसु।
कोस बीस चारिहु दिसि जानौं फूला टेसु।।9।।
आगे सगुन सगुनियै ताका । दहिने माछ रूप के टाँका।।
भरे कलस तरुनी जल आई। 'दहिउ लेहु' ग्वालिनि गोहराई।।
मालिनि आव मौर लिए गाँथे । खंजन बैठ नाग के माथे।।
दहिने मिरिग आइ बन धाएँ । प्रतीहार बोला खर बाएँ।।
बिरिख सँवरिया दहिने बोला । बाएँ दिसा चाषु चरि डोला।।
बाएँ अकासी धौरी आई। लोवा दरस आइ दिखराई।।
बाएँ कुररी, दहिने कूचा। पहुँचे भुगुति जैस मन रूचा।।
जा कहँ सगुन होहिं असु, औ गवनै जेहि आस।
अस्ट महासिधि तेहि कहँ, जस कवि कहा बियास।।10।।
भएउ पयान चला पुनि राजा । सिंगि नाद जोगिन कर बाजा।।
कहेन्हि आजु किछु थोर पयाना । काल्हि पयान दूरि है जाना।।
ओहि मिलान जौ पहुँचै कोई । तब हम कहब पुरुष भल सोई।।
है आगे परबत कै बाटा। बिषम पहार अगम सुठि घाटा।।
बिच बिच नदी खोह औ नारा । ठावहिं ठाँव बैठ बटपारा।।
हनुवँत केर सुनुब पुनि हाँका । दहुँ को पार होइ को थाका।।
अस मन जानि सँभारहु आगू । अगुआ केर होहु पछलागू।।
करहिं पयान भोर उठि, पंथ कोस दस जाहिं।
पंथी पंथा जे चलहिं, ते का रहहिं ओठाहिं।।11।।
करहु दीठि थिर होइ बटाऊ । आगे देखि धरहु भुइँ पाऊ।।
जो रे उवट होइ परे भुलाने । गए मारि, पथ चलै न जाने।।
पाँयन पहिरि लेहु सब पौरी । काँट धसैं, न गड़ै अँकरौरी।।

---

(9) पूरी=बजाकर। मेलि कै=लगाकर। निनार=न्यारे, अलग। मढ़=मठ। (10) सगुनिया=शकुन जानने वाला। माछ=मछली। रूप=रूपा, चाँदी। टाँका-बरतन। मौर=फूलों का मुकुट जो विवाह में दूल्हे को पहनाया जाता है (सं. मुकुट, प्रा. मउड़)। गाँथे=गूथे हुए। बिरिख=वृष, बैल। सँवरिया=साँवला, काला। चाषु=चाष, नीलकंठ। अकासी धौरी=क्षेमकरी चील जिसका सिर सफेद और सब अंग लाल या खैरा होता है। लोवा=लोमड़ी। कुररी=टिटिहरी। कूचा=क्रौंच, कराकुल, कूज। (11) मिलान=टिकान, पड़ाव। ओठाहिं=उस जगह। (12) बटाऊ=पथिक। उबट=ऊबड़ खाबड़, कठिन मार्ग। दंडाकरन=दंडकारण्य। बीझबन=सघन वन। झाँखर= कँटीली झाड़ियाँ। हिलगि=सटकर।

परे आइ बन परबत माहाँ। दंडाकरन बीझ बन जाहाँ।।
सघन ढाँख बन चहुँदिसि फूला। बहु दुख पाव उहाँ कर भूला।।
झाँखर जहाँ सो छाँड़हु पंथा। हिलगि मकोइ न फारहु कंथा।।
दहिने बिदर, चँदेरी बाएँ। दहुँ कहँ होइ बाट दुइ ठाएँ।।
एक बाट गइ सिंघल, दूसरि लंक समीप।
हैं आगे पथ दूओ, दहुँ गौनब केहि दीप।।12।।

ततखन बोला सुआ सरेखा। अगुआ सोइ पंथ जेहि देखा।।
सो का उड़ै न जेहि तन पाँखू। लेइ सो परासहि बूड़त साखू।।
जस अंधा अंधै कर संगी। पंथ न पाव होइ सहलंगी।।
सुनु मत, काज चहसि जौं साजा। बीजानगर बिजयगिरि राजा।।
पहुँचौ जहाँ गोंड औ कोला। तजि बाएँ अँधियार खटोला।।
दक्खिन दहिने रहहि तिलंगा। उत्तर बाएँ गढ़ काटंगा।।
माँझ रतनपुर सिंघदुवारा। झारखंड देइ बाँव पहारा।।
आगे पाव उड़ैसा, बाएँ दिए सो बाट।
दहिनावरत देइ कै, उतरु समुद कै घाट।।13।।

होत पयान जाइ दिन केरा। मिरिगारन महँ भएउ बसेरा।।
कुस साँथरि भइ सौंर सुपेती। करवट आइ बनी भुइँ सेंती।।
चलि दस कोस ओस तन भीजा। काया मिलि तेहिं भसम मलीजा।।
ठाँव ठाँव सब सोअहिं चेला। राजा जागै आपु अकेला।।
जेहि के हिये पेम-रँग जामा। का तेहि भूख नींद बिसरामा।।
बन अँधियार रैनि अँधियारी। भादों बिरह भएउ अति भारी।।
किंगरी हाथ गहे बैरागी। पाँच तंतु धुन ओही लागी।।
नैन लाग तेहि मारग, पदमावति जेहि दीप।
जैस सेवातिहि सेवै, बन चातक, जल सीप।।14।।

---

(13) सरेख=सयाना, श्रेष्ठ, चतुर। लेइ सो...साखू=शाखा डूबते समय पत्ते को ही पकड़ता है। परास=पलास, पत्ता। सहलंगी=सँगलगा साथी। बीजानगर=विजयानगरम्। गोंड़ और कोल=जंगली जातियाँ। अँधियार=अँजारी जो बीजापुर का एक महल था। खटोला=गढ़मंडला का पश्चिम भाग। गढ़ काटंगा=गढ़ कटंग, जबलपुर के आस-पास का प्रदेश। रतनपुर बिलासपुर के जिले में आजकल है। सिंघदुआरा=छिंदवाड़ा। झारखंड=छत्तीसगढ़ और गोंडवाने का उत्तर भाग। (14) सौंर=चादर। सेंती=से।

(13) राजा-गजपति-संवाद खंड

मासेक लाग चलत तेहि वाटा । उतरे जाइ समुद के घाटा।।
रतनसेन भा जोगी जती । सुनि भेंटै आवा गजपती।।
जोगी आपु, कटक सब चेला । कौन दीप कहँ चाहहिं खेला।।
''आए भलेहि, मया अब कीजे । पहुनाई कहँ आयसु दीजै''।।
''सुनहु गजपती उतर हमारा । हम्ह तुम्ह एकै, भाव निनारा''।।
नेवतहु तेहि नहिं जेहि यह भाऊ । जो निहचै तेहि लाउ नसाऊ।।
इहै बहुत जौ बोहित पावौं । तुम्ह तैं सिंघलदीप सिधावौं।।
''जहाँ मोहि निजु जाना, कटक होउँ लेइ पार।
जौं रे जिऔं तौ बहुरौं, मरौं तो ओहि के बार'' ।।1।।
गजपति कहा ''सीस पर माँगा । बोहित नाव न होइहि खाँगा''।।
ए सब देउँ आनि नव गढ़े । फूल सोइ जो महिसुर चढ़े।।
पै गोसाइँ सन एक बिनाती । मारग कठिन जाब केहि भाँती।।
सात समुद्र असूझ अपारा । मारहिं मगर मच्छ घरियारा।।
उठै लहरि नहिं जाइ सँभारी । भागिहि कोइ निबहै बैपारी।।
तुम सुखिया अपने घर राजा । जोखिउँ एत सहहु केहि काजा।।
सिंघलदीप जाइ सो कोई । हाथ लिए आपन जिउ होई।।
खार, खीर, जल, दधि, उदधि, सुर, किलकिला अकूत।
को चढ़ि नाँघै समुद ए, है काकर अस बूत?।।2।।
''गजपति यह मन सकती सीऊ । पै जेहि पेम कहाँ नहिं जीऊ''।।
जो पहिले सिर दै पगु धरई । मूए केर मीचु का करई?।।

---

(1) गजपति=कलिंग के राजाओं की पुरानी उपाधि जो अब तक विजयानगरम् (ईजा नगर) के राजाओं के नाम के साथ देखी जाती है। खेला चाहहिं=मन की मौज में जाना चाहते हैं। लाउ=लाव, लगाव, प्रेम। (2) सीस पर माँगा=आपकी माँग या आज्ञा सिर पर है। खाँगा=कमी। किलकिला=एक समुद्र का नाम। अकूत=अपार। बूत=बूता, बल।

सुख त्यागा, दुख साँभर लीन्हा । तब पयान सिंघल मुहँ कीन्हा।।
भौंरा जान कवँल कै प्रीती । जहि पहँ बिथा पेम कै बीती।।
औ जैइ समुद पेम कर देखा । तेइ एहि समुद बूँद करि लेखा।।
सात समुद सत कीन्ह सँभारू । जौं धरती, का गरुअ पहारू?।।
जौ पै जीउ बाँध सत बेरा। बरु जिउ जाइ फिरै नहिं फेरा।।

रंगनाथ हौं जा कर, हाथ ओहि के नाथ।
गहे नाथ सो खैंचै, फेरे फिरै न माथ।।3।।

पेम समुद जो अति अवगाहा । जहाँ न बार न पार न थाहा।।
जो एहि खीर समुद महँ परे। जीउ गँवाइ हंस होइ तरे।।
हौं पदमावति कर भिखमंगा । दीठि न आव समुद औ गंगा।।
जेहि कारन गिउ काथरि कंथा । जहाँ सो मिलै जावँ तेहि पंथा।।
अब एहि समुद परेउँ होइ मरा । मुए केर पानी का करा?।।
मर होइ बहा कतहु लेइ जाऊ । आहि के पंथ कोउ धरि खाऊ।।
अस मैं जानि समुद महँ परऊँ । जौ कोइ खाइ बेगि निसतरऊँ।।

सरग सीस, धर धरती, हिया सो पेम समुंद।।
नैन कौड़िया होइ रहे, लेइ लेइ उठहिं सो बुँद।।4।।

कठिन वियोग जाग दुख दाहू । जरतहि मरतहि ओर निबाहू।।
डर लज्जा तहँ दुवौ गवाँनी । देखै किछु न आग नहिं पानी।।
आगि देखि वह आगे धावा । पानि देखि तेहि सौंह धँसावा।।
अस बाउर न बुझाए बूझा। जेहि पथ जाइ नीक सो सूझा।।
मगरमच्छ डर हिये न लेखा। आपुहि चहै पार भा देखा।।
औ न खाहि ओहि सिंघ सदूरा । काठहु चाहि अधिक सो झूरा।।
काया माया संग न आथी। जेहि जिउ सौंपा सोई साथी।।

जो किछु दरब अहा सँग, दान दीन्ह संसार।
ना जानी केहि सत सेंती, दैव उतारै पार।।5।।

धनि जीवन औ ताकर हीया । ऊँच जगत मह जाकर दीया।।
दिया सो जप तप सब उपराहीं । दिया बराबर जग किछु नाहीं।।
एक दिया ते दसगुन लहा । दिया देखि सब जग मुख चहा।।
दिया करै आगे उजियारा। जहाँ न दिया तहाँ अँधियारा।।

---

(3) यह मन...सीऊ=यह मन शक्ति की सीमा है। साँभर=संबल, राह का कलेवा। बेरा=नाव का बेड़ा। रंगनाथ हौं=रंग या प्रेम में। जोगी हूँ—जिसका नाथ=नकेल, रस्सी। माथ=सिर या रुख तथा नाव का अग्रभाग। (4) हंस = (क) शुद्ध आत्मस्वरूप, (ख) उज्ज्वल हंस। मर=मरा, मृतक। कौड़िया=कौड़िल्ला नाम का पक्षी जो पानी में से मछली पकड़कर फिर ऊपर उड़ने लगता है। (5) सदूरा=शार्दूल, एक प्रकार का सिंह। आथी=अस्ति, है। सेंती=से।

दिया मँदिर निसि करै अँजोरा । दिया नाहिं घर मूसहिं चोरा।।
हातिम करन दिया जो सिखा । दिया रहा धर्मन्ह महँ लिखा।।
दिया सो काजु दुवौ जग आवा । इहाँ जो दिया उहाँ सब पावा।।
"निरमल पंथ कीन्ह तेइ, जेइ रे दिया किछु हाथ।
किछु न कोइ लेइ जाइहि, दिया जाइ पै साथ" ।।6।।

---

(6) दीया=(क) दिया हुआ, दान (ख) दीपक।

(14) बोहित खंड

सो न डोल देखा गजपती। राजा सत्त दत्त दुहुँ सती।।
अपनेहि कथा, आपनेहि कंथा। जीउ दीन्ह अगुमन तेहि पंथा।।
निहचै चला भरम जिउ खोई। साहस जहाँ सिद्धि तहँ होई।।
निहचै चला छाँड़ि कै राजू। बोहित दीन्ह, दीन्ह सब साजू।।
चढ़ा बेगि, तब बोहित पेले। धनि सो पुरुष पेम जेइ खेले।।
पेम पंथ जौ पहुँचै पारा। बहुरि न मिलै आइ एहि छारा।।
तेहि पावा उत्तिम कैलासू। जहाँ न मीचु, सदा सुख बासू।।
एहि जीवन कै आस का, जस सपना पल आधु।
मुहमद जियतहि जे मुए, तिन्ह पुरुषन्ह कह साधु।।1।।

जस बन रेंगि चलै गज ठाटी। बोहित चले, समुद गा पाटी।।
धावहिं बोहित मन उपराहीं। सहस कोस एक पल महँ जाहीं।।
समुद अपार सरग जनु लागा। सरग न घाल गनै बैरागा।
ततखन चाल्हा एक देखावा। जनु धौलागिरि परबत आवा।।
उठी हिलोर जो चाल्ह नराजी। लहरि अकास लागि भुइँ बाजी।।
राजा सेंती कुँवर सब कहहीं। अस अस मच्छ समुद महँ अहहीं।।
तेहि रे पंथ हम चाहहिं गवना। होहु सँजूत बहुरि नहिं अवना।।
गुरु हमार तुम राजा, हम चेला तुम नाथ।
जहाँ पाँव गुरु राखै, चेला राखै माथ।।2।।

केवट हँसे सो सुनत गवेजा। समुद न जानु कुवाँ कर मेजा।।
यह तो चाल्ह न लागै कोहू। का कहिहौ जब देखिहौ रोहू?।।

---

(1) सत्त दत्त दुहुँ सती=सत्य या दान दोनों में सच्चा या पक्का है। पेले=झोंक से चले। (3) ठाटी=ठट्ट, झुंड। उपराहीं=अधिक (वेग से)। घाल न गनै=पसंगे बराबर भी नहीं गिनता, कुछ नहीं समझता। घाल=घलुआ, थोड़ी सी और वस्तु जो सौदे के ऊपर बेचने वाला देता है। चाल्हा=एक मछली, चेल्हवा। नराजी=नाराज हुई। भुइँ बाजी=भूमि पर पड़ी। सँजूत=सावधान, तैयार।

सो अबहीं तुम्ह देखा नाहीं । जेहि मुख ऐसे सहस समाहीं।।
राजपंखि तेहि पर मेड़राहीं । सहस कोस तिन्ह कै परछाहीं।।
तेइ ओहि मच्छ ठोर भरि लेहीं । सावक मुख चारा लेइ देहीं।।
गरजै गगन पंखि जब बोला । डोल समुद्र डैन जब डोला।।
जहाँ चाँद औ सूर असूझा । चढ़ै सोइ ज अगुमन बूझा।।
दस महँ एक जाइ कोइ-करम, धरम, तप, नेम।
बोहित पार होइ जब, तबहि कुसल औ खेम।।3।।

राजै कहा कीन्ह मैं पेमा। जहाँ पेम कहँ कूसल खेमा।।
तुम्ह खेवहु जौ खेवै पारहु । जैसे आपु तरहु मोहिं तारहु।।
मोहिं कुसल कर सोच न ओता । कुसल होत जौ जनम न होता।।
धरती सरग जाँत पट दोऊ। जो तेहि बिच जिउ राख न कोऊ।।
हौं अब कुसल एक पै माँगौं । पेम पंथ सत बाँधि न खाँगौं।।
जौ सत हिय तौ नयनहिं दीया । समुद्र न डरै पैठि मरजीया।।
तहँ लगि हेरौं समुद ढँढोरी । जहँ लगि रतन पदारथ जोरी।।
सप्त पतार खोजि कै, काढौं बेद गरंथ।
सात सरग चढ़ि धावौं, पदमावति जेहि पंथ।।4।।

---

(3) गवेजा=बातचीत। मेजा=मेढक, (पूरब—मेजुका)। कोहू=किसी को। (4) ओता=उतना। पट=पल्ला। खाँगौं=कसर न करूँ। मरजीया=जी पर खेलकर विकट स्थानों से व्यापार की वस्तु (जैसे, मोती, शिलाजतु, कस्तूरी) लाने वाले, जिवकिया। ढँढोरी=छानकर।

(15) सात समुद्र खंड

सायर तरै हिये सत पूरा । जौ जिउ सत, कायर पुनि सूरा।।
तेइ सत बोहित कुरी चलाए । तेइ सत पवन पंख जनु लाए।।
सत साथी, सत कर संसारू । सत्त खेइ लेइ लावै पारू।।
सत्त ताक सब आगू पाछू । जहँ जहँ मगरमच्छ औ काछू।।
उठै लहरि जनु ठाढ़ पहारा। चढ़ै सरग औ परै पतारा।।
डोलहिं बोहित लहरैं खाहीं । खिन तर होहिं, खिनहिं उपराहीं।।
राजै सो सत हिरदै बाँधा। जेहि सत टेकि करै गिरि काँधा।।
खार समुद सो नाँघा, आए समुद जहँ खीर।
मिले समुद वै सातौ, बेहर बेहर नीर।।1।।
खीर समुद का बरनौं नीरू। सेत सरूप, पियत जस खीरू।।
उलथहिं मानिक, मोती, हीरा । दरब देखि मन होइ न थीरा।।
मनुआ चाह दरब औ भोगू। पथ भुलाइ बिनासै जोगू।।
जोगी होइ सो मनहिं सँभारै । दरब हाथ कर समुद पवारै।।
दरब लेइ सोई जो राजा। जो जोगी तेहिक कहि काजा।।
पंथहि पंथ दरब रिपु होई । ठग, बटपार, चोर संग सोई।।
पँथी सो जो दरब सो रूसे। दरब समेटि बहुत अस मूसे।।
खीर समुद सो नाँघा, आए समुद दधि माँह।
जो हैं नह क बाउर, तिन्ह कहँ धूप न छाँह।।2।।
दधि समुद्र देखत तस दाधा । पेम क लुबुध दगध पै साधा।।
पेम जो दाधा धनि वह जीऊ । दधि जमाइ मथि काढ़ैं घीऊ।।
दधि एक बूँद जाम सब खीरू । काँजा बूँद बिनसि होइ नीरू।।
साँस डाँड़ि मन मथनी गाढ़ी । हिय चाटै बिनु फूट न साढ़ी।।

---

(1) सायर=सागर। कुरी=समूह। बेहर बेहर=अलग-अलग। (2) मनुआ=मनुष्य या मन। पवारै=फेंके। रूसे=विरक्त हुए। मूसे=मूसे गए, ठगे गए।

जेहि जिउ पेम चदन तेहि आगी । पेम बिहून फिरै डर भागी।।
पेम कै आगि जरै जौं कोई । दुख तेहि कर न अँबिरथा होई।।
जो जानै सत आपुहि जारै। निसत हिये सत करै न पारै।।
दधि समुद्र पुनि पार भे, पेमहि कहा सँभार?।।
भावै पानी सिर परै, भावै परै अंगार।।3।।
आए उदधि समुद्र अपारा। धरती सरग जरै तेहि झारा।।
आगि जो उपनी ओहि समुंदा । लंका जरी ओहि एक बुंदा।।
बिरह जो उपना ओहि तें गाढ़ा । खिन न बुझाइ जगत महँ बाढ़ा।।
जहाँ सो बिरह आगि कहँ डीठी । सौंह जरै, फिरि देइ न पीठी।।
जग महँ कठिन खड़ग कै धारा । तेहि तें अधिक बिरह कै झारा।।
अगम पंथ जो ऐस न होई। साध सिए पावै कब कोई।।
तेहि समुद्र महँ राजा परा। जरा चहै पै रोवँ न जरा।।
तलफै तेल कराह जिमि, इमि तलफै सब नीर।
यह जो मलयगिरि प्रेम कर, बेधा समुद समीर।।4।।
सुरा समुद पुनि राजा आवा । महुआ मद छाता दिखरावा।।
जो तेहि पियै सो भाँवरि लेई । सीस फिरै, पथ पैगु न देई।।
पेम सुरा जेहि के हिय माहाँ। कित बैठै महुआ कै छाहाँ।।
गुरु के पास दाख रस रसा । बैरी बबुर मारि मन कसा।।
बिरह के दगध कीन्ह तन भाठी । हाड़ जराइ दीन्ह सब काठी।।
नैन नीर सौं पोता किया। तस मद चुवा बरा जस दिया।।
बिरह सरागन्हि भूँजै माँसू। गिरि गिरि परै रकत कै आँसू।।
मुहमद मद जो पेम कर, गए दीप तेहि साध।
सीस न देइ पतंग होइ, तौ लगि लहै न खाध।।5।।
पुनि किलकिला समुद महँ आए । गा धीरज देखत डर खाए।।
भा किलकिल अस उठै हिलोरा । जनु अकास टूटै चहुँ ओरा।।
उठै लहरि परबत कै नाईं । फिरि आवै जोजन सौ ताईं।।
धरती लेइ सरग लहि बाढ़ा । सकल समुद जानहुँ भा ठाढ़ा।।

---

(3) दगध साधा=दाह सहने का अभ्यास कर लेता है। दाधा=जला। डाँड़ि=डाँड़ी, डोरी। अँबिरथा=वृथा, निष्फल। निसत=सत्य विहीन। भावै=चाहे। (4) झार=ज्वाला, लपट। उपनी=उत्पन्न हुई। आगि कह डीठी=आग को क्या ध्यान में लाता है। सौंह=सामने। यह जो मलयगिरि=अर्थात् राजा। (5) छाता=पानी पर फैला फूल पत्तों का गुच्छा। सीस फिरैं=सिर घूमता है। मन कसा=मन वश में किया। काठी=ईंधन। पोता=मिट्टी के लेप पर गीले कपड़े का पुचारा जो भबके से अर्क उतारने में बरतन के ऊपर दिया जाता है। सराग=सलाख, शलाका, सीखचा जिसमें गोदकर मांस भूनते हैं। खाध=खाद्य, भोग।

नीर होइ तर ऊपर सोई। माथे रंभ समुद जस होई।।
फिरत समुद जोजन सौ ताका । जैसे भँवै कोहाँर क चाका।।
भै परलै नियराना जबहीं । मरै जो जब परलै तेहि तबहीं।।
गै औसान सबन्ह कर, देखि समुद कै बाढ़ि।
नियर होत जनु लीलै, रहा नैन अस काढ़ि।।6।।

हीरामन राजा सौं बोला। एही समुद आए सत डोला।।
सिंहलदीप जो नाहिं निबाहू। एही ठाँव साँकर सब काहू।।
एहि किलकिला समुद्र गंभीरू । जेहि गुन होइ सौ पावै तीरू।।
इहै समुद्र पंथ मझधारा। खाँड़े कै असि धार निनारा।।
तीस सहस्र कोस कै पाटा। अस साँकर चलि सकै न चाँटा[1]।।
खाँड़े चाहि पैनि बहुताई। बार चाहि ताकर पतराई।।
एही ठाँव कहँ गुरु सँग लीजिए । गुरु संग होइ पार तौ कीजिए।।
मरन जियन एहि पंथहि, एही आस निरास।
परा सो गयउ पतारहि, तरा सो गा कविलास।।7।।

राजै दीन्ह कटक कहँ बीरा। सुपुरुष होहु, करहु मन धीरा।।
ठाकुर जेहिकसूर भा कोई। कटक सूर पुनि आपुहि होई।।
जौ लहि सती न जिउ सत बाँधा। तौ लहि देइ कहाँर न काँधा।।
पेम समुद महँ बाँधा बेरा। यह सब समुद बूँद जेहि केरा।।
ना हौं सरग क चाहौं राजू। ना मोहिं नरक सेंति किछु काजू।।
चाहौं ओहि कर दरसन पावा। जेइ मोहि आनि पेम पथ लावा।।
काठहिं काह गाढ़ का ढीला । बूड़ न समुद, मगर नहिं लीला।।
कान समुद धँसि लीन्हेसि, भा पाछे सब कोइ।
कोइ काहू न सँभारै, आपनि आपनि होइ।।8।।

कोइ बोहित जस पौन उड़ाहीं । कोई चमकि बीजु अस जाहीं।।
कोई जस भल धाव तुखारू। कोई जैस बैल गरियारू।।
कोइ जानहुँ हरुआ रथ हाँका । कोई गरुअ भरि बहु थाका।।
कोई रेंगहिं जानहुँ चाँटी। कोई टूटि होहिं तर माटी।।
कोई खाहिं पौन कर झोला । कोई करहिं पात अस डोला।।

---

(6) धरती लेइ=धरती से लेकर। माथे=मथने से। रंभ=घोर शब्द। औसान=होश-हवास। (7) साँकर=कठिन स्थिति। साँकर=सकरा, तंग। (8) सेंति=सेती, से। गाढ़=कठिन। ढीला=सुगम। कान=कर्ण, पतवार।

1. कुछ प्रतियों में इसके स्थान पर यह चौपाई है—'एही पंथ सब कहँ है जाना। होइ दुसरै बिसवास निदाना।' मुसलमानी धर्म के अनुसार जो वैतरणी का पुल माना गया है उसकी ओर लक्ष्य है। विश्वास के कारण यह दूसरा ही (अर्थात् चौड़ा) हो जाता है।

कोई परहिं भौंर जल माहाँ । फिरत रहहिं, कोइ देइ न बाहाँ।।
राजा कर भा अगमन खेवा । खेवक आगे सुआ परेवा।।

कोइ दिन मिला सबेरे, कोइ आवा पछराति।
जाकर जस जस साजु हत, सो उतरा तेहि भँति।।9।।

सतएँ समुद मानसर आए। मन जो कीन्ह साहस, सिधि पाए।।
देखि मानसर रूप सोहावा । हिय हुलास पुरइनि होइ छावा।।
गा अँधियार, रैनि मसि छूटी। भा भिनसार किरिन रवि फूटी।।
'अस्ति अस्ति' सब साथी बोले । अंध जो अहै नैन बिधि खोले।।
कवँल बिगस तब बिहँसी देहीं । भौंर दसन होइ कै रस लेहीं।।
हँसहिं हँस औ करहिं किरीरा । चुनहिं रतन मुकुताहल हीरा।।
जो अस आव साधि तप जोगू । पूजै आस, मान रस भोगू।।

भौंर जो मनसा मानसर, लीन्ह कँवलरस आइ।
धुन जो हियाव न कै सका, झूर काठ तस खाइ।।10।।

---

(9) गरियारू=मट्ठर, सुस्त। हरुआ=हलका। थाका=थक गया। झोला=झोंका, झकोरा। अगमन=आगे। पछराति=पिछली रात। हुत=था। (10) पुरइनि=कमल का पत्ता (सं. पुटकिनी, प्रा. पुड़इणी)। रैनिमसि=रात की स्याही। 'अस्ति-अस्ति'=जिस सिंहलदीप के लिए इतना तप साधा वह वास्तव में है, अध्यात्मपक्ष में 'ईश्वर या परलोक है।' किरीरा=क्रीड़ा। मुकुताहल=मुक्ताफल। मनसा=मन में संकल्प किया। हियाव=जीवट, साहस।

(16) सिंहलद्वीप खंड

पूछा राजै कहु गुरु सूआ। न जनौं आजु कहाँ दहुँ ऊआ।।
पौन बास सीतल लेइ आवा। कया दहत चंदनु जनु लावा।।
कबहुँ न ऐस जुड़ान सरीरू। परा अगिनि महँ मलय समीरू।।
निकसत आव किरिन रविरेखा। तिमिर गए निरमल जग देखा।।
उठै मेघ अस जानहुँ आगै। चमकै बीजु गगन पर लागै।।
तेहि ऊपर जनु ससि परगासा। औ सो चंद कचपची गरासा।।
और नखत चहुँ दिसि उजियारे। ठावहिं ठावँ दीप अस बारे।।
और दखिन दिसि नीयरे, कंचन मेरु देखाव।
जनु बसंत ऋतु आवै, तैसि बास जग आव।।1।।
तूँ राजा जस बिकरम आदी। तू हरिचंद बैन सतबादी।।
गोपिचंद तुइ जीता जोगू। औ भरथरी न पूज बियोगू।।
गोरख सिद्धि दीन्ह तोहि हाथू। तारो गुरू मछंदरनाथू।।
जीत पेम तुइँ भूमि अकासू। दीठि परा सिंघल कबिलासू।।
वह जो मेघ गढ़ लाग अकासा। बिजुरी कनय कोट चहुँ पासा।।
तेहि पर ससि जा कचपाच भरा। राजमंदिर सोने नग जरा।।
और जो नखत देख चहुँ पासा। सब रानिन्ह कै आहिं अवासा।।
गगन सरोवर, ससि कँवल, कुमुद तराइन्ह पास।
तू रवि ऊआ, भौर होइ, पौन मिला लेइ बास।।2।।
सो गढ़ देखु गगन तें ऊँचा। नैनन्ह देखा, कर न पहूँचा।।
बिजुरी चक्र फिरै चहुँ फेरी। और जमकात फिरै जम केरी।।

---

(1) कचपची=कृत्तिका नक्षत्र। (2) आदी=आदि, बिल्कुल (बँगला में ऐसा प्रयोग अब भी होता है)। बैन=वचन अथवा वैन्य (वेन का पुत्र पृथु)। तारी=ताली, कुंजी। मछंदरनाथ=मत्स्येंद्रनाथ, गोरखनाथ के गुरु। कनय=कनक, सोना।

धाइ जो बाजा कै मन साधा । मारा चक्र भयउ दुइ आधा।।
चाँद सुरज औ नखत तराईं । तेहि डर अंतरिख फिरहिं सबाईं।।
पौन जाइ तहँ पहुँचै चहा। मारा तैस लाटि भुइँ रहा।।
अगिनि उठी, जरि बुझी निआना । धुआँ उठा, उठि बीच बिलाना।।
पानि उठा उठि जाइ न छूआ । बहुरा राइ, आइ भुइँ चूआ।।

रावन चहा सौंह होइ, उतरि गए दस माथ।
संकर धरा लिलाट भुइँ, और को जोगीनाथ? ।।3 ।।

तहाँ देखु पदमावति रामा । भौंर न जाइ, न पंखो नामा।।
अब तोहिं देउँ सिद्धि एक जोगू । पहिले दरस होइ, तब भोगू।।
कंचन मेरु देखाव सो जहाँ । महादेव कर मंडप तहाँ।।
माघ मास, पाछिल पछ लागे । सिरी पंचमी होइहि आगे।।
उघरिहि महादेव कर बारू । पूजिहि जाइ सकल संसारू।।
पदमावति पुनि पूजै आवा । होइहि एहि मिस दीठि मेरावा।।

तुम्ह गौनहु ओहि मंडप, हौं पदमावति पास।
पूजै आइ बसंत जब, तब पूजै मन आस।।4 ।।

राजै कहा दरस जौ पावौं। परबत काह, गगन कहँ धावौं।।
जेहि परबत पर दरसन लहना । सिर सौं चढ़ौं, पाँव का कहना।।
मोहूँ भावै ऊँचै ठाऊँ। ऊँचै लेउँ पिरीतम नाऊँ।।
पुरुषहि चाहिय ऊँच हियाऊ । दिन दिन ऊँचे राखै पाऊ।।
सदा ऊँच पै सेइय बारा। ऊँचै सौं कीजिय बेवहारा।।
ऊँचे चढ़ै, ऊँच खंड सूझा। ऊँचै पास ऊँच मति बूझा।।
ऊँचे सँग संगति नित कीजै। ऊँचे काज जीउ पुनि दीजै।।

दिन दिन ऊँच होइ सो, झेहि ऊँचे पर चाउ।
ऊँचे चढ़त जो सखि परै, ऊँच न छाड़िय काउ।।5 ।।

हीरामनि देइ बचा कहानी । चला जहाँ पदमावति रानी।।
राजा चला सँवरि सो लता। परबत कहँ जो चला परबता।।
का परबत चढ़ि देखै राजा। ऊँच मँडप सोने सब साजा।।
अमृत सदाफर फरे अपूरी । औ तहँ लागि सजीवन मूरी।।

---

(3) जमकात=एक प्रकार का खाँड़ा (यमकत्तीर)। बाजा=पहुँचा, डटा। तैस=ऐसा। निआन=अंत में। जोगीनाथ=योगीश्वर। (4) पछ=पक्ष। उघरिहि=खुलेगा। बारू=बार, द्वार। दीठि मेरावा=परस्पर दर्शन। (5) बूझा=बूझ, समझता है। खसि परै=गिर पड़े।

चौमुख मंडप चहूँ केवारा। बैठे देवता चहूँ दुवारा।।
भीतर मँडप चारि खँभ लागे। जिन्ह वै छुए पाप तिन्ह भागे।।
संख घंट घन बाजहिं सोई। औ बहु होम जाप तहँ होई।।
महादेव कर मँडप, जग मानुस तहँ आव।
जस हींछा मन जेहि के, सो तैसै फल पाव।।6।।

---

(6) बचा कहानी=वचन और व्यवस्था। लता=पद्मलता, पदमावती। परबता=सुआ (सुए का प्यार का नाम)। का देखे=क्या देखता है कि। हींछा=इच्छा।

(17) मंडपगमन खंड

राजा बाउर बिरह बियोगी। चेला सहस तीस सँग जोगी।।
पदमावति के दरसन आसा। दँडवत कीन्ह मँडप चहुँ पासा।।
पुरुष बार होइ कै सिर नावा। नावत सीस देव पहँ आवा।।
नमो नमो नारायन देवा। का मैं जोग करौं तोरि सेवा।।
तूँ दयाल सबके उपराहीं। सेवा केरि आस तोहि नाहीं।।
ना मोहि गुन, न जीभ रस बाता। तूँ दयाल, गुन निरगुन दाता।।
पुरवहु मोरि दरस कै आसा। हौं मारग जोवौं धरि साँसा।।
तेहि विधि विनै न जानौं, जेहि विधि अस्तुति तोरि।
करहु सुदिस्टि मोहिं पर, हींछा पूजै मोरि।।1।।
कै अस्तुति जब बहुत मनावा। सबद अकूत मँडप महँ आवा।।
मानुष पेम भयउ बैकुंठी। नाहिं त काह, छार भरि मूठी।।
पेमहिं माँह बिरह रस रसा। मैन के घर मधु अमृत बसा।।
निसत धाइ जौं मरै त काहा। सत जौं करै बैठि तेहि लाहा।।
एक बार जौं मन देइ सेवा। सेवहि फल प्रसन्न होइ सेवा।।
सुनि कै सबद मँडप झनकारा। बैठा आइ पुरुष के बारा।।
पिंड चढ़ाइ छार जति आँटी। माटी भयउ अंत जो माटी।।
माटी मोल न किछु लहै, औ माटी सब मोल।
दिस्टि जौं माटी सौं करे, माटी होइ अमोल।।2।।
बैठ सिंघछाला होइ तपा। 'पदमावति पदमावति' जपा।।
दीठि समाधि ओही सौं लागी। जेहि दरसन कारन बैरागी।।
किंगरी गहे बजावै झूरै। भोर साँझ सिंगी निति पूरै।।

(1) निरगुन=बिना गुणवाले का। (2) अकूत=आपसे आप, अकस्मात्। मैन=मोम। लाह=लाभ। पिंड=शरीर। जेति=जितनी। आँटी=अँटी, हाथ में समाई। माटी सौ दिस्टि करै=सब कुछ मिट्टी समझे या शरीर मिट्टी में मिलाए। माटी=शरीर।

कंथा जरै, आगि जनु लाई। विरह धँधार जरत न बुझाई।।
नैन रात निसि मारग जागे। चढ़े चकोर जानि ससि लागे।।
कुंडल गहे सीस भुइँ लावा। पाँवरि होउँ जहाँ ओहि पावा।।
जटा छोरि के बार बहारौं। जेहि पथ आव सीस तहँ वारौं।।
चारिहु चक्र फिरौं मैं, डँड न रहौं थिर मार।
होइ कै भसम पौन संग, (धावौं) जहाँ परान अधार।।३।।

---

(३) तपा=तपस्वी। झूरै=व्यर्थ। धँधार=लपट। रात=लाल। पाँवरि=जूती। पावा=पैर। बहारौं=झाड़ू लगाऊँ। थिर मार=स्थिर होकर।

(18) पदमावती-वियोग-खंड

पदमावति तेहि जोग सँजोगा । परी पेम बस गहे वियोगा।।
नींद न परै रैनि जौं आवा। सेज केंवाच जानु कोइ लावा।।
दहै चंद औ चंदन चीरू। दगध करै तन विरह गँभीरू।।
कलप समान रैनि तेहि बाढ़ी । तिल तिल भर जुग जुग जिमि गाढ़ी।।
गहै बीन मकु रैनि बिहाई । ससि बाहन तहँ रहै ओनाई।।
पुनि धनि सिंह उरेहै लागै । ऐसिहि बिथा रैनि सब जागै।।
कहँ वह भौंर कवँल रस लेवा । आइ परै होइ घिरिनि परेवा।।

से धनि विरह पतँग भइ, जरा चहै तेहि दीप।
कंत न आव भिरिंग होइ, का चंदन तन लीप? ।।1 ।।

परी विरह वन जानहुँ घेरी। अगम असूझ जहाँ लगि हेरी।।
चतुर दिसा चितवै जनु भूली । सो वन कहँ जहँ मालति फूली।।
कँवल भौंर ओही वन पावै । को मिलाइ तन तपनि बुझावै?।।
अंग अंग अस कँवल सरीरा । हिय भा पियर कहै पर पीरा।।
चहै दरस, रवि कीन्ह बिगासू । भौंर दीठि मनो लागि अकासू।।
पूँछै धाय बारि! कहु बाता। तुइँ जस कँवल फूल रँग राता।।
केसर बरन हिया भा तोरा। मानहुँ मनहिं भयउ किछु भोरा।।

---

(1) तेहि जोग सँजोगा=राजा के उस योग के संयोग या प्रभाव से। केंबाच=कपिकच्छु जिसके छू जाने से बदन में खुजली होती है। गहै बीन....ओनाई=बीन लेकर बैठती है कि कदाचित् इसी से रात बीते, पर उस बीन के सुर पर मोहित होकर चंद्रमा का वाहन मृग ठहर जाता है जिससे रात और बड़ी हो जाती है। सिंघ उरेहै लागै=सिंह का चित्र बनाने लगती है जिससे चंद्रमा का मृग डरकर भागे। घिरिनि परेवा=गिरहबाज कबूतर। धनि=धन्या, स्त्री। कंत न आव भिरिंग होइ=पति रूप भृंग आकर जब मुझे अपने रंग में मिला लेगा तभी जलने से बच सकती हूँ। लीप=लेप करती हो। (2) हिय भा पियर=कमल के भीतर का छत्ता पीले रंग का होता है। पर पीरा=दूसरे का दुःख या वियोग। भौंर दीठि मनो लागि अकासू=कमल पर जैसे भौंरे होते हैं वैसे ही कमल सी पदमावती की काली पुतलियाँ उस सूर्य का विकास देखने को आकाश की ओर लगी हैं। भोरा=भ्रम।

पौन न पावै सँचरै, भौंर न तहाँ बईठ।
भूलि कुरंगिनि कस भई, जानु सिंध तुइँ डीठ।।2।।

धाय! सिंघ बरु खातेउ मारी। की तसि रहति अही जसि बारी।।
जोबन सुनेउँ की नवल बसंतू। तेहि वन परेउ हस्ति मैमंतू।।
अब जोबन बारी को राखा। कुंजर बिरह बिधंसै साखा।।
मैं जानेउँ जोबन रस भोगू। जोबन कठिन सँताप बियोगू।।
जोबन गरुअ अपेल पहारू। सहि न जाइ जोबन कर भारू।।
जोबन अस मैमंत न कोई। नवैं हस्ति जौं आँकुस होई।।
जोबन भर भादौं जस गंगा। लहरैं देइ, समाइ न अंगा।।
परिउ अथाह, धाय! हौं, जोबन उदधि गँभीर।
तेहि चितवौं चारिहु दिसि, जो गहि लावै तीर।।3।।

पदमावति! तुइँ समुद सयानी। तोहि सर समुद न पूजै रानी।।
नदी समाहिं समुद महँ जाई। समुद डोलि कहु कहाँ समाई।।
अबहीं कवँल करी हिय तोरा। आइहि भौंर जो तो कहँ जोरा।।
जोबन तुरी हाथ गहि लीजिय। जहाँ जाइ तहँ जाइ न दीजिय।।
जोबन जोर मात गज अहै। गहहु ज्ञान आँकुस जिमि रहै।।
अबहिं बारि तुइँ पेम न खेला। का जानसि कस होइ दुहेला।।
गगन दीठि करु नाइ तराहीं। सुरुज देखु कर आवै नाहीं।।
जब लगि पीउ मिलै नहिं, साधु पेम कै पीर।
जैसे सीप सेवाति कहँ, तपै समुद मँझ नीर।।4।।

दहै धाय! जोबन एहि जीऊ। जानहुँ परा अगिनि महँ घीऊ।।
करवत सहौं होत दुइ आधा। सहि न जाइ जोबन कै दाधा।।
बिरह समुद्र भरा असँभारा। भौंर मेलि जिउ लहरिन्ह मारा।।
बिरह नाग होइ सिर चढ़ि डसा। होइ अगिनि चंदन महँ बसा।।
जोबन पँखी बिरह बियाधू। केहरि भयउ कुरंगिनि खाधू।।
कनक पानि कित जोबन कीन्हा। औटन कठिन बिरह ओहि दीन्हा।।
जोबन जलहि बिरह मसि छूआ। फूलहिं, भौंर, फरहिं भा सूआ।।

---

(3) मैमंत=मदमत्त। अपेल=न ठेलने योग्य। (4) समुद=समुद्र सी गंभीर। तुरी=घोड़ी। मात=माता हुआ, मतवाला। दुहेला=कठिन खेल। गगन दीठि...तराहीं=पहले कह आए हैं कि 'भौंर दीठि मनो लागि अकासू'। (5) दाधा=दाह, जलन। होइ अगिनि चंदन महँ बसा=वियोगियों को चंदन से भी ताप होना प्रसिद्ध है। केहरि भयउ...खाधू=जैसे हिरनी के लिए सिंह, वैसे ही यौवन के लिए विरह हुआ। औटन=पानी का गरम करके खौलाया जाना। मसि=कालिमा। फूलहिं भौंर...सूआ=जैसे फूल को बिगाड़ने वाला भौंरा और फल को नष्ट करने वाला तोता हुआ, वैसे ही यौवन को नष्ट करने वाला विरह हुआ।

जोबन चाँद उआ जस, बिरह भयउ सँग राहु।
घटतहि घटत छीन भइ, कहै न पारौं काहु।।5।।
नैन ज्यों चक्र फिरै चहुँ ओरा। बरजै धाय, समाहिं न कोरा।।
कहेसि पेम जौं उपना, बारी। बाँधु सत्त, मन डोल न भारी।।जेहि
जिउ महँ होइ सत्त पहारू। परै पहार न बाँकै बारू।।
सती जो जरै पेम सत लागी। जौं सत हिये तौ सीतल आगी।।
जोबन चाँद जो चौदस करा। बिरह के चिनगी सो पुनि जरा।।
पौन बाँध सो जोगी जती। काम बाँध सो कामिनि सती।।
आव बसंत फूल फुलवारी। देवबार सब जैहैं बारी।।
तुम्ह पुनि जाहु बसंत लेइ, पूजि मनावहु देव।
जीउ पाइ जग जनम है, पीउ पाइ कै सेव।।6।।
जब लगि अवधि आइ नियराई। दिन जुग जुग बिरहिनि कहँ जाई।।
भूख नींद निसि दिन गै दोऊ। हियै मारि जस कलपै कोऊ।।
रोवँ रोवँ जनु लागहि चाँटे। सूत सूत बेधहिं जनु काँटे।।
दगधि कराह जरै जस घीऊ। बेगि न आव मलयगिरि पीऊ।।
कौन देव कहँ जाइ कै परसौं। जेहि सुमेरु हिय लाइय कर सौं।।
गुपुति जो फूलि साँस परगटै। अब होइ सुमर दहहि हम्ह घटै।।
भा सँजोग जो रे भा जरना। भोगहि भए भोगि का करना।।
जीवन चंचल, ढीठ है, करै निकाजै काज।
धनि कुलवंति जो कुल धरै, कैं जोबन मन लाज।।7।।

---

(6) कोरा=कोर, कोना। पहारू=पाहरू, रक्षक। (7) परसौं=स्पर्श करूँ, पूजन करूँ। जेहि....कर सौं=जिससे उस सुमेरु को हाथ से हृदय में लगाऊँ। होइ सुभर=अधिक भरकर, उमड़कर। घटै=हमारे शरीर को। निकाजै=निकम्मा ही। जोबन=यौवनावस्था में।

(19) पदमावती-सुआ-भेंट-खंड

तेहि बियोग हीरामन आवा। पदमावति जानहुँ जिउ पावा।।
कंठ लाइ सूआ सौं रोई। अधिक मोह जौं मिलैं बिछोई।।
आगि उठे दुख हिये गँभीरू। नैनहिं आइ चुवा होइ नीरू।।
रही रोइ जब पदमिनि रानी। हँसि पूछहिं सब सखी सयानी।।
मिले रहस भा चाहिय दूना। कित रोइय जौं मिलै बिछूना?।।
तेहि क उतर पदमावति कहा। बिछुरन दुःख जो हिए भरि रहा।।
मिलत हिये आयउ सुख भरा। वह दुःख नैन नीर होइ ढरा।।
बिछुरंता जब भेंटै, सो जानै जेहि नेह।
सुक्ख सुहेला उग्गवै, दुःख झरै जिमि मेह।।1।।

पुनि रानी हँसि कूसल पूछा। कित गवनेहु पींजर कै छूँछा।।
रानी! तुम्ह जुग जुग सुख पाटू। छाज न पंखिहि पींजर ठाटू।।
जब भा पंख कहाँ थिर रहना। चाहै उड़ा पंखि जौं डहना।।
पींजर महँ जो परेवा घेरा। आइ मजारि कीन्ह तहँ फेरा।।
दिन एक आइ हाथ पै मेला। तेहि उर बनोबास कहँ खेला।।
तहाँ बियाध आइ नर साधा। छूटि न पाव मीचु कर बाँधा।।
वै धरि बेचा बाम्हन हाथा। जँबूदीप गयउँ तेहि साथा।।
तहाँ चित्र चितउरगढ़, चित्रसेन कर राज।
टीका दीन्ह पुत्र कहँ, आपु लीन्ह सर साज।।2।।

बैठ जो राज पिता के ठाऊँ। राजा रतनसेन ओहि नाऊँ।।
बरनौं काह देस मनियारा। जहँ अस नग उपना उजियारा।।
धनि माता औ पिता बखाना। जेहि के बंस अंस अस आना।।

---

(1) बिछोई=बिछुड़ा हुआ। रहस=आनद। विछूना=बिछुड़ा हुआ। सुहेला=सुहेल या अगस्त तारा। झरै=छँट जाता है, दूर हो जाता है। मेह=मेघ, बादल। (2) छाज न=नहीं अच्छा लगता। पींजर ठाटू=पिंजरे का ढाँचा। दिन एक...मेला= किसी दिन अवश्य हाथ डालेगी। नर=नरसल जिसमें लासा लगाकर बहेलिए चिड़िया फँसाते हैं। चित्र=विचित्र। सर साज लीन्ह=चिता पर चढ़ा, मर गया।

लछन बतीसौ कुल निरमला । बरनि न जाइ रूप औ कला।।
वै हौं लीन्ह, अहा अस भागू । चाहै सोने मिला सोहागू।।
वै सो नग देखि हींछा भइ मोरी । है यह रतन पदारथ जोरी।।
है ससि जोग इहै पै भानू। तहाँ तुम्हार मैं कीन्ह बखानू।।
कहाँ रतन रतनागर, कंचन कहाँ सुमेरु।
दैव जो जोरी दुहुँ लिखी, मिलै सो कौनहु फेरु।।3।।

सुनत बिरह चिनगी ओहि परी । रतन पाव जौं कंचन करी।।
कठिन पेम बिरहा दुख भारी। राज छाँड़ि भा जोगि भिखारी।।
मालति लागि भौंर जस होई। होइ बाउर निसरा बुधि खोई।।
कहेसि पतंग होइ धनि लेऊँ । सिंघलदीप जाइ जिउ देऊँ।।
पुनि ओहि कोउ न छाँड़ अकेला । सोरह सहस कुँवर भए चेला।।
और गनै को संग सहाई? । महादेव मढ़ मेला जाई।।
सूरुज पुरुष दरस के ताईं। चितवै चंद चकोर कै नाईं।।
तुम्ह बारी रस जोग जेहि, कँवलहि जस अरघानि।
तस सूरज परगास कै, भौंर मिलाएउँ आनि।।4।।

हीरामन जो कही यह बाता । सुनिकै रतन पदारथ राता।।
जस सूरुज देखे होइ ओपा। तस भा बिरह कामदल कोपा।।
सुनि कै जोगा केर बखानू। पदमावति मन भा अभिमानू।।
कंचन करा न काँचहि लोभा। जौं नग होइ पाव तब सोभा।।
कंचन जौं कसिए कै ताता। तब जानिय दहुँ पीत कि राता।।
नग कर मरम सो जड़िया जाना । उड़ै जो अस नग देखि बखाना।।
को अब हाथ सिंघ मुख घालै । को यह बात पिता सौं चालै।।
सरग इँद्र डरि काँपै, बासुकि डरै पतार।
कहाँ सो अस बर प्रिथिमी, मोहि जोग संसार।।5।।

तू रानी ससि कंचन करा। वह नग रतन सूर निरमरा।।
बिरह बजागि बीच का कोई। आगि जो छुवै जाइ जरि सोई।
आगि बुझाइ परे जल गाढ़ै। वह न बुझाइ आपु ही बाढ़ै।।
बिरह के आगि सूर जरि काँपा। रातिहि दिवस जरै ओहि तापा।।
खिनहिं सरग, खिन जाइ पतारा । थिर न रहै एहि आगि अपारा।।

---

(3) मनियारा=रौनक, सुहावना। अंस=अवतार। रतनागर=रत्नाकर, समुद्र। (4) चिनगी=चिनगारी। कंचन करी=स्वर्णकलिका। लागि=लिये, निमित्त। मेला=पहुँचा। दरस के ताईं=दर्शन के लिए। (5) राता=अनुरक्त हुआ। ओपदमक। ताता=गरम। पोत कि राता=पीला कि लाल, पीला सोना मध्यम और लाल चोखा माना जाता है।

धनि सो जोउ दगध इमि सहै । अकसर जरै, न दूसर कहै।।
सुलगि सुलगि भीतर होइ सावाँ । परगट होइ न कहै दुख नावाँ।।
काह कहौं हौं ओहि सौं, जेइ दुख कीन्ह निमेट।
तेहि दिन आगि करै बह, (बाहर) जेहि दिन होइ सो भेंट।।6।।
सुनि कै धनि 'जारी अस कया' । मन भा मयन, हिये भै मया।।
देखौं जाइ जरै कस भानू। कंचन जरै अधिक होइ बानू।।
अब जो मरै व पेम बियोगी । हत्या मोहि, जेहि कारन जोगी।।
सुनि कै रतन पदारथ राता। हीरामन सौं कह यह बाता।।
जौ वह जोग सँभारै छाला। पाइहि भुगुति, देहुँ जयमाला।।
आय बसंत कुसल जौं पावौं। पूजा मिस मंडप कहँ आवौं।।
गुरु के बैन फूल हौं गाँथे। देखौं नैन, चढ़ावौं माथे।।
कँवल भवर तुम्ह बरना, मैं माना पुनि सोइ।।
चाँद सूर कहँ चाहिए, जौं रे सूर वह होइ।।7।।
हीरामन जो सुना रस बाता । पावा पान भयउ मुख राता।।
चला सुआ, रानी तब कहा । भा जो परावा कैसे रहा।।
जो निति चलै सँवारै पाँखा । आजु जो रहा, काल्हि को राखा।।
न जनौं आजु कहाँ दहुँ ऊआ । आएहु मिलै, चलेहु मिलि, सूआ।।
मिलि कै बिछुरि मरन कै आना । किस आएहु जौं चलेहु निदाना।।
सुनु रानी हौं रहतेऊँ राँधा। कैसे रहौं वचन कर बाँधा।।
ताकर दिस्टि ऐसि तुम्ह सेवा। जैसे कुंज मन रहै परेवा।।
बसै मीन जल धरती, अंबा बसै अकास।
जौ पिरीत पै दुवौ महँ, अंत होहिं एक पास।।8।।
आवा सुआ बैठ जहँ जोगी । मारग नैन, बियोग बियोगी।।
आइ पेम रस कहा सँदेसा। गोरख मिला, मिला उपदेसा।।

---

(6) करा=कला, किरन। बजागि=बज्राग्नि। अकसर=अकेला। सावाँ=श्याम, साँवला। काह कहौं हौं...निमेट सुआ रानी से पूछता है कि मैं उस राजा के पास जाकर क्या संदेसा (उत्तर) कहूँ जिसने इतना न मिटने वाला दुःख उठाया है। (7) बानू=वर्ण, रंगत। छाला=मृगचर्म पर। फूल हौं गाथे=तुम्हारे (गुरु से) कहने से उसके लिए प्रेम की माला मैंने गूँथ ली। (8) पावा पान= विदा होने का बीड़ा पाया। चलै=चलने के लिए। राँधा=पास, समीप। ताकरि=रतनसेन की। तुम्ह सेवा=तुम्हारी सेवा में। अंबा=आम का फल। बसै मीन...पास=जब मछली पकाई जाती है तब आम की खटाई पड़ जाती है; इस प्रकार आम और मछली का संयोग हो जाता है। जिस प्रकार आम और मछली दोनों का प्रेम एक जल के साथ होने से दोनों में संबंध होता है उसी प्रकार मेरा और रतनसेन दोनों का प्रेम तुम पर है इससे जब दोनों विवाह के द्वारा एक साथ हो जाएँगे तब मैं भी वहीं रहूँगा। मारग=मार्ग में (लगे हुए)। आदि=प्रेम का मूल मंत्र।

तुम्ह कहँ गुरु मया बहु कीन्हा । कीन्ह अदेस, आदि कहि दीन्हा।।
सबद, एक उन्ह कहा अकेला । गुरु जस भिंग फनिंग जस चेला।।
भिंगी ओहि पाँखि पै लेई। एकहि बार छीनि जिउ देई।।
ताकहँ गुरू करै असि माया। नव औतार देइ, नव काया।।
होइ अमर जो मरि के जीया । भौंर कवँल मिल कै मधु पीया।।

आवै ऋतु बसंत जब, तब मधुकर तब बासु।
जोगी जोग जो इमि करैं, सिद्धि समापत तासु।।9।।

(9) फनिंग=फनगा, फतिंगा। समापत=पूर्ण।

(20) बसंत खंड

दैउ दैउ कै सो ऋतु गँवाई। सिरी पंचमी पहुँची आई।।
भएउ हुलास नवल ऋतु माहाँ । खिन न सोहाइ धूप औ छाँहा।।
पदमावति सब सखी हँकारी। जावत सिंहलदीप कै बारी।।
आजु बसंत नवल ऋतु राजा । पंचमि होइ जगत जब साजा।।
नवल सिंगार बनस्पति कीन्हा । सीस परासहि सेंदुर दीन्हा।।
बिगसि फूल फूले बहु बासा । भौंर आइ लुबुधे चहुँ पासा।।
पियर पात दुख झरे निपाते । सुख पल्लव उपने होइ राते।।
अवधि आइ सो पूजी, जौं हींछा मन कीन्ह।
चलहु देवगढ़ गोहने, चहहु सो पूजा दीन्ह।।1।।
फिरी आन ऋतु बाजन बाजे । औ सिंगार बारिन्ह सब साजे।।
कवँल कली पदमावती रानी । होइ मालति जानौं बिगसानी।।
तारामँडल पहिरि भल चोला । भरे सीस सब नखत अमोला।।
सखी कुमोद सहस दस संगा । सबै सुगंध चढ़ाए अंगा।।
सब राजा रायन्ह कै...बारी । बरन बरन पहिरे सब सारी।।
सबै सुरूप, पदमिनी जाती । पान, फूल, सेंदुर सब राती।।
करहिं किलोल सुरंग रँगीली । औ चोवा चंदन सब गीली।।
चहुँ दिसि रही सो बासना, फुलवारी अस फूलि।
वै बसंत सौं भूलीं, गा बसंत उन्ह भूलि।।2।।
भै आहा पदमावति चली । छत्तिस कुरि भइँ गोहन भली।।
भइँ गोरी सँग पहिरि पटोरा । बाम्हनि ठाँव सहस अँग मोरा।।
अगरवारि गज गान करेई। बैसिनि पाँव हंसगति देई।।

---

(1) दैउ दैउ कै=किसी किसी प्रकार से, आसरा देखते-देखते। हँकारी=बुलाया। बारी=कुमारियाँ। गोहने=साथ में, सेवा में। (2) आन=राजा की आज्ञा, डौंडी। होइ मालति=श्वेत हास द्वारा मालती के समान होकर। तारा मंडल=एक वस्त्र का नाम, चाँदातारा। कुमोद=कुमुदिनी।

चंदेलिनि ठमकहिं पगु भारा। चली चौहानि, होइ झनकारा।।
चली सोनारि सोहाग सोहाती। औ कलवारि पेम मधु माती।।
बानिनि चली सेंदुर दिए माँगा। कयथिनि चलीं समाइ न आँगा।।
पटइनि पहिरि सुरँग तन चोला। औ बरइनि मुख खात तमोला।।
चलीं पउनि सब गोहने, फूल डार लेइ हाथ।
बिस्वनाथ कै पूजा, पदमावति के साथ।।3।।

कवँल सहाय चलीं फुलवारी। फर फूलन सब करहिं धमारी।।
आपु आपु महँ करहिं जोहारू। यह बसंत सब कर तिबहारू।।
चहै मनोरा झूमक होई। फर औ फूल लिएउ सब कोई।।
फागु खेलि पुनि दाहद होरी। सैंतब खेह उड़ाउब झोरी।।
आजु साज पुनि दिवस न पूजा। खेलि बसंत लेहू कै पूजा।।
भा आयसु पदमावति केरा। बहुरि न आइ करब हम फेरा।।
तस हम कहँ होइहि रखवारी। पुनि हम कहाँ, कहाँ यह बारी।।
पुनि रे चलब घर आपने, पूजि बिसेसर देव।
जेहि काहुहि होइ खेलना, आजु खेलि हँसि लेव।।4।।

काहू गही आँब कै डारा। काहू जाँबु बिरह अति झारा।।
कोइ नारँग कोइ झाड़ चिरैंजी। कोइ कटहर, बड़हर, कोइ न्यौजी।।
कोइ दारिउँ कोई दाख औ खीरी। कोइ सदाफर, तुरंज जँभीरी।।
कोइ जाइफर, लौंग, सुपारी। कोइ नरियर, कोइ गुवा, छोहारी।।
कोइ बिजौर, करौंदा जूरी। कोइ अमिली, कोइ महुअ, खजूरी।।
काहू हरफारेवरि कसौंदा। कोइ अँवरा, कोइ राय करौंदा।।
काहु गही केरा कै घौरी। काहू हाथ परी निंबकौरी।।
काहू पाई नीयरे, कोउ गए किछु दूरि।
काहू खेल भएउ विष, काहू अमृत मूरि।।5।।

पुनि बीनहिं सब फूल सहेली। खोजहिं आस-पास सब बेली।।
कोइ केवड़ा, कोइ चंप नेवारी। कोइ केतकि मालति फुलवारी।।
कोइ सदबरग, कुंद, कोइ करना। कोइ चमेलि, नागसेर बरना।।
कोइ मौलसिरि, पुहुप बकौरी। कोई रूपमंजरी गौरी।।

---

(3) आहा=वाह वाह, धन्य धन्य। छत्तिस कुरि=क्षत्रियों के छत्तीसों कुलों की। बैंसिनि=बैस क्षत्रियों की स्त्रियाँ। बानिनि=बनियाइन। पउनि=पानेवाली, आश्रित, पौनी=परजा। डार=डला। (4) धमारि=होली की क्रीड़ा। जोहार=प्रणाम आदि। मनोरा झूमक=एक प्रकार के गीत जिसे स्त्रियाँ झुंड बाँधकर गाती हैं; इसके प्रत्येक पद में 'मनोरा झूमक हो' यह वाक्य आता है। सैतब=समेटकर इकट्ठा करेंगी। (5) जाँबु... झारा=जामुन जो विरह की ज्वाला से झुलसी सी दिखाई देती है। न्यौजी=चिलगोजा। खीरी=खिरनी। गुवा=गुवांक, दक्खिनी सुपारी।

कोइ सिंगारहार तेहि पाँहा । कोइ सेवती, कदम के छाँहा।।
कोई चंदन फूलहिं जनु फूली । कोइ अजान-बीरो तर भूली।।
(कोइ) फूल पाव, कोइ पाती, जेहि के हाथ जो आँट।
(कोइ) हार चीर अरुझाना, जहाँ छुवै तहँ काँट।।6।।

फर फूलन्ह सब डार ओढ़ाई । झूँड बाँधि के पंचम गाई।।
बाजहिं ढोल दुंदुभी भेरी। मादर, तूर, झाँझ चहु फेरी।।
सिंगि संख, डफ बाजन बाजे । बंसी महुअर सुर सँग साजे।।
और कहिय जो बाअन भले। भाँति भाँति सब बाजत चले।।
रथहिं चढ़ी सब रूप सोहाई । लेइ बसंत मठ मँडप सिधाई।।
नवल बसंत नवल सब बारी । सेंदुर बुक्का होइ धमारी।।
खिनहिं चलहिं खिन चाँचरि होई । नाच कूद भूला सब कोई।।
सेंदुर खेह उड़ा अस, गगन भएउ सब रात।
राती सगरिउ धरती, राते बिरिछन्ह पात।।7।।

एहि बिधि खेलति सिंघलरानी । महादेव मढ़ जाइ तुलानी।।
सकल देवता देखै लागे । दिस्टि पाप सब ततछन भागे।।
एइ कविलास इंद्र कै अछरी । को कहुँ तें आई परमेसरी।।
कोई कहै पदमावति आई । कोइ कहै ससि नखत तराई।।
कोइ कहै फूली फुलवारी । फूल ऐसि देखहु सब बारी।।
एक सुरूप औ सुंक्षरि सारी । जानहु दिया सकल महि बारी।।
मुरुछि परै जोई मुख जोहै । जानहु मिरिग दियारहि मोहै।।
कोई परा भौंर होइ, बास लीन्ह जनु चाँप।
कोई पतंग भा दीपक, कोई अधजर तन काँप।।8।।

पदमावति ठौ देव दुवारा। भीतर मँडप कीन्ह पैसारा।।
देवहि संसै भा जिउ केरा। भागौं केहि दिसि मंडप घेरा।।
एक जोहार कीन्ह औ दूजा । सिसरे आइ चढ़ाएसि पूजा।।
फल फूलन्ह सब मँडप भरावा । चंदन अगर देव नहवावा।।
लेइ सेंदुर आगे भैं खरी। परसि देव पुनि पायन्ह परी।।
'और सहेली सबै बियाहीं। मो कहँ देव! कतहुँ बर नाहीं।।
हौं निरगुन जेइ कीन्ह न सेवा । गुनि निरगुनि दाता तुम देवा।।

---

(6) कूजा=कुब्जक, सफेद जंगली गुलाब। गोरी=श्वेत मल्लिका। अजानबीरो=एक बड़ा पेड़ जिसके संबंध में कहा जाता है कि उसके नीचे जाने से आदमी की सुध बुध भूल जाती है। (7) पंचम=पंचम स्वर में। मादर=मर्दल, एक प्रकार का मृदंग। (8) जाइ तुलानी=जा पहुँची। दियारा=लुक जो गीले कछारों में दिखाई पड़ता है; अथवा मृगतृष्णा। चाँप=चंपा, चंपे की महक भौंरा नहीं सह सकता।

बर सौं जोग मोहिं मेरवहु, कलस जाति हौं मानि।
जेहि दिन हीछा पूजै, बेगि चढ़ावहुँ आनि'।।9।।

हींछि हींछि बिनवा जस बानी। पुनि कर जोरि ठाढ़ि भइ रानी।।
उतरु का देह, देव मरि गएउ। सबद अकूत मँडप महँ भएउ।।
काटि पवारा जैस परेवा। सोएउ ईस, और को देवा।।
भा बिनु जिउ नहिं आवत ओझा। विष भइ पूरि काला भा गोझा।।
जो देखै जनु बिसहर डसा। देखि चरित पदमावति हँसा।।
भल हम आइ मनावा देवा। गा जनु सोह, को मानै सेवा?।।
को हींछा पूरै, दुख खोवा। जेहि मानै आए सोइ सोवा।।
जेहि धरि सखी उठावहिं, सीस बिकल नहिं डोल।
धर कोइ जीव न जानौं, मुख रे बकत कुबोल।।10।।

ततखन एक सखी बिहँसानी। कौतुक आइ न देखहु रानी।।
पुरुब द्वार मढ़ जोगी छाए। न जनो कौन देस ते आए।।
जनु उन्ह जोग तंत तन खेला। सिद्ध होइ निसर सब चेला।।
उन्ह महँ एक गुरु जो कहावा। जनु गुड़ दइ काहु बोरावा।।
कुँवर - बतीसौ लच्छन राता। दसएँ लछन कहत एक बाता।।
जनौं आहि गोपीचंद जोगी। का सो आहि भरथरी बियोगी।।
वै पिंगला गए कजरी आरन। ए सिंघल आए कहि कारन?।।
यह मूरति यह मुद्रा, हम न देख अवधूत।
जानौं होहिं न जोगी, कोइ राजा कर पूत।।11।।

सुनि सो बात रानी रथ चढ़ी। कहँ अस जोगी देखौं मढ़ी।।
लेइ सँग सखी कीन्ह तहँ फेरा। जागिन्ह आहि अपछरन्ह घेरा।।
नयन चकोर पेममद भरे। भइ सुदिस्ट जोगा सहुँ ढरे।।
जोगी दिस्टि दिस्टि सौं लीन्हा। नैन रापि नैनहिं जिउ दीन्हा।।
जेहि मद चढ़ा परा तेहि पाल। सुधि न रहा आहि एक सियाल।।
परा माति गोरख कर चेला। जिउ तन छाँड़ सरग कहँ खेला।।
किंगरी गहे जो हुत बैरागा। मरतिहुँ बार उहै धुनि लागा।।
जेहि धंधा जाकर मन लागै, सपनेहु सूझ सा धंध।
तेहि कारन तपसी तप साधहिं, करहिं पेम मन बंध।।12।।

---

(9) एक...दूजा=दो बार प्रणाम किया। (10) हींछि=इच्छा करके। अकूत=परोक्ष, आकाशवाणी। ओझा=उपाध्याय, पुजारी (प्रा. उवज्झाओ)। पूरि=पूरी। गोझा=एक पकवान, पिराक। खोवा=खोब, खोवे। धर=शरीर। (11) तंत=तत्त्व। दसएँ लछन=योगियों के बत्तीस लक्षणों में दसवाँ लक्षण 'सत्य' है। पिंगला=पिंगला नाड़ी साधने के लिए अथवा पिंगला नाम की अपनी रानी के कारण। कजरी आरन=कदलीवन। (12) कवार=कटारा। जोगी सहुँ=जोगी के सामने, जोगी की ओर। नैन रोपि...दीन्हा=आँखों में ही पदमावती के नेत्रों के मद को लेकर बेसुध हो गया।

पदमावति जस सुना बखानू। सहस करा देखेसि तस भानू।।
मेलेसि चंदन मकु खिन जागा। अधिकौ सूत, सोर तन लागा।।
तब चंदन आखर हिय लिखे। भीख लेइ तुइ जोग न सिखे।।
घरी आइ तब गा तू सोई। कैसे भुगुति परापति होई।।
अब जौं सूर अहौ ससि राता। आएउ चढ़ि सो गगन पुनि साता।।
लिखि कै बात सखिन सौं कही। इहै ठाँव हौं बारति रही।।
परगट होहुँ त होइ अस भंगू। जगत दिया कर होइ पतंगू।।
जा सहुँ हौं चख हेरौं, सोइ ठाँव जिउ देइ।
एहि दुख कतहुँ न निसरौं, को हत्या असि लेइ? ।।13।।

कीन्ह पयान सबन्ह रथ हाँका। परवत छाड़ि सिंघलगढ़ ताका।।
बलि भए सबै देवता बली। हत्यारिन हत्या लेइ चली।।
को अस हितू मुए गह बाहीं। जो पै जिउ अपने घट नाहीं।।
जौ लहि जिउ आपन सब कोई। बिनु जिउ कोइ न आपन होई।।
भाइ बंधु औ मीत पियारा। बिनु जिउ घरी न राखै पारा।।
बिनु जिउ पिंड छार कर कूरा। छार मिलावे सो हित पूरा।।
तेहि जिउ बिनु अब मरि भा राजा। को उठि बैठि गरब सौं गाजा।।
परी कया भुइ लोटै, कहाँ रे जिउ बलि भीउँ।
को उठाइ बैठारै, बाज पियारे जीउ।।14।।

पदमावति सो मँदिर पईठी। हँसत सिंघासन जाइ बईठी।।
निसि सूती सुनि कथा बिहारी। भा बिहान कह सखी हकारी।।
देव पूजि जस आइउँ काली। सपन एक निसि देखेउँ आली।।
जनु ससि उदय पुरुब दिसि लीन्हा। औ रबि उदय पछिउँ दिसि कीन्हा।।
पुनि चलि सूर चाँद पहँ आवा। चाँद सुरुज दुहुँ भएउ मेरावा।।
दिन औ राति भए जनु एका। राम आइ रावन गढ़ छेंका।।
तस किछु कहा न जाइ निखेधा। अरजुन बान राहु गा बेधा।।
जनहुँ लंक सब लूटी, हनुव बिधंसी बारि।
जागि उठिउँ अस देखत, सखि! कछु सपन बिचारि ।।15।।

सखी सो बोली सपन बिचारू। काल्हि जो गइहु देव के बारू।।
पूजि मनाइहु बहुतै भाँती। परसन आइ भए तुम्ह राती।।

---

(13) मकु=कदाचित्। सूत=सोया। सीर=शीतल, ठंढा (प्रा. सीयड, सीयर)। आखर=अक्षर। ठाँव=अवसर, मौका। बारति रही=बचाती रही। भंग=रंग में भंग, उपद्रव। (14) ताका=उस ओर बढ़ा। मरि भा=मर गया, मर चुका। बलि भीउँ=बलि और भीम कहलानेवाले। बाज=बिना, बगैर, छोड़कर। (15) बिहार=विहार या सैर की। मेरावा=मिलन। निखेधा=वह ऐसी निषिद्ध या बुरी बात है। राहु=रोहू मछली। राहु गा बेधा=मत्स्यबेध हुआ।

सूरज पुरुष चाँद तुम रानी । अस वर दैउ मेरावै आनी।।
पच्छिउँ खँड कर राजा कोई । सो आवा बर तुम्ह कहँ होई।।
किछु पुनि जूझ लागि तुम रामा । रावन सौं होइहि सँगरामा।।
चाँद सुरुज सौं होइ बियाहू । बारि बिधसब बेधब राहू।।
जस ऊषा कहँ अनिरुध मिला । मेटि न जाइ लिखा पुरबिला।।
सुख सोहाग जो तुम्ह कहँ, पान फूल रस भोग।
आजु काल्हि भा चाहै, अस सपने क सँजोग।। 16।।

(16) जूझ....रामा=हे बाला! तुम्हारे लिए राम कुछ लड़ेंगे (राम=रत्नसेन, रावण=गंधर्वसेन)। बारि बिधंसव=संभोग के समय शृंगार के अस्तव्यस्त होने का संकेत। बगीचा। पुरबिला=पूर्व जन्म का। संजोग=फल या व्यवस्था।

(21) राजा रत्नसेन सती खंड

कै बसंत पदमावति गई। राजहि तब बसंत सुधि भई।।
जो जागा न बसंत न बारी। ना वह खेल, न खेलनहारी।।
ना वह ओहि कर रूप सुहाई। गै हेराइ, पुनि दिस्टि न आई।।
फूल झरे, सूखी फुलवारी। दीठि परी उकठी सब बारी।।
केइ यह बसत बसंत उजारा?। गा सो चाँद अथवा लेइ तारा।।
अब तेहि बिनु जग भा अँधकूपा। वह सुख छाँह, जरौं दुख धूपा।।
बिरह दवा को जरत सिरावा?। को पीतम सौं करै मेरावा?।।
हिये देख तब चंदन खेवरा, मिलि कै लिखा बिछाव।
हाथ मींजि सिर धुनि कै, रोवै जो निचित अस सोव।।1।।

जस बिछोह जल मीन दुहेला। जल हुँत काढ़ि अगिनि महँ मेला।।
चंदन आँक दाग हिय परे। बुझहिं न ते आखर परजरे।।
जनु सर आगि होइ हिय लागे। सब तन दागि सिंघ बन दागे।।
जरहिं मिरिंग बनखँड तेहि ज्वाला। औ ते जरहिं बैठ तेहि छाला।।
कित तें आँक लिखे जो सोवा। मकु आँकन्ह तेह करत बिछोवा।।
जैस दुसंतहि साकुंतला। मधवानलहि कामकंदला।।
भा बिछोह जस नलहिं दमावति। नैना मूँदि छपी पदमावति।।
आइ बसंत जो छपि रहा, होइ फूलन्ह के भेस।
केहि बिधि पावौं भौंर होइ, कौन गुरु उपदेस।।2।।

रोवै रतनमाल जनु चूरा। जहँ होइ ठाढ़, होइ तहँ कूरा।।
कहाँ बसंत औ कोकिल बैना। कहाँ कुसुम अति बेधा नैना।।

---

(1) उकठी=सूखकर ऐंठी हुई। अथवा=अस्त हुआ। खेवरा=खौरा हुआ, विचित्र किया या लगाया हुआ।
(2) हुँत=से। परजरे=जलते रहे। सर आगि=अग्निबाण। सब...दागे=मानो उन्हीं अग्निबाणों से झुलसकर सिंह के शरीर में दाग बन गए हैं और बन में आग लगा करती है। कितते आँक...सोवा=जब सोया था तब वे अंक क्यों लिखे गए; दूसरे पक्ष में जब जीव अज्ञान दशा में गर्भ में रहता है तब भाग्य का लेख क्यों लिखा जाता है। दमावति=दमयंती।

कहाँ सो मूरति परी जो डोठी । काढि लिहेसि जिउ हिये पईठी।।
कहाँ सो देस दरस जेहि लाहा । जौं सुबसंत करीलहि काहा?।।
पात बिछोह रूख जो फूला । सो महुआ रोवै अस भूला।।
टपकै महुअ आँसु तस परहीं । हाइ महुआ बसंत ज्यों झरहीं।।
मोर बसंत सो पदमिनि बारी । जेहि बिनु भएउ बसंत उजारी।।
पावा नवल बसंत पुनि, बहु आरति बहु चोप।
ऐस न जाना अंत ही, पात झरहिं होइ कोप।।3।।

अरे मलिछ बिसवासी देवा । कित मैं आइ कीन्ह तेरि सेवा।।
आपनि नाव चढ़ै जो देई । सो तौ पार उतारै खेई।।
सुफल लागि पग टेकेउँ तोरा । सुआ क सेंवर तू भा मोरा।।
पाहन चढ़ि जो चहै भा पारा । सो ऐसे बूड़ै मझधारा।।
पाहन सेवा कहाँ पसीजा? । जनम न ओद होइ जो भीजा।।
बाउर सोइ जो पाहन पूजा । सकत को भार लेइ सिर दूजा।।
काहे नहिं जिय सोइ निरासा । मुए जियत मन जाकरि आसा।।
सिंघ तरेदा जेइ गहा, पार भए तेहि साथ।
ते पै बूड़े बाउरे, भेंड़ पूँछि जिन्ह हाथ।।4।।

देव कहा सुनु, बउरे राजा । देवहि अगुमन मारा गाजा।।
जौं पहिलेहि अपने सिर परई । सो का काहुक धरहरि करई[1]।।
पदमावति राजा कै बारी । आइ सखिन्ह सब बदन उघारी।।
जैस चाँद गोहने सब तारा । परेउँ भुलाइ देखि उजियारा।।
चमकहिं दसन बीजु कै नाई । नैन चक्र जमकात भवाँई।।
हौं तेहि दीप पतँग होइ परा । जिउ जम काढ़ि सरग लेइ धरा।।
बहुरि न जानौं दहुँ का भई । दहुँ कविलास कि कहुँ अपसई।।
अब हौं मरौं निसाँसी, हिये न आवै साँस।
रोगिया की को चालै, बैदहि जहाँ उपास?।।5।।

आनहिं दोस देहुँ का काहू । संगी कया, मया नहिं ताहू।।
हता पियारा मीत बिछोई । साथ न लाग आपु गै सोई।।
का मैं कीन्ह जो काया पोषी । दूषन मोहिं, आप निरदोषी।।
फागु बसंत खेलि गई गोरी । मोहिं तन लाइ बिरह कैं होरी।।

---

(3) कहाँ सो देस...लाहा?=बसंत के दर्शन से लाभ उठानेवाला अच्छा देश चाहिए, सो कहाँ है? करील के बन में बसंत के जाने ही से क्या? आरति=दुःख। चोप=चाह। (4) ओद=गीला, आर्द्र। तरेदा=तैरनेवाला काठ, बेड़ा। (5) गाजा=गाज, बज्र। धरहरि=धर पकड़, बचाव। गोहने=साथ या सेवा में। अपसई=गायब हो गई। निसाँसी=बेदम। को चालै=कौन चलावै।

1. कुछ प्रतियों में यह पाठ है—'जबहिं आगि अपने सिर लागी। आन बुझावै कहाँ सो आगी।'

अब अस कहाँ छार सिर मेलौं? । छार जो होहुँ फाग तब खेलौं।।
कित तप कीन्ह छाँड़ि कै राजू । गएउ अहार न भा सिध काजू।।
पाएउ नहिं होइ जोगी जती । अब सर चढ़ौं जरौं जस सती।।
आइ जो पीतम फिरि गा, मिला न आइ बसंत।
अब तन होरी घालि कै, जारि करौं भसमंत।।6।।

ककनू पंखि जैस पर साजा । तस सर साजि जरा चह राजा।।
सकल देवता आइ तुलाने। दहुँ का होइ देव असथाने।।
बिरह अगिनि बज्रागि असूझा । जरै सूर न बुझाए बूझा।।
तेहि के जरत जो उठै बजागी । तीनहुँ लोक जरै तेहि लागी।।
अबहिं की घरी सो चिनगी छूठै । जरहि पहार पहन सब फूटै।।
देवता सबै भसम होइ जाहीं । छार समेटे पाउब नाहीं।।
धरती सरग होइ सब ताता । है कोई एहि राख बिधाता।।
मुहमद चिनगी पेम कै, सुनि महि गगन डेराइ।
धनि बिरही औ धनि हिया, तहँ अस अगिनि समाइ।।7।।

हनुवँत बीर लंक जेइ जारी। परबत उहै अहा रखवारी।।
बैठि तहाँ होइ लंका ताका। छठएँ मास देइ उठि हाँका।।
तेहि कै आगि उहौ पुनि जरा । लंका छाँड़ि पलंका परा।।
जाइ तहाँ वै कहा सँदेसू । पारबती औ जहाँ महेसू।।
जोगी आहि बियोगी कोई । तुम्हरे मँडप आगि तेइ बोई।।
जरा लँगूर सु राता उहाँ । निकसि जो भागि भएउँ करमुहाँ।।
तेहि बज्रागि जरै हौं लागा । बजरअंग जरतहि उठि भागा।।
रावन लंका हौं दही, वह हौं दाहे आव।
गए पहार सब औटि कै, को राखै गहि पाव?।।8।।

---

(6) हता=था, आया था। सर=चिता। (7) ककनू (फा. ककनूस)=एक पक्षी जिसके संबंध में प्रसिद्ध है कि आयु पूरी होने पर वह घोंसले में बैठकर गाने लगता है जिससे आग लग जाती है और वह जल जाता है। पहन=पाषाण, पत्थर। (8) पलंका=पलंग, चारपाई अथवा लंका के भी आगे 'पलंका' नामक कल्पित द्वीप।

(22) पार्वती-महेश खंड

ततखन पहुँचे आइ महेसू। बाहन बैल, कुस्टि कर भेसू।।
काथरि कया हड़ावरि बाँधे। मुंड माल और हत्या काँधे।।
सेसनाग जागे कँठमाला। तनु भभूति, हस्ती करछाला।।
पहुँची रुद्रकँवल के गटा। ससि माथे औ सुरसरि जटा।।
चँवर घंट औ डँवरू हाथा। गौरा पारवती धनि साथा।।
औ हनुवंत वीर सँग आवा। धरे भेस बाँदर जस छावा।।
अवतहि कहेन्हि न लावहु आगी। तेहि कै सपथ जरहु जेहि लागी।।
की तप करै न पारेहु, की रे नसाएहु जोग?
जियत जीउ कस काढ़हु? कहहु सो मोहि बियोग।।1।।

कहेसि मोहि बातन्ह बिलमावा। हत्या केरि न डर तोहि आवा।।
जरै देहु, दुख जरौं अपारा। निस्तर पाइ जाउँ एक बारा।।
जस भरथरी लागि पिंगला। मो कहँ पदमावति सिंघला।।
मैं पुनि तजा राज औ भोगू। सुनि सो नावँ लीन्ह तप जोगू।।
एहि मढ़ सोएहुँ आइ निरासा। गइ सो पूजि, मन पूजिन आसा।।
मैं यह जिउ डाढ़े पर दाधा। आधा निकसि रहा, घट आधा।।
जो अधजर सौ बिलंब न लावा। करत बिलंब बहुत दुख पावा।।
एतना बोल कहत मुख, उठी बिरह कै आगि।
जौं महेस न बुझावत, जाति सकल जग लागि।।2।।

पारबती मन उपना चाऊ। देखौं कुँवर केर सत भाऊ।।
ओहि ऐहि बीच कि पेमहि पूजा। तन मन एक कि मारग दूजा।।
भइ सुरूप जानहुँ अपछरा। बिहँसि कुँवर कर आँचर धरा।।
सुनहु कुँवर मौसौं एक बाता। जस मोहि रंग न औरहि राता।।

---

(1) कुस्टि=कुष्टी, कोढ़ी। हड़ावरि=अस्थि की माला। हत्या=मृत्यु, काल? रुद्रकँवल=रुद्राक्ष। गटा=गट्टा, गोल दाना। (2) निस्तर=निस्तार, छुटकारा।

औ बिधि रूप दीन्ह है तोकाँ । उठा सो सबद जाइ सिवलोका।।
तब हौं तोपहँ इंद्र पठाई । गइ पदमिनि, तैं अछरी पाई।।
अब तजु जरन मरन, तप जोगू । मोसौं मानु जनम भरि भोगू।।
हौं अछरी कबिलास कै, जेहि सर पूजि न कोइ।
मोहि तजि सँवरि न ओहि मरसि, कौन लाभ तेहि होइ?।।3।।
भलेहि रंग अछरी तोर राता । मोहिं दूसरे सौं भाव न बाता।।
मोहिं ओहि सँवरि मुए तम लाहा । नैन जो देखसि पूछसि काहा।।
अबहिं ताहिं जिउ देइ न पावा । तोहि अस अछरी ठाढ़ि मनावा।।
जौं जिउ देइहौं ओहि कै आसा । न जनौं काह होइ कविलासा।।
हौं कबिलास काह लै करऊँ । सोइ कबिलास लागि जेहि मरऊँ।।
ओहि के बार जीउ नहिं बारौं । सिर उतारि नेवछावरि सारौं।।
ताकर चाह कहै जो आई । दोउ जगत तेहि देहुँ बड़ाई।।
ओहि न मोर किछु आसा, हौं ओहि आस करेउँ।
तेहि निरास पीतम कहँ, जिउ न देउँ का देउँ।।4।।
गौरइ हँसि महेस सौं कहा । निहचै एहिं बिरहानल दहा।।
निहचै यह ओहि कारन तपा । परिमल पेम न आछै छपा।।
निहचै पेम पीर यह जागा । कसे कसौटी कंचन लागा।।
बदन पियर जल डभकहि नैना । परगट दुवौ पेम के बैना।।
यह एहि जनम लागि ओहि सीझा । चहै न औरहि ओही रीझा।।
महादेव देवन्ह के पीता । तुम्हरी सरन राम रन जीता।।
एहू कहँ तस मया करेहू । पुरवहु आस कि हत्या लेहू।।
हत्या दुइ के चढ़ाए, काँधे बहु अपराध।
तीसर यह लेउ माथे, जो लेवै कै साध।।5।।
सुनि कै महादेव के भाखा । सिद्धि पुरुष राजै मन लाखा।।
सिद्धहि अंग न बैठे माखी । सिद्ध पलक नहिं लावै आँखी।।
सिद्धहिं संग होइ नहिं छाया । सिद्धहिं होइ भूख नहिं माया।।
जेहि जग सिद्ध गोसाईं कीन्हा । परगट गुपुत रहै को चीन्हा?।।

---

(3) ओहि एहि बीच...दूजा=उसमें (पदमावती में) और इसमें कुछ और अंतर रह गया है कि वह अंतर प्रेम से भर गया है और दोनों अभिन्न हो गए हैं। (4) राता=ललित, सुंदर। तोकाँ=तुमको, (=तो कहँ)। तस=ऐसा (इस अर्थ में प्रायः प्रयोग मिलता है)। कविलास स्वर्ग। वारौं बचाऊँ। सारौं करूँ। चाह=खबर। निरास=जिसे किसी की आशा न हो, जो किसी के आसरे का न हो। (5) आछे=रहता है। कसे=कसने पर। लागा=प्रतीत हुआ। डभकहिं=डबडबाते हैं, आर्द्र होते हैं। परगट...बैना=दोनों (पीले मुख और गीले नेत्र) प्रेम के वचन या बात प्रकट करते हैं। हत्या दुइ=दोनों कंधों पर एक एक (कवि ने शिव के कंधे पर हत्या की कल्पना क्यों की है, यह नहीं स्पष्ट होता)।

बैल चढ़ा कुस्टी कर भेसू । गिरजापति सत आइ महेसू।।
चीन्है सोइ रहै जो खोजा । जस विक्रम औ राजा भोजा।।
जो ओहि तंत सत्त सौं हेरा । गएउ हेराइ जो ओहि भा मेरा।।
बिन गुरु पंथ न पाइय, भूलै सो जो मेट।
जोगी सिद्ध होइ तब, जब गोरख सौं भेंट।।6।।

ततखन रतनसेन गहबरा । रोउब छाँड़ि पाँव लेइ परा।।
मातै पितै जनम कित पाला । जो अस फाँद पेम गिउ घाला?।।
धरती सरग मिले हुत दोऊ । केइ निनार कै दीन्ह बिछोऊ!।।
पदिक पदारथ कर हुँत खोवा । टूटहिं रतन, रतन तस रोवा।।
गगन मेघ जस बरसै भला । पुहुपी पूरि सलिल बहि चला।।
सायर टूट, सिखर गा पाटा । सूझ न बार पार कहुँ घाटा।।
पौन पान होइ होइ सब गिरई । पेम के फंद कोइ जनि परई।।
तस रोवै जस जिउ जरै, गिरै रक्त औ माँसु।
रोवँ रोवँ सब रोवँही, सूत सूत भरि आँसु।।7।।

रोवत बूड़ि उठा संसारू । महादेव तब भएउ भयारू।।
कहेन्हि न रोव, बहुत तै रोवा । अब ईसर भा, दारिद खोवा।।
जो दुख सहै होइ दुख ओकाँ । दुख बिनु सुख न जाइ सिवलोका।।
अब तैं सिद्ध भएसि सिधि पाई । दरपन कया छूटि गइ काई।।
कहौं बात अब हौं उपदेसी । लागु पंथ, भूले परदेसी।।
जौ लगि चोर सेंध नहिं देई । राजा केरि न मूसै पेई।।
चढ़े न जाइ बार ओहि खूँदी । परैं त सेंधि सीस बल मूँदी।।
कहौं सो तेहि सिंघलगढ़, है खँड सात चढ़ाव।
फिरा न कोई जियत जिउ, सरग पंथ देइ पाव।।8।।

गढ़ तस बाँक जैसि तेरि काया । पुरुष देखु ओही कै छाया।।
पाइय नाहिं जूझ हठि कीन्हें । जेइ पावा तेइ आपुहि चीन्हें।।
नौ पौरी तेहि गढ़ मझियारा । औ तहँ फिरहि पाँच कोटवारा।।
दसवँ दुआर गुपुत एक ताका । अगम चढ़ाव, बाट सुठि बाँका।।
भेदै जाइ सोइ वह घाटी । जो लहि भेद, चढ़ै होइ चाँटी।।
गढ़ तर कुंड, सुरँग तेहि माहाँ । तहँ बह पंथ कहौं तोहि पाहाँ।।
चोर बैठ जस सेंधि सँवारी । जुआ पैंत जस लाव जुआरी।।

(6) लाखा=लखा, पहचाना। मेरा=मेल, भेंट। जो मेट=जो इस सिद्धांत को नहीं मानता। (7) गहबरा=घबराया। घाला=डाला। पदिक=ताबीज, जंतर। गा पाटा=(पानी से) पट गया। (8) मयारू=मया करनेवाला, दयार्द्र। ईसर=ऐश्वर्य। आकाँ=उसको (ओकाँ=ओकहँ)। मूसै पेई=मूसने पाता है। चढ़ै न खूँदी=कूदकर चढ़ने से उस द्वार तक नहीं जा सकता।

जस मरजिया समुद धँस, हाथ आव तब सीप ।
ढूँढ़ि लेइ जा सरग दुआरी, चढ़ै सो सिंघलदीप ।।9 ।।

दसवँ दुआर ताल कै लेखा । उलटि दिस्टि जो लाव सो देखा ।।
जाइ सो तहाँ साँस मन बँधी । जस धँसि लीन्ह कान्ह कालिंदी ।।
तू मन नाथु मारि कै साँसा । जो पै मरहि अबहिं करु नासा ।।
परगट लोकचार कहु बाता । गुपुत लाउ मन जासौं राता ।।
'हौं हौं' कहत सबैं मति खोई । जौं तू नाहिं आहि सब कोई ।।
जियतहिं जुरै मरै एक बारा । पुनि का मीचु, को मारै पारा ।।
आपुहि गुरु सो आपुहिं चेला । आपुहिं सब औ आपु अकेला ।।

आपुहि मीच जियन पुनि, आपुहि तन मन सोइ ।
अपुहि आपु करै जो चाहै, कहाँ सो दूसर कोइ ? ।।10 ।।

---

(9) ताका=उसका। जो लहि...चाँटी=जो गुरु से भेद पाकर चींटी के समान धीरे-धीरे (योगियों के पिपीलिका मार्ग से) चढ़ता है। पैंत=दाँव। (10) ताल कै लेखा=ताड़ के समान (ऊँचा)। लोकचार=लोकाचार की। जुरै=जुट जाय।

(23) राजा-गढ़-छेंका खंड

सिधि गुटिका राजै जब पावा । पुनि भइ सिद्धि गनेस मनावा।।
जब संकर सिधि दीन्ह गुटेका । परी हूल, जोगिन्ह गढ़ छेंका।।
सबैं पदमावति देखहिं चढ़ी। सिंघल छेंकि उठा होइ मढ़ी।।
जस घर भरे चोर मत कीन्हा । तेहि बिधि सेंधि चाह गढ़ दीन्हा।।
गुपुत चोर जो रहै सो साँचा । परगट होइ जीउ नहिं बाँचा।।
पौरि पौरि गढ़ लाग केवारा । औ राजा सौं भई पुकारा।।
जोगी आइ छेंकि गढ़ मेला । न जनौं कौन देस तें खेला।।
भएउ रजायसु देखौ, को भिखारि अस ढीठ।
बेगि बरज तेहि आवहु, जन दुइ पठैं बसीठ।।1।।

उतरि बसीठन्ह आइ जोहारे। 'की तुम जोगी, की बनिजारे।।
भएउ रजायसु आगे खेलहिं । गढ़ तर छाँड़ि अनत होइ मेलहिं।।
अस लागेहु केहि के सिख दीन्हे । आएहु मरै हाथ जिउ लीन्हे।।
इहाँ इंद्र अस राजा तपा। जबहिं रिसाइ सूर डरि छपा।।
हौ बनिजार तौ बनिज बेसाहौ । भरि बैपार लेहु जो चाहौ।।
हौ जोगी तौ जुगुति सो माँगौ । भुगुति लेहु लै मारग लागौ।।
इहाँ देवता अस गए हारी । तुम्ह पतिंग को अहौ भिखारी।।
तुम्ह जोगी बैरागी, कहत न मानहु कोहु।।
लेहु माँगि किछु भिच्छा, खेलि अनत कहुँ होहु'।।2।।

'आनु जो भीखि हौं आएऊँ लेई। कस न लेउँ जौ राजा देई।।
पदमावति राजा कै बारी। हौं जोगी ओहि लागि भिखारी।।
खप्पर लेइ बार भा माँगौं । भुगुति देइ लेइ मारग लागौं।।
सोई भुगुति परापति भूजा । कहाँ जाउँ अस बार न दूजा।।

---

(1) परी हूल=कोलाहल हुआ। जस घर भरे...कीन्हा=जैसे भरे घर में चोरी करने का विचार चोर ने किया हो। लाग=लगे, भिड़ गए। खेला=विचरता हुआ आया। रजायसु=राजाज्ञा। (2) खेलहिं=विचरें, जायँ। अस लागेहु=ऐसे काम में लगे। कोहु=क्रोध।

अब धर इहाँ जीउ ओहि ठाऊँ । भसम होउँ बरु तजौं न नाऊँ।।
जस बिनु प्रान पिंड है छूँछा । धरम लाइ कहिहौं जो पूछा।।
तुम्ह बसीठ राजा के ओरा । साखी होहु एहि भीख निहोरा।।
जोगी बार आव सो, जेहि भिच्छा कै आस।
जो निरास दिढ़ आसन, कित गौने केहु पास?' ।।3।।
सुनि बसीठ मन उपनी रीसा । जौ पीसत घुन जाइहि पीसा।।
जोगी अस कहुँ कहै न कोई । सो कहु बात जोग जो होई।।
वह बड़ राज इंद्र कर पाटा । धरती परा सरग को चाटा?।।
जौ यह बात जाइ तहँ चली । छूटहिं अबहिं हस्ति सिंघली।।
औ जौं छूटहिं वज्र कर गोटा । बिसरिहि भुगुति होइ सब रोटा।।
जहँ केहु दिस्टि न जाइ पसारी । तहाँ पसारसि हाथ भिखारी।।
आगे देखि पाँव धरु नाथा। तहाँ न हेरु टूट जहँ माथा।।
वह रानी तेहि जोग है, जाहि राज औ पाटु।
सुंदरि जाइहि राजघर, जोगिहि बाँदर काटु।।4।।
जौं जोगी सत बाँदर काटा । एकै जोग, न दूसरि बाटा।।
और साधना आवै साधे । जोग साधना आपुहि दाधे[1] ।।
सरि पहुँचाव जोगि कर साथू । दिस्टि चाहि अगमन होइ हाथू।।
तुम्हरे जोर सिंघल के हाथी । हमरे हस्ति गुरु हैं साथी।।
अस्ति नास्ति ओहि करत न बारा । परबत करै पाँव कै छारा।।
जोर गिरे गढ़ जावत भये । जे गढ़ गरब करहिं ते नये।।
अंत क चलना कोइ न चीन्हा । जो आवा सो आपन कीन्हा।।
जोगिहि कोइ न चाहिय, तस न मोहि रिसि लागि।
जोग तंत ज्यों पानी, काह करै तेहि आगि? ।।5।।

---

(3) आएउँ लेई=लेने आया हूँ। भूजा=मेरे लिए भोग है। धम लाइ=धरम लिये हुए, सत्य सत्य। भीख निहोरा=भीख के संबंध में, अथवा इसी भीख को मैं माँगता हूँ। निरास=आशा या कामना से रहित। (4) धरती परा...चाटा....धरती पर पड़ा हुआ कौन स्वर्ग या आकाश चाटता है? कहावत है?—'रहै भुइँ औ चाटै बादर'। गोटा=गोला। रोटा=दबकर गूँधे आटे की बेली रोटी के समान। बाँदर काटु=बंदर काटे, मुहाविरा—अर्थात् जोगी का बुरा हो, जोगी चूल्हे में जाएँ। (5) सत=सौ। सरि पहुँचाव=बराबर या ठिकाने पहुँचा देता है। दिस्टि चाहि...हाथू=दृष्टि पहुँचने के पहले ही योगी का हाथ पहुँच जाता है। यह दूतों के उस बात के उत्तर में है 'जहँ केहु दिस्टि न जाइ पसारी। तहाँ पसारसि हाथ भिखारी।।' चाहि=अपेक्षा; बनिस्बत। नए=नम्र हुए।

1. एक हस्तलिखित प्रति में इसके आगे ये चौपाइयाँ हैं—

राजा तोर हस्ति कर साईं । मोर जीव यह एक गोसाईं।।
करकर है जो पाँव तर बारू । तेहि उठाइ कै करै पहारू।।
राज करत तेहि भीख मँगावै । भीख माँग तेहि राज दियावै।।
मंदिर ढाहि उठाबै नए । गढ़ करि गरब खेह मिलि गए।।

बसिठन्ह जाइ कही अस बाता । राजा सुनत कोह भा राता।।
ठावहिं ठाँव कुँवर सब माखे । केइ अब लीन्ह जोग केइ राखे?।।
अबहीं बेगिहि करौ सँजोऊ । तस मारहु हत्या नहिं होऊ।।
मंत्रिन्ह कहा रहौ मन बूझे। पति न होइ जीगिन्ह सौं जूझे।।
ओहि मारै तौ काह भिखारी । लाज होइ जौं माना हारी।।
ना भल मुए, न मारे मोखू। दुवौ बात लागै सम दोखू।।
रहै देहु जौ गढ़ तर मेले। जोगी कित आछैं बिनु खेले?।।
आछै देहु जो गढ़ तरे, जनि चालहु यह बात।
तहँ जो पाहन भख करहिं, अस केहिके मुख दाँत।।6।।
गए बसीठ पुनि बहुरि न आए । राजै कहा बहुत दिन लाए।।
न जनौं सरग बात दहुँ काहा । काहु न आइ कही फिरि चाहा।।
पंख न काया, पौन न पाया । केहि विधि मिलौं होइ कै छाया?।।
सँवरि रकत नैनहिं भरि चूआ । रोइ हँकारेसि माझी सूआ।।
परी जो आँसु रकत कै टूटी । रेंगि चलीं जस बीरबहूटी।।
ओहि रकत लिखि दीन्ही पाती । सुआ जो लीन्ह चोंच भइ राती।।
बाँधी कंठ परा जरि काँठा। बिरह क जरा जाइ कित नाठा?।।
मसि नैना, लिखनी बरुनि, रोइ रोइ लिखा अकत्थ।
आखर दहै, न कोइ छुवै, दीन्ह परेवा हत्थ।।7।।
औ मुख बचन जो कहा परेवा । पहिले मोरि बहुत कहि सेवा।।
पुनि रे सँवार कहेसि अस दूजी । जो बलि दीन्ह देवतन्ह पूजी।।
सो अबहीं तुम्ह सेव न लागा । बलि जिउ रहा, न तन सो जागा।।
भलेहि ईस हू तुम्ह बलि दीन्हा । जहँ तुम्ह तहाँ भाव बलि कीन्हा।।
जौ तुम्ह मया कीन्ह पगु धारा । दिस्टि देखाइ बान बिष मारा।।
जो जाकर अस आसामुखी। दुख महँ ऐस न मारै दुखी।।
नैन भिखारि न मानहिं सीखा । अगमन दौरि लेहिं पै भीखा।।
नैनहिं नैन जो बेधि गए, नहिं निकसैं वै बान।
हिये जो आखर तुम्ह लिखे, ते सुठि लीन्ह परान।।8।।
ते बिषबान लिखौं कहँ ताईं । रकत जो चुआ भीजि दुनियाईं।।
जान जो गारै रकत पसेऊ। सुखी न जान दुखी कर भेऊ।।

---

(6) सँजोऊ=समान। पति=बड़ाई, प्रतिष्ठा। जोगी...खेले=योगी कहाँ रहते हैं बिना (और जगह) गए? (7) चाहा=चाह, खबर। माझी=मध्यस्थ। नाठा जाइ=नष्ट किया या मिटाया जाता है। मसि=स्याही। लिखनी=लेखनी, कलम। अकत्थ=अकथ्य बात। (8) सेवा कहि=विनय कहकर। सँवार=संवाद, हाल। बलि जिउ रहा....जागा=जीव तो पहले ही बलि चढ़ गया था, (इसी से तुम्हारे आने पर) वह शरीर न जगा। ईस=महादेव। भाव=भाता है। आसामुखी=मुख का आसरा देखनेवाला।

जेहि न पीर तेहि काकरि चिंता । पीतम निठुर होइँ अस निंता।।
कासौं कहौं बिरह कै भाषा? । जासौं कहौं होइ जरि राखा।।
बिरह आगि तन बन बन जरे । नैन नीर सब सायर भरे।।
पाती लिखी सँवरि तुम्ह नावाँ । रकत लिखे आखर भए सावाँ।।
आखर जरहि न काहू छूआ । तब दुख देखि चला लेइ सूआ।।
अब सुठि मरौं, छूँछि गइ (पाती) पेम पियारे हाथ।
भेंट होत दुख रोइ सुनावत, जीउ जात जौ साथ।।9।।
कंचन तार बाँधि गिउ पाती । लेइ गा सुआ जहाँ धनि राती।।
जैसे कँवल सूर कै आसा । नीर कंठ लहि मरत पियासा।।
बिसरा भोग सेज सुख बासा । जहाँ भौंर सब तहाँ हुलासा।।
तौ लगि धीर सुना नहिं पीऊ । सुना न घरी रहै नहिं जीऊ।।
तौ लगि सुख हिय पेम न जाना । जहाँ पेम कत सुख बिसरामा?।।
अगर चँदन सुठि दहै सरीरू । औ भा अगिनि कया कर चीरू।।
कथा कहानी सुनि जिउ जरा । जानहुँ घीउ बसंदर परा।।
बिरह न आपु सँभारै, मैल चीर, सिर रूख।
पिउ पिउ करत राति दिन, जस पपिहा मुख सूख।।10।।
ततखन गा हीरामन आई । मरत पियास छाँह जनु पाई।।
भल तुम्ह सुआ? कीन्ह है फेरा । कहहु कुसल अब पीतम केरा।।
वाट न जानौं, अगम पहारा । हिरदय मिला न होइ निनारा।।
मरम पानि कर जान पियासा । जो जल महँ ता कहँ का आसा?।।
का रानी यह पूछहू बाता । जिनि कोइ होइ पेम कर राता।।
तुम्हरे दरसन लागि बियोगी । अहा सो महादेव मठ जोगी।।
तुम्ह बसंत लेइ तहाँ सिधाई । देव पूजि पुनि ओहि पहँ आई।।
दिस्टि बान तस मारेहु, घायल भा तेहि ठाँव।
दूसरि बात न बोलै, लेइ पदमावति नाँव।।11।।
रोवँ रोवँ वै बान जो फूटे । सूतहि सूत रुहिर मुख छूटे।।
नैनहिं चली रकत कै धारा । कंठा भीजि भएउ रतनारा।।
सूरज बूड़ि उठा होइ ताता । औ मजीठ टेसू बन राता।।
भा बसंत रातीं बनसपती । औ राते सब जोगी जती।।
पुहिमि जो भीजि, भयेउ सब गेरू । औ राते तहँ पंखि पखेरू।।
राती सती अगिनि सब काया । गगन मेघ राते तेहि छाया।।
ईंगुर भा पहार जौं भीजा । पै तुम्हार नहिं रोवँ पसीजा।।

(9) जान=जानता है। सावाँ=श्याम। छूँछि=खाली। (10) नीर कंठ लहि... पियासा=कंठ तक पानी में रहता है फिर भी प्यासों मरता है। बसंदर=वैश्वानर, अग्नि। विरह=बिरह से। रूख=बिना तेल का।

तहाँ चकोर कोकिला, तिन्ह हिय मया पईठि।
नैन रकत भरि आए, तुम्ह फिरि कीन्हि न दीठि।।12।।
ऐ1़स बसंत तुमहिं पै खेलहु। रकत पराए सेंदुर मेलेहु।।
तुम्ह तौ खेलि मँदिर महँ आई। ओहि क मरम पै जान गोसाईं।।
कहेसि जरे को बारहि बारा। एकहि बार होहुँ जरि छारा।।
सर रचि चहा आगि जो लाई। महादेव गीरी सुधि पाई।।
आइ बुझाइ दीन्ह पथ तहाँ। मरन खल कर आगम जहाँ।।
उलटा पंथ पेम के बारा। चढ़ै सरग, जौ परै पतारा।।
अब धँसि लीन्ह चहै तेहि आसा। पावै साँस, कि मरै निरासा।।
पाती लिखि सो पठाई, इहै सबै दुख रोइ।
दहुँ जिउ रहै कि निसरै, काह रजायसु होइ?।।13।।
कहि कै सुआ जो छोड़ेसि पाती। जानहु दीप छुवत तस ताती।।
गीउ जो बाँधा कंचन तागा। राता साँव कंठ जरि लागा।।
अगिनि साँस सँग निसरै ताती। तरुवर जरहिं ताहि कै पाती।।
रोइ रोइ सुआ कहै सो बाता। रकत कै आँसु भएउ मुख राता।।
देख कंठ जरि लाग सो गेरा। सो कस जरै बिरह अस घेरा।।
जरि जरि हाड़ भयउ सब चूना। तहाँ मासु का रकत बिहूना।।
वह तोहि लागि कया सब जारी। तपत मीन, जल देहि पवारी।।
तोहि कारन वह जोगी, भसम कीन्ह तन दाहि।।
तू असि निठुर निछोही, बात न पूछै ताहि।।14।।
कहेसि सुआ! मोसौं सुनु बाता। चहौं तो आज मिलौं जस राता।।
पै सो मरम न जाना भोरा। जानै प्रीति जो मरि कै जोरा।।
हौं जानति हौं अबहीं काँचा। ना वह प्रीति रंग थिर राँचा।।
ना वह भयउ मलयगिरि बासा। ना वह रबि होइ चढ़ा अकासा।।
ना वह भयउ भौंर कर रगू। ना वह दीपक भयउ पतगू।।
ना वह करा भृंग कै होई। ना वह आपु मरा जिउ खोई।।
ना वह प्रेम औटि एक भयऊ। ना ओहि हिये माँझ डर गयऊ।।
तेहि का कहिय रहब जिउ, रहै जो पीतम लागि।
जहँ वह सुनै लेइ धँसि, का पानी, का आगि।।15।।

---

(12) रतनारा=लाल। नैन रकत भरि आए=चकोर और पहाड़ी कोकिला की आँखें लाल होती हैं। (13) दीन्ह पथ तहाँ=वहाँ का रास्ता बताया। मरन खेल...जहाँ=जहाँ प्राण निछावर करने का आगम है। उलटा पंथ=योगियों का अंतर्मुख मार्ग; विषयों की ओर स्वभावतः जाते हुए मन को उलटा पीछे की ओर फेरकर ले जाने वाला मार्ग। (14) ताहि कै पाती=उसको उस चिट्ठी से। देखु कंठ जरि...गेरा=देख, कंठ जलने लगा (तब) उसे गिरा दिया। देहि पवारी=फेंक दे। (15) काँचा=कच्चा। राँचा=रंग गया। औटि=पगकर।

पुनि धनि कनकपानि मसि माँगी । उतर लिखत भीजी तन आँगी।
तस कंचन कहँ चहिय सोहागा । जौं निरमल नग होइ तौ लागा।।
हौं जो गइ सिव मंडप भोरी । तहँवाँ कस न गाँठि तैं जारी।।
भा बिसँभार देखि कै नैना । सखिन्ह लाज का बोलौं बैना?।।
खेलहिं मिस मैं चंदन घाला । मकु जागसि तौं देउँ जयमाला।।
तबहुँ न जागा, गा तू सोई । जाने भेंट, न सोए होई।।
अब जौं सूर होइ चढ़ै अकासा । जौं जिउ देइ त आवै पासा।।
तौ लगि भुगुति न लेइ सका, रावन सिय जब साथ।
कौन भरोसे अब कहौं, जीउ पराए हाथ।।16।।
अब जौ सूर गगन चढ़ि आवै । राहु होइ तौ ससि कहँ पावै।।
बहुतन्ह ऐस जीउ पर खेला । तू जोगी कित आहि अकेला।।
बिक्रम धँसा पेम कै बारा । सपनावति कहँ गएउ पतारा।।
मधूपाछ मुगुधावति लागी । गगनपूर होइगा बैरागी।।
राजकुँवर कंचनपुर गयऊ । मिरिगाबति कहँ जोगी भएऊ।।
साध कुँवर खंडावत जोगू । मधु मालति कर कीन्ह बियोगू।।
प्रेमाबति कहँ सुरसर साधा । उषा लगि अनिरुध बर बाँधा।।
हौं रानी पदमावति, सात सरग पर बास।
हाथ चढ़ौं मैं तोहिके, प्रथम करै अपनास।।17।।
हौं पुनि इहाँ ऐस तोहि राती । आधी भेंट पिरीतम पाती।।
तहुँ जौ प्रीति निबाहै आँटा । भौंर न देख केत कर काँटा।।
होइ पतंग अधरन्ह गहु दीया । लेसि समुद धँसि होइ मरजीया।।
रातु रंग जिमि दीपक बाती । नैन लाउ होइ सीप सेवाती।।
चातक होइ पुकारु पियासा । पीउ न पानि सेवाति कै आसा।।
सारस कर जस बिछुरा जोरा । नैन होहि जस चंद चकोरा।।
होहि चकोर दिस्टि ससि पाँहा । औ रबि होइ कँवल दल माँहा।।
महु ऐसे होउँ तोहि कहँ, सकहि तौ ओर निबाहु।।
राहु बेधि अरजुन होइ, जीतु दुरपदी ब्याहु।।18।।
राजा इहाँ ऐस तप झूरा । भा जरि बिरह छार कर कूरा।।
नैन लाइ सो गएउ बिमोही । भा बिनु जिउ, जिउ दीन्हेसि ओही।।

---

(16) धनि=स्त्री। कनक पानि=सोने का पानी। बिसँभार=बेसुध। घाला=डाला, लगाया। मकु=कदाचित्। जागे भेंट...होई=जागने से भेंट होती है, सोने से नहीं। (17) अपना=अपना नाश। (18) निबाहै आँटा=निबाह सकता है। केत=केतकी। महुँ=महूँ, मैं भी। ओर निबाहु=प्रीति को अंत तक निबाह।

कहाँ पिंगला सुखमन नारी । सूनि समाधि लागि गइ तारी।।
बूँद समुद्र जैस होइ मेरा । गा हेराइ अस मिलै न हेरा।।
रंगहि पान मिला जस होई । आपहि खोइ रहा होइ सोई।।
सुए जाइ जब देखा तासू । नैन रकत भरि आए आँसू।।
सदा पिरीतम गाढ़ करेई । ओहि न भुलाइ, भूलि जिउ देई।।

मूरि सजीवन आनि कै, औ मुख मेला नीर।
गरुड़ पंख जस झारै, अमृत बरसा कीर।।19।।

मुआ जिया अस बास जो पावा । लीन्हेसि साँस, पेट जिउ आवा।।
देखेसि जागि, सुआ सिर नावा । पाती देइ मुख बचन सुनावा।।
गुरु क बचन स्रवन दुइ मेला । कीन्हि सुदिस्टि, बेगि चलु चेला।।
तोहि अलि कीन्ह आप भइ केवा । हौं पठवा गुरु बीच परेवा।।
पौन साँस तोसौं मन लाई । जोवै मारग दिस्टि बिछाई।।
जस तुम्ह कया कीन्ह अगिदाहू । सो सब गुरु कहँ भएउ अगाहू।।
तब उदंत छाला लिखि दीन्हा । बेगि आउ, चाहै सिध कीन्हा।।

आवहु सामि सुलच्छना, जीउ बसै तुम्ह नाँव।।
नैनहिं भीतर पंथ है, हिरदय भीतर ठाँव।।20।।

सुनि पदमापति कै असि मया । भा बसंत उपनी नइ कया।।
सुआ क बोल पौन होइ लागा । उठा सोइ, हनुवंत अस जागा।।
चाँद मिलै कै दीन्हेसि आसा । सहसौ कला सूर परगासा।।
पाति लीन्हि, लेइ सीस चढ़ावा । दीठि चकोर चंद जस पावा।।
आस पियासा जो जेहि केरा । जौं झिझकार, ओहि सहुँ हेरा।।
अब यह कौन पानि मैं पीया । भा तन पाँख, पतँग मरि जीया।।
उठा फूलि हिरदय न समाना । कंथा टूक टूक बेहराना।।

जहाँ पिरीतम वै बसहिं, यह जिउ बलि तेहि बाट।
वह जो बोलावै पाँव सौं, हौं तहँ चलौं लिलाट।।21।।

जो पथ मिला महेसहि सेई । गएउ समुद ओहि धँसि लेई।।
जहँ वह कुंड बिषम औगाहा । जाइ परा तहँ पाव न थाहा।।
बाउर अंध पेम कर लागू । सौहँ धँसा, किछु सूझ न आगू।।

---

(19) कूरा=ढेर। पिंगला=दक्षिण नाड़ी। सुखमन=सुषुम्ना, मध्य नाड़ी। सूनि समाधि=शून्य समाधि। तारि=त्राटक, टकटकी। गाढ़=कठिन अवस्था। (20) केवा=केतकी। अगाहू भएउ=विदित हुआ। उदंत=(सं.) संवाद, वृत्तांत। छाला=पत्र। सामि=स्वामी। (21) हनुवंत=हनुमान के ऐसा बली। झिझकार=झिड़के। सहुँ=सामने। बेहराना=फटा।

लीन्हें सिधि साँसा मन मारा । गुरु मछंदरनाथ सँभारा।।
चेला परे न छाँड़हि पाछू । चेला मच्छ, गुरु जस काछू।।
जस धँसि लीन्ह समुद मरजीया । उधरै नैन बरै जस दीया।।
खोजि लीन्ह सो सरगदुआरा । बज्र जो मूँदे जाइ उघारा।।
बाँक चढ़ाव सरग गढ़, चढ़त गएउ होइ भोर।
भइ पुकार गढ़ ऊपर, चढ़े सेंधि देइ चोर।।22।।

(22) धँसि लेई=धँसकर लेने के लिए। लागू=लाग, लगन। परे=दूर। बाँक=टेढ़ा, चक्करदार। सरगदुआर=दूसरे अर्थ में दशम द्वार।

(24) गंधर्वसेन मंत्री खंड

राजै सुनि जोगी गढ़ चढ़े । पूछै पास जो पंडित पढ़े ।।
जोगी गढ़ जो सेंधि दै आवहिं । बोलहु सबद सिद्धि जस पावहिं।।
कहहिं बेद पढ़ि पंडित बेदी । जोगि भौंर जस मालति भेदी।।
जैसे चोर सेंधि सिर मेलहिं । तस ए दुवौ जीउ पर खेलहिं।।
पंथ न चलहिं बेद जस लिखा । सरग जाए सूरी चढ़ सिखा।।
चोर होइ सूरी पर मोखू । देह जौ सूरि तिन्हहिं नहिं दोखू।।
चोर पुकारि बेधि घर मूसा । खेलै राजभँडार मँजूसा।।
जस ए राजमँदिर महँ, दीन्ह रैनि कहँ सेंधि।
तस छेंकहु पुनि इन्ह कहँ, मारहु सूरी बेधि।।1 ।।

राँध जो मंत्री बोले सोई । ऐस जो चोर सिद्धि पै कोई।।
सिद्ध निसंक रैनि दिन भवँहीं । ताका जहाँ तहाँ अपसवहीं।।
सिद्ध निडर अस अपने जीवा । खड़ग देखि कै नावहिं गीवा।।
सिद्ध जाइ पै जिउबध जहाँ । औरहि मरन पंख अस कहाँ?।।
चढ़ा जो काँपि गगन उपराहीं । थोरे साज मरै सो नाहीं।।
जंबुक जूझ चढ़ै जौ राजा । सिंघ साज कै चहुँ तौ छाजा।।
सिद्ध अमर, काया जस पारा । छरहिं मरहिं बर जाइ न मारा।।
छरहीं काज कृस्न कर, राजा चढ़ै रिसाइ।
सिद्ध गिद्ध जिन्ह दिस्टि गगन पर, बिनु छर किछु न बसाइ।।2 ।।

अबहीं करहु गुदर मिस साजू । चढ़हिं बजाइ जहाँ लगि राजू।।
होहि सँजोवल कुँवर जो भोगी । सब दर छेंकि धरहिं अब जोगी।
चौबिस लाख छत्रपति साजे । छपन कोटि दर बाजन बाजे।।

---

(1) सबद=व्यवस्था। सरग जाए=स्वर्ग जाना (अवधी)। सूरि=सूली। (2) राँध=पास, समीप। भवँहीं=फिरते हैं। अपसवहीं=जाते हैं। मरनपंख=मृत्यु के पंख जैसे चींटों को जमते हैं। पारा=पारद। छरहिं=छल से, युक्ति से। बर=बल से।

बाइस सहस हस्ति सिंघली । सकल पहार सहित महि हली।।
जगत बराबर वै सब चाँपा । डरा इंद्र, बासुकि हिय काँपा।।
पदुम कोट रथ साजे आवहिं । गिरि होइ खेह गगन कहँ धावहिं।।
जनु भुइँचाल चलत महि परा । टूटी कमठ पीठि, हिय डरा।।
छत्रहिं सरग छाइगा, सूरुज गयउ अलोपि।
दिनहि राति अस देखिय, चढ़ा इंद्र अस कोपि ।।3।।
देखि कटक औ मैमँत हाथी । बोले रतनसेन कर साथी।।
होत आव दल बहुत असूझा । अस जानिय किछु होइहि जूझा।।
राजा तू जोगी होइ खेला । एही दिवस कहँ हम भए चेला।।
जहाँ गाढ़ ठाकुर कहँ होई । संग न छाँड़ै सेवक सोई।।
जो हम मरन दिवस मन ताका । आजु आइ पूजी वह साका।।
बरु जिउ जाइ, जाइ नहिं बोला । राजा सत सुमेरु नहिं बोला।।
गुरु केर जौ आयसु पावहिं । सौंह होहिं औ चक्र चलावहिं।।
आजु करहिं रन भारत, सत बाचा देइ राखि।
सत्य देख सब कौतुक, सत्य भरै पुनि साखि।।4।।
गुरु कहा चेला सिध होहू । पेम बार होइ करहु न कोहू।।
जाकहँ सीस नाइ कै दीजै । रंग न होइ ऊभ जौ कीजै।।
जेहि जिउ पेम पानि भा सोई । जेहि रँग मिलै ओहि रँग होई।।
जौ पै जाइ पेम सौं जूझा । कित तप मरहिं सिद्ध जो बूझा।।
एहि सेंति बहुरि जूझ नहिं करिए । खड़ग देखि पानी होइ ढरिए।।
पानिहि काह खड़ग कै धारा । लौटि पानि होइ सोइ जो मारा।।
पानी सेंति आगि का करई । जाइ बुझाइ जौ पानी परई।।
सीस दीन्ह मैं अगमन, पेम जानि सिर मेलि।
अब सो प्रीति निबाहौं, चलौं सिद्ध होइ खेलि।।5।।
राजै छेंकि धरे सब ओगी । दुख ऊपर दुख सहै वियोगी।।
ना जिउ धरक धरत होइ कोई । नाहीं मरन जियन डर होई।।
नाग फाँस उन्ह मेला गीवा । हरख न विसमौ एकौ जीवा।।
जेइ जिउ दीन्ह सो लेइ निकासा । बिसरै नहिं जौ लहि तन साँसा।।
कर किंगरी तेहि तंतु बजावै । इहै गीत बैरागी गावै।।

---

(३) गुदर=राजा के दरबार में हाजिरी, मोजरा; अथवा पाठांतर 'कदरमस'=युद्ध। सँजोबल=सावधान। दर=दल, सेना। बराबर चाँपा=पैर से रौंदकर समतल कर दिया। भुइँचाल=भूचाल, भूकंप। अलोपि गए=लुप्त हो गए। (4) साका=पूजी, समय पूरा हुआ। बोला=बचन, प्रतिज्ञा। (5) ऊभ=ऊँचा। एहि सेंति=इससे, इसलिए। पानिहि कहा...धारा=पानी में तलवार मारने से पानी विदीर्ण नहीं होता, वह फिर ज्यों का त्यों बराबर हो जाता है। लौटि...मारा=जो मारता है वही उलटा पानी (कोमल या नम्र) हो जाता है।

भलेहि आनि गिउ मेली फाँसी । है न सोच हिय, रिस सब नासी ।।
मैं गिउ फाँद ओहि दिन मेला । जेहि दिन पेम पंथ होइ खेला ।।
परगट गुपुत सकल महँ, पूरि रहा सो नाँव।
जहँ देखौं तहँ ओही, दूसर नहिं जहँ जाँव।।6।।

जब लगि गुरु हौं अहा न चीन्हा । कोटि अँतरपट बीचहि दीन्हा ।।
जब चीन्हा तब और न कोई । तन मन जिउ जीवन सब सोई ।।
हौं हौं करत धोख इतराहीं । जय भा सिद्ध कहाँ परछाहीं? ।।
मारै गुरु, कि गुरु जियावै । और को मार? मरै सब आवै ।।
सूरी मेलु, हस्ति करु चूरू । हौं नहिं जानौं, जानै गूरू ।।
गुरु हस्ति पर चढ़ा सो पेखा । जगत जो नास्ति, नास्ति पै देखा ।।
अँध मीन जस जल महँ धावा । जल जीवन चल दिस्टि न आवा ।।
गुरु मोरे मारे हिये, दिए तुरंगम ठाठ।
भीतर करहिं डोलावै, बाहर नाचै काठ।।7।।

सो पदमावति गुरु हौं चेला । जोग तंत जेहि कारन खेला ।।
तजि वह बार न जानौं दूजा । जेहि दिन मिलै, जातरा पूजा ।।
जीउ काढ़ि भुइँ धरौं लिलाटा । ओहि कहँ देउँ हिये महँ पाटा ।।
को मोहिं ओहि छुआवै पाया । नव अवतार देइ, नइ काया ।।
जीउ चाहि जो अधिक पियारी । माँगै जीउ देउँ बलिहारी ।।
माँगै सीस, देउँ सह गीवा । अधिक तरौं जौं मारै जीवा ।।
अपने जिउ कर लोभ न मोहीं । पेम बार होइ माँगौं ओही ।।
दरसन ओहि कर दिया जस, हौं सो भिखारि पतंग।
जो करवत सिर सारै, मरत न मोरौं अंग।।8।।

पदमावति कँवला ससि जोती । हँसैं फूल, रोवै सब मोती ।।
बरजा पितै हँसी औ रोजू । लागे दूत, होइ निति खोजू ।।
जबहिं सुरुज कहँ लागा राहू । तबहिं कँवल मन भएउ अगाहू ।।
बिरह अगस्त जो बिसमौ उएऊ । सरवर हरष सूखि सब गएऊ ।।
परगट ढारि सकै नहिं आँसू । घटि घटि माँसु गुपुत होइ नासू ।।
जस दिन माँझ रैनि होइ आई । बिगसत कँवल गएउ मुरझाई ।।
राता बदन गएउ होइ सेता । भँवत भँवर रहि गए अचेता ।।

---

(6) धरक=धड़क। बिसमौ=विषाद (अवध)। रिस सब नासी=क्रोध भी सब प्रकार नष्ट कर दिया है। (7) अहा=था। अँतरपट=परदा, व्यवधान। इतराहीं=इतराते हैं, गर्व करते हैं। करु चूरू=चूर करे, पीस डाले। पै=ही। जल जीवन...आवा=जल सा यह जीवन चंचल है, यह दिखाई नहीं देता है। ठाठ=रचना, ढाँचा। काठ=जड़ वस्तु, शरीर। (8) जातरा पूजा=यात्रा सफल हुई। पाटा=सिंहासन। करवत सिर सारै=सिर पर आरा चलावै।

चित्त जो चिंता कीन्ह धनि, रोवै रोवँ समेत।
सहस साल सहि आहि भरि, मुरुछि परी, गा चेत।।9।।

पदमावति सँग सखी सयानी । गनत नखत सब रैनि बिहानी।।
जानहिं मरम कँवल कर कोईं । देखि बिथा बिरहिन कै रोईं।।
बिरहा कठिन काल कै कला । बिरह न सहै, काल बरु भला।।
काल काढ़ि जिउ लेइ सिधारा । बिरह काल मारे पर मारा।।
बिरह आगि पर मेलै आगी । बिरह घाव पर धाक बजागी।।
बिरह बान पर बान पसारा । बिरह रोग पर रोग सँचारा।।
बिरह साल पर साल नवेला । बिरह काल पर काल दुहेला।।

तन रावन होइ सर चढ़ा, बिरह भयउ हनुवंत।
जारे ऊपर जारै, चित मन करि भसमंत।।10।।

कोइ कुमोद पसारहिं पाया । कोइ मलयगिरि छिरकहिं काया।।
कोइ मुख सीतल नीर चुवावै । कोई अंचल सौं पौन डोलावै।।
कोइ मुख अमृत अनि निचोवा । जनु बिष दीन्ह, अधिक धनि सोवा।।
जोवहिं साँस खिनहिं खिन सखी । कब जिउ फिरै पौन पर पँखी।।
बिरह काल होइ हिये पईठा । जीउ काढ़ि लै हाथ बईठा।।
खिनहिं मौन बाँधे खिन खोला । गही जीभ मुख आव न बोला।।
खिनहिं बेझि कै बानन्ह मारा । कँपि कँपि नारि मरै बेकरारा।।

कैसेहु बिरह न छाँड़ै भा ससि गहन गरास।
नखत चहूँ दिसि रोवहिं, अंधर धरति अकास।।11।।

घरी चारि इमि गहन गरासी। पुनि विधि हिये जोति परगासी।।
निसँस ऊभि भरि लीन्हेसि साँसा। भा अधार, जीवन कै आसा।
बिनवहिं सखी, छूट ससि राहू। तुम्हरी जाति जोति सब काहू।।
तू ससि बदन जगत उजियारी। केइ हरि लीन्ह, कीन्ह अँधियारी?।।
तू गजगामिनि गरब गहेली। अब कस आस छाँड़ तू बेली।।
तू हरिलंक हराए केहरि। अब कित हारि करति है हिय हरि।।
तू कोकिल बैनी जग मोहा। केइ ब्याधा होइ गहा निछोहा।।

कँवल कली तू पदमिनि! गइ निसि भयउ बिहान।
अबहुँ न संपुट खोलसि, जब रे उआ जग भानु।।12।।

---

(9) रोजू=रोदन, रोना। खोजू=चौकसी। अगस्त=एक नक्षत्र जैसे, उदित अगस्त पंथ जल सोखा। बिसमौ=बिना समय के। भँवत भँवर...अचेता=डोलते हुए भौंरे अर्थात् पुतलियाँ निश्चल हो गईं। (10) कोई=कुमुदिनी, यहाँ सखियाँ। काल कै कला=काल के रूप। नवेला=नया। (11) पौनपर=पवन के परवाला अर्थात् वायु रूप। बेकरारा=बेचैन बेकरार। अँधर=अँधेरा। (12) तु हरिलंक... ... केहरि=तूने सिंह से कटि छीनकर उसे हराया। हारि करति है=निराश होती है, हिम्मत हारती है। निछोहा=निष्ठुर।

भानु नाँव सुनि कँवल बिगासा । फिरि कै भौंर लीन्ह मधु बासा।।
सरद चंद मुख जबहिं उघेली । खंजन नैन उठे करि केली।।
बिरह न बोल आव मुख ताईं । मरि मरि बोल जीउ बरिआईं।।
दवैं बिरह दारुन हिय काँपा । खोलि न जाइ बिरह दुख झाँपा।।
उदधि समुद जस तरँग देखावा । चख घूमहिं मुख बात न आवा।।
यह सुनि लहरि लहरि पर धावा । भँवर परा जिव थाह न पावा।।
सखी आनि बिष देहु तौ मरऊँ । जिउ न पियार, मरै का डरऊँ।।

खिनहिं उठै, खिन बूड़ै, अस हिय कँवल सँकेत।
हीरामनहिं बुलावहि, सखी! गहन जिउ लेत।।13।।

चेरी धाय सुनत खिन धाई । हीरामन लेइ आइँ बोलाई।।
जनहु बैद ओषद लेइ आवा । रोगिया रोग मरत जिउ पावा।।
सुनत असीस नैन धनि खोले । बिरह बैन कोकिल जिमि बोले।।
कँवलहिं बिरह बिथा जस बाढ़ी । केसर बरन पीर हिय गाढ़ी।।
कित कँवलहिं भा पेम अँकुरू । जो पै गहन लेहि दिन सूरू।।
पुरइनि छाँह कँवल कै करी । सकल बिथा सुनि अस तुम हरी।।
पुरुष गँभीर न बोलहिं काहू । जो बोलहि तौ ओर निबाहू।।

एतनै बोल कहत मुख, पुनि होइ गई अचेत।
पुनि को चेत सँभारै? उहै कहत मुख सेत।।14।।

और दगथ का कहौं अपारा । सती जो जरै कठिन अस झारा।।
होइ हनुवंत पैठ है कोई । लंकादाहु लागु करै सोई।।
लंका बुझी आगि जो लागी । यह न बुझाइ आँच बज्रागी।।
जनहु अगिनि के उठहिं पहारा । औ सब लागहिं अंग अँगारा।।
कटि कटि माँसु सराग पिरोवा । रतक कै आँसु माँसु सब रोवा।।
खिन एक बार माँसु अस भूँजा । खिनहिं चबाइ सिंध अस गूँजा।।
एहि रे दगध हुँत उतिम मरीजै । दगध न सहिय जीउ बरु दीजै।।

जहँ लगि चंदन मलयगिरि, औ सायर सब नीर।
सब मिलि आइ बुझावहिं, बुझै न आगि सरीर।।15।।

हीरामन जौ देखेसि नारी । प्रीति बेल उपनी हिय बारी।।
कहेसि कस न तुम्ह होहु दुहेली । अरुझी पेम जो पीतम बेली।।
प्रीति बेलि जिनि अरुझै कोई । अरुझे, मुए न छूटै सोई।।

---

(13) फिरि के भौंर....मधु बासा=भौंरों ने फिर मधुवास लिया अर्थात् काली पुतलियाँ खुलीं। बरिआईं=जबरदस्ती। दबै=दबाता है, पीसता है। झाँपा=ढका हुआ। सँकेत=संकट। गहन=सूर्य रूप रत्नसेन का अदर्शन। (14) अँकूरू=अंकुर। काहू=कभी। (15) झारा=झार, ज्वाला। सराग=शलाका, सीख। गूँजा=गरजा। दगध=दाह। उतिम=उत्तम।

प्रीति बेलि ऐसे तन डाढ़ा । पलुहत सुख, बाढ़त दुख बाढ़ा।।
प्रीति बेलि कै अमर को बोई? । दिन दिन बढ़ै, छीन नहिं होई।।
प्रीति बेलि सँग बिरह अपारा । सरग पतार जरै तेहि झारा।।
प्रीति अकेलि बेलि चढ़ि छावा । दूसरि बेलि न सँचरै पावा।।
प्रीति बेलि अरुझै जब, तब सुछाँह सुख साख।
मिलै पिरीतम आइ कै, दाख बेलि रस चाख।।16।।

पदमावति उठि टेकै पाया। तुम्ह हुँत देखौं पीतम छाया।।
कहत लाज औ रहै न जीऊ। एक दिसि आगि दुसर दिसि पीऊ।।
सूर उदयगिरि चढ़त भुलाना। गहनै गहा, कँवल कुँभिलाना।।
ओहट होइ मरौं तौ झूरी। यह सुठि मरौं जो नियर न दूरी।।
घट महँ निकट, विकट होइ मेरू । मिलहि न मिले, परा तस फेरू।।
तुम्ह सो मोर खेवक गुरु देवा। उतरौं पार तेही बिधि खेवा।।
दमनहिं नलहिं जो हंस मेरावा। तुम्ह हीरामन नाँव कहावा।।
मूरि सजीवन दूर है, सालै सकती बानु।
प्रान मुकुत अब होत है, बेगि देखावहु भानु।।17।।

हीरामन भुई धरा लिलाटू । तुम्ह रानी जुग जुग सुखपाटू।।
जेहि के हाथ सजीवन मूरी । सो जानिय अब नाहीं दूरी।।
पिता तुम्हार राज कर भोगी । पूजै बिप्र मरावै जोगी।।
पौरि पौरि कोतबार जो बैठा । पेम क लुबुध सुरँग होइ पैठा।।
चढ़त रैनि गढ़ होइगा भोरू । आवत बार धरा कै चोरू।।
अब लेइ गए देइ ओहि सूरी। तेहि सौं अगाह बिथा तुम्ह पूरी।।
अब तुम्ह जिउ काया वह जोगी । कया क रोग जानु पै रोगी।।
रूप तुन्हार जीउ कै, (आपन) पिंड कमावा फेरि।
आपु हेराइ रहा, तेहि काल न पाबै हेरि।।18।।

हीरामन जो बात यह कही । सूर के गहन चाँद तब गही।।
सूर के दुख सौं ससि भइ दुखी । सो कित दुख मानै करमुखी?।।
अब जौं जोगि मरै मोहि नेहा । मोहि ओहि साथ धरति गगनेहा।।
रहै त करौं जनम भरि सेवा । चलै त, यह जिउ साथ परेवा।।
कहेसि कि कौन करा है सोई । पर काया परवेस जो होई।।

---

(16) दुहेली=दुखी। पलुहत=पल्लवित होते, पनपते हुए। (17) तुम्ह हुँत=तुम्हारे द्वारा। ओहट=ओट में, दूर। मेरू=मेल, मिलाप। मिलहिं न मिले=मिलने पर भी पास होने पर भी नहीं मिलता। दमन=दमयंती। मुकुत होत है=छूटता है। (18) रूप तुम्हार जीउ...फेरि=तुम्हारे रूप (शरीर) में अपने जीव को करके (परकाय प्रवेश करके) उसने मानो दूसरा शरीर प्राप्त किया।

पलटि सो पंथ कौन बिधि खेला । चेला गुरु गुरु भा चेला।।
कौन खंड अस रहा लुकाई । आवै काल, हेरि फिरि जाई।।
चेला सिद्धि सो पावै, गुरु सौं करै अछेद।
गुरु करै जो किरिपा, पावै चेला भेद।।19।।
अनु रानी तुम गुरु वह चेला। मोहि बूझहु कै सिद्ध नवेला।।
तुम्ह चेला कहँ परसन भई। दरसन देइ मँडप चलि गई।।
रूप गुरु कर चेलै डीठा। चित समाइ होइ चित्र पईठा।।
जीउ काढ़ि लै तुम्ह अपसई। बह भा कया, जीब तुम्ह भई।।
कया जो लाग धूप औ सीऊ। कया न जान, जान पै जीऊ।।
भोग तुम्हार मिला ओहि जाई । जो ओहि बिथा सो तुम्ह कहँ आई।।
तुम ओहिके घट, वह तुम माहाँ। काल कहाँ पावै वह छाहाँ?।।
अस वह जोगी अमर भा, परकाया परवेस।
आवै काल, गुरुहि तहँ, देखि सो करै अदेस।।20।।
सुनि जोगी कै अमर जो करनी । नेवरी बिथा बिरह कै मरनी।।
कवँल करी होइ बिगसा जीऊ । जनु रवि देखि छूटि गा सीऊ।।
जो अस सिद्ध को मारै पारा ? निपुरुष तेइ जरै होइ छारा।।
कहौ जाइ अब मोर सँदेसू । तजौ जोग अब, होहु नरेसू।।
जिनि जानहु हौं तुम्ह सौं दूरी । नैनन्ह माँझ गड़ी वह सूरी।।
तुम्ह परदेस घटे घट केरा । मोहिं घट जीव घटत नहिं बेरा।।
तुम्ह कहँ पाट हिथे मँह साजा । अब तुम मोर दुहूँ जग राजा।।
जौं रे जियहिं मिलि गर रहिह, मरहिं तो एकै दोउ।
तुम्ह जिउ कहँ जिनि होइ किछु, मोहिं जिउ होउ सो होउ।।21।।

---

(19) करमुखी=काले मुँहवाली। गगनेहा=गगन में, स्वर्ग में। करा=कला। चेला सिद्धि सो पावै...भेद=यह शुक का उत्तर है। अछेद=अभेद, भेदभाव का त्याग। (20) अनु=फिर, आगे। मोहि बूझहु...नवेला=नया सिद्ध बनाकर उलटा मुझसे पूछती हो। अपसई=चल दी। सीऊ=शीत। अदेस करै=नमस्कार करता है; 'आदेश गुरु' यह प्रणाम साधुओं में प्रचलित है। (21) नेवरी=निबटी, छूटी। निपुरुष=पुरुषार्थहीन। सूरी=शूली जो रत्नसेन को दी जानेवाली है। परसेद=प्रस्वेद, पसीना। घट=घटने पर। बेरा=देर, विलंब।

(25) रत्नसेन सूली खंड

बाँधि तपा आने जहँ सूरी । जुरे आइ सब सिंघलपूरी।।
पहिले गुरुहि देइ कहँ आना । देखि रूप सब कोइ पछिताना।।
लोग कहहिं यह होइ न जोगी । राजकुँवर कोइ अहै बियोगी।।
काहुहि लागि भएउ है तपा । हिये सो माल करहु मुख जपा।।
जस मारै कहँ बाजा तूरू । सूरी देखि हँसा मंसूरू।।
चमके दसन भएउ उजियारा । जौ जहँ तहाँ बीजु अस मारा।।
जोगी केर करहु पै खोजू । मकु यह होइ न राजा भोजू।।
सब पूछहिं, कहु जोगी! जाति जनम औ नाँव।
जहाँ ठाँव रोवै कर, हँसा सो कहु केहि भाव।।1।।

का पूछहु अब जाति हमारी । हम जोगी औ तपा भिखारी।।
जोगिहि कौन जाति, हो राजा । गारि न कोह, मारि नहिं लाजा।।
निलज भिखारि लाज जेइ खोई । तेहि के खोज परै जिनि कोई।।
जाकर जीउ मरै पर बसा । सूरी देखि सो कस नहिं हँसा?।।
आजु नेह सौं होइ निबेरा । आजु पुहुमि तजि गगन बसेरा।।
आजु कया पीजर बँदि टूटा । आजुहिं प्रान परेवा छूटा।।
आजु नेह सौं होइ निनारा । आज प्रेम सँग चला पियारा।।
आजु अवधि सिर पहुँची, किए जाहु मुख रात।
बेगि होहु मोहिं मारहू, जिनि चालहु यह बात।।2।।

कहेन्हि सँवरु जेहि चाहसि सँवरा । हम तोहि करहिं केत कर भँवरा।।
कहेसि ओहि सँवरौं हरि फेरा । मुए जियत आहौं जेहि केरा।।
औ सँवरौं पदमावति रामा । यह जिउ नेवछावरि जेहि नामा।।
रकत क बूँद कया जस अहही । 'पदमावति पदमावति' कहही।।

---

(1) करहु मुख=हाथ से भी और मुख से भी। जस=जैसे ही। (2) अवधि सिर पहुँची=अवधि किनारे पहुँची अर्थात् पूरी हुई। बेगि होहु=जल्दी करो।

रहै त बूँद बूँद महँ ठाऊँ। परै त सोई लेइ लेइ नाऊँ।।
रोंव रोंव तन तासौं ओधा। सूतहि सूत बेधि जिउ सोधा।।
हाड़हि हाड़ सबद सो होई। नस नस माँह उठै धुनि सोई।।
जागा बिरह तहाँ का, गूद माँसु कै हान?।
हौं पुनि साँचा होइ रहा, ओहि के रूप समान।।3।।
जोगिहि जबहिं गाढ़ अस परा। महादेव कर आसन टरा।।
वै हँसि पारबती सौं कहा। जानहुँ सूर गहन अस गहा।।
आजु चढ़ै गढ़ ऊपर तपा। राजै गहा सूर तब छपा।।
जग देखै गा कौतुक आजू। कीन्ह तपा मारै कहँ साजू।।
पारबती सुनि पायन्ह परी। चलि महेस! देखैं एहि घरी।।
भेस भाँट भाँटिनि कर कीन्हा। औ हनुवंत बीर सँग लीन्हा।।
आए गुपुत होइ देखन लागी। वह मूरति कस सती सभागी।।
कटक असूझ देखि कै, राजा गरब करेइ।
दैउ क दमा न देखै, दहुँ का कहँ जय देइ।।4।।
आसन लेइ रहा होइ तपा। 'पदमावति पदमावति' जपा।।
मन समाधि तासौं धुनि लागी। जेहि दरसन कारन बैरागी।।
रहा समाइ रूप औ नाऊँ। और न सूझ बार जहँ जाऊँ।।
औ महेस कहँ करौं अदेसू। जेइ यह पंथ दीन्ह उपदेसू।।
पारबती पुनि सत्य सराहा। औ फिरि मुख महेस कर चाहा।।
हिय महेस जौं कहै महेसी। कित सिर नावहिं ए परदेसी?।।
मरतहु लीन्ह तुम्हारहिं नाऊँ। तुम्ह चित किए एहि ठाऊँ।।
मारत ही परदेसी, राखि लेहु एहि बीर।
कोइ काहू कर नाहीं जो होइ चलै न तीर।।5।।
लेइ सँदेस सुअटा गा तहाँ। सूरी देहिं रतन कहँ जहाँ।।
देखि रतन हीरामन रोवा। रजा जिउ लोगन्ह हठि खोवा।।
देखि रुदन हीरामन केरा। रोवहिं सब, राजा मुख हेरा।।
माँगहिं सब बिधिना सौं रोई। कै उपकार छोड़ावै कोई।।

---

(3) करहिं...भौंरा=हम तुम्हें सूली से ऐसा ही छेदेंगे जैसा केतकी के काँटे भौंरे का शरीर छेदते हैं। हरि=प्रत्येक। आहौं=हूँ। ओधा=लगा, उलझा (स. आबद्ध), जैसे सचिव सुसेवक भरत प्रबोधे। निज निज काज, पाय सिख ओधे।।—तुलसी। गूद=गूदा। हान=हानि। समान=समाया हुआ। (4) गाढ़=संकट। देखन लागी=देखने के लिए। (5) करौं अदेसू=आदेश करता हूँ, प्रणाम करता हूँ। चाहा= ताका। महेसी=पार्वती। हिय महेस...परदेसी=पार्वती कहती हैं कि जब महेश इनके हृदय में हैं तब ये परदेसी क्यों किसी के सामने सिर झुकाएँ। तीर होइ चलै=साथ दे, पास जाकर सहायता करे।

कहि सँदेस सब बिपति सुनाई । बिकल बहुत, किछु कहा न जाई।।
काढ़ि प्रान बैठी लेइ हाथा । मरै तौ मरौं, जिऔं एक साथा।।
सुनि सँदेस राजा तब हँसा । प्रान प्रान घट घट महँ बसा।।
सुअटा भाँट दसौंधी भए, जिउ पर एक ठाँव।
चलि सो जाइ अब देख तहँ, जहँ बैठा रह राव।।6।।
राजा रहा दिस्टि कै औंधी । रहि न सका तब भाँट दसौंधी।।
कहेसि मेलि कै हाथ कटारी । पुरुष न आछे बैठ पेटारी।।
कान्ह कोपि जब मारा कंसू । तब जाना पूरुष कै बंसू।।
गंध्रबसेन जहाँ रिस बाढ़ा । जाइ भाँट आगे भा ठाढ़ा।।
बोला गंध्रबसेन रिसाई । कस जोगी कस भँट असाई।।
ठाढ़ देख सब राजा राऊ । बाएँ हाथ दीन्ह बरम्हाऊ।।
जोगी पानि, आगि तू राजा । आगिहि पानि जूझ नहिं छाजा।।
आगि बुझाइ पानि सौं, जूझु न, राजा! बूझु।
लीन्हें खप्पर बार तोहि, भिच्छा देहि, न जूझु।।7।।
जोगि न होइ, आहि सौ भोजू । जानहु भेद करहु सो खोजू।।
भारत ओइ जूझ जौ ओधा । होहिं सहाय आइ सब जोधा।।
महादेव रनघंट बजावा । सुनि कै सबद बरम्हा चलि आवा।।
फनपति फन पतार सौं काढ़ा । अस्टौ कुरी नाग भए ठाढ़ा।।
छप्पन कोटि बसंदर बरा । सवा लाख परबत फरहरा।।
चढ़े अत्र लै कृस्न मुरारी । इंद्रलोक सब लाग गोहारी।।
तैंतिस कोटि देवता साजा । औ छानबे मेघदल गाजा।।
नवौ नाथ चलि आवहिं, औ चौरासी सिद्ध।
आजु महाभारत चले, गगन गरुड़ औ गिद्ध।।8।।
भइ अज्ञा को भाँट अभाऊ । बाएँ हाथ देह बरम्हाऊ।।
को जोगी अस नगरी मोरी । जो देइ सेंधि चढ़ै गढ़ चोरी।।
इंद्र डरै निति नावै माथा । जानत कृस्न सेस जेइ नाथा।।
बरम्हा डरै चतुरमुख जासू । औ पातार डरै बलि बासू।।
मही हलै औ चलै सुमेरू । चाँद सूर औ गगन कुबेरू।।
मेघ डरै बिजुरी जेहि दीठी । कूरुम डरै धरति जेहि पीठी।।
चहौं आजु माँगौं धरि केसा । और को कीट पतंग नरेसा?।।

---

(6) हेरा=हेर, ताकते हैं। दसौंधी=भाँटों की एक जाति। जिउ पर भए=प्राण देने पर उद्यत हुए। (7) राजा=गँधर्वसेन। औंधी=नीची। असाई=अताई (?) बेढंगा। (8) भारत=महाभारत का सा युद्ध। ओधा=ठाना, नाँधा। अस्टौ कुरी=अष्टकुल नाग। बसंदर=वैश्वानर, अग्नि। फरहरा=फड़क उठे। अत्र=अस्त्र। लाग गोहारी=सहायता के लिए दौड़ा। नवौ नाथ=गोरखपंथियों के नौ नाथ। चौरासी सिद्ध=बौद्ध वज्रयान योगियों के चौरासी सिद्ध।

बोला भाँट, नरेस सुनु! गरब न छाजा जीउ।
कुँभकरन कै खोपरी, बूड़त बाँचा भीउँ।।9।।

रावन गरब बिरोधा रामू। ओही गरब भएउ संग्रामू।।
तस रावन अस को बरिवंडा। जेहि दस सीस, बीस भुजदंडा।।
सूरुज जेहिकै तपै रसोई। नितिहिं बसंदर धोती धोई।।
सूक सुमंता, ससि मसिआरा। पौन करै निति बार बोहारा।।
जमहिं लाइकै पाटी बाँधा। रहा न दूसर सपने काँधा।।
जो अस बज्र टरै नहिं टारा। सोउ मुवा दुइ तपसी मारा।।
नाती पूत कोटि दस अहा। रोवनहार न कोई रहा।।
ओछ जानि कै काहुहि, जिनि कोइ गरब करेइ।
ओछे पर जो दैउ है, जीति पत्र तेइ देइ।।10।।

अब जो भाँट उहाँ हुत आगे। बिनै उठा राजहि रिस लागे।।
भाँट अहै संकर कै कला। राजा सहुँ राखै अरगला।।
भाँट मीचु पै आप न दीसा। ता कहँ कौन करै अस रीसा?।।
भएउ रजायसु गंध्रबसेनी। काहे मीचु के चढ़ै नसेनी?।।
कहा आनि बानी अस पढ़ै। करसि न बुद्धि भेंट जेहि कढ़ै।।
जाति भाँट कित औगुन लावसि। बाएँ हाथ राज बरम्हावसि।।
भाँट नाँव का मारौं जीवा?। अबहूँ बोलु नाइ कै गीवा।।
तुँ रे भाँट ए जोगी, तोहिं एहि काहे क संग?।
काह छरे अस पावा, काह भएउ चितभंग।।11।।

जौं सत पूछसि गँध्रब राजा। सत पै कहौं परै नहिं गाजा।।
भाँटहिं काह मीचु सौं डरना। हाथ कटार, पेट हनि मरना।।
जंबूदीप चित्तउर देसा। चित्रसेन बड़ तहाँ नरेसा।।
रतनसेन यह ताकर बेटा। कुल चौहान जाइ नहिं मेटा।।
खाँड़े अचल सुमेरु पहारा। टरै न जौं लागै संसारा।।
दान सुमेरु देत नहिं खाँगा। जो ओहि माँग न औरहि माँगा।।
दाहिन हाथ उठाएउँ ताही। और को अस बरम्हावौं जाही?।।

(9) अभाऊ=आदर भाव न जाननेवाला, अशिष्ट, बेअदब। बरम्हाऊ=बरम्हाव, आशीर्वाद। बासू=बासुकी। माँगौं धरि केसा=बाल पकड़कर बुला मँगाऊँ। (10) बरिवंडा=बलवंत, बली। तपै=पकाता (था)। सूक=शुक्र। सुमंता=मंत्री। मसिआरा=मसियार, मशालची। बार=द्वार। बहारा करै=झाड़ू देता था। सपने काँधा=जिसे उसने स्वप्न में भी कुछ समझा। काँधा=माना, स्वीकार किया। ओछ=छोटा। (11) सहुँ=सामने। अरगला=(सं. अर्गल) रोक, टेक, अड़। नसेनी=सीढ़ी। भेंटि जेहि कढ़ै=जिससे इनाम निकले। बरम्हावसि=आशीर्वाद देता है। काह छरै अस पावा=ऐसा छल करने से तू क्या पाता है। चितभंग=विक्षेप।

नाँव महापातर मोहिं, तेहिक भिखारी ढीठ।
जौं खरि बात कहै रिस, लागै कहै बसीठ।।12।।

ततखन पुनि महेस मन लाजा। भाँट करा होइ विनवा राजा।।
गंध्रबसेन! तुँ राजा महा। हौं महेस मूरति, सुनु कहा।।
जौ पै बात होइ भलि आगे। कहा चहिय, का भा रिस लागे।।
राजकुँवर यह, होहि न जोगी। सुनि पदमावति भएउ बियोगी।।
जंबूदीप राजघर बेटा। जो है लिखा सो जाइ न मेटा।।
तुम्हरहि सुआ जाहि ओहि आना। औ जेहि कर, बर कै तेइ माना।।
पुनि यह बात सुनी सिव लोका। करसि बियाह धरम है तोका।।
माँगे भीख खपर लेइ, मुए न छाँड़े बार।
बूझहु कनक कचोरी, भीखि देहु नहिं मार।।13।।

ओहट होहु रे भाँट भिखारी। का तू मोहिं देहि असि गारी।।
को मोहिं जोग जगत होइ पारा। जा सहुँ हेरौं जाइ पतारा।।
जोगी जती आव जो कोई। सुनतहि त्रासमान भा सोई।।
भीख लेहिं फिरि माँगहिं आगे। ए सब रैनि रहे गढ़ लागे।।
जस हींछा, चाहौं तिन्ह दीन्हा। नाहिं बेधि सूरी जिउ लीन्हा।।
जेहि अस साध होइ जिउ खोवा। सो पतंग दीपक तस रोवा।।
सुर, नर, मुनि सब गंध्रब देवा। तेहि को गनै? करहिं निति सेवा।।
मोसौं को सरवरि करै? सुनु, रे झूठे भाँट।
छार होइ जौ चालौं, निज हस्तिन कर ठाट।।14।।

जोगी घिरि मेले सब पाछे। उरए माल आए रन काछे।।
मंत्रिन्ह कहा, सुनहु हो राजा। देखहु अब जोगिन्ह कर काजा।।
हम जो कहा तुम्ह करहु न जूझू। होत आव दर जगत असूझू।।
खिन इक महँ झुरमुट होइ बीता। दर महँ चढ़ि जो रहै सो जीता।।
कै धीरज राजा तब कोपा। अंगद आइ पाँव रन रोपा।।
हस्ति पाँच जो अगमन धाए। तिन्ह अंगद धरि सूँड़ फिराए।।
दीन्ह उड़ाइ सरग कहँ गए। लौटि न फिरे, तहँहिं के भए।।

---

(12) परे नहिं गाजा=चाहे वज्र ही न पड़े। महापातर=महापात्र (पहले भाँटों की पदवी होती थी)। (13) भाँट करा=भाँट के समान, भाँट की कला धारण करके। (14) ओहट=ओट, हट परे। (15) मेले=जुटे। उरए=उत्साह या चाव से भरे (उराव=उत्साह, हौसला)। माल=मल्ल, पहलवान। दर=दल। झुरमुट=अँधेरा। होइ बीता=हुआ चाहता है। चढ़ि जो रहै=जो अग्रसर होकर बढ़ता है। अगमन=आगे। अचंभौ=अद्भुत व्यापार।

देखत रहै अचंभौ जोगी, हस्ती बहुरि न आय।
जोगिन्ह कर अस जूझब। भूमि न लागत पाय।।15।।

कहहिं बात, जोगी अब आए। खिनक माहँ चाहत हैं भाए।।
जौ लहि धावहिं अस कै खेलहु। हस्तिन केर जूह सब पेलहु।।
जस गज पेलि होहिं रन आगे। तस बगमेल करहु सँग लागे।।
हस्ति क जूह आय अगसारी। हनुवँत तबै लँगूर पसारी।।
जैसे सेन बीच रन आई। सबै लपेटि लँगूर चलाई।।
बहुतक टूटि भए नौ खंडा। बहुतक जाइ परे बरम्हंडा।।
बहुतक भँवत सोह अँतरीखा। रहे जो लाख भए ते लीखा।।

बहुतक परे समुद महँ, परत न पावा खोज।
जहाँ गरब तह पीरा, जहाँ हँसी तह रोज।।16।।

पुनि आगे का देखै राजा। ईसर केर घंट रन बाजा।।
सुना संख जो बिस्नू पूरा। आगे हनुवँत केर लँगूरा।।
लीन्हे फिरहिं लोक बरम्हंडा। सरग पतार लाइ मृदमंडा।।
बलि, बासुकि औ इंद्र नरिंदू। राहु, नखत, सूरुज औ चंदू।।
जावत दानव राच्छस पुरे। आठौ बज्र आइ रन जुरे।।
जेहि कर गरब करत हुत राजा। सो सब फिरि बैरी होइ साजा।।
जहवाँ महादेव रन खड़ा। सीस नाइ नृप पायन्ह परा।।

केहि कारन रिस कीजिए? हौं सेवक औ चेर।
जेहि चाहिय तेहि दीजिय, बारि गोसाईं केर।।17।।

पुनि महेस अब कीन्ह बसीठी। पहिले करुइ, सोइ अब मीठी।।
तू गंध्रव राजा जग पूजा। गुन चौदह सिख देइ को दूजा।।
हीरामन जो तुम्हार परेवा। गा चितउर औ कीन्हेसि सेवा।।
तेहि बोलाइ पूछहु वह देसू। दहुँ जोगी, की तहाँ नरेसू।।
हमरे कहत न जौं तुम्ह मानहु। जो वह कहै सोइ परवाँनहु।।
जहाँ बारि, बर आवा ओका। करहिं बियाह धरम बड़ तोका।।
जो पहिले मन मानि न काँधै। परखै रतन गाँठि तब बाँधै।।

---

(16) अस कै=इस प्रकार। जूह=यूथ। जस=जैसे ही। तस=तैसे हो। बगमेल=सवारों की पंक्ति। अगसारी=अग्रसर, आगे। भँवत=चक्कर खाते हुए। अँतरीख=अंतरिक्ष, आकाश। लीखा=लिख्या, एक मान जो पोस्ते के दाने के बराबर माना जाता है। खोज=पता, निशान। रोज=रोदन, रोना। (17) ईसर=महादेव। मृदमंडा=धूल से छा गया। फिरि=विमुख होकर। बारि=कन्या। (18) बसीठी= दूत कर्म। पहिले करुइ जो पहले कड़वी थी। परवाँनहु=प्रमाण मानो। काँधै=अंगीकार करता है, स्वीकार करता है। परीख=परखता है।

रतन छपाए ना छपै, पारिख होइ सो परीख।
घालि कसौटी दीजिए, कनक कचोरी भीख।।18।।

राजै जब हीरामन सुना। गएउ रोस, हिरदय महँ गुना।।
अज्ञा भई बोलावहु सोई। पंडित हुँते धोख नहिं होई।।
एकहि कहत सहस्रक धाए। हीरामनहिं बेगि लेइ आए।।
खोला आगे आनि मँजूसा। मिला निकसि बहु दिनकर रूसा।।
अस्तुति करत मिला बहु भाँती। राजै सुना हिये भइ साँती।।
जानहुँ जरत आगि जल परा। होइ फुलवार रहस हिय भरा।।
राजै पुनि पूछी हँसि बाता। कस तन पियर भएउ मुख राता।।

चतुर बेद तुम पंडित, पढ़े शास्त्र औ बेद।
कहाँ चढ़ाएहु जोगिन्ह, आइ कीन्ह गढ़ भेद।।19।।

हीरामन रसना रस खोला। दै असीस, कै अस्तुति बोला।।
इंद्रराज राजेसर महा। सुनि होइ रिस, कछु जाइ न कहा।।
पै जो बात होइ भल आगे। सेवक निडर कहै रिस लागे।।
सुवा सुफल अमृत पै खोजा। होहु न राजा बिक्रम भोजा।।
हौं सेवक तुम आदि गोसाईं। सेवा करौं जिऔं जब ताईं।।
जेइ जिउ दीन्ह देखावा देसू। सो पै जिउ महँ बसै, नरेसू!।।
जो ओहि सँवरै 'एकै तुहीं'। सोई पंखि जगत रतमुहीं।।

नैन बैन ओ सरवन सब ही तोर प्रसाद।
सेवा मोरि इहै निति, बोलौं आसिरबाद।।20।।

जो अस सेवक जेइ तप कसा। तेहि क जीभ पैं अमृत बसा।।
तेहि सेवक के करमहिं दोषू। सेवा करत करैं पति रोषू।।
औ जेहि दोष निदोषहि लागा। सेवक डरा जीउ लेइ भागा।।

---

(19) रूसा=रुष्ट। साँती=शांति। फुलवार=प्रफुल्ल। रहस=आनंद। (20) होहु न ...भोजा=तुम विक्रम के समान भूल न करो। (कहानी प्रसिद्ध है कि एक सूए ने राजा विक्रम को दो अमृतफल यह कहकर दिए कि जो यह फल खाएगा वह बुड्ढे से जवान हो जाएगा। राजा ने फल रख छोड़े। संयोग से एक फल में साँप के दाँत लग गए। वही फल परीक्षा के लिए एक कुत्ते को खिलाया गया और वह मर गया। राजा ने क्रुद्ध होकर सूए को मरवा डाला और बचे हुए दूसरे फल को बगीचे में फेंकवा दिया। उस फल को एक बुड्ढे माली ने उठाकर खा लिया और वह जवान हो गया। इस पर विक्रम बहुत पछताया)। रतमुही=लाल मुँहवाली। (21) तप कसा=तप में शरीर को कसा। पति=स्वामी। निदोषहि=बिना दोष के। बाजा=पहुँचा। सरि=बराबरी। सँवरौं विक्रम बात=विक्रम के समान जो राजा गंधर्वसेन है उसके कोप का स्मरण करता हूँ; ऊपर कह आया है कि 'होहु न राजा बिक्रम भोजा।'

जो पंछी कहवाँ थिर रहना। ताकै जहाँ जाइ भए डहना।।
सप्त दीप फिर देखेउँ राजा। जंबूदीप जाइ तब बाजा।।
तहँ चितउरगढ़ देखेउँ ऊँचा। ऊँच राज सरि तोहिं पहूँचा।।
रतनसेन यह तहाँ नरेसू। एहि आनेउँ जोगी के भेसू।।
सुआ सुफल लेउ आएउँ, तेहि गुन तें मुख रात।
कया पीत सो तेहि डर, सँवरौं विक्रम बात।।21।।

पहिले भएउ भाँट सत भाखी। पुनि बोला हीरामन साखी।।
राजहि भा निसचय मन माना। बाँधा रतन छोरि कै आना।।कुल
पूछा चौहान कुलीना। रतन न बाँधे होइ मलीना।।
हीरा दसन पाँन रँग पाके। बिहँसत सबै बीजु बर ताके।।
मुद्रा स्रवन विनय सौं चाँपा। राजपना उघरा सब झाँपा।।
आना काटर एक तुखारू। कहा सो फेरौ, भा असवारू।।
फेरा तुरय, छतीसौ कुरी। सबै सराहा सिंघलपुरी।।
कुँवर बतीसौ लच्छना, सहस किरिन जस भान।
काह कसौटी कसिए? कवन बारह बान।।22।।

देखि कुँवर बर कंचन जोगू। 'अस्ति अस्ति' बोला सब लोगू।।
मिला सो बंस अंस उजियारा। भा बरोक तब तिलक सँवारा।।
अनिरुध कहँ जो लिखा जयमारा। को मेटै? बानासुर हारा।।
आजु मिली अनिरुध कहँ ऊखा। देव अनंद, दैत सिर दूखा।।
सरग सूर, भुइँ सरवर केवा। बनखँड भँवर होइ रसलेवा।।
पच्छिउँ कर बर पुरुब क बारी। जोरी लिखी न होइ निनारी।।
मानुष साज लाख मन साजा। होइ सोई जो विधि उपराजा।।
गए जो बाजन बाजत, जिन्ह मारन रन माहिं।
फिर बाजन तेइ बाजे, मंगलचारि उनाहिं।।23।।

बोल गोसाईं कर मैं माना। काह सो जुगुति उतर कहँ आना?।।
माना बोल, हरष जिउ बाढ़ा। औ बरोक भा, टीका काढ़ा।।

---

(22) साखी=साक्षी। मुद्रा स्रवन...चाँपा=विनयपूर्वक कान की मुद्रा को पकड़ा। चाँपा=दबाया, थामा। झाँपा=ढका हुआ। काटर =कट्टर। तुखारू=घोड़ा। तुरय=घोड़ा। छतीसौ कुरी=छतीसौ कुल के क्षत्रिय।
(23) 'अस्ति अस्ति=हाँ हाँ, वाह वाह! बरोक=बरच्छा, फलदान। जयमारा=जयमाल। केवा=कमल (सं. कुव)। उनाहिं=उन्हीं के (मंगलाचार के लिए)।

दूवौ मिले मनावा भला । सुपुरुष आपु आपु कहँ चला।।
लीन्ह उतारि जाहि हित जोगू । जो तप करै सो पावै भोगू।।
वह मन चित जो एकै अहा । मारै लीन्ह न दूसर कहा।।
जो अस कोई जिउ पर छेवा । देवता आइ करहिं नित सेवा।।
दिन दस जीवन जो दुख देखा । भा जुग जुग सुख जाइ न लेखा।।
रतनसेन सँग बरनौं, पदमावति क बियाह।।
मंदिर बेगि सँवारा, मादर तूर उछाह।।24।।

---

(24) काह सो जुगुति...आना=दूसरे उत्तर के लिए क्या युक्ति है? लीन्ह उतारि...जोगू=रत्नसेन जिसके लिए ऐसा योग साध रहा था उसे स्वर्ग से उतार लाया। मारै लीन्ह=मार ही डाला चाहते थे (अवधी)। न दूसर कहा—पर दूसरी बात मुँह से न निकली। छेवा=(दुःख) झेला, डाला (सं. क्षेपण) अथवा खेला।

(26) रत्नसेन-पद्मावती-विवाह खंड

लगन धरा औ रचा बियाहू । सिंघल नेवत फिरा सब काहू।।
बाजन बाजे कोटि पचासा । भा अनंद सगरौं कैलासा।।
जेहि दिन कहँ निति देव मनाया । सोइ दिवस पदमावति पावा।।
चाँद सुरुज मनि माथे भागू । औ गावहिं सब नखत सोहागू।।
रचि रचि मानिक माँड़व छावा । औ भुइँ रात बिछाव बिछावा।।
चंदन खाँभ रचे बहु भाँती । मानिक दिया बरहिं दिन राती।।
घर घर बंदन रचे दुवारा । जावत नगर गीत झनकारा।।
हाट बाट सब सिंघल, जहँ देखहु तहँ रात।
धनि रानी पदमावति, जेहिकै ऐसि बरात।।1।।

रतनसेन कहँ कापड़ आए । हीरा मोति पदारथ लाए।।
कुँवर सहस दस आइ सभागे । बिनय करहिं राजा सँग लागे।।
जाहि लागि तन साधेहु जोगू । लेहु राज औ मानहु भोगू।।
मंजन करहु, भभूत उतारहु । करि अस्नान चित्र सब सारहु।।
काढ़हु मुद्रा फटिक अभाऊ । पहिरहु कुंडल कनक जराऊ।।
छोरहु जटा, फुलायल लेहू । झारहु केस, मकुट सिर देहू।।
काढ़हु कंथा चिरकुट लावा । पहिरहु राता दगल सोहावा।।
पाँवरि तजहु देहु पग, पौरि जो बाँक तुषार।
बाँधि मौर, सिर छत्र देइ, बेगिं होहु असवार।।2।।

साजा रजा, बाजन बाजे । मदन सहाय दुवौ दर गाजे।।
औ राता सोने रथ साजा । भए बरात गोहने सब राजा।।
बाजत गाजत भा असवारा । सब सिंघल नइ कीन्ह जोहारा।।

---

(1) सोहागू=सौभाग्य या विवाह के गीत। रात=लाल। बिछाव=बिछावन। बंदन=बंदनवार। (2) लाए=लगाए हुए। चित्र सारहु=चंदन केसर की खौर बनाओ। अभाऊ=न भानेवाले, न सोहनेवाले। फुलायल=फुलेल। दगल=दगला, ढीला अँगरखा। पाँवरि=खड़ाऊँ।

चहुँ दिसि मसियर नखत तराईं । सूरुज चढ़ा चाँद के ताईं।।
सब दिन तपे जैस हिय माँहा । तैस राति पाई सुख छाँहा।।
ऊपर रात छत्र तस छावा । इंद्रलोक सब देखै आवा।।
आजु इंद्र अछरी सौं मिला । सब कविलास होहि सोहिला।।

धरति सरग चहूँ दिसि, पूरि रहे मसियार।
बाजत आवै मँदिर हूँ जहँ, होइ मंगलाचार।।3।।

पदमावति धौराहर चढ़ी । दहुँ कस रवि जेहि कहँ ससि गढ़ी।।
देखि बरात सखिन्ह सौं कहा । इन्ह महँ सो जोगी को अहा?।।
केइ सो जोग लै ओर निबाहा । भएउ सूर, चढ़ि चाँद बियाहा।।
कौन सिद्ध सो ऐस अकेला । जेइ सिर लाइ पेम सों खेला?।।
का सौं पिता बात अस हारी । उतर न दीन्ह, दीन्ह तेहि बारी[1]।।
का कहँ दैउ ऐस जिउ दीन्हा । जेइ जयमार जीति रन लीन्हा।।
धन्नि पुरुष अस नवै न नाए । बी सुपुरुष होइ देस पराए।।

को बरिवंड बीर अस, मोहिं देखै कर चाव।
पुनि जाइहि जनवासहि, सखि मोहिं बेगि देखाव।।4।।

सखी देखावहिं चमकै बाहू । तू जस चाँद, सुरुज तोर नाहू।।
छपा न रहै सूर परगासू। देखि कँवल मन होइ बिगासू।।
ऊ उजियार जगत उपराहीं । जग उजियार, सो तेहि परछाहीं।।
जस रवि, देखु, उठै परभाता । उठा छत्र तस बीच बराता।।
ओहि माँझ भा दूलह सोई । और बरात संग सब कोई।।
सहसौ कला रूप बिधि गढ़ा । सोने के रथ आवै चढ़ा।।
मनि माथे, दरसन उजियारा । सौंह निरखि नहिं जाइ निहारा।।

रूपवंत जस दरपन, धनि तू जाकर कंत।
चाहिय जैस मनोहर, मिला सो मनभावंत।।5।।

देखा चाँद सूर जस साजा । अस्टौ भाव मदन जनु गाजा।।
हुलसे नैन दरस मद माते । हुलसे अधर रंग रस राते।।
हुलसा बदन ओपि रवि पाई । हुलसि हिया कंचुकि न समाई।।
हुलसे कुच कसनी बँद टूटे । हुलसी भुजा, वलय कर फूटे।।
हुलसी लंक कि रावन राजू । राम लखन दर साजहिं आजू।।
आजु चाँद घर आवा सूरू । आजु सिंगार होइ सब चूरू।।
आजु कटक जोरा है कामू । आजु बिरह सौं होइ संग्रामू।।

---

(3) दर=दल। गोहने =साथ में। नइ=झुककर। मसियर=मशाल। सोहिला=सोहला या सोहर नाम के गीत। (4) जेहि कहँ ससि गढ़ी=जिसके लिए चंद्रमा (पदमावती) बनाई गई। जयमार=जयमाल। (5) नाहु=नाथ, पति। निरखि=दृष्टि गड़ाकर।

1. पाठांतर—का सौं पिता बैन अस दीन्हा। महादेव जेहि किरपा कीन्हा।।

अंग अंग सब हुलसे, कोइ कतहूँ न समाइ।
ठावहिं ठाँव बिमोही, गइ मुरछा तनु आइ।।6।।

सखी सँभारि पियावहिं पानी। राजकुँवरि काहे कुँभिलानी।।
हम तौ तोहि देखावा पीऊ। तू मुरझानि, कैस भा जीऊ।।
सुनहु सखी सब कहहिं बियाहू। मोह कहँ भएउ चाँद कर राहू।।
तु जानहु आवै पिउ साजा। यह सब सिर पर धम धम बाजा।।
जैत बराती औ असवारा। आए सबै चलावनहारा।।
सो आगम हौं देखति झँखी। रहन न आपन देखौं सखी!।।
होइ बियाह पुनि होइहि गवना। गवनब तहाँ बहुरि नहिं अवना।।
अब यह मिलन कहाँ होइ? परा बिछोहा टूटि।
तैसि गाँठि पिउ जोरब, जनम न होइहि छूटि।।7।।

आइ बजावति बैठि बराता। पान, फूल सेंदूर सब राता।।
जहँ सोने कर चित्तरसारी। लेइ बरात सब तहाँ उतारी।।
माँझ सिंघासन पाट सवारा। दूलह आनि तहाँ बैसारा।।
कनक खंभ लागे चहुँ पाँती। मानिक दिया बरहिं दिन राती।।
भएउ अचल ध्रुव जोगि पखेरू। फूलि बैठ थिर जैस सुमेरू।।
आजु दैउ हौं कीन्ह सभागा। जत दुख कीन्ह नेग सब लागा।।
आजु सूर ससि के घर आवा। ससि सूरहि जनु होइ मेरावा।।
आजु इंद्र होइ आएउँ, सजि बरात कबिलास।
आजु मिली मोहिं अपछरा, पूजी मन कै आस।।8।।

होइ लाग जेवनार पसारा। कनकपत्र पसरे पनवारा।।
सोन थार मनि मानिक जरे। राय रंक के आगे धरे।।
रतन जड़ाऊ खोरा खोरी। जन जन आगे दस-दस जोरी।।
गडुवन हीर पदारथ लागे। देखि बिमोहे पुरुष सभागे।।
जानहु नखत करहिं उजियारा। छपि गए दीपक औ मसियारा।।
गइ मिलि चाँद सुरुज कै करा। भा उदोत तैसे निरमरा।।
जेहि मानुष कहँ जोति न होती। तेहि भइ जोति देखि वह जोती।।
पाँति पाँति सब बैठे, भाँति भाँति जेवनार।
कनकपत्र दोनन्ह तर, कननपत्र पनवार।।9।।

---

(6) गाजा=गरजा। अस्टौ भाव=आठों भावों से, पाठांतर–'सहसौ भाव'। कसनी=अँगिया। लंक=कटि और लंका। रावन=(1) रमण करनेवाला, (2) रावण। झँखी=झीककर, पछताकर। (8) चित्तरसारी=चित्रशाला। जोगी पखेरू=पक्षी के समान एक स्थान पर जमकर न रहनेवाला योगी। फूलि=आनंद से प्रफुल्ल होकर। नेग लागा=(मुहा.) सार्थक हुआ, सफल हुआ, होने लगा। (9) पनवार=पत्तल। खोरा=कटोरा। मसियार=मशाल। करा=कला।

पहिले भात परोसे आना । जनहुँ सुबास कपूर बसाना।।
झालर माँड़े आए पोई । देखत उजर पाग जस धोई।।
लुचुई और सोहारी धरी । एक तौ ताती औ सुठि कोंवरी।।
खँडरा बचका औ डुभकौरी । बरी एकोतर सौ, कोंहड़ौरी।।
पुनि सँधाने आए बसाँधे । दूध दही के मुरंडा बाँधे।।
औ छप्पन परकार जो आए । नहिं अस देख, न कबहूँ खाए।।
पुनि जाउरि पछियाउरि आई । घिरित खाँड़ कै बनी मिठाई।।
जेंवत अधिक सुबासित, मुँह महँ परत बिलाइ।
सहस स्वाद सो पावै, एक कौर जो खाइ।।10।।

जेंवन आवा, बीन न बाजा । बिनु बाजन नहिं जेंवै राजा।।
सब कुँवरन्ह पुनि खैंचा हाथू । ठाकुर जेंव तौ जेंवैं साथू।।
विनय करहिं पंडित विद्वाना । काहे नहिं जेवहिं जजमाना?।।
यह कबिलास इंद्र कर बासू । जहाँ न अन्न न माछरि माँसू।।
पान फूल आसी सब कोई । तुम्ह कारन यह कीन्हि रसोई।।
भूख, तौ जनु अमृत है सूखा । धूप, तौ सीअर नीबी रूखा।।
नींव, तौ भुइँ जनु सेज सपेती । छाँटहुँ का चतुराई एती?।।
कौन काज केहि कारन, बिकल भएउ जजमान।
होइ रजायसु सोई, बेगि देहिं हम आन।।11।।

तुम पंडित जानहु सब भेदू । पहिले नाद भएउ तब बेदू।।
आदि पिता जो बिधि अवतारा । नाद संग जिउ ज्ञान सँचारा।।
सो तुम बरजि नीक का कीन्हा । जेंवन संग भोग बिधि दीन्हा।।
नैन, रसन, नासिक, दुइ स्रवना । इन चारहु सँग जेंवै अवना।।
जेंवन देखा नैन सिराने । जीभहिं स्वाद भुगुति रस जाने।।
नासिक सबैं बासना पाई । स्रवनहिं काह करत पहुनाई?।।
तेहि कर होइ नाद सौं पोखा । तब चारिहु कर होइ सँतोखा।।
औ सो सुनहिं सबद एक, जाहि परा किछु सूझि।
पंडित! नाद सुनै कहँ, बरजेहु तुम का बूझि।।12।।

---

(10) झालर=एक प्रकार का पकवान, झलरा। माँड़े=एक प्रकार की चपाती। पाग=पागड़ी। लुचुई=मैदे की बहुत महीन पूरी। सोहारी=पूरी। कोंवरी=मुलायम। खँडरा=फेंटे हुए बेसन के, भाप पर पके हुए, चौखूँटे टुकड़े जो रसे या दही में भिगोए जाते हैं; कतरा रसाज। बचका=बेसन और मैदे को एक में फेंटकर जलेबी के समान टपका घी में छानते हैं, फिर दूध में भिगोकर रख देते हैं। एकोतर सौ=एकोत्तर शत, एक सौ एक। कोहँड़ौरी=पेठे की बरी। सँधाने=अचार। बसाँधे=सुगंधित। मुरंडा=भुने गेहूँ और गुड़ के लड्डू, यहाँ लड्डू। जाउरि=खीर। पछियाउरि=एक प्रकार का सिखरन या शरबत। (11) भूख... सूखा=यदि भूख है तो रूखा-सूखा भी मानो अमृत है। नाद=शब्दब्रह्म, अनाहत नाद। (12) सिरान=ठढे हुए। पोख=पोषण।

राजा! उतर सुनहु अब सोई । महि डोलै जौ बेद न होई।।
नाद, बेद, मद, पैंड़ जो चारी । काया महँ ते, लेहु बिचारी।।
नाद हिये, मद उपनै काया । जहँ मद तहाँ पैंड़ नहिं छाया।।
होइ उनमद जूझा सो करै । जो न बेद आँकुस सिर धरै।।
जोगी होइ नाद सो सुना । जेहि सुनि काय जरै चौगुना।।
कथा जो परम तंत मन लावा । घूम माति, सुनि और न भावा।।
गए जो धरमपंथ होइ राजा । तिन कर मुनि जो सुनै तौ छाजा।।
जस मद पिए घूम कोइ, नाद सुनै पै घूम।।
तेहितें बरजे नीक है, चढ़े रहसि कै दूम।।13।।

भइ जेवनार, फिरा खँड़वानी । फिरा अरगजा कुँहकुँह पानी।।
फिरा पान, बहुरा सब कोई । राग बियाहचार सब होई।।
माँड़ौ सोन क गगन सँवारा । बंदनवार लाग सब बारा।।
साजा पाटा छत्र कै छाँहाँ । रतन चौक पूरा तेहि माहाँ।।
कंचन कलस नीर भरि धरा । इंद्र पास आनी अपछरा।।
गाँठि दुलह दुलहिन कै जोरी । दुऔ जगत जो जाइ न छोरी।।
बेद पढ़ैं पंडित तेहि ठाऊँ । कन्या तुला राशि लेइ नाऊँ।।
चाँद सुरुज दुऔ निरमल, दुऔ संजोग अनूप।
सुरुज चाँद सौं भूला, चाँद सुरुज के रूप।।14।।

दुऔ नाँव लै गावहिं बारा । करहिं सो पदमिनि मंगलचारा।।
चाँद के हाथ दीन्ह जयमाला । चाँद आनि सूरस गिउ घाला।।
सूरुज लीन्ह चाँद पहिराई । हार नखत तरइन्ह स्यों पाई।।
पुनि धनि भरि अंजुलि जल लीन्हा । जोबन जनम कंत कह दीन्हा।।
कंत लीन्ह, दीन्हा धनि हाथा । जोरी गाँठ दुऔ एक साथा।।
चाँद सुरुज सत भाँवरि लेहीं । नखत मोति नेवछावरि देहीं।।
फिरहिं दुऔ सत फेर घुटै कै । सातहु फेर गाँठि सौ एकै।।
भइ भाँवरि, नेवछावरि, राज चार सब कीन्ह।
दायज कहौ कहाँ लगि? लिखि न जाइ जत दीन्ह।।15।।

रतनसेन जब दायज पावा । गंध्रबसेन आइ सिर नावा।।
मानुस चित्त आनु किछु कोई । करै गोसाईं सोइ पै होई।।

---

(13) मद=प्रेममद। पैंड़=ईश्वर की ओर ले जानेवाला मार्ग, मोक्ष का मार्ग (बौद्धों का चौथा सत्य 'मार्ग' है। उन्हीं के यहाँ से वज्रयान योगियों के बीच होता हुआ शायद यह सूफियों तक पहुँचता है)। उनमद=उन्मत्त। तिनकर पुनि...छाजा=राजधर्म में रत जो राजा हो गए हैं उनका पुण्य तू सुने तो शोभा देता है। चढ़े...दूम=मद चढ़ने पर उमंग में आकर झूमने लगता है। (14) खँड़वानी=शरबत। (15) हार नखत ...सो पाई=हार क्या पाया मानो चंद्रमा के साथ तारों को भी पाया। स्यों=साथ। घुटै कै=गाँठ को दृढ़ करके, जैसे, आन गाँठि घुटि जाय त्यों मान गाँठि छुटि जाय।—बिहारी।

अब तुम्ह सिंघलदीप गोसाई । हम सेवक अहहीं सेवकाई।।
जस तुम्हार चितउरगढ़ देसू । तस तुम्ह इहाँ हमार नरेसू।।
जंबूदीप दूरि का काजू? । सिंघलदीप करहु अब राजू।।
रतनसेन बिनवा कर जोरी । अस्तुति जोग जीभ कहँ मोरी।।
तुम्ह गोसाई जेइ छार छुड़ाई । कै मानस अब दीन्हि बड़ाई।।

जौ तुम्ह दीन्ह तौ पावा, जिवन जनम सुखभोग।
नातरु खेह पायँ कै, हौं जोगा केहि जोग।।16।।

धौराहर पर दीन्हा बासू । सात खंड जहवाँ कविलासू।
सखी सहस दस सेवा पाई । जनहुँ चाँद सँग नखत तराई।।
होइ मंडल ससि के चहुँ पासा । ससि सूरहि लेइ चढ़ी अकासा।।
चलु सूरुज दिन अथवै जहाँ । ससि निरमल तू पावसि तहाँ।।
गंध्रबसेन धौरहर कीन्हा । दीन्ह न राजहि, जोगिहि दीन्हा।।
मिली जाइ ससि कै चहुँ पाहाँ । सूर न चाँपै पावै छाँहाँ।।
अब जोगी गुरु पावा सोई । उतरा जोग, भसम गा धोई।।

सात खंड धौराहर, सात रंग नग लाग।
देखत गा कविलासहि, दिस्टि पाप सब भाग।।17।।

सात खंड सातौ कबिलासा । का बरनौं जग ऊपर बासा।।
हीरा ईंट कपूर गिलावा । मलयागिरि चंदन सब लावा।।
चूना कीन्ह औटि गजमोती । मोतिहु चाहि अधिक तेहि जोती।।
बिसुकरमै सो हाथ सँवारा । सात खंड सातहि चौपारा।।
अति निरमल नहिं जाइ बिसेखा । जस दरपन महँ दरसन देखा।।
भुइँ गच जानहु समुद हिलोरा । कनकखंभ जनु रचा हिंडोरा।।
रतन पदारथ होइ उजियारा । भूले दीपक औ मसियारा।।

तहँ अछरी पदमावति, रतनसेन के पास।
सातौ सरग हाथ जनु औ सातौ कविलास।।18।।

पुनि तहँ रतनसेन पगु धारा । जहाँ नौ रतन सेज सँवारा।।
पुतरी गढ़ि गढ़ि खंभन काढ़ी । जनु सजीव सेवा सब ठाढ़ी।।
काहू हाथ चँदन कैं खोरी। कोइ सेंदुर कोइ गहे, सिधोरी।।
कोइ कुहँकुहँ केसर लिहे रहै । लावै अंग रहसि जनु चहै।।
कोई लिहे कुमकुमा चोवा । धनि कब चहै ठाढ़ि मुख जोवा।।

---

(16) आनु=लाए। नातरु=नहीं तो। (17) चहुपाहाँ=चारों ओर। चाँपै=पावै दवाने पाता है।
(18) गिलावा=गारा। गच=फर्श। भूले=खो से गए। मसियार=मशाल। अछरी=आसरा।

कोइ बीरा, कोइ लीन्हे बीरी। कोइ परिमल अति सुगँध समीरी।।
काहू हाथ कस्तूरी मेदू। कोइ किछु लिहे लागु तस भेदू।।
पाँतिहि पाँति चहूँ दिसि, सब सोंधे कै हाट।
माँझ रचा इंद्रासन, पदमावति कहँ पाट।।19।।

(19) खोरी=कटोरी। सिंधोरी=काठ की सुंदर डिबिया जिसमें स्त्रियाँ ईंगुर या सिंदूर रखती हैं। बीरी=दाँत रँगने का मंजन। परिमल=पुष्पगंध, इत्र। सुगँध समीरी=सुगंध वायुवाला। सोंधे=गंधद्रव्य।

(27) पदमावती-रत्नसेन-भेंट खंड

सात खंड ऊपर कबिलासू । तहवाँ नारिसेज सुखबासू ।।
चारि खंभ चारिहु दिसि खरे । हीरा रतन पदारथ जरे ।।
मानिक दिया जरावा मोती । होइ उजियार रहा तेहि जोती ।।
ऊपर राता चँदवा छावा । औ भुइँ सुरँग बिछाव बिछावा ।।
तेहि महँ पालक सेज सो डासी । कीन्ह बिछावन फूलन्ह बासी ।।
चहुँ दिसि गेंडुवा औ गलसूई । काँची पाट भरी धुनि रूई ।।
विधि सो सेज रची केहि जोगू । को तहँ पौढ़ि मान रस भोगू? ।।
अति सुकुवाँरि सेज सो डासी, छुवै न पारै कोइ।
देखत नवै खिनहिं खिन, पाँव धरत कसि होइ ।।1 ।।
राजै तपत सेज जो पाई । गाँठि छोरि धनि सखिन्ह छपाई ।।
कहै कुँवर! हमरे अस चारू । आज कुँवरि कर करब सिंगारू ।।
हरदि उतारि चढ़ाउब रंगू । तब निसि चाँद सुरुज सौं संगू ।।
जस चातक मुख बूँद सेवाती । राजा चख जोहत तेहि भाँती ।।
जोगि छरा जनु अछरी साथा । जोग हाथ कर भएउ बेहाथा ।।
वै चातुरि कर लै अपसईं । मंत्र अमोल छीनि लेइ गईं ।।
बैठेउ खोइ जरी औ बूटी । लाभ न पाव, मूरि भइ टूटी ।।
खाइ रहा ठगलाडू, तंत मंत बुधि खोइ।
भा धौराहर बनखँड, ना हँसि आव, न रोइ ।।2 ।।
अस तप करत गएउ दिन भारी । चारि पहर बीते जुग चारी ।।
परी साँझ, पुनि सखी सो आईं । चाँद रहा, उपनी जो तराईं ।।

---

(1) पालक=पलँग। डासी=बिछाई। गेंडुआ=तकिया। गलसूई=गाल के नीचे रखने का छोटा तकिया। काँची=गोटा पट्टा। पौढ़ि=लेटकर। सुकुवाँरि=कोमल। (2) तपत=तप करते हुए। चारू चार=रीति, चाल। हरदि उतारि=ब्याह के लग्न में शरीर में जो हल्दी लगती है उसे छुड़ाकर। रंगू=अंगराग। छरा=ठगा गया, खोया। कर=हाथ से। टूटि भइ=घाटा हुआ, हानि हुई। ठगलाडू=विष या नशा मिला हुआ लड्डू जिसे पथिकों को खिलाकर ठग लोग बेहोश करते थे।

पूँछहि गुरु कहाँ, रे चेला ! बिनु ससि रे कस सूर अकेला? ।।
धातु कमाय सिखे तैं जोगी । अब कस भा निरधातु बियोगी? ।।
कहाँ सो खोएहु बिरवा लोना । जेहि तें होइ रूप औ सोना ।।
का हरतार पार नहिं पावा । गंधक काहे कुरकुटा खावा ।।
कहाँ छपाए चाँद हमारा? । जेहि बिनु रैनि जगत अँधियारा ।।
नैन कौड़िया, हिय समुद, गुरु सो तेहि महँ जोति ।
मन मरजिया न होइ परे, हाथ न आवै मोति । ।3 ।।

का पूछहु तुम धातु, निछोही! । जो गुरु कीन्ह अँतरपट ओही ।।
सिधि गुटिका अब मो सँग कहा । भएउँ राँग, सत हिये न रहा ।।
सो न रूप जासौं, मुख खोलौं । गएउ भरोस तहाँ का बोलौं ।।
जहँ लोना बिरवा कै जाती । कहि कैं सँदेस आन को पाती? ।।
कै जो पार हरतार करीजै । गंधक देखि अबहिं जिउ दीजै ।।
तुम्ह जोरा कै सूर मयंकू । पुनि बिछोहि सो लीन्ह कलंकू ।।
जो एहि घरी मिलावै मोहीं । सीस देउँ बलिहारी ओही ।।
होइ अबरक ईंगुर भया, फेरि अगिनि महँ दीन्ह ।
काया पीतर होइ कनक, जौ तुम्ह चाहहु कीन्ह । ।4 ।।

का बसाइ जौ गुरु अस बूझा । चकाबूह अभिमनु ज्यौं जूझा ।।
विष जो दीन्ह अमृत देखराई । तेहि रे निछोही को पतियाई? ।।
मरै सोइ जो होइ निगूना । पीर न जानै बिरह बिहूना ।।
पार न पाव जो गंधक पीया । सो हत्यार[1] कहौ किमि जीया ।।
सिद्धि गुटीका जा पहँ नाहीं । कौन धातु पूछहु तेहि पाहीं ।।
अब तेहि बाज राँग भा डोलौं । होइ सार तौ बर कै बोलौं ।।
अबरक कै पुनि ईंगुर कीन्हा । सो तन फेरि अगिनि महँ दीन्हा ।।
मिलि जो पीतम बिछुरही, काया अगिनि जराइ ।
की तेहि मिले तन तप बुझै, की अब मुए बुझाइ । ।5 ।।

---

(3) चाँद रहा...तराईं=पद्मिनी तो रह गई, केवल उसकी सखियाँ ही दिखाई पड़ीं । निरधातु=निस्सार । बिरवा लोना=(क) अमलोनी नाम की घास जिसे रसायनी धातु सिद्ध करने के काम में लाते हैं। (ख) सुंदर वल्ली, पदमावती । रूप=(क) रूपा । (ख) चाँदी । कौड़िया=कौड़िल्ला पक्षी जो मछली पकड़ने के लिए पानी के ऊपर मँडराता है। (4) निछोही=निष्ठुर । जो...ओही=जो उस गुरु (पदमावती) को तुमने छिपा दिया है। राँग=राँगा । जोरा कै=(क) एक बार जोड़ी मिलाकर? (ख) तोले भर राँगे और तोले भर चाँदी का दो तोले चाँदी बनाना रसायनियों की बोली में जोड़ा करना कहलाता है। (5) का बसाइ=क्या वश चल सकता है? बाज=बिना । वर=बल ।

1. पाठांतर—हरतार ।

सुनि कै बात सखी सब हँसीं । जनहुँ रैनि तरई परगसीं।।
अब सो चाँद गगन महँ छपा । लालच कै कित पावसि तपा?।।
हमहुँ न जानहिं दहुँ सो कहाँ । करब खोज औ बिनउब तहाँ।।
औ अस कहब आहि परदेसी । करहि मया; हत्या जनि लेसी।।
पीर तुम्हारि सुनत भा छोहू । दैउ मनाउ, होइ अस ओहू।।
तू जोगी फिरि तपि करु जोगू । तो कहँ कौन राजसुख भोगू।।
वह रानी जहवाँ सुख राजू । बारह अभरन करै सो साजू।।
जोगी दिढ़ आसन करै, अहथिर धरि मन ठाँव।
जो न सुना तौ अब सुनहि, बारह अभरन नाँव[1] ।।6।।

प्रथमै मज्जन होइ सरीरू । पुनि पहिरै तन चंदन चीरू।।
साजि माँग सिर सेंदुर सारै । पुनि लिलाट रचि तिलक सँवारै।।
पुनि अंजन दुहुँ नैनन्ह करै । औ कुंडल कानन्ह महँ पहिरै।।
पुनि नासिक भल फूल अमोला । पुनि राता मुख खाइ तमोला।।
गिउ अभरन पहिरै जहँ ताईं । औ पहिरै कर कँगन कलाई।।
कटि छुद्रावलि अभरन पूरा । पायन्ह पहिरै पायल चूरा।।
बारह अभरन अहैं बखाने । ते पहिरै बरहौ अस्थाने।।
पुनि सोरहौ सिंगार जस, चारिहु चौक कुलीन।
दीरघ चारि, चारि लघु, चारि सुभर चौ खीन।।7।।

पदमावति जो सँवारै लीन्हा । पूनिउँ राति दैउ ससि कीन्हा।।
करि मज्जन तहँ कीन्ह नहानू । पहिरे चीर, गएउ छपि भानू।।
रचि पत्रावलि, माँग सदूरू । भरे मोति औ मानिक चूरू।।
चंदन चीर पहिर बहु भाँती । मेघघटा जानहु बगपाँती।।

---

(6) तपा=तपस्वी। जनि लेसी=न ले। दैउ मनाउ....ओहु=ईश्वर को मना कि उसे (पदमावती को) भी वैसी ही दया हो जैसी हम लोगों को तुझपर आ रही है। (7) फूल=नाक में पहनने की लौंग। छुद्रावलि=क्षुद्रघंटिका, करधनी। चूरा=कड़ा। चौक चार=चार का समूह। कुलीन=उत्तम। सुभर=शुभ्र। (8) सँवारै=शृंगार को। पत्रावली=पत्रभंग रचना। दुइज=दूज का चंद्रमा। सुहल=सुहेल (अगस्त्य) तारा जो दूज के चंद्रमा के साथ दिखाई पड़ता है और अरबी फारसी काव्य में प्रसिद्ध है। खूँट=कान का एक चक्राकार गहना। मानहुँ दरपन...देखाव=मानो आकाश रूपी दर्पण में जो चंद्रमा और तारे दिखाई पड़ते हैं वे इसी पदमावती के प्रतिबिंब हैं।

1. ग्रंथों में जो बारह आभरण गिनाए गए हैं वे ये हैं—नूपुर, किंकिणी, वलय, अँगूठी, कंकण, अंगद, हार, कंठश्री, बेसर, खूँट या बिरिया, टीका, सीसफूल। आभरणों के चार भेद कहे गए हैं—आबेध्य, बंधनीय, क्षेप्य (जैसे कड़ा, अँगूठी) और आरोप्य (जैसे, हार)। जायसी ने सोलह शृंगार और बारह आभरण की बातें लेकर एक में गड़बड़ कर दिया है।

गूँथि जो रतन माँग बैसारा । जानहुँ गगन टूटि निसि तारा।।
तिलक लिलाट धरा तस दीठा । जनहुँ दुइज पर सुहल बईठा।।
कानन्ह कुंडल खूँट औ खूँटी । जानहुँ परी कचपची टूटी।।
पहिरि जराऊ ठाढ़ि भइ, कहि न जाइ तस भाव।
मानहुँ दरपन गगन भा, तेहि ससि तार देखाव।।8।।
बाँक नैन औ अंजन रेखा । खंजन मनहुँ सरद ऋतु देखा।।
जस जस हेर, फेर चख मोरी । लरै सरद महँ खंजन जोरी।।
भौहैं धनुक धनुक पै हारा । नैनन्ह साधि बान विष मारा।।
करनफूल कानन्ह अति सोभा । ससिमुख आइ सूर जनु लोभा।।
सुरँग अधर औ मिला तमोरा । सोहै पान फूल कर जोरा।।
कुसुमगंध, अति सुरँग कपोला । तेहि पर अलक भुअंगिनि डोला।।
तिल कपोल अलि कवँल बईठा । बेधा सोइ जेइ वह तिल दीठा।।
देखि सिंगार अनूप विधि, बिरह चला तब भागि।
काल कस्ट इमि ओनवा, सब मोरे जिउ लागि।।9।।
का बरनौं अभरन औ हारा । ससि पहिरे नखतन्ह कै मारा।।
चीर चारु औ चंदन चोला । हीर हार नग लाग अमोला।।
तेहि झाँपी रोमावलि कारी । नागिनि रूप डसै हत्यारी।।
कुच कंचूकी सिरीफल उभे । हुलसहिं चहहिं कंत हिय चुभे।।
बाहँन्ह वहुँटा टाँड़ सलोनी । डोलत बाँह भाव गति लोनी।।
तरवन्ह कवँल करी जनु बाँधी । बसा लंक जानहु दुइ आधी।।
छुद्रघंट कटि कंचन तागा । चलतै उठहिं छतीसौ रागा।।
चूरा पायल अनवट, पायन्ह परहिं बियोग।
हिये लाइ टुक हम कहँ, समदहु मानहुँ भोग।।10।।
अस बारह सोरह धनि साजै । छाह न और; ओहि पै छाजै।।
बिनवहिं सुखी गहरु का कीजै । जेइ जिउ दीन्ह ताहि जिउ दीजै।।
सँवरि सेज धनि मन भइ संका । ठाढ़ि तेवानि टेकि कर लंका।।
अनचिन्ह पिउ, कापौं मन माहाँ । का मैं कहब गहब जौ बाहाँ।।

---

(9) खंजन....देखा=पदमावती का मुख चंद्र शरद के पूर्ण चंद्र के समान होकर शरद ऋतु का आभास देता है। हेर=ताकती है। धनुक=इंद्रधनुष। ओनवा=झुका, पड़ा। काल कस्ट...लागि=विरह कहता है कि यह कालकष्ट आ पड़ा सब मेरे ही जी के लिए। (10) मारा=माला। झाँपी=ढाँक दिया। उभे=उठे हुए। बहुँटा और टाँड़=बाँह पर पहनने के गहने। पायल=पैर का एक गहना। अनवट=अँगूठे का एक गहना। समदहु मिलो=आलिंगन करो। (11) गहरु=देर, विलंब। सँवरि=स्मरण करके। तेवानि=सोच या चिंता में पड़ गई। अनचिन्ह=अपरिचित। साँव=श्याम। पूछिहि=पूछेगा।

बारि बैस गइ प्रीति न जानी । तरुनि भई मैमंत भुलानी।।
जोबन गरब न मैं किछु चेता । नेह न जानौं सावँ कि सेता।।
अब सो कंत जो पूछिहिं बाता । कस मुख होइहि पीत की राता।।
हौं बारी औ दुलहिनि, पीउ तरुन सह तेज।
ना जानौं कस होइहि, चढ़त कंत के सेज।।11।।
सुनु धनि! डर हिरदय तब ताईं । जौ लगि रहसि मिलै नहिं साईं।।
कौन कली जो भौंर न राई । डार न टूट पुहुप गरुआई।।
मातु पिता जौ बियाहै सोई । जनम निबाह कंत सँग सोई।।भरि
जीवन राखै जहँ चहा। जाइ न मेंटा ताकर कहा।।
ताकहँ बिलँब न कीजै बारी। जो पिउ आयसु सोइ पियारी।।
चलहु बेगि आय सु भा जैसे। कंत बोलाबै रहिए कैसे।।
मान न करसि पोढ़ कर लाडू। मान करत रिस मानै चाडू।।
साजन लेइ पठावा, आयसु जाइ न मेट।
तन मन जोबन, साजि के, देह चली लेइ भेंट।।12।।
पदमिनि गवन हंस गए दूरी । कुंजर लाज मेल सिर धूरी।।
बदन देखि घटि चंद छपाना । दसन देखि कँ बीजु लजाना।।
खंजन छपे देखि कै नैना । कोकिल छपी सुनत मधु बैना।।
गीव देखि कै छपा मयूरू । लंक देखि कै छपा सदूरू।।
भौंहन्ह धनुक छपा आकारा । बेनी बासुकि छपा पतारा।।
खड़ग छपा नासिका बिसेखी । अमृत छपा अधर रस देखी।।
पहुँचहिं छपी कवँल पौनारी । जंघ छपा कदली होइ बारी।।
अछरी रूप छपानी, जबहिं चली धनि साजि।
जावत गरब गहेली, सबै छपीं मन रागि।।13।।
मिलीं गोहने सखी तराईं। लेइ चाँद सूरज पहँ आईं।।
पारस रूप चाँद देखराई। देखत सूरुज गा मुरछाई।।
सोरह कला दिस्टि ससि कीन्ही । सहसौ कला सुरुज कै लीन्ही।।
भा रबि अस्त, तराई हँसी। सूर न रहा, चाँद परगसी।।
जोगी आहि न भोगी होई । खाइ कुरकुटा गा पै सोई।।
पदमावति जसि निरमल गंगा । तू जो कंत जोगी भिखमंगा।।
आइ जगावहिं 'चेला जागै । आवा गुरु, पायँ उठि लागै'।।

---

(12) राई=अनुरक्त हुई। डार न टूट...गरुआई=कौन फूल अपने बोझ से ही डाल से टूटकर न गिरा। पोढ़=पुष्ट। लाडू=लाड़, प्यार, प्रेम। चाडू=गहरी चाहवाला। साजन=पति। (13) मेल=डालता है। सदूरू=शार्दूल, सिंह। पहुँचा=कलाई। पौनारी=पद्मनाल। खड़ग छपा=तलवार छिपी (म्यान में)। बारी होइ=बगीचे में जाकर। गरब गहेली=गर्व धारण करनेवाली।

बोलहिं सबद सहेली, कान लागि गहि माथ।
गोरख आइ ठाढ़ भा, उठु रे चेला नाथ।।14।।

सुनि यह सबद अमिय अस लागा। निद्रा टूटि, सोइ अस जागा[1]।।
गही बाँह धनि सेजबाँ आनी। अंचल ओट रही छपि रानी।।
सकुचै डरै मनहि मन बारी। गहु न बाँह, रे जोगि भिखारी?।।
ओहट होसि, जोगि! तोरि चेरी। आवै बास कुरकुटा केरी।।
देखि भभूति छूति मोहिं लागै। काँपै चाँद सूर सौं भागै।।
जोगि तोरि तपसी कै काया। लागि चहै मोरे अँग छाया।।
बार भिखारि न माँगसि भीखा। माँगै आइ सरग पर सीखा।।

जोगि भिखारी कोई, मँदिर न पैठै पार।
माँगि लेहु किछु भिच्छा, जाइ ठाढ़ होइ बार।।15।।

मैं तुम्ह कारन पेम पियारी। राज छाँड़ि कै भएउँ भिखारी।।
नेह तुम्हारा जो हिये समाना। चितउर सौं निसरेउँ होइ आना।।
जस मालति कहँ भौंर बियोगी। चढ़ा बियोग, चलेउँ होइ जोगी।।
भौंर खोजि जस पावै केवा। तुम्ह कारन मैं जिउ पर छेवा।।
भएउँ भिखारि नारि तुम्ह लागी। दीप पतंग होइ अँगएउँ आगी।।
एक बार मरि मिलै जो आई। दूसरि बार मरै कित जाई।
कित तेहि मीचु जो मरि कै जीया? भा सो अमर, अमृत मधु पीया।।

भौंर जो पावै कँवल कहँ, बहु आरति बहु आस।
भौंर होइ नेवछावरि, कँवल देइ हँसि बास।।16।।

अपने मुँह न बड़ाई छाजा। जोगी कतहुँ होहिं नाहि राजा।।
हौं रानी, तू जोगि भिखारी। जोगिहि भोगहि कौन चिन्हारी?।।
जोगी सबै छंद अस खेला। तू भिखारि तेहि माहिं अकेला।।
पौन बाँधि अपसवहिं अकासा। मनसहिं जाहिं ताहि के पासा।।
एही भाँति सिस्टि सब छरी। एही भेखे रावन सिय हरी।
भौंरहिं मीचु नियर जब आवा। चंपा बास लेइ कहँ धावा।।
दीपक जोति देखि उजियारी। आइ पाँखि होइ परा भिखारी।।

---

(14) गोहने=साथ में। कुरकुटा=अन्न का टुकड़ा; मोटा रूखा अन्न। पै=निश्चयवाचक, ही। नाथ=जोगी (गोरखपंथी साधु नाथ कहलाते हैं।) (15) बार=द्वार। पैठे पार=घुसने पाता है। (16) होइ आना=अन्य अर्थात् योगी होकर। केवा=कमल। छेवा=फेंका, डाला (सं. क्षेपण), या खेला। अँगएउँ=अँगेजा, शरीर पर सहा। (17) चिन्हारी=जान-पहचान। छंद=कपट, धूर्तता। तेहि माहिं अकेला=उनमें एक ही धूर्त है। अपसवहिं=जाते हैं। मनसहिं=मन में ध्यान या कामना करते हैं।

1. पाठांतर—गोरख सबद सिद्ध भा राजा। राजा सुनि रावन होइ गाजा।।

रैन सो देखै चँदमुख, ससि तन होइ अलोप।
तुहुँ जोगी तस भूला, करि राजा कर ओप।।17।।

अनु, धनि तू निसिअर निसि माहाँ। हौं दिनिअर जेहि कै तू छाहाँ।।
चाँदहि कहाँ जोति औ करा। सुरुज के जोति चाँद निरमरा।।
भौंर बास चंपा नहिं लेई। मालति जहाँ तहाँ जिउ देई।।
तुम्ह हुँत भएउँ पतँग कै करा। सिंघलदीप आइ उड़ि परा।।
सेएऊँ महादेव कर बारू। तजा अन्न भा पवन अहारू।।
अस मैं प्रीति गाँठि हिय जोरी। कटै न काटे, छुटै न छोरी।।
सीतै भीखि रावनहिं दीन्हीं। तूँ असि निठुर अँतरपट कीन्ही।।
रंग तुम्हारेहि रातेऊँ, चढ़ेउँ गगन होइ सूर।
जहँ ससि सीतल तहँ तपौं, मन हींछा, धनि! पूर।।18।।

जोगि भिखारि! करसि बहु बाता। कहसि रंग देखौं नहिं राता।।
कापर रँगे रंग नहिं होई। उपजै औटि रंग भल सोई।।
चाँद के रंग सुरुज जस राता। देखै जगत साँझ परभाता।।
दगधि बिरह निति होइ अँगारा। ओही आँच धिकै संसारा।।
जो मजीठ औटै बहु आँचा। सो रँग जनम न डोलै राँचा।।
जरै बिरह जस दीपक बाती। भीतर जरै उपर होइ राती।।
जरि परास होइ कोइल भेसू। तब फलै राता होइ टेसू।।
पान, सुपारी, खैर जिमि, मेरइ करै चकचून।
तौ लगि रंग न राँचै, जौ लगि होइ न चून।।19।।

का धनि! पान रंग, का चूना। जेहि तन नेह दाध तेहि दूना।।
हौं तुम्ह नेह पियर भा पानू। पेड़ी हुँत सोनरास बखानू।।
सुनि तुम्हार संसार बड़ौना। जोगि लीन्ह, तन कीन्ह गड़ौना।।
करहिं जो किंगरी लेइ बैरागी। नौती होइ बिरह कै आगी।।
फेरि फेरि तन कीन्ह भुँजौना। औटि रकत रँग हिरदय औना।।
सूखि सोपारी भा मन मारा। सिरहिं सरौता करवत सारा।।
हाड़ चून भा बिरहहि दहा। जानै सोइ जो दाध इमि सहा।।

---

(18) निसिअर=निशाकर, चंद्रमा। अनु=(अव्य.) फिर, आगे। करा=कला। तुम्ह हुँत=तुम्हारे लिए। पतँग कै करा=पतंग के रूप का। बारू=द्वार। (19) देखैं जगत...परभाता=संध्या सवेरे जो ललाई दिखाई पड़ती है। धिकै=तपता है। मजीठ=साहित्य में पक्के राग या प्रेम को मंजिष्ठा राग कहते हैं। जनम न डोलै=जन्म भर नहीं दूर होता। चकचून करै=चूर्ण करे। चून=चूना पत्थर या कंकड़ जलाकर बनाया जाता है। (20) पेड़ी हुँत=पेड़ी ही से, जो पान डाल या पेड़ी में ही पुराना होता है, उसे भी पेड़ी ही कहते हैं। सोनरास=पका हुआ सफेद या पीला पान। बड़ौना=(क) बड़ाई। (ख) एक जाति का पान। गड़ौना=एक प्रकार का पान जो जमीन में गाड़कर पकाया जाता है। नौती=नूतन, ताजा। भुँजौना कीन्ह=भूना। औना=आता है, आ सकता है।

सोई जान वह पीरा, जेहि दुख ऐस सरीर।
रकत पियासा होइ जो, का जानै पर पीर? ।।20 ।।

जोगिन्ह बहुत छंद न ओराहीं। बूँद सेवाती जैस पराहीं।।
परहिं भूमि पर होइ कचूरू। परहिं कदलि पर होइ कपूरू।।
परहिं समुद्र खार जल ओहीं। परहिं सीप तो मोती होहीं।।
परहिं मेरु पर अमृत होई। परहिं नागमुख बिष होइ सोई।।
जोगी भौंर निठुर ए दोऊ। केहि आपन भए? कहै जी कोऊ।।
एक ठाँव ए थिर न रहाहीं। रस लेइ खेलि अनत कहुँ जाहीं।।
होइ गृही पुनि होइ उदासी। अंत काल दूबौ बिसवासी।।
तेहि सौं नेह का दिढ़ करै? रहहिं न एकौ देस।
जोगी, भौंर, भिखारी, इन्ह सौं दूरि अदेस।।21 ।।

थल थल नग न होहिं जेहि जोती। जल जल सीप न उपनहिं मोती।।
बन बन बिरिछ न चंदन होई। तन तन बिरह न उपनै सोई।।
जेहि उपना सो औटि मरि गयऊ। जनम निनार न कबहूँ भयेऊ।।
जल अंबुज, रवि रहै अकासा। जौं इन्ह प्रीति जानु एक पासा।।
जोगी भौंर जो थिर न रहाहीं। जेहि खोजहिं तेहि पावहिं नाहीं।।
मैं तोहि पायउँ आपन जीऊ। छाँड़ि सेवाति न आनहिं पीऊ।।
भौंर मालती मिलै जौ आई। सो तजि आन फूल कित जाई?।।
चंपा प्रीति न भौंरहि, दिन दिन आगरि बास।
भौंर जो पावै मालती, मुएहु न छाँड़ै पास।।22 ।।

ऐसे राजकुँवर नहीं मानौं। खेलु सारि पाँसा तब जानौं।
काँचे बारह परा जो पाँसा। पाके पैंत परी तनु रासा[1] ।।
रहै न आठ अठारह भाखा। सोरह सतरह रहैं त राखा।।
सत जो धरै सो खेलनहारा। ढारि इगारह जाइ न मारा।।
तूँ लीन्हे आछसि मन दूवा। ओ जुग सारि चहसि पुनि छूवा।।
हौं नव नेह रचौं तोहि पाहाँ। दसवँ दाँव तोरे हिय माहाँ।।
तौ चौपर खेलौं करि हिया। जौ तरहेल होइ सौतिया।।

---

(21) ओराहीं=चुकते हैं। छंद=छल, चाल। कचूर=हलदी की तरह का एक पौधा। दूरि अदेस=दूर ही से प्रणाम। (22) न आनहिं पीऊ=दूसरा जल नहीं पीता। आगरि=अधिक। (23) सारी=गोटी। पैंत=दाँव। रास=ठीक। (ख) ग्यारह का दाँव। दूबा=(क) दुविधा, (ख) दो कादावँ। जुग सारि=(क) दो गोटियाँ, (ख) कुच। दसबँ दाँव=(क) दसवाँ दाँव। (ख) अंत तक पहुँचाने वाली चाल। तरहेल=अधीन, नीचे पड़ा हुआ। सौतिया=(क) तिया, एक दाँव। (ख) सपत्नी। गंजन=नाश, दुःख।

1. पाठांतर—काँचै बारहि बार फिरासी। पाँके पौ फिर थिर न रहासी।। सत=(क) सात का दाँव। (ख) सत्य। इगारह=(क) दस इंद्रियाँ और मन।

जेहि मिलि बिछुरन औ तपनि, अंत होइ जौ निंत।
तेहि मिलि गंजन को सहै? बरु बिनु मिलै निचिंत।।23।।

बौलौं रानि! बचन सुनु साँचा। पुरुष क बोल सपथ औ बाचा।।
यह मन लाएउँ तोहिं अस नारी। दिन तुइ पासा औ निसि सारी।।
पौ परि बारहि बार मनाएउँ। सिर सौं खेलि पैंत जिउ लाएउँ।।
हौं अब चौक पँज तें बाँची। तुम्ह बिचगोट न आवहि काँची।।
पाकि उठाएउँ आस करीता। हौं जिउ तोहि हारा, तुम जीता।।
मिलि कै जुग नहिं होहु निनारी। कहाँ बीच दूती देनिहारी।।
अब जिउ जनम जनम तोहि पासा। चढ़ेउँ जोग, आएउँ कविलासा।।

जाकर जीव बसै जेहि, तेहि पुनि ताकरि टेक।
कनक सोहाग न बिछुरै, औटि मिलै होइ एक।।24।।

बिहँसी धनि सुनि कै सत बाता।निहचय तू मोरे रँग राता।।
निहचय भौंर कँवल रस रसा। जो जेहि मन सो तेहि मन बसा।।
जब हीरामन भएउ सँदेसी। तुम्ह हुँत मँडप गइउँ परदेसी।।
तोर रूप तस देखेउँ लोना। जनु, जोगी! तू मेलेसि टोना।।
सिधि गुटिका जो दिस्टि कमाई। पारहिं मेलि रूप बैसाई।।
भुगुति देइ कहँ मैं तोहि दीठा। कँवल नैन होइ भौंर बईठा।।
नैन पुहुप, तू अलि भा सोभी। रहा बेधि अस, उड़ा न लोभी।।

जाकरि आस होइ जेहि, तेहि पुगि ताकरि आस।
भौंर जो दाधा कँवल कहँ, कस न पाव सो बास?।।25।।

कौन मोहनी दहुँ हुति तोही।जो तोहि बिथा सो उपनो मोही।।
बिनु जल मीन तलफ जस जीऊ।चातकि भयउँ कहत 'पिउ पीऊ'।।
जरिऊँ बिरह जस दीपक बाती। पंथ जोहत भइ सीप सेवाती।।
डाढ़ि डाढ़ि जिमि कोयल भई। भइउँ चकोरि, नींद निसि गई।।
तोरे पेम पेम मोहिं भयऊ। राता हेम अगिनि जिम तयऊ।।
हीरा दिपै जौ सूर उदोती। नाहिं त कित पाहन कहँ जोती!।।
रवि परगासे कँवल बिगासा। नाहिंत कित मधुकर, कित बासा।।

---

(24) बाचा=प्रतिज्ञा। पैंत लाएउँ=दाँव पर लगाया। चौक पंज=(क) चौका पंजा दाँव। (ख) छल कपट, छक्का पंजा। तुम्ह बिच...काँची=कच्ची गोटी तुम्हारे बीच नहीं पड़ सकती। पाकि=पक्की गोटी। जुग निनारा होना=(क) चौसर में जुग फूटना। (ख) जोड़ा अलग होना। कहाँ बीच...देनिहारी=मध्यस्थ होने वाली दूती की कहाँ आवश्यकता रह जाती है। (25) सँदेसी=संदेसा ले जाने वाला। तुम्ह हुँत=तुम्हारे लिए। रूप=(क) रूपा, चाँदी। (ख) स्वरूप। बैसाई=बैठाया, जमाया। कँवल नैन...बईठा= मेरे नेत्र कमल में तू भौंरा (पुतली के समान) होकर बैठ गया। कँवल कहँ=कमल के लिए। (27) चरचिउँ=मैंने भाँपा (स्त्री. क्रिया)। बसेरा=निवासी। केवा=कमल। छेवा=डाला या खेला।

तासौं कौन अँतरपट, जो अस पीतम पीउ।
नेवछावरि अब सारौं तन, मन जोबन, जीउ।।26।।
हँसि पदमावति मानी बाता। निहचय तू मोरे रँगराता।।
तू राजा दुहुँ कुल उजियारा। अस कै चरचिउँ मरम तुम्हारा।।
पै तूँ जंबूदीप बसेरा। किमि जानेसि कस सिंघल मोरा?।।
किमि जानेसि सो मानसर केवा। सुनि सो भौंर भा, जिउ पर छेवा।।
ना तुइ सुनी, न कबहूँ दीठी। कैस चित्र होइ चितहि पईठी?।।
जौ लहि अगिनि करै नहिं भेदू। तौ लहि औटि चुवै नहिं मेदू।।
कहँ संकर तोहि ऐस लखावा?। मिला अलख अस पेम चखावा।।
जेहि कर सत्य सँघाती, तेहि कर डर सोइ मेट।
सो सत कहु कैसे भा, दुवौ भाँति जो भेंट।।27।।
सत्य कहौं सुनु पदमावती।जहँ सत पुरुष तहाँ सुरसती।।
पायउँ सुवा, कही वह बाता। भा निहचय देखत मुख राता।।
रूप तुम्हार सुनेउँ अस नीका। ना जेहि चढ़ा काहु कहँ टीका।।
चित्र किएउँ पुनि लेइ लेइ नाऊँ।नैनहि लागि हिये भा ठाऊँ।।
हौं भा साँच सुनत ओहि घड़ी। तुम होइ रूप आइ चित चढ़ी।।
हौं भा काठ मूर्ति मन मारे। चहै जो कर सब हाथ तुम्हारे।।
तुम्ह जौ डोलाइहु तबहीं डोला। मौन सांस जौ दोन्ह तौ बोला।।
को सोवै को जागै? अस हौं गएउँ बिमोहि।
परगट गुपुत न दूसर, जहँ देखौं तहँ तोहि।।28।।
बिहँसी धनि सुनि कै सत भाऊ।हौं रामा तू राबन राऊ।।
रहा जो भौंर कँवल के आसा। कस न भोग मानै रस बासा?।।
जस सत कहा कुँवर! तू मोही। तस मन मोर लाग पुनि तोही।।
जव हुँत कहि गा पंखि सँदेसी। सुनिउँ कि आवा है परदेसी।।
तब हुँत तुम बिनु रहै न जीऊ। चातक भइउँ कहत 'पिउ पीऊ'।।
भइउँ चकोरि सो पंथ निहारी। समुद सीप जस नैन पसारी।।
भइउँ बिरह दहि कोइल कारी। डार डार जिमि कूकि पुकारी।।
कौन सो दिन जब पिउ मिलै, यह मन राता तासु।
वह दुख देखै मोर सब, हौं दुख देखौं तासु।।29।।

---

(28) नैनहिं लागि=आँखों से लेकर। साँच=(क) सत्य स्वरूप (ख) साँचा। रूप=(क) रूप, (ख) चाँदी। (29) रावन=(क) रमण करने वाला। (ख) रावण। जब हुँत=जब से। सुनिउँ=मैंने सुना (स्त्री. क्रिया)। तब हुँत=तब से। (30) चौरासी आसन=योग के और कामशास्त्र के। बंधक=कामशास्त्र के बंध। औनाई=झुकाई। राहु=रोहू मछली। बरमा=छेद करने का औजार। नंसा करहिं=नष्ट करते हैं। खूंदहि=कूदते हैं। कुरलहिं=हंस आदि के बोलने को कुरलना कहते हैं।

कहि सत भाव भई कँठलागू। जनु कंचन औ मिला सोहागू।।
चौरासी आसन पर जोगी। खट रस, बंधक चतुर सो भोगी।।
कुसुममाल असि मालति पाई। जनु चंपा गहि डार ओनाई।।
कली बेधि जनु भँवर भुलाना। हना राहु अरजुन के बाना।।
कंचन करी जरी नग जोती। बरमा सौं बेधा जनु मोती।।
नारँग जाति कीर नख दिए। अधर आमरस जानहुँ लिए।।
कौतुक केलि करहिं दुख नंसा। खूँदहिं कुरलहिं जनु सर हंसा।।
रही बसाइ बासना, चोवा चंदन मेद।
जेहि अस पदमिनि रानी, सो जानै यह भेद।।30।।

रतनसेन सो कंत सुजानू। खटरस पंडित सोरह बानू।।
तस होइ मिले पुरुष औ गोरी। जैसी बिछुरी सारस जोरी।।
रची सारि दूनौ एक पासा। होइ जुग जुग आवहिं कविलासा।।
पिय धनि गही, दीन्हि गलबाहीं। धनि बिछुरी लागी उर माहीं।।
ते छकि रस नव केलि करेहीं। चोका लाइ अधर रस लेहीं?।।
धनि नौ सात, सात औ पाँचा। पूरुष दस ते रह किमि बाँचा?।।
लीन्ह बिधांसि बिरह धनि साजा। औ सब रचन जीत हुत राजा।।
जनहुँ औटि कै मिलि गए, तस दूनौ भए एक।
कंचन कसत कसौटी, हाथ न कोऊ टेक।।31।।

चतुर नारि चित अधिक चिहुँटी। जहाँ पेम बाढ़ै किमि छूटी।।
कुरला काम केरि मनुहारी। कुरला जेहिं नहिं सो न सुनारी।।
कुरलहि होइ कंत कर तोखू। कुरलहि किए पाव धनि मोखू।।
जेहि कुरला सो सोहाग सुभागी। चंदन जैस साम कँठ लागी।।
गेंद गोद कै जानहु लई। गेंद चाहि धनि कोमल भई।।
दारिउँ, दाख, बेल रस चाखा। पिय के खेल धनि जीवन राखा।।
भएउ बसंत कली मुख खोली। बैन सोहावन कोकिल बोली।।
पिउ पिउ करत जो सूखि रहि, धनि चातक की भाँति।
परी सो बूँद सीप जनु, मोती होइ सुख साँति।।32।।

---

(31) बानू=वर्ण, दीप्ति, कला। गोरी=स्त्री। सारि=चौपड़। चोका=चुहका, चूसने की क्रिया या भाव। चोका लाइ=चूसकर। नौ सात=सोलह शृंगार। सात औ पाँचा=बारह आभरण। पूरुष...बाँचा=वे शृंगार और आभरण पुरुष की दस उँगलियों से कैसे बचे रह सकते हैं। (32) चिहूँटी=चिमटी। कुरला=क्रीड़ा। मनुहारी=शांति, तृप्ति। मोखू=मोक्ष, छुटकारा। चाहि=अपेक्षा, बनिस्बत। (33) बिधाँसि=विध्वंस की गई, बिगड़ गई। जीउ जो नासा=जिसने जीव की दशा बिगाड़ रखी थी। तानी=तनी, बँद। बारी=बालियाँ। अरगज=अरगजा नामक सुगंध द्रव्य जिसका लेप किया जाता है। मरगज=मला, दला हुआ।

भएउ जूझ जस रावन रामा। सेज बिधाँसि बिरह संग्रामा।।
लीन्हि लंक, कंचन गढ़ टूटा। कीन्ह सिंगार अहा सब लूटा।।
औ जोबन मैमंत बिधाँसा। बिचला बिरह जीउ जो नासा।।
टूटे अंग अंग सब भेसा। छूटी माँग, भंग भए केसा।।
कंचुकि चूर, चूर भइ तानी। टूटे हार, मोति छहरानी।।
बारी, टाँण सलोनी टूटी। बाँहू कंगन कलाई फूटी।।
चंदन अंग छूट अस भेंटी। बेसरि टूटि, तिलक गा मेटी।।
पुहुप सिंगार सँवार सब, जोबन नवल बसंत।
अरगज जिमि हिय लाइ कै, मरगज कीन्हेउ कंत।।33।।

बिनय करै पदमावति वाला। सुधि न, सुराही पिएउ पियाला।।
पिउ आयसु माथे पर लेऊँ। जो माँगै नइ नइ सिर देऊँ।।
पै, पिय! बचन एक सुनु मोरा। चाखु पिया! मधु थोरै थोरा।।
पेम सुरा सोई पै पिया। लखै न कोइ कि काहू दिया।।
चुवा दाख मधु जो एक बारा। दूसरि बार लेत बेसँभारा।।
एक बार जो पी कै रहा। सुख जीवन, सुख भोजन लहा।।
पान फूल रस रंग करीजै। अधर अधर सौं चाखा कीजै।।
जो तुम चाहौ सो करौं, ना जानौं भल मंद।
जो भावै सो होइ मोहिं, तुम्ह पिउ! चहौं अनंद।।34।।

सुनु, धनि! पेम सुरा के पिए। मरन जियन डर रहै न हिए।।
जेहि मद तेहि कहाँ संसारा। की सो धूमि रह, की मतवारा।।
सो पै जान पिये जो कोई। पी न अघाइ, जाइ परि सोई।।
जा कहँ होइ बार एक लाहा। रहै न ओहि बिनु, ओही चाहा।।
अरथ दरब सो देह बहाई। की सब जाहु, न जाइ पियाई।।
रातिहु दिवस रहै रस भीजा। लाभ न देख, न देखै छीजा।।
भोर होत तब पलुह सरीरू। पाव खुमारी सीतल नीरू।।
एक बार भरि देहु पियाला, बार बार को माँग?।
मुहमद किमि न पुकारै, ऐसे दाँव जो खाँग?।।35।।

भा बिहान ऊठा रवि साईं। चहुँ दिसि आईं नखत तराईं।।
सब निसि सेज मिला ससि सूरू। हार चीर बलया भए चूरू।।

---

(34) नइ=नवाकर। (35) जाइ परि सोई=पड़कर सो जाता है। छीजा=क्षति, हानि। पलुह=पनपता है। खाँग=कमी हुई। (36) रवि=सूर्य और रत्नसेन। साईं=स्वामी। नखत तराईं=सखियाँ। बलया=चूड़ी। पान=पके पान सी सफेद या पीली। चून=चूर्ण। निरँग=विवर्ण, बदरंग। अलस=आलस्ययुक्त। छुव=छूती है। लरी मुरी=बाल की काली लटें मोतियों के हार से लिपटकर उलझीं। नाभी लाभु...लाव=नाभि पुण्यलाभ करके काशी कुंड कहलाती है इसी से देवता लोग उस पर सिर काटकर मरते हैं पर उसे दोष नहीं लगता।

सो धनि पान, चून भइ चोली। रंग रंगीली निरंग भइ भोली।।
जागत रैनि भएउ भिनसारा। भई अलस सोवत बेकरारा।।
अलक सुरंगिनि हिरदय परी। नारँग छुव नागिनि बिष भरी।।
लरी मुरी हिय हार लपेटी। सुरसरि जनु कालिंदी भेंटी।।
जनु पयाग अरइल बिच मिली। सोभित बेनी रोमावली।।
नाभी लाभु पुन्नि कैं, कासीकुंड कहाव।
देवता करहिं कलप सिर, आपुहि दोष न लाव।।36।।
बिहँसि जगावहिं सखी सयानी। सूर उठा, उठु पदमावति रानी।।
सुनत सूर जनु कँवल बिगासा। मधुकर आइ लीन्ह मधु बासा।।
जनहुँ माति निसयानी बसी। अति बेसँमार फूलि जनु अरसी।।
नैन कँवल जानहुँ दुइ फूले। चितवनि मोहि मिरिग जनु भूले।।
तन न सँभार कस औ चोली। चित अचेत जनु बाउरि भोली।।
भइ ससि हीन गहन अस गही। बिथुरे नखत, सेज भरि रही।।
कँवल माँह जनु केसरि दीठी। जोबन हुत सो गँवाइ बईठी।।
बेलि जो राखी इंद्र कहँ, पवन बास नहिं दीन्ह।
लागेउ आइ भौंर तेहि, कली बेधि रस लीन्ह।।37।।
हँसि हँसि पूछहिं सखी सरेखी। मानहुँ कुमुद चंद्रमुख देखी।।
रानी! तुम ऐसी सुकुमारा। फूल बास तन जीव तुम्हारा।।
सहि नहिं सकहु हिये पर हारू। कैसे सहिउ कंत कर भारू?।।
मुख अंबुज बिगसै दिन राती। सो कुँभिलान कहहु केहि भाँती?।।
अधर कँवल जो सहा न पानू। कैसे सहा लाग मुख भानू?।।
लंक जो पैग देत मुरि जाई। कैसे रही जो रावन राई?।।
चंदन चोव पवन अस पीऊ। भइउ चित्र सम, कस भा जीऊ?।।
सब अरगज मरगज भयउ, लोचन बिंब सरोज।
'सत्य कहहु पदमावति' सखी परीं सब खोज।।38।।
कहौं सखी! आपन सतभाऊ। हैं जो कहति कस रावन राऊ।।
काँपी भौंर पुहुप पर देखे। जनु ससि गहन तैस मोहिं लेखे।।
आजु मरम मैं जाना सोई। जस पियार पिउ और न कोई।।
डर तौ लगि हिय मिला न पीऊ। भानु के दिस्टि छूटि गा सीऊ।।

---

(37) सुनत सूर...मधु बासा=कमल खिला अर्थात् नेत्र खुले और भौंरे मधु और सुगंध लेने बैठे अर्थात् काली पुतलियाँ दिखाई पड़ीं। निसयानी=सुध-बुध खोए हुए। बिथुरे नखत=आभूषण इधर-उधर बिखरे हैं। (38) सरेखी=सयानी, चतुर। फूल बास...तुम्हारा=फूल शरीर और बास जीव। रावन=(क) रमण करनेवाला। (ख) रावण। खोज परीं=पीछे पड़ीं। (39) मोहिं लेखे=मेरे हिसाब से, मेरी समझ में। दूखा=नष्ट हुआ। खसेउ=गिरा।

जत खन भानु कीन्ह परगासू। कँवल कली मन कीन्ह बिगासू।।
हिये छोह उपना औ सीऊ। पिउ न रिसाउ लेउ बरु जीऊ।।
हुत जो अपार बिरह दुख दूखा। जनहुँ अगस्त उदय जल सूखा।।
हौं रँग बहुतै आनति, लहरैं जैस समुंद।
पै पिउ कै चतुराई, खसेउ न एकौ बुँद।।39।।
करि सिंगार तापहँ का जाऊँ। ओही देखहुँ ठाँवहिं ठाँऊँ।।
जौ जिउ मँह तौ उहै पियारा। तन मन सौं नहिं होइ निनारा।।
नैन माँह है उहै समाना। देखौ तहाँ नाहिं कोउ आना।।
आपन रस आपुहि पै लेई। अधर सोइ लागे रस देई।।
हिया थार कुच कंचन लाडू। अगमन भेंट दीन्ह कै चाँडू।।
हुलसी लंक लंक सौं लसी। रावन रहसि कसौटी कसी।।
जोबन सबै मिला ओहि जाई। हौं रे बीच हुँत गइउँ हेराई।।
जस किछु देह धरै कहँ, आपन लेइ सँभारि।।
रहसि गारि तस लीन्हेसि, कीन्हेसि मोहि ठँठारि।।40।।
अनु रे छबीली! तोहि छबि लागी। नैन गुलाल कंत सँग जागी।।
चंप सुदरसन अस भा सोई। सोनजरद जस केसर होई।।
बैठ भौंर कुच नारँग बारी। लागे नख, उछरीं रँग धारी।।
अधर अधर सों भीज तमोरा। अलकाउर मुरि मुरि गा तोरा।।
रायमुनी तुम औ रतमुहीं। अलिमुख लागि भई फुलचुहीं।।
जैस सिंगार हार सौं मिली। मालति ऐसि सदा रहु खिलीं।।
पुनि सिंगार करु कला नेवारी। कदम सेवती बैठु पियारी।।
कुंद कली सम बिगसी, ऋतु बसंत औ फाग।
फूलहु फरहु सदा सुख, औ सुख सुफल सोहाग।।41।।
कहि यह बात सखी सब धाईं। चंपावति पहँ जाइ सुनाईं।।
आजु निरँग पदमावति बारी। जीवन जानहुँ पवन अधारी।।

---

(40) चाँडू=चाह। जस किछु देह धरै कहँ=जैसे कोई वस्तु धरोहर रखे और फिर उसे सहेजकर ले ले। ठँठारि=खुक्ख। (41) चंप सुदरसन...होई=तेरा वह सुंदर चंपा का रंग जर्द चमेली सा पीला हो गया है। उछरीं=पड़ी हुई दिखाई पड़ीं। धारी=रेखा। तमोरा=तांबूल। अलकाउर=अलकावलि। तोरा=तेरा। रायमुनी=एक छोटी सुंदर चिड़िया। रतमुहीं=लाल मुँहवाली। फुलचुहीं=फुलसुँघनी नाम की छोटी चिड़िया। सिंगार हार=(क) सिंगार को अस्तव्यस्त करनेवाला, नायक। (ख) परजाता फूल। (41) कला=नकलबाजी, बहाना (अवधी)। नेवारी=(क) दूर कर। (ख एक फूल। कदम सेवती=क) चरणों की सेवा करती हुई। (ख) कदंब और सेवती फूल। (मुदा अलंकार)। (42) निरंग=विवर्ण, बदरंग। पवन अधारी=इतनी सुकुमार है कि पवन ही के आधार पर मानो जीवन है। अही=थी। सोनाबरन...रेखा=ऊपर कह आए हैं कि 'रावन रहसि कसौटी कसी'। बारी भइ=निछावर हुई। मंग=माँग।

तरकि तरकि गइ चंदन चोली। धरकि धरकि हिय उठै न बोली।।
अही जो कली कँवल रसपूरी। चूर चूर होइ गईं सो चूरी।।
देखहु जाइ जैसि कुँभिलानी। सुनि सोहाग रानी बिहँसानी।।
सेइ सँग सबही पदमावति नारी। आई जहँ पदमावति बारी।।
आइ रूप सो सबही देखा। सोनबरन होइ रही सो रेखा।।
कुसुम फूल जस मरदै, निरंग देख सब अंग।
चंपावति भइ बारी, चूम केस औ मंग।।42।।

सब रनिवास बैठ चहुँ पासा। ससि मंडल जनु बैठ अकासा।।
बोलीं सबै बारि कुँभिलानी। करहु सँभार, देहु खड़वानी।।
कँवल कली कोमल रँग भीनी। अति सुकुमारि, लंक कै छीनी।।
चाँद जैस धनि हुत परगासा। सहस करा होइ सूर बिगासा।।
तेहिके झार गहन अस गही। भई निरंग, मुख जोति न रही।।
दरब वारि किछु पुन्नि करेहू। औ तेहि लेइ संन्यासिहि देहू।।
भरि कै थार नखत गजमोती। वारा कीन्ह चंद कै जोती।।
कीन्ह अरगजा मरदन, औ सखि कीन्ह नहानु।
पुनि भइ चौदस चाँद सो, रूप गएउ ठपि भानु।।43।।

पुनि बहु चीर आन सब छोरी। सारी कंचुकि लहर पटोरी।।
फुँदिया और कसनिया राती। छायल बँद लाए गुजराती।।
चिकवा चीर मघौना लोने। मोति लाग औ छापे सोने।।
सुरँग चीर भल सिंघलदीपी। कीन्ह जो छापा धनि वह छीपी।।
पेमचा डरिया औ चौधारी। साम, सेत, पीयर, हरियारी।।
सात रंग औ चित्र चितेरे। भरि कै दीठि जाहिं नहिं हेरे।।
चँदनौता औ खरदुक भारी। बाँसपूर झिलमिल कै सारी।।
पुनि अभरन बहु काढ़ा, अनबन भाँति जराव।
हेरि फेरि नित पहिरै, जब जैसे मन भाव।।44।।

---

(43) झार=ज्वाला, तेज। वारि=निछावर करके। वारा कीन्ह=चारों ओर घुमाकर उत्सर्ग किया। (44) लहर पटोरी=पुरानी चाल का रेशमी लहरिया कपड़ा। फुँदिया=नीवी या इजारबंद के फुलरे। कसनिया=कसनी, एक प्रकार की अँगिया। छायल=एक प्रकार की कुरती। चिकवा=चिकट नाम का रेशमी कपड़ा। मघौना=मेघवर्ण अर्थात् नील का रँगा कपड़ा। पेमचा=किसी प्रकार का कपड़ा (?) चौधारी=चारखाना। हरियारी=हरी। चितेरे=चित्रित। चँदनौता=एक प्रकार का लहँगा। खरदुक=कोई पहनावा (?)। बाँसपूर=ढाके की बहुत महीन तंजेब जिसका थान बाँस की पतली नली में आ जाता था। झिलमिल=एक बारीक कपड़ा। अनबन=अनेक।

(28) रत्नसेन साथी खंड

रतनसेन गए अपनी सभा। बैठे पाट जहाँ अठखँभा।।
आइ मिले चितउर के साथी। सबै बिहँसि के दीन्ही हाथी।।
राजा कर भल मानहु भाई। जेइ हम कहँ यह भूमि देखाई।।
हम कहँ आनत जौ न नरेसू। तौ हम कहाँ, कहाँ यह देसू।।
धनि राजा तुइँ राज बिसेखा। जेहि के राज सबै किछु देखा।।
भोग बिलास सबै किछु पावा। कहाँ जीभ जेहि अस्तुति आवा?
अब तुम आइ अँतरपट साजा। दरसन कहँ न तपावहु राजा।।
नैन सेराने भूखि गइ, देखे दरस तुम्हार।
नव अवतार आजु भा, जीवन सफल हमार।।1।।
हँसि कै राज रजायसु दीन्हा। मैं दरसन कारन एत कीन्हाँ।।
अपने जोग लागि अस खेला। गुरु भएउँ आपु, कीन्ह तुम्ह चेला।।
अहक मोरि पुरुषारथ देखेहु। गुरु चीन्हि कै जोग बिसेखेहु।।
जौ तुम्ह तप साधा मोहिं लागी। अब जिनि हिये होहु बैरागी।।
जो जेहि लागि सहै सप जोगू। सो तेहि के सँग मानै भोगू।।
सोरह सहस पदमावति माँगी। सबै दीन्हि, ननहिं काहुहि खाँगी।।
सब कर मंदिर सोने साजा। सब अपने अपने घर राजा।।
हस्ति घोर औ कापर, सबहिं दीन्ह नव साज।
भए गृही औ लखपती, घर घर मानहुँ राज।।2।।

---

(1) हाथी दीन्ही=हाथ मिलाया। भल मानहु=भला मनाओ, एहसान मानो। अँतरपट साजा=आँख की ओट में हुए। तपावहु=तरसाओ। सेराने=ठंढे हुए। (2) एत=इतना सब। अहक=लालसा। खाँगी=घटी, कम हुई।

(29) षट्ऋतु वर्णन खंड

पदमावति सब सखी बोलाई। चीर पटोर हार पहिराई।।
सीस सबन्ह के सेंदुर पूरा। औ राते सब अंग सेंदूरा।।
चंदन अगर चित्र सब भरीं। नए चार जानहु अवतरीं।।
जनहुँ कँवल सँग फूली कूईं। जनहुँ चाँद सँग तरई उईं।।
धनि पदमावति, धनि तोर नाहू। जेहि अभरन पहिरा सब काहू।।
बारह अभरन सोरह सिंगारा। तोहि सौंह नहिं ससि उजियारा।।
ससि सकलंक रहै नहिं पूजा। तू निकलंक, न सरि कोइ दूजा।।
काहू बीन गहा कर, काहू नाद मृदंग।
सबन्ह अनंद मनावा, रहसि कूदि एक संग।।1।।

पदमावति कह सुनहु सहेली। हौं सो कँवल, तुम कुमुदिनि बेली।।
कलस मानि हौं तेहि दिन आई। पूजा चलहु चढ़ावहिं जाई।।
मँझ पदमावति कर जो बेवानू। जनु परभात परै लखि भानू।।
आस-पास बाजत चौडोला। दुँदुभि, झाँझ, तूर, डफ, ढोला।।
एक संग सब सोंधे भरी। देव दुवार उतरि भइ खरी।।
अपने हाथ देव नहवावा। कलस सहस इक घिरित भरावा।।
पोता मँडप अगर औ चंदन। देव भरा अरगज औ बंदन।।
कै प्रनाम आगे भई, विनय कीन्ह बहु भाँति।
रानी कहा चलहु घर, सखी! होति है राति।।2।।

भइ निसि, धनि जस ससि परगसी। राजै देखि भूमि फिर बसी।।
भइ कटकई सरद ससि आवा। फेरि गगन रवि चाहै छावा।।
सुनि धनि भौंह धनुक फिरि फेरा। काम कटाछन्ह कोरहि हेरा।।
जानहु नाहिं पैज, पिय! खाँचौं। पिता सपथ हौं आजु न बाँचौं।।

---

(1) चार=ढंग, चाल, प्रकार। जेहि=जिसकी बदौलत। सौंह=सामने। पूजा=पूरा। (2) चौडोल=पालकी (के आस-आस)। सोंधे=सुगंध। बंदन=सिंदूर या रोली।

कान्हि न होइ, रही महि रामा। आजु करहु रावन संग्रामा।।
सेन सिंगार महूँ है सजा। गजगति चाल, अँचल गति धजा।।
नैन समुद औ खड़ग नासिका। सरवरि जूझ को मो सहुँ टिका?।।
हौं रानी पदमावति, मैं जीता रस भोग।
तू सरवरि करु तासौं, जो जोगी तोहि जोग।।3।।

हौं अस जोगि जानि सब कोऊ। बीर सिंगार जिते मैं दोऊ।।
उहाँ सामुहें रिपु दल माहाँ। इहाँ त काम कटक तुम्ह पाहाँ।।
उहाँ त हय चढ़ि कै दल मंडौं। इहाँ त अधर अमिय रस खंडौं।।
उहाँ त खड़ग नरिंदहिं मारौं। इहाँ त बिरह तुम्हार सँघारौ।।
उहाँ त गज पेलौं होइ केहरि। इहवाँ काम कामिनी हिय हरि।।
उहाँ त लूटौं कटक खँधारू। इहाँ त जीतौं तोर सिंगारू।।
उहाँ त कुंभस्थल गज नावौं। इहाँ त कुच कलसहि कर लावौं।।
परै बीच धरहरिया, प्रेम राज को टेक?
मानहिं भोग छवो ऋतु, मिलि दूवौ होइ एक।।4।।

प्रथम बसंत नवल ऋतु आई। सुऋतु चैत बैसाख सोहाई।।
चंदन चीर पहिरि धरि अंगा। सेंदुर दीन्ह बिहँसि भरि मंगा।।
कुसुम हार औ परिमल बासू। मलयागिरि छिरका कबिलासू।।
सौंर सुपेती फूलन डासी। धनि औ कंत मिले सुखबासी।।
पिउ सँजोग धनि जोबन बारी। भौंर पुहुप सँग करहिं धमारी।।
होइ फाग भलि चाँचरि जोरी। बिरह जराइ दीन्ह जस होरी।।
धनि ससि सरिस, तपै पिय सुरू। नखत सिंगार होहिं सब चूरू।।
जिन्ह घर कंता ऋतु भली, आव बसंत जो नित्त।
सुख भरि आवहिं देवहरै, दुःख न जानै कित्त।।5।।

ऋतु ग्रीषम कै तपनि न जहाँ। जेठ असाढ़ कंत घर जहाँ।।
पहिरि सुरंग चीर धनि झीना। परिमल मेद रहा तन भीना।।
पदमावति तन सिअर सुबासा। नैहर राज, कंत घर पासा।।
औ बड़ जूड़ तहाँ सोवनारा। अगर पोति, सुख तने ओहारा।।
सेज बिछावन सौंर सुपेती। भोग बिलास करहिं सुख सेती।।

---

(3) कटकई=चढ़ाई, सेना का साज। कोरहि हेरा=कोने से ताका। पैज खाँचौं=प्रतिज्ञा करती हूँ। हौं=मुझसे। रही महि=पृथ्वी पर पड़ी रही। धजा=ध्वजा, पताका। सहुँ=सामने। (4) मंडौं=शोभित करता हूँ। इहवाँ काम... ...हिय हरि=यहाँ कामिनी के हृदय से कामताप को हर कर ठेलता हूँ। खँधारू=स्कंधावार, तंबू, छावनी। धरहरिया=बीचबचाव करने वाला। (5) सार=चादर। डासी=बिछाई हुई। देवहरै=देवमंदिर में।

अधर तमोर कपुर भिमसेना । चंदन चरचि लाव तन बेना।।
भा अनंद सिंघल सब कहूँ । भागवंत कहँ सुख ऋतु छहूँ।।
दारिउँ दाख लेहिं रस, आम सदाफर डार।
हरियर तन सुअटा कर, जो अस चाखनहार।।6।।

रितु पावस बरसै पिउ पावा । सावन भादौं अधिक सोहावा।।
पदमावति चाहत ऋतु पाई । गगन सोहावन, भूमि सोहाई।।
कोकिल बैन, पाँति बग छूटी । धनि निसरीं जनु बीरबहूटी।।
चमक बीजु, बरसै जल सोना । दादुर मोर सबद सुठि लोना।।
रँगराती पीतम सँग जागी । गरजै गगन चौंकि गर लागी।।
सीतल बूँद, ऊँच चौपारा । हरियर सब देखाइ संसारा।।
हरियर भूमि कुसुंभी चोला । औ धनि पिउ सँग रचा हिंडोला।।
पवन झकोरे होइ हरषु लागे सीतल बास।
धनि जानै यह पवन है, पवन सो अपने पास।।7।।

आइ सरद ऋतु अधिक पियारी । आसिन कातिक ऋतु उजियारी।।
पदमावति भइ पूनिउँ कला । चौदसि चाँद उई सिंघला।।
सोरह कला सिंगार बनावा । नखत भरा सूरुज ससि पावा।।
भा निरमल सब धरति अकासू । सेज सँवारि कीन्ह फुलबासू।।
सेत बिछावन औ उजियारी । हँसि हँसि मिलहिं पुरुष औ नारी।।
सोनफूल भइ पुहुमी फूली । पिय धनि सौं, धनि पिय सौं भूली।।
चख अंजन देइ खंजन देखावा । होइ सारस जोरी रस पावा।।
एहि ऋतु कंता पास जेहि, सुख तेहि के हिय माहँ।
धनि हँसि लागै पिउ गरै, धनि गर पिउ कै बाँह।।8।।

ऋतु हेमंत सँग पिएउ पियाला । अगहन पूस सीत सुख काला।।
धनि औ पिउ महँ सीउ सोहागा । दुहुन्ह अंग एकै मिलि लागा।।
मन सौं मन, तन सौं तन गहा । हिय सौं हिय, बिचहार न रहा।।
जानहुँ चंदन लागै अंगा । चंदन रहै न पावै संगा।।
भोग करहिं सुख राजा रानी । उन्ह लेखे सब सिस्टि जुड़ानी।।
जूझ दुवौ जोबन सौं लागा । बिच हुँत सीउ जीउ लेइ भागा।।
दुइ घट मिलि एकै होइ जाहीं । ऐस मिलहिं, तबहूँ न अघाहीं।।

---

(6) झीना=महीन। सिअर=शीतल। सोवनार=शयनागार। ओहारा=परदे। सुख सेंती=सुख से। (7) चाहति=मनचाही। बरसै जल सोना=कौंधे की चमक में पानी की बूँदें सोने की बूँदों सी लगती हैं। कुसुंभी=कुसुम के (लाल) रंग का। चोला=पहनावा। धनि जानै...पास=स्त्री समझती है कि वह हर्ष और शीतल वास पवन में है पर वह उस प्रिय में है (उसके कारण है) जो उसके पास है। (8) नखत भरा ससि=आभूषणों के सहित पदमावती। फुलबासू=फूलों से सुगंधित।

हंसा केलि करहिं जिमि, खूँदहिं कुरलहिं दोउ।
सीउ पुकारि कै पार भा, जस चकई क बिछोउ।।9।।

आइ सिसिर ऋतु, तहाँ न सीऊ। जहाँ माघ फागुन घर पीऊ।।
सौंर सुपेती मंदिर राती। दगल चीर पहिरहिं बहु भाँती।।
घर-घर सिंघल होइ सुख जोजू। रहा न कतहुँ दुःख कर खोजू।।
जहँ धनि पुरुष सीउ नहिं लागा। जानहुँ काग देखि सर भागा।।
जाइ इंद्र सौं कीन्ह पुकारा। हौं पदमावति देस निसारा।।
एहि ऋतु सदा संग महँ सेवा। अब दरसन तें मोर बिछोवा।।
अब हँसि कै ससि सूरहिं भेंटा। रहा जो सीउ बीच सो मेटा।।
भएउ इंद्र कर आयसु, बड़ सताव यह सोइ।
कबहुँ काहु के पार भइ, कबहूँ काहु के होइ।।10।।

(9) धनि... धनि सोहागा=शीत दोनों के बीच सोहागे के समान है जो सोने के दो टुकड़ों को मिलाकर एक करता है। उन्ह लेखे=उनकी समझ में। बिच हुँत बीच से। खूँदहिं कुरलहिं=उमंग में क्रीड़ा करते हैं। बिछोउ=बिछोह, वियोग। (10) सौंर=चादर। राती=रात में। दगल=दगला, एक प्रकार का अँगरखा या चोला। जोजू=भोगू। खोजू=निशान, चिह्न, पता। सर=बाण, तीर। जानहु काग=यहाँ इंद्र के पुत्र जयंत की ओर लक्ष्य है। आयसु भएउ=(इंद्र ने) कहा। बड़ सताव यह सोइ=यह वही है जो लोगों को बहुत सताया करता है।

(30) नागमती-वियोग खंड

नागमती चितउर पथ हेरा। पिउ जो गए पुनि कीन्ह न फेरा।।
नागर काहु नारि बस परा। तेइ मोर पिउ मोसौं हरा।।
सुआ काल होइ लेइगा पीऊ। पिउ नहिं जात, जात बरु जीऊ।।
भएउ नरायन बाबँन करा। राज करत राजा बलि छरा।।
करन पास लीन्हेउ कै छंदू। बिप्र रूप धरि झिलमिल इंदू।।
मानत भोग गोपिचँद भोगी। लेइ अपसवा जलंधर जोगी।।
लेइगा कृस्नहि गरुड़ अलोपी। कठिन बिछोह, जियहिं किमि गोपी?
सारस जोरी कौन हरि, मारि बियाधा लीन्ह?
झुरि झुरि पींजर हौं भई, बिरह काल मोहि दीन्ह।।1।।
पिउ बियोग अस बाउर जीऊ। पपिहा निति बोले 'पिउ पीऊ।।'
अधिक काम दाधे सो रामा। हरि लेइ सुवा गएउ पिउ नामा।।
बिरह बान तस लाग न डोली। रक्त पसीज, भीजि गई चोली।।
सूखा हिया, हार भा भारी। हरे हरे प्रान तजहिं सब नारी।।
खन एक आव पेट महँ! सांसा। खनहिं जाइ जिउ, होइ निरासा।।
पवन डोलावहिं सींचहिं चोला। पहर एक समुझहिं मुख बोला।।
प्रान पयान होत को राखा? को सुनाव पीतम कै भाखा?
आजि जो मारै बिरह कै, आगि उठै तेहि लागि।
हंस जो रहा सरीर महँ, पाँख जरा, गा भागि।।2।।
पाट महादेइ! हिये न हारू। समुझि जीउ, चित चेतु सँभारू।।
भौंर कँवल सँग होइ मेरावा। सँवरि नेह मालति पहँ आवा।।
पपिहै स्वाती सौं जस प्रीती। टेकु पियास, बाँधु मन थीती।।

---

(1) पथ हेरा=रास्ता देखती है। नागर=नायक। बाबँन करा=वामन रूप। छरा=छला। करन=राजा कर्ण। छंदू=छलछंद, धूर्तता। झिलमिल=कवच (सीकड़ों का)। अपसवा=चल दिया। पींजर=पंजर, ठठरी। (2) बाउर=बावला। हरे-हरे=धीरे-धीरे। नारी=नाड़ी। चोला=शरीर। पहर एक...बोला=इतना अस्पष्ट बोल निकलता है कि मतलब समझने में पहरों लग जाते हैं। हंस=हंस और जीव।

धरतिहि जैस गगन सौं नेहा।पलटि आव बरषा ऋतु मेहा।।
पुनि बसंत ऋतु आव नवेली। सो रस, सो मधुकर, सो बेली।।
जिनि अस जीव करसि तू बारी। यह तरिवर पुनि उठिहि सवारी।।
दिन दस बिनु जल सूखि बिधंसा। पुनि सोइ सरवर सोई हंसा।।
मिलहिं जो बिछुरे साजन, अंकम भेंटि अहंत।
तपनि मृगसिरा जे सहैं, ते अद्रा पलुहंत।।3।।
चढ़ा असाढ़, गगन घन गाजा।साजा बिरह दुंद दल बाजा।।
धूम, साम, धौरे घन धाए।सेत धजा बग पाँति देखाए।।
खड़ग बीजु चमकै चहुँ ओरा। बुंद बान बरसहिं घन घोरा।।
ओनई घटा आइ चहुँ फेरी। कंत! उबारु मदन हौं घेरी।।
दादुर मोर कोकिला, पीऊ। गिरै बीजु, घट रहै न जीऊ।।
पुष्य नखत सिर ऊपर आवा। हौं बिनु नाह, मँदिर को छावा?
अद्रा लाग लागि भुइँ लेई। मोहिं बिनु पिउ को आदर देई।।
जिन्ह घर कंता ते सुखी, तिन्ह गारौ औ गर्ब।
कंत पियारा बाहिरै, हम सुख भूला सर्ब।।4।।
सावन बरस मेह अति पानी।भरनि परी, हौं बिरह झुरानी।।
लाग पुनरबसु पीउ न देखा। भइ बाउरि, कहँ कंत सरेखा।।
रकत कै आँसु परहिं भुइँ टूटी। रेंगि चलीं जस बीरबहूटी।।
सखिन्ह रचा पिउ संग हिंडोला। हरियरि भूमि, कुसुंभी चोला।।
हिय हिंडोल अस डोलै मोरा। बिरह झुलाइ देइ झकझोरा।।
बाट असूझ अथाह गँभीरी। जिउ बाउर, भा फिरै भँभीरी।।
जग जल बूड़ जहाँ लगि ताकी। मोरि नाव खेवक बिनु थाकी।।
परबत समुद अगम बिच, बीहड़ वन बनढाँख।
किमि कै भेंटौं कंत तुम्ह? ना मोहि पाँव न पाँख।।5।।
भा भादों दूभर अति भारी। कैसे भरौं रैनि अँधियारी।।
मँदिर सून पिउ अनतै बसा। सेज नागिनी फिरि फिरि डसा।।
रहौं अकेलि गहे एक पाटी। नैन पसारि मरौं हिय फाटी।।
चमकि बीजु घन गरजि तरासा। बिरह काल होइ जीउ गरासा।।

---

(3) पाट महादेइ=पट्टमहादेवी, पटरानी। मेरावा=मिलाप। टेकु पियास=प्यास सह। बाँधु मन थीती=मन में स्थिरता बाँध। जिनि=मत। पलुहंत=पल्लवित होते हैं, पनते हैं। (4) गाजा=गरजा। धूम=धूमले रंग के। धौरे=धवल, सफेद। ओनई=झुकी। लेई लागि=खेतों में लेवा लगा, खेत में पानी भर गया। गारौ=गौरव, अभिमान (प्राकृत—गारव, 'आ च गौरवे')। (5) मेह=मेघ। भरनि परी=खेतों में भरनी लगी। सरेख=चतुर। भँभीरी=एक प्रकार का फतिंगा जो संध्या के समय बरसात में आकाश में उड़ता दिखाई पड़ता है।

बरसै मघा झकोरि झकोरी। मोर दुइ नैन चुवैं जस ओरी।।
धनि सूखै भरे भादौं माहा। अबहुँ न आएन्हि सींचेन्हि नाहा।।
पुरबा लाग भूमि जल पूरी। आग जवास भई तस झूरी।।
थल जल भरे अपूर सब, धरति गगन मिलि एक।
धनि जोबन अवगाह महँ, दे बूड़त, पिउ! टेक।।6।।
लाग कुवार, नीर जग घटा। अबहुँ आउ कंत तन लटा।।
तोहि देखे पिउ! पलुहै कया। उतरा चीतु बहुरि करु मया।।
चित्रा मित्र मीन कर आवा। पपिहा पीउ पुकारत पावा।।
उआ अगस्त, हस्ति घन गाजा। तुरय पलानि चढ़े रन राजा।।
स्वाति बूँद चातक मुख परे। समुद सीप मोती सब भरे।।
सरवर सँवरि हंस चलि आए। सारस कुरलहिं, खंजन देखाए।।
भा परगास, काँस बन फूले। कंत न फिरे बिदेसहि भूले।।
बिरह हस्ति तन सालै, धाय करै चित चूर।
बेगि आइ, पिउ! बाजहु, गाजहु होइ सदूर।।7।।
कातिक सरद चंद उजियारी। जग सीतल, हौं बिरहै जारी।।
चौदह करा चाँद परगासा। जनहुँ जरै सब धरति अकासा।।
तन मन सेज करै अगिदाहू। सब कहँ चंद, भएउ मोहि राहू।।
चहूँ खंड लागै अँधियारा। जौं घर नाही कंत पियारा।।
अबहूँ निठुर! आउ एहि बारा। परब देवारी होइ संसारा।।
सखि झूमक गावैं अँग मोरी। हौं झुरावँ, बिछुरी मोरि जोरी।।
जेहि घर पिउ सो मनोरथ पूजा। मो कहँ बिरह, सवति दुख दूजा।।
सखि मानैं तिउहार सब, गाइ देवारी खेलि।
हौं का गावौं कंत बिनु रही छार सिर मेलि।।8।।
अगहन दिवस घटा निसि बाढ़ी। दूभर रैनि, जाइ किमि गाढ़ी?
अब यहि बिरह दिवस भा राती। जरौं बिरह जस दीपक बाती।।
काँपे हिया जनावै सीऊ। तौ पै जाइ होइ सँग पीऊ।।
घर घर चीर रचे सब काहू। मोर रूप रँग लेइगा नाहू।।
पलटि न बहुरा गा जो बिछोई। अबहूँ फिरै फिरै रँग सोई।।

---

(6) दूभर=भारी कठिन। भरौं=काटूँ, बिताऊँ; जैसे—नैहर जनम भरब बरु जाई—तुलसी। अनतै=अन्यत्र। तरासा=डराता है। ओरी=ओलती। पुरबा=एक नक्षत्र। (7) लटा=शिथिल हुआ। पलुहै=पनपती है। उतरा चीतु=चित्त से उतरी या भूली बात ध्यान में ला। चित्रा=एक नक्षत्र। तुरय=घोड़ा। पलानि=जीन कसकर। घाय=घाव। बाजहु=लड़ो। गाजहु=गरजो। सदूर=शार्दूल, सिंह। (8) झूमक=मनोरा झूमक नाम का गीत। झुरावँ=सूखती हूँ। जनम=जीवन।

बज्र अगिनि बिरहिनि हिय जारा। सुलुगि सुलुगि दगधै होइ छारा।।
यह दुख दगध न जानै कंतू। जोबन जनम करै भसमंतू।।
पिउ सौं कहेउ सँदेसड़ा, हे भौंरा! हे काग!
सो धनि बिरहै जरि मुई, तेहि क धुवाँ हम्ह लाग।।9।।

पूस जाड़ थर थर तन काँपा। सुरुज जाइ लंका दिसि चाँपा।।
बिरह बाढ़, दारुन भा सीऊ। कँपि कँपि मरौं, लेइ हरि जीऊ।।
कंत कहाँ लागौं औहि हियरे। पंथ अपार, सूझ नहिं नियरे।।
सौंर सपेती आवै जूड़ी। जानहु सेज हिवंचल बूड़ी।।
चकई निसि बिछुरै दिन मिला। हौं दिन राति बिरह कोकिला।।
रैनि अकेलि साथ नहिं सखी। कैसे जियै बिछोही पखी।।
बिरह सचान भएउ तन जाड़ा। जियत खाइ औ मुए न छाँड़ा।।
रकत ढुरा माँसू गरा, हाड़ भएउ सब संख।
धनि सारस होइ ररि मुई, पीउ समेटहि पंख।।10।।

लागेउ माघ परै अब पाला। बिरहा काल भएउ जड़काला।।
पहल पहल तन रूई झाँपै। हहरि हहरि अधिकौ हिय काँपै।।
आइ सूर होइ तपु, रे नाहा। तोहि बिनु जाड़ न छूटै माहा।।
एहि माह उपजै रसमूलू। तूँ सौ भौंर मोर जोबन फूलू।।
नैन चुवहिं जस महवट नीरू। तोहि बिनु अंग लाग सर चीरू।।
टप टप बूँद परहिं अस ओला। बिरह पवन होइ मारै झोला।।
केहि क सिंगार, को पहिरु पटोरा। गीउ न हार, रही होइ डोरा।।
तुम बिनु काँपै धनि हिया, तन तिनउर भा डोल।
तेहि पर बिरह जराइ कै, चहै उड़ावा झोल।।11।।

फागुन पवन झकोरा बहा। चौगुन सीउ जाइ नहिं सहा।।
तन जस पियर पात भा मोरा। तेहि पर बिरह देइ झकझोरा।।
तरिवर झरहिं, झरहिं बन ढाखा। भइ ओनंत फूलि फरि साखा।।
करहिं बनसपति हिये हुलासू। मो कहँ भा जग दून उदासू।।

---

(9) दूभर=भारी, कठिन। नाहू=नाथ। सो धनि बिरहै...लाग=अर्थात् वही धुआँ लगने के कारण मानो भौंरे और कौए काले हो गए। (10) लंका दिसि=दक्षिण दिशा को। चाँपा जाइ=दबा जाता है। कोकिला=जलकर कोयल (काली) हो गई। सचान=बाज। जाड़ा=जाड़े में। ररि मुई=रटकर मर गई। पीउ...पंख=प्रिय आकर अब पर समेटे। (11) जड़काला=जाड़े के मौसम में। माहा=माघ में। महवट=मघवट, माघ की झड़ी। चीरू=चीर, घाव। सर=बाण। झोला मारना=बात के प्रकोप से अंग का सुन्न हो जाना। केहि क सिंगार?=किसका शृंगार? कहाँ का शृंगार करना? पटोरा=एक प्रकार का रेशमी कपड़ा। डोरा=क्षीण होकर डोरे के समान पतली। तिनउर=तिनके का समूह। झोल=राख, भस्म; जैसे—'आगि जो लागी समुद में टुटि टुटि खसै जो झोल'—कबीर।

फागु करहिं सब चाँचरि जोरी। मोहिं तन लाइ दीन्ह जस होरी।।
जो पै पीउ जरत अस पावा। जरत मरत मोहिं रोष न आवा।।
राति दिवस बस यह जिउ मोरे। लगौं निहोर कंत अब तोरे।।
यह तन जारौं छार कै, कहौं कि 'पवन! उड़ाव'।
मकु तेहि मारग उड़ि परै, कंत धरै जहँ पाव।।12।।
चैत बसंता होइ धमारी। मोहिं लेखे संसार उजारी।।
पंचम बिरह पंच सर मारै। रकत रोइ सगरौं बन ढारै।।
बूड़ि उठे सब तरिवर पाता। भीजि मजीठ, टेसु बन राता।।
बौरे आम फरै अब लागे। अबहुँ आउ घर, कंत सभागे।।
सहस भाव फूलीं बनसपती। मधुकर घूमहिं सँवरि मालती।।
मोकहँ फूल भए सब काँटे। दिस्टि परत जस लागहिं चाँटे।।
फरि जोबन भए नारँग साखा। सुआ बिरह अब जाइ न राखा।।
घिरिनि परेवा होइ पिउ! आउ बेगि परु टूटि।
नारि पराए हाथ है, तोहि बिनु पाव न छूटि।।13।।
भा बैसाख तपनि अति लागी। चोआ चीर चँदन भा आगी।।
सूरुज जरत हिवंचल ताका। बिरह बजागि सौंह रथ हाँका।।
जरत बजागिनि करु, पिउ छाहाँ। आइ बुझाउ, अँगारन्ह माहाँ।।
तोहि दरसन होइ सीतल नारी। आइ आगि तें करु फुलवारी।।
लागिउँ जरै जरै जस भारू। फिरि फिरि भूँजेसि, तजिउँन बारू।।
सरवर हिया घटत निति जाई। टूक टूक होइकै बिहराई।।
बिहरत हिया करहु पिउ! टेका। दीठि दवँगरा मेरवहु एका।।
कँवल जो बिगसा मानसर, बिनु जल गएउ सुखाइ।
कबहुँ बेलि फिरि पलुहै, जौ पिउ सींचै आइ।।14।।
जेठ जरै जग, चलै लुवारा। उठहिं बवंडर परहिं अँगारा।।
बिरह गाजि हनुबँत होइ जागा। लंकादाह करै तनु लागा।।

---

(12) ओनंत=झुकी हुई। निहोर लगौं=यह शरीर तुम्हारे निहोरे लग जाए, तुम्हारे काम आ जाए। (13) पंचम=कोकिल का स्वर या पंचम राग। (वसंत पंचमी माघ में ही हो जाती है इससे 'पंचमी' अर्थ नहीं ले सकते) सगरौं=सारे। बूड़ि उठे...पाता=नए पत्तों में ललाई मानो रक्त में भीगने के कारण है। घिरिनि परेवा=गिरहबाज कबूतर या कौड़िल्ला पक्षी। नारि=(क) नाड़ी, (ख) स्त्री। (14) हिवंचल ताका=उत्तरायण हुआ। बिरह बजागि...हाँका=सूर्य तो सामने से हटकर उत्तर की ओर खिसका हुआ चलता है, उसके स्थान पर विरहाग्नि से सीधे मेरी ओर रथ हाँका। भारू=भाड़। सरवर हिया...बिहराई=तालों का पानी जब सूखने लगता है तब पानी सूखे हुए स्थान में बहुत सी दरारें पड़ जाती हैं जिससे बहुत से खाने कटे दिखाई पड़ते हैं। दवँगरा=वर्षा के आरंभ की झड़ी। मेरवहु एका=दरारें पड़ने के कारण जो खंड-खंड हो गए हैं उन्हें मिलाकर फिर एक कर दो। बड़ी सुंदर उक्ति है।

चारिहु पवन झकोरै आगी। लंका दाहि पलंका लागी।।
दहि भइ साम नदी कालिंदी। बिरह क आगि कठिन अति मंदी।।
उठै आगि औ आवै आँधी। नैन न सूझ, मरौं दुःख बाँधी।।
अधजर भइउँ, माँसु तनु सूखा। लागेउ बिरह काल होइ भूखा।।
माँस खाइ सब हाड़न्ह लागै। अबहुँ आउ, आवत सुनि भागै।।
गिरि, समुद्र, ससि, मेघ, रवि, सहि न सकहिं वह आगि।
मुहमद सती सराहिए, जरै जो अस पिउ लागि।।15।।
तपै लागि अब जेठ असाढ़ी। तोहि पिउ बिनु छाजनि भइ गाढ़ी।।
तन तिनउर भा, झूरौं खरी। भइ बरखा, दुख आगरि जरी।।
बंध नाहिं औ कंध न कोई। बात न आव कहौं का रोई?।।
साँठि नाठि, जग बात को पूछा? बिनु जिउ फिरै मूँज तनु छूँछा।।
भई दुहेली टेक बिहूनी। थाँम नाहिं उठि सकै न थूनी।।
बरसै मेघ चुवहिं नैनाहा। छपर छपर होइ रहि बिनु नाहा।।
कोरौं कहाँ ठाट नव साजा? तुम बिनु कंत न छाजनि छाजा।।
अबहुँ मया दिस्टि करि, नाह निठुर! घर आउ।
मँदिर उजार होत है, नव कै आइ बसाउ।।16।।
रोइ गँवाए बारह मासा। सहस सहस दुख एक एक साँसा।।
तिल तिल बरख बरख पर जाई। पहर पहर जुग जुग न सेराई।।
सो नहिं आवै रूप मुरारी। जासौं पाव सोहाग सुनारी।।
साँझ भए झुरि झुरि पथ हेरा। कौनि सो घरी करै पिउ फेरा?
दहि कोइला भइ कंत सनेहा। तोला माँसु रही नहिं देहा।।
रकत न रहा बिरह तन गरा। रती रती होइ नैनन्ह ढरा।।
पाय लागि जोरै धनि हाथा। जारा नेह, जुड़ावहु, नाथा।।
बरस दिवस धनि रोइ कै, हारि परी चित झंखि।
मानसु घर घर बूझि कै, बूझै निसरी पंखि।।17।।
भई पुछार, लीन्ह बनबासू। बैरिनि सवति दीन्ह चिलबाँसू।।
होइ खर बान बिरह तनु लागा। जौ पिउ आवै उड़हि तौ कागा।।

---

(15) लूवार=लू। गाजि=गरजकर। पलंका=पलँग। मंदी=धीरे-धीरे जलानेवाली। (16) तिनउर=तिनकों का ठाट। झूरौं=सूखती हूँ। बंध=ठाट बाँधने के लिए रस्सी। कंध न कोई=अपने ऊपर (सहायक) भी कोई नहीं है। साँठि नाठि=पूँजी नष्ट हुई। मूँज तनु छूँछा=बिना बंधन की मूँज के ऐसा शरीर। थाँम=खंभा। थूनी=लकड़ी की टेक। छपर छपर=तराबोर। कोरौं=छाजन की ठाट में लगे बाँस या लकड़ी। नव कै=नए सिरे से। (17) सहस सहस साँस=एक एक दीर्घ निःश्वास सहस्रों दुःखों से भरा था, फिर बारह महीने कितने दुःखों से भरे बीते होंगे। तिल तिल...परि जाई=तिल भर समय एक-एक वर्ष के इतना पड़ जाता है। सेराई=समाप्त होता है। सोहाग=(क) सौभाग्य; (ख) सोहागा। सुनारी=(क) वह स्त्री, (ख) सुनारिन। झूरि=सूखकर।

हारिल भई पंथ मैं सेवा। अब तहँ पठवौं कौन परेवा।।
धौरी पंडुक कहु पिउ नाऊँ। जौं चितरोख न दूसर ठाऊँ।।
जाहि बया होइ पिउ कँठ लवा। करै मेराव सोइ गौरवा।।
कोइल भई पुकारति रही। महरि पुकारै 'लेइ लेइ दही'।।
पेड़ तिलोरी औ जल हंसा। हिरदय पैठि बिरह कटनंसा।।
जेहि पंखी के निअर होइ, कहै बिरह कै बात।
सोइ पंखी जाइ जरि, तरिवर होइ निपात।।18।।

कुहुकि कुहुकि जस कोइल रोई। रकत आँसु घुघुची बन बोई।।
भइ करमुखी नैन तन राती। को सेराव? बिरहा दुख ताती।।
जहँ जहँ ठाढ़ि होइ बनबासी। तहँ तहँ होइ घुँघुचि कै रासी।।
बूँद बूँद महँ जानहुँ जीऊ। गुंजा गूँजि करै 'पिउ पीऊ'।।
तेहि दुख भए परास निपाते। लोहू बूड़ि उठे होइ राते।।
राते बिंब भीजि तेहि लोहू। परवर पाक, फाट हिय गोहूँ।।
देखौं जहाँ होइ सोइ राता। जहाँ सो रतन कहै को बाता?
नहिं पावस ओहि देसरा, नहिं हेवंत बसंत।
ना कोकिल न पपीहरा, जेहि सुनि आवै कंत।।19।।

---

(18) पुछार=(क) पूछने वाली, (ख) मयूर। चिलवाँस=चिड़िया फँसाने का एक फंदा। कागा=स्त्रियाँ बैठे कौए को देखकर कहती हैं कि 'प्रिय आता हो तो उड़ जा।' हारिल=(क) थकी हुई, (ख) एक पक्षी। धौरी=(क) सफेद, (ख) एक चिड़िया। पंडुक=(क) पीली, (ख) एक चिड़िया। चितरोख=(क) हृदय में रोष, (ख) एक पक्षी। जाहि बया=संदेश लेकर जा और फिर आ (बया=आ—फारसी)। कँठलवा=गले में लगाने वाला। गौरवा=(क) गौरवयुक्त, बड़ा, (ख) गौरा पक्षी। दही=(क) दधि; जलाई। पेड़=पेड़ पर। जल=जल में। तिलोरी=तेलिया मैना। कटनंसा=(क) काटता और नष्ट करता है; (ख) कटनास या नीलकंठ। निपात=पत्रहीन। (19) घुँघुची=गुंजा। सेराव=ठंढा करे। बिंब=बिंबाफल।

(31) नागमती-संदेश खंड

फिरि फिरि रोव कोइ नहिं डोला। आधी राति बिहंगम बोला।।
'तू फिरि फिरि दाहै सब पाँखी। केहि दुख रैनि न लावसि आँखी'।।
नागमती कारन कै रोई। का सोवै जो कंत बिछोई।।
मनचित हुँते न उतरै मोरे। नैन क जल चुकि रहा न मोरे।।
कोइ न जाइ ओहि सिंघलदीपा। जेहि सेवाति कहँ नैना सीपा।।
जोगी होइ निसरा सो नाहू। तब हुँत कहा सँदेस न काहू।।
निति पूछौं सब जोगी जंगम। कोइ न कहै निज बात बिहंगम।।
चारिउ चक्र उजार भए, कोइ न सँदेसा टेक।
कहौं बिरह दुख आपन, बैठि सुनहु दँड एक।।1।।
तासौं दुख कहिए, हो बीरा। जेहि सुनि कै लागै पर पीरा।।
को होइ भिउँ अँगवै परदाहा। को सिंघल पहुँचावै चाहा?
जहँवाँ कंत गए होइ जोगी। हौ किंगरी भइ झूरि बियोगी।।
वै सिंगी पूरी, गुरु भेंटा। हौं भइ भसम, न आइ समेटा।।
कथा जो कहै आइ ओहि केरी। पाँवरि होउँ, जनम भर चेरी।।
ओहि के गुन सँवरत भइ माला। अबहुँ न बहुरा उड़िगा छाला।।
बिरह गुरु, खप्पर कै हीया। पवन अधार रहै सो जीया।।
हाड़ भए सब किंगरी, नसै भईं सब ताँति।
रोवँ रोवँ ते धुनि उठै, कहौं बिथा केहि भाँति?।।2।।
पदमावति सौं कहेउ बिहंगम। कंत लोभाइ रही करि संगम।।
तू घर घरनि भइ पिउ हरता। मोहि तन दीन्हेसि जप औ बरता।।
रावट कनक सो तोकहँ भएउ। रावट लंक मोहि कै गएऊ।।
तोहि चैन सुख मिलै सरीरा। मो कहँ हिये दुंद दुख पूरा।।

---

(1) कारन कै=करुणा करके (अवध)। तब हुँत=तब से। टेक=ऊपर लेता है। (2) बीरा=भाई। भिउँ=भीम। अँगवै=अंग पर सहे। चाहा=खबर। पाँवरि=जूती।

हमहुँ बियाही सँग ओहि पीऊ। आपुहि पाइ जानु पर जीऊ।।
हमहुँ मया करु, करु जिउ फेरा।मोहिं जियाउ कंत देइ मेरा।।
मोहिं भोग सौं काज न बारी। सौंह दीठि कै चाहनहारी।।
सवति न होहि तू बैरिनि, मोर कंत जेहि हाथ।
आनि मिलाव एक बेर, तोर पाँय मोर माथ।।3।।
रतनसेन कै माइ सुरसती। गोपीचंद जसि मैनावती।।
आँधरि बूढ़ि होइ दुख रोवा। जीवन रतन कहाँ दहुँ खोवा।।
जीवन अहा लीन्ह सौ काढ़ी। भइ बिनु टेक, करै को ठाढ़ी?
बिनु जीवन भइ आस पराई।कहाँ सो पूत खंभ होइ आई।।
नैन दीठ नहिं दिया बराहीं। घर अँधियार पूत जौ नाहीं।।
को रे चलै सरवन के ठाऊँ।टेक देह औ टेकै पाऊँ।।
तुम सरवन होइ काँवरि सजा।डार लाइ अब काहे तजा?
'सरवन! सरवन!' ररि मुई, माता काँवरि लागि।
तुम्ह बिनु पानि न पावै, दसरथ लावै आगि।।4।।
लेइ सो सँदेस बिहंगम चला। उठी आगि सगरौं सिंघला।।
बिरह बजागि बीच को ठेघा?। धूम सो उठा साम भए मेघा।।
भरिगा गगन लूक अस छूटे। होइ सब नखत आइ भुइँ टूटे।।
जहँ जहँ भूमि जरी भा रेहू। बिरह के दाघ भई जनु खेहू।।
राहु केतु, जब लंका जारी। चिनगी उड़ी चाँद महँ परी।।
जाइ बिहंगम समुद डफारा। जरे मच्छ पानी भा खारा।।
दाधे बन बीहड़, जड़, सीपा। जाइ निअर भा सिंघलदीपा।।

---

(3) घर=अपने घर में ही। घरनि=घरवाली, गृहिणी। रावट=महल। लंक=जलती हुई लंका। चाहनहारी=देखनेवाली। (4) खंभ=सहारा। बराहीं=जलते हैं। सरवन='श्रवणकुमार' जिसकी कथा उत्तरापथ में घर-घर प्रसिद्ध है। एक प्रकार के भिखमंगे सरवन की मातृ-पितृ-भक्ति की कथा करताल बजाकर गाते फिरते हैं। यह कथा वाल्मीकि रामायण में दशरथ ने अपने मरने से पहले कौशल्या से कही है। दशरथ ने युवावस्था में शिकार खेलते समय एक वृद्ध तपस्वी के पुत्र को हाथी के धोखे में मार डाला था। वह मुनिपुत्र अंधे वृद्ध माता-पिता के लिए पानी लेने आया था। वृद्ध मुनि ने दशरथ को शाप दिया कि तुम भी पुत्रवियोग में मरोगे। दशरथ का नाम न देकर यही कथा बौद्धों के 'सामजातक' में भी आई है। पर उसमें अंधे मुनि बुद्ध के पूर्ण उपासक कहे गए हैं और उनके जी उठने की बात है। रामायण में 'श्रवणकुमार' शब्द नहीं आया है, केवल मुनिपुत्र लिखा है। पर इस कथा का प्रचार बौद्धों में अधिक हुआ, इसी से यह 'सरवन' अर्थात् श्रमण (बौद्ध भिक्षु) की कथा के नाम से ही देश में प्रसिद्ध है। 'सरवन' के गीत गानेवाले आरंभ में एक प्रकार के बौद्ध भिक्षु ही थे। इसका आभास इस बात से मिलता है कि सरवन के गीत गानेवालों के लिए अभी थोड़े दिन पहले तक यह नियम था कि वे दिन निकलने के पीछे न माँगा करें, मुँहअँधेरे ही माँग लिया करें। काँवरि=बाँस के डंडे के दोनों छोरों पर बँधे हुए झाबे, जिनमें तीर्थयात्री लोग गंगाजल आदि लेकर चला करते हैं (सरवन अपने माता-पिता को काँवरि में बैठाकर ढोया करते थे)।

समुद्र तीर एक तरिवर, जाइ बैठ तेहि रूख।
जौ लगि कहा सँदेस नहिं, नहिं पियास, नहिं भूख। ।5 । ।

रतनसेन बन करत अहेरा। कीन्ह ओही तरिवर तर फेरा।।
सीतल बिरिछ समुद के तीरा। अति उतंग औ छाँह गँभीरा।।
तुरय बाँधि कै बैठ अकेला। साथी और करहिं सब खेला।।
देखत फिरै सो तरिवर साखा। लाग सुनै पंखिन्ह कै भाखा।।
पंखिन महँ सो बिहंगम अहा। नागमती जासौं दुख कहा।।
पूछहिं सबै बिहंगम नामा। आहो मीत! काहे तुम सामा?।।
कहेसि मीत! मासक दुह भए। जंबूदीप तहाँ हम गए।।
नगर एक हम देखा, गढ़ चितउर ओहि नाँव।
सो दुख कहौं कहाँ लगि, हम दाढ़े तेहि ठाँव। ।6 । ।

जोगी होइ निसरा सो राजा। सून नगर जानहु धुँध बाजा।।
नागमती है ताकरि रानी। जरी बिरह भइ कोइल बानी।।
अब लगि जरि भइ होइहि छारा। कही न जाइ बिरह कै झारा।।
हिया फाट वह जबहीं कूकी। परै आँसु अब होइ होइ लूकी।।
चहूँ खंड छिटकी वह आगी। धरती जरति गगन कहँ लागी।।
बिरह दवा को जरत बुझावा। जेहि लागै सो सौहैं भावा।।
हौं पुनि तहाँ सो दाढ़ै लागा। तन भा साम जीउ लेइ भागा।।
का तुम हँसहु गरब कै, करहु समुद महँ केलि।
मति ओहि बिरहा बस परै, दहै अगिनि जो मेलि'। ।7 । ।

सुनि चितउर राजा मन गुना। बिधि सँदेस मैं कासौं सुना।।
को तरिवरि पर पंखी बेसा। नागमती कर कहै सँदेसा?
को तुँ मीत मन-चित्त-बसेरू। देब कि दानव पवन पखेरू?
ब्रह्म बिस्नु बाचा है तोही। सो निज बात कहै तू मोही।।
कहाँ सो नागमती तैं देखी। कहेसि बिरह जग मनहिं बिसेखी।।
हौं सोई राजा भा जोगी। जेहि कारन वह ऐसि बियोगी।।
जस तूँ पंखि महूँ दिन भरौं। चाहौं कबहि जाइ उड़ि परौं।।
पंखि! आँखि तेहि मारग, लागी सदा रहाहिं।
कोइ न सँदेसी आवहि, तेहि क सँदेस कहाँहि। ।8 । ।

पूछसि कहा सँदेस बियोगू। जोगी भए न जानसि भोगू।।
दहिने संख न, सिंगी पूरै। बाएँ पूरि राति दिन झूरै।।

---

(5) ठेघा=टिका, ठहरा। डफारा=चिल्लाया। (7) धुँध बाजा=धुंध या अंधकार छाया। बानी=वर्ण की। भइ होइहि= हुई होगी। झारा=ज्वाला। लूकी=लुक। दवा=दावाग्नि। (8) बसेरू=बसनेवाला। दिन भरौं=दिन बिताता हूँ। महूँ=मैं भी।

तेलि बैल जस बावँ फिराई। परा भँवर महँ सो न तिराई।।
तुरय, नाव, दहिने रथ हाँका। बाएँ फिरै कोहाँर क चाका।।
तोहिं अस नाहीं पंखि भुलाना। उड़ै सो आव जगत महँ जाना।।
एक दीप का आएउँ तोरे। सब संसार पाँय तर मोरे।।
दहिने फिरै सो अस उजियारा। जस जग चाँद सुरुज मनियारा।।
मुहमद बाइँ दिसि तजा, एक स्रवन एक आँखि।
जब तें दाहिन होइ मिला, बोल पपीहा पाँखि।।9।।
हौं धुव अचल सौं दाहिनि लावा। फिरि सुमेरु चितउर गढ़ आवा।।
देखेउँ तोरे मँदिर घमोई। मातु तारि आँधरि भइ रोई।।
जस सरवन बिनु अंधी अंधा। तस ररि मुई तोहि चित बंधा।।
कहेसि मरौं, को काँवरि लेई? पूत नाहिं, पानी को देई?
गई पियास लागि तेहि साथा। पानि दीन्ह दसरथ कै हाथा।।
पानि नि पियै, आगि पै चाहा। तोहि अस सुत जनमे अस लाहा।।
होइ भगीरथ करु तहँ फेरा। जाहि सवार, मरन कै बेरा।।
तू सपूत माता कर, अस परदेस न लेहि।
अब ताइँ मुइ होइहि, मुए जाइ गति देहि।।10।।
नागमती दुख बिरह अपारा। धरती सरग जरै तेहि झारा।।
नगर कोट घर बाहर सूना। नौजि होइ घर पुरुष बिहूना।।
तू काँवरू परा बस टोना। भूला जोग, छरा तोहि लोना।।
वह तोहि कारन मरि भइ छारा। रही नाग होइ पवन अधारा।।
कहुँ बोलहि 'मो कहँ लेइ खाहूँ'। मांसु न, काया रचै जो काहू।।
बिरह मयूर नाग, वह नारी। तू मजार करु बेगि गोहारी।।
माँसु गिरा, पाँजर होइ परी। जोगी! अबहुँ पहुँच लेइ जरी।।
देखि बिरह दुख ताकर, मैं सो तजा बनबास।
आएउँ भागि समुद्रतट, तबहुँ न छाड़ै पास।।11।।
अस परजरा बिरह कर गठा। मेघ साम भए धूम जो उठा।।
दाढ़ा राहु, केतु गा दाधा। सूरज जरा चाँद जरि आधा।।

---

(9) दहिने संख=दक्षिणावर्त शंख नहीं फूँकता। झूरै=सूखता है। तिराई=पानी के ऊपर आता है। तोहिं पास...भुलाना=पक्षी तेरे ऐसा नहीं भूले हैं, वे जानते हैं कि हम उड़ने के लिए इस संसार में आए हैं। मनियार=रौनक, चमकता हुआ। मुहमद बाईं...आँखि=मुहम्मद कवि ने बाईं ओर आँख और कान करना छोड़ दिया (जायसी काने थे भी) अर्थात् वाम मार्ग छोड़कर दक्षिण मार्ग का अनुसरण किया। बोल=कहलाता है। (10) दाहिन लावा=प्रदक्षिणा की। घमोई=सत्यानासी सा भँड़भाँड़ नामक कँटीला पौधा जो खंडहरों या उजड़े मकानों में प्रायः उगता है। सवार=जल्दी। (11) नौजि=न, ईश्वर न करे (अवध)। काँवरू=कामरूप में, जो जादू के लिए प्रसिद्ध है। लोना=लोना चमारी जो जादू में एक थी। मजार=बिल्ली। जरी=जड़ी-बूटी।

औ सब नखत तराईं जरहीं। टूटहिं लूक धरति महँ परहीं।।
जरै सो धरती ठावहिं ठाऊँ। दहकि पलास जरै तेहि दाऊँ।।
बिरह साँस तस निकसै झारा। दहि दहि परबत होहिं अँगारा।।
भँवर पतंग जरैं औ नागा। कोइल, भुजइल, डोमा कागा।।
बन पंखी सब जिउ लेइ उड़े। जल महँ मच्छ दुखी होइ बुड़े।।
महूँ जरत तहँ निकसा, समुद बुझाएउँ आइ।
समुद पानि जरि खर भा, धुआँ रहा जग छाइ।।12।।
राजै कहा, रे सरग, सँदेसी। उतरि आउ मोहि मिलु रे बिदेसी।।
पाय टेकि तोहि लायौं हियरे। प्रेम सँदेस कहहु होइ नियरे।।
कहा बिहंगम जो बनबासी। कित गिरही तं होइ उदासी?
जेहि तरिवर तर तुम अस कोऊ। कोकिल काग बराबर दोऊ।।
धरती महँ विषचारा परा। हारिल जानि भूमि परिहरा।।
फिरौं बियोगी डारहिं डारा। करौं चलै कहँ पंख सँवारा।।
जियै क घरी घटति निति जाहीं। साँझहिं जीउ रहै, दिन नाहीं।।
जौ लहि फिरौ। मुकुत होइ, परौं न पींजर माँह।
जाऊँ बेगि थल आपने, है जेहि बीच निबाह।।13।।
कहि संदेस बिहंगम चला। आगि लागि सगरौं सिंघला।।
घरी एक राजा गोहरावा। भा अलोप, पुनि दिस्टि न आवा।।
पंखी नाव न देखा पाँखा। राजा होइ फिरा कै साँखा।।
जस हेरत वह पंखि हेराना। दिन एक हमहूँ करब पयाना।।
जौ लगि प्रान पिंड एक ठाऊँ। एक बार चितउर गढ़ जाऊँ।।
आवा भँवर मँदिर महँ केवा। जीउ साथ लेइ गएउ परेवा।।
तन सिंघल मन चितउर बसा। जिउ बिसँभर नागिनि जिमि डसा।।
जेति नारि हँसि पूँछहीं, अमिय बचन जिउ तंत।
रस उतरा बिष चढ़ि रहा, ना ओहि तंत न मंत।।14।।
बरिस एक तेहि सिंघल भएऊ। भोग बिलास करत दिन गयऊ।।
भा उदास जौ सुना सँदेसू। सँबरि चला मन चितउर देसू।।

---

(12) परजरा=प्रज्वलित हुआ, जला। गठा=गट्ठा, ढेर। दाऊँ=दावाग्नि। भुजइल=भुजंगा नाम का काला पक्षी। डोमा कागा=बड़ा कौआ जो सर्वांग काला होता है। (13) सरग सँदेसी=स्वर्ग से (ऊपर से) सँदेसा कहने वाला। गिरही=गृह। हारिल...परिहरा=कहते हैं, हारिल भूमि पर पैर नहीं रखता, चंगुल में सदा लकड़ी लिये रहता है जिससे पैर भूमि पर न पड़े। चलै कहाँ=चलने के लिए। (14) गोहरावा=पुकारा। साँखा=शंका चिंता। पिंड=शरीर। मंदिर महँ केवा=कमल (पदमावती) के घर में। विसंभर=बेसँभाल, सुध, बुध भूला हुआ। जेति नारि=जितनी स्त्रियाँ हैं सब। जिउ तंत=जी की बात (तत्त्व)।

कँवल उदास जो देखा भँवरा। थिर न रहै अब मालति सँवरा।।
जोगी, भँवरा, पवन परावा। कित सो रहै जो चित्त उठावा।।
जौ पै काढ़ि देइ जिउ कोई। जोगी भँवर न आपन होई।।
तजा कँवल मालति हिय घाली। अब हित थिर आछै अलि, आली।।
गंध्रबसेन आव सुनि बारा। कस जिउ भएउ उदास तुम्हारा?
मैं तुम्हही जिउ लावा, दीन्ह नैन महँ वास।
जौ तुम होहु उदास तौ, यह काकर कविलास?।।15।।

---

(15) परावा=पराए, अपने नहीं। चित्त उठावा=जाने का संकल्प या विचार किया। हिय घाली=हृदय में लाकर।

(32) रत्नसेन-बिदाई खंड

रतनसेन बिनवा कर जोरी। अस्तुति जोग जीभ नहिं मोरी।।
सहस जीभ जौ होहिं गोसाईं। कहि न जाइ अस्तुति जहँ ताईं।।
काँच रहा तुम कंचन कीन्हा। तब भा रतन जोति तुम दीन्हा।।
गंग जो निरमल नीर कुलीना। नार मिले जल होइ मलीना।।
पानि समुद्र मिला होइ सोती। पाप हरा, निरमल भा मोती।।
तस हौं अहा मलीनी कला। मिला आइ तुम्ह, भा निरमला।।
तुम्ह मन आवा सिंघलपुरी। तुम्ह तैं चढ़ा राज औ कुरी।।
सात समुद तुम राजा, सरि न पाव कोइ खाट।
सबै आइ सिर नावहिं, जहँ तुम साजा पाट।।1।।
अब बिनती एक करौं गोसाईं। तौ लगि कथा जीव जब ताईं।।
आवा आजु हमार परेबा। पाती आनि दीन्ह मोहिं देवा!।।
राज काज औ भुइँ उपराहीं। सत्रु भाइ सम कोई नाहीं।।
आपन आपन करहिं सो लीका। एकहि मारि एक चह टीका।।
भए अमावस नखतन्ह राजू। हम्ह कै चंद चलावहु आजू।।
राज हमार जहाँ चलि आवा। लिखि पठइनि अब होइ परावा।।
उहाँ नियर दिल्ली सुलतानू। होइ जो भोर उठै जिमि भानू।।
रहहु अमर महि गगन लगि, तुम महि लेइ हम्ह आउ।
सीस हमार तहाँ निति, जहाँ तुम्हारा पाउ।।2।।
राजसभा पुनि उठी सवारी। अनु, बिनती राखिय पति भारी।।
भाइन्ह माहँ होइ जिनि फूटी। घर के भेद लंक अस टूटी।।
बिरवा लाइ न सूखे दीजै। पावै पानि दिस्टि सो कीजै।।

---

(1) कुरी=कुल, कुलीनता। खाट=खटाता है, ठहरता है। सरि न पाव...खाट=बराबरी करने में कोई नहीं ठहर सकता। (2) देवा=हे देव! उपराहीं=ऊपर। लीका करहिं=अपना सिक्का जमाते हैं। लीका=थाप। हम्ह कै चाँद आजू उन नक्षत्रों के बीच चंद्रमा (उनका स्वामी) बनाकर हमें भेजिए। भोर=(क) प्रभात, (ख) भूला हुआ, असावधान। महि लेइ...आउ=पृथ्वी पर हमारी आयु लेकर।

आनि रखा तुम दीपक लेसी। पै न रहै पाहुन परदेसी।।
जाकर राज जहाँ चलि आवा। उहै देस पै ताकहँ भावा।।
हम तुम नैन घालि कै राखे। ऐसि भाख एहि जीभ न भाखै।।
दिवस देहु सह कुसल सिधावहिं। दीरघ आइ होइ, पुनि आवहिं।।
सबहि बिचार परा अस, भा गवने कर साज।
सिद्धि गनेस मनावहिं, बिधि पुरवहु सब काज।।3।।
बिनय करै पदमावति बारी। हौं पिउ! जैसी कुंद नेवारी।।
मोहि असि कहाँ सो मालति बेली। कदम सेवती चंप चमेली।।
हौ सिंगारहार जस तागा। पुहुप कली अस हिरदय लागा।।
हौं सो बसंत करौ निति पूजा। कुसुम गुलाल सुदरसन कूजा।।
बकुचन बिनवौं रोस न मोही। सुनु बकाउ तजि चाहु न चूही।।
नागेसर जो है मन तोरे। पूजि न सकै बोल सरि मोरे।।
होइ सदबरग लीन्ह मैं सरना। आगे करु जो, कंत! तोहि करना।।
केत बारि समुझावै, भँवर न काँटै बेध।
कहै मरौं पै चितउर, जज्ञ करौं असुमेध।।4।।
गवनचार पदमावति सुना। उठा धसकि जिउ औ सिर धुना।।
गहबर नैन आए भरि आँसू। छाँड़व यह सिंघल कबिलासू।।
छाँड़िउ नैहर, चलिउँ बिछोई। एहि रे दिवस कहँ हौं तब रोई।।
छाँड़िउ आपन सखी सहेली। दूरि गवन, तजि चलिउँ अकेली।।
जहाँ न रहन भएउ बिनु चालू। होतहि कस न तहाँ भा कालू।।
नैहर आइ काह सुख देखा? जनु होइगा सपने कर लेखा।।
राखत बारि सो पिता निछोहा। कित बियाहि अस दीन्ह बिछोहा।।
हिये आइ दुख बाजा, जिउ जानहु गा छेंकि।
मन तेवान कै रोवै, हर मंदिर कर टेकि।।5।।
पुनि पदमावति सखी बोलाईं। सुनि कै गवन मिलै सब आईं।।
मिलहु, सखी! हम तहँवाँ जाहीं। जहाँ जाइ पुनि आउब नाहीं।।
सात समुद्र पार वह देसा। कित रे मिलन, कित आव सँदेसा।।

---

(3) राजसभा=रत्नसेन के साथियों की सभा। सवारी=सब। अनु=हाँ, यही बात है। फूटी=फूट। दीपक लेसी=पदमावती ऐसा दीपक प्रज्वलित करके। पाहुन=अतिथि।(4) मालति=अर्थात् नागमती। कदम सेवती=(क) चरणसेवा करती है, (ख) कदंब और सफेद गुलाब। हौ सिंगारहार तागा=हार के बीच पड़े हुए डोरे के समान तुम हो। पुहुप कली...लागा=कली के हृदय के भीतर इस प्रकार पैठे हुए हो। बकुचन=(क) बद्धांजलि, जुड़ा हुआ हाथ; (ख) गुच्छा। बकाउ=बकावली। नागेसर=(क) नागमती, (ख) एक फूल। बोल=एक झाड़ी जो अरब, शाम की ओर होती है। केत बारि=(क) केतकी रूपवाला, (ख) कितना ही वह स्त्री। (5) धसकि उठा=दहल उठा। गहबर=गीले। होतहि...कालू=जन्म लेते ही क्यों न मर गई। बाजा=पड़ा। तेवान=सोच, चिंता। हर मंदिर=प्रत्येक घर में।

अगम पंथ परदेस सिधारी। न जनौं कुसल कि बिथा हमारी।।
पितै न छोह कीन्ह हिय माहाँ। तहँ को हमहिं राख गहि बाहाँ?
हम तुम मिलि एकै सँग खेला। अंत बिछोह आनि गिउ मेला।।
तुम्ह अस हित संघती पियारी। जियत जीउ नहिं करौं निनारी।।
कंत चलाई का करौं, आयसु जाइ न मेटि।
पुनि हम मिलहिं कि ना मिलहिं, लेहु सहेली भेंटि।।6।।
धनि रोबत रोबहिं सब सखी। हम तुम्ह देखि आपु कहँ झँखी।।
तुम्ह ऐसी जौ रहै न पाई। पुनि हम काह जो आहिं पराई।।
आदि अंत जो पिता हमारा। ओहु न यह दिन हिये बिचारा।।
छोह न कीन्ह निछोही ओहू। का हम्ह दोष लाग एक गोहूँ।।
मकु गोहूँ कर हिया चिराना। पै सो पिता न हिये छोहाना।।
औ हम देखा सखी सरेखा। एहि नैहर पाहुन के लेखा।।
तब तेइ नैहर नाहीं चाहा। जौ ससुरारि होइ अति लाहा।।
चालन कहँ हम अवतरीं, चलन सिखा नहिं आय।
अब सो चलन चलावै, को राखैं गहि पाय?।।7।।
तुम बारी पिउ दुहुँ जग राजा। गरब किरोध ओहि पै छाजा।।
सब फर फूल ओहि के साखा। चहै सो तूरै, चाहै राखा।।
आयसु लिहे रहिहु निति हाथा। सेवा करिहु लाइ भुइँ माथा।।
बर पीपर सिर ऊभ जो कीन्हा। पाकरि तिन्हहिं छीन फर दीन्हा।।
बौरि जो पौढ़ि सीस भुइँ लावा। बड़ फल सुफल ओहि जग पावा।।
आम जो फरि कै नवै तराहीं। फल अमृत भा सब उपराहीं।।
सोइ पियारी पियहि पिरीती। रहै जो आयसु सेवा जीती।।
पत्रा काढ़ि गवन दिन देखहि, कौन दिवस दहुँ चाल।
दिसासूल चक जोगिनी, सौंह न चलिए, काल।।8।।
अदित सूक पच्छिउँ दिसि राहू। बीफै दखिन लंकदिसि दाहू।।
सोम सनीचर पुरुब न चालू। मंगल बुद्ध उत्तर दिसि कालू।।
अवसि चला चाहै जौ कोई। ओषद कहौं रोग नहिं होई।।
मंगल चलत मेल मुख धनिया। चलत सोम देखै दरपनिया।

---

(6) बिथा=दुःख। गिउ मेला=गले पड़ा। (7) झंखी=झीखी, पछताई। का हम्ह दोष...गोहूँ=हम लोगों को एक गेहूँ के कारण क्या ऐसा दोष लगा (मुसलमानों के अनुसार जिस पौधे के फल को खुदा के मना करने पर भी हौवा ने आदम को खिलाया था वह गेहूँ था। इसी निषिद्ध फल के कारण खुदा ने हौवा को शाप दिया और दोनों को बहिश्त से निकाल दिया)। चिराना=बीच से चिर गया। छोहाना=दया की। सरेखा=चतुर। (8) तूरै=तोड़े। ऊभ=ऊँचा, उठा हुआ। बौरि=लता। पौढ़ि=लेटकर। तराहा=नीचे। सेवा जीता=सेवा में सबसे जीती हुई अर्थात् बढ़कर रहे।

सूकहि चलत मेल मुख राई। बीफै चलै दखिन गुड़ खाई।।
अदित तँबोल मेलि मुख मंडै। बायबिरंग सनीचर खंडै।।
बुद्धहि दही चलहु करि भोजन। ओषद इहै और नहिं खोजन।।
अब सुनु चक्र जोगिनी, ते पुनि थिर न रहाहिं।
तीसौ दिवस चंद्रमा, आठौ दिसा फिराहिं।।9।।

बारह ओनइस चारि सताइस। जोगिनि पच्छिउँ दिसा गनाइस।।
नौ सोरह चौबिस औ एका। दक्खिन पुरब कोन तेइ टेका।
तीन इगारह छबिस अठारहु। जोगनि दक्खिन दिसा बिचारहु।।
दुइ पचीस सत्रह औ दसा। दक्खिन पछिउँ...कान बिच बसा।।
तेइस तीस आठ पंद्रहा। जोगिनि होहिं पुरुब सामुहा।।
चौदह बाइस ओनतिस साता। जोगिनि उत्तर दिस कहँ जाता।।
बीस अठाइस तेरह पाँचा। उत्तर पछिउँ कोन तेइ नाचा।।
एकइस औ छ जोगिनी उतर पुरुब के कोन!
यह गनि चक्र जोगिन बीचु जो चह सिंध होन।।10।।

परिवा, नवमी पुरुब न भाएँ। दूइज दसमी उतर अदाएँ।।
तीज एकादसि अगनिउ मारै। चौथि, दुवादसि नैऋत वारै।।
पाँचइँ तेरसि दखिन रमेसरी। छठि चौदसि पच्छिउँ परमेसरी।।
सतमी पूनिउँ बायब आछी। अठइँ अमावस ईसन लाछी।।
तिथि नछत्र पुनि बार कहीजै। सुदिन साथ प्रस्थान धरीजै।।
सगुन दुधरिया लगन साधना। भद्रा औ दिकसूल बाँचना।।
चक्र जोगिनी गनै जो जानै। पर घर जीति लच्छि घर आनै।।
सुख समाधि आनंद घर, कीन्ह पयाना पीउ।
थरथराइ तन काँपै, धरकि धरकि उठि जीउ।।11।।

मेष, सिंह, धन पूरुब बसै। बिरिख, मकर कन्या जम दिसै।।
मिथुन तुला औ कुंभ पछाहाँ। करक, मीन, बिरछिक उतराहाँ।।
गवन करै कहँ उगरै कोई। सनमुख सोम लाभ बहु होई।।
दहिन चंद्रमा सुख सरबदा। बाएँ चंद त दुख आपदा।।
अदित होइ उत्तर कहँ कालू। सोम काल बायब नहिं चालू।।

---

(9) अदित=आदित्यवार। सूक=शूक्र। खंडै=चबाय। (10) दसा=दस। सामुहा=सामने। बाँचु=तू बच। (11) न भए=नहीं अच्छा है। अदाएँ=वाम, बुरा। अगनिउ=आग्नेय दिशा। मारै=घातक है। बारैं=बचावे। रमेसरी=लक्ष्मी। परमेसरी=देवी। बायब=वायव्य। ईसन=ईशान कोण। लाछी= लक्ष्मी। सगुन दुधरिया=दुधरिया महूर्त जो होरा के अनुसार निकाला जाता है और जिसमें दिन का विचार नहीं किया जाता, रात-दिन को दो-दो घड़ियों में विभक्त करके राशि के अनुसार शुभाशुभ का विचार किया जाता है।

भौम काल पच्छिउँ बुध निऋता। गुरु दक्खिन औ सुक अगनइता।।
पूरुब काल सनीचर बसै। पीठि काल देइ चलै त हँसै।।
धन नछत्र औ चंद्रमा, औ तारा बल सोइ।
सभय एक दिन गवनै, लछमी केतिक होइ।।12।।
पहिले चाँद पुरुब दिसि तारा। दूजे बसै इसान बिचारा।।
तीजे उतर औ चौथे बायब। पँचएँ पच्छिउँ दिसा गनाइब।।
छठएँ नैऋत, दक्खिन सतएँ। बसै जाइ अगनिउँ सो अठएँ।।
नवएँ चंद्र सो पृथिबी बासा। दसएँ चंद जो रहै अकासा।।
ग्यरहें चंद पुरुब फिरि जाई। बहु कलेस सौं दिवस बिहाई।।
असुनी, भरनि, रेवती भली। मृगसिर, मूल, पुनरबसु बली।।
पुष्य ज्येष्ठा, हस्त, अनुराधा। जो सुख चाहे पूजे साधा।।
तिथि, नछत्र औ बार एक, अस्ट सात खँड भाग।
आदि अंत बुध सो एहि, दुख सुख अंकम लाग।।13।।
परिवा, छट्ठि, एकादसि नंदा। दुइज, सत्तमी, द्वादसि मंदा।।
तीज, अस्टमी, तेरसि जया। चौथि चतुरदसि नवमी खया।।
पूरन पूनिउँ दसमी, पाँचै। सुक्रै नंदै, बुध भए नाचै।।
अदित सौं हस्त नखत सिधि लहिए। बीफै पुष्य स्रबन ससि कहिए।।
भरनि रेवती बुध अनुराधा। भए अमावस रोहिनि साधा।।
राहु चंद्र भू संपति आए। चंद गहन तब लाग सजाए।।
सनि रिकता कुज अज्ञा लीजै। सिद्धि जोग गुरु परिवा कीजै।।
छठे नछत्र होइ रवि, ओहि अमावस होइ।
बीचहि परिवा जौ मिलै, सुरुज गहन तब होइ।।14।।
'चलहु चलहु' भा पिउ कर चालू। घरी न देख लेत जिउ कालू।।
समदि लोग पुनि चढ़ी बिवाना। जेहि दिन डरी सो आइ तुलाना।।
रोवहिं मात पिता औ भाई। कोउ न टेक जौ कंत चलाई।।
रोवहिं सब नैहर सिंघला। लेइ बजाइ कै राजा चला।।
तजा राज रावन का केहू ? छाँड़ा लंक बिभीषन लेहू।।
भरीं सखी सब भेंटत फेरा। अंत कंत सौं भएउ गुरेरा।।
कोउ काहू कर नाहिं निआना। मया मोह बाँधा अरुझाना।।

---

(12) बिरछिक=वृश्चिक राशि। उगरै=निकले। अगनइता=आग्नेय दिशा। (14) नंदा=आनंददायिनी, शुभ। मंदा=अशुभ। जया=विजय देनेवाली। खया=क्षय करनेवाली। सनि रिकता=शनि रिक्ता, शनिवार रिक्ता तिथि या खाली दिन।

कंचन कया सो रानी, रहा न तोला माँसु।
कंत कसौटी घालि कै, चूरा गढ़ै कि हाँसु।।15।।

जब पहुँचाइ फिरा सब कोऊ। चला साथ गुन अवगुन दोऊ।।
औ सँग चला गवन सब साजा। उहै देह अस पारै राजा।।
डोली सहस चली सँग चेरी। सबै पदमावती सिंघल केरी।।
भले पटोर जराव सँवारे। लाख चारि एक भरे पेटारे।।
रतन पदारथ मानिक मोती। काढ़ि भँडार दीन्ह रथ जोती।।
परखि सो रतन पारखिन्ह कहा। एक एक दीप एक एक लहा।।
सहसन पाँति तुरय कै चली। औ सौ पाँति हस्ति सिंघली।।
लिखनी लागि जौ लेखै, न पारै जोरि।
अरब, खरब दस, नील, संख औ अरबुद पदम करोरि।।16।।

देखि दरब राजा गरबाना। दिस्टि माहँ कोइ और न आना।।
जो मैं होहुँ समुद के पारा। को है मोहिं सरिस संसारा।।
दरब तें गरब, लोभ बिष मूरी। दत्त न रहै, सत्त होइ दूरी।।
दत्त सत्त हैं दूनौ भाई। दत्त न रहै, सत्त पै जाई।।
जहाँ लोभ तहँ पाप सँघाती। सँचि कै मरै आनि के थाती।।
सिद्ध जो दरब आगि कै थापा। कोई जार, जारि कोइ तापा।।
काहू चाँद काहु भा राहु। काहू अमृत, बिष भा काहू।।
तस भुलान मन राजा, लोभ पाप अँधकूप।
आइ समुद्र ठाढ़ भा, कै दानी कर रूप।।17।।

(15) समदि=विदा के समय मिलकर (समदन=बिदाई, जैसे पितृ-समदन-अमावस्या)। आइ तुलाना=आ पहुँचा। टेक=पकड़ता है। का केहू=और कोई क्या है? गुरेरा=देखा देखी, साक्षात्कार। निआना= निदान, अंत में। चूरा=कड़ा। हाँसु=हँसली नाम का गले का गहना।(16) जराव=जड़ाऊ। एक-एक दीप... लहा=एक-एक रत्न का मोल एक-एक द्वीप था। (17) दत्त=दान। सत्त=सत्य। साँचि कै=संचित करके। सिद्ध जो...थापा=जो सिद्ध हैं वे द्रव्य को अग्नि ठहराते हैं। थापा=थापते हैं, ठहराते हैं। दानी=दान लेनेवाला, भिक्षुक। कै दानी कर रूप=मंगन का रूप धरकर।

(33) देशयात्रा खंड

बोहित भरे, चला लेइ रानी। दान माँगि सत देखै दानी।।
लोभ न कीजै, दीजै दानू। दान पुन्नि तें होइ कल्यानू।।
दरब दान देबै बिधि कहा। दान मोख होइ, दुःख न रहा।।
दान आहि सब दरब क जूरू। दान लाभ होइ बाँचे मूरू।।
दान करै रच्छा मँझ नीरा। दान खेइ कै लावै तीरा।।
दान करन दै दुइ जग तरा। रावन सँचा, अगिनि महँ जरा।।
दान मेरु बड़ि लागि अकासा। सैंति कुबेर मुए तेहि पासा।।
चालिस अंस दरब जहँ, एक अंस तहँ मोर।
नाहिं त जरै कि बूड़ै, की निसि मूसहिं चोर।।1।।
सुनि सो दान राजै रिसि मानी। केइ बौराएसि बौरे दानी।।
सोई पुरुष दरब जेइ सैंती। दरबहिं तै सुनु बातैं एती।।
दरब तँ गरब करै जे चाहा। दरब तें धरती सरग बेसाहा।।
दरब तें हाथ आव कबिलासू। दरब तें अछरी छाँड़ न पासू।।
दरब तें निरगुन होइ गुनवंता। दरब तें कुबुज होइ रूपबंता।।
दरब रहै भुइँ दिपै लिलारा। अस मन दरब देइ को पारा?।।
दरब तें धरम करम औ राजा। दरब तें सुद्ध बुद्धि, बल गाजा।।
कहा समुद, रे लोभी! बैरी दरब, न झाँपु।।
भएउ न काहू आपन, मूँद पेटारी साँपु।।2।।
आधे समुद ते आए नाहीं। उठी बाउ आँधी उतराहीं।।
लहरैं उठी समुद उलथाना। भूला पंथ, सरग नियराना।।
अदिन आइ जौ पहुँचै काऊ। पाहन उड़ै बहै सो बाऊ।।

---

(1) जूरू=जोड़ना। सँचा=संचित किया। दान=दान से। सैंति=सहेजकर, संचित करके। (2) सैंति=संचित किया। एती=इतनी। बेसाहा खरीदते हैं। कुबुज=कुबड़ा। दरब रहै...लिलारा=द्रव्य धरती में गड़ा रहता है और चमकता है माथा (असंगति का यह उदाहरण इस कहावत के रूप में भी प्रसिद्ध है, 'गाड़ा है भँडार; बरत है लिलार')। देइ को पारा=कौन दे सकता है। मूँद=मूँदा हुआ, बंद।

बोहित चले जो चितउर ताके। भए कुपंथ, लंक दिसि हाँके।।
जो लेइ भार निबाहि न पारा। सो का गरब करै कँधारा?।।
दरब भार सँग काहु न उठा। जेइ सैंता ताहीं सौं रुठा।।
गहे पखान पंखि नहिं उड़ै। 'मोर मोर' जो करै सो बुड़ै।।
दरब जो जानहिं आपना भूलहिं गरब मनाहिं।
जौ रे उठाइ न लेइ सके, बोरि चले जल माहिं।।3।।

केवट एक बिभीषन केरा। आव मच्छ कर करत अहेरा।।
लंका कर राकस अति कारा। आवैं चला होइ अँधियारा।।
पाँच मूड़, दस बाहीं ताही। दहि भा साँव लंक जव दाही।।
धुआँ उठै मुख साँस सँघाता। निकसै आगि कहै जौ बाता।।
फेंकरे मूँड़ चँवर जनु लाए। निकसि दाँत मुँह बाहर आए।।
देह रीछ कै, रीछ डेराई। देखत दिस्टि धाइ जनु खाई।।
राते नैन नियर जौ आवा। देखि भयावन सब डर खावा।।
धरती पायँ सरग सिर, जनहुँ सहस्राबाहु।
चाँद सूर औ नखत महँ, अस देखा जस राहु।।4।।

बोहित बहे, न मानहिं खेवा। राजहिं देखि हँसा मन देवा।।
बहुतै दिनहि बार भइ दूजी। अजगर केरि आइ भुख पूजी।।
यह पदमावती बिभीषन पावा। जानहु आजु अजोध्या छावा।।
जानहु रावन पाई सीता। लंका बसी राम कहँ जीता।।
मच्छ देखि जेसे बग आवा। टाइ टोइ भुइँ पाँव उठावा।।
आइ नियर होइ कीन्ह जोहारू। पूछा खेम कुसल बेवहारू।।
जो बिस्वासघात कर देवा। बड़ बिसवास करै कै सेवा।।
कहाँ, मीत! तुम भूलहु, औ आएहु केहि घाट?
हौं तुम्हार अस सेवक, लाइ देउँ तोहि बाट।।5।।

गाढ़ परे जिउ बाउर होई। जो भलि बात कहै भल सोई।।
राजै राकस नियर बोलावा। आगे कीन्ह, पंथ जनु पावा।।
करि बिस्वास राकसहि बोला। बोहित फेरु जाइ नहिं डोला।।
तू खेवक खेवकन्ह उपराहीं। बोहित तीर लाउ गहि बाहीं।।
ताहिं तें तीर घाट जौ पावौं। नौगिरिही तोड़र पहिरावौं।।

---

(3) उतराहीं=उत्तर की हवा। अदिन=बुरा दिन। काऊ=कभी। मनाहिं=मन में (4) सँघाता=संग। फेंकरे=नंगे, बिना टोपी या पगड़ी के (अवधी)। चँवर जनु लाए=चँवर के से खड़े बाल लगाए हुए। चाँद, सूर, नखत= पदमावती, राजा और सखियाँ। (5) देवा=देव, राक्षस (फारसी)। बग=बगला। लाइ देउँ तोहि बाट=तुझे रास्ते पर लगा दूँ।

कुंडल स्रवन देउँ पहिराई। महरा कै सौंपौं महराई।।
तस मैं तोरि पुरावौं आसा। रकसाई कै रहै न बासा।।
राजै बीरा दीन्हा, नहिं जाना बिसबास।।
बग अपने भख कारन, होइ मच्छ कर दास।।6।।

राकस कहा गोसाईं विनाती। भल सवक राकस कै जाती।।
जहिया लंक दही श्रीरामा। सेव न छाँड़ा दहि भा सामा।।
अबहूँ सेव करौं सँग लागे। मनुष भुलाइ होउँ तेहि आगे।।
सेतुबंध जहँ राघव बाँधा। तहँवाँ चढ़ौं भार लेइ काँधा।।
पै अब तुरत दान किछु पावौ। तुरत खेइ ओहि बाँध चढ़ावौं।।
तुरत जो दान पानि हँसि दीजै। थोरै दान बहुत पुनि लीजै।।
सेव कराइ जौ दीजे दानू। दान नाहिं सेवा कर मानू।।
दिया बुझा, सत ना रहा, हुत निरमल जेहि रूप।
आँधी बोहित उड़ाइ कै, लाइ कीन्ह अँधकूप।।7।।

जहाँ समुद मझधार मँड़ारू। फिरै पानि पातार दुआरू।।
फिरि फिरि पानि ठाँव ओहि मरै। फरि न निकसै जो तहँ परै।।
ओही ठाँव महिरावन पुरी। हलका तर जमकातर छुरी।।
ओही ठाँव महिरावन मारा। परे हाड़ जनु खरे पहारा।।
परी रीढ़ जो तेहि कै पीठी। सेतुबंध अस आवै दीठी।।
राकस आइ तहाँ के जुरे। बोहित भँवर चक्र महँ परे।।
फिरै लगै बोहित तस आई। जस काहाँर धरि चाक फिराई।।
राजै कहा, रे राकस! जानि बूझ बौरासि।
सेतुबंध यह देखै, कस न तहाँ लेइ जासि?।।8।।

'सेतुबंध' सुनि राकस हँसा। जानहु सरग टूटि भुइँ खसा।।
को बाउर? बाउर तुम देखा। जो बाउर, भख लागि सरेखा।।
पाँखी जो बाउर घर माटी। जीभ बढ़ाइ भखै सब चाँटी।।
बाउर तुम जो भखै कहँ आने। तबहिं न समझै, पंथ भुलाने।।
महिरावन कै रीढ़ जा परी। कहहु सो सेतुबंध, बुधि छरी।।
यह तो आहि महिरावन पुरी। जहवाँ सरग नियर घर दुरी।।
अब पछिताहु दरब जस जोरा। कहहु सरग चढ़ि हाथ मरोरा।।

---

(6) नौगिरिही=कलाई में पहनने का स्त्रियों का एक गहना जो बहुत से दानों को गूँथकर बनाया जाता है। तोड़र=तोड़ा; कलाई में पहनने का गहना। महरा=मल्लाहों का सरदार। रकसाई=राक्षसपन। बासा=गंध। बिसवास=विश्वासघात। (7) जहिया=जब। पानि=हाथ से। हुत=था। जेहि=जिससे। (8) मँड़ारू=दह, गड्ढा। हलका=हिलोर, लहर। तर=नीचे। औरासि=बाबला होता है तू।

जो रे जियत महिरावन, लेत जगत कर भार।।
जो मरि हाड़ न लेइगा, अस होइ परा पहार।।9।।

बोहित भँवहिं भँवै सब पानी। नाचहिं राकस आस तुलानी।।
बूड़हिं हस्ती, घोर, मानवा। चहुँ दिस आइ जुरै मँसखवा।।
ततखन राजपंखि एक आवा। सिखर टूट जस डसन डोलावा।।
परा दिस्टि वह राकस खोटा। ताकेसि जैस हस्ति बड़ मोटा।।
आइ ओही राकस पर टूटा। गहि लेइ उड़ा, भँवर जल छूटा।।
बोहित टूट टूक सब भए। एहु न जाना कहँ चलि गए।।
भए राजा रानी दुह पाटा। दूनौं बहे चले दुइ बाटा।।
काया जीउ मिलाइ कै, मारि किए दुइ खंड।
तन रोवै धरती परा, जीउ चला बरम्हँड।।10।।

---

(9) जो बाउर...सरेखा=पागल भी अपना भक्ष्य ढूँढ़ने के लिए चतुर होता है। पाँखी=फतिंगा। घरमाटी=मिट्टी के घर में। छरी=छली गई, भ्रांत हुई। (10) भवँहि=चक्कर खाते हैं। आस तुलसी=आशा जाती रही। मानवा=मनुष्य। डहन=डैना, पर।

(34) लक्ष्मी-समुद्र खंड

मुरछि परी पदमावति रानी। कहाँ जीउ, कहँ पीउ न जानी।।
जानहु चित्र मूर्ति गहि लाई। पाटा परी बही तस जाई।।
जनम न सहा पवन सकुवाँरा। तेइ सो परी दुख समुद अपारा।।
लछिमी नावँ समुद कै बेटी। तेहि कहँ लच्छि होइ जहँ भेंटी।।
खेलति अही सहेलिन्ह सेंती। पाटा जाइ लाग तेहि रेती।।
कहेसि सहेली 'देखहु पाटा। मूरति एक लागि बहि घाटा।।
जो देखा, तीवइ है साँसा। फूल मुवा, पै मुई न बासा'।।
रंग जो राती प्रेम के, जानहु बीरबहूटि।
आइ बही दधि समुद महँ, पै रँग गएउ न छूटि।।1।।

लछमी लखन बतीसौ लखी। कहेसि 'न मरै, सँभारहु सखी।।
कागर पतरा ऐस सरीरा। पवन उड़ाइ परा मँझ नीरा।।
लहरि झकोर उदधि जल भीजा। तबहूँ रूप रंग नहिं छीजा'।।
आपु सीस लेइ बैठी कोंरै। पवन डोलावैं सखि चहुँ ओरै।।
बहुरि जो समुझि परा तन जीऊ। माँगेसि पानि बोलि कै पीऊ।।
पानी पियाइ सखी मुख धोई। पदमावति जनहुँ कवँल संग कोई।।
तब लछिमी दुख पूछा ओही। 'तिरिया! समुझि बात कहु मोहीं।।
देखि रूप तोर आगर, लागि रहा चित मोर।
केहि नगरी कै नागरी काह नावँ धनि तोर?'।।2।।

नैन पसार देख धन चेती। देखै काह, समुद कै रेती।।
आपन कोइ न देखेसि तहाँ। पूछेसि, तुम हौ को? हौं कहाँ?
कहाँ सो सखी कँवल सँग कोई। सो नाहीं मोहिं कहाँ बिछोई।।
कहाँ जगत महँ पीउ पियारा। जो सुमेरु बिधि गरुअ सँवारा।।

---

(1) न जानी=न जानें। अही=थी। सेंती=से। रेती=बालू का किनारा। तीवइ=स्त्री में। (2) कागर=कागज। पतरा=पतला। उड़ाइ=उड़कर। कोंरै=गोद में। बोलि कै=पुकारकर। समुझि=सुध करके।

ताकर गरुई प्रीति अपारा। चढ़ी हिये जनु चढ़ा पहारा।।
रहौं जो गरुइ प्रीति सौं झाँपी। कैसे जिऔं भार दुख चाँपी?।।
कँवल करी जिमि चूरी नाहाँ। दीन्ह बहाइ उदधि जल माहाँ।।
आवा पवन बिछोह कर, पाट परी बेकरार।
तरिवर तजा जो चूरि कै, लागौं केहि कै डार?।।3।।

कहेन्हि 'न जानहिं हम तोर पीऊ। हम तोहिं पाव रहा नहिं जीऊ।।
पाट परी आई तुम वही। ऐस न जानहिं दहुँ कहँ अही'।।
तब सुधि पदमावति मन भई। सँवरि बिछोह मुरु छ मरि गई।।
नैनहिं रकत सुराही ढरै। जनहुँ रकत सिर काटे परै।।
खन चेतै खन होइ बेकरारा। भा चंदन बंदन सब छारा।।
बाउरि होइ परी पुनि पाटा। देहुँ बहाइ कंत जेहि घाटा।।
को मोहिं आगि देइ रचि होरी। जियत न बिछुरै सारस जोरी।।
जेहि सिर परा बिछोहा, देहु ओहि सिर आगि।
लोग कहैं यह सर चढ़ी, हौं सो जरौं पिउ लागि।।4।।

काया उदधि चितव पिउ पाहाँ। देखौं रतन सो हिरदय माहाँ।।
जनहुँ आहि दरपन मोर हीया। तेहि महँ दरस देखावै पीया।।
नैन नियर पहुँचत सुठि दूरी। अब तेहि लागि भरौं मैं झूरी।।
पिउ हिरदय महँ भेंट न होई। को रे मिलाव, कहौं केहि रोई?।।
साँस पास निति आवै जाई। सो न सँदेस कहै मोहिं आई।।
नैन कौड़िया होइ मँड़राहीं। थिरकि मार पै आवै नाहीं।।
मन भँवरा भा कवँल बसेरी। होइ मरजिया न आनै हेरी।।
साथी आथि निआथि जो, सकै साथ निरबाहि।
जौ जिउ जारे पिउ मिलै, भेंटु रे जिउ! जरि जाहि।।5।।

सती होइ कहँ सीस उघारा। धन महँ बीजु घाव जिमि मारा।।
सेंदुर जरै आगि जनु लाई। सिर कै आगि सँभारि न जाई।।
छूटि माँग अस मोति पिरोई। बारहिं बार जरै जौं रोई।।
टूटहिं मोति बिछोह जो भरे। सावन बूँद गिरहिं जनु झरे।।
भहर भहर कै जोबन बरा। जानहुँ कनक अगिनि महँ परा।।

---

(3) चेती=चेत करके, होश में आकर। देखै काह=देखती क्या है कि। झाँपी=आच्छादित। चाँपी=दबी हुई। चूरी=चूर्ण किया। लागौं केहि कै डार=(मुहा.) किसकी डाल लगूँ अर्थात् किसका सहारा लूँ? (4) पाव=पाया। सँवरि=स्मरण करके। सर=चिता। (5) थिरकि मार=थिरकता या चारों ओर नाचता है। साथी ...निरबाहि=साथी वही है जो धन और दरिद्रता दोनों में साथ निभा सके। आथि=सार, पूँजी। निआथि=निर्धनता।

अगिनि माँग, पै देइ न कोई। पाहुन पवन पानि सब कोई।।
खीन लंक टूटी दुखभरी। बिनु रावन केहि बर होइ खरी।।
रोवत पंखि बिमोहे, जस कोकिला अरंभ।
जाकरि कनक लता सो, बिछुरा पीतम खंभ।।6।।
लछिमी लागि बुझावै जीऊ। 'ना मरु बहिन! मिलहि तोर पीऊ।।
पीउ पानि, होउ पवन अधारी। जसि हौं तहूँ समुद कै बारी।।
मैं तोहि लागि लेउँ खटबाटू। खोजहि पिता जहाँ लगि घाटू।।
हौं जेहि मिलौं ताहि बड़ भागू। राजपाट औ देउँ सोहागू'।।
कहि बुझाइ लेइ मँदिर सिधारी। भइ जेवनार न जेंवै बारी।।
जेहि रे कंत कर होइ बिछोवा। कहँ तेहि भूख कहाँ सुख सोवा?
कहाँ सुमेरु, कहाँ वह सेसा। को अस तेहि सौं कहै सँदेसा।।
लछिमी जाइ समुद पहँ, रोइ बात यह चालि।
कहा समुद 'वह घट मोरे, आनि मिलावौं कालि'।।7।।
राजा जाइ तहाँ बहि लागा। जहाँ न कोइ सँदेसी कागा।।
तहाँ एक परबत अस डूँगा। जहँवाँ सब कपूर औ गूँगा।।
तेहि चढ़ि हेर कोइ नहिं साथा। दरब सैंति किछु लाग न हाथा।।
अहा जो रावन लंक बसेरा। गा हेराइ, कोइ मिला न हेरा।।
ढाढ़ मारि कै राजा रोवा। केइ चितउरगढ़ राज बिछोवा!।।
कहाँ मोर सब दरब भँडारा। कहाँ मोर सब कटक खँधारा।।
कहाँ तुरंगम बाँका बली। कहाँ मोर हस्ती सिंघली?।।
कहँ रानी पदमावति, जीउ बसै जेहि पाहँ।
'मोर मोर' कै खोएउँ, भूलि गरब अवगाह।।8।।
भँवर केतकी गुरु जो मिलावै। माँगै राजा बेगि सो पावै।।
पदमावति चाह जहाँ सुनि पावौं। परौं आगि औ पानि धँसावौं।।
खोजौं परबत मेरु पहारा। चढ़ौं सरग औ परौं पतारा।।
कहाँ सो गुरु पावौं उपदेसी। अगम पंथ जो कहै गवेसी[1]।।

(6) धन महँ...मारा—काले बालों के बीच माँग ऐसी है जैसे बिजली की दरार। भहर-भहर=जगमगाता हुआ। माँग=माँगती है। पाहुन पवन...सब कोई=मेहमान समझकर सब पानी देती हैं और हवा करती हैं। बर=बल, सहारा। अरंभ=रंभ, नाद, कूक। (7) बुझावै लागि=समझाने-बुझाने लगी। बारी=लड़की। लेउँ खटवाटू=खटपाटी लूँगी, रूसकर काम-धंधा छोड़ पड़ रहूँगी। (स्त्रियों का रूसकर खाना-पीना छोड़ खाट पर इसलिए पड़ रहना कि जब तक मेरी बात न मानी जाएगी न उठूँगी, 'खटपाटी लेना' कहलाता है)। सुख सोवा=सुख से सोना (साधारण क्रिया का यह रूप बँगला से मिलता है)। कहाँ सुमेरु सेसा=आकाश-पाताल का अंतर। बात चालि—बात चलाई। (8) डूँगा=टीला। खँधारा=स्कंधावार, डेरा, तंबू। अवगाह=अथाह (समुद्र) में।

1. पाठांतर—अगम पंथ कर होइ सँदेसी।

परेउँ समुद्र माहँ अवगाहा। जहाँ न वार पार, नहि थाहा।।
सीताहरन राम संग्रामा। हनुबँत मिला त पाई रामा।।
मोहिं न कोइ, बिनवौं केहि रोई। को बर बाँधि गवेसी होई[1]।।
भँवर जो पावा कँवल कहँ, मन चीता बहु केलि।
आइ परा कोइ हस्ती, चूर कीन्ह सो बेलि।।9।।

काहि पुकारौं जा पहँ जाऊँ। गाढ़े मीत होइ एहि ठाऊँ।।
को यह समुद मथै बल गाढ़ै। को मथि रतन पदारथ काढ़ै?।।
कहाँ सो बरम्हा बिसुन महेसू। कहाँ सुमेरु, कहाँ वह सेसू।।
को अस साज देइ मोहिं आनी। बासुकि दाम, सुमेरु मथानी।।
को दधि समुद मथै जस मथा?। करनी सार न कहिए कथा।।
जौ लहि मथै न कोई देइ जीऊ। सूधी अँगुरि न निकसै घीऊ।।
लेइ नग मोर समुद भा बटा। गाढ़ परै तौ लेइ परगटा।।
लीलि रहा अब ढील होइ, पेट पदारथ मेलि।
को उजियार करै जग, झाँपा चंद उघेलि?।।10।।

ए गोसाइँ! तू सिरजनहारा। तुइँ सिरजा यह समुद अपारा।।
तुइँ अस गगन अंतरिख थाँभा। जहाँ न टेक, न थूनि, न खाँभा।।
तुइँ जल ऊपर धरती राखी। जगत भार लेइ भार न थाकी।।
चाँद सुरुज औ नखतन्ह पाँती। तारे डर धाबहिं दिन राती।।
पानी पवन आगि औ माटी। सब के पीठ तोरि है साँटी।।
सो मूरुख औ बाउर अंधा। तोहि छाँड़ि चित औरहि बंधा।।
घट घट जगत तोरि है दीठी। हौं अंधा जेहि सूझ न पीठी।।
पवन होइ भा पानी, पानि होइ भा आगि।
आगि होइ भा माटी, गोरखधंधै लागि।।11।।

तुइँ जिउ तन मेरवसि देइ आऊ। तुही बिछोवसि, करसि मेराऊ।।
चौदह भुवन सो तोरे हाथा। जहँ लगि बिछुर आव एक साथा।।
सब कर मरम भेद तोहि पाहाँ। रोवँ जमावसि टूटै जाहाँ।।

---

(9) चाह=खबर। धँसावौं=धँसू। गवेसी=खोजी, ढूँढ़नेवाला, गवेषणा करने वाला। बर बाँधि=रेखा खींचकर, दृढ़ प्रतिज्ञा करके (आजकल 'बरैया बाँधि' बोलते हैं)। (10) मीत होइ=जो मित्र हो। गाढ़ै=संकट के समय में। दाम=रस्सी। करनी सार...कथा=करनी मुख्य है, बात कहने से क्या है? बटा भा=बटाऊ हुआ, चल दिया। ढील होइ रहा=चुपचाप बैठ रहा। उघेलि=खोलकर। (11) थाँभा=ठहराया, टिकाया। थूनि=लकड़ी का बल्ला जो टेक के लिए छप्पर के नीचे खड़ा दिया जाता है। भार न थाकी-भार से नहीं थाकी। सबके पीठि...साँटी=सबकी पीठ पर तेरी छड़ी है, अर्थात् सबके ऊपर तेरा शासन है।

1. पाठांतर—को सहाय उपदेसी होई।

जानसि सवैं अवस्था मोरी। जस बिछुरी सारस कै जोरी।।
एक मुए ररि मुवै जो दूजी। रहा न जाइ, आउ अब पूजी।।
झूरत तपत बहुत दुख भरऊँ। कलपौं। माँथ बेगि निस्तरऊँ।।
मरौं सौ लेइ पदमावति नाऊँ। तुइँ करतार करेसि एक ठाऊँ।।
दुख सौं पीतम भेंटि कै, सुख सौं सोब न कोइ।
एहि ठाँव मन डरपै, मिलि न बिछोहा होइ।।12।।
कहि के उठा समुद्र पहँ आवा। काढ़ि कटार गीउ महँ लावा।।
कहा समुद्र, पाप अब घटा। बाम्हन रूप आइ परगटा।।
तिलक दुवादस मस्तक कीन्हे। हाथ कनक बैसाखी लीन्हे।।
मुद्रा स्रवन, जनेऊ काँधे। कनकपत्र धोती तर बाँधे।।
पाँवरि कनक जराऊ पाऊ। दीन्हि असीस आइ तेहि ठाऊँ।।
कहसि कुँवर मोसौं सब बाता। काहे लागि करसि अपघाता।।
परिहँस मरसि कि कौनिउ लाजा। आपनि जीउ देसि केहि काजा।।
जिनि कटार गर लावसि, समुझि देखु मन आप।
सकति जीउ जौं काढ़ै, महा दोष औ पाप।।13।।
को तुम्ह उतर देइ हो पाँड़े। सो बोलै जाकर जिउ भाँड़े।।
जंबूदीप केर हौं राजा। सो मैं कीन्ह जो करत न छाजा।।
सिंघलदीप राजघर बारी। सो मैं जाइ बियाही नारी।।
बहु बोहित दायज उन दीन्हा। नग अमोल निरमर भरि लीन्हा।।
रतन पदारथ मानिक मोती। हुती न काहु के संपति ओती।।
बहल, घोड़ हस्ती सिंघली। औ सँग कुँबरि लाख दुइ चलीं।।
ते गोहने सिंघल पदमावति। एक सौं एक चाहि रूपमनी।।
पदमावति जग रूपमनि, कहँ लगि कहौं दुहेल।
तेहि समुद्र मह खोएउँ, हौं का जिऔं अकेल।।14।।
हँसा समुद, होइ उठा अँजोरा। जग बूड़ा सब कहि कहि 'मोरा'।।
तोर होइ तोहि परे न बेरा। बूझि बिचारि तहूँ केहि केरा।।
हाथ मरोरि धुनै सिर झाँखी। पै तोहि हिये न उघरै आँखी।।
बहुतै आइ रोइ सिर मारा। हाथ न रहा झूठ संसारा।।
जो पै जगत होति फुर माया। सैंतत सिद्धि न पावत राया!।।

---

(12) मेरवसि=तू मिलाता है। आउ=आयु। बिछोवसि=बिछोह करता है। मेराऊ=मिलाप। जाहाँ=जहाँ कलपौं=काटूँ। करेसि=तुम करना। (13) पाप अब घटा=यह तो बड़ा पाप मेरे सिर पर घटा चाहता है। बैसाखी=लाठी। पाँवरि=खड़ाऊँ। पाऊँ=पाँव में। काहे लगि=किसलिए। अपघात=आत्मघात। परिहस=ईर्ष्या। (14) तुम्ह=तुम्हें। भाँड़े घर में, शरीर में। ओती=उतनी। चाहि=बढ़कर। रूपमती=रूपवती। दुहेल=दुख।

सिद्धै दरब न सैंता गाड़ा। देखा भार चूमि कै छाँड़ा।।
पानी कै पानी महँ गई। तू जो जिया कुसल सब भई।।
जा कर दीन्ह कया जिउ, लेइ चाह जब भाव।
धन लछिमी सब ताकर, लेइ तका पछिताव?।।15।।

अनु, पाँड़े! पुरुषहि का हानी। जौ पावौं पदमावति रानी।।
तपि कै पावा, मिलि कै फूला। पुनि तेहि खोइ सोइ पथ भूला।।
पुरुष न आपनि नारि सराहा। मुए गए सँवरे पै चाहा।।
कहँ अस नारि जगत उपराहीं? कहँ अस जीवन कै सुख छाहीं।।
कहँ अस रहस भोग अब करना। ऐसे जिए चाहि भल मरना।।
जहँ अस परा समुद नग दीया। तह किमि जिया चहै मरजीया?
जस यह समुद दीन्ह दुख मोकाँ। देह हत्या झगरौं सिवलोका।।
का मैं ओहि क नसावा, का सँवरा सो दाँव?।
जाइ सरग पर होइहि, एहि कर मोर नियाव।।16।।

जौ तु मुवा, कित रोवसि खरा?। ना मुइ मरै, न रोवै मरा।।
जो मरि भा औ छाँड़ेसि काया। बहुरि न करै मरन कै दाँया।।
जो मरि भएउ न बूडै नीरा। बहा जाइ लागै पै तीरा।।
तुही एक मैं बाउर भेंटा। जैसे राम दसरथ कर बेटा।।
ओहू नारि कर परा बिछोवा। एहि समुद महँ फिरि फिरि रोवा।।
उदधि आइ तेइ बंधन कीन्हा। हति दसमाथ अमरपद दीन्हा।।
तोहि बल नाहिं मूँदु अब आँखी। लावौं तीर टेक बैसाखी।।
बाउर अंध प्रेम कर, सुनत लुबुधि भा बाट।
निमिष एक महँ लेइगा, पदमावति जेहि घाट।।17।।

पदमावति कहँ दुख तस बीता। जस असोक बीरौ तर सीता।।
कनक लता दुइ नारँग फरी। तेहि के भार उठि होइ न खरी।।
तेहि पर अलक भुअंगिनि डसा। सिर पर चढ़ै हिये परगसा।।
रही मृनाल टकि दुखदाधी। आधी कँवल भई ससि आधी।।
नलिनखंड दुइ तस करिहाऊँ। रोमावली बिछूक कहाऊँ।।

---

(15) तोर होइ...बेरा=तेरा होता तो तेरा बेड़ा तुझसे दूर न होता। झाँखी=झींखकर। उघरै=खुलती है। सैंतत सिद्धि....राया=तौं हैं राजा! तुम द्रव्य संचित करते हुए सिद्धि पा न जाते। पानी कै...गई=जो वस्तुएँ (रतन आदि) पानी की थीं बे पानी में गईं। लेइ चाह=लिया ही चाहे। जब भाव=जब चाहे। (16) अनु=फिर, आगे फूला, प्रफुल्ल हुआ। चाहि=अपेक्षा, बनिस्बत। मोकाँ=मोकहँ, मुझको। देइ हत्या=सिर पर हत्या चढ़ाकर। दाँव=बदला लेने का मौका। (17) मरि भा=मर चुका। दायाँ=दाँव, आयोजन। बाट भा=रास्ता पकड़ा।

रही टूटि जिमि कंचन तागू। को पिउ मेरवै देइ सोहागू।।
पान न खाइ करै उपवासू। फूल सूख तन रही न बासू।।
गगन धरति जल बुड़ि गए, बूड़त होइ निसाँस।
पिउ पिउ चातक ज्यों ररै, मरै सेवाति पियास।।18।।
लछमी चंचल नारि परेवा। जेहि सत होइ छरै कै सेवा।।
रतनसेन आवै जेहि घाटा। अगमन होइ बैठी तेहि बाटा।।
औ भइ पदमावति के रूपा। कीन्हेसि छाँह जरै जहँ धूपा।।
देखि सो कँवल भँवर होइ धावा। साँस लीन्ह वह बास न पावा।।
निरखत आइ लच्छमी दीठी। रतनसेन तब दीन्ही पीठी।।
जौ भलि होति लच्छमी नारी। तजि महेस कित हो भिखारी?।।
पुनि धनि पिरि आगे होइ रोई। पुरुष पीठि कस दीन्ह निछोई?।।
हौं रानी पदमावति, रतनसेन तू पीउ।
आनि समुद महँ छाड़ेहु अब रोवौं देइ जीउ।।19।।
मैं हौं सोइ भँवर औ भोजू। लेत फिरौं मालति कर खोजू।।
मालति नारी, भँवरा पीऊ। लहि वह बास रहै थिर जीऊ।।
का तुइँ नारि बैठि अस रोई। फूल गोइ पै बास न सोई।।
भँवर जो सब फूलन कर। फेरावास न लेइ मालतिहि हेरा।।
जहाँ पाव मालति कर बासू। बारै जीउ तहाँ होइ दासू।।
कित वह वास पवन पहुँचावै। नव तन होइ, पेट जिउ आवै।।
हौं ओहि बास जीउ बलि देऊँ। और फूल कै बास न लेऊँ।।
भँवर मालतिहि पै चहै, काँट न आवै दीठि।
सौहैं भाल खाइ पै, फिरि कै देइ न पीठि।।20।।
तब हँसि कह राजा ओहि ठाऊँ। जहाँ सो मालति लेइ चलु जाऊँ।।
लेइ सो आइ पदमावति पासा। पानि पियावा मरत पियासा।।
पानी पिया कँवल जस तपा। निकसा सुरुज समुद महँ छपा।।
मैं पावा पिउ समुद के घाटा। राजकुँवर मनि दिपै लिलाटा।।
दसन दिपै जस हीरा जोती। नैन कचोर भरे जनु मोती।।
भुजा लंक उर केहरि जीता। मूरति कान्ह देख गोपीता।।
जस राजा नल दमनहि पूछा। तस बिनु प्रान पिंड है छूँछा।।

---

(18) बीरौ=बिरवा, पेड़। दाघी=जली हुई। करिहाउँ=कमर, कटि। बिछूक=बिच्छू। सेवाति=स्वाति नक्षत्र में। (19) छरै=छलती है। बाटा=मार्ग में। अगमन=आगे। दीठी=देखा। दीन्हीं पीठी=पीठ दी, मुँह फेर लिया। (20) खोजू=पता। कर फेरा=फेरा करता है। हेरा=ढूँढ़ता है। वारै=निछावर करता है। नव=नया। भाल भाला।

जस तू पदिक पदारथ, तैस रतन तोहि जोग।
मिला भँवर मालति कहँ करहु दोउ मिलि भोग।।21।।

पदिक पदारथ खीन जो होती। सुनतहि रतन चढ़ी मुख जोती।।
जानहुँ सूर कीन्ह परगासू। दिन बहुरा, भा कँवल-बिगासू।।
कँवल जो बिहँसि सूर मुख दरसा। सूरुज कँवल दिस्टि सौं परसा।।
लोचन कँवल सिरीमुख सूरू। भएउ अनंद दुहूँ रस मूरू।।
मालति देखि भँवर गा भूली। भँवर देखि मालति बन फूली।।
देखा दरस, भए एक पासा। वह ओहिके बह ओहिके आसा।।
कंचन दाहि दीन्ह जनु जीऊ। ऊवा सूर, छूटिगा सीऊ।।
पायँ परी धनि पीउ के, नैनन्ह सौं रज मेट।
अचरज भएउ सबन्ह कहँ, भइ ससि कँवलहिं भेंट।।22।।

जिनि काहू कहँ होइ बिछोऊ। जस वै मिलै मिलै सब कोऊ।।
पदमावति जो पावा पीऊ। जनु मरजियहि परा तन जीऊ।।
कै नेवछावरि तन मन वारी। पाँयन्ह परी घालि गिउ नारी।।
नव अवतार दीन्ह बिधि आजू। रही छार भइ मानुष साजू।।
राजा रोव घालि गिउ पागा। पदमावति के पाँयन्ह लागा।।
तन जिउ महँ बिधि दीन्ह बिछोऊ। अस न करै तौ चीन्ह न कोऊ।।
सोई मारि छार कै मेटा। सोइ जियाइ करावै भेंटा।।
मुहमद मीत जौ मन बसै, विधि मिलाव ओहि आनि।
संपति बिपति पुरुष कहँ, काह लाभ, का हानि।।23।।

लछमी सौं पदमावति कहा। तुम्ह प्रसाद पाइउँ जो चहा।।
जौ सब खोइ जाहिं हम दोऊ। जो देखै भल कहै न कोऊ।।
जे सब कुँवर आए हम साथी। औ जत हस्ति घोड़ औ साथी।।
जौ पावैं, सुख जीवन भोगू। नाहिं त मरन, भरन दुख रोगू।।
तब लछमी गइ पिता के ठाऊँ। जो एहि कर सब बूढ़ सो पाऊँ।।
तब सो जरी अमृत लेइ आवा। जो मरे हुत तिन्ह छिरिकि जियावा।।
एक एक कै दीन्ह सो आनी। भा सँतोष मन राजा रानी।।

---

(21) लेइ चलु, जाऊँ=यदि ले चले तो जाऊँ। छपा=छिपा हुआ। कचोर=कटोरा। गोफ्ता=गोपी। दमनहि=दमयंती को। पिंड=शरीर। छूँछा=खाली। पदिक=गले में पहनने का एक चौखूँटा गहना जिसमें रत्न जड़े जाते हैं। (22) पदिक पदारथ=अर्थात् पदमावती। बहुरा=लौटा, फिरा। मूरू=मूल, जड़। एक पासा=एक साथ। सीऊ=शीत। रज मेट=आँसुओं से पैर की धूल धोती है। भइ ससि कँवलहिं भेंट=शशि, पदमावती का मुख और कमल, राजा के चरण। (23) घालि गिउ=गरदन नीचे झुकाकर। मानुष साजू=मनुष्य रूप में। घालि गिउ पागा=गले में दुपट्टा डालकर। पागा=पगड़ी। तन जिउ...चीन्ह न कोऊ=शरीर और जीव के बीच ईश्वर ने वियोग दिया; यदि वह ऐसा न करे तो उसे कोई न पहचाने।

आइ मिले सब साथी, हिलि मिलि करहिं अनंद।
भई प्राप्त सुख सँपति, गएउ छूटि दुख दंद।।24।।
और दीन्ह बहु रतन पखाना। सोन रूप तौ मनहिं न आना।।
जे बहु मोल पदारथ नाऊँ। का तिन्ह बरनि कहौं तुम्ह ठाऊँ।।
तिन्ह कर रूप भाव को कहै। एक-एक नग दीप जो लहै।।
हीर फार बहु मोल जो अहे। तेइ सब नग चुनि चुनि कै गहे।।
जौ एक रतन भंजावै कोई। करै सोइ जो मन महँ होई।।
दरब गरब मन गएउ भुलाई। हम सम लच्छ मनहिं नहिं आई।।
लघु दीरघ जो दरब बखाना। जो जेहि चाहि सोइ तेइ माना।।
बड़ औ छोट दोउ सम, स्वामी काज जो सोइ।
जो चाहिय जेहि काज कहँ, ओहि काज सो होइ।।25।।
दिन दस रहे तहाँ पहुनाई। पुनि भए बिदा समुद सौं जाई।।
लछमी पदमावति सौं भेंटी। औ तेहि कहा 'मोरि तू बेटी'।।
दीन्ह समुद्र पान कर बीरा। भरि कै रतन पदारथ हीरा।।
और पाँच नग दीन्ह बिसेखे। सरवन सुना, नैन नहिं देखे।।
एक तौ अमृत दूसर हंसू। औ तीसर पंखी कर बंसू।।
चौथ दीन्ह सावक सादूरू। पाँचवँ परस जो कंचनमूरू।।
तरुन तुरंगम आनि चढ़ाए। जलमानुष अगुआ सँग लाए।।
भेंट घाँट कै समदि तब, फिरे नाइकै माथ।
जलमानुष तबहीं फिरे, जब आए जगनाथ।।26।।
जगन्नाथ कहँ देखा आई। भोजन रींधा भात बिकाई।।
राजै पदमावति सौं कहा। साँठि नाठि किछु गाँठि न रहा।।
साँठि होइ जेहि तेहि सब बोला। निसँठ जो पुरुष पात जिमि डोला।।
साँठिहि रंक चलै झौंराई। निसँठ राव सब कह बौराई।।
साँठिहि आब गरब तन फूला। निसँठहि बोल, बुद्धि बल भूला।।
साँठिहि जागि नींद निसि जाई। निसँठहि काह होइ औंघाई।।
साँठिहि दिस्टि जोति होइ नैना। निसँठ होइ मुख आव न बैना।।

---

(24) तुम्ह=तुम्हारे। आथी=पूँजी धन। जरी=जड़ी। (25) पखाना=नग, पत्थर। सोन=सोना। रूप=चाँदी। तुम्ह ठाऊँ=तुम्हारे निकट, तुमसे। हीर फार=हीरे के टुकड़े। फार=फाल, कतरा, टुकड़ा। हम सम लच्छ=हमारे ऐसे लाखों हैं। (26) पहुँनाई=मेहमानी। बिसेखे=विशेष प्रकार के। बंसू=वंश, कुल। सावक सादूरू=शार्दूल शावक, सिंह का बच्चा। परस=पारस पत्थर। कंचन-मूरू=सोने का मूल अर्थात् सोना उत्पन्न करनेवाला। जलमानुष=समुद्र के मनुष्य। अगुवा=पथ प्रदर्शक। सँग लाए=संग में लगा दिए। भेंटघाँट=भेंट मिलाप। समदि=बिदा करके।

साँठिहि रहै साधि तन, निसँठहि आगरि भूख।
बिनु गथ बिरिछ निपात जिमि, ठाढ़ ठाढ़ पै सूख।।27।।

पदमावति बोली सुनु राजा। जीउ गए धन कौने काजा?।।
अहा दरब तब कीन्ह न गाँठी। पुनि कित मिले लच्छि जौ नाठी।।
मुकती साँठि गाँठि जो करै। साँकर परे सोइ उपकरै।।
जेहि तन पंख, जाइ जहँ ताका। पैग पहार होइ जौ थाका।।
लछमी दीन्ह रहा मोहि बीरा। भरि कै रतन पदारथ हीरा।।
काढ़ि एक नग बेगि भँजाबा। बहुरी लच्छि, फेरि दिन पावा।।
दरब भरोस करै जिनि कोई। साँभर सोइ गाँठि जो होई।।
जोरि कटक पुनि राजा, धर कहँ कीन्ह पयान।
दिवसहि भानु अलोप भा, बासुकि इंद्र सकान।।28।।

---

(27) रींधा=पका हुआ। साँठि=पूँजी, धन। नाठि=नष्ट हुई। झौंराई=झूमकर। कह=कहते हैं। औंघाई=नींद। साधि तन=शरीर को संयत करके। आगरि=बढ़ी हुई, अधिक। गथ=पूँजी। (28) नाठी=नष्ट हुई। मुकती=बहुत सी, अधिक। साँकर परे=संकट पड़ने पर। उपकरै=उपकार करती है, काम आती है। साँभर=संबल, राह का खर्च। सकान=डरा।

(35) चित्तौर-आगमन खंड

चितउर आइ नियर भा राजा। बहुरा जीति इंद्र अस गाजा।।
बाजन बाजहिं होइ अँदोरा। आवहिं बहल हस्ति औ घोरा।।
पदमावति चंडोल बईठी। पुनि गइ उलटि सरग सौं दीठी।।
यह मन ऐंठा रहै न सूझा। बिपति न सँवरै सँपति अरूझा।।
सहस बरिस दुख सहै जो कोई। घरी एक सुख बिसरै सोई।।
जोगी इहै जानि मन मारा। तौहुँ न यह मन मरै अपारा।।
रहा न बाँधा बाँधा जेही। तेलिया मारि डार पुनि तेही।।
मुहमद यह मन अमर है, केहुँ न मारा जाइ।
ज्ञान मिलै जौ एहि घटै, घटतै घटत बिलाइ।।1।।
नागमती कहँ अगम जनावा। गई तपनि बरखा जनु आवा।।
रही जो मुइ नागिनि जसि तुचा। जिउ पाएँ तन कै भइ सुचा।।
सब दुख जस केंचुरि गा छूटी। होइ निसरी जनु बीरबहूटी।।
जसि भुइँ दहि असाढ़ पलुहाई। परहिं बूँद औ सोंधि बसाई।।
ओहि भाँति पलुही सुख बारी। उठी करिल नइ कोंप सँवारी।।
हुलसि गंग जिमि बाढ़िहि लेई। जोबन लाग हिलोरैं देई।।
काम धनुक सर लेइ भइ ठाढ़ी। भागेउ बिरह रहा जो डाढ़ी।।
पूछहिं सखी सहेलरी, हिरदय देखि अनंद।
आजु बदन तोर निरमल, अहै उवा जस चंद।।2।।
अब लगि रहा पवन, सखि ताता। आजु लाग मोहिं सीअर गाता।।
महि हुलसै जस पावस छाहाँ। तस उपना हुलास मन माहाँ।।

---

(1) अँदोरा=अंदोर, हलचल, शोर (आंदोल)। चंडोल=पालकी। सरग सौं=ईश्वर से। तेलिया=सींगिया विष। तेलिया=तेही=चाहे उसे तेलिया विष से न मारे। केहुँ=किसी प्रकार। (2) तुचा=त्वचा, केंचली। सुचा=सूचना, सुध, खबर। सोंधि=सोंधी। सोंधि बसाई=सुगंध से बस जाती है या सोंधी महकती है। करिल=कल्ला। कोंप=कोंपल।

दसवँ दावँ के गा जो दसहरा। पलटा सोइ नाव लेइ महरा।।
अब जोबन गंगा होइ बाढ़ा। औटन कठिन मारि सब काढ़ा।।
हरियर सब देखौं संसारा। नए चार जनु भा अवतारा।।
भागेउ बिरह करत जो दाहू। भा मुख चंद छूटिगा राहू।।
पलुहे नैन बाँह हुलसाहीं। कोउ हितु आवै जाहि मिलाहीं।।
कहतहि बात सखिन्ह सौं, ततखन आवा भाँट।
राजा आइ निअर भा, मँदिर बिछावहु पाट।।3।।
सुनि तेहि खन राजा कर नाऊँ। भा हुलास सब ठाँवहिं ठाऊँ।।
पलटा जनु बरषा ऋतु राजा। जस असाढ़ आवै दर साजा।।
देखि सो छत्र भई जग छाहाँ। हस्ति मेघ ओनए जग माहाँ।।
सेन पूरि आई घन घोरा। रहस चाव बरसै चहुँ ओरा।।
धरति सरग अब होइ मरावा। भरीं सरित औ ताल तलावा।।
उठी लहकि महि सुनतहि नामा। ठावहिं ठावँ दूब अस जामा।।
दादुर मोर कोकिला बोले। हुत जो अलोप जीभ सब खोले।।
होइ असवार जो प्रथमै मिलै चले सब भाइ।
नदी अठारह गंडा मिलीं समुद कहँ जाइ।।4।।
बाजत गाजत राजा आवा। नगर चहूँ दिसि बाज बधावा।।
बिहँसि आइ माता सौं मिला। राम जाइ भेंटी कौसिला।।
साजे मदिर बंदनवारा। होइ लाग बहु मंगलचारा।।
पदमावति कर आवं बेवानू। नागमती जिउ महँ भा आनू।।
जनहुँ छाँह महँ धूप देखाई। तैसइ भार लागि जौ आई।।
सही न जाइ सवति कै झारा। दुसरे मंदिर दीन्ह उतारा।।
भई उहाँ चहुँ खंड बखानी। रतनसेन पदमावति आनी।।
पुहुप गंध संसार महँ, रूप बखानि न जाइ।
हेम सेत जनु उघरि गा, जगत पात फहराइ।।5।।
बैठ सिंहासन लोग जोहारा। निधनी निरगुन दरव बोहारा।।
अगनित दान निछावरि कीन्हा। मँगतन्ह दान बहुत कै दीन्हा।।

---

(3) ताता=गरम। दसवँ दावँ=दशम दशा, मरण। महरा=सरदार। औटन=ताप। नए चार=नए सिर से। (4) दर=दल। रहस चाव=आनंद, उत्साह। लहकि उठी=लहलहा उठी। हुत=थे। अठारह गंडा नदी=अवध में जनसाधरण के बीच यह प्रसिद्ध है कि समुद्र में अठारह गंडे (अर्थात् 72) नदियाँ मिलती हैं। (5) बेवान=विमान। जिउ महँ भा आनू=जी में कुछ और भाव हुआ। झार=(क) लपट, (ख) ईर्ष्या, डाह। जौ=जब। उतारा। दीन्ह=उतारा हेम सेत=सफेद पाला या बर्फ।

लेइ कै हस्ति महाउत मिले। तुलसी लेइ उपरोहित चले।।
बेटा भाइ कुँवर जत आवहिं। हँसि हँसि राजा कंठ लगावहिं।।
नेगी गए, मिले अरकाना। पँवरिहि बाजै घहरि निसाना।।
मिले कुँवर, कापर पहिराए। देह दरब तिन्ह घरहिं पठाए।।
सबकै दसा फिरी पुनि दुनी। दान डाँग सबही जग सुनी।।
बाजैं पाँच सबद निहित, सिद्धि बखानहिं भाँट।
छतिस कूरि, षट दरसन, आइ जुरे ओहि पाट।।6।।
सब दिन राजा दान दिआवा। भइ निसि, नागमती पहँ आवा।।
नागमती मुख फेरि बईठी। सौंह न करै पुरुष सौं दीठी।।
ग्रीषम जरत छाँड़ि जो जाई। सो मुख कौन देखावै आई?।।
जबहिं जरै परबत बन लागे। उठी झार पंखी उठि भागे।।
जब साखा देखै औ छाहाँ। को नहिं रहसि पसारै बाहाँ।।
को नहिं हरषि बैठ तेहि डारा। को नहिं करै केलि कुरिहारा?।।
तू जोगी होइगा बैरागी। हौं जरि छार भएउँ तोहि लागी।।
काह हँसौ तुम मोसौं, किएउ और सौं नेह।
तुम्ह मुख चमकै बीजुरी, मोहि मुख बरिसै मेह।।7।।
नागमती तू पहिलि बियाही। कठिन प्रीति दाहै जस दाही।।
बहुतै दिनन आव जो पीऊ। धनि न मिलै धनि पाहन जीऊ।।
पाहन लोह पोढ़ जग दोऊ। तेउ मिलहिं जौ होइ बिछोऊ।।
भलेहि सेत गंगाजल दीठा। जमुन जो साम, नीर अति मीठा।।
काह भएउ तन दिस दस दहा। जौ बरषा सिर ऊपर अहा।।
कोइ केहु पास आत कै हेरा। धनि ओहि दरस निरास न फेरा।।
कंठ लाइ कै नारि मनाई। जरी जो बेलि सींचि पलुहाई।।
फरे सहस साखा होइ, दारिउँ, दाख, जँभीर।
सबै पंखि मिलि आइ जोहारे, लौटि उहै भइ भीर।।8।।
जौ भा मेर भएउ रँग राता। नागमती हँसि पूछी बाता।।
कहहु कंत! ओहि देस लोभाने। कस धनि मिली, भोग कस माने।।
जौ पदमावति सुठि होइ लोनी। मोरे रूप कि सरवरि होनी?।।

---

(6) बहुत कै=बहुत सा। जत=जितने। अरकाना=अरकाने दौलत, सरदार, उमरा। दूनी=दुनिया में। डाँग=डंका। पाँच सबद=पंच शब्द, पाँच बाजे—तंत्री, ताल, झाँझ, नगाड़ा और तुरही । छतिस कूरि=छत्तीसों कुल के क्षत्रिय। षट दरसन=(लक्षण से) छह शास्त्रों के वक्ता। (7) दिआवा=दिलाया। कुरिहारा=कलरव, कोलाहल। (8) पोढ़=दृढ़, मजबूत, कड़े। फरे सहस...भीर=अर्थात् नागमती में फिर यौवनश्री और रस आ गया और राजा के अंग-अंग उससे मिले।

जहाँ राधिका गोपिन्ह माहाँ। चंद्रावलि सिर पूज न छाहाँ।।
भँवर पुरुष अस रहै न राखा। तजै दाख, महुआ रस चाखा।।
तजि नागेसर फूल सोहावा। कँवल बिसैंधहिं सौं मन लावा।।
जौ अन्हवाइ भरै अरगजा। तौहुँ बिसायँध वह नहिं तजा।।
काह कहौं हौं तोसौं, किछु न हिये तोहि भाव।।
इहाँ बात मुख मोसौं, उहाँ जीउ ओहि ठाँव।।9।।
कहि दुख कथा जो रैनि बिहानी। भयउ भोर जहँ पदमावति रानी।।
भानु देख ससि बदन मलीना। कँवल नैन राते, तनु खीना।।
रैनि नखत गनि कीन्ह बिहानू। बिकल भई देखा जब भानू।।
सूर हँसै, ससि रोइ डफारा। टूट आँसु जनु नखतन्ह मारा।।
रहै न राखी होइ निसाँसी। तहँवा जाहु जहाँ निसि बासी।।
हौं कै नेह कुआँ महँ मेली। सींचौ लागि झुरानी बेली।।
नैन रहे होइ रहँट क घरी। भरी ते ढारी, छूँछी भरी।।
सुभर सरोवर हंस चल, घटतहि गए बिछोह।
कँवल न प्रीतम परिहरै, सूखि पंक बरु होइ।।10।।
पदमावति तुइँ जीउ पराना। जिउ तें जगत पियार न आना।।
तुइँ जिमि कँवल बसी हिय माहाँ। हौं होइ अलि बेधा तोहि पाहाँ।।
मालति कली भँवर जो पावा। सो तजि आन फूल कित भावा?।।
मैं हौं सिंघल कैं पदमावति। सरि न पूज जंबू नागिनी।।
हौं सुगंध निरमल उजियारी। वह विषभरी डेरावनि कारी।।
मोरी बास भँवर सँग लागहिं। ओहि देखत मानुष डर भागहिं।।
हौं पुरुषन्ह कै चितवन दीठी। जेहिक जिउ अस अहौं पईठी।।
ऊँचे ठाँव जो बैठे, करै न नीचहिं संग।
जहँ सो नागिनि हिरकै, करिया करै सो अंग।।11।।
पलुही नागमती कै बारी। सोने फूल फूलि फुलवारी।।
जावत पंखि रहे सब दहे। सबै पंखि बोलत गहगहे।।
सारिउँ सुवा महरि काकिला। रहसत आइ पपीहा मिला।।
हारिल सबद महोख सोहावा। काग कुराहर करि सुख पावा।।

---

(9) मेर=मेल, मिलाप। लोनी=सुगढ़। नागेसर=अर्थात् नागमती। कँवल=अर्थात् पद्मावती। बिसैधा=बिसायँध गंधवाला, मछली की सी गंधवाला। भाव=प्रेम भाव। (10) देख=देखा। भानू=(क) सूर्य, (ख) रत्नसेन। डफारा=ढाढ़ मारती है। मारा=माला। कुआँ महँ मेली=मुझे तो कुएँ में डाल दिया, अर्थात् किनारे कर दिया। झुरान=सूखी। घरी=घड़ा। सुभर=भरा हुआ। (11) बेधा तोहि पाहाँ=तेरे पास उलझ गया हूँ। डेरावनि=डरावनी। हिरकै=सटे। करिया=काला।

भोग बिलास कीन्ह कै फेरा। बिहँसहिं, रहसहिं करहिं बसेरा।।
नाचहिं पंडुक मोर परेवा। बिफल न जाइ काहुकै सेवा।।
होइ उजियार सूर जस तपै। खूसट मुख न देखावै छपै।।
संग सहेली नागमति, आपनि बारी माहँ।
फूल चुनहिं, फल तूरहिं, रहसि कूदि सुख छाँह।।12।।

(12) पलुही=पल्लवित हुई, पनपी। गहगहे=आनंदपूर्वक। कुराहर=कोलाहल। जस=जैसे ही। खूसट=उल्लू। तूरहिं=तोड़ती हैं।

(36) नागमती-पदमावती-विवाद खंड

जाही जूही तेहि फुलवारी। देखि रहस रहि सकी न बारी।।
दूतिन्ह बात न हिये समानी। पदमावति पहँ कहा सो आनी।।
नागमती है आपनि बारी। भँवर मिला रस करै धमारी।।
सखी साथ सब रहसहिं कूदहिं। औं सिंगार हार सब गूँथहिं।।
तुम जो बकावरि तुम सौं भरना। बकुचन गहै चहै जो करना।।
नागमती नागेसरि नारी। कँवल न आछै आपनि बारी।।
जस सेबतीं गुलाल चमेली। तैसि एक जनु बहू अकेली।।
अलि जो सुदरसन कूजा, कित सदबरगै जोग?
मिला भँवर नागेसरिहि, दीन्ह ओहि सुख भोग।।11।।

सुनि पदमावति रिस न सँभारी। सखिन्ह साथ आई फुलवारी।।
दुवौ सबति मिलि पाट बईठी। हिय विरोध, मुख बातैं मीठी।।
बारी दिस्टि सुरँग सो आई। पदमावति हँसि बात चलाई।।
बारी सुफल अहै तुम रानी। है लाई, पै लाइ न जानी।।
नागेसर औ मालति जहाँ। सँगतराव नहिं चाही तहाँ।।
रहा जो मधुकर कँवल पिरीता। लाइउ आनि करीलहि रीता।।
जहँ अमिलीं पाकै हिय माहाँ। तहँ न भाव नौरँग के छाहाँ।।
फूल फूल जस फर जहाँ, देखेहु हिये विचारि।
आँब लाग जेहि बारी, जाँबु काह तेहि बारि?।।2।।

---

(1) धमारी करै=होली की सी धमार या क्रीड़ा करता है। तुम जो बकावरि...भर ना=तुम जो बकावली फूल हो, क्या तुमसे राजा को जो नहीं भरता? बकुचन गहै...करना=जो वह करना फूल को पकड़ना या आलिंगन करना चाहता है। नागेसरि=नागकेसर। कँवल न आपनि बारी=कँवल (पदमावती) अपनी बारी (बगीचा, जल) या घर में नहीं है अर्थात् घर नागमती का जान पड़ता है। जस सेवतीं...चमेली=जैसे सेवती और गुलाला आदि (स्त्रियाँ) नागमती की सेवा करती हैं वैसे ही एक पदमावती भी है। अलि जो...सदबरगै जोग=जो भँवरा सुदरसन फूल पर गूँजैगा वह सदबर्ग (गेंदा) के योग्य कैसे रह जाएगा? (2) संगतराव=(क) सँगतरा नींबू, (ख) संगत राव, राजा का साथ। अमिलीं=(क) इमली; (ख) न मिली हुई; विरहिणी। नौरँग=(क) नारंगी, (ख) नए आमोद-प्रमोद।

अनु, तुम कही नीक यह सोभा। पै फल सोइ भँवर जेहि लोभा।।
साम जाँबु कस्तूरी चोवा। आँब ऊँच हिरदय तेहि रोवाँ।।
तेहि गुन अस भइ जाँबु पियारी। लाई आनि माँझ कै बारी।।
जल बाढ़े बहि इहाँ जो आई। है पाकी अमिली जेहि ठाई।।
तूँ कस पराई बारी दूखी। तजा पानि धाई मुँह सूखी।।
उठै आगि दुइ डार अभेरा। कौन साथ तहँ बेरी केरा।।
जो देखा नागेसर बारी। लगे मरै सब सूआ सारी।।
जो सरवर जल बाढ़ै, रहै सो अपने ठाँव।
तजि कै सर औ कुंडहि जाइ न पर अँवराव।।3।।

तुइँ अँबराव लीन्ह का जूरी?। काहे भई नीम विषमूरी।।
भई बैरि कित कुटिल कटैली। तेंदू टेंटी चाहि कसैली।।
दारिउँ दाख तोरि फुलवारी। देखि मरहिं का सूआ सारी?।।
औ न सदाफर तुरँज जँभीरा। लागे कटहर बड़हर खीरा।।
कँवल के हिरदय भीतर केसर। तेहि न सरि पूजै नागेसर।।
जहँ कटहर ऊमर को पूछैं?। बर पीपर का बोलहिं छूँछैं।।
जो फल देखा सोई फीका। गरब न करहिं जानि मन नीका।।
रहु आपनि तू बारी, मो सौं जुझु, न बाजु।
मालति उपम न पूजै, बन कर खूझा खाजु।।4।।

जो कटहर बड़हर झड़बेरी। तोहि असि नाही, कोकाबेरी!।।
साम जाँबु मोर तुरँज जँभीरा। करुई नीम तौ छाँह गँभीरा।।
नरियर दाख ओहि कहँ राखौं। गलगल जाउँ सवति नहिं भाखौं।।
तोरे कहे होइ मोर काहा?। फरे बिरिछ कोइ ढेल न बाहा।।
नवै सदाफर सदा जो फरई। दारिउँ देखि फाटि हिय मरई।।
जयफर लौग सोपारि छोहारा। मिरिच होइ जो सहै न झारा।।
हौं सो पान रँग पूज न कोई। बिरह जो जरै चून जरि होई।।
लालहिं बूड़ि मरसि नहिं, ऊभि उठावसि बाँह।
हौं रानी, पिय राजा, तो कहँ जोगी नाह।।5।।

---

(3) अनु=और। तजा पानि=सरोवर का जल छोड़ा। अभेरा=भिड़ंत, रगड़ा। सारी=सारिका, मैना। सरवर जल=सरोवर के जल में। बाढ़ै=बढ़ता है। (4) तुइँ अँवराव...जूरी=तूने अपने अमराव में इकट्ठा ही क्या किया है? ऊमर=गूलर। न बाजु=न लड़। खूझा खाजु=खर-पतवार, नीरस फल। (5) झड़बेरी=झड़बेर, जंगली बेर। कोकाबेरी=कमलिनी। गलगल जाऊँ (क) चाहे गल जाऊँ; (ख) गलगल नींबू। सवति नहिं भाखौं=सपत्नी का नाम न लूँ। कोई ढेल न बाहा=कोई ढेला न फेंके (उससे क्या होता है)। ऊभि=उठाकर।

हौं पदमावति मानसर केवा। भँवर मराल करहिं मोरि सेवा।।
पूजा जोग दई हम्ह गढ़ी। औ महेस के माथे चढ़ी।।
जानै जगत कँवल के करी। तोहि असि नहिं नागिनि बिष भरी।।
तुइँ सब लिए जगत कै नागा। कोइल भेस न छाँड़ेसि कागा।।
तू भुजइल, हौं हंसिनि भोरी। मोहि तोहि मोति पोति कै जोरी।।
कंचन करी रतन नग बाना। जहाँ पदारथ सोह न आना।।
तू तौ राहु, हौं ससि उजियारी। दिनहि न पूजै निसि अँधियारी।।
ठाढ़ि होसि जेहि ठाईं, मसि लागै तेहि ठावँ।
तेहि डर राँध न बैठौं, मकु साँवरि होइ जावँ।।6।।

कँवल सो कौन सोपारी रोठा। जेहि के हिये सहस दस कोठा।।
रहै न झाँपे आपन गटा। सो कित उघेलि चहै परगटा।।
कँवल पत्र तर दारिउँ चोली। देख सूर देखि है खोली।।
ऊपर राता, भीतर पियरा। जारौं ओहि हरदि अस हियरा।।
इहाँ भँवर मुख बातन्ह लावसि। उहाँ सुरुज कहँ हँसि बहरावसि।।
सब निसि तपि तपि मरसि पियासी। भोर भए पावसि पिय बासी।।
सेजवाँ रोइ रोइ निसि भरसी। तू मोसौं का सरवरि करसी?।।
सुरुज किरिन बहरावै, सरवर लहरि न पूज।
भँवर हिया तोर पावै, धूप देह तोरि भूँज।।7।।

मैं हौं कँवल सुरुज कै जोरी। जौ पिय आपन तौ का चोरी?।।
हौं ओहि आपन दरपन लेखौं। करौं सिंगार भोर मुख देखौं।।
मोर बिगास ओहिक परगासू। तू जरि मरसि निहारि अकासू।।
हौं ओहि सौं, वह मोसौं राता। तिमिर बिलाइ होत परभाता।।
कँवल के हिरदय महँ जो गटा। हरि हर हार कीन्ह का घटा?।।
जाकर दिवस तेहि पहँ आवा। कारि रैनि कित देखै पावा।।
तू ऊमर जेहि भीतर माखी। चाहहिं उड़ै मरन के पाँखी।।
धूप न देखहि बिषभरी, अमृत सो सर पाव।
जेहि नागिनि डस सो मरै, लहरि सुरुज कै आव।।8।।

---

(6) केवा=कमल। कागा=कौआपन। भुजइल=भुजंगा पक्षी। पोत=काँच या पत्थर की गुरिया। मसि=स्याही। राँध=पासु समीप। (7) रीठा=रोड़ा, टुकड़ा। जेहि के हिये...कोठा= कँवलगट्टे के भीतर बहुत से बीजकोश होते हैं। गटा=कँवलगट्टा। उघेलि=खोलकर। दारिउँ=अनार के समान कँवलगट्टा जो तेरा स्तन है। निसि भरसी=रात बिताती है तू। करसी=तू करती है। सरवर...पूज=ताल की लहर उसके पास तक नहीं पहुँचती, वह जल के ऊपर उठा रहता है। भूँज=भूनती है। (8) हरि हर हार कीन्ह=कमल की माला विष्णु और शिव पहनते हैं। मरन के पाँखी=कीड़ों को जो पंख अंत समय में निकलते हैं।

फूल न कँवल भानु बिनु ऊए। पानी मैल होइ जरि छूए।।
फिरहिं भँवर तोरे नयनाहाँ। नीर बिसाइँध तोहि पाहाँ।।
मच्छ कच्छ दादुर कर बासा। बग अस पँखि बसहिं तोहि पासा।।
जे जे पंखि पास तोहि गए। पानी महँ सो बिसाइँध भए।।
जौ उजियार चाँद होइ ऊआ। बदन कलंक डोम लेइ छूआ।।
मोहि तोहि निसि दिन कर बीचू। राहू के हाथ चाँद कै मीचू।।
सहस बार जौ धोबै कोई। तौहु बिसाइँध जाइ न धोई।।
काह कहौं ओहि पिउ कहँ मोहि सिर धरेसि अँगारि।
तेहि के खेल भरोसे, तुइ जीती, मैं हारि।।9।।
तोर अकेल का जीतिउँ हारू। मैं जीतिउँ जग कर सिंगारू।।
बदन जितिउँ सो ससि उजियारी। बेनी जितिउँ भुअंगिनिकारी।।
नैनन्ह जितिउँ मिरिग के नैना। कंठ जितिउँ कोकिल के बैना।।
भौंह जितिउँ अरजुन धनुधारी। गीउ जितिउँ तमचूर पुछारी।।
नासिक जितिउँ पुहुप तिल सूआ। सूक जितिउँ बेसरि होइ ऊआ।।
दामिनि जितिउँ दसन दमकाहीं। अधर रंग जीतिउँ बिंबाहीं।।
केहरि जितिउँ लंक मैं लीन्हीं। जितिउँ मराल, चाल वै दीन्हीं।।
पुहुप बास मलयागिरि, निरमल अंग बसाइ।
तू नागिनि आसा लुबुध डससि काहु कहँ जाइ।।10।।
का तोहि गरब सिंगार पराए। अबहीं लैहिं लूट सब ठाए।।
हौं साँवरि सलोन मोर नैना। सेत चीर, मुख चातक बैंना।।
नासिक खरग, फूल धुव तारा। भौहैं धनुक गगन गा हारा।।
हीरा दसन सेत औ सामा। छपै बीजु जौ बिहँसै बामा।।
बिद्रुम अधर रंग रस राते। जूड़ अमिय अस, रवि नहिं ताते।।
चाल गयंद गरब अति भरी। बसा लंक, नागेसर करी।।
साँवरि जहाँ लोनि सुठि नीकी। का सरवरि तू करसि जो फीकी।।
पुहुप बास औ पवन अधारी, कवँल मोर तरहेल।
चहौं केस धरि नावौं, तोर मरन मोर खेल।।11।।
पदमावति सुनि उतर न सही। नागमती नागिनि जिमि गही।।
वह ओहि कहँ, वह ओहि कहँ गहा। काह कहौं तस जाइ न कहा।।

---

(9) जरि=जड़, मूल। डोम छुआ=प्रवाद है कि चंद्रमा डोमों के ऋणी हैं; वे जब घेरते हैं तब ग्रहण होता है। (10) आसा लुबुध=सुगंध की आशा से साँप चंदन में लिपटे रहते हैं। (11) सिंगार पराए=दूसरों से लिया सिंगार जैसा कि ऊपर कहा है। जूड़ अमिय=ताते=उन अधरों में बालसूर्य की ललाई है पर वे अमृत के समान शीतल हैं, गरम नहीं। नागेसर करी=नागेसर फूल की कली। तरहेल=नीचे पड़ा हुआ, अधीन।

दुवौ नवल भरि जोबन गाजैं। अछरी जनहुँ अखारे बाजैं।।
भा बाहुँन बाहुँन सौं जोरा। हिय सौं हिय, कोइ बाग न मोरा।।
कुच सों कुच भइ सौहैं अनी। नवहिं न नाए, टूटहिं तनी।।
कुंभस्थल जिमि गज मैमंता। दूवौ आइ भिरे चौदंता।।
देवलोक देखत हुत ठाढ़े। लगे बान हिय जाहिं न काढ़े।।
जनहुँ दीन्ह ठगलाडू देखि आइ तस मीचु।
रहा न कोइ धरहरिया करै दुहुँन्ह महँ बीचु।।12।।

पवन स्रवन राजा के लागा। कहेसि लड़हि पदमावति औं नागा।।
दूनौ सवति साम औ गोरी। मरहिं तौ कहँ पावसि असि जोरी।।
चलि राजा आवा तेहि बारी। जरत बुझाई दूनौ नारी।।
एक बार जेइ पिय मन बूझा। सो दुसरे सौं काहे क जूझा?।।
अस गियान मन आव न कोई। कबहूँ राति, कबहुँ दिन होई।।
धूप छाँह दोउ पिय के रंगा। दूनौ मिली रह एक संगा।।
जूझ छाँड़ि अब बूझहु दोऊ। सेवा करहु सेव फल होऊ।।
गंग जमुन तुम नारि दोउ, लिखा मुहम्मद जोग।
सेव करहु मिलि दूनौ, तौ मानहु सुख भोग।।13।।

अस कहि दूनौ नारि मनाई। बिहँसि दोउ तब कंठ लगाई।।
लेइ दोउ संग मँदिर महँ आए। सोन पलँग जहँ रहे बिछाए।।
सीझी पाँच अमृत जेवनारा। औ भोजन छप्पन परकारा।।
हुलसीं सरस खजहजा खाई। भोग करत बिहँसीं रसनाई।।
सोन मँदिर नगमति कहँ दीन्हा। रूप मँदिर पदमावति लीन्हा।।
मंदिर रतन रतन के खंभा। बैठा राज जोहारै सभा।।
सभा सो सबै सुभर मन कहा। सोई अस जो गुरु भल कहा।।
बहु सुगंध, बहु भोग सुख, कुरलहिं केलि कराहिं।
दुहुँ सौं केलि नित मानै, रहस अनँद दिन जाहिं।।14।।

---

(12) बाजैं लड़ती है। बाग न मोरा=बाग नहीं मोड़तीं, अर्थात् लड़ाई से हटतीं नहीं। अनी=नोक। तनी=चोली के बंद। चौदंत स्याम देश का एक प्रकार का हाथी, अथवा थोड़ी अवस्था का उद्दंड पशु (बैल, घोड़े आदि के लिए इस शब्द का प्रयोग होता है)। ठगलाडू=ठगों के लड्डू जिन्हें खिलाकर वे मुसाफिरों को बेहोश करते हैं। धरहरिया=झगड़ा छुड़ानेवाला। बीचु करै=दोनों को अलग करे, झगड़ा मिटाए।

(37) रत्नसेन-संतति खंड

जाएउ नागमती नगसेनहि। ऊँच भाग ऊँचै दिन रैनहि।।
कवँलसेन पदमावति जाएउ।जानहुँ चंद धरति महँ आएउ।।
पंडित बहु बुधिवंत बोलाए। रासि बरग औ गरह गनाए।।
कहेन्हि बड़े दोउ राजा होहीं। ऐसे पूत होहिं सब तोही।।
नवौ खंड के राजन्ह जाहीं। औ किछु दुंद होइ दल माहीं।।
खोलि भँडारहि दान देवावा। दुखी सुखी करि आन बढ़ावा।।
जाचक लोग, गुनीजन आए। औ अनंद के बाज बधाए।।
बहु किछु पावा जोतिसिन्ह औ देइ चले असीस।
पुत्र, कलत्र, कुटुंब सब, जीयहिं, कोटि बरीस।।1।।

---

(1) जाएउ=उत्पन्न किया, जना। ऊँचे दिन रैनहि=दिन-रात में वैसा ही बढ़ता गया। दुंद=झगड़ा, लड़ाई।

(38) राघवचेतन देशनिकाला खंड

राघवचेतन चेतन महा। आऊ सरि राजा पहँ रहा।।
चित चेता जानै बहु भेऊ। कवि बियास पंडित सहदेऊ।।
बरनी आइ राज कै कथा। पिंगल महँ सब सिंघल मथा।।
जो कबि सुनै सीस जो धुना। सरवन नाद बेद सो सुना।।
दिस्टि सो धरम पंथ जेहि सूझा। ज्ञान सो जो परमारथ बूझा।।
जोगि, जो रहै समाधि समाना। भोगि सो, गुनी केर गुन जाना।।
बीर जो रिस मारै, मन गहा। सोइ सिंगार कंत जो चहा।।
बेद भेद जस बररुचि, चित चेता तस चेत।
राजा भोज चतुरदस, भा चेतन सौं हेत।।1।।
होइ अचेत घरी जौ आई। चेतन कै सब चेत भुलाई।।
भा दिन एक अमावस सोई। राजै कहा 'दुइज कब होई!'।।
राघव के मुख निकसा 'आजू'। पँडितन्ह कहा 'काल्हि, महराजू'।।
राजै दुवौ दिसा फिरि देखा। इन महँ को बाउर, को सरेखा।।
भुजा टेकि पंडित तब बोला। 'छाँड़हिं देस बचन जौ डोला'।।
राघव करै जाखिनी पूजा। चहै सो भाव देखावै दूजा।।
तेहि ऊपर राघव बर खाँचा। 'दुइज आजु तौ पंडित साँचा'।।
राघव पूजि जाखिनी, दुइज देखाएसि साँझ।
बेद पंथ जे नहिं चलहिं, ते भूलहिं बन माँझ[1] ।।2।।

---

(1) आऊ सरी=आयु पर्यन्त, जन्म भर। चेता=ज्ञानप्राप्त। भेऊ=भेद, मर्म। पिंगल=छंद या कविता में। सिंघल मथा=सिंघलदीप की सारी कथा मथकर वर्णन की। मन गहा=मन को वश में किया। राजा भोज चतुरदस=चौदहों विद्याओं में राजा भोज के समान। (2) होइ अचेत...जौ आई=जब संयोग आ जाता है तब चेतन भी अचेत हो जाता है; बुद्धिमान् भी बुद्धि खो बैठता है। भुजा टेकि=हाथ मारकर, जोर देकर। जाखिनी=यक्षिणी। बर खाँदा=रेखा खींचकर कहा, जो देकर कहा।

1. पाठांतर—पँडितहि पँडित न देखै, भएउ बैर तिन्ह माँझ।

पँडितन्ह कहा परा नहिं धोखा। कौन अगस्त समुद जेइ सोखा।।
सो दिन गएउ साँझ भइ दूजी। देखी दुइज घरी वह पूजी।।
पँडितन्ह राजहि दीन्ह असीसा। अब कस यह कंचन औ सीसा।।
जौ यह दुइज काल्हि कै होती। आजु तेज देखत ससि जोती।।
राघव दिस्टिबंध कल्हि खेला। सभा माँझ चेटक अस मेला[1]।।
एहि कर गुरु चमारिनि लोना। सिखा काँवरू पाढ़न टोना।।
दुइज अमावस कहँ जो देखावै। एक दिन राहु चाँद कहँ लावै।।
राज वार अस गुनी न चाहिय जेहि टोना कै खोज।
ऐहि चेटक औ विद्या छला सो राजा भोज।।3।।

राघव बैन जो कंचन रेखा। कसे बानि पीतर अस देखा।।
अज्ञा भई, रिसान, नरेसू। मारहु नाहिं, निसारहु देसू।।
झूठ बोलि थिर रहै न राँचा। पंडित सोइ बेद मत साँचा।।
बेद बचन मुख साँच जो कहा। सो जुग जुग अहथिर होइ रहा।।
खोट रतन सोई फटकरै। केहि घर रतन जो दारिद हरै?।।
चहै लच्छि बाउर कवि सोई। जहँ सुरसती लच्छि कित होई?।।
कविता संग दारिद मतिभंगी। काँटै कूटै पुहुप कै संगी।।
कवि तौ चेला, विधि गुरु, सीप सेवाती बुंद।
तेहि मानुष कै आस का, जो मरजिया समुंद।।4।।

एहि रे वात पदमावति सुनी। देस निसारा राघव गुनी।।
ज्ञान दिस्टि धनि अगम विचारा। भल न कीन्ह अस गुनी निसारा।।
जेइ जाखिनी पूजि ससि काढ़ा। सूर के ठावँ करै पुनि ठाढ़ा।।
कवि कै जीभ खड़ग हरद्वानी। एक दिसि आगि, दुसर दिसि पानी।।
जिन अजुगुति काढ़े मुख भोरे। जस बहुते अपजस होइ थोरे।।
रानी राघव बेगि हँकारा। सूर गहन भा लेहु उतारा।।
बाम्हन जहाँ दच्छिना पावा। सरग जाइ जौ होइ बोलावा।।

---

(3) कौन अगस्त....सोखा=अर्थात् इतनी अधिक प्रत्यक्ष बात को कौन पी जा सकता है? काल्हि कै=कल को। दिस्टिबंध=इंद्रजाल, जादू। चेटक=माया। चमारिनि लोना=कामरूप की प्रसिद्ध जादूगरनी लोना चमारिन। एक दिन राहु चाँद कहँ लावै= (क) जब चाहे चंद्रग्रहण कर दे; (ख) पदमावती के कारण बादशाह की चढ़ाई का संकेत भी मिलता है। (4) फटकरै=फटक दे। मतिभंगी=बुद्धि भ्रष्ट करने वाला। तेहि मानुष कै आस का=उसको मनुष्य की क्या आशा करनी चाहिए?

1. पाठांतर—पंडित न होइ, काँवरू चेला।

आवा राघवचेतन, धौराहर के पास।
ऐस न जाना ते हियै, बिजुरी बसै अकास।।5।।

पदमावति जो झरोखे आई। निहकलंक ससि दीन्ह दिखाई।।
ततखन राघव दीन्ह असीसा। भएउ चकोर चंदमुख दीसा।।
पहिरे ससि नखतन्ह कै मारा। धरती सरग भएउ उजियारा।।
औ पहिरे कर कंकन जोरी। नग लागे जेहि महँ नौ कोरी।।
कंकन एक कर काढ़ि पवारा। काढ़त हार टूट औ मारा।।
जानहुँ चाँद टूट लेइ तारा। छुटी अकास काल कै धारा।।
जानहु टूटि बीजु भुइँ परी। उठा चौंधि राघव चित हरी।।

परा आइ भुइँ कंकन, जगत भएउ उजियार।
राघव बिजुरी मारा, बिसँभर किछु न सँभार।।6।।

पदमावति हँसि दीन्ह झरोखा। जौ यह गुनी मरै, मोहि दोखा।।
सबै सहेली देखै धाईं। 'चेतन चेतु' जगावहिं आई।।
चेतन परा, न आवै चेतू। सबै कहा 'एहि लाग परेतू'।।
कोई कहै, आहि सनिपातू। कोई कहै, कि मिरगी बातू।।
कोइ कह, लाग पवन झर झोला। कैसेहु समुझि न चेतन बोला।।
पुनि उठाइ बैठाएन्हि छाहाँ। पूछहिं कौन पीर हिय माहाँ?।।
दहुँ काहू के दरसन हरा। की ठग धूत भूत तोहि छरा।।

की तोहि दीन्ह काहु किछु, की रे डसा तोहि साँप?।
कहु सचेत होइ चेतन, देह तोरि कस काँप।।7।।

भउए चेत चेतन चित चेता। नैन झरोखे, जीउ सँकेता।।
पुनि जो बोला मति बुधि खोवा। नैन झरोखा लाए रोवा।।
बाउर बहिर सीस पै धुना। आपनि कहै, पराइ न सुना।।
जानहु लाई काहु ठगौरी। खन पुकार खन बातैं बौरी।।
हौं रे ठगा एहि चितउर माहाँ। कासौं कहौं, जाउँ केहि पाहाँ।।

---

(5) अगम=आगम, परिणाम। जाखिनी=यक्षिणी। सूर के ठाँव...ठाढ़ा=सूर्य की जगह दूसरा सूर्य खड़ा कर दे। (राजा पर बादशाह को चढ़ा लाने का इशारा है)। हरद्वानी=हरद्वान की तलवार प्रसिद्ध थी। अजुगुति=अनहोनी बात, अयुक्त बात। भोरे=भूलकर। जस बहुते...थोरे=यश बहुत करने से मिलता है, अपयश थोड़े ही में मिलता है। उतारा=निछावर किया हुआ दान। (6) कोरी=बीस की संख्या। पवारा=फेंका। चौंधि उठा=आँखों में चकाचौंध हो गई। (7) सनिपातू=सन्निपात, त्रिदोष।

यह राजा सठ बड़ हत्यारा। जेइ राखा अस ठग बटपारा।।
ना कोइ बरज, न लाग गोहारी। अस एहि अगर होइ बटपारी।।
दिस्टि दीन्ह ठगलाड़ू, अलक फाँस परे गीउ।
जहाँ भिखारि न बाँचै, तहाँ बाँच को जीउ?।।8।।

कित धोराहर आइ झरोखे?। लेइ गइ जीउ दच्छिना धोखे।।
सरग ऊइ ससि करै अँजोरी। तेहि ते अधिक देहुँ केहि जोरी?।।
तहाँ ससिहि जौ होति वह जोती। दिन होइ राति, रैनि कस होती?।।
कित धोराहर आइ झरोखे?। लेइ गइ जीउ दच्छिना धोखे।।
सरग ऊइ ससि करै अँजोरी। तेहि ते अधिक देहुँ केहि जोरी?।।
तहाँ ससिहि जौ होति वह जोती। दिन होइ राति, रैनि कस होती?।।
तेइ हँकारि मोहिं कंकन दीन्हा। दिस्टि जो परी जीउ हरि लीन्हा।।
नैन भिखारि ढीठ सतछँड़ा। लागै तहाँ बान होइ गड़ा।।
नैनहिं नैन जो बेधि समाने। सीस धुनै निसरहिं नहिं ताने।।
नवहिं न नाए निलज भिखारी। तबहिं न लागि रही मुख कारी।।
कित करमुहें नैन भए, जीउ हरा जेहि बाट।
सरवर नीर निछोह जिमि दरकि दरकि हिय फाट।।9।।

सखिन्ह कहा चेतसि बिसँभारा। हिये चेतु जेहि जासि न मारा।।
जौ कोइ पावै आपन माँगा। ना कोइ मरै, न काहू खाँगा।।
वह पदमावति आहि अनूपा। बरनि न जाइ काहु के रूपा।।
जो देखा सो गुपुत चलि गएउ। परगट कहाँ जीउ बिनु भएऊ।।
तुम्ह अस बहुत बिमोहित भए। धुनि धुनि सीस जीउ देइ गए।।
बहुतन्ह दीन्ह नाइ कै गीवा। उतर देह नहिं, मारै जीवा।।
तुइँ पै मरहिं होइ जरि भूई। अबहुँ उघेलु कान कै रूई।।
कोइ माँगै नहिं पावै, कोइ माँगे बिनु पाव।
तू चेतन औरहि समुझावै, तो कहँ को समुझाव?।।10।।

---

(8) सँकेता=संकट में। ठगोरी लाई=ठग लिया; सुधबुध नष्ट करके ठक कर दिया। बौरी=बावलों की सी। बरज=मना करता है। गोहारि लगना=पुकार सुनकर सहायता के लिए आना। (9) दच्छिना धोखे=दक्षिणा का धोखा देकर। जोरी=पटतर, उपमा। दिन होइ राति=तो रात में भी दिन होता और रात न होती। हँकारि=बुलाकर। सतछँड़ा= सत्य छोड़नेवाला। ताने=खींचने से। तबहिं न कारी=तभी न (उसी कारण से) आँखों के मुँह में कालिमा (काली पुतली) लग रही है। सरवर नीर...फाट=तालाब के सूखने पर उसकी जमीन में चारों ओर दरारें सी पड़ जाती हैं। (10) बरनि न जाइ रूपा= किसी के साथ उसकी उपमा नहीं दी जा सकती। भुई=सरकंडे का धुआँ। उघेलु... रूई=सुन और चेतकर, कान की रूई खोल।

भएउ चेत, चित चेतन चेता। बहुरि न आइ सहौं दुख एता।।
रोवत आइ परे हम जहाँ। रोवत चले, कौन सुख तहाँ?।।
जहाँ रहे संसौ जिउ केरा। कौन रहनि? चलि चलै सबेरा।।
अब यह भीख तहाँ होइ माँगौं। देइ एत जेहि जनम न खाँगौं।।
अस कंकन जौ पावौं दूजा। दारिद हरै आस मन पूजा।।
दिल्ली नगर आदि तुरकानू। जहाँ अलाउदीन सुलतानू।।
सोन ढरै जेहि के टकसारा। बारह बानी चलै दिनारा।।
कँवल बखानौं जाइ तहँ, जहँ अलि अलाउदीन।
सुनि कै चढ़ै भानु होइ, रतन जो होइ मलीन।।11।।

(11) एता=इतना। संसौ=संशय। कौन रहनि=वहाँ का रहना क्या? देइ एत...खाँगौं=इतना दो कि फिर मुझे कमी न हो। सोन ढरै=सोना ढलता है, सोने के सिक्के ढाले जाते हैं। बारह बानी=चोखा। दिनारा=दीनार नाम का प्रचलित सोने का सिक्का। अलि=भौंरा।

(39) राघवचेतन-दिल्ली-गमन खंड

राघवचेतन कीन्ह पयाना। दिल्ली नगर जाइ नियराना।।
आइ साह के बार पहूँचा। देखा राज जगत पर ऊँचा।।
छत्तिस लाख तुरुक असवारा। तीस सहस हस्ती दरबारा।।
जहँ लगि तपै जगत पर भानू। तहँ लगि राज करै सुलतानू।।
चहूँ खंड के राजा आवहिं। ठाढ़ झुराहिं, जोहार न पावहिं।।
मन तेवान कै राघव झूरा। नाहिं उबार, जीउ डर पूरा।।
जहँ झुराहिं दीन्हे सिर छाता। तहँ हमार को चालै बाता।।

वार पार नहिं सूझै, लाखन उमर अमीर?
अब खुर खेह जाहुँ मिलि, आइ परेउँ एहि भीर।।1।।

बादशाह सब जाना बूझा। सरग पतार हिये महँ सूझा।।
जौ राजा अस सजग न होई। काकर राज, कहाँ कर कोई।।
जगत भार उन्ह एक सँभारा। तौ थिर रहै सकल संसारा।।
औ अस ओहिक सिंघासन ऊँचा। सब काहू पर दिस्टि पहूँचा।।
सब दिन राजकाज सुख भोगी। रैनि फिरै घर घर होइ जोगी।।
राव रंक जावत सब जाती। सब कै चाह लेइ दिन राती।।
पंथी परदेसी जत आवहिं। सब कै चाह दूत पहुँचावहिं।।

---

(1) बार=द्वार। ठाढ़ झुराहिं=खड़े-खड़े सूखते हैं। जोहार=सलाम। तेवान=चिंता, सोच। झूरा=व्याकुल होता है, सूखता है। नाहिं उबार=यहाँ गुजर नहीं। दीन्हे सिर छाता=छत्रपति राजा लोग। उमर=उमरा, सरदार। खुर खेह=घोड़ों की टापों से उठी धूल में।

एहू बात तहँ पहुँची, सदा छत्र सुख छाँह!
बाम्हन एक बार है, कँकन जराऊ बाँह।।2।।

मया साह मन सुनत भिखारी। परदेसी को? पूछु हँकारी।।
हम्ह पुनि जाना है परदेसा। कौन पंथ गवनब, केहि भेसा?।।
दिल्ली राज चिंत मन गाढ़ी। यह जग जैस दूध कै साढ़ी।।
सैंति बिलोव कीन्ह बहु फेरा। मथि कै लीन्ह घीउ महि केरा।।
एहि दहि लेइ का रहै ढिलाई। साढ़ी काढ़, दही जब ताईं।।
एहि दहि लेइ कित होइ होइ गए। कै कै गरब खेह मिलि गए।।
रावन रंक जारि सब तापा। रहा न जोबन, आव बुढ़ापा।।
भीख भिखारी दीजिए, का बाम्हन का भाँट।
अज्ञा भई हँकारहु, धरती धरै लिलाट।।3।।

राघवचेतन हुत जो निरासा। ततखन बेगि बोलावा पासा।।
सीस नाइ कै दीन्ह असीसा। चमकत नग कंकन कर दीसा।।
अज्ञा भइ पुनि राघव पाहाँ। तू मंगन कंगन का बाहाँ।।
राघव फरि सीस भुइँ धरा। जुग जुग राज भानु कै करा।।
पदमिनि सिंघलदीप क रानी। रतनसेन चितउरगढ़ आनी।।
कवँल न सरि पूजै तेहि बासा। रूप न पूजै चंद अकासा।।
जहाँ कँवल ससि सूर न पूजा। केहि सरि देउँ, और को दूजा?।।
सोइ रानी संसार मनि, दछिना कंकन दीन्ह।
अछरी रूप देखाइ कै जीउ झरोखे लीन्ह।।4।।

सुनि कै उतर सहि मन हँसा। जानहु बीजु चमकि परगसा।।
काँच जोग जेहि कंचन पावा। मंगन ताहि सुमेरु चढ़ावा।।
नावँ भिखारि जीभ मुख बाँची। अबहुँ सँभारि बात कहु साँची।।
कहँ अस नारि जगत उपराहीं। जेहि के सरि सूरुज ससि नाहीं?।।
जो पदमिनि सो मंदिर मोरे। सातौ दीप जहाँ कर जोरे।।

---

(2) सजग=होशियार। रैनि फिरै...जोगी=रात को जोगी के भेस में प्रजा की दशा देखने को घूमता है। चाह=खबर। (3) मया साह मन=बादशाह के मन में दया हुई। सैंति=संचित करके। बिलोव कीन्ह= मथा। महि=(क) पृथ्वी, (ख) मही, मट्ठा। दहि लेइ=(क) दिल्ली में; (ख) दही लेकर। खेह=धूल मिट्टी। (4) हुत=था। संसार मनि=जगत् में मणि के समान। (5) जेहि कंचन पावा=जिससे सोना पाया। नावँ भिखारि....बाँची=भिखारी के नाम पर अर्थात् भिखारी समझकर तेरे मुँह में जीभ बची हुई है, खींच नहीं ली गई। लोन=लावण्य, सौंदर्य। होइ लोन बिलासी=तू नमक की तरह गल जाय। चक्कवै=चक्रवर्ती।

सात दीप महँ चुनि चुनि आनी। सो मोरे सोरह सै रानी।।
जौ उन्ह कै देखसि एक दासी। देखि लोन होइ लोन बिलासी।।
चहूँ खंड हौं चक्कवै, जस रबि तपै अकास।
जौ पदमावति तौ मोरे, अछरी तौ कबिलास।।5।।

तुम बड़ राज छत्रपति भारी। अनु बाम्हन मैं अहौं भिखारी।।
चारिउ खंड भीख कहँ बाजा। उदय अस्त तुम्ह ऐस न राजा।।
धरमराज औ सत कलि माहाँ। झूठ जो कहै जीभ केहि पाहाँ?।।
किछु जो चारि सब किछु उपराहीं। ते एहि जंबूदीपहि नाहीं।।
पदमावति, अमृत, हंस, सदूरू। सिंघलदीप मिलहिं पै मूरू।।
सातौ दीप देखि हौं आवा। तब राघवचेतन कहवावा।।
अज्ञा होइ, न राखौं धोखा। कहौं सबै नारिन्ह गुन दोषा।।
इहाँ हस्तिनी, संखिनी, औ चित्रिनि बहु बास।
कहाँ पदमावति पदुम सरि, भँवर फिरै जेहि पास?।।6।।

---

(6) अनु=और, फिर। भीख कहँ=भिक्षा के लिए। बाजा=पहुँचता है, डटता है। उदय अस्त=उदयाचल से अस्ताचल तक। किछु जो चारि...उपराहीं=जो चार चीजें सबसे ऊपर हैं। मूरू=मूल, असल। बहु बास=बहुत सी रहती हैं।

(40) स्त्री-भेद-वर्णन खंड

पहिले कहौं हस्तिनी नारी। हस्ती कै परकीरति सारी।।
सिर औ पायँ सुभर गिउ छोटी। उर कै खीनि लंक कै मोटी।।
कुंभस्थल कुच मद उर माहीं। गयन गयंद ढाल जनु वाहीं।।
दिस्टि न आवै आपन पीऊ। पुरुष पराए ऊपर जीऊ।।
भोजन बहुत बहुत रति चाऊ। अछवाई नहिं थोर बनाऊ।।
मद जस मंद बसाइ पसेऊ। औ बिसवासि छरै सब केऊ।।
डर औ लाज न एकौ हिये। रहै जो राखे आँकुस दिये।।
गज गति चलै चहूँ दिसि, चितवै लाए चोख।
कही हस्तिनी नारि यह, सब हस्तिन के दोख।।1।।

दूसरि कहौं संखिनी नारी। करै बहुत बल अलप अहारी।।
उर अति सुभर खीन अति लंका। गरब भरी मन करै न संका।।
बहुत रोष चाहै पिउ हना। आगे घाल न काहू गना।।
अपनै अलंकार ओहि भावा। देखिन सकै सिंगार परावा।।
सिंघ क चाल चलै डग ढीली। रोवाँ बहुत जाँघ औ फीली।।
मोटि माँसु रुचि भोजन तासू। औ मुख आव बिसायँध वासू।।
दिस्टि तिरहुँड़ी हेर न आगे। जनु मथवाह रहै सिर लागे।।
सेज मिलत स्वामी कहँ, लावै उर नखबान।
जेहि गुन सबै सिंघ के, सो संखिनि सुलतान!।।2।।

---

(1) अछवाई=सफाई। बनाऊ=बनाव-सिंगार। बसाइ=दुर्गंध करता है। चोख=चंचलता या नेत्र। (2) सुभर=भरा हुआ। चाहै पिउ हाना=पति को कभी-कभी मारने दौड़ती है। घाल न गना=कुछ नहीं समझती, पसंगे बराबर नहीं समझती। फीली=पिंडली। तिरहुँड़ी=नीचा। हेर=देखती है। मथवाह=झालरदार पट्टी जो भड़कनेवाले घोड़ों के मत्थे पर इसलिए बाँध दी जाती है जिसमें वे इधर-उधर की वस्तु देख न सकें। जेहि गुन सबै सिंघ के=कवि ने शायद शंखिनी के स्थान पर 'सिंघिनी' समझा है।

तीसरि कहौं चित्रिनी नारी। महा चतुर रस प्रेम पियारी।।
रूप सुरूप सिंगार सवाई। अछरी जैसि रहै अछवाई।।
रोष न जानै हँसतामुखी। जेहि अस नारि कंत सो सुखी।।
अपने पिउ कै जानै पूजा। एक पुरुष तजि आन न दूजा।।
चंदबदनि रँग कुमुदिनि गोरी। चाल सोहाइ हंस कै जोरी।।
खीर खाँड़ रुचि अलप अहारू। पान फूल तेहि अधिक पियारू।।
पदमावति चाहि घाटि दुइ करा। और सबै गुन ओहि निरमरा।।
चित्रिनि जैस कुमुद रँग, सोइ बासना अंग।
पदमावति सब चंदन असि, भँवर फिरहिं तेहि संग।।3।।

चौथी कहौं पदमावति नारी। पदुम गंध ससि दैउ सँवारी।।
पदमिनि जाति पदुम रँग ओही। पदुम बास मधुकर सँग होहीं।।
ना सुठि लाँबी, ना सुठि छोटी। ना सुठि पातरि, ना सुठि मोटी।।
सोरह करा रंग ओहि बानी। सो, सुलतान! पदमावति जानी।।
दीरघ चारि, चारि लघु सोई। सुभर चारि, चहुँ खीनो होई।।
औ ससि बदन देखि सब मोहा। बाल मराल चलत गति सोहा।।
खीर अहार न कर सुकुवाँरी। पान फूल के रहै अधारी।।
सोरह करा सँपूरन, औ सोरहौ सिंगार।
अब ओहि भाँति कहत हौं, जस बरनै संसार।।4।।

प्रथम केस दीरघ मन मोहै। औ दीरघ अँगुरी कर सोहै।।
दीरघ नैन तीख तहँ देखा। दीरघ गीउ, कंठ तिनि रेखा।।
पुनि लघु दसन होहिं जनु हीरा। औ लघु कुच उत्तंग जँभीरा।।
लघु लिलाट दूइज परगासू। औ नाभी लघु, चंदन बासू।।
नासिक खीन खरग कै धारा। खीन लंक जनु केहरि हारा।।
खीन पेट जानहुँ नहिं आँता। खीन अधर बिद्रुम रँग राता।।
सुभर कपोल, देख मुख सोभा। सुभर नितंब देखि मन लोभा।।
सुभर कलाई अति बनी, सुभर जंघ, गज चाल।
सोरह सिंगार बरनि कै, करहिं देवता लाल।।5।।

---

(3) सवाई=अधिक। अछवाई=साफ, निखरी। चाहि=अपेक्षा, बनिस्बत। घाटि=घटकर। करा=कला। बासना=बास, महँक। (4) सुठि=खूब, बहुत। दीरघ चारि...होइ=ये सोलह शृंगार के विभाग हैं। (5) दीरघ लंबे। तीख=तीखे। तिनि=तीन। केहरि हारा=सिंह ने हार कर दी। आँता=अँतड़ी। सुभर=भरे हुए। लाल=लालसा।

(41) पद्मावती-रूप चर्चा खंड

वह पदमावति चितउर जो आनी।काया कुंदन द्वादसबानी।।
कुंदन कनक ताहि नहिं बासा। वह सुगंध जस कँवल बिगासा।।
कुंदन कनक कठोर सो अंगा।वह कोमल, रँग पुहुप सुरंगा।।
ओहि छुइ पवन बिरिछ जेहि लागा। सोइ मलयागिरि भयउ सभागा।।
काह न मूठि भरी ओहि देही? असि मूरति केइ दैउ उरेही?।।
सबै चितेर चित्र कै हारे।ओहिक रूप कोइ लिखै न पारे।।
कया कपूर हाड़ सब मोती। तिन्हतें अधिक दीन्ह बिधि जोती।।
सुरुज किरिन जसि निरमल, तेहितें अधिक सरीर।
सौंह दिस्टि नहिं जाइ करि नैनन्ह आवै नीर।।1।।
ससि मुख जबहिं कहै किछु बाता।उठत ओठ सूरुज जस राता।।
दसन दसन सौं किरिन जो फूटहिं। सब जग जनहुँ फुलझरी छूटहिं।।
जानहुँ असि महँ बीजु देखावा। चौंधि परै किछु कहै न आवा।।
कौंधत अह जस भादौं रैनी। साम रैनि जनु चलै उड़ैनी।।
जनु बसंत ऋतु कोकिल बोली। सुरस सुनाइ मारि सर डोली।।
ओहि सिर सेसनाग जौ हरा। जाइ सरन बेनी होइ परा।।
जनु अमृत होइ बचन बिगासा। कँवल जो बास बास धनि पासा।।
सबै मनहि हरि जाइ मरि, जो देखै तस चार।
पहिले सो दुख बरनि के, बरनौं ओहिक सिंगार।।2।।
कित हौं रहा काल कर काढ़ा। जाइ धौरहर तर भा ठाढ़ा।।
कित वह आइ झरोखे झाँकी। नैन कुरगिनि चितवन बाँकी।।
बिहँसी ससि तरई जनु परी। की सा रैनि छुटीं फुलझरी।।

---

(1) बासा=महक, सुगंध। ओहि छुइ...सभागा=उसको छूकर वायु जिन पेड़ों में लगी वे मलयागिरि चंदन हो गए। काह न मूठि...देही=उस मुट्ठी भर देह में क्या नहीं है? चितेर=चित्रकार। (2) साम रैनि=अँधेरी रात। उड़ैनी=जुगनू। सर=बाण। चार=ढंग, ढब। दुख=उसके दर्शन से उत्पन्न विकलता।

चमक बीजु जस भादौं रैनी। जगत दिस्टि भरि रहीं उड़ैनी।।
काम कटाछ दिस्टि बिष बसा। नागिनि अलक पलक महँ डसा।।
भौंह धनुष पल काजर बूड़ी। वह भइ धानुक हौं भा ऊड़ी।।
मारि चली मारत हू हंसा। पाछे नाग रहा हौं डँसा।।
काल घालि पाछे रखा, गरुड़ न मंतर कोइ।
मोरे पेट वह पैठा, कासौं पुकारौं रोइ?।।3।।
बेनी छोरि झार जौ केसा। रैनि होइ जग दीपक लेसा।।
सिर हुँत बिसहर परे भुइँ बारा। सगरौं देस भयउ अँधियारा।।
सकपकाहिं बिष भरे पसारे। लहिर भरे लहकहिं अति कारे।।
जानहुँ लोटहिं चढ़े भुअँगा। बेधे बास मलयगिरि अंगा।।
लुरहिं मुरहिं जनु मानहिं केली। नाग चढ़े मालति कै बेली।।
लहरै देइ जनहुँ कालिंदी। फिरि फिरि भँवर होइ चित बंदी।।
चँवर ढुरत आछै चहुँ पासा। भँवर न उड़हिं जो लुबुधे बासा।।
होइ अँधियार बीजु धन, लोपै जबहि चीर गहि झाँप।
केस नाग कित देख मैं, सँवरि सँवरि जिय काँप।।4।।
माँग जो मानिक सेंदुर रेखा। जनु बसंत राता जग देखा।।
कै पत्रावलि पाटी पारी। औ रुचि चित्र बिचित्र सँवारी।।
भए उरेह पुहुप सब नामा। जनु बग बिखरि रहे घन सामा।।
जमुना माँझ सुरसती मंगा। दुहुँ दिसि रही तरंगिनि गंगा।।
सेंदुर रेख सो ऊपर राती। बीरबहूटिन्ह कै जसि पाँती।।
बलि देवता भए देखि सेंदूरू। पूजै माँग भोर उठि सूरू।।
भोर साँझ रबि होइ जो राता। ओहि रेखा राता होइ गाता।।
बेनी कारी पुहुप लेइ, निकसी जमुना आइ।।
पूज इंद्र आनंद सौं, सेंदुर सीस चढ़ाइ।।5।।
दुइज लिलाट अधिक मनियारा। संकर देखि माथ तहँ धारा।।
यह निति दुइज जगत सब दीसा। जगत जोहारै देइ असीसा।।
ससि जो होइ नहिं सरवरि छाजै। होइ सो अमावस छपि मन लाजै।।

---

(3) काल कर काढ़ा=काल का चुना हुआ। पल=पलक। बूड़ी=डूबी हुई। धानुक=धनुष चलानेवाली। ऊड़ी=पनडुब्बी चिड़िया। घालि...रखा=डाल रखा। (4) झार=झारती है। जग दीपक लेसा=रात समझकर लोग दीया जलाने लगते हैं। सिर हुँत=सिर से। बिसहर=विषधर, साँप। सकपकाहिं=हिलते डोलते हैं। लहकहिं=लहराते हैं, झपटते हैं। लुरहिं=लोटते हैं। फिरि फिरि भँवर=पानी के भँवर में चक्कर खाकर। बंदी=कैदी, बँधुआ। ढुरत आछै=ढरता रहता है। झाँप=ढाँकती है। (5) पत्रावलि=पत्रभंगरचना। पाटी=माँग के दोनों ओर बैठाए हुए बाल। उरेह=विचित्र सजावट। बग=बगला। पूजै=पूजन करता है।

तिलक सँवारि जो चुन्नी रची। दुइज माँझ जानहुँ कचपची।।
ससि पर करवत सारा राहू। नखतन्ह भरा दीन्ह बड़ दाहू।।
पारस जोति लिलाटहि ओती। दिस्टि जो करै होइ तेहि जोती।।
सिरी जो रतन माँग बैठारा। जानहु गगन टूट निसितारा।।
ससि औ सूर जो निरमल, तेहि लिलाट के ओप।
निसि दिन दौरि न पूजहिं पुनि पुनि होहिं अलोप। ।6।।

भौहै साम धनुक जनु चढ़ा। बेझ करै मानुष कहँ गढ़ा।।
चंद क मूठि धनुक वह ताना। काजर पनच बरुनि विष बाना।।
जा सहुँ हेर जाइ सो मारा। गिरिवर टरहिं भौंह जो टारा।।
सेतुबंध जेइ धनुष बिड़ारा। उहौ धनुष भौंहन्ह सौं हारा।।
हारा धनुष जा बेधा राहू। और धनुष कोइ गनै न काहू।।
कित सो धनुष मैं भौंहन्ह देखा। लाग बान तिन्ह आउ न लेखा।।
तिन्ह बानन्ह झाँझर भा हीया। जा अस मारा कैसे जीया?।।
सूत सूत तन बेधा, रोवँ रोवँ सब देह।
नस नस महँ ते सालहिं, हाड़ हाड़ भए बेह। ।7।।

नैन चित्र एहि रूप चितेरा। कँवल पत्र पर मधुकर फेरा।।
समुद तरंग उठहिं जनु राते। डोलहि औ घूमहिं रस माते।।
सरद चंद मह खंजन जोरी। फिरि, फिरि लरै बहोरि बहोरी।।
चपल बिलोल डोल उन्ह लागे। थिर न रहै चंचल बैरागे।।
निरखि अघाहिं न हत्या हुँते। फिरि फिरि स्रवनन्ह लागहिं मते।।
अंग सेत मुख साम सो ओही। तिरछे चलहिं सूध नहिं होहीं।।
सुर नर गंध्रब लाल कराहीं। उलब चलहिं सरग कह जाहीं।।
अस वै नयन चक्र दुइ, भँवर समुद उलथाहिं।
जनु जिउ घालि हिंडोलहिं, लेइ आबहिं लेइ जाहिं। ।8।।

नासिक खड़ग हरा धनि कीरू। जोग सिंगार जिता औ बीरू।।
ससि मुँह सीहँ खड्ग देइ रामा। रावन सौं चाहै संग्रामा।।

---

(6) मनियारी=कांतिमान, सोहावना। चुन्नी=चमकी या सितारे जो माथे या कपोलों पर चिपकाए जाते हैं। पारस जोति=ऐसी ज्योति जिससे दूसरी वस्तु को ज्योति हो जाय। सिरी=श्री नाम का आभूषण। ओप=चमक। पूजहिं=बराबरी को पहुँचते हैं। (7) बेझ करै=बेध करने के लिए। पनच=पतंचिका, धनुष की डोरी। बिड़ारा=नष्ट किया। धनुष जो बेधा राहू=मत्स्यवेध करने वाला अर्जुन का धनुष। आउ न लेखा=आयु को समाप्त समझा। बेह=बेध, छेद। (8) नैन चित्र...चितेरा=नेत्रों का चित्र इस रूप से चित्रित हुआ है। चितेरा=चित्रित किया गया। बहोरि बहोरी=फिर फिर। फिरि फिरि=घूम घूमकर। मते=सलाह करने में। अँग सेत...ओही=आँखों के सफेद डेले और काली पुतलियाँ। लाल=लालसा।

दुहुँ समुद्र महँ जनु बिच नीरू। सेतुबंध बाँधा रघुबीरू।।
तिल के पुहुप अस नासिक तासू। औ सुगंध दीन्हीं बिधि बासू।।
हीर फूल पहिरे उजियारा। जनहुँ सरद ससि सोहिल तारा।।
सोहिल चाहि फूल वह ऊँचा। धावहिं नखत न जाइ पहूँचा।।
न जनौं कैस फूल वह गढ़ा। बिगसि फूल सब चाहहिं चढ़ा।।

अस वह फूल सुबासित, भयउ नासिका बंध।
जेत फूल ओहि हिरकहिं तिन्ह कहँ होइ सुगंध।।9।।

अधर सुरंग पान अस खीने। राते रंग अमिय रस भीने।।
आछहिं भिजे तँबोल सौं राते। जने गुलाल दीसहिं बिहँसाते।।
मानिक अधर दसन जनु हीरा। बैन रसाल खाँड़ मुख बीरा।।
काढ़े अधर डाभ जिमि चीरा। रुहिर चुवै जौ खाँड़े बीरा।।
ढारे रसहि रसहि रस गीली। रबत भरी औ सुरँग रँगीली।।
जनु परभात राति रवि रेखा। बिगसे बदन कँवल जनु देखा।।
अलक भुअंगिनि अधरहिं राखा। गहै जो नागिनि सो रस चाखा।।

अधर अधर रस प्रेम कर, अलक भुअंगिनि बीच।
तब अमृत रस पावै, जब नागिनि गहि खींच।।10।।

दसन साम पानन्ह रँग पाके। बिगसे कँवल माँह अलि ताके।।
ऐसि चमक सुख भीतर होई। जनु दारिउँ औ साम मरोई।।
चमकहिं चौक विहँस जौ नारी। बीजु चमक जस निसि अँधियारी।।
सेत साम अस चमकत दीठी। नीलम हीरक पाँति बईठी।।
केइ सो गढ़े अस दसन अमोला। मारै छीजु बिहँसि जो बोला।।
रतन भीजि रस रँग भए सामा। ओही छाज पदारथ नामा।।
कित वै दसन देख रस भीने। लेइ गइ जोति नैन भए हीने।।

दसन जोति होइ नैन मग, हिरदय माँझ पईठ।
परगट जग अँधियार जनु, गुपुत ओहि मैं दीठ।।11।।

रसना सुनहु जो कह रस बाता। कोकिल बैन सुनत मन राता।।
अमृत कोंप जीभ जनु लाई। पान फूल असि बात सोहाई।।
चातक बैन सुनत होइ साँती। सुनै सो परै प्रेम मधु माती।।

---

(9) कीरू=तोता। सोहिल तारा=सुहेल तारा जो चंद्रमा के पास रहता है। बिगसि फूल...चढ़ा=फूल जो खिलते हैं मानों उसी पर निछावर होने के लिए। (10) काढ़े अधर...चीरा=जैसे कुश का चीरा लगा हो ऐसे पतले ओठ हैं। जौ खाँड़े बीरा जब=बीड़ा चबाती है। जनु परभात...देख=मानों विकसित कमलमुख पर सूर्य की लाल किरणें पड़ी हों। (11) ताके=दिखाई पड़े। मकोई=जंगली मकोय जो काली होती है। कित वै दसन. ..भीने=कहाँ से मैंने उन रंगभीने दाँतों को देखा।

बिरवा सूख पाव जस नीरू। सुनत बैन तस पलुह सरीरू।।
बोल सेवाति बूँद जनु परहीं। स्रवन सीप मुख मोती भरहीं।।
धनि वै बैन जो प्रान अधारू। भूले स्रवनहिं देहिं अहारू।।
उन्ह बैनन्ह कै काहि न आसा। मोहहि मिरिग बीन बिस्वासा।।

कंठ सारदा मोहै, जीभ सुरसती काह।
इंद्र चंद्र रवि देवता, सबै जगत मुख चाह।।12।।

स्रवन सुनहु जो कुंदन सीपी। पहिरे कुंडल सिंघलदीपी।।
चाँद सुरुज दुहुँ दिसि चमकाहीं। नखतन्ह भरे निरखि नहिं जाहीं।।
खिन खिन करहिं बीजु अस काँपा। अँवर मेघ महँ रहहिं न झाँपा।।
सूक सनीचर दुहुँ दिसि मते। होहि निनार न स्रवनन्ह हुँते।।
काँपत रहहिं बोल जो बैना। स्रवनन्ह जौ लागहिं फिर नैना।।
जस जस बात सखिन्ह सौं सुना। दुहुँ दिसि करहिं सीस वै धुना।।
खूँट दुवौ अस दमकहिं खूँटी। जनहु परै कचपचिया टूटी।।

वेद पुरान ग्रंथ जत, स्रवन सुनत सिखि लीन्ह।
नाद विनोद राग रस बंधक, स्रवन ओहि बिधि दीन्ह।।13।।

कँवल कपोल ओहि अस छाजै। और न काहु दैउ अस साजै।।
पुहुप पंक रस अमिय सँवारे। सुरँग गेंद नारँग रतनारे।।
पुनि कपोल बाएँ तिल परा। सो तिल बिरह चिनगि कै करा।।
जो तिल देख जाइ जरि सोई। बाएँ दिस्टि काहु जिनि होई।।
जानहुँ भँवर पदुम पर टूटा। जीउ दीन्ह औ दिए न छूटा।।
देखत तिल नैनन्ह गा गाड़ी। और न सूझै सो तिल छाँड़ी।।
तेहि पर अलक मनि जरी डोला। छुवै सो नागिनि सुरँग कपोला।।

रच्छा करै मयूर वह, नाँघि न हिय पर लोट।
गहि रे जग को छुइ सकै, दुइ पहार के ओट।।14।।

गीउ मयूर केरि जस ठाढ़ी। कुन्दै फेरि कुँदेरै काढ़ी।।
धनि वह गीउ का बरनौं करा। बाँक तुरंग जनहुँ गहि परा।।
घिरिनि परेवा गीउ का बरनौं करा। बाँक तुरंग जनहुँ गहि परा।।
गीउ सुराही कै अस भई। अमिय पियाला कारन नई।।

---

(12) कोंप=कोंपल, नया कल्ला। साँती=शांति। माती=मात कर। बिरवा=पेड़। सूख=सूखा हुआ। पलुह=पनपता है, हरा होता है। बीन बिस्वासा=बीन समझकर। (13) कुंदन सीपी=कुंदन की सीप (ताल के सीपों का आधा संपुट)। अंबर=वस्त्र। खूँट=कोना, ओर। खूँटी=खूँट नाम का गहना। कचपचिया=कृत्तिका नक्षत्र। (14) पुहुप पंक=फूल का कीचड़ या पराग। कै करा=के रूप, के समान। बाएँ दिस्टि...होई=किसी की दृष्टि बाईं ओर न जाय क्योंकि वहाँ तिल है। गा गाड़ी=गड़ गया। दुइ पहार=अर्थात् कुच।

पुनि तेहि ठाँव परी तिनि रेखा। तेइ सोइ ठाँव होइ जो देखा।।

सुरुज किरिनि हुँत गिउ निरमली। देखे बेगि जाति हिय चली।।
कंचन तार सोह गिउ भरा। साजि कँवल तेहि ऊपर धरा।।
नागिनि चढ़ी कँवल पर चढ़ि कै बैठ कमंठ।
कर पसार जो काल कहँ सो लागै ओहि कंठ।।15।।

कनक दंड भुज बनी कलाई। डाँडी कँवल फेरि जनु लाई।।
चंदन खाँभहिं भुजा सँवारी। जानहुँ मेलि कँवल पौनारी।।
तेहि डाँड़ी सँग कँवल हथोरी। एक कँवल कै दूनौ जोरी।।
सहजहि जानुहु मेहँदी रची। मुकुताहल लीन्हें जनु घुँघची।।
करपल्लव जो हथोरिन्ह माथा। वै सब रकत भरे तेहि हाथा।।
देखत हिया काढ़ि जनु लेई। हिया काढ़ि कै जाइ न देई।।
कनक अँगूठी औ नग जरी। वह हत्यारिनि नखतन्ह भरी।।
जैसी भुजा कलाई, तेहि बिधि जाइ न भाखि।
कंकन हाथ होइ जहँ, तहँ दरसन का साखि?।।16।।

हिया थार कुच कनक कचोरा। जानहुँ दुवौ सिरीफल जोरा।।
एक पाट वै दूनौ राजा। साम छत्र दूनहुँ सिर छाजा।।
जानहुँ दोउ लटू एक साथा। जग भा लटू चढ़ै नहिं हाथा।।
पातर पेट आहि जनु पूरी। पान अधार फूल अस फूरी।।
रोमावलि ऊपर लटु घूमा। जानहु दोउ साम औ रूमा।।
अलक भुअंगिनि तेहि पर लोटा। हिय घर एक खेल दुइ गोटा।।
बान पगार उठे कुच दोऊ। नाँघि सरन्ह उन्ह पाव न कोऊ।।
कैसहु नवहिं न नाए, जोबन गरब उठान।
जो पहिले कर लावै, सो पाछे रति मान।।17।।

भृंग लंक जनु माँझ न लागा। दुइ खँड नलिन माँझ जनु तागा।।
जब फिरि चली देख मैं पाछे। अछरी इंद्रलोक जनु काछे।।
जबहि चली मन भा पछिताऊ। अबहूँ दिस्टि लागि ओहि ठाऊँ।।
अछरी लाजि छपीं गति ओही। भईं अलोप न परगट होहीं।।

---

(15) कुदै=खराद पर। कुँदेरै=कुँदेरे ने। करा=कला, शोभा। घिरिनि परेवा=गिरहबाज कबूतर। तमचूर=मुर्गा। तेइ सोइ ठाउँ...देखा=जो उसे देखता है वह उसी जगह ठक रह जाता है। जाति हिय चली=हृदय में बस जाती है। नागिनि=अर्थात् केश। कमंठ=कछुए के समान पीठ या खोपड़ी। (16) डाँड़ी कँवल लाई=कमलनाल उलटकर रखा हो। करपल्लव=उँगली। साखि=साक्षी। कंकन हाथ...साखि=हाथ कंगन को आरसी क्या? (17) कचोरा=कटोरा। पाट=सिंहासन। साम छत्र=अर्थात् कुच का श्याम अग्रभाग। लटु=लट्टू। फूरी=फूली। साम=शाम (सीरिया) का मुल्क जो अरब के उत्तर है। घर=खाना, कोठा। गोटा=गोटी। पगार=प्राकार या परकोटे पर।

हंस लजाइ मानसर खेले। हस्ती लाजि धूरि सिर मेले।।
जगत बहुत तिय देखी महूँ। उदय अस्त अस नारि न कहूँ।।
महिमंडल तौ ऐसि न कोई। ब्रह्ममंडल जौ होइ तौ होई।।
बरनेउँ नारि जहाँ लगि, दिस्टि झरोखे आइ।
और जो अही अदिष्ट धनि, सो किछु बरनि न जाइ।।18।।

का धनि कहौं जैसि सुकुमारा। फल के छुए होइ बेकरारा।।
पखुरी काढ़हिं फूलन सेंती। सोई डासहिं सौंर सपेती।।
फूल समूचै रहै जो पावा। ब्याकुल होइ नींद नहिं आवा।।
सहै न खीर खाँड़ औ घीऊ। पान अधार रहै तन जीऊ।।
नस पानन्ह कै काढ़हिं हेरी। अधर न गड़े फाँस ओहि केरी।।
मकरि क तार तेहि कर चीरू। सो पहिरे छिरि जाइ सरीरू।।
पालँग पावँ क आछै पाटा। नेत बिछाव चलै जौ बाटा।।
घालि नैन ओहि राखिय, पल नहिं कीजिय ओट।
पेम क लुबुधा पाव ओहि, काहु सो बड़ का छोट।।19।।

जौ राघव धनि बरनि सुनाई। सुना साह गइ मुरछा आई।।
जनु मूरति वह परगट भई। दरस देखाइ माहिं छपि गई।।
जो जो मंदिर पदमावति लेखी। सुना जौ कँवल कुमुद अस देखी।।
होइ मालति धनि चित्त पईठी। और पुहुप कोउ आव न दीठी।।
मन होइ भँवर भयउ बैरागा। कँवल छाँड़ि चित्त और न लागा।।
चाँद के रंग सुरुज जस राता। और नखत सो पूछ न बाता।।
तब कह अलाउदीं जगसूरू। लेउं नारि चितउर कै चूरू।।
जौ वह पदमावति मानसर, कलि न मलिन होइ जात।
चितउर महँ जो पदमावति, फरि उहै कहु बात।।20।।

ए जगसूर! कहौं तुम पाहाँ। और पाँच नग चितउर माहाँ।।
एक हंस है पंखि अमोला। मोती चुनै पदारथ बोला।।
दूसर नग जो अमृत बसा। सो बिष हरै नाग कर डसा।।
तीसर पाहन परस पखाना। लोह छुए होइ कंचन बाना।।
चौथ अहै सादूर अहेरी। जो बन हस्ति धरै सब घेरी।।

---

(18) देख=देखा। खेले=चले गए। ब्रह्ममंडल=स्वर्ग। (19) बेकरारा=बेचैन। डासहिं=बिछाती हैं। सौंर=चादर। फाँस=कड़ा तंतु। मकरि क तार=मकड़ी के जाले सा महीन। छिरि जाइ=छिल जाता है। पालँग पावँ...पाटा=पैर या तो पलँग पर रहते हैं या सिंहासन पर। नेत=रेशमी कपड़े की चादर (सं. नेत्र)। (20) माहिं=भीतर (हृदय के)। जो जो मंदिर...देखी=अपने घर की जिन-जिन स्त्रियों को पद्मावती समझ रखा था वे पद्मावती (कँवल) का वृत्तांत सुनने पर कुमुदिनी के समान लगने लगीं। चूरू कै=तोड़कर। मलिन=हतोत्साह।

पाँचव नग सो तहाँ लागना। राजपंखि पेखा गरजना।।
हरिन रोझ कोइ भागि न बाँचा। देखत उड़ै सचान होइ नाचा।।
नग अमोल अस पाँचौ, भेंट समुद ओहि दीन्ह।
इसकंदर जो न पावा सो सायर धँसि लीन्ह।।21।।

पान दीन्ह राघव पहिरावा। दस गज हस्ति घोड़ सो पावा।।
औ दूसर कंकन कै जोरी। रतन लागि ओहि बत्तिस कोरी।।
लाख दिनार देवाई जेंवा। दारिद हरा समुद कै सेवा।।
हौं जेहि दिवस पदमावति पावौं। तोहि राघव! चितउर बैठावौं।।
पहिले करि पाँचौ नग मूठी। सो नग लेउँ जो कनक अँगूठी।।
सरजा बीर पुरुष बरियारू। ताजन नाग सिंघ असवारू।।
दीन्ह पत्र लिखि बेगि चलावा। चितउर गढ़ राजा पहँ आवा।।
राजै पत्रि बँचावा, लिखी जो करा अनेग।
सिंघल कै जो पदमावति, पठै देहु तेहि बेग।।22।।

---

(21) पदारथ=बहुत उत्तम बोल। परस पखाना=पारस पत्थर। सादूर=शार्दूल, सिंह। लागना=लगनेवाला, शिकार करनेवाला। गरजना=गरजनेवाला। रोझ=नीलगाय। सचान=बाज। सायर=समुद्र। (22) जेंवा=दक्षिणा में। ताजन नाग=नाग का कोड़ा। करा=कला से, चतुराई से।

(42) बादशाह-चढ़ाई खंड

सुनि अस लिखा उठा जरि राजा। जानौ दैउ तड़पि घन गाजा।।
का मोहिं सिंघ देखावसि आई। कहौं तौ सारदूल धरि खाई।।
भलेहिं साह पुहुभीपति भारी। माँग न कोउ पुरुष कै नारी।।
जो सो चक्कवै ताकहँ राजू। मँदिर एक कहँ आपन साजू।।
अछरी जहाँ इंद्र पै आवै। और न सुनै न देखै पावै।।
कंस राज जीता जौ कोपी। कान्ह न दीन्ह काहु कहँ गोपी।।
को मोहिं तें अस सूर अपारा। चढ़ै सरग, खसि परै पतारा।।
का तोहिं जीउ मरावौं सकत आन के दोस?
जो नहिं बुझै समुद्र-जल सो बुझाइ कित ओस?।।1।।

राजा! अस न होहु रिस-राता। सुनु होइ जूड़, न जरि कहु बाता।।
मैं हौं इहाँ मरै कहँ आवा। बादसाह अस जानि पठावा।।
जो तोहि भार, न औरहि लेना। पूछहि कालि उतर है देना।।
बादसाह कहँ ऐस न बोलू। चढ़ै तौ परै जगत महँ डोलू।।
सूरहि चढ़त न लागहि बारा। तपै आगि जेहि सरग पतारा।।
परबत उड़हिं सूर के फूँके। यह गढ़ छार होइ एक झूँके।।
धँसै सुमेरु, समुद गा पाटा। पुहुमी डोल, सेस-फन फाटा।।
तासौं कौन लड़ाई? बैठहु चितउर खास।
ऊपर लेहु चँदेरी, का पदमावति एक दासि?।।2।।

जौ पै घरनि जाइ घर केरी। का चितउर, का राज चँदेरी।।
जिउ न लेइ घर कारन कोई। सो घर देह जो जोगी होई।।
हौं रनथँभउर नाह हमीरू। कलपि माथ जेइ दीन्ह सरीरू।।

---

(1) दैउ=(दैव)। आकाश में। मँदिर एक कहँ...साजू=घर बचाने भर को मेरे पास भी सामान है। पै=ही। कोपी=कोप करके। सकत=भरसक। दोस=दोष। (2) राता=लाल। जो तोहि भार...लेना=तेरी जवाबदेही तेरे ऊपर है। डोलू=हलचल। बारा=देर। जेहि=जिसकी।

हौं सो रतनसेन सकबंधी। राहु बेधि जीता सैरंधी।।
हनुवँत सरिस भार जेइ काँधा। राघव सरिस समुद जो बाँधा।।
विक्रम सरिस कीन्ह जेइ साका। सिंहलदीप लीन्ह जौ ताका।।
जौ अस लिखा भयउँ नहिं ओछा। जियत सिंघ के गह को मोछा।।
दरब लेइ तौ मानौं, सेव करौं गहि पाउ।
चाहै जौ सो पदमावति, सिंहलदीपहि जाउ।।3।।

बोलु न राजा! आपु जनाई। लीन्ह देवगिरि और छिताई।।
सातौ दीप राज सिर नावहिं। औ सँग चली पदमावति आवहि।।
जेहि कै सेव करै संसारा। सिंहलदीप लेत कित बारा?।।
जिनि जानसि यह गढ़ तोहि पाहीं। ताकर सबै तोर किछु नाहीं।।
जेहि दिन आइ गढ़ी कहँ छेकिहि। सरवस लेइ हाथ को टेकिहि।।
सीस न छाँड़े खेह के लागे।[1] सो सिर छार होइ पुनि आगे।।
सेवा करु जौ जियन तोहि भाई। नाहिं त फेरि माँख होइ जाई।।
जाकर जीवन दीन्ह तेहि, अगमन सीस जोहारि।
ते करनी सब जानै, काह पुरुष का नारि।।4।।

तुरुक! जाइ कहु मरै न धाई। होइहि इसकंदर कै नाई।।
सुनि अमृत कदलीबन धावा। हाथ न चढ़ा रहा पछितावा।।
औ तेहि दीप पतँग होइ परा। अगिनि पहार पाँव देइ जरा।।
धरती लोह सरग भा ताँबा। जीउ दीन्ह पहुँचत कर लाँबा।।
यह चितउरगढ़ सोइ पहारू। सूर उठै तब होइ अँगारू।।
जौ पै इसकंदर सरि कीन्ही। समुद लेहु धँसि जस वै लीन्ही।।
जो छरि आनै जाइ छिताई। तेहि छर औ डर होइ मिताई।।
महूँ समुझि अस अगमन, सजि राखा गढ़ साजु।
काल्हि होहि जेहि आवन, सो चलि आवै आजु।।5।।

सरजा पलटि साह पहँ आवा। देव न मानै बहुत मनावा।।
आगि जो जरै आगि पै सूझा। जरत रहै न बुझाए बूझा।।

---

(3) घरनि=गृहिणी, स्त्री। जिउ न लेइ=चाहे जी ही न ले ले। हमीरू=रणथंभौर गढ़ का राजा हम्मीर। सकबंधी=साका चलानेवाला। सैरंधी=सैरंध्री, द्रौपदी। राहु=रोहू मछली। जाउ=जावै। (4) आपु जनाई=अपने को बहुत बड़ा प्रकट करके। छिताई=कोई स्त्री (?)। सीस न छाँड़े लागे=धूल पड़ जाने से सिर न कटा; छोटी सी बात के लिए प्राण न दे। माख=क्रोध, नाराजगी। (5) कै नाई=की सी दशा। धरती लोह...ताँबा=उस आग के पहाड़ की धरती लोहे के समान दृढ़ है और उसकी आँच से आकाश ताम्रवर्ण हो जाता है। जो पै इसकंदर कीन्ही=जो तुमने सिकंदर की बराबरी की है तो। छर औ डर=छल और भय दिखाने से।

1. पाठांतर—'खीस के लागे'। खीस=खिसियाहट, रिस।

ऐसे माथ न नावै देवा। चढ़ै सुलेमाँ मानै सेवा।।
सुनि कै अस राता सुलतानू। जैसे तपै जेठ कर भानू।।
सहसौ करा रोष अस भरा। जेहि दिसि देखै तेइ दिसि जरा।।
हिंदू देव काह बर खाँचा? सरगहु अब न सूर सौं बाँचा।।
एहि जग आगि जो भरि मुख लीन्हा। सो सँग आगि दुहूँ जग कीन्हा।।
रनथँभउर जस जरि बुझा, चितउर परै सो आगि।।
फेरि बुझाए ना बुझै, एक दिवस जौ लागि।।6।।

लिखा पत्र चारिहु दिसि धाए। जावत उमरा बेगि बोलाए।।
दुंद घाव भा इंद्र सकाना। डोला मेरु सेस अकुलाना।।
धरती डोलि कमठ खरभरा। मथन अरंभ समुद महँ परा।।
साह बजाइ चढ़ा जग जाना। तीस कोस भा पहिल पयाना।।
वितउर सौंह बारिगह तानी। जहँ लगि सुना कूच सुलतानी।।
उठि सरवान गगन लगि छाए। जानहु राते मेघ देखाए।।
जो जहँ तहँ सूता अस जागा। आइ जोहार कटक सब लागा।।
हस्ति घोड़ औ दर पुरुष जावत बेसरा ऊँट।
जहँ तहँ लीन्ह पलानै कटक सरह अस छूट।।7।।

चले पंथ बेसर[1] सुलतानी। तीख तुरंग बाँक कनकानी।।
कारे, कुमइत, लील, सुपेते। खिंग, कुरंग, बीज, दुर केते।।
अबलक, अरबी, लखी सिराजी। चौघर चाल, सँमद भल, ताजी।।
किरमिज, नुकरा, जरदे, भले। रूपकरान, बोलसर, चले।।
पँचकल्यान, सँजाब, बखाने। महि सायर सब चुनि चुनि आने।।
मुशकी औ हिरमिजी, एराकी। तुरकी कहे भोथार बुलाकी।।
बिखरि चले जो पाँतिहि पाँती। बरन बरन औ भाँतिहि भाँती।।
सिर औ पूँछ उठाए, चहुँ दिसि साँस ओनाहिं।
रोष भरे जस बाउर, पवन तुरास उड़ाहिं।।8।।

---

(6) देव=(क) राजा, (ख) राक्षस। सुलेमाँ=यहूदियों का बादशाह सुलेमान जिसने देवों और परियों को जीतकर वश में कर लिया था। बर खाँवा=क्या हठ दिखाता है। रनथँभउर=रणथंभौर का प्रसिद्ध वीर हम्मीर अलाउद्दीन से लड़कर मारा गया था। (7) दुंद घाव=डंके पर चोट। सकाना=डरा। अरंभ=शोर। बारिगह=बारगाह, दरबार (?)। बारिगह तानी=दरबार बढ़ा (?)। सरवान=झंडा या तंबू (?)। सूता=सोया हुआ। दर=दल, सेना। बेसरा=खच्चर। पलानै लीन्ह=घोड़े कसे। सरह=शलभ, टिड्डी। (8) कनकानी=एक प्रकार के घोड़े जो गदहे से कुछ ही बड़े और बड़े कदमबाज होते हैं। कुमइत=कुम्मैत। खिंग=सफेद घोड़ा जिसके मुँह पर का पट्टा और चारों सुम गुलाबीपन लिये हों। कुरंग=कुलंग। लखी=लाखी। सिराजी=शीराज के। चौधर=सरपट या पोइयाँ चाल। किरमिज=किरमिजी रंग के। तुरास=बेग।

1. पाठांतर='पैगह'।

लोहसार हस्ती पहिराए। मेघ साम जनु गरजत आए।।
मेघहि चाहि अधिक वै कारे। भयउ असूझ देखि अँधियारे।।
जसि भादौं निसि आवै दीठी। सरग जाइ हिरकी तिन्ह पीठी।।
सवा लाख हस्ती जब चाला। परबत सहित सबै जग हाला।।
चले गयंद माति मद आवहिं। भागहिं हस्ती गंध जौ पावहिं।।
ऊपर जाइ गगन सिर धँसा। औ धरती तर कहँ धसमसा।।
भा भुइँचाल चलत जग जानी। जहँ पग धरहिं उठै तहँ पानी।।
चलत हस्ति जग काँपा, चाँपा सेस पतार।
कमठ जो धरती लेइ रहा, बैठि गयउ गजमार।।9।।

चले जो उमरा मीर बखाने। का बरनौं जस उन्ह कर बाने।।
खुरासान औ चला हरेऊ। गौर बँगाला रहा न केऊ।।
रहा न रूम शाम सुलतानू। कासमीर ठट्टा मुलतानू।।
जावत बड़बड़ तुरुक कै जाती। माँडौवाले औ गुजराती।।
पटना, उड़िसा के सब चले। लेह गज हस्ति जहाँ लगि भले।।
कवँरु कामतना औ पिड़वाए। देवगिरि लेइ उदयगिरि आए।।
चला परवती लेइ कुमाऊँ। खसिया मगर जहाँ लगि नाऊँ।।
उदय अस्त लहि देस जो, को जानै तिन्ह नाँव?।
सातौ दीप नवौ खंड, जुरे आह इक ठाँव।।10।।

धनि सुलतान जेहिक संसारा। उहै कटक अस जोरै पारा।।
सबै तुरुक सिरताज बखाने। तबल बाज औ बाँधे बाने।।
लाखन मार बहादुर जंगी। जँबुर, कमानैं तीर खदंगी[1]।।
जीभा खोलि राग सौं मढ़े। लेजिम घालि एकाकिन्ह चढ़े।।
चमकहिं पाखर सार सँवारी। दरपन चाहि अधिक उजियारी।।
बरन बरन औ पाँतिहि पाँती। चली सो सेना भाँतिहि भाँती।।
बेहर बेहर सब कै बोली। बिधि यह खानि कहाँ दहुँ खोली?।।

---

(9) लोहसार=फौलाद। अँधियारे=काले। हिरकी=लगी, सटी। तिन्ह=उनकी। हस्ती=दिग्गज। तर कहँ=नीचे को। उठै तहँ पागी=गड्ढा हो जाता है और नीचे से पानी निकल पड़ता है। (10) बाने=वेश, सजावट। हरेऊ=हरेव, 'हरउअती' (सं. सरस्वती, प्राचीन पारसी=हरह्वैती) या अरगंदाब नदी के आसपास का प्रदेश जो हिंदूकुश के दक्षिण-पश्चिम पड़ता है। गौर=गौड़, बंग देश की राजधानी। शाम=अरब के उत्तर शाम का मुल्क। कामता, पिंडवा=कोई प्रदेश। मगर=अराकान जहाँ मग नाम की जाति रहती है।

1. पाठांतर='तुफंगी'।

सात सात जोजन कर, एक दिन होइ पयान।
अगिलहि जहाँ पयान होइ पछिलहि तहाँ मिलान।।11।।

डोले गढ़ गढ़पति सब काँपे। जीउ न पेट हाथ हिय चाँपे।।
काँपा रनथँभउर गढ़ डोला। नरवर गयउ झुराइ न बोला।।
जूनागढ़ औ चंपानेरी। काँपा माड़ौ लेइ चँदेरी।।
गढ़ गुवालियर परी मथानी। औ अँधियार मथा भा पानी।।
कालिंजर मह परा भगाना। भागेउ जयगढ़ रहा न थाना।।
काँपा बाँधव नरवर राना। डर रोहतास बिजयगिरि माना।।
काँप उदयगिरि देवगिरि डरा। तब सो छपाइ आपु कहँ धरा।।
जावत गढ़ औ गढ़पति, सब काँपे जस पात।
का कहुँ बोलि सौहँ भा, बादशाह कर छात?।।12।।

चितउरगढ़ औ कुंभलनेरै। साजे दूनौ जैस सुमेरै।।
दूतन्ह आइ कहा जहँ राजा। चढ़ा तुरुक आवै दर साजा।।
सुनि राजा दौराई पाती। हिंदू नावँ जहाँ लगि जाती।।
चितउर हिंदुन कर अस्थाना। सत्रु तुरुक हठि कीन्ह पयाना।।
आव समुद्र रहै नहिं बाँधा! मैं होइ मेड़ भार सिर काँधा।।
पुरवहु साथ तुम्हारि बड़ाई। नाहिं त सत को पार छँड़ाई?।।
जौ लहि मेड़ रहै सुख साखा। टूटे बारि जाइ नहिं राखा।।
सती जौ जिउ महँ सत धरै, जरै न छाँड़ै साथ।
जहँ बीरा तहँ चून है, पान सोपारी काथ।।13।।

करत जो राय साह कै सेवा। तिन्ह कहँ आइ सुनाव परेवा।।
सब होइ एकमते जो सिधारे। बादसाह कहँ आइ जोहारे।।
है चितउर हिंदुन्ह कै माता। गाढ़ परे तजि जाइ न नाता।।
रतनसेन तहँ जौहर साजा। हिंदुन्ह माँझ आहि बड़ राजा।।
हिंदुन्ह केर पतँग कै लेखा। दौरि परहिं अगिनी जहँ देखा।।

---

(11) जँबूर=जंबूर, एक प्रकार की तोप जो ऊँटों पर चलती थी। कमान=तोप। खदंगी=खदंग, बाण। जीभा=जीभ। लेजिम=एक प्रकार की कमान जिसमें डोरी के स्थान पर लोहे का सीकड़ लगा रहता है और जिससे एक प्रकार की कसरत करते हैं। एराकिन्ह=एराक देश के घोड़ों पर। पाखर=लड़ाई की झूल। सार=लोहा। बेहर-बेहर=अलग-अलग। (12) माँड़ी लेइ=माँड़ौगढ़ से लेकर। मथानी परी=हलचल मचा। अँधियार=अँधियार और खटोला, दक्षिण के दो स्थान। पात=पत्ता। बोलि=चढ़ाई बोलकर। छात=छत्र। (13) जैस सुमेरै=जैसे सुमेरु ही हैं। दर=दल। पाती=पत्री, चिट्ठी। मेड़=बाँध। काँधा=ऊपर लिया। नाहिं त सत ...छँड़ाई=नहीं तो हमारा सत्य (प्रतिज्ञा) कौन छुड़ा सकता है अर्थात् मैं अकेले ही अड़ा रहूँगा। टूटे=बाँध टूटने पर। बारि=बारी, बगीचा।

कृपा करहु चित बाँधहु धीरा। नातरु हमहिं देहु हँसि बीरा।।
पुनि हम जाइ मरहिं ओहि ठाऊँ। मेटि न जाइ लाज सौं नाऊँ।।
दीन्ह साह हँसि बीरा, और तीन दिन बीचु।
तिन्ह सीतल को राखै, जिनहिं अगिनि महँ मीचु? ।।14।।

रतनसेन चितउर महँ साजा। आइ बजाइ बैठ सब राजा।।
तोवँर, बैस, पवाँर, सो आए। औ गहलौत आइ सिर नाए।।
पत्ती औ पँचवान बघेले। अगरपार, चौहान चँदेले।।
गहरवार, परिहार जो कुरे। औ कलहंस जो ठाकुर जुरे।।
आगे ठाढ़ बजावहिं ढाढ़ी। पाछे धुजा मरन कै काढ़ी।।
बाजहिं सिंगी संख औ तूरा। चंदन खेवरे भरे सेंदूरा।।
सजि संग्राम बाँध सब साका। छाँड़ा जियन, मरन सब ताका।।
गगन धरति जेइ टेका, तेहि का गरू पहार।
जौ लहि जिउ काया महँ, परै सो अँगवै भार।।15।।

गढ़ तस सजा जौ चाहै कोई। बरिस बीस लगि खाँग न होई।।
बाँके चाहि बाँक गढ़ कीन्हा। औ सब कोट चित्र कै लीन्हा।।
खंड खंड चौखंड सँवारा। धरी बिषम गोलन्ह कै मारा।।
ठाँवहिं ठावँ लीन्ह तिन्ह बाँटी। रहा न बीचु जो सँचरै चाँटी।।
बैठे धानुक कँगुरन कँगूरा। भूमि न आँटी अँगुरन अँगुरा।।
औ बाँधे गढ़ गज मतवारे। फाटै भूमि होहिं जौ ठारे।।
बिच बिच बुर्ज बने चहुँ फेरी। बाजहिं तबल ढोल औ भेरी।।
भा गढ़ राज सुमेरु जस, सरग छुवै पै चाह।
समुद न लेखे लावै, गंग सहसमुख काह? ।।16।।

बादशाह हठि कीन्ह पयाना। इंद्र भँडार डोल भय माना।।
नबे लाख असवार जो चढ़ा। जो देखा सो लोहे मढ़ा।।
बीस सहस घहराहिं निसाना। गलगंजहिं भेरी असमाना।।
बैरख ढाल गगन गा छाई। चला कटक धरती न समाई।।

---

(14) राय=राजा। परेवा=चिड़िया, यहाँ दूत। जौहर=लड़ाई के समय की चिता जो गढ़ में उस समय तैयार की जाती थी जब राजपूत बड़े भारी शत्रु से लड़ने निकलते थे और जिसमें हार का समाचार पाते ही सब स्त्रियाँ कूद पड़ती थीं। पतँग कै लेखा=पतंगों का सा हाल है। बीरा देहु=बिदा करो कि हम वहाँ जाकर राजा की ओर से लड़ें। (15) कुरे=कुल। ढाढ़ी=बाजा बजानेवाली एक जाति। खेबे=खौर लगाए हुए। अँगवै=ऊपर लेता है, सहता है। (16) तस=ऐसा। खाँग=सामान की कमी। बाँके चाहि बाँक=विकट से विकट। मारा=माला, समूह बीचु=अंतर, खाली जगह। सँचरै=चले। चाँटी=चींटी। ठारे=ठाढ़े, खड़े। सहसमुख=सहस्र धारावाली।

सहस पाँति गज मत्त चलावा। धँसत अकास धँसत भुइँ आवा।।
बिरिछ उचारि पेड़ि सौं लेहीं। मस्तक झारि डारि मुख देहीं।।
चढ़हिं पहार हिये भय लागू। बनखँड खोह न देखहिं आगू।।
कोइ काहू न सँभारै, होत आव तस चाँप।
धरति आपु कहँ काँपै, सरग आपु कहँ काँप।।17।।

चलीं कमानैं जिन्ह मुख गोला। आवहिं चली, धरति सब डोला।।
लागै चक्र बज्र के गढ़े। चमकहिं रथ सोने सब मढ़े।।
तिन्ह पर विषम कमानैं धरीं। साँचे अष्टधातु कै ढरीं।।
सौ सौ मन वै पीयहिं दारू। लागहिं जहाँ सो टूट पहारू।।
माती रहहिं रथन्ह पर परी। सत्रुन्ह महँ ते होहिं उठि खरी।।
जौ लागै संसार न डोलहिं। होइ भुइँकंप जीभ जौ खोलहिं।।
सहस सहस हस्तिन्ह कै पाँती। खींचहिं रथ, डोलहिं नहिं माती।।
नदी नार सब पाटहिं, जहाँ धरहिं वै पाव।
ऊँच खाल बन बीहड़, होत बराबर आव।।18।।

कहौं सिंगार जैसि वै नारी। दारू पियहिं जैसि मतवारी।।
उठै आगि जौ छाँड़हिं साँसा। धुआँ जौ लागै जाइ अकासा।।
सेंदुर आगि सीस उपराहीं। पहिया तरिवन चमकत जाहीं।।
कुच गोला दुइ हिरदय लाए। चंचल धुजा रहहिं छिटकाए।।
रसना लूक रहहिं मुख खोले। लंका जरै सो उनके बोले।।
अलक जँजीर बहुत गिउ बाँधे। खींचहिं हस्ती, टूटहिं काँधे।।
बीर सिंगार दोउ एक ठाँऊँ। सत्रुसाल गढ़भंजन नाऊँ।।
तिलक पलीता माथे, दसन बज्र के बान।
जेहि हेरहिं तेहि मारहिं, चुरकुस करहिं निदान।।19।।

जेहि जेहि पंथ चली वै आवहिं। तहँ तहँ जरै, आगि जनु लावहिं।।
जरहिं जो परबत लागि अकासा। बनखँड धिकहिं परास के पासा।।
गैंड गयंद जरे भए कारे। औ बन मिरिग रोझ झवँकारे।।
कोइल, नाग काग औ भँवरा। और जो जरे तिनहिं को सँवरा।।
जरा समुद्र पानी भा खारा। जमुना साम भई तेहि झारा।।

---

(17) इंद्रभँडार=इंद्रलोक। बैरख=बैरक, झंडे। पेड़ि=पेड़ी, तना। आगु=आगे। चाँप=रेलपेल, धक्का। (18) कमानैं=तोपें। चक्र=पहिए। दारू=(क) बारूद, (ख) शराब। माती=मतवाली ('दारू' शब्द का प्रयोग कर चुके हैं इसलिए)। बराबर=समतल। (19) कहौं सिंगार...मतवारी=इन पद्यों में तोपों को स्त्री के रूपक में दिखाया है। तरिवन=ताटंक नाम का कान का गहना। टूटहिं काँधे=हाथियों के कंधे टूट जाते हैं। बीर सिंगार=वीररस और शृंगाररस। बान=गोले। हेरहिं=ताकती हैं। चुरकुस=चकनाचूर।

धुआँ जाम, अँतरिख भए मेघा। गगन साम भा धुआँ जो ठेघा।।
सूरुज जरा चाँद औ राहू। धरती जरी, लंक भा दाहू।।
सहस पाँति गज मत्त चलावा। धँसत अकास धँसत भुइँ आवा।।
बिरिछ उचारि पेड़ि सौं लेहीं। मस्तक झारि डारि मुख देहीं।।
चढ़हिं पहार हिये भय लागू। बनखँड खोह न देखहिं आगू।।
धरती सरग एक भा, तबहुँ न आगि बुझाइ।
उठे बज्र जरि डुँगवै, धूम रहा जग छाइ।।20।।

आवै डोलत सरग पतारा। काँपै धरति न अँगवै भारा।।
टूटहिं परबत मेरु पहारा। होइ चकचून उड़हिं तेहि झारा।।
सत खँड धरती भइ षटखंडा। ऊपर अष्ट भए बरम्हंडा।।
इंद्र आइ तिन्ह खंडन छावा। चढ़ि सब कटक घोड़ दौरावा।।
जेहि पथ चल ऐरावत हाथी। अबहुँ सो डगर गगन महँ आथी।।
औ जहँ जामि रही वह धूरी। अबहुँ बसै सो हरिचँद पूरी।।
गगन छपान खेह तस छाई। सूरुज छपा, रैनि होइ आई।।
गयउ सिकंदर कजरिबन, तस होइगा अँधियार।
हाथ पसारे न सूझै, बरै लाग मसियार।।21।।

दिनहिं रात अस परी अचाका। भा रबि अस्त, चंद्र रथ हाँका।।
मंदिर जगत दीप परगसे। पंथी चलत बसेरै बसे।।
दिन के पंखि चरत उड़ि भागे। निसि के निसरि चरै सब लागे।।
कँवल सँकेता, कुमुदिनि फूली। चकवा बिछुरा, चकई भूली।।
चला कटक दल ऐस अपूरी। अगिलहि पानी, पछिलहि धूरी।।
महि उजरी सायर सब सूखा। बनखँड रहेउ न एकौ रूखा।।
गिरि पहार सब मिलिगे माटी। हस्ति हेराहिं तहाँ होइ चाँटी।।

---

(20) धिकहिं=तपते हैं। पारस के बनखंड=पलास के लाल फूल जो दिखाई देते हैं वे मानो वन के तपे हुए अंश हैं। गैंड=गैंडा। रोझ=नीलगाय। झँवकारे=झाँवरे। ठेघा=ठहरा, रुका। डुँगवै=डूँगर, पहाड़। उठे बज्र जरि ...छाइ=इस वज्र से (जैसे कि इंद्र के वज्र से) पहाड़ जल उठे। (21) चकचून=चकनाचूर। सतखँड ... षटखंडा=पृथ्वी पर की इतनी धूल ऊपर उड़कर जा जमी कि पृथ्वी के सात खंड या स्तर के स्थान पर छह ही खंड रह गए और ऊपर के लोकों के सात स्थान पर आठ खंड हो गए। जेहि पथ...आथी=ऊपर जो लोक बन गए उनपर इंद्र ऐरावत हाथी लेकर चले जिसके चलने का मार्ग ही आकाशगंगा है। आथी=है। हरिचँद पूरी=वह लोक जिसमें हरिश्चंद्र गए। मसियार=मशाल। (22) अचाका=अचानक, एकाएक। सँकेता=संकुचित हुआ। अपूरी=भरा हुआ। अगिलहि पानी...धूरी=अगली सेना को तो पानी मिलता है पर पिछली को धूल ही मिलती है। उजरी=उजड़ी। जिन्ह घर खेह...खेह=जिनके घर धूल में खो गए हैं अर्थात् संसार के माया-मोह में जिन्हें परलोक नहीं दिखाई पड़ता है। उरेह=लगाए।

जिन्ह घर खेह हेराने, हेरत फिरत सो खेह।
अब तो दिस्टि तब आवै, अंजन नैन उरेह।।22।।

एहि विधि होत पयान सो आवा। आइ साह चितउर नियरावा।।
राजा राव देख सब चढ़ा। आव कटक सब लोहे मढ़ा।।
चहुँ दिसि दिस्टि परा गजजूहा। साम घटा मेघन्ह अस रूहा।।
अध ऊरध किछु सूझ न आना। सरगलोक घुम्मरहिं निसाना।।
चढ़ि धौराहर देखहिं रानी। धनि तुइँ अस जाकर सुलतानी।।
की धनि रतनसेन तुइँ राजा। जा कहँ तुरुक कटक अस साजा।।
बैरख ढाल केरि परछाहीं। रैनि होति आवै दिन माहीं।।
अंधकूप भा आवै, उड़त आव तस छार।
ताल तलावा पोखर, धूरि भरी जेवनार।।23।।

राजै कहा करहु जो करना। भयउ असूझ, सूझ अब मरना।।
जहँ लगि राज साज सब होऊ। ततखन भयउ सँजोउ सँजोऊ।।
बाजै तबल अकूत जुझाऊ। चढ़े कोपि सब राजा राऊ।।
करहिं तुखार पवन सौं रीसा। कंध ऊँच, असवार न दीसा।।
का बरनौं अस ऊँच तुखारा। दुइ पौरी पहुँचै असवारा।।
बाँधे मोरछाँह सिर सारहिं। भाँजहिं पूछ चँवर जनु ढारहिं।।
सजे सनाहा, पहुँची, टोपा। लोहसार पहिरे सब ओपा।।
तैसे चँवर बनाए, औ घाले गलझंप।
बँधे सेत गजगाह तहँ, जो देखै सो कंप।।24।।

राज तुरंगम बरनौं काहा?। आने छोरि इंद्ररथ बाहा।।
ऐस तुरंगम परहिं न दीठी। धनि असवार रहहिं तिन्ह पीठी!।।
जाति बालका समुद थहाए। सेत पूँछ जनु चँवर बनाए।।
बरन बरन पाखर अति लोने। जानहुँ चित्र सँवारे सोने।।
मानिक जड़े सीस औ काँधे। चँवर लाग चौरासी बाँधे।।

---

(23) रूहा=चढ़ा। सुलतानी=बादशाहत। की धनि...राजा=या तो राजा या तू धन्य है। बैरख=झंडा। परछाहीं=परछाईं से। जेवनार=लोगों की रसोई में। (24) सँजोऊ=तैयारी। अकूत=एकाएक, सहसा अथवा बहुत से। जुझाऊ=युद्ध के। तुखार=घोड़ा। रीसा=ईर्ष्या, बराबरी। पौरी=सीढ़ी के डंडे। मोरछाँह=मोरछल। सनाहा=बकतर। पहुँची=बचाने का आवरण। ओपा=चमकते हैं। गलझंप=गले की झूल (लोहे की)। गजगाह=हाथी की झूल। (25) इंद्ररथ बाहा=इंद्र का रथ खींचनेवाले। बालका=टाँगन घोड़े। पाखर=झूल। चौरासी=घुँघुरुओं का गुच्छा। बाहन दीन्ह...बीरा=जिनको सवारी के लिए वे घोड़े दिए उन्हें लड़ाई का बीड़ा भी दिया। घाल गनहिं नहिं=कुछ नहीं समझते। सेंदुर=यहाँ रोली समझना चाहिए। खेवरे=खौरे, खौर लगाए हुए।

लागे रतन पदारथ हीरा। बाहन दीन्ह, दीन्ह तिन्ह बीरा।।
चढ़हिं कुँवर मन करहिं उछाहू। आगे घाल गनहिं नहिं काहू।।
सेंदुर सीस चढ़ाए, चंदन खेवरे देह।
सो तन कहा लुकाइय, अंत होइ जो खेह।।25।।

गज मैमँत बिखरे रजबारा। दीसहिं जनहुँ मेघ अति कारा।।
सेत गयंद पीत औ राते। हरे साम घूमहिं मद माते।।
चमकहिं दरपन लोहे सारी। जनु परबत पर परी अँबारी।।
सिरी मेलि पहिराई सूँड़ैं। देखत कटक पायँ तर रूँदैं।।
सोना मेलि कै दंत सँवारे। गिरिवर टरहिं सो उन्हके टारे।।
परबत उलटि भूमि महँ मारहिं। परै जो भीर पत्र अस झारहिं।।
अस गयंद साजे सिंघली। मोटी कुरुम पीठि कलमली।।
ऊपर कनक मँजूसा, लाग चँवर औ ढार।
भलपति बैठे भाल लेइ, औ बैठे धनुकार।।26।।

असुदल गजदल दूनौ साजे। औ घन तबल जुझाऊ बाजे।।
माथे मुकुट छत्र सिर साजा। चढ़ा बजाइ इंद्र अस राजा।।
आगे रथ सेना सब ठाढ़ी। पाछे धुजा मरन कै काढ़ी।।
चढ़ा बजाइ चढ़ा जस इंदू। देवलोक गोहने भए हिंदू।।
जानहु चाँद नखत लेइ चढ़ा। सूर कै कटक रैनि मसि मढ़ा।।
जौ लगि सूर जाइ देखरावा। निकसि चाँद घर बाहर आवा।।
गगन नखत जस गने न जाहीं। निकसि आए तस धरती माहीं।।
देखि अनी राजा कै, जग होइ गयउ असूझ।
दहुँ कस होवै चाहै, चाँद सूर के जूझ।।27।।

---

(26) रजबारा=राजद्वार। दरपन=चार आईनः, बकतर। लोहे सारी=लोहे की बनी। अँबारी=मंडपदार हौदा। सिरी=माथे का गहना। रूँदैं=रौंदते हैं। कलमली=खलबलाई। मँजूसा=हौदा। ढार=ढाल। भलपति=भाला चलानेवाले। धनुकार=धनुष चलानेवाले। (27) असुदल=अश्वदल। देवलोक...इंद्र=जैसे इंद्र के साथ देवता चलते हैं वैसे ही राजा रत्नसेन के साथ हिंदू लोग चले। सूर क कटक=बादशाह की फौज। रैनि मसि=रात की अँधेरी। चाँद=राजा रत्नसेन। नखत=राजा की सेना। अनी=सेना। होवै चाहै=हुआ चाहता है।

(43) राजा-बादशाह-युद्ध खंड

इहाँ राज अस सेन बनाई। उहाँ साह कै भई अवाई।।
अगिले दौरे आगे आए। पहिले पाछ कोस दस छाए।।
साह आइ चितउरगढ़ बाजा। हस्ती सहस बीस सँग साजा।।
ओनइ आए दूनौ दल साजे। हिन्दू तुरक दुवौ रन गाजे।।
दुवौ समुद दधि उदधि अपारा। दूनौ मरु खिखिंद पहारा।।
कोपि जुझार दुवौ दिसि मेले। औ हस्ती हस्ती सहुँ पेले।।
आँकुस चमकि बीजु अस बाजहिं। गरजहिं हस्ति मेघ जनु गाजहिं।।
धरती सरग एक भा, जूहहि ऊपर जूह।
कोई टरै न टारे, दूनौ बज्र समूह।।1।।

हस्ती सहुँ हस्ती हठि गाजहिं। जनु परबत सौं परबत बाजहिं।।
गरू गयंद न टारे टरहीं। टूटहिं दाँत, माथ गिरि परहीं।।
परबत आइ जो परहिं तराहीं। दर महँ चाँपि खेह मिलि जाहीं।।
कोई हस्ती असवारहि लेहीं। सूँड़ समेटि पायँ तर देहीं।
कोइ असवार सिंघ होइ मारहिं। हनि के मस्तक सूँड़ उपारहिं।।
गरब गयंदन्ह गगन पसीजा। रुहिर चुवै धरती सब भीजा।।
कोइ मैमंत सँभारहिं नाहीं। तब जानहिं जब गुद सिर जाहीं।।
गगन रुहिर जस बरसै, धरती बहै मिलाइ।
सिर धर टूटि बिलाहिं तस, पानी पंक बिलाइ।।2।।

आठौं बज्र जूझ जस सुना। तेहि तें अधिक भएउ चौगुना।।
बाजहिं खड़ग उठै दर आगी। भुइँ जरि चहै सरग कहँ लागी।।
चमकहिं बीजु होइ उजियारा। जेहि सिर परै होइ दुइ फारा।।

---

(1) बाजा=पहुँचा। गाजे=गरजे। दधि=दधिसमुद्र। उदधि=पानी का समुद्र। खिखिंद=किष्किधा पर्वत। सहुँ=सामने। पेले=जोर से चलाए। जूह=यूथ, दल। (2) तराहीं=नीचे। दर=दल। चाँपि=दबकर। गरब=मदजल। गुद=सिर का गूदा। मिलाइ=धूल मिलाकर।

मेघ जो हस्ति हस्ति सहुँ गाजहिं । बीजु जो खड़ग खड़ग सौं बाजहिं ।।
बरसहिं सेल बान होइ काँदो । जस बरसै सावन औ भादों ।।
झपटहिं कोपि, परहिं तरवारी । औ गोला ओला जस भारी ।।
जूझे बीर कहौं कहँ ताईं । लेइ अछरी कैलास सिधाईं ।।
स्वामि काज जो जूझे, सोइ गए मुख रात ।
जो भागे सत छाँड़ि कै, मसि मुख चढ़ी परात ।।3 ।।

भा संग्राम न भा अस काऊ । लोहे दुहुँ दिसि भए अगाऊ ।।
ससि कंध कटि कटि भुइँ परे । रुहिर सलिल होइ सायर भरे ।।
अनँद बधाव करहिं मसखावा । अब भख जनम जनम कहँ पावा ।।
चौंसठ जोगिनि खप्पर पूरा । बिग जंबुक घर बाजहिं तूरा ।।
गिद्ध चील सब माँड़ों छावहिं । काग कलोल करहिं औ गावहिं ।।
आजु साह हठि अनी बियाही । पाई भुगुति जैसि चित्त चाही ।।
जेइँ जस माँसू भखा परावा । तस तेहि कर लेइ औरन्ह खावा?
काहू साथ न तन गा, सकति मुए सब पोखि ।
ओछ पूर तेहि जानब, जो थिर आवत जोखि ।।4 ।।

चाँद न टरै सूर सौं कोपा । दूसर छत्र सौंह कै रोपा ।।
सुना साह अस भएउ समूहा । पेले सब हस्तिन के जूहा ।।
आजु चाँद तोर करौं निपातू । रहै न जग महँ दूसर छातू ।।
सहस करा होइ किरिन पसारा । छेंका चाँद जहाँ लगि तारा ।।
दर लोहा दरपन भा आवा । घट घट जानहु भानु देखावा ।।
अस क्रोधित कुठार लेइ धाए । अगिनि पहार जरत जनु आए ।।
खड़ग बीजु सब तुरुक उठाए । ओड़न चाँद काल कर पाए ।।
जगमग अनी देखि कै, धाइ दिस्टि तेहि लागि ।
छुए होइ जो लोहा, माँझ आव तेहि आगि ।।5 ।।

---

(3) आठौं बज्र=आठों वज्रों का (?) दर=दल में। फारा=फाल, टुकड़ा। सेल=बरछे। होइ=होता है। काँदो=कीचड़। मुख रात=लाल मुख लेकर, सुर्खरू होकर। मसि=कालिमा, स्याही। परात=भागते हुए। (4) काऊ=कभी। लोहे=हथियार। अगाऊ=आगे, सामने। तूरा=तुरही। माँड़ो=मंडप। अनी=सेना। सकति=शक्ति भर, भरसक। पोखि=पोषण करके। ओछ=ओछा, नीच। पूर=पूरा। जोखि आवत=विचारता आता है। जो थिर आवत जोखि=जो ऐसे शरीर को स्थिर समझता आता है। (5) चाँद=राजा। सूर=बादशाह। समूहा=शत्रु सेना की भीड़। छातू=छत्र। दर लोहा=सेना के चमकते हुए हथियार। ओड़न=ढाल, रोकने की वस्तु। ओड़न चाँद...पाए=चंद्रमा के बचाव के लिए समयविशेष (रात्रि) मिला जब कि सूर्य सामने नहीं आता। जगमग=झलमलाती हुई। जगमग लागि=राजा ने गढ़ पर से बादशाह की चमकती हुई सेना को देखा। छुए ...आगि=यदि लोहा सूर्य के सामने होने से तपता जाता है तो जो उसे छुए रहता है उसके शरीर में भी गरमी आ जाती है अर्थात् सूर्य के समान शाह की सेना का प्रकाश देख शस्त्रधारी राजा को जोश चढ़ आया।

सूरुज देखि चाँद मन लाजा। बिगसा कँवल[1] कुमुद भा राजा।।
भलेहि चाँद बड़ होइ निसि पाई। दिन दिनअर सहुँ कौन बड़ाई।।
अहे जो नखत चंद सँग तपे। सूर के दिस्टि गगन महँ छपे।।
कै चिंता राजा मन बूझा। जो होइ सरग न धरती जूझा।।
गढ़पति उतरि लड़ै नहिं धाए। हाथ परै गढ़ हाथ पराए।।
गढ़पति इंद्र गगन गढ़ गाजा। दिवस न निसर रैनि कर राजा।।
चंद रैनि रह नखतन्ह माँझा। सुरुज के सौंह न होइ चहँ साँझा।।
देखा चंद भोर भा, सूरुज के बड़ भाग।
चाँद फिरा भा गढ़पति, सूर गगन गढ़ लाग।।6।।

कठक असूझ अलाउदिं साही। आवत कोइ न सँभारैं ताही।।
उदधि समुद्र जस लहरैं देखी। नयन देख मुख जाइ न लेखी।।
केते तजा चितउर कै घाटी। केते बजावत मिलि गए माटी।।
केतेन्ह नितहिं देह नव साजा। कबहुँ न साज घटै तस राजा।।
लाख जाहिं आवहिं दुइ लाखा। फरै झरै उपनै नव साखा।।
जो आवै गढ़ लागै सोई। थिर होइ रहै न पावै कोई।।
उमरा मीर रहे जहँ ताईं। सबहीं बाँटि अलँगैं पाईं।।
लाग कटक चारिहु दिसि, गढ़हि परा अगिदाहु।
सुरुज गहन भा चाहै, चाँदहिं भा जस राहु।।7।।

अथवा दिवस, सूर भा बासा। परी रैनि, ससि उवा अकासा।।
चाँद छत्र देइ बैठा आई। चहुँ दिसि नखत दीन्ह छिटकाई।।
नखत अकासहि चढ़े दिपाहीं। टुटि टुटि लूक परहिं, न बुझाहीं।।
परहिं सिला जस परै बजागी। पाहन पाहन सौं उठ आगी।।
गोला परहिं कोल्हु ढरकाहीं। चूर करत चारिउ दिसि जाहीं।।
ओनई घटा बरसि झरि लाई। आला टपकहिं, परहि बिछाई।।
तुरुक न मुख फेरहिं गढ़ लागे। एक मरै, दूसर होइ आगे।।

---

(6) कँवल=बादशाह। कुमुद=कुमद समान संकुचित। दिन...बड़ाई=दिन में सूर्य के सामने उसकी क्या बड़ाई है? तपे=प्रतापयुक्त थे। जो होइ सरग...जूझा=जो स्वर्ग (ऊँचे गढ़) पर हो वह नीचे उतरकर युद्ध नहीं करता। हाथ परै गढ़=लूट हो लाय गढ़ में (मुहा.)। भा गढ़पति=किले में हो गया अर्थात् सूर्य के सामने नहीं आया। (7) उदधि समुद=पानी का समुद्र। केतेन्ह...साजा=न जाने कितनों को (जो नए भरती होते जाते हैं) नए-नए सामान देता है। तस राजा=ऐसा बड़ा राजा वह अलाउद्दीन है। अलंगैं=बाजू, सेना का एक-एक पक्ष। अगिदाहु=अग्निदाह। सुरुज गहन...राहु=सूर्य (बादशाह) चंद्रमा (राजा) के लिए ग्रहण रूप हुआ चाहता है, वह चंद्रमा (राजा के लिए राहु रूप हो गया है।

1. पाठांतर—'कवँल'।

परहिं बान राजा के, सकै को सनमुख काढ़ि।
ओनई सेन साह कै, रही भोर लगि ठाढ़ि।।8।।

भएउ बिहानु, भानु पुनि चढ़ा। सहसहु करा दिवस बिधि गढ़ा।।
भा धावा गढ़ कीन्ह गरेरा। कोपा कटक लाग चहुँ फेरा।।
बान करोर एक मुख छूटहिं। बाजहिं जहाँ फोंक लहि फूटहिं।।
नखत गगन जिस देखहिं घने। तस गढ़ कोटन्ह बानन्ह हने।।
बान बेधि साही कै राखा। गढ़ भा गरुड़ फुलावा पाँखा।।
ओहि रँग केरि कठिन है बाता। तौ पै कहै होइ मुख राता।।
पीठि न देहिं घाव के लागे। पैग पैग भुइँ चाँपहिं आगे।।
चारि पहर दिन जूझ भा, गढ़ न टूट तस बाँक।
गरुअ होत पै आवै, दिन दिन नाकहि नाक।।9।।

छेंका कोट जोर अस कीन्हा। घुसि कै सरग सुरँग तिन्ह दीन्हा।।
गरगज बाँधि कमानैं धरीं। बज्र आगि मुख दारू भरी।।
हबसी, रूमी और फिरंगी। बड़ बड़ गुनी और तिन्ह संगी।।
जिन्हके गोट कोट पर जाहीं। जेहि ताकहिं चूकहिं तेहि नाहीं।।
अस्ट धातु के गोला छूटहिं। गिरहिं पहार चून होइ फूटहिं।।
एक बार बस छूटहिं गोला। गरजै गगन, धरति सब डोला।।
फूटहिं कोट फूट जनु सीसा। औदरहिं बुरुज जाहिं सब पीसा।।
लंका रावट जस भई, दाह परी गढ़ सोइ।
रावन लिखा जरै कहँ, कहहु अजर किमि होइ।।10।।

राजगीर लागे गढ़ थवई। फूटै जहाँ सँवारहिं सबई।।
बाँके पर सुठि बाँक करेहीं। रातिहि कोट चित्र कै लेहीं।।

---

(8) भा बासा=अपने डेरे में टिकान हुआ। नखत=राजा के सामंत और सैनिक। लूक=अग्नि के समान बाण। उठ=उठती है। कोल्हु=कोल्हू। ढरकाहीं=लुढ़काए जाते हैं। सकै को...काढ़ि=उन बाणों के सामने सेना को कौन आगे निकाल सकता है? (9) गरेरा=घेरा। एक मुख=एक ओर। बाजहिं=पड़ते हैं। फोंक=तीर का पिछला छोर जिसमें पर लगे रहते हैं। बाजहिं जहाँ... फूटहिं=जहाँ पड़ते हैं पिछले छोर तक फट जाते हैं, ऐसे जोर से वे चलाए जाते हैं। रँग=रणरंग। नाक=नाका, मुख्य स्थान। (10) सुरँग=सुरंग, जमीन के नीचे खोदकर बनाया हुआ मार्ग (यह शब्द महाभारत में आया है और यूनानी 'सिरिंगस' से बना हुआ अनुमान किया गया है। श्री चिंतामणि वैद्य के अनुसार 'भारत' को 'महाभारत' के नाम से परिवर्धित रूप सिकंदर के आने पर दिया गया है)। गरगज=परकोटे का वह बुर्ज जिसपर तोप चढ़ाई जाती है। कमानैं=तोपें। दारू=बारूद। फिरंगी=पुर्तगाली (फारस में यह शब्द रोम से आया जहाँ 'धर्मयुद्ध' के समय योरप से आए हुए 'फ्रांक' लोगों के लिए पहले पहल व्यवहृत हुआ। फारस से यह शब्द हिंदुस्तान में आया और सबसे पहले आए पुर्तगालियों के लिए प्रयुक्त हुआ)। गोट=गोले। ओदरहिं=ढह जाते हैं। रावट=महल। अजर=जो न जले।

गाजहिं गगन चढ़ा जस मेघा। बरिसहिं बज्र, सीस को ठेघा?।।
सौ सौ मन के बरसहिं गोला। बरसहिं तुपक तीर जस ओला।।
जानहुँ परहिं सरग हुत गाजा। फाटै धरति आइ जहँ बाजा।।
गरगज चूर चूर होइ परहीं। हस्ति घोर मानुष संघरहीं।।
सबै कहा अब परलै आई। धरती सरग जूझ जनु लाई।।
आठौ बज्र जुरे सब, एक डुंगवै लागि।
जगत जरै चारिउ दिसि, कँसेहु बुझै न आगि।।11।।

तबहूँ राजा हिये न हारा। राज पौरि पर रचा अखारा।।
सोह साह कै बैठक जहाँ। समुहें नाच करावै तहाँ।।
जंत्र पखाउज औ जत बाजा। सुर मादर रबाब भल साजा।।
बीना बेनु कमाइच गहे। बाजे अमृत तहँ गहगहे।।
चंग उपंग नाद सुर तूरा। महुअर बँसि बाज भरपूरा।।
हुडुक बाज डफ बाज गँभीरा। औ बाजहिं बहु झाँझ मजीरा।।
तंत बितंत सुभर घनतारा। बाजहिं सबद होइ झनकारा।।
जग सिंगार मनमोहन, पातुर नाचहिं पाँच।
बादसाह गढ़ छेंका, राजा भूला नाच।।12।।

बीजानगर केर सब गुनी। करहिं अलाप जैस नहिं सुनी।।
छबौ राग गाए सँग तारा। सगरी कटक सुनै झनकारा।।
प्रथम राग भैरव तिन्ह कीन्हा। दूसर मालकोस पुनि लीन्हा।।
पुनि हिंडोल राग भल गाए। मेघ मलार मेघ बरिसाए।।
पाँचवँ सिरी राग भल किया। छठवाँ दीपक बरि उठ दिया।।
ऊपर भए सो पातुर नाचहिं। तर भए तुरुक कमानैं खाँचहिं।।
गढ़ माथे होइ उमरा झुमरा। तर भए देख मीर औ उमरा।।
सुनि सुनि सीस धुनहिं सब, कर मलि मलि पछिताहिं।
कब हम माथ चढ़हिं ओहि, नैनन्ह कै दुख जाहिं।।13।।

छवौ राग गावहिं पातुरनी। औ पुनि छत्तीसौ रागिनी।।
औ कल्यान कान्हरा होई। राग बिहाग केदारा सोई।।

---

(11) थवई=मकान बनानेवाले (सं. स्थापित)। चित्र=ठीक, दुरुस्त। तुपक=बंदूक। बाजा=पड़ते हैं। धरती सरग=आकाश और पृथ्वी के बीच। डुंगवा=टीला। (12) समुहें=सामने। मादर=मर्दल, एक प्रकार का ढोल? रबाब=एक बाजा। कमाइच=(फा. कमानचा) सारंगी बजाने की कमान। उपंग=एक बाजा। तूरा=तूर, तुरही। महुअर=सूखी तुमड़ी का बना बाजा जिसे प्रायः सँपेरे बजाते हैं। हुडुक=डमरू की तरह का बाजा जिसे प्रायः कहार बजाते हैं। तंत=तंत्री। घनतार=बड़ा झाँझ। (13) ऊपर भए, तर भए=ऊपर से, नीचे से (पंचमी विभक्ति के स्थान पर 'भए' का प्रयोग अब तक पूरबी हिंदी में होता है)। गढ़ माथे=किले के सिरे पर। उमरा झुमरा=झूमर, नाच।

परभाती होइ उठै बँगाला। आसावरी राग गुनमाला।।
धनासिरी औ सूहा कीन्हा। भएउ बिलावल, मारू लीन्हा।।
रामकली, नट, गौरी गाई। धुनि खंमाच सो राग सुनाई।।
साम गूजरी पुनि भल भाई। सारँग औ बिभास मुँह आई।।
पुरबी, सिंधी, देस, बरारी। टोड़ी, गौड़ सौं भई निरारी।।
सबै राग औ रागिनी, सुरे अलापहिं ऊँच।
तहाँ तीर कहँ पहुँचै, दिस्टि जहाँ न पहूँच?।।14।।
जहँवाँ सौंह साह कै दीठी। पातुरि फिरत दीन्ह तहँ पीठी।।
देखत साह सिंहासन गूँजा। कब लगि मिरिच चाँद तोहि भूजा[1]।।
छाँड़हिं बान जाहिं उपराहीं। का तैं गरब करसि इतराहीं?।।
बोलत बान लाख भए ऊँचे। कोइ कोट, कोइ पौरि पहूँचे।।
जहाँगीर कनउज कर नाजा। ओहि क बान पातुरि के लागा।।
बाजा बान, जाँघ तस नाचा। जिउ गा सरग, परा भुइँ साँचा।।
उड़सा नाच, नचनिया मारा। रहसे तुरुक बजाइ कै तारा।।
जो गढ़ साजै लाख दस, कोटि उठावै कोट।
बादशाह जब चाहै छपै, न कौनिउ ओट।।15।।
राजै पौरि अकास चढ़ाई। परा बाँध चहुँ फेर लगाई।।
सेतुबंध जस राघव बाँधा। परा फेर, भुइँ भार न काँधा।।
हनुवँत होइ सब लाग गोहारू। चहुँ दिसि ढाइ ढोइ कीन्ह पहारू।।
सेत फटिक अस लागै गढ़ा। बाँध उठाइ चहूँ गढ़ मढ़ा।।
खँड खँड ऊपर होइ पटाऊ। चित्र अनेक, अनेक कटाऊ।।
सीढ़ी होति जाहिं बहु भाँती। जहाँ चढ़ै हस्तिन कै पाँती।।
भा गरगज कस कहत न आवा। जनहुँ उठाइ गगन लेइ आवा।।
राहु लाग जस चाँदहि, तस गढ़ लागा बाँध।
सरब आगि अस बरि रहा, ठाँव जाइ को काँध?।।16।।
राजसभा सब मतै बईठी। देखि न जाइ, मूँदि गई दीठी।।
उठा बाँध, चहुँ दिसि गढ़ बाँधा। कीजै बेगि भार जस काँधा।।

---

(14) पहुँच=पहुँचती है। (15) फिरत=फिरते हुए। सिंघासन=सिंहासन पर। गूँजा=गरजा। मिरिग=मृग अर्थात् मृगनयनी। भूजा=भोग करेगा। भए ऊँचे=ऊपर की ओर चलाए गए। साँचा=शरीर। उड़सा=भंग हो गया। तारा=ताल, ताली। (16) अकास चढ़ाई=और ऊँचे पर बनवाई। चहुँ फेर लगाई=चारों ओर लगाकर। मढ़ा=घेरा। पटाऊ=पटाव। गनेन लेइ=आकाश तक। ठाँव...काँध=उस जगह जाने का भार कौन ऊपर ले सकता है?

1. पाठांतर–'देखै चाँद, सूर भा भूजा' अर्थात् चंद्रमा तो नाच देखे और सूर्य भुजवा हो गया कि उसकी ओर पीठ फेरी जाय।

उपजै आगि आगि जस बोई। अब मत कोइ आन नहिं होई।।
भा तेवहार जौ चाँचरि जोरी। खेलि फाग अब लाइय होरी।।
सम द फाग मेलिय सिर धूरी। कीन्ह जो साका चाहिय पूरी।।
चंदन अगर मलयगिरि काढ़ा। घर घर कीन्ह सरा रचि ठाढ़ा।।
जौहर कहँ साजा रनिवासू। जिन्ह सत हिये कहाँ तिन्हँ आँसू।।
पुरुषन्ह खड़ग सँभारै, चंदन खेवरे देह।
मेहरिन्ह सेंदुर मेला, चहहिं भई जरि खेइ।।17।।

आठ बरिस गढ़ छेंका रहा। धनि सुलतान कि राजा महा।।
आइ साह अँबराव जो लाए। फरे झरे पै गढ़ नहिं पाए।।
जौ तोरौं तौ जौहर होई। पदमावति हाथ चढ़ै नहिं सोई।।
एहि बिधि ढील दीन्ह, तब ताईं। दिल्ली तैं अरदासैं आईं।।
पछिउँ हरेव दीन्हि जो पीठी। सो अब चढ़ा सौंह कै दीठी।।
जिन्ह भुइँ माथ गगन तेइ लागा। थाने उठे, आव सब भागा।।
उहाँ साह चितउर गढ़ छावा। इहाँ देस अब होइ परावा।।
जिन्ह जिन्ह पंथ न तृन परत बाढ़े बेर बबूर।
निसि अँधियारी जाइ तब, बेगि उठै जौ सूर।।18।।

---

(17) मतै=सलाह करने के लिए। कीजै बेगि...काँधा=जैसा भारी युद्ध आपने लिया है उसी के अनुसार कीजिए यही सलाह सबने दी। समदि=एक दूसरे से अंतिम बिदा लेकर। साका कीन्ह=कीर्ति स्थापित की है। चाहिय पूरी=पूरी होनी चाहिए। सरा=चिता। जौहर=गढ़ घिर जाने पर जब राजपूत गढ़ की रक्षा नहीं देखते थे तब स्त्रियाँ शत्रु के हाथ में न पड़ने पाएँ इसके लिए पहले से ही चिता तैयार रखते थे। (जब गढ़ से निकलकर पुरुष लड़ाई में काम आ जाते थे तब स्त्रियाँ चट चिता में कूद पड़ती थीं। यही जौहर कहलाता था)। खेवरे=खौर लगाई। मेहरिन्ह=स्त्रियों ने। खेह=राख। (18) आइ साह अँबराव...पाए=बादशाह ने आकर जो आम के पेड़ लगाए वे बड़े हुए, फलकर झड़ भी गए पर गढ़ नहीं टूटा। जो तोरौं=बादशाह कहता है कि यदि गढ़ को तोड़ता हूँ तो। अरदासैं=अर्जदाश्त, प्रार्थनापत्र। हरेव=हेरात प्रदेश का पुराना नाम। थाने उठे=बादशाह की जो स्थान-स्थान पर चौकियाँ थीं वे उठ गईं। जिन्ह...बबूर=जिन जिन रास्तों में घास भी उगकर बाधक नहीं हो सकती थी उनमें अब बादशाह के न रहने से बेर और बबूल उग आए हैं।

(44) राजा-बादशाह-मेल खंड

सुना साह अरदासैं पढ़ीं। चिंता आन आनि चित चढ़ी।।
तौ अगमन मन चीतै कोई। जौ आपन चीता किछु होई।।
मन झूठा, जिउ हाथ पराए। चिंता एक हिए दुइ ठाएँ।।
गढ़ सौं अरुझि जाइ तब छूटै। होइ मेराव, कि सो गढ़ टूटै।।
पाहन कर रिपु पाहन हीरा। बेधौं रतन पान देइ बीरा।।
सुरजा सेंति कहा यह भेऊ। पलटि जाहु अब मानहु सेऊ।।
कहु तोहि सौं पदमावति नहिं लेऊँ। चूरा कीन्ह छाँड़ि गढ़ देऊँ।।
आपन देस खाहु सब, और चंदेरी लेहु।
समुद जो समदन कीन्ह तोहि ते पाँचौ नग देहु।।1।।

सुरजा पलटि सिंह चढ़ि गाजा। आज्ञा जाइ कही जहँ राजा।।
अबहूँ हिये समुझ रे राजा। बादसाह सौ जूझ न छाजा।।
जेहि कै देहरी पृथिवी सेई। चहै तौ मारै औ जिउ लेई।।
पिंजर माहँ ओहि कीन्ह परेवा। गढ़पति सोइ बाँच कै सेवा।।
जौ लगि जीभ अहै मुख तोरे। सँवरि उघेलु विनय कर जोरे।।
पुनि जो जीभ पकरि जिउ लेई। को खोलै, को बोलै देई?।।
आगे जस हमीर मैमंता। जौ तस करसि तोरे भा अंता।।
देखु! काल्हि गढ़ टूटे, राज ओहि कर होइ।
कर सेवा सिर नाइ कै, घर न घालु बुधि खोइ।।2।।

---

(1) चीतै=सोचे, विचारे। चिंता एक...ठाएँ=एक हृदय में दो ओर की चिंता लगी। गढ़ सौं...टूटै=बादशाह सोचता है कि गढ़ लेने में जब उलझ गए हैं तब उससे तभी छूट सकते हैं जब या तो मेल हो जाय या गढ़ टूटे। पाहन कर रिपु...हीरा=हीरे पत्थर का शत्रु हीरा पत्थर ही होता है अर्थात् हीरा हीरे से ही कटता है। पान देइ बीरा=ऊपर से मेल करके। मानहु सेऊ=आज्ञा मानो। चूरा कीन्ह=एक प्रकार से तोड़ा हुआ गढ़। खाहु=भोग करो। समदन कीन्ह=विदा के समय भेंट में दिए थे। (2) उघेलु=निकाल। हमीर=रनथंभौर का राजा, हम्मीरदेव जो अलाउद्दीन से लड़कर मारा गया था। तस=वैसा। घर न घालु=अपना घर न बिगाड़।

सरजा! जौ हमीर अस ताका। ओर निबाहि बाँधि गा साका।।
हौं सकबंधी ओहि अस नाहीं। हौं सौ भोज विक्रम उपराहीं।।
बरिस साठ लगि साँठि न खाँगा। पानि पहार चुवै बिनु माँगा।।
तेहि ऊपर जौ पै गढ़ टूटा। सत सकबंधी केर न छूटा।।
सोरह लाख कुँवर हैं मोरे। परहिं पतँग जस दीप अँजोरे।।
जहिं दिन चाँचरि चाहौं जोरी। समदौं फागु लाइ कै होरी।।
जौ निसि बीच, डरै नहिं कोई। देखु तौ काल्हि काह दहुँ होई[1] ।।
अबहीं जौहर साजि कै, कीन्ह चहौं उजियार।
होरी खेलौं रन कठिन, कोइ समेटै छार।।3।।

अनु राजा सो जरै निआना। बादशाह कै सेब न माना।।
बहुतन्ह अस गढ़ कीन्ह सजवना।अंत भई लंका जस रवना।।
जेहि दिन वह छेंकै गढ़ घाटी। होइ अन्न ओही दिन माटी।।
तू जानसि जल चुवै पहारू। सो रोवै मन सँवरि सँघारू।।
सूतहि सूत सँवरि गढ़ रोवा। कस होइहि जौ होइहि ढोवा।।
सँवरि पहार सो ढारै आँसू। पै तोहि सूझ न आपन नासू।।
आजु काल्हि चाहै गढ़ टूटा। अबहुँ मानु जौ चाहसि छूटा।।
हैं जो पाँच नग पहँ, लेइ पाँचों कहँ भेंट।
मकु सो एक गुन मानै, सब ऐगुन धरि मेट।।4।।

अनु सरजा को मेटै पारा। बादसाह बड़ अहै तुम्हारा।।
ऐगुन मेटि सकै पुनि सोई। औ जो कीन्ह चहै सो होई।।
नग पाँचों देइ देउँ भँडारा। इसकंदर सौं बाँचै दारा।।
जो यह वचन त माथे मोरे। सेवा करौं ठाढ़ कर जोरे।।
पै बिनु सपथ न अस मन माना। सपथ बोल बाचा परवाना।।
खंभ जो गरुअ लीन्ह जग भारू। तेहि क बोल नहिं टरै पहारू।।
नाव जो माँझ भार हुँत गीवा। सरजै कहा मंद वह जीवा।।

---

(3) ताका=ऐसा विचारा। साँठि=सामान। खाँगा=कम होगा। समदौं=विदा के समय का मिलना मिलूँ। जो निसि बीच...दहुँ होई=(सरजा ने जो कहा था कि 'देखु काल्हि गढ़ टूटै' इसके उत्तर में राजा कहता है कि) यदि रात बीच में पड़ती है (अभी रात भर का समय है) तो कोई डर की बात नहीं; देख तो कल क्या होता है? (4) अनु=फिर। सजवना=तैयारी। रवना=रावण। अन्न माटी होइ=खाना- पीना हराम हो जायेगा। सँघारू=संहार, नाश। ढोवा=लूट। मकु सो एक गुन...मेट=शायद वह तुम्हारे इस एक ही गुण से सब अवगुणों का भूल जाय।

1. पाठांतर–'देइकै घरनि जो राखै जीऊ। सो कस आपुहि कहि सक पीऊ'।।

सरजै सपथ कीन्ह छल, बैनहि मीठै मीठ।
राजा कर मन माना, माना तुरत बसीठ।।5।।

हंस कनक पींजर हुँत आना। औ अमृत नग परस पखाना।।
औ सोनहार सोन के डाँड़ी। सारदूल रूप के काँड़ी।।
सो बसीठ सरजा लेइ आवा। बादसाह कहँ आनि मेरावा।।
ए जगसूर भूमि उजियारे। बिनती करहिं काग मसि कारे।।
बड़ परताप तोर जग तपा। नवौ खंड तोहि को नहिं छपा।।
कोह छोह दूनौ तोहि पाहाँ। मारसि धूप, जियावसि छाहाँ।।
जो मन सूर चाँद सौं रूसा। गहन गरासा, परा मँजूसा।।
भोर होइ जौ लागै, उठहिं रोर कै काग।
मसि छूटै सब रैनि कै, कागहि केर अभाग।।6।।

करि बिनती अज्ञा अस पाई। 'कागहु कै मसि आपुहि लाई।।
पहिलेहि धनुष नवै जब लागै। काग न टिकै, देखि सर भागै।।
अबहूँ ते सर सौहैं होहीं। देखैं धनुक चलहिं फिर त्योंहीं।।
तिन्ह कागन कै कौन बसीठी। जो मुख फरि चलहिं देइ पीठी।।
जो सर सौंह होहिं संग्रामा। कित बग होहिं सेत वै सामा?।।
करै न आपन ऊजर केसा। फिरि फिरि कहै परार सँदेसा।।
काग नाग ए दूनौ बाँके। अपने चलत साम वै आँके।।
कैसेहु जाइ न मेटा, भयउ साम तिन्ह अंग।
सहस बार जौ धोवा, तबहुँ न गा वह रंग।।7।।

---

(5) को मेटै पारा=इस बात को कौन मिटा सकता है कि। भँडारा=भंडार से। जौ यह वचन=जो बादशाह का इतना ही कहना है तो मेरे सिर माथे पर है। वाचा परवाना=बचन का प्रमाण है। नाव जो माँझ...गीवा=जो किसी बात का बोझ अपने ऊपर लेकर बीच में गरदन हटाता है। छल=छल से। बसीठ माना=सुलह का संदेश मान लिया। (6) सोनहार=समुद्र का पक्षी। डाँड़ी=अड्डा। काँड़ी=पिंजरा (?)। बिनती करहिं काग मसि कारे=हे सूर्य! कौए विनती करते हैं कि उनकी कालिमा (दोष, अवगुण) दूर कर दे अर्थात् राजा के दोष क्षमा कर। कोह=क्रोध। छोह=दया, अनुग्रह। धूप=धूप से। छाहाँ=छाँह में, अपनी छाया में। परा मँजूसा=झाबे में पड़ गया अर्थात् घिर गया। कागहि केर अभाग=कौए का ही अभाग्य है कि उसकी कालिमा न छूटी। (7) कागहु कै मसि...लाई=कौए की स्याही तुम्हीं ने लगा ली है (छल करके), वे कौए नहीं हैं क्योंकि... । पहिलेहि...भागै=जो कौआ होता है वह ज्योंही धनुष खींचा जाता है, भाग जाता है। अबहूँ...होहीं=वे तो अब भी यदि उनके सामने बाण किया जाय तो तुरत लड़ने के लिए फिर पड़ेंगे, धनुक=(क) युद्ध के लिए चढ़ी कमान, (ख) टेढ़ापन, कुटिलता। सर=(क) शर, तीर; (ख) ताल, सरोवर। जोर सर...सामा=जो लड़ाई में तीर के सामने आते हैं वे श्वेत बगुले काले (कौए) कैसे हो सकते हैं? करै न आपन...सँदेसा=तू अपने को शुद्ध और उज्ज्वल नहीं करता; केवल कौओं की तरह इधर का उधर सँदेसा कहता है (कवि लोग नायिकाओं का कौए से सँदेसा कहना वर्णन करते हैं)। अपने चलत...आँके=वे एक बात पर दृढ़ करते हैं और सदा वही कालिमा ही प्रकट करते हैं, पर तू अपने को और का और प्रकट करके छल करता है।

अब सेवा जो आइ जोहारे। अबहूँ देखु सेत की कारे।।
कहौ जाइ जौ साँच, न डरना। जहवाँ सरन नाहि तहँ मरना।।
काल्हि आव गढ़ ऊपर भानू। जो रे धनुक, सौंह होइ बानूँ।।
पान बसीठ मया करि पावा। लीन्ह पान, राजा पहँ आवा।।
जस हम भेंट कीन्ह गा कोहू। सेवा माँझ प्रीति औ छोहू।।
काल्हि साह गढ़ देखै आवा। सेवा करहु जैस मन भावा।।
गुन सौं चलै जो बोहित बोझा। जहँवाँ धनुक बान तह सोझा।।

भा आयसु अस राजघर, बेगि दै करहु रसोइ।
ऐस सुरस रस मेरवहु, जेहि सौं प्रीति रस होइ।।8।।

---

(8) अब सेवा...जोहारे=उन्होंने मेल कर लिया है, तू अब भी देख सकता है कि श्वेत हैं या काले अर्थात् वे छल नहीं करेंगे। जोरे धनुक...बानू=जो अब वह किले में मेरे जाने पर किसी प्रकार की कुटिलता करेगा तो उसके सामने फिर बाण होगा (धनुष टेढ़ा होता है और बाण सीधा)। गुन=गून, रस्सी। जहँवा धनुक ...सोझा=जहाँ कुटिलता हुई कि सामने सीधा बाण तैयार है।

(45) बादशाह भोज खंड

छागर मेढ़ा बड़ औ छोटे। धरि धरि आने जहँ लगि मोटे।।
हरिन, रोझ, लगना बन बसे। चीतर गोइन, झाँख औ ससे।।
तीतर, बटई, लवा न बाँचे। सारस, कूज, पुछार जो नाचे।।
धरे परेवा पंडुक हेरी। खेहा, गुड़रू और बगेरी।।
हारिल, चरग, चाह बँदि परे। बन कुक्कुट, जल कुक्कुट धरे।।
चकई चकवा और पिदारे। नकटा, लेदी, सोन सलारे।।
मोट बड़े सो टोइ टोइ धरे। ऊबर दूबर खुरुक न चरे।।
कंठ परी जब छूरी, रकत ढुरा होइ आँसु।
कित आपन तन पोखा, भखा परावा माँसु? ।।1 ।।

धरे माछ पढ़िना औ रोहू। धीमर मारत करै न छोहू।।
सिधरी, सौरि, धरी जल गाढ़े। टेंगर टोइ टोइ सब काढ़े।।
सींगी भाकुर बिनि सब धरी। पथरी बहुत बाँब बनगरी।।
मारे चरख औ चाल्ह पियासी। जल तजि कहाँ जाहि जलबासी? ।।
मन होइ मीन चरा सुख चारा। परा जाल को दुख निरुवारा? ।।
माँटी खाय मच्छ नहिं बाँचे। बाँचहिं काह भोग सुख राँचे? ।।
मारै कहँ सब आस कै पाले। को उबार तेहि सरवर घाले? ।।

---

(1) रोझ=नीलगाय। लगना=एक वनमृग। चीतर=चित्रमृग। गोइन=कोई मृग। (?)। झाँख=एक प्रकार का बड़ा जंगली हिरन; जैसे—ठाढ़े ढिग बाघ, बिग, चिते चितवत झाँख मृग शाखामृग सब रीझि-रीझि रहे हैं।—देव! पसे=खरहे। पुछार=पोर। खेहा=केहा, बटेर की तरह की एक चिड़िया। गुड़रू=कोई पक्षी। बगेरी=भरद्वाज, भरुही। चरग=बाज की जाति की एक चिड़िया। चाह=चाहा नामक जलपक्षी। पिदारे=पिद्दे। नकटा=एक छोटी चिड़िया। सोन, सलारे=कोई पक्षी। खुरुक=खटका।

एहि दुख काँटहिं सारि कै, रकत न राखा देह।
पंथ भुलाइ आइ जल बाझे, झूठे जगत सनेह।।2।।

देखत गोहूँ कर हिय फाटा। आने तहाँ होब जहँ आटा।।
तब पीसे जब पहिले धोए। कपरछानि माँड़े, भल पोए।।
चढ़ी कराही, पाकहिं पूरी। मुख महँ परत होहि सो चूरी।।
जानहुँ तपत सेत औ उजरी। नैनू चाहि अधिक वै कोंवरी।।
मुख मेलत खन जाहिं बिलाई। सहस सवाद सो पाव जो खाई।।
लुचुई पोइ पोइ घिउ मेई। पाछे छाति खाँड़ रस मेई।।
पूरि सोहारी कर घिर चूआ। छुवत बिलाइ, डरन्ह को छूआ?।।
कही न जाहिं मिठाई, कहत मीठ सुठि बात।
खात अघात न कोई, हियरा जात सेरात।।3।।

चढ़े जो चाउर बरनि न जाहीं। बरन बरन सब सुगँध बसाहीं।।
रायभोग औ काजर रानी। झिनवा, रुदवा, दाउदखानी।।
बासमती, कजरी, रतनारी। मधुकर, ढेला, झीनासारी।।
घिउकाँदौ औ कुँवरबिलासू। रामबास आवै अति बासू।।
लौंगचूर लाची अति बाँके। सोनखरीका कपुरा पाके।।
कोरहन, बड़हन, जड़हन मिला। औ संसारतिलक खँड़बिला।।
धनिया देवल और अजाना। कहँ लगि बरनौं जावत धाना।।
सोंधे सहस बरन अस, सुगँध बासना छूटि।
मधुकर पुहुप जो बन रहे, आइ परे सब टूटि।।4।।

निरमल माँसु अनूप बघारा। तेहि के अब बरनौं परकारा।।
कटुवा, बटुवा मिला सुबासू। सीझा अनबन भाँति गरासू।।
बहुतै सोंधे घिउ महँ तरे। कस्तूरी केसर सौं भरे।।
सेंधा लोन परा सब हाँड़ी। काटी कंदमूर कै आड़ी।।

---

(2) पढ़िना=पाठीन मछली, पहिना। रोहू, सिधरी, सौरी, टेंगरा, सींगी, भाकुर, मथरी, बनगरी, चरख, पियासी=मछलियों के नाम। बाँब=बाम मछली जो देखने में साँप की तरह लगती है। चाल्ह=चेल्हवा मछली। निरुवारा=छुड़ाए। राँचे=अनुरक्त, लिप्त। तेहि सरवर घाले=उस सरोवर में पड़े हुए को कौन बचा सकता है (जीवपक्ष में संसार सागर में पड़े हुए का कौन उद्धार कर सकता है)। एहि दुख...देह=इसी दुःख से तो मछली ने शरीर में काँटे लगाकर रक्त नहीं रखा। (3) तपत=जलती हुई, गरम गरम। नैनू=नवनीत, मक्खन। कोंवरी=कोमल। घिउ मेई=घी का मोयन दी हुई। कहत मीठ...बात=उनके नाम लेने से मुँह मीठा हो जाता है। (4) काजर रानी=रानी काजल नाम का चावल। रायभोग, झिनवा, रुदवा, दाउदखानी, बासमती, कजरी, मधुकर, ढेला, झीनासारी, घिउकाँदो, कुँवर बिलास, रामबास, लवँगचूर, लाची, सोनखरिका, कपूरी, संसारतिलक, खँड़बिला, धनिया, देवल=चावलों के नाम। पुहुप=फूलों पर।

सोआ सौफ उतारे घना। तिन्ह तें अधिक आव बासना।।
पानि उतारहिं तावहिं ताका। घीउ परेह माहिं सब पाका।।
औ लीन्हें माँसुन्ह के खंडा। लागे चुरै सो बड़ बड़ हंडा।।
छागर बहुत समूची, धरी सरागन्ह भूँजि।
जो अस जेंवन जेंवै, उठै सिंघ अस गूँजि।।5।।

भूँजि समोसा घिउ महँ काढ़े। लौंग मरिच जिन्ह भीतर ठाढ़े।।
और माँसु जो अनबन बाँटा। भए फर फूल, आम औ भाँटा।।
नारँग, दारिउँ, तुरँज, जँभीरा। औ हिंदवाना, बालमखीरा।।
कटहर बड़हर तेउ सँवारे। नरियर, दाख, खजूर छोहारे।।
औ जावत जो खजहजा होहीं। जो जेहि बरन सवाद सो ओहीं।।
सिरका भेइ काढ़ि जनु आने। कँवल जो कीन्ह रहे बिगसाने।।
कीन्ह मसेवरा, सीझि रसोई। जो किछु सबै माँसु सौं होई।।
बारी आइ पुकारेसि, लीन्ह सबै करि छूँछ।
सब रस लीन्ह रसोई, को अब मोकहँ पूछ।।6।।

काटे माछ मेलि दधि धोए। औ पखारि बहु बार निचोए।।
करुए तेल कीन्ह बसवारू। मेथी कर तब दीन्ह बघारू।।
जुगुति जुगुति सब माँछ बघारे। आम चोरि तिन्ह माँझ उतारे।।
औ परेह तिन्ह चुटपुट राखा। सो रस सुरस पाव जो चाखा।।
भाँति भाँति सब खाँड़र तरे। अंडा तरि तरि बेहर धरे।।
घीउ टाँक महँ सोंध सेरावा। लौंग मरिच तेहि ऊपर नावा।।
कुहुँकुहुँ परा कपूर बसावा। नख तें बघारि कीन्ह अरदावा।।
घिरित परेह रहा तस, हाथ पहुँच लगि बूड़।
बिरिध खाइ नवजोबन, सौ तिरिया सौं ऊड़।।7।।

---

(5) कटुवा=खंड खंड कटा हुआ। बटुवा=सिल पर बटा या पिसा हुआ। अनबन=विविध, अनेक। गरासू=ग्रास, कौर। तरे=तले हुए। आड़ी=अंटी, गाँठ। तावहिं ताका=ताव देखते हैं। परेह=रसा, शोरबा। सरागन्ह=सीखचों पर, शलाकाओं पर। गूँजि उठै=गरज उठे। (6) ठाढ़े=खड़ी, समूची। भए फर३भाँटा=मांस ही अनेक प्रकार के फलफूल के रूप में बना है। हिंदबाना=तरबूज, कलींदा। बालमखीरा=खीरे की एक जाति। खजहजा=खाने के फल। सिरका भेइ...आने=मानो सिरके में भिगोए हुए फल समूचे लाकर रखे गए हैं (सिरके में पड़े हुए फल ज्यों के त्यों रहते हैं)। मसेवरा=मांस की बनी चीजें। सीझि=पकी, सिद्ध हुई। बारी=काछी या माली। बारी आइ...छूँछ=माली ने पुकार मचाई कि मेरे यहाँ जो फलफूल थे सब तो मुझे खाली करके ले लिये गए अर्थात् वे सब मांस ही के बना लिये गए। (7) पखारि=धोकर। बसवारू=छौंक। परेह=रसा। चुटपुट=चुटपुटा। खाँड़र=कतले। तरि=तलकर। बेहर=अलग। टाँक=बरतन, कटोरा। सेरावा=ठंडा किया। नख=एक गंधद्रव्य। अरदावा=कुचला या भुरता। पहुँच लगि=पहुँचा या कलाई तक। ऊड़=विवाह करे या रखे (ऊढ़)।

भाँति भाँति सीझीं तरकारी। कइउ भाँति कोहँड़न के फारी।।
बने आनि लौआ परबती। रयता कीन्ह काटि रति रती।।
चूक लाइ कै रींधे भाँटा। अरुई कहँ भल अरहन बाँटा।।
तोरई, चिचिड़ा, डेंड़सी तरी। जीर धुँगार झार सब भरी।।
परवर कुँदरू भूँजे ठाढ़े। बहुतै घिउ महँ चुरमुर काढ़े।।
करुई काढ़ि करैला काटे। आदी मेलि तरे कै खाटे।।
रींधे ठढ़ सेब के फारा। छौंकि साग पुनि सोंध उतारा।।
सीझीं सब तरकारी, भा जेंवन सब ऊँच।
दहुँ का रुचै साह कहँ, केहि पर दिस्टि पहूँच।।8।।

घिउ कराह भरि, बेगर धरा। भाँति भाँति के पाकहिं बरा।।
एक त आदी मरिच सौं पीठा। दूसर दूध खाँड़ सौं मीठा।।
भई मुँगौछी मरिचैं परी। कीन्ह मुँगौरा औ बहु बरी।।
भई मेथौरी, सिरका परा। सोंठि नाइ कै खरसा धरा।।
माठा महि महियाउर नावा। भीज बरा नैनू जनु खावा।।
खँडे कीन्ह आमचुर परा। लौंग लायची सौं खँड़बरा।।
कढ़ी सँवारी और फुलौरी। औ खँड़वानी लाइ बरौरी।।
रिकवँच कीन्हि नाइ कै, हींग मरिच औ आद।
एक खंड जौ खाइ तौ, पावै सहस सवाद।।9।।

तहरी पाकि, लौंग औ गरी। परी चिरौंजी औ खरहरी।।
घिउ महँ भूँजि पकाए पेठा। औ अमृत गुरंब भरे मेटा।।
चुंबक लोहँड़ा, औटा खोवा। भा हलुवा घिउ गरत निचोवा।।
सिखरन सोंध छनाई गाढ़ी। जामी दूध दही कै साढ़ी।।
दूध दही के मुरंडा बाँधे। और सँधाने अनबन साधे।।
भइ जो मिठाई कही न जाई। मुख मेलत खन जाइ बिलाई।।
मोतीचूर, छाल औ ठोरी। माठ, पिराकैं और बुँदौरी।।

---

(8) फारी=फाल, टुकड़े। लौआ=घीया, कद्दू। रयता=रायता। रति-रती=महीन-महीन। चूक=खटाई। रींधे=पकाए। अरहन=चने की पिसी दाल जो तरकारी में पकाते समय डाली जाती है; रेहन। बाटा=पीसा। डेंड़सी=कुम्हड़े की तरह की एक तरकारी, टिंड (टिंडिस)। तरी=तली। धुँगार=छौंक। चुरमुर=कुरकुरे। करुई काढ़ि=कड़ुवापन निकालकर (नमक-हल्दी के साथ मलकर)। कै खाटे=खट्टे करके। फारा=फाल, टुकड़े।
(9) बेगर=उर्द या मूँग का रवादार आटा, धुवाँस। बरा=बड़ा। पीठा=पीसा गया। मुँगौछी=मूँग का एक पकवान। मुँगौरा=मूँग की पकौड़ी। मेथौरी=एक प्रकार की बड़ी। खरसा=एक पकवान। महियाउर=मट्ठे में पका चावल। नैनू=नवनीत, मक्खन। बरौरी=बड़ी। रिकवँच=अरुई या कच्चू के पत्ते पीठी में लपेटकर बनाए हुए बड़े। आद=अदरक।

फेरी पापर भूँजे, भा अनेक परकार।
भइ जाउरि पछियाउरि, सीझी सब जेवनार।।10।।

जत परकार रसोइ बखानी। तत सब भई पानि सौं सानी।।
पानी मूल परिख जौ कोई। पानी बिना सवाद न होई।।
अमृत पान सह अमृत आना। पानी सौं घट रहै पराना।।
पानी दूध औ पानी घीऊ। पानि घटै, घट रहै न जीऊ।।
पानी माँझ समानी जोती। पानिहि उपजै मानिक मोती।।
पानिहि सौं सब निरमल कला। पानी छुए होइ निरमला।।
सो पानी मन गरब न करई। सीस नाइ खाले पग धरई।।
मुहमद नीर गँभीर जो, भरे सो मिले समुंद।
भरै ते भारी हाइ रहे, छूँछे बाजहिं दुंद।।11।।

---

(10) तहरी=बड़ी और हरी मटर के दानों की खिचड़ी। खरहरी=खरिक, छुहारा। गुरंब=शीशे में रखे हुए आम। मेटा=मिट्टी के बरतन, मटके। लोहँड़ा=लोहे का तसला। मुरंडा=पानी निथारकर पिंडाकार बँधा दही या छैना। सँधाने=अचार। छाल=एक मिठाई। ठोरी=ठोर। पिराकैं=गोझिया। बुँदौरी=बुँदिया। पछियाउर=मट्ठे में भिगोई बुँदिया। सीझी=सिद्ध हुई, पकी। (11) जत=जितनी। तत=उतनी। पानी मूल...कोई=जो कोई विचार कर देखे तो पानी ही सबका मूल है। अमृत पान=अमृतपान के लिए। दुंद=ठक-ठक।

(46) चित्तौरगढ़-वर्णन खंड

जेवाँ साह जो भयउ बिहाना। गढ़ देखै गवना सुलताना।।
कवँल सहाय सूर सँग लीन्हा। राघवचेतन आगे कीन्हा।।
ततखन आइ बिवाँन पहूँचा। मन तें अधिक, गगन तें ऊँचा।।
उघरी पवँरि, चला सुलतानू। जानहु चला गगन कहँ भानू।।
पवँरी सात, सात खँड बाँके। सातौ खंड गाढ़ दुइ नाके।।
आजु पँवरि मुख भा निरमरा। जौ सुलतान आइ पग धरा।।
जनहु उरेह काटि सब काढ़ी। चित्र क मूरति बिनवहिं ठाढ़ी।।
लाखन बैठ पवँरिया, जिन्ह तें नवहिं करोरि।
तिन्ह सब पवँरि उघारे, ठाढ़ भए कर जोरि।।1।।

सातौ पवँरी कनक केवारा। सातौ पर बाजहिं घरियारा।।
सात रंग तिन्ह सातौ पँवरी। तब तिन्ह चढ़ै फिरै नव भँवरी।।
खँड खँड साज पलँग औ पीढ़ी। जानहुँ इंद्रलोक कै सीढ़ी।।
चंदन बिरिछ सोह तहँ छाहाँ। अमृत कुंड भरे तेहि माहाँ।।
फरे खजहजा दारिउँ दाखा। जो ओहि पंथ जाइ सो चाखा।।
कनक छत्र सिंघासन साजा। पैठत पँवरि भिला लेइ राजा।।
बादशाह चढ़ि चितउर देखा। सब संसार पाँव तर लेखा।।
देखा साह गनन गढ़, इंद्रलोक कर साज।
कहिय राज फुर ताकर, सरग करै अस राज।।2।।

चढ़ि गढ़ ऊपर संगति देखी । इंद्रसभा सो जानि बिसेखी।।
ताल तलावा सरवर भरे। औ अँबराव चहूँ दिसि फरे।।

---

(1) जेवाँ=भोजन किया। बिहान=सवेरा। मन तें अधिक=मन से अधिक वेगवाला। पवँरि=ड्योढ़ी। गाढ़=कठिन। नाके=चौकियाँ। जिन्ह तें नवहिं करोरि=जिनके सामने करोड़ों आदमी आवें तो सहम जायँ।
(2) घरियारा=घँटे। फिरै=जब फिरे। भँवरी=चक्कर। पीढ़ी=सिंहासन। लेखा=समझा, समझ पड़ा। फुर=सचमुच।

कुआँ बावरी भाँतिहि भाँती। मठ मंडप साजै चहुँ पाँती।।
राय रंक घर घर सुख चाऊ। कनक मँदिर नग दीन्ह जड़ाऊ।।
निसि दिन बाजहिं मादर तूरा। रहस कूद सब भरे सेंदूरा।।
रतन पदारथ नग जो बखाने। घूरन्ह माँह देख छहराने।।
मँदिर मँदिर फुलवारी बारी। बार बार बहु चित्र सँवारी।।
पाँसासारि कुँवर सब खेलहिं, गीतन्ह स्रवन ओनाहिं।
चैन चाव तस देखा, जनु गढ़ छेंका नाहिं।।3।।

देखत साह कीन्ह तहँ फेरा। जहँ मंदिर पदमावति केरा।।
आस पास सरवर चहुँ पासा। माँझ मँदिर जनु लाग अकासा।।
कनक सँवारि नगन्ह सब जरा। गगन चंद जनु नखतन्ह भरा।।
सरवर चहुँ दिसि पुरइन फूली। देखत बारि रहा मन भूली।।
कुँवरि सहसदस बार अगोरे। दुहुँ दिसि पवँरि ठाढ़ि कर जोरे।।
सारदूल दुहँ दिसि गढ़ि काढ़े। गलगाजहिं जानहुँ ते ठाढ़े।।
जावत कहिए चित्र कटाऊ। तावत पवँरिन्ह बने जड़ाऊ।।
साह मँदिर अस देखा, जनु कैलास अनूप।
जाकर अस धौराहर, सो रानी केहि रूप।।4।।

नाँघत पँवरि गए खँड साता। सतएँ भूमि बिछावन राता।।
आँगन साह ठाढ़ भा आई। मँदिर छाँह अति सीतल पाई।।
चहूँ पास फुलवारी बारी। माँझ सिंहासन धरा सँवारी।।
जनु बसंत फूला सब सोने। फल औ फूल बिगसि अति लोने।।
जहाँ जो ठाँव दिस्टि महँ आवा। दरपन भाव दरस देखरावा।।
तहाँ पाट राखा सुलतानी। बैठ साह, मन जहाँ सो रानी।।
कवँल सुभाय सूर सौं हँसा। सूर क मन चाँदहिं पर बसा।।
सो पै जानै नयन रस, दिरदय प्रेम अँकूर।
चंद जो बसै चकोर चित, नयनहि आव न सूर।।5।।
रानी धौराहर उपराहीं। करै दिस्टि नहिं तहाँ तराहीं।।
सखी सरेखी साथ बईठी। तपै सूर, ससि आव न दीठी।।
राजा सेव करै कर जोरे। आजु साह घर आवा मोरे।।

---

(3) संगति=सभा। सुख चाउ=आनंद मंगल। मादर=मर्दल, एक प्रकार का ढोल। घूरन्ह=कूड़ेखानों में। छहराने=बिखरे हुए। पाँसासारि=चौपड़। ओनाहिं=झुके या लगे हैं। (4) पुरइन=(सं. पुटकिनी) कमल। अगोरे=रखवाली या सेवा में खड़ी है। सारदूल=सिंह। गलगाजहिं=गरजते हैं। कटाऊ=कटाव, बेलबूटे। (5) राता=लाल। दरपन भाव...देखरावा=दर्पण के समान ऐसा साफ झकाझक है कि प्रतिबिंब दिखाई पड़ता है। अँकूर=अंकुर। नयनहिं न आव=नजर में नहीं जँचता है।

नट, नाटक, पातुरि औ बाजा। आइ अखाड़ माँह सब साजा।।
पेम क लुबुध बहिर औ अंधा। नाच कूद जानहुँ सब धंधा।।
जानहुँ काठ नचावै कोई। जो नाचत सो प्रगट न होई।।
परगट कहँ राजा सौं बाता। गुपुत प्रेम पदमावति राता।।
गीत नाद अस धंधा, दहक बिरह कै आँच।
मन कै डोरी लाग तहँ, जहँ सो गहि गुन खाँच।।6।।

गोरा बादल राजा पाहाँ। रावत दुवौ दुवौ जनु बाहाँ।।
आइ स्रवन राजा के लागे। मूसि न जाहिं पुरुष जो जागे।
बाचा परखि तुरुक हम बूझा। परगट मेर गुपुत छल सूझा।।
तुम नहिं करौ तुरुक सौं मेरू। छल पै करहिं अंत कै फेरू।।
बैरी कठिन कुटिल जस काँटा। सो मकोय रह राखै आँटा।।
सत्रु कोट को आइ अगोटी। मीठी खाँड़ जेंवाएहु रोटी।।
हम तेहि ओंछ क पावा घातू। मूल गए सँग रहै न पातू।।
यह सो कृस्न बलिराज जस, कीन्ह चहै छर बाँध।
हम्ह बिचार अस आवै, मेर न दीजिय काँध।।7।।

सुनि राजहि यह बात न भाई। जहाँ मेर तहँ नहिं अधमाई।।
मंदहि भल जो करै भल सोई। अंतहि भला भले कर होई।।
सत्रु जो बिष देइ चाहै मारा। दीजिय लोन जानि बिषहारा।।
बिष दीन्हें बिषहर होइ खाई। लोन दिए होइ लोन बिलाई।।
मारे खड़ग खड़ग कर लेई। मारे लोन नाइ सिर देई।।

---

(6) उपराहीं=ऊपर। सूर=सूर्य के समान बादशाह। ससि=चंद्रमा के समान राजा। ससि...दीठी=सूर्य के समान चंद्रमा (राजा) की ओर नजर नहीं जाती है। अखाड़=अखाड़ा, रंगभूमि : जैसे–इंद्र का अखाड़ा। जानहु सब धंधा=मानो नाच-कूद तो संसार का काम ही है यह समझकर उस ओर ध्यान नहीं देता है। कह=कहता है। दहक=जिससे दहकता है। गुन=डोरी। खाँच=खींचती है। (7) रावत=सामंत। दुवौ जनु बाहाँ=मानो राजा की दोनों भुजाएँ हैं। स्रवन लागे=कान में लगकर सलाह देने लगे। मूसि न जाहिं=लूटे नहीं जाते हैं। बाचा परखि...बूझा=उस मुसलमान की मैं बात परखकर समझ गया हूँ। मेर=मेल। कै फेरू=घुमा-फिराकर। बैरी=(क) शत्रु; (ख) बेर का पेड़। सो मकोय रह...आँटा=उसे मकोय की तरह (काँटे लिये हुए) रहकर ओट या दावँ में रख सकते हैं। आँटा=दावँ, जैसे–"न ये बिससिए लखि नये, दुर्जन दुसह सुभाय। आँटे पर प्रानन हरैं, काँटे लौं लगि पाय।।"–(बिहारी)। अगोटी=छेंका। ओछ=ओछे, नीच। पावा धातू=दाँव-पेंच समझ गया। मूल गए...पातू=उसने सोचा है कि राजा को पकड़ लें तो सेना सामंत आप ही न रह जाएँगे। कृस्न=विष्णु, वामन। छर बाँध=छल का आयोजन। काँध दीजिए=स्वीकार कीजिए।

कौरव बिष जो पँडवन्ह दीन्हा। अंतहि दाँव पंडवन्ह लीन्हा।।
जो छल करै ओहि छल बाजा। जैसे सिंघ मँजूसा साजा[1]।।
राजै लोन सुनावा, लाग दुहुन जस लोन।
आए कोहाइ मँदिर कहँ, सिंघ छान अब गोन।।8।।

राजा कै सोरह सै दासी। तिन्ह महँ चुनि काढ़ीं चौरासी।।
बरन बरन सारी पहिराई। निकसि मँदिर तें सेवा आईं।।
जनु निसरीं सब बीरबहूटी। रायमुनी पींजर हुँत छूटी।।
सबै परथमै जोबन सोहैं। नयन बान औ सारँग भौंहैं।।
मारहिं धनुक फेरि सर ओही। पनिघट घाट धनुक जिति मोही।।
काम कटाछ हनहिं चित हरनी। एक एक तें आगरि बरनी।।
जानहुँ इंद्रलोक तें काढ़ी। पाँतिहि पाँति भई सब ठाढ़ी।।
साह पूछ राघव पहँ, ए सब अछरी आहिं।
तुइ जो पदमावति बरनी, कहु सो कौन इन माहिं।।9।।

दीरघ आउ, भूमिपति भारी। इन महँ नाहिं पदमावति नारी।।
यह फुलवारि सो ओहि कै दासी। कहँ केतकी भँवर जहँ बासी।।
वह तौ पदारथ, यह सब मोती। कहँ ओहि दीप पतँग जेंहि जोती।।
ए सब तरई सेब कराहीं। कहँ वह ससि देखत छपि जाहीं।।
जौ लगि सूर क दिस्टि अकासू। तौ लगि ससि न करै परगासू।।
सुनि कै साह दिस्टि तर नावा। हम पाहुन, यह मँदिर परावा।।
पाहुन ऊपर हेरै नाहीं। हना राहु अर्जुन परछाहीं।।
तपै बीज जस धरती, सूख बिरह के घाम।
कब सुदिस्टि सो बरिसै, तन तरिवर होइ जाम।।10।।

---

(8) विषहार=विष हरनेवाला। बिसहर=विषधर, साँप। होइ लोन बिलाई=नमक की तरह गल जाता है। कर लेइ=हाथ में लेता है। मारे लोन=नमक से मारने से, अर्थात् नमक का एहसान ऊपर डालने से। बाजा=ऊपर पड़ता है। लोन जस लाग=अप्रिय लगा, बुरा लगा। कोहाइ=रूठकर। मंदिर=अपने घर। छान=बाँधती है। गोन=रस्सी। सिंघ...गोन=सिंह अब रस्सी से बँधा चाहता है। (9) रायमुनी=मुनिया नाम की छोटी सुंदर चिड़िया। सारँग=धनुष। (10) आउ=आयु। कहँ केतकी...बासी=वह केतकी यहाँ कहाँ है (अर्थात् नहीं है। जिस पर भौंरे बसते हैं।) पदारथ=रत्न। जौ लगि सूर...परगासू=जब तक सूर्य ऊपर रहता है तब तक चंद्रमा का उदय नहीं होता, अर्थात् जब तक आपकी दृष्टि ऊपर लगी रहेगी तब तक पद्मावती नहीं आएगी। हेरै=देखता है। हना राहु अर्जुन परछाहीं=जैसे अर्जुन ने नीचे छाया देखकर मत्स्य का बेध किया था वैसे ही आपको किसी प्रकार दर्पण आदि में उसकी छाया देखकर ही उसे प्राप्त करने का उद्योग करना होगा। सूख=सूखता है।

1. एक ब्राह्मण देवता ने दया करके एक शेर को पिंजड़े से निकाल दिया। शेर उन्हें खाने दौड़ा। ब्राह्मण ने कहा, भलाई के बदले में बुराई नहीं करनी चाहिए। शेर कहने लगा, अपना भक्ष्य नहीं छोड़ना चाहिए। अंत में गीदड़ पंच हुआ। उसने कहा तुम दोनों जिस दशा में थे उसी दशा में थोड़ी देर के लिए फिर हो जाओ तो मैं मामला समझूँ। शेर फिर पिंजड़े में चला गया। गीदड़ ने इशारा किया और ब्राह्मण ने पिंजड़े का द्वार फिर बंद कर दिया।

सेव करैं दासी चहुँ पासा। अछरी मनहुँ इंद्र कबिलासा।।
कोउ परात कोउ लोटा लाईं। साह सभा सब हाथ धोवाईं।।
कोइ आगे पनवार बिछावहिं। कोई जेंवन लेइ लेइ आवहिं।।
माँड़े कोइ जाहिं धरि जूरी। कोई भात परोसहिं पूरी।।
कोई लेइ लेइ आवहिं थारा। कोइ परसहिं छप्पन परकारा।।
पहिरि जो चीर परोसै आवहिं। दूसरि और बरन देखरावहिं।।
बरन बरन पहिरे हर फेरा। आव झुंड जस अछरिन्ह केरा।।
पुनि सँधान बहु आनहिं, परसहिं बूकहि बूक।
करहिं सँवार गोसाईं, जहाँ परै किछु चूक।।11।।

जानहु नखत करहिं सब सेवा। बिनु ससि सूरहि भाव न जेंवा।।
बहु परकार फिरहिं हर फेरे। हेरा बहुत न पावा हेरे।।
परीं असूझ सबै तरकारी। लोनी बिना लोन सब खारी।।
मच्छ छुवै आवहिं गड़ि काँटा। जहाँ कवँल तहँ हाथ न आँटा।।
मन लागेउ तेहि कँवल के डंडी। भावै नाही एक कनउँड़ी।।
सो जेंवन नहिं जाकर भूखा। तेहि बिन लाग जनहु सब सूखा।।
अनभावत चाखै बैरागा। पंचामृत जानहुँ बिष लागा।।
बैठि सिंघासन गूँजै, सिंघ चरै नहिं घास।
जौ लगि मिरिग न पावै, भोजन करै उपास।।12।।

पानि लिये दासी चहुँ ओरा। अमृत मानहुँ भरे कचोरा।।
पानी देहिं कपूर क बासा। सो नहिं पियै दरस कर प्यासा।।
दरसन पानि देइ तौ जीऔं। बिनु रसना नयनहि सौं पीऔं।।
पपिहा बूँद सेवातिहि अघा। कौन काज जौ बरिसै मघा?।।
पुनि लोटा कोपर लेइ आईं। कै निरास अब हाथ धोवाईं।।
हाथ जो धोवै बिरह करोरा। सँवरि सँवरि मन हाथ मरोरा।।
बिधि मिलाव जासौं मन लागा। जोरहि तूरि प्रेम कर तागा।।

---

(11) पनवार=बड़ा पत्तल। माड़े=एक प्रकार की चपाती। जूरी=गड्डी लगाकर। सँधान=अचार। बूकहिं बूक=चंगुल भर-भरकर। करहिं सँवार गोसाईं=डर के मारे ईश्वर का स्मरण करने लगती हैं। (12) नखत=पदमावती की दासियाँ। ससि=पदमावती। जेंवा=भोजन करना। बहु परकार=बहुत प्रकार की स्त्रियाँ। परीं असूझ=आँख उन पर नहीं पड़ती। लोनी=सुंदरी पदमावती। लोन सब खारी=सब खारी नमक के समान कड़वी लगती हैं। आवहिं गड़ि=गड़ जाते हैं। न आँटा=नहीं पहुँचता है। कँवल के डंडी=मृणाल रूप पदमावती में। कनउँड़ी=दासी। अनभावत=बिना मन से। बैरागा=विरक्त। उपास=उपवास।

हाथ धोइ जब बैठा, लीन्ह ऊब कै साँस।
सँवरा सोइ गोसाईं, देइ निरासहि आस।।13।।

भइ जेवनार फिरा खँड़वानी। फिरा अरगजा कुहँकुहँ पानी।।
नग अमोल जो थारहि भरे। राजै सेव आनि कै धरे।।
बिनती कीन्ह घालि गिउ पागा। ए जगसूर! सीउ मोहिं लागा।।
ऐगुन भरा काँप यह जीऊ। जहाँ भानु तहँ रहै न सीऊ।।
चारिउ खंड भानु अस तपा। जोहि के दिस्टि रैनि मसि छपा।।
औ भानुहि अस निरमल कला। दरस जो पावै सो निरमला।।
कवँल भानु देखै पै हँसा। औ भा तेहु चाहि परगसा।।
रतन साम हौं रैनि मसि, ए रबि! तिमिर सँघार।
करु सो कृपा दिस्टि अब, दिवस देहि उजियार।।14।।

सुनि बिनती बिहँसा सुलतानू। सहसौ करा दिपा जस भानू।।
ए राजा! तुइ साँच जुड़ावा। भइ सुदिस्टि अब सीउ छुड़ावा।।
भानु क सेवा जो कर जीऊ। तेहि मसि कहाँ, कहाँ तेहि सीऊ।।
खाहु देस आपन करि सेवा। और देउँ माँडौ तोहि देवा!।।
लीक पखान पुरुष कर बोला। धुव सुमेरु ऊपर नहिं डोला।।
फेरि पसाउ दीन्ह नग सूरू। लाभ देखाइ लीन्ह चह मूरू।।
हँसि हँसि बोलै, टेकै काँधा। प्रीति भुलाइ चहै छल बाँधा।।
माया बोल बहुत कै, साह पान हँसि दीन्ह।
पहिले रतन हाथ कै, चहै पदारथ लीन्ह।।15।।

माया मोह बिबस भा राजा। साह खेल सतरँज कर साजा।।
राजा! है जौ लगि सिर घामू। हम तुम घरिक करहिं बिसरामू।।
दरपन साह भीति तहँ लावा। देखौं जबहि झरोखे आवा।।
खेलहिं दुऔ साह औ राजा। साह क रुख दरपन रह साजा।।
प्रेम क लुबुध पियादे पाऊँ। ताके सौंह चलै कर ठाँऊ।।
घोड़ा देइ फरजीबँध लावा। जेहि मोहरा रुख चहै सो पावा।।
राजा पील देइ शह माँगा। शह देइ चाह मरै रथ खाँगा।।

---

(13) कचोरा=कटोरा। अघा=अघाता, तृप्त होता है। मघा=मघा नक्षत्र। कोपर=एक प्रकार का बड़ा थाल या परात। हाथ धोवाई=बादशाह ने मानो पदमावती के दर्शन से हाथ धोया। बिरह करोरा=हाथ जो धोने के लिए मलता है मानो विरह खरोच रहा है। हाथ मरोरा=हाथ धोता है, मानो पछताकर हाथ मलता है। (14) सेव=सेवा में। घालि गिउ पागा=गले में पगड़ी डालकर (अधीनतासूचक)। सीऊ=शीत। रैनि मसि=रात की कालिमा। तेहु चाहि=उससे भी बढ़कर। सँघार=नष्ट कर। (15) दिपा=चमका। मसि=कालिमा। खाहु=भोग करो। माँडौ=माँडौगढ़। देवा=देव, राजा। लीक पखान=पत्थर की लीक सा (न मिटनेवाला)। धुव=ध्रुव। पसाउ=प्रसाद, भेंट। मूरू=मूलधन। प्रीति=प्रीति से। छल=छल से। रतन=राजा रत्नसेन। पदारथ=पदमावती।

पीलहि पील देखावा, भए दुऔ चौदाँत।
राजा चहै बुर्द भा, शाह चहै शह मात।।16।।

सूर देख जौ तरई दासी। जहँ ससि तहाँ जाइ परगासी।।
सुना जो हम दिल्ली सुलतानू। देखा आजु तपै जस भानू।।
ऊँच छत्र जाकर जग माहाँ। जग जो छाहँ सब ओहि कै छाहाँ।।
बैठि सिंघासन गरबहि गूँजा। एक छत्र चारिउ खँड भूजा।।
निरखि न जाइ सौंह ओहि पाहीं। सबै नवहिं करि दिस्टि तराहीं।।
मनि माथे, ओहि रूप न दूजा। सब रूपवंत करहिं ओहि पूजा।।
हम अस कसा कसौटी आरस। तहूँ देखु कस कंचन, पारस।।
बादसाह दिल्ली कर, कित चितउर महँ आव।
देखि लेहु पदमावति! जेहि न रहै पछिताव।।17।।

बिगसै कुमुद कहे ससि ठाऊँ। बिगसै कवँल सुने रवि नाऊँ।।
भइ निसि ससि धौराहर चढ़ी। सोरह कला जैस बिधि गढ़ी।।
बिहँसि झरोखे आइ सरेखी। निरखि साह दरपन महँ देखी।।
होतहि दरस परस भा लोना। धरती सरग भयउ सब सोना।।
रुख माँगत रुख ता सहुँ भयउ। भा शह मात, खेल मिटि गयऊ।।
राजा भेद न जानै झाँपा। भा बिसँभार, पवन बिनु काँपा।
राघव कहा कि लागि सोपारी। लेइ पौढ़ावहिं सेज सँवारी।।
रैनि बीति गइ, भोर भा, उठा सूर तब जागि।
जो देखै ससि नाहीं, रही करा चित लागि।।18।।

---

(16) घरिक=एक घड़ी, थोड़ी देर। भीति=दीवार में। लावा=लगाया। रह साजा=लगा रहता है। पियादे पाऊँ=पैदल। पियादे=शतरंज की एक गोटी। फरजी=शतरंज का वह मोहरा जो सीधा और टेढ़ा दोनों चलता है। फरजीबंद=वह घात जिसमें फरजी किसी प्यादे के जोर पर बादशाह को ऐसी शह देता है जिससे विपक्षी की हार होती है। शह=बादशाह को रोकनेवाला घात। रथ=शतरंज का वह मोहरा जिसे आजकल ऊँट कहते हैं (जब चतुरंग का पुराना खेल हिंदुस्तान से फारस अरब की ओर गया तब वहाँ 'रथ' के स्थान पर 'ऊँट' हो गया)। बुर्द=खेल में वह अवस्था जिसमें किसी पक्ष के सब मोहरे मारे जाते हैं, केवल बादशाह बच रहता है, वह आधी हार मानी जाती है। शह मात=पूरी हार। (17) सूर देख...तरई दासी=दासी रूप नक्षत्रों ने जब सूर्य रूप बादशाह को देखा। जहँ ससि...परगासी=जहाँ चंद्ररूप पदमावती थी वहाँ जाकर कहा। परगासी=प्रकट किया, कहा। भूजा=भोग करता है। आरस=आदर्श, दर्पण। कसा कसौटी आरस=दर्पण में देखकर परीक्षा की। कित आव=फिर कहाँ आता है, अर्थात् न आएगा। (18) कहे ससि ठाऊँ=इस जगह चंद्रमा है, यह कहने से। सुने=सुनने से। परस भा लोना=पारस या स्पर्शमणि का स्पर्श सा हो गया। रुख=शतरंज का रुख। रुख=सामना। भा शह मात=(क) शतरंज में पूरी हार हुई; (ख) बादशाह बेसुध या मतवाला हो गया। झाँपा=छिपा, गुप्त। भा बिसँभार=बादशाह बेसुध हो गया। लागि सोपारी=सुपारी के टुकड़े निगलने में छाती में रुक जाने से कभी-कभी एकबारगी पीड़ा होने लगती है जिससे आदमी बेचैन हो जाता है; इसी को सुपारी लगना कहते हैं। देखै=जो उठकर देखता है तो। करा=कला, शोभा।

भोजन प्रेम सो जान जो जेंवा। भँवरहि रुचै बास-रस-केवा।।
दरस देखाइ जाइ ससि छपी। उठा भानु जस जोगी तपी।।
राघव चेति साह पहँ गयउ। सूरज देखि कवँल बिसमयऊ।।
छत्रपती मन कीन्ह सो पहुँचा। छत्र तुम्हार जगत पर ऊँचा।।
पाट तुम्हार देवतन्ह पीठी। सरग पतार रहै दिन दीठी।।
छोह ते पलुहहिं उकठे रूखा। कोह ते महि सायर सब सूखा।।
सकल जगत तुम्ह नावै माथा। सब कर जियन तुम्हारे हाथा।।
दिनहिं नयन लाएहु तुम, रैनि भयहु नहिं जाग।
कस निचिंत अस सोयहु, काह विलँब अस लाग?।।19।।

देखि एक कौतुक हौं रहा। रहा अँतरपट, पै नहिं अहा।।
सरवर देख एक मैं सोई। रहा पानि, पै पान न होई।।
सरग आइ धरती महँ छावा। रहा धरति, पै धरत न आवा।।
तिन्ह महँ पुनि एक मंदिर ऊँचा। करन्ह अहा, पर कर न पहूँचा।।
तेहि मंडप मूरति मैं देखी। बिनु तन, बिनु जिउ जाइ बिसेखी।।
पूरन चँद होइ जनु तपी। पारस रूप दरस देइ छपी।।
अब जहँ चतुरदसी जिउ तहाँ। भानु अमावस पावा कहाँ?।।
बिगसा कँवल सरग निसि, जनहुँ लौकि गइ बीजु।
ओहि राहु भा भानुहि, राघव मनहिं पतीजु।।20।।

अति बिचित्र देखा सो ठाढ़ी। चित कै चित्र, लीन्ह जिउ काढ़ी।
सिंघ लंक, कुंभस्थल जोरू। आँकुस नाग, महाउत मोरू।।
तेहि ऊपर भा कँवल बिगासू। फिरि अलि लीन्ह पुहुप मधु बासू।।

---

(19) भोजन प्रेम=प्रेम का भोजन (इस प्रकार के उलटे समास जायसी में प्रायः मिलते हैं।—शायद फारसी के ढंग पर हों।) सो जान=वह जानता है। बास-रस-केवा=केबा बास-रस अर्थात् कमल का गंध और रस। सूरुज देखि...बिसमयऊ=(वहाँ जाकर देखा कि) सूर्य बादशाह कमल पदमावती को देखकर स्तब्ध हो गया है। दिन=प्रतिदिन, सदा। पलुहहिं=पनपते हैं। उकठें=सूखै। तुम्ह=तुम्हें। दिनहिं नयन...जाग=दिन के सोए आप रात होने पर भी न जागे। निचिंत=बेखबर। (20) रहा अँतरपट...अहा=(क) परदा था भी और नहीं भी था अर्थात् परदे के कारण मैं उस तक पहुँच नहीं सकता था। पर उसकी झलक देखता था (पदमावती के प्रतिबिंब को शाह ने दर्पण में देखा था); (ख) यह जगत् ब्रह्म और जीव के बीच परदा है पर उसमें उसकी झलक भी दिखाई पड़ती है। रहा पानि...न होई=उसमें पानी था पर उस तक पहुँच मैं पी नहीं सकता था। सरवर=वह दर्पण ही यहाँ सरोवर के समान दिखाई पड़ा। सरग आइ धरती...आवा=सरोवर में आकाश (उसका प्रतिबिंब) दिखाई पड़ता है पर उसे कोई छू नहीं सकता। धरति=धरती पर। धरत न आवा=पकड़ाई नहीं देता था। करन्ह अहा=हाथों में ही था। अब जहँ चतुरदसी...कहाँ=चौदस (पूर्णिमा) के चंद्र के समान जहाँ पदमावती है जीव तो वहाँ है, अमावस्या में सूर्य (शाह) तो है ही नहीं। वह तो चतुर्दशी में है, चतुर्दशी में ही उसे अद्भुत ग्रहण लग रहा है। लौकि गइ=चमक उठी, दिखाई पड़ गई।

दुइ खंजन बिच बैठउ सूआ। दुइज क चाँद धनुक लेइ ऊआ।।
मिरिग देखाइ गवन फिरि किया। ससि भा नाग, सूर भा दिया।।
सुठि ऊँचे देखत वह उचका। दिस्टि पहुँचि, कर पहुँचि न सका।।
पहुँच बिहून दिस्टि कित भई?। गहि न सका, देखत वह गई।।
राघव! हेरत जिउ गयउ, कित आछत जो असाध।
यह तन राख पाँख कै सकै न, केहि अपराध?।।21।।

राघव सुनत सीस भुइँ धरा। जुग जुग राज भानु कै करा।।
उहै कला, वह रूप बिसेखी। निसचै तुम्ह पदमावति देखी।।
केहरि लंक कुँभस्थल हीया। गीउ मयूर, अलक बेधिया।।
कवँल बदन औ बास सरीरू। खंजन नयन, नासिका कीरू।।
भौंह धनुक, ससि दुइज लिलाटू। सब रानिन्ह ऊपर ओहि पाटू।।
सोई मिरिग देखाइ जो गयऊ। बेनी नाग, दिया चित भयऊ।।
दरपन महँ देखी परछाहीं। सो मूरति, भीतर जिउ नाहीं।।
सबै सिंगार बनी धनि, अब सोई मति कीज।
अलक जो लरकै अधर पर, सो गहि कै रस लीज।।22।।

---

(21) चित कै चित्र=चित्त या हृदय में अपना चित्र पैठाकर। कुंभस्थल जोरू=हाथी के उठे हुए मस्तकों का जोड़ा (अर्थात् दोनों कुच)। आँकुस नाग=साँपों (अर्थात् बाल की लटों) का अंकुश। मोरू=मयूर। मिरिग=अर्थात् मृगनयनी पदमावती। गवन फिरि किया=पीछे फिरकर चली गई। ससि भा नाग=उसके पीछे फिरने से चंद्रमा के स्थान पर नाग हो गया, अर्थात् मुख के स्थान पर वेणी दिखाई पड़ी। सूर भा दिया=उस नाग को देखते ही सूर्य (बादशाह) दीपक के समान तेजहीन हो गया (ऐसा कहा जाता है कि साँप के सामने दीपक की लौ झिलमिलाने लगती है)। पहुँच बिहून...कित भई?=जहाँ पहुँच ही नहीं हो सकती वहाँ दृष्टि क्यों जाती है? हेरत जिउ गयउ=देखते ही मेरा जीव चला गया। कित आछत जो असाध=जो वश में नहीं था वह रहता कैसे? यह तन...अपराध=यह मिट्टी का शरीर पंख लगाकर क्यों नहीं जा सकता; इसने क्या अपराध किया है? (22) बेधिया=बेध करनेवाला अंकुश। ओहि=उसका। दिया चित भयउ=वह तुम्हारा चित्र था जो नाग के सामने दीपक के समान तेजहीन हो गया। मति कीज=ऐसी सलाह या युक्ति कीजिए। अलक...रस लीज=साँप की तरह जो लटें हैं उन्हें पकड़कर अधररस लीजिए (राजा को पकड़ने का इशारा करता है)।

(47) रत्नसेन-बंधन खंड

मीत भै माँगा बेगि बिवाँनू। चला सूर, सँवरा अस्थानू।।
चलत पंथ राखा जौ पाऊ। कहाँ रहे थिर चलत बटाऊ।।
पंथी कहाँ कहाँ सुसताई। पंथ चलै तब पंथ सेराई।।
छर कीजै बर जहाँ न आँटा। लीजै फूल टारि कै काँटा।।
बहुत मया सुनि राजा फूला। चला साथ पहुँचावै भूला।।
साह हेतु राजा सौं बाँधा। बातन्ह लाइ लीन्ह गहि काँधा।।
घिउ मधु सानि दीन्ह रस सोई। जो मुँह मीठ पेट बिष होई।।
अमिय बचन औ माया, को न मुयउ रस भीज।।
सत्रु मरै जौ अमृत, कित ता कहँ बिष दीज?।।1।।
चाँद घरहि जौ सूरुज आवा। होइ सो अलोप अमावस पावा।।
पूछहिं नखत मलीन सो मोती। सोरह कला, न एकौ जोती।।
चाँद क गहन अगाह जनावा। राज भूल गहि साह चलावा।।
पहिलौं पँवरि नाँघि जौ आवा। ठाढ़ होइ राजहि पहिरावा।।
सौ तुषार, तेइस गज पावा। दुंदुभि औ चौघड़ा दियावा।।
दूजी पँवरि दीन्ह असवारा। तीजि पँवरि नग दीन्ह अपारा।।
चौथि पँवरि देइ दरब करोरी। पँचईं दुइ हीरा कै जोरी।।
छठईं पँवरि देइ माँडौ, सतईं दीन्ह चँदेरि।
सात पँवरि नाँघत नृपहि, लेइगा बाँधि गरेरि।।2।।

---

(1) मीत भै=मित्र से ('भै' के इस प्रयोग पर नोट दिया जा चुका है)। सेराई=समाप्त होता है। छर=छल। बर=बल। न आँटा=नहीं पूरा पड़ता है। हेतु=प्रेम। घिउ मधु=कहते हैं, घी और शहद बराबर मिलाने से विष हो जाता है। मुँह=मुँह में। (2) चाँद=पदमावती। सूरुज=बादशाह। नखत=अर्थात् पदमावती की सखियाँ। अगाह=आगे से, पहले से। राज भूल=राजा भूला हुआ है। पहिरावा=राजा को खिलअत पहनाई। चौघड़ा=एक प्रकार का बाजा। माँड़ौ=माँड़ौगढ़। चँदेरि=चँदेरी का राज्य। गरेरि=घेरकर।

एहि जग बहुत नदी जल जूड़ा। कोउ पार भा, कोऊ बूड़ा।।
कोउ अंध भा आगु न देखा। कोउ भयउ डिठियार सरेखा।।
राजा कहँ बियाध भइ माया। तजि कबिलास धरा भुइँ पाया।।
जेहि कारन गढ़ कीन्ह अगोठी। कित छाँड़ै जौ आवै मूठी।।
सत्रुहि कोउ पाव जौ बाँधी। छोड़ि आपु कहँ करै बियाधी।।
चारा मेलि धरा जस माछू। जल हुँत निकसि मुवै कित काछू।।
सत्रू नाग पेटारी मूँदा। बाँधा मिरिग पैग नहिं खूँदा।।
राजहि धरा, आनि कै, तन पहिरावा लोह।
ऐस लोह सो पहिरै, चीत सामि कै दोह।।3।।

पायँन्ह गाढ़ी बेड़ी परी। साँकर गीउ हाथ हथकरी।।
औ धरि बाँधि मँजूषा मेला। ऐस सत्रु जिनि होइ दुहेला!।।
सुनि चितउर महँ परा बखाना। देस देस चारिउ दिसि जाना।।
आजु नरायन फिरि जग खूँदा। आजु सो सिंघ मँजूषा मूँदा।।
आजु खसे रावन दस माथा। आजु कान्ह कालीफन नाथा।।
आजु परान कंस कर ढीला। आजु मीन संखासुर लीला।।
आजु परे पंडव बँदि माहाँ। आजु दुसासन उतरी बाहाँ।।
आजु धरा बलि राजा, मेला बाँधि पतार।
आजु सूर दिन अथवा, भा चितउर अँधियार।।4।।

देव सुलेमाँ के बँदि परा। जहँ लगि देव सबै सत हरा।।
साहि लीन्ह गहि कीन्ह पयाना। जो जहँ सत्रु सो तहाँ बिलाना।।
खुरासान औ डरा हरेऊ। काँपा बिदर, धरा अस देऊ!।।
बाँधौ, देवगिरि, धौलागिरी। काँपी सिस्टि, दोहाई फिरी।।
उवा सूर, भइ सामुहँ करा। पाला फूट, पानि होइ ढरा।।
दुंदुहि डाँड़ दीन्ह, जहँ ताईं। आइ दँडवत कीन्ह सबाईं।।
दुंद डाँड़ सब सरगहि गई। भूमि जो डोली अहथिर भई।।

(3) एहि जग...जूड़ा=(यह संसार समुद्र है) इसमें बहुत सी नदियों का जल इकट्ठा हुआ है, अर्थात् इसमें बहुत तरह के लोग हैं। आगु=आगम। डिठियार=दृष्टिवाला। सरेखा=चतुर। तजि कबिलास...पाया=किले के नीचे उतरा; सुख के स्थान से दुःख के स्थान में गिरा। अगोठी=अगोठा, छेका, घेरा। जल हुँत... काछू=वही कछुवा है जो जल से नहीं निकलता और नहीं मरता। सत्रू...मूँदा=शत्रु रूपी नाग की पेटारी में बंद कर लिया। पैग नहिं खूँदा=एक कदम भी नहीं कूदता। चीत सामि कै दोह=जो स्वामी का द्रोह मन में विचारता है। (4) ऐस सत्रु...दुहेला=शत्रु भी ऐसे दुःख में न पड़े। बखाना=चर्चा। जग खूँदा=संसार में आकर कूदे। मूँदा=बंद किया। मीन=मत्स्य अवतार। पंडव=पांडव।

बादशाह दिल्ली महँ, आइ बैठ सुख पाट।
जेइ जेइ सीस उठावा, धरती धरा लिलाट।।5।।

हबसी बँदवाना जिउबधा। तेहि सौंपा राजा अगिदधा।।
पानि पवन कहँ आस करेई। सो जिउ बधिक साँस भर देई।।
माँगत पानि आगि लेइ धावा। मुँगरी एक आनि सिर लावा।।
पानि पवन तुइँ पिया सो पीया। अब को आनि देइ पानीया।।
तब चितउर जिउ रहा न तोरे। बादसाह है सिर पर मोरे।।
जबहि हँकारे है उठि चलना। सकती करै होइ कर मलना।।
करै सो मीत गाँढ़ बँदि जहाँ। पान फूल पहुँचावै तहाँ।।
जब अंजल मुँह सोवा, समुद्र न सँवरा जागि।
अब धरि काढ़ि मच्छ जिमि, पानी माँगति आगि।।6।।

पुनि चलि दुइ जन पूछै आए। ओउ सुठि दगध आइ देखराए।।
तुइँ मरपुरी न कबहूँ देखी। हाड़ जो बिथुरे देखि न लेखी।।
जाना नहिं कि होब अस महूँ। खोजे खोज न पाउब कहूँ।।
अब हम्ह उतर देहु रे देवा। कौने गरब न मानेसि सेवा?।।
तोहि अस बहुत गाड़ि खनि मूँदे। बहुरि न निकसि बार होइ खूँदे।।
जो जस हँसा तो तैसे रोवा। खेलत हँसत अभय भुइँ सोवा।।
जस अपने मुँह काढ़े धूवाँ। मेलेसि आनि नरक के कूआँ।।
जरसि मरसि अब बाँधा, तैसे लाग तोहि दोख।
अबहूँ माँगु पदमावति, जौ चाहसि भा मोख।।7।।

पूछहिं बहुत, न बोला राजा। लीन्हेसि जोउ मीचु कर साजा[1]।।
खनि गढ़वा चरनन्ह देइ राखा। नित उठि दगध होहिं नौ लाखा।।

---

(5) देव=(क) राजा; (ख) दैत्य। सूलेमाँ=यहूदियों के बादशाह सुलेमान ने देवों और परियों को वश में किया था। बँदि परा=कैद में पड़ा। सतहरा=सत्य छोड़े हुए, बिना सत्य के। धरा अस देऊ=कि ऐसे बड़े राजा को पकड़ लिया। दुँदुहि=दुँदुभी या नगाड़े पर। डाँड़ हीन्ह=डंडा या चोट मारी। (6) बँदवाना=बंदीगृह का रक्षक, दारोगा। जिउबधा=बधिक, जल्लाद। अगिदधा=आग से जले हुए। साँस भर=साँस भर रहने के लिए। पानीया=पानी। जिउ रहा=जी में यह बात नहीं रही कि। सकती=बल। जब अंजल मुँह सोवा=जब तक अन्न-जल मुँह में पड़ता रहा तब तक तो सोया किया। (7) मरपुरी=यमपुरी। हाड़ जो...लेखी=बिखरी हुई हड्डियों को देखकर भी तुझे उसका चेत न हुआ। महूँ=मैं भी। खोज=पता। बार होइ खूँदै=अपने द्वार पर पैर न रखा। धूँवाँ=गर्व या क्रोध की बात। तस=ऐसा। माँग=बुला भेज।

1. पाठांतर—पूछहिं बहुत न राजा बोला। दिहे केवार, न कैसेहु खोला।।

ठाँव सो साँकर औ अँधियारा। दूसर करवट लेइ न पारा।।
बीछी साँप आनि तहँ मेला। बाँका आइ छुवावहिं हेला।।
धरहिं सँड़ासन्ह, छूटै नारी। राति दिवस दुख पहुँचै भारी।।
जो दुःख कठिन न सहै पहारू। सो अँगवा मानुष सिर भारू।।
जे सिर परै आइ सो सहै। किछु न बसाइ, काह सौं कहै?।।
दुख जारै, दुख भूँजै, दुख खोवै सब लाज।
गाजहु चाहि अधिक दुख, दुखी जान जेहि बाज।।8।।

---

(8) गड़वा=गड्ढा। चरनन्ह देइ राखा=पैरों को गड्ढे में गाड़ दिया। बाँका=धरकारों का टेढ़ा औजार जिससे वे बाँस छीलते हैं। हेला=डोम। सँड़ास=सँड़सी, जिससे पकड़कर गरम बटलोई उतारते हैं। गाजहु चाहि=बज्र से बढ़कर। बाज=पड़ता है।

(48) पद्मावती-नागमती-विलाप खंड

पदमावति बिनु कंत दुहेली। बिनु जल कवँल सूखि जस बेली।।
गाढ़ी प्रीति सो मोसौं लाए। दिल्ली कंत निचिंत होइ छाए।।
सो दिल्ली अस निबहुर देसू। कोइ न बहुरा कहै सँदेसू।।
जो गवनै सो तहाँ कर होई। जो आवै किछु जान न सोई।।
अगम पंथ पिय तहाँ सिधावा। जो रे गयउ सो बहुरि न आवा।।
कुबाँ धार जल जैस बिछोवा। डोल भरे नैनन्ह धनि रोवा।।
लेजुरि भई नाह बिनु तोहीं। कुवाँ परी, धरि काढ़सि मोहीं।।
नैन डोल भरि ढारै, हिये न आगि बुझाइ।
घरी घरी जिउ आवै, घरी घरी जिउ जाइ।।1।।

नीर गँभीर कहाँ हो पीया। तुम्ह बिनु फाटै सरवर हीया।।
गयहु हेराइ, परेहु केहि हाथा?। चलत सरोवर लीन्ह न साथा।।
चरत जो पंखि केलि कै नीरा। नीर घटे कोइ आव न तीरा।।
कवँल सूख, पखुरी बेहरानी। गलि गलि कै मिलि छार हेरानी।।
विरह रेत कंचन तन लावा। चून चून कै खेह मेरावा।।
कनक जो कन कन होइ बेहराई। पिय कहँ? छार समेटै आई।।
बिरह पवन बह छार सरीरू। छारहि आनि मेरावहु नीरू।।
अबहुँ जियाबहु कै मया, बिथुरी छार समेट।
नइ काया अवतार नव, होइ तुम्हारे भेंट।।2।।

नैन सीप, मोती भरि आँसू। टुटि-टुटि परहिं करहिं तन नासू।।
पदिक पदारथ पदमावति नारी। पिय बिनु भइ कौड़ी बर बारी।।
सँग लेइ गयउ रतन सब जोती। कंचन कया काँच कै पोती।।

---

(1) निबहुर=जहाँ से कोई न लौटे (स्त्रियाँ निबहुरा कहकर गाली भी देती हैं)। लेजुरि=रस्सी, डोरी (रज्जु का मागधी रूप)। (2) बह=बहता है, उड़ा-उड़ा फिरता है। छारहि...नीरू=तुम जल होकर धूल के कणों को मिलाकर फिर शरीर दो।

बूड़ति हौं दुख दगध गँभीरा। तुम बिनु कंत! लाव को तीरा?।।
हिये बिरह होइ चढ़ा पहारू। चल जोबन सहि सकै न भारू।।
जल महँ अगिनि सो जान बिछूना। पाहन जरहिं, होहिं सब चूना।।
कौने जतन, कंत! तुम्ह पावौं। आजु आगि हौं जरत बुझावौं।।
कौन खंड हौं हेरौं, कहाँ बँधे हौ नाह।
हेरे कतहुँ न पावौं, बसै तु हिरदय माहँ।।3।।

नागमतिहि 'पिय पिय' रट लागी।निसि दिन तपै मच्छ जिमि आगी।।
भँवर, भुजंग कहाँ, हो पिया। हम ठेघा तुम कान न किया।।
भूलि न जाहि कँवल के पाहाँ। बाँधत बिलँब न लागै नाहा।।
कहाँ सो सूर पास हौं जाऊँ। बाँधा भँवर छोरि कै लाऊँ।।
कहाँ जाउँ को कहै सँदेसा?।जाउँ सो तहँ जोगिन के भेसा।।
फारि पट रहि, पहिरौं कंथा।जौ मोहिं कोउ देखावै पंथा।।
वह पथ पलकन्ह जाइ बोहारौं। सीस चरन कै तहाँ सिधारौं।।
को गुरु अगुवा होइ, सखि! मोहि लावै पथ माँह।
तन मन धन बलि बलि करौं, जो रे मिलावै नाह।।4।।

कै कै कारन रोवै बाला। जनु टुटहिं मोतिन्ह कै माला।।
रोवति भई, न साँस सँभारा। नैन जस ओरति धारा।।
जाकर रतन परै पर हाथा। सो अनाथ किमि जीवै नाथा!।।
पाँच रतन ओहि रतनहि लागे। बेगि आउ पिय रतन सभागे!।।
रही न जोति नैन भए खीने। स्रवन न सुनौं, बैन तुम लीने।।
रसनहिं रस नहिं एकौ भावा। नासिक और बास नहिं आवा।।
तचि तचि तुम्ह बिनु अँग मोहि लागे। पाँचौ दगधि बिरह अब जागे।।
बिरह सो जारि भसम कै, चहै उड़ावा खेह।
आइ जो धनि पिय मेरवै, करि सो देइ नइ देह।।5।।

पिय बिनु ब्याकुल बिलपै नागा।बिरहा तपनि साम भए कागा।।
पवन पानि कह सीतल पीऊ?।जेहि देखे पलुहै तन जीऊ।।

---

(3) पोती=गुरिया। चल=चंचल, अस्थिर। बिछूना=बिछोह। जल महँ... बिछूना=वियोग को जल में की आग समझो, जिससे पत्थर के टुकड़े पिघलकर चूना हो जाते हैं (चूने के कड़े टुकड़ों पर पानी पड़ते ही वे गरम होकर गल जाते हैं)। (4) आगी=आग में। ठेघा=सहारा या आश्रय लिया। सूर=भौंरे का प्रतिद्वंद्वी सूर्य। बोहारौं=झाड़ूँ लगाऊँ। सीस चरन कै=सिर को पैर बनाकर अर्थात् सिर के बल चलकर। (5) कारन=कारुण्य, करुणा, विलाप (अवधी)। ओरति=ओलती। पाँच रतन=पाँचों इंद्रियाँ। ओहि रतनहि लागे=उस रत्नसेन की ओर लगे हैं। तचि तचि=जल जलकर, तपते से। पाँचौ=पाँचों इंद्रियाँ।

कहँ सौ बास मलयगिरि नाहा। जेहि कल परति देत गलबाहाँ।।
पदमावति ठगिनि भई कित साथा। जेहिं तें रतन परा पर हाथा।।
होइ बसंत आवहु पिय केसरि। देखे फिर फूलै नागेसरि।।
तुम्ह बिनु, नाह! रहै हिय तचा। अब नहिं बिरह गरुड़ सौ बचा।।
अब अँधियार परा, मसि लागी। तुम्ह बिनु कौन बुझावै आगी?।।

नैन, स्रवन, रस रसना, सबै खीन भए, नाह।
कौन सो दिन जेहि भेंटि कै, आइ करै सुख छाँह।।6।।

---

(6) नागा=नागमती। गरुड़=गरुड़ जो नाग (यहाँ नागमती) का शत्रु है।

(49) देवपाल-दूती खंड

कुंभलनेर राय देवपालू। राजा केर सत्रु हिय सालू।।
वह पै सुना कि राजा बाँधा। पाछिल बैर सँवरि छर साधा।।
सत्रुसाल तब नेवरै सोई। जौ घर आव सत्रु कै जोई।।
दूती एक बिरिध तेहि ठाऊँ। बाम्हनि जाति, कुमोदिनि नाऊँ।।
ओहि हँकारि कै बीरा दीन्हा। तोरे बर मैं बर जिउ कीन्हा।।
तुइ जो कुमोदिनि कँवल के नियरे। सरग जो चाँद बसै तोहि हियरे।।
चितउर महँ जो पदमावति रानी। कर बर छर सौ दे मोहिं आनी।।
रूप जगत मन मोहन, औ पदमावति नावँ।
कोटि दरब तोहि देइहौं, आनि करसि एहि ठावँ।।1।।

कुमुदिनि कहा देखु, हौं सो हौं। मानुष काह, देवता मोहौं।।
जस काँवरू चमारिनि लोना। को नहिं छर पाढ़त कै टोना।।
बिसहर नाचहिं पाढ़त मारे। औ धरि मूँदहिं घालि पेटारे।।
बिरिछ चलै पाढ़त कै बोला। नदी उलटि बह परबत डोला।।
पढ़त हरे पंडित मन गहिरे। और को अंध, गूँग औ बहिरे।।
पाढ़त ऐस देवतन्ह लागा। मानुष कहँ पाढ़त सौं भागा?।।
चढ़ि अकास कै काढ़त पानी। कहाँ जाइ पदमावति रानी।।
दूती बहुत पैज कै, बोली पाढ़त बोल।
जाकर सत्त सुमेरु है, लागे जगत न डोल।।2।।

दूती बहुत पकावन साधे। मोतिलाडू औ खरौरा बाँधे।।
माठ, पिराकैं, फेनी, पापर। पहिरे बूझि, दूति के कापर।।
लेइ पूरी भरि डाल अछूती। चितउर चली पैज कै दूती।।

---

(1) राजा केर=राजा रत्नसेन का। हियसालू=हृदय में कसकनेवाला। पै=निश्चय। छर=छल। सत्रुसाल तब नेबरै=शत्रु के मन की कसर तब पूरी-पूरी निकलती है। नेवरै=पूरी होती है। जोइ=जोय, स्त्री। (2) का नहिं छर=कौन नहीं छला गया? पाढ़त कै=पढ़ते हुए। पाढ़त=पढ़ंत, मंत्र जो पढ़ा जाता है, टोना, मंत्र, जादू। भागा=बचकर जा सकता है। पैज=प्रतिज्ञा।

बिरिध बैस जो बाँधे पाऊ। कहाँ सो जोबन, कित बेवसाऊ?।।
तन बूढ़ा, मन बूढ़ न होई। बल न रहा, पै लालच सोई।।
कहाँ सो रूप जगत सब राता। कहाँ सो गरब हस्ति जस माता।।
कहाँ सो, तीख नयन, तन ठाढ़ा। सबै मारि जोबन पन काढ़ा।।
मुहमद बिरिध जो नइ चलैं, काह चलै भुइँ टोइ।
जोबन रतन हेरान है, मकु धरती महँ होइ।।3।।
आइ कुमोदिनि चितउर चढ़ी। जोहन मोहन पाढ़त पढ़ी।।
पूछि लीन्ह रनिवास बरोठा। पैठी पँवरी भीतर कोठा।।
जहाँ पदमावति ससि उजियारी। लेइ दूती पकवान उतारी।।
हाथ पसारि धाइ कैं भेंटी। चीन्हा नहिं राजा कै बेटी।।
हौं बाम्हनि जेहि कुमुदिनि नाऊँ। हम तुम उपने एकै ठाऊँ।।
नावँ पिता कर दूबे बेनी। सोइ पुरोहित गँधरबसेनी।।
तुम बारी तब सिंघलदीपा। लीन्हे दूध पियाइउँ सीपा।।
ठाँव कीन्ह मैं दूसर, कुंभलनेरै आइ।
सुनि तुम्ह कहँ चितउर महँ, कहिउँ कि भेंटौं जाइ।।4।।
सुनि निसचैं नैहर कै कोई। गरे लागि पदमावति रोई।।
नैन गगन रबि बिनु अँधियारे। ससि मुख आँसु टूट जनु तारे।।
जग अँधियार गहन धनि परा। कब लगि सखि नखतन्ह निसि भरा।।
माय बाप कित जनमी बारी। गीउ तूरि कित जनम न मारी?।।
कित बियाहि दुख दीन्ह दुहेला। चितउर पंथ कंत बँदि मेला।।
अब एहि जियन चाहि भल मरना। भयउ पहार जनम दुख भरना।।
निकसि न जाइ निलज यह जीऊ। देखौं मँदिर सून बिनु पीऊ।।
कुहुकि जो रोई ससि नखत, नैन हैं रात चकोर।
अबहूँ बोलैं तेहि कुहुक, कोकिल, चातक, मोर।।5।।
कुमुदिनि कंठ लागि सुठि रोई। पुनि लेइ रूप डार मुख धोई।।
तुइ ससि रूप जगत उजियारी। मुख न झाँपु निसि होइ अँधियारी।।
सुनि चकोर कोकिल दुख दुखी। घुँघुची भई नैन करमुखी।।

---

(3) पकावन=पकवान। साधे=बनवाए। खरौरा=खँडौरा, खाँड़ या मिस्री के लड्डू। बूझि=खूब सोच समझकर। कापर=कपड़े। डाल=डला या बड़ा थाल। जौ बाँधे पाऊ=जब पैर बाँध दिए अर्थात् बेबस कर दिया। बेबसाऊ=व्यवसाय, रोजगार। तन ठाढ़ा=तनी हुई देह। (4) जोहन मोहन=देखते ही मोहनेवाला। बरोठा=बैठकखाना। चीन्हा नहिं=क्या नहीं पहचाना? जेहि=जिसका। उपने=उत्पन्न हुए। लीन्हे=गोद में लिये। सीपा=सीप में रखकर, शुक्ति में। (इधर स्त्रियाँ छोटे बच्चों को ताल की सीपों में रखकर दूध पिलाती हैं क्योंकि उसका आकार चम्मच का सा होता है)। (5) नैहर=मायका, पीहर। नैन गगन=गगन नयन, नेत्ररूपी आकाश। जनमी=जनी, पैदा की। बारी=लड़की। तूरि=तोड़कर, मरोड़कर। जनम=जन्म काल में ही। कंत बँदि=पति की कैद में। जियन चाहि=जीने की अपेक्षा। कुहुकि=कूककर। तेहि कुहुक=उसी कूक से उसी कूक को लेकर।

केतौ धाइ मरैं कोइ बाटा। सोइ पाव जो लिखा लिलाटा।।
जो बिधि लिखा आन नहिं होई। कित धावै, कित रोवै कोई।।
कित कोउ हींछ करै औ पूजा। जो बिधि लिखा होइ नहिं दूजा।।
जेतिक कुमूदिनि बैंन करेई। तस पदमावति स्रवन न देई।।
सेंदुर चीर मैल तस, सूखि रही जस फूल।
जेहि सिंगार पिय तजिगा, जनम न पहिरै भूल।।6।।

तब पकवान उधारा दूती। पदमावति नहिं छुवै अछूती।।
मोहि अपने पिय केर खभारू। पान फूल कस होइ अहारू?।।
मोकहँ फूल भए सब काँटे। बाँटि देहु जौ चाहहु बाँटे।।
रतन छुआ जिन्ह हाथन सेंती। और न छुबौं सो हाथ सँकेती।।
ओहि के रँग भा हाथ मँजीठी। मुकुता लेउँ तौ घुँघची दीठी।।
नैन करमुहें राती काया। माती होहिं घुँघची जेहि छाया।।
अस कै ओछ नैन हत्यारे। देखत गा पिउ, गहै न पारे।।
का तोर छुवौं पकवान, गुड़ करुवा, घिउ रूख।
जेहि मिलि होत सवाद रस, लेइ सो गयउ पिउ भूख।।7।।

कुमुदिनी रही कवँल के पासा। बैरी सूर, चाँद कै आसा।।
दिन कुँभिलानि रही, भइ चूरू। बिगसि रैनि बातन्ह कर भूरू।।
कस तुइ, बारि! रहसि कुँभलानी। सूखि बेलि जस पाव न पानी।।
अबही कँवल करी तुइँ बारी। कोवँरि बैस, उठत पौनारी।।
बेनी तोरि मैलि औ रूखी। सरवर माहँ रहसि कस सूखी?।।
पान बेलि बिधि कया जमाई। सींचत रहै तबै पलुहाई।।
करु सिंगार सुख फूल तमोरा। बैठु सिंहासन, झूलु हिंडोरा।।
हार चीर नीति पहिरहु, सिर कर करहु सँभार।
भोग मानि लेहु दिन दस, जोबन जात न बार।।8।।

---

(6) सुठि=खूब। रूपडार=चाँदी का थाल या परात। केतौ=कितना ही। हींछ=इच्छा बैन करेई=बकवाद करती है। भूल=भूल, भूलकर भी। (7) उघारा=खोला। खभारू=खभार, शोक। हाथन्ह सेंती=हाथों से। हाथ सकेती=हाथ से बटोरकर। मुकता लेउँ दीठी=हाथ में मोती लेते ही हाथों की ललाई से (जो रत्नसेनरूपी रत्न या माणिक्य के स्पर्श के प्रभाव से है) वह लाल हो जाता है, फिर जब उसकी ओर देखती हूँ तब पुतली की छाया पड़ने से उसके ऊपर काला दाग भी दिखाई देने लगता है, इस प्रकार वह मोती घुँघची दिखाई पड़ता है अर्थात् उसका कुछ भी मूल्य मुझे नहीं मालूम होता। राती=लाल। छाया=लाल और काली छाया से। (8) कँवल=अर्थात् पदमावती। बैरी सूर... आसा=कुमुदिनी का बैरी सूर्य है और वह कुमुदिनी चंद्र की आशा में है अर्थात् उस दूती का रत्नसेन शत्रु है और वह दूती पदमावती को प्राप्त करने की आशा में है। बिगसि रैनि...भूरू=रत्नसेन के अभावरूपी रात में विकसित या प्रसन्न होकर बातों से भुलाया चाहती है। रहसि=तू रहती है। कोवँरि=कोमल। पौनारि=मृणाल। बार=देर।

बिहँसि जो जोबन कुमुदिन कहा। कवँल न बिगसा, संपुट रहा।।
ए कुमुदिनि! जोबन तेहि माहाँ। जो आछै पिउ के सुख छाहाँ।।
जाकर छत्र सो बाहर छावा। सो उजार घर कौन बसावा?।।
अहा न राजा रतन अँजोरा। केहिक सिंघासन, केहिक पटोरा?।।
को पालक पौढ़े को माड़ी?। सोवनहार परा बँदि गाढ़ी।।
चहुँ दिसि यह घर भा अँधियारा। सब सिंगार लेइ साथ सिधारा।।
क्या बेलि तब जानौं जामी। सींचनहार आव घर स्वामी।।

तौ लहि रहौं झुरानी, जौ लहि आव सो कंत।
एहि फूल, एहि सेंदुर, नव होइ उठै बसंत।।9।।

जिनि तुइ, बारि! करसि अस जीऊ। जौ लहि जोबन तौ लहि पीऊ।।
पुरुष संग आपन केहि केरा। एक कोहाँइ, दुसर सहुँ हेरा।।
जोबन जल दिन दिन जस घटा। भँवर छपान, हंस परगटा।।
सुभर सरोवर जौ लहि नीरा। बहु आदर पंखी बहु तीरा।।
नीर घटे पुनि पूछ न कोई। बिरसि जो लीज हाथ रह सोई।।
जौ लगि कालिंदि, होहि बिरासी। पुनि सुरसरि होइ समुद परासी।।
जोबन भँवर, फूल तन तोरा। बिरिध पहुँचि जस हाथ मरोरा।।

कृस्न जो जोबन कारनै, गोपीतन्ह के साथ।
छरि कै जाइहि बानपै, धनुक रहै तोरे हाथ।।10।।

जौ पिउ रतनसेन मोर राजा। बिनु पिउ जोबन कौने काजा।।
जौ पै जिउ तौ जोबन कहे। बिनु जिउ जोबन काह सो अहे?।।
जो जिउ तौ यह जोबन भला। आपन जैस करै निरमला।।
कुल कर पुरुष सिंह जेहि खेरा। तेहि थर कैस सियार बसेरा?।।
हिया फार कूकुर तेहि केरा। सिंघहिं तजि सियार मुख हेरा।।
जोबन नीर घटे का घटा?। सत्त के बर जौ नहिं हिय फटा।।
सघन मेघ होइ साम बरीसहिं। जोबन नव तरिवर होइ दीसहिं।।

---

(9) अँजोरा=प्रकाशवाला। माड़ी=मंच, मचिया। बँदि=बँदी में। एहि फूल=इसी फूल से (10) कोहाँइ=रूठती है। सहुँ=सामने। भँवर=(क) पानी का भँवर, (ख) भौंरे के समान काले केश। भँवर छपान...परगटा=पानी का भँवर गया और हंस आया (जल की बरसाती बाढ़ हट जाने पर शरत् में हंस आ जाते हैं) अर्थात् काले केश न रह गए, सफेद बाल हुए। बिरसि जो लीज=जो बिलस लीजिए, जो विलास कर लीजिए। जौ लगि कालिंदि...परासी=जब तक कालिंदी या जमुना है विलास कर ले फिर तो गंगा में मिलकर, गंगा होकर, समुद्र में दौड़कर जाना ही पड़ेगा, अर्थात् जब तक काले बालों का यौवन है तब तक विलास कर ले फिर तो सफेद बालोंवाला बुढ़ापा आवेगा और मृत्यु की ओर झटपट ले जायगा। बिरासी=विलासी। परासी=तू भागती है अर्थात् भागेगी। जोबन भँवर...तोरा=इस समय जोबनरूपी भौंरा (काले केश) हैं और फूल सा तेरा शरीर है। बिरिध=वृद्धावस्था। हाथ मरोरा=इस फूल को हाथ से मल देगा। बान=(क) तीर, (ख) वर्ण, कांति। धनुक=टेढ़ी कमर।

रावन पाप जो जिउ धरा, दुवौ जगत मुहँ कार।
राम सत्त जो मन धरा, ताहि छरै को पार?।।11।।

कित पावसि पुनि जोबन राता। मैमँत चढ़ा साम सिर छाता।।
जोबन बिना बिरिध होइ नाऊँ। बिनु जोबन थाकै सब ठाऊँ।।
जोबन हेरत मिलै न हेरा। सो जौ जाइ, करै नहिं फेरा।।
हैं जो केस नग भँवर जो बसा। पुनि बग होहिं, जगत सब हँसा।।
सेंवर सेव न चित करु सूआ। पुनि पछितासि अंत जब भूआ।।
रूप तोर जग ऊपर लोना। यह जोबन पाहुन चल होना।।
भोग बिलास केरि यह बेरा। मानि लेहु, पुनि को केहि केरा?।।
उठत कोंप जस तरिवर, तस जोबन तोहि रात।
तौ लगि रंग लेहु रचि, पुनि सो पियर होइ पात।।12।।

कुमुदिनि बैंन सुनत हिय जरी। पदमावति उरहि आगि जनु परी।।
रँग ताकर हौं जारौं काँचा। आपन तजि जो पराएहि राँचा।।
दूसर करै जाइ दुइ बाटा। राजा दुइ न होहिं एक पाटा।।
जेहि के जीउ प्रीति दिढ़ होई। मुख सोहाग सौं बैठे सोई।।
जोबन जाउ, जाउ सो भँवरा। पिय कै प्रीति न जाइ, सो सँवरा।।
एहि जग जौ पिउ करहिं न फेरा। ओहि जग मिलहिं जौ दिन दिन हेरा।।
जोबन मोर रतन जहँ पीऊ। बलि तेहि पिउ पर जोबन जीऊ।।
भरथरि बिछुरि पिंगला, आहि करत जिउ दीन्ह।
हौं पापिनि जो जियत हौं, इहै दोष हम कीन्ह।।13।।

पदमावति! सो कौन रसोई। जेहि परकार न दूसर होई।।
रस दूसर जेहि जीभ बईठा। सो जानै रस खाटा मीठा।।
भँवर बास बहु फूलन्ह लेई। फूल बास बहु भँवरन्ह देई।।
दूसर पुरुष न रस तुइ पावा। तिन्ह जाना जिन्ह लीन्ह परावा।।
एक चुल्लू रस भरै न हीया। जौ लहि नहिं फिर दूसर पीया।।

---

(11) आपन जैस=अपने ऐसा। खेरा=घर, बस्ती। थर=स्थल, जगह। फार=फाड़ै। सत्त के...फटा=यदि सत्य के बल से हृदय न फटे अर्थात् प्रीति में अंतर न पड़े (पानी घटने से ताल की जमीन में दरारें पड़ जाती हैं) छरै को पार=कौन छल सकता है। (12) राता=ललित। साम सिर छाता=अर्थात् काले केश। थाकै=थक जाता है। बग=बगुलों के समान श्वेत। चल होना=चल देनेवाला है। कोंप=कोंपल, कल्ला। रँग लेहु रचि=(क) रंग लो, (ख) भोग-विलास कर लो। (13) काँचा=कच्चा। राँचा=अनुरक्त हुआ। जाइ दुइ बाटा=दुर्गति को प्राप्त होता है। जाउ=चाहे चला जाय। भँवरा=काले केश। सँवरा=जिसका स्मरण किया करती हूँ। जौ दिन दिन हेरा=यदि लगातार ढूँढ़ती रहूँगी।

तोर जोबन जस समुद हिलोरा। देखि देखि जिउ बूड़ै मोरा।।
रंग और नहिं पाइय वैसे। जरे मरे बिनु पाउब कैसे?।।
देखि धनुष तोर नैना, मोहिं लाग बिष बान।
बिहँसि कँवल जो मानै, भँवर मिलावौं आन।।14।।

कुमुदिनि! तुइ बैरिनि, नहिं धाई। तुइ मसि बोलि चढ़ावसि आई।।
निरमल जगत नीर कर नामा। जो मसि परै होइ सो सामा।।
जहँवा धरम पाप नहिं दीसा। कनक सोहाग माँझ जस सीसा।।
जो मसि परे होइ ससि कारी। सो मसि लाइ देसि मोहिं गारी।।
कापर महँ न छूट मसि अंकू। सो मसि लेइ मोहि देसि कलंकू।।
साम भँवर मोर सूरुज करा। और जो भँवर साम मसि भरा।।
कँवल भँवर रबि देखे आँखी। चंदन बास न बैठै माखी।।
साम समुद मोर निरमल, रतनसेन जग सेन।
दूसर सरि जौ कहावै, सो बिलाइ जस फेन।।15।।

पदमावति! पुनि मसि बोल न बैना। सो मसि देखु दुहूँ तोरे नैना।।
मसि सिंगार, काजर सब बोला। मसिक बुंद तिल सोह कपोला।।
लोना सोइ जहाँ मसि रेखा। मसि पुतरिन्ह तिन्ह सौं जग देखा।।
जो मसि घालि नयन दुहुँ लीन्ही। सो मसि फेरि जाइ नहिं कीन्ही।।
मसि मुद्रा दुइ कुच उपराहीं। मसि भँवरा जे कँवल भँवाहीं।।
मसि केसहि, मसि भौंह उरेही। मसि बिनु दसन सोह नहिं देही।।
सो कस सेत जहाँ मसि नाहीं?। सो कस पिंड न जेहि परछाहीं?।।
अस देवपाल राय मसि, छत्र धरा सिर फेर।
चितउर राज बिसरिगा, गयउ जो कुंभलनेर।।16।।

सुनि देवपाल जो कुंभलनेरी। पंकजनैन भौंह धनु फेरी।।
सत्रु मोरे पिउ कर देवपालू। सो कित पूत सिंघ सरि भालू?।।
दुःख भरा तन जेत न केसा। तेहि का सँदेस सुनावसि बेसा?।।
सोन नदी अस मोर पिउ गरुवा। पाहन होइ परै जौ हरुवा।।

---

(14) कौनि रसोई=किस काम की रसोई है! जेहि परकार...होई=जिसमें दूसरा प्रकार न हो, जो एक ही प्रकार की हो। दूसर पुरुष=दूसरे पुरुष का। बैसे=बैठे रहने से, उद्योग न करने से। आन=दूसरा। (15) धाई=धाय, धात्री। मसि चढ़ावसि=मेरे ऊपर तू स्याही पोतती है। जस सीसा=जैसे सीसा नहीं दिखाई पड़ता है। लाइ=लगाकर। कापर=कपड़ा। सरि=(क) बराबरी का; (ख) नदी। (16) घालि लीन्ही=डाल रखी है। मुद्रा=मुहर। उपराहीं=ऊपर। भँवाहीं=घूमते हैं। कँवल=कमल को, कमल के चारों ओर। सो कस... नाहीं=ऐसी सफेदी कहाँ जहाँ स्याही नहीं, अर्थात् स्याही के भाव के बिना सफेदी की भावना हो ही नहीं सकती। पिंड=साकार वस्तु या शरीर। जेंहि=जिसमें।

जेहि ऊपर अस गरुवा पीऊ। सो कस डोलाए डोलै जीऊ?।।
फेरत नैन चेरि सौ छूटीं। भइ कूटन कुटनी तस कूटीं।।
नाक कान काटेन्हि, मसि लाई। मूँड़ मूँड़ि कै गदह चढ़ाई।।
मुहमद बिधि जेहि गरुड़ गढ़ा, का कोई तेहि फूँक।
जेहि के भाग जग थिर रहा, उड़ै न पवन के झूँक।।17।।

(17) भौंह धनु फेरी=क्रोध से टेढ़ी भौं की। सरि पूज=बराबरी को पहुँच सकता है। दुख भरा तन...केसा=शरीर में जितने रोएँ या बाल नहीं उतने दुःख भरे हुए हैं। सोन नदी...गरुवा=महाभारत में शिला नाम की एक ऐसी नदी का उल्लेख है जिसमें कोई हल्की चीज डाल दी जाए तो वह डूब जाती है और पत्थर हो जाती है। मेगस्थनीज ने भी ऐसा ही लिखा है। गढ़वाल के कुछ सोतों के पानी में इतना रेत और चूना रहता है कि पड़ी हुई लकड़ी पर क्रमशः जमकर उसे पत्थर के रूप में कर देता है। पाहन होइ...हरुवा=हलकी वस्तु भी हो तो उसमें पड़ने पर पत्थर हो जाती है। चेरि=दासियाँ। छूटीं=दौड़ीं। कूटन=कुटाई, प्रहार। कुटनी=कुट्टिनी, दूती। झूँक=झोंका।

(50) बादशाह-दूती खंड

रानी धरमसार पुनि साजा। बंदि मोख जेहि पावहिं राजा।।
जावत परदेसी चलि आवहि। अन्नदान औ पानी पावहिं।।
जोगि जती आवहिं जत कंथी। पूछै पियहि, जान कोइ पंथी।।
दान कौ देत बाहँ भइ ऊँची। जाइ साह पहँ बात पहूँची।।
पातुरि एक हुति जोगि सवाँगी। साह अखारे हुँत ओहि माँगी।
जोगिनि भेस बियोगिनि कीन्हा। सींगी सबद मूल तँत लीन्हा।।
पदमावति पहँ पटई करि जोगिनि। बेगि आनु करि बिरह बियोगिनि।।
चतुर कला मनमोहन, परकाया परवेस।
आइ चढ़ी चितउर गढ़, होइ जोगिनि के भेस।।1।।

माँगत राजवार चलि आई। भीतर चेरिन्हं बात जनाई।।
जोगिनि एक बार है कोई। माँगै जैसि बियोगिनि सोई।।
अबहीं नव जोबन तप लीन्हा। फारि पटोरहि कंथा कीन्हा।।
बिरह भभूत, जटा बैरागी। छाला काँध, जाप कँठ लागी।।
मुद्रा स्रवन, नाहिं थिर जीऊ। तन तिरसूल अधारी पीऊ।।
छात न छाँह धूप जनु मरई। पावँ न पवँरी, भूभुर जरई।।
सिंगी सबद धँधारी करा। जरै सो ठाँव पाँव जहँ धरा।।
किंगरी गहे बियोग बजावै, बारहि बार सुनाव।
नयन चक्र चारिउ दिसि (हेरहिं) दहुँ दरसन कब पाव।।2।।

---

(1) धरमसार=धर्मशाला, सदावर्त, खैरातखाना। मोख पावहिं=छूटें। जत=जितन। हुँत=थी। जोगि सवाँगी=जोगिन का स्वाँग बनानेवाली। अखारे हुँत=रंगशाला से, नाचघर से। माँगी=बुला भेजा। तंत=तत्त्व। कला मनमोहन=मन मोहने की कला में। (2) राजवार=राजद्वार। बार=द्वार। तन तिरसूल...पीऊ=सारा शरीर ही त्रिशूलमय हो गया है और अधारी के स्थान पर प्रिय ही है अर्थात् उसी का सहारा है। पवरी=चट्टी या खड़ाऊँ। भूभुर=धूप से तपी धूल या बालू। धँधारी=गोरखधंधा।

सुनि पदमावति मँदिर बोलाई। पूछा कौन देस तें आई?।।
तरुन बैस तोहिं छाज न जोगू। केहि कारन अस कीन्ह बियोगू?।।
कहेसि बिरह दुख जान न कोई। बिरहिन जान बिरह जेहि होई।।
कंत हमार गयउ परदेसा। तेहि कारन हम जोगिनि भेसा।।
काकर जिउ जोबन औ देहा। जौ पिउ गयउ, भयउ सब खेहा।।
फारि पटोर कीन्ह मैं कंथा। जहँ पिउ मिलहिं लेउँ सो पंथा।।
फिरौं, करौं चहुँ चक्र पुकारा। जटा परीं का सीस सँभारा?।।
हिरदय भीतर पिउ बसै, मिलै न पूछौं काहि?
सून जगत सब लागै, ओहि बिनु किछु नहिं आहि।।3।।

स्रवन छेद महँ मुद्रा मेला। सबद ओनाउँ कहाँ पिउ खेला।।
तेहि बियोग सिंगी निति पूरौं। बार बार किंगरी लेइ झूरौं।।
को मोहिं लेइ पिउ कंठ लगावै। परम अधारी बात जनावै।।
पाँवरि टूटि चलत, पर छाला। मन न मरै तन जोबन बाला।।
गयउँ पयाग मिला नहिं पीऊ। करबत लीन्ह, दीन्ह बलि जीऊ।।
जाइ बनारस जारिउँ कया। पारिउँ पिंड नहाइउँ गया।।
जगन्नाथ जगरन कै आई। पुनि दुवारिका जाइ नहाई।।
जाइ केदार दाग तन, तहँ न मिला तिन्ह आँक।
ढूँढ़ि अयोध्या आइउँ, सरग दुवारी झाँक।।4।।

गउमुख हरिद्वार फिर कीन्हिउँ। नगरकोट कटि रसना दीन्हिउँ।।
ढूँढ़िउँ बालनाथ कर टीला। मथुरा मथिउँ, न सो पिउ मीला।।
सुरुजकुंड महँ जारिउँ देहा। बद्री मिला न जासौं नेहा।।
रामकुंड, गोमति, गुरुद्वारू। दाहिन वरत कीन्ह कै बारू।।
सेतुबंध, कैलास, सुमेरू। गइउँ अलकपुर जहाँ कुबेरू।।
बरम्हावरत ब्रह्मावति परसी। बेनी संगम सीझिउँ करसी।।
नीमषार मिसरिख कुरुछेता। गोरखनाथ अस्थान समेता।।

(३) छाज न=नहीं सोहाता। खेहा=धूल, मिट्टी। चहुँ चक्र=पृथ्वी के चारों ओर खूँट में। आहि=है।
(4) ओनाउँ=झुकती हूँ, झुककर कान लगाती हूँ। सबद ओनाउँ...खेला=आहट लेने के लिए कान लगाए रहती हूँ कि प्रिय कहाँ गया। झूरौं=सूखती हूँ। अधारी=सहारा देनेवाली। पर=पड़ता है। बाला=नवीन। जगरन=जागरण। दाग=दागा, तप्त मुद्रा ली। तिन्ह=उस प्रिय का। आँक=चिह्न, पता। सरगदुवारी=अयोध्या में एक स्थान।

पटना पुरुब सो घर घर, हाँड़ि फिरिउँ संसार।।
हेरत कहूँ न पिउ मिला, ना कोइ मिलवनहार।।5।।

बन बन सब हेरेउँ नवखंडा। जल जल नदी अठारह गंडा।।
चौंसठ तीरथ के सब ठाऊँ। लेत फिरिउँ ओहि पिउ कर नाऊँ।।
दिल्ली सब देखिउँ तुरकानू। औ सुलतान केर बँदिखानू।।
रतनसेन देखिउँ बँदि माहाँ। जरै धूप, खन पाव न छाहाँ।।
सब राजहि बाँधे औ दागे। जोगिनि जान राज पग लागे।।
का सो भोग जेहि अंत न केऊ। यह दुख लेइ सो गएउ सुखदेऊ।।
दिल्ली नावँ न जानहुँ ढीली। सुठि बँदि गाढ़ि निकस नहिं कीली।।
देखि दगध दुख ताकर, अबहुँ कया नहिं जीउ।
सो धनि कैसे दहुँ जियै, जाकर बँदि अस पीउ?।।6।।

पदमावति जौ सुना बँदि पीऊ। परा अगिनि महँ मानहुँ घीऊ।।
दौरि पायँ जोगिनि के परी। उठी आगि अस जोगिनि जरी।।
पायँ देहि, दुइ नैनन्ह लाऊँ। लेइ चलु तहाँ कंत जेहि ठाऊँ।।
जिन्ह नैनन्ह तुइ देखा पीऊ। मोहिं देखाउ, देहुँ बलि जीऊ।।
सत औ धरम देहुँ सब तोहीं। पिउ कै बात कहै जौ मोहीं।।
तुइ मोर गुरु, तोरि हौं चेली। भूली फिरत पंथ जेहि मेली।।
दंड एक माया करु मोरे। जोगिनि होउँ, चलौं सँग तोरे।।
सखिन्ह कहा, सुनु रानी, करहु न परगट भेस।
जोगी जोगवै गुपुत मन, लेइ गुरु कर उपदेस।।7।।

भीख लेहु, जोगिनि! फिरि माँगू। कंत न पाइय किए सवाँगू।।
यह बड़ जोग बियोग जो सहना। जेहुँ पीउ राखै तेहुँ रहना।।
घर ही महँ रहु भई उदासा। अँजुरी खप्पर, सिंगी साँसा।।

---

(5) गउमुख=गोमुख तीर्थ, गंगोत्तरी का वह स्थान जहाँ से गंगा निकलती है। नगरकोट=नागरकोट, जहाँ देवी का स्थान है। कटि रसना दीन्हिउँ=जीभ काटकर चढ़ाई। बालनाथ कर टीला=पंजाब में सिंध और झेलम के बीच पड़नेवाले नमक के पहाड़ों की एक चोटी। मील=मिला। सुरुजकुंड=अयोध्या, हरिद्वार आदि कई तीर्थों में इस नाम के कुंड हैं। बद्री=बदरिकाश्रम में। कै बारू कई बार। अलकपुर=अलकापुरी। ब्रम्हावति=कोई नदी। करसी=करीषाग्नि में, उपलों की आग में। हाँडि फिरिउँ=छान डाला, ढूँढ़ डाला, टटोल डाला। (6) राज पग लागे=राजा ने प्रणाम किया। न केऊ=पास में कोई न रह जाय। (यह दुख) लेइ गयउ=लेने या भोगने गया। सुखदेऊ=सुख देनेवाला तुम्हारा प्रिय। दिल्ली नावँ=दिल्ली इस नाम से (पृथ्वीराज रासो में किल्ली ढिल्ली कथा है)। सुठि=खूब। कीली=कारागार के द्वार का अर्गल। अबहुँ क्या नहिं जीउ=अब भी मेरे होश ठिकाने नहीं। (7) माया=मया, दया।

रहै प्रेम मन अरुझा गटा। विरह धँधारि, अलक सिर जटा।।
नैन चक्र हेरै पिउ पंथा। कया जो कापर सोई कंथा।।
छाला भूमि, गगन सिर छाता। रंग करत रह हिरदय राता।।
मन माला फेरै तँत ओही। पाँचौ भूत भसम तन होहीं।।
कुंडल सोइ सुनु पिउ कथा, पँवरि पाँव पर रेहु।
दंडक गोरा बादलहि, जाइ अधारी लेहु।।8।।

(8) फिरि माँगू=जाओ, और जगह घूमकर माँगो। सवाँग=स्वाँग, नकल, आडंबर। यह बड़...सहना=वियोग का जो सहना है यही बड़ा भारी योग है। जेहुँ=जैसे, ज्यों, जिस प्रकार। तेहुँ=त्यों, उस प्रकार। सिंगी साँसा=लंबी साँस लेने को ही सिंगी फूँकना (बजाना) समझो। गटा=गटरमाला। रहै प्रेम...गटा=जिसमें उलझा हुआ मन है उसी प्रेम को गटरमाला समझो। छाल=मृगछाला। तँत=तंत, तत्व या मंत्र। पाँचौ भूत...होहीं=शरीर के पंचभूतों को ही रमी हुई भभूत या भस्म समझो। पँवरि पाँच पर रेहु=पाँव पर जो धूल लगे उसी को खड़ाऊँ समझ। अधारी=अड्डे के आकार की लकड़ी जिसे सहारे के लिए साधु रखते हैं। अधारी लेहु=सहारा लो।

(51) पद्‍मावती-गोरा-बादल-संवाद खंड

सखिन्ह बुझाई दगध अपारा। गइ गोरा बादल के बारा।।
चरन कँवल भुइँ जनम न धरे। जात तहाँ लगि छाला परे।।
निसरि आए छत्री सुनि दोऊ। तस काँपे जस काँप न कोऊ।।
केस छोरि चरनन्ह रज झारा। कहाँ पावँ पदमावति धारा?।।
राखा आनि पाट सोनबानी। बिरह बियोगिनि बैठी रानी।।
दोउ ठाढ़ होइ चँवर डोलावहिं। माथे छात, रजायसु पावहिं।।
उलटि बहा गंगा कर पानी। सेवक बार आइ जो रानी।।
का अस कस्ट कीन्ह तुम, जो तुम्ह करत न छाज।
अज्ञा होइ बेगि सो, जीउ तुम्हारे काज।।1।।
कही रोइ पदमावति बाता। नैनन्ह रकत दीख जग राता।।
उथल समुद जस मानिक भरे। रोइसि रुहिर आँसु तस ढरे।।
रतन के रंग नैन पै वारौं। रती रती कै लोहू ढारौं।।
भँवरा ऊपर कँवल भवावौं। लेइ चलु तहाँ सूर जहँ पावौं।।
हिय कै हरदि बदन कै लोहू। जिउ बलि देउँ सो सँवरि बिछोहू।।
परहिं आँसु जस सावन नीरू। हरियरि भूमि, कुसुंभी चीरू।।
चढ़ीं भुअंगिनि लट लट केसा। भइ रोवति जोगिन के भेसा।।
बीर बहूटी भइ चलीं, तबहुँ रहहिं नहिं आँसु।
नैनहिं पंथ न सूझे, लागेउ भादौं मासु।।2।।
तुम गोरा बादल खँभ दोऊ। जस रन पारथ और न कोऊ।।
दुख बरखा अब रहै न राखा। मूल पतार, सरग भइ साखा।।

---

(1) बारा=द्वार पर। काँपे=चौंक पड़े। सोनवानी=सुनहरी। माथे छात=आपके माथे पर सदा छत्र बना रहे। बार=द्वार पर। का=क्या। तुम्ह न छाज=तुम्हें नहीं सोहाता। (2) दीख=दिखाई पड़ा। राता=लाल। उथल=उमड़ता है। रुहिर=रुधिर। रँग=रंग पर। पै=अवश्य, निश्चय। भँवरा=रत्नसेन। कँवल=नेत्र (पद्‌मावती के)। हरदि=कमल के भीतर छाते का रंग पीला होता है। बदन कै लोहू=कमल के दल का रंग रक्त होता है।

छाया रही सकल महि पूरी। बिरह बेलि भइ बाढ़ि खजूरी।
तेहि दुख लेत बिरिछ बन बाढ़े। सीस उघारे रोवहिं ठाढ़े।
पुहुमि पूरि सायर दुख पाटा। कौड़ी केर बेहरि हिय फाटा।।
बेहरा हिये खजूर क बिया। बेहर नाहिं मोर पाहन हिया।।
पिय जेहि बँदि जोगिनि होइ धावौं। हौं बँदि लेउँ, पियहिं मुकरावौं।।
सूरुज गहन गरासा, कँवल न बैठे पाट।
महूँ पंथ तेहि गवनब, कंत गए जेहि बाट।।3।।
गोरा बादल दोउ पसीजे। रोवत रुहिर बूड़ि तन भीजे।।
हम राजा सौं इहै कोहाँने। तुम न मिलौ, धरिहै तुरकाने।।
जा मति सुनि हम गए कोहाँई। सो निआन हम्ह माप आई।।
जौ लगि जिउ, नहिं भागहिं दोऊ। स्वामि जियत कित जोगिनि होऊ।।
उए अगस्त हस्ति जब गाजा। नीर घटे घर आइहि राजा।।
बरषा गए, अगस्त जो दीठिहि। परिहि पलानि तुरंगम पीठिहि।।
वेधौं राहु, छोड़ावहुँ सूरू। रहै न दुख कर मूल अँकूरू।।
सोइ सूर, तुम ससहर, आनि मिलावौं सोइ।
तस दुख महँ सुख उपजै, रैनि माहँ दिन होइ।।4।।
लीन्ह पान बादल औ गोरा। केहि लेइ देउँ उपम तुम्ह जोरा?।।
तुम सावंत, न सरवरि कोऊ। तुम्ह हनुवंत अँगद सम दोऊ।।
तुम अरजुन और भीम भुवारा। तुम बल रन दल मंडनहारा।।
तुम टारन भारन्ह जग जाने। तुम सुपुरुष जस करन बखाने।।
तुम बलबीर जैस जगदेऊ। तुम संकर औ मालकदेऊ।।
तुम अस मोरे बादल गोरा। काकर मुख हेरौं, बँदिछोरा?।।
जस हनुवँत राघव बँदि छोरी। तस तुम छोरि मेरावहु जोरी।।
जैसे जरत लखाघर, साहस कीन्हा भीउँ।
जरत खम्भ तस काढ़हु, कै पुरुषारथ जीउ।।5।।

---

(3) खँभ=खंभे, राज्य के आधार स्वरूप। पारथ=पार्थ, अर्जुन। बरखा=वर्षा में। तेहिं दुख लेत...बाढ़े=उसी दुःख की बाढ़ को लेकर जंगल के पेड़ बढ़कर इतने ऊँचे हुए हैं। बेहरि=बिदीर्ण होकर। जेहि बँदि=जिस बंदीगृह में। मुकरावौं=मुक्त कराऊँ, छुड़ाऊँ। (4) तुरकान=मुसलमान लोग। उए अगस्त=अगस्त्य के उदय होने पर, शरत् आने पर। हस्ति जब गाजा=हाथी चढ़ाई पर गरजेंगे, या हस्त नक्षत्र गरजेगा। आइहि=आएगा। दीठिहि=दिखाई पड़ेगा। परिहि पलानि...पीठिहि=घोड़ों की पीठ पर जीन पड़ेगी, चढ़ाई के लिए घोड़े कसे जाएँगे। अँकूरू=अंकुर। ससहर=शशधर, चन्द्रमा। (5) लीन्ह पान=बीड़ा लिया, प्रतिज्ञा की। केहि... जोरा=यहाँ से पदमावती के वचन हैं। सावंत=सामंत। भुवारा=भूपाल। टारन भारन्ह=भार हटानेवाले। करन=कर्ण। मालकदेऊ=मालदेव (?)। बँदिछोर=बंधन छुड़ानेवाले। लखाघर=लाक्षागृह। खंभ=राज्य का स्तंभ, रत्नसेन।

राम लखन तुम दैत सँघारा। तुमहीं घर बलभद्र भुवारा।।
तुमहीं द्रोन और गंगेऊ। तुम्ह लेखौं जैसे सहदेऊ।।
तुमहिं युधिष्ठिर और दुरजोधन। तुमहिं नील नल दोउ संबोधन।।
परसुराम राघव तुम जोधा। तुम्ह परतिज्ञा तें हिय बोधा।।
तुमहिं सत्रुहन भरतकुमारा। तुमहिं कृस्न चानूर सँघारा।।
तुम परदुम्न औ अनिरुध दोऊ। तुम अभिमन्यु बोल सब कोऊ।।
तुम्ह सरि पूज न बिक्रम साके। तुम हमीर हरिचँद सत आँके।।

जस अति संकट पंडवन्ह, भयउ भीवँ बँदिछोर।
तस परबस पिउ काढ़हु, राखि लेहु भ्रम मोर।।6।।

गोरा बादल बीरा लीन्हा। जस हनुवँत अँगद बर कीन्हा।।
सजहु सिंघासन, तानहु छातू। तुम्ह माथे जुग जुग अहिवातू।।
कँवल चरन भुइँ धरि दुख पावहु। चढ़ि सिंघासन मँदिर सिधावहु।।
सुनतहि सूर कँवल हिय जागा। केसरि बरन फूल हिय लागा।।
जनु निसि महँ दिन दीन्ह देखाई। भा उदोत, मसि गई बिलाई।।
चढ़ी सिंघासन झमकति चली। जानहु चाँद दुइज निरमली।।
औ सँग सखी कुमोद तराईं। ढारत चँवर मँदिर लेइ आईं।।

देखि दुइज सिंघासन, संकर धरा लिलाट।
कँवल चरन पदमावति, लेइ बैठारी पाट।।7।।

---

(6) दैत सँघारा=दैत्यों का संहार करनेवाले। गंगेऊ=गांगेय, भीष्म पितामह। तुम्ह लेखौं=तुमको समझती हूँ। संबोधन=ढाँढ़स देने वाले। तुम्ह परतिज्ञा=तुम्हारी प्रतिज्ञा से। बोधा=प्रबोध, तसल्ली। सत आँके=सत्य की रेखा खींची है। भ्रम=प्रतिष्ठा, सम्मान। (7) बर=बल। अहिवातू=सौभाग्य, सोहाग। उदोत=प्रकाश। देखि दुइज...लिलाट=दूज के चंद्रमा को देख उसे बैठने के लिए शिवजी ने अपना लिलाटरूपी सिंहासन रखा अर्थात् अपने मस्तक पर रखा।

(52) गोरा-बादल-युद्ध-यात्रा खंड

बादल केरि जसौवै माया। आइ गहेसि बादल कर पाया।।
बादल राय! मोर तुइ बारा। का जानसि कस होइ जुझारा।।
बादसाह पुहुमीपति राजा। सनमुख होइ न हमीरहि छाजा।।
छत्तिस लाख तुरय दर साजहिं। बीस सहस हस्ती रन गाजहिं।।
जबहीं आइ चढ़ै दल ठटा। दीखत जैसि गगन घन घटा।।
चमकहिं खड़ग जो बीजु समाना। घुमरहिं गलगाजहिं नीसाना।।
बरिसहिं सेल बान घनघोरा। धीरज धीर न बाँधिहि तोरा।।
जहाँ दलपती दलि मरहिं, तहाँ तोर का काज।
आजु गवन तोर आवै, बैठि मानु सुख राज।।1।।

मातु! न जानसि बालक आदी। हौं बादला सिंह रनबादी।।
सुनि गज जूह अधिक जिउ तपा। सिंघ क जाति रहै किमि छपा?।।
तौ लगि गाज न गाज सिंघेला। सौंह साह सौं जुरौं अकेला।।
को मोहिं सौंह होइ मैमंता। फारौं सूँड़, उखारौं दंता।।
जुरौं स्वामि सँकरे जस ढारा। पेलौं जस दुरजोधन भारा।।
अंगद कोपि पाँव जस राखा। टेकौं कटक छतीसौ लाखा।।
हनुवँत सरिस जंघ बर जोरौं। दहौं समुद्र, स्वामि बँदि छोरौं।।
सो तुम, मातु जसौवै। मोंहि न जानहु बार।
जहँ राजा बलि बाँधा छोरौं पैठि पतार।।2।।

बादल गवन जूझ कर साजा। तैसेहि गवन आइ घर बाजा।।
का बरनौं गवने कर चारू। चंद्रबदनि रुचि कीन्ह सिंगारू।।

---

(1) जसौवै=यह 'यशोदा' शब्द का प्राकृत या अप्रभंश रूप है। पाया=पैर। जुझारा=युद्ध। ठटा=समूह बाँधकर। (2) आदी=नितांत, बिलकुल। सिंघेला=सिंह का बच्चा। मैमंता=मस्त हाथी। स्वामि सँकरे=स्वामी के संकट के समय में। जस ढारा=ढाल के समान होकर। पेलौं=जोर से चलाऊँ। भारा=भाला। टेकौं=रोक लूँ। जंघ बर जोरौं=जाँघों में बल लाऊँ। बार=बालक।

माँग मोति भरि सेंदुर पूरा। बैठ मयूर, बाँक तस जूरा।।
भौहें धनुक टकोरि परीखे। काजर नैन, मार सर तीखे।।
घालि कचपची टीका सजा। तिलक जो देख ठाँव जिउ तजा।।
मनि कुंडल डोलैं दुइ स्रवना। सीस धुनहिं सुनि सुनि पिउ गवना।।
नागिनि अलक, झलक उर हारू। भयउ सिंगार कंत बिनु भारू।।
गवन जो आवा पँवरि महँ, पिउ गवने परदेस।
सखी बुझावहिं किमि अनल, बुझै सो केहि उपदेस? ।।3।।
मानि गवन सो घूँघुट काढ़ी। बिनवै आइ बार भइ ठाढ़ी।।
तीखे हेरि चीर गहि ओढ़ा। कंत न हेर, कीन्हि जिउ पोढ़ा।।
तब धनि बिहँसि कीन्ह सहुँ दीठी। बादल ओहि दीन्हि फिरि पीठी।।
मुख फिराइ मन अपने रीसा। चलत न तिरिया कर मुख दीसा।।
भा मिन मेष नारि के लेखे। कस पिउ पीठि दीन्हि मोहिं देखे।।
मकु पिउ दिस्टि समानेउ सालू। हुलसी पीठि कढ़ावौं फालू।।
कुच तूँबी अब पीठि गड़ोवौं। गहै जो हूकि, गाढ़ रस धोवौं।।
रहौं लजाइ त पिउ चलै, गहौं त कह मोहिं ढीठ।
ठाढ़ि तेवानि कि का करौं, दूभर दुऔ बईठ।।4।।
लाज किए जौ पिउ नहिं पावौं। तजौं लाज कर जोरि मनावौं।।
करि हठ कंत जाइ जेहि लाजा। घूँघुट लाज आवा केहि काजा।।
तब धनि बिहँसि कहा गहि फेंटा। नारि जो बिनबै कंत न मेटा।।
आजु गवन हौं आई नाहाँ। तुम न, कंत! गवनहु रन माहाँ।।
गवन आव धनि मिलै के ताईं। कौन गवन जौ बिछुरै साईं।।
धनि न नैन भरि देखा पीऊ। पिउ न मिला धनि सौं भरि जीऊ।।
जहँ अस आस भरा है केवा। भँवर न तजै बास रसलेवा।।
पायँन्ह धरा लिलाट धनि, बिनय सुनहु, हो राय!।
अलकपरी फँदवार होइ, कैसेहु तजै न पाय।।5।।

---

(3) जूझ=युद्ध। गवन=वधू का प्रथम प्रवेश। चारू=रीति-व्यवहार। बाँक=बाँका, सुंदर। जूरा=बँधी हुई चोटी का गुच्छा। टकोरि=टंकार देकर। परीखे=परीक्षा की, आजमाया। घालि=डालकर, लगाकर। कचपची=कृत्तिका नक्षत्र; यहाँ चमकी। (4) बार=द्वार। हेर=ताकता है। पोढ़ा=कड़ा। मिन मेष=आगा पीछा, सोच-विचार। मकु...सालू=शायद मेरी तीखी दृष्टि का साल उसके हृदय में पैठ गया है। हुलसी... फालू=वह साल पीठ की ओर हुलसकर जा निकला है इससे मैं वह गड़ा हुआ तीर का फल निकलवा दूँ। कूच तूँबी...गड़ोवौं=जैसे धँसे हुए काँटे आदि को तूँबी लगाकर निकालते हैं वैसे ही अपनी कुचरूपी तुंबी जरा पीठ से लगाऊँ। गहै जौ...धोवौं=पीड़ा से चौंककर जब वह मुझे पकड़े तब मैं गाढ़े रस से उसे धो डालूँ अर्थात् रसमग्न कर दूँ। तेवानि=चिंता में पड़ी हुई। दुऔ=दोनों बातें। (5) मिलै के ताईं=मिलने के लिए। फँदवार=फंदा।

छाँड़ु फेंट धनि! बादल कहा। पुरुष गवन धनि फेंट न गहा।।
जो तुइ गवन आइ, गजगामी। गवन मोर जहँवा मोर स्वामी।।
जौ लगि राजा छूटि न आवा। भावै बीर, सिंगार न भावा।।
तिरिया भूमि खड़ग कै चेरी। जीत जो खड़ग होइ तेहि केरी।।
जेहि घर खड़ग मोंछ तेहिं गाढ़ी। जहाँ न खड़ग मोंछ नहिं दाढ़ी।।
तब मुँह मोछ, जीउ पर खेलौं। स्वामि काज इंद्रासन पेलौं।।
पुरुष बोलि कै टरै न पाछू। दसन गयंद, गीउ नहिं काछू।।
तुइ अबला धनि! कुबुधि बुधि, जानै काह जुझार।
जेहि पुरुषहि हिय बीररस, भावै तेहि न सिंगार।।6।।

जौ तुम चहहु जूझि, पिउ! बाजा। कीन्ह सिंगार जूझ मैं साजा।।
जोबन आइ सौंह होइ रोपा। बिखरा बिरह, काम दल कोपा।।
बहेउ बीररस सेंदुर माँगा। राता रुहिर खड़ग जस नाँगा।।
भौहैं धनुक नैन सर साधे। काजर पनच, बरुनि बिष बाँधे।।
जनु कटाछ स्यों सान सँवारे। नखसिख बान सेल अनियारे।।
अलक फाँस गिउ मेल असूझा। अधर अधर सौं चाहहिं जूझा।।
कुंभस्थल कुच दोउ मैमंता। पेलौं सौंह, सँभारहु, कंता?।।
कोप सिंगार, बिरह दल, टूटि होइ दुइ आध।
पहिले मोहिं संग्राम कै, करहु जूझ कै साध।।7।।

एकौ बिनति न मानै नाहाँ। आगि परी चित उर धनि माहाँ।।
उठा जो धूम नैन करवाने। लागे परै आँसु झहराने।।
भीजै हार, चीर हिय चोली। रही अछूत कंत नहिं खोली।।
भीजी अलक छुए कटि मंडन। भीजे कँवल भँवर सिर फुंदन।।
चुइ चुइ काजर आँचर भीजा। तबहुँ न पिउ कर रोवँ पसीजा।।

---

(6) पुरुष गवन=पुरुष के चलते समय। बीर=वीर रस। मोंछ=मूँछें। दसन गयंद...काछू=वह हाथी के दाँत के समान है (जो निकलकर पीछे नहीं जाते), कछुए की गर्दन के समान नहीं, जो जरा सी आहट पाकर पीछे घुस जाता है। (7) बाजा चहहु=लड़ना चाहते हो। पनच=धनुष की डोरी। अनियारे=नुकीले, तीखे। कोप=कोपा है। मोहिं=मुझसे। (8) चित उर=(क) मन और हृदय में, (ख) चित्तौर। आगि परी माहाँ=इस पंक्ति में कवि ने आगे चलकर चित्तौर की स्त्रियों के सती होने का संकेत भी किया है। करुवाने=कड़वे धुएँ से दुखने लगे। कटिमंडन=करधनी। फुंदन=चोटी का फुलरा।

जौ तुम कंत! जूझ जिउ कांधा। तुम किय साहस, मैं सत बाँधा[1]।।
रन संग्राम जूझि जिति आवहु। लाज होइ जौ पीठि देखावहु।।
तुम्ह पिउ साहस बाँधा, मैं दिय माँग सेंदूर।
दोउ सँभारे होइ सँग, बाजै मादर तूर।।8।।

1. कई प्रतियों में यह पाठ है–
छाँडि चला, हिरदय देइ दाहू। निठुर नाह आपन नहिं काहू।।
सबै सिंगार भीजि भुइँ चूवा। छार मिलाइ कंत नहि छूवा।।
रोए कंत न बहुरै, तेहि रोए का काज?
कंत धरा मन जूझ रन, धनि साजा सर साज।।

(53) गोरा-बादल-युद्ध खंड

मतैं बैठि बादल औ गोरा। सो मत कीज परै नहिं भोरा।।
पुरुष न करहिं नारि मति काँची। जस नौशाबा कीन्ह न बाँची।।
परा हाथ इसकंदर बैरी। सो कित छोड़ि कै भई बँदेरी।।
सुबुधि सौं ससा सिंघ कहँ मारा। कुबुधि सिंघ कूआँ परि हारा।।
देवहि छरा आइ अस आँटी। सज्जन कंचन, दुर्जन माटी।।
कंचन जुरै भए दस खंडा। फूटि न मिलै काँच कर भंडा।।
जस तुरकन्ह राजा छर साजा। तस हम साजि छोड़ावहिं राजा।।
पुरुष तहाँ पै करै छर, जहँ बर किए न आँट।
जहाँ फूल तहँ फूल है, जहाँ काँट तहँ काँट।।1।।

सोरह सै चंडोल सँवारे। कुँवर सँजोइल कै बैठारे।।
पदमावति कर सजा बिवानू। बैठ लोहार न जानै भानू।।
रचि बिवान सो साजि सँवारा। चहुँ दिसि चँवर करहिं सब ढारा।।
साजि सबै चंडोल चलाए। सुरँग ओहार, मोति बहु लाए।।
भए सँग गोरा बादल बली। कहत चले पदमावति चली।।
हीरा रतन पदारथ झूलहिं। देखि बिवान देवता भूलहिं।।
सोरह सै सँग चलीं सहेली। कँवल न रहा, और को बेली?।।

---

(1) मतैं=सलाह करते हैं। कीज=कीजिए। नौशाबा=सिकंदरनामा के अनुसार एक रानी जिसके यहाँ सिकंदर पहले दूत बनकर गया था। उसने सिकंदर को पहचानकर भी छोड़ दिया। पीछे सिकंदर ने उसे अपना अधीन मित्र बनाया और उसने बड़ी धूमधाम से सिकंदर की दावत की। देवहि छरा=राजा को उसने (अलाउद्दीन ने) छला। आइ अस आँटी=इस प्रकार अंटी पर चढ़कर अर्थात् कब्जे में आकर भी। भंडा=भाँड़ा, बरतन। न आँट=नहीं पार पा सकते।

राजहिं चलीं छोड़ावै, तहँ रानी होइ ओल।
तीस सहस तुरि खिंचीं सँग, सोरह सै चंडोल।।2।।

राजा बँदि जेंहि के सौंपना। गा गोरा तेहि पहँ अगमना।।
टका लाख दस दीन्ह अँकोरा। बिनती कीन्हि पायँ गहि गोरा।।
बिनवा बादसाह सौं जाई। अब रानी पदमावति आई।।
बिनती करै, आइ हौं दिल्ली। चितउर कै मोहिं स्यो है किल्ली।।
बिनती करै, जहाँ है पूँजी। सब भँडार कै मोहिं स्यो कूँजी।।
एक घरी जौ अज्ञा पावौं। राजहिं सौंपि मँदिर महँ आवौं।।
तब रखवार गए सुलतानी। देखि अँकोर भए जस पानी।।
लीन्ह अँकोर हाथ जेहि, जीउ दीन्ह तेहि हाथ।
जहाँ चलावै तहँ चलै, फेरे फिरै न माथ।।3।।

लोभ पाप कै नदी अँकोरा। सत न रहै हाथ जौ बोरा।।
जहँ अँकोर तहँ नीक न राजू। ठाकुर केर बिनासै काजू।।
भा जिउ घिउ रखवारन्ह केरा। दरब लोभ चंडोल न हेरा।।
जाइ साह आगे सिर नावा। ए जगसूर! चाँद चलि आवा।।
जावत हैं सब नखत तराईं। सोरह सैं चँडोल सो आईं।।
चितउर जेति राज कै पूँजी। लेइ सो आइ पदमावति कूँजी।।
बिनती करै जोरि कर खरी। लेइ सौंपौं राजा एक घरी।।
इहाँ उहाँ कर स्वामी! दुऔ जगत मोहिं आस।
पहिले दरस देखावहु, तौ पठवहु कबिलास।।4।।

आज्ञा भई, जाइ एक घरी। छूँछि जो घरी फेरि बिधि भरी।।
चलि बिवान राजा पहँ आवा। सँग चंडोल जगत सब छावा।।
पदमावति के भेस लोहारू। निकसि काटि बँदि कीन्ह जोहारू।।
उठा कोपि जस छूटा राजा। चढ़ा तुरंग सिंघ अस गाजा।।
गोरा बादल खाँड़े काढ़े। निकसि कुँवर चढ़ि चढ़ि भए ठाढ़े।।

---

(2) चंडोल=पालकी। कुँवर=राजपूत सरदार। सजोइल=हथियारों से तैयार। बैठ लोहार...भानू=पदमावती के लिए जो पालकी बनी थी, उसके भीतर एक लुहार बैठा; इस बात का सूर्य को भी पता न लगा। ओहार=पालकी ढाँकने का परदा। कँवल...बेली=जब पदमावती ही नहीं रही, तब और सखियों का क्या? ओल होइ=ओल होकर, इस शर्त पर बादशाह के यहाँ रहने जाकर कि राजा छोड़ दिए जाएँ (कोई व्यक्ति जमानत के तौर पर यदि रख लिया जाता है तो उसे ओल कहते हैं)। तुरि=घोड़ियाँ। (3) सौंपना=देखरेख में, सुपुर्दगी में। अगमना=आगे, पहले। अँकोर=भेंट, घूस, रिश्वत। स्यो=साथ, पास। किल्ली=कुंजी। पानी भए=नरम हो गए। हाथ जेहि=जिसके हाथ से। (4) घिउ भा=पिघलकर नरम हो गया। न हेरा=तलाशी नहीं ली, जाँच नहीं की। इहाँ-उहाँ कर स्वामी=मेरा पति राजा। कबिलास=स्वर्ग, यहाँ शाही महल।

तीख तुरग गगन सिर लागा। केहुँ जुगुति करि टेकी बागा।।
जो जिउ ऊपर खड़ग सँभारा। मरनहार सो सहसन्ह मारा।।
भई पुकार साह सौं, ससि औ नखत सो नाहिं।
छरकै गहन गरासा, गहन गरासे जाहिं।।5।।

लेइ राजा चितउर कहँ चले। छूटेउ सिंघ मिरिग खलभले।।
चढ़ा साहि चढ़ि लागि गोहारी। कटक असूझ परी जग कारी।।
फिरि गोरा बादल सौं कहा। गहन छूटि पुनि चाहै गहा।।
चहुँ दिसि आवै लोपत भानू। अब इहै गोइ इहै मैदानू।।
तुइ अब राजहि लेइ चलु गोरा। हौं अब उलटि जुरौं भा जोरा।।
वह चौगान तुरुक कस खेला। होइ खेलार रन जुरौं अकेला।।
तौ पावौं बादल अस नाऊँ। जो मैदान गोइ लेइ जाऊँ।।
आजु खड़ग चौगान गहि, करौं सीस रिपु गोइ।
खेलौं सौंह साह सौं, हाल जगत महँ होइ।।6।।

तब अगमन होइ गोरा मिला। तुइ राजहि लेइ चलु, बादला।।
पिता मरै जो सँकरे साथा। मीचु न देइ पूत के माथा।।
मैं अब आउ भरी औ भूँजी। का पछिताव आउ जौ पूजी?।।
बहुतन्ह मारि मरौं जौ जूझी। तुम जिनि रोयहु तौ मन बूझी।।
कुँवर सहस सँग गोरा लीन्हे। और बीर बादल सँग कीन्हे।।
गोरहि समदि मेघ अस गाजा। चला लिए आगे करि राजा।।
गोरा उलटि खेत भा ठाड़ा। पुरुष देखि चाव मन बाढ़ा।।
आव कटक सुलतानी, गगन छपा मसि माँझ।
परति आव जग कारी, होत आव दिन साँझ।।7।।

होइ मैदान परी अब गोई। खेल हार दहुँ काकरि होई।।
जोबन तुरी चढ़ी जो रानी। चली जीति यह खेल सयानी।।
कटि चौगान, गोइ कुच साजी। हिय मैदान चली लेइ बाजी।।
हाल सो करै गोइ लेइ बाढ़ा। कूरी दुवौ पैंज कै काढ़ा।।
भइँ पहार वै दूनौ कूरी। दिस्टि नियर, पहुँचत सुठि दूरी।।

---

(5) छूँछि भरी=जो घड़ा खाली था ईश्वर ने फिर भरा, अर्थात् अच्छी घड़ी फिर पलटी। जस=जैसे ही। जिउ ऊपर=प्राण रक्षा के लिए। छर कै गहन...जाहिं=जिनपर छल से ग्रहण लगाया था वे ग्रहण लगाकर जाते हैं। (6) कारी=कालिमा, अंधकार। फिरि=लौटकर, पीछे ताककर। गोइ गोय, गेंद। जोरा=खेल का जोड़ा या प्रतिद्वंद्वी। गोइ लेइ जाऊँ=बल्ले से गेंद निकाल ले जाऊँ। सीस रिपु=शत्रु के सिर पर। चौगान=गेंद मारने का डंडा। हाल=कंप, हलचल। (7) अगमन=आगे। सँकरे साथ=संकट की स्थिति में। समदि=विदा लेकर। पूरुष=योद्धा। मसि=अंधकार।

ठाढ़ बान अस जानहु दोऊ। सालै हिथे न काढ़ै कोऊ।।
सालहिं हिय, न जाहि सहि ठाढ़े। सालहिं मरै चहै अनकाढ़े।।
मुहमद खेल प्रेम कर, गहिर कठिन चौगान।
सीस न दीजै गोइ जिमि हाल न होइ मैदान।।8।।

फिरि आगे गोरा तब हाँका। खेलौं, करौं आजु रन साका।।
हौं कहिए धौलागिरि गोरा। टरौं न टारे, अंग न मोरा।।
सोहिल जैस गगन उपराहीं। मेघ घटा मोहि देखि बिलाहीं।।
सहसौ सीस सेस सम लेखौं। सहसौ नैन इंद्र सम देखौं।।
चारिउ भुजा चतुरभुज आजू। कंस न रहा और को साजू।।
हौं होइ भीम आजु रन गाजा। पाछे घालि डुँगवै राजा।।
होइ हनुवँत जमकातर ढाहौं। आजु स्वामि साँकरे निबाहौं।।
होइ नल नील आजु हौं, देहुँ समुद महँ मेंड़।
कटक साह जर टेकौं, होइ सुमेरु रन बेंड़।।9।।

ओनई षटा चहूँ दिसि आई। छूटहिं बान मेघ झरि लाई।।
डोलै नाहिं देब अस आदी। पहुँचै आइ तुरुक सब बादी।।
हाथन्ह गहे खडग हरद्वानी। चमकहिं सेल बीजु कै बानी।।
सोझ बान जस आवहिं गाजा। बासुकि डरै सीस जनु बाजा।।
नेजा उठे डरै मन इंदू। आइ न बाज जानि कै हिंदू।।
गोरै साथ लीन्ह सब साथी। जस मैमंत सूँड़ बिनु हाथी।।
सब मिलि पहिलि उठौनी कीन्ही। आवत आइ हाँक रउन दीन्ही।।
रुंड मुंड अब टूटहिं, स्यो बखतर और कूँड़।
तुरय होंहिं बिनु काँधे, हस्ति होहिं बिनु सूँड़।।10।।

ओनवत आइ सेन सुलतानी। जानहुँ परलय आव तुलानी।।
लोहे सेन सूझ सब कारी। तिल एक कहूँ न सूझ उधारी।।
खड़ग फोलाद तुरुक सब काढ़े। धरे बीजु अस चमकहिं ठाढ़े।।
पीलवान गज पेले बाँके। जानहुँ काल करहिं दुइ फाँके।।

---

(8) गोई=गेंद। खेल=खेल में। काकरि=किसकी। हाल करै=हलचल मचावे, मैदान मारे। कूरी=धुस या टीला जिसे गेंद को लाँघना पड़ता है। पैज=प्रतिज्ञा। अनकाढ़े=बिना निकाले। (9) हाँका=ललकारा। गोरा=(क) गोरा सामंत, (ख) श्वेत। सोहिल=सुहेल, अगस्त्य तारा। डुँगवै=टीला या धुस्स। पीछे घालि... राजा=रत्नसेन को पहाड़ या धुस्स के पीछे रखकर। साँकरे=संकट में। निबाहौं=निस्तार करूँ। बेंड=बेंडा, आड़ा। (10) देव=दैत्य। आदी=बिलकुल, पूरा। बादी=शत्रु। हरद्वानी=हरद्वान की तलवार प्रसिद्ध थी। बानी=कांति, चमक। गाजा=वज्र। इंदू=इंद्र। आइ न बाज... हिंदू=कहीं हिंदू जानकर मुझपर न पड़े। गोरै=गोरा ने। उठौनी=पहला धावा। स्यो=साथ। कूँड=लोहे की टोपी जो लड़ाई में पहनी जाती है।

जनु जमकात करसि सब भवाँ। जिउ लेइ चहहिं सरग अपसवाँ।।
सेल सरप जनु चाहहिं डसा। लेहिं काढ़ि जिउ मुख विष बसा।।
तिन्ह सामुहँ गोरा रन कोपा। अंगद सरिस पाँव भुइँ रोपा।।
सुपुरुष भागि न जानै, भुइँ जौ फिरि फिरि लेइ।
सूर गहे दोऊ कर, स्वामि काज जिउ देइ।।11।।

भइ बगमेल, सेल घनघोरा। औ गज पेल, अकेल सो गोरा।।
सहस कुँवर सहसौ सत बाँधा। भार पहार जूझ कर काँधा।।
लगे मरै गोरा कै आगे। बाग न मोर घाव मुख लागे।।
जैस पतंग आगि धँसि लेई। एक मुवै, दूसर जिउ देई।।
टूटहिं सीस, अधर धर मारै। लोटहिं कंधहिं कंध निरारै।।
कोई परहिं रुहिर होइ राते। कोई घायल घूमहिं माते।।
कोइ खूरखेह गए भरि भोगी। भसम चढ़ाइ परे होइ जोगी।।
धरी एक भारत भा, भा असवारन्ह मेल।
जुझि कुँवर सब निबरे, गोरा रहा अकेल।।12।।

गोरै देख साथि सब जूझा। आपन काल नियर भा, बूझा।।
कोपि सिंघ सामुहँ रन मेला। लाखन्ह सौं नहिं मरै अकेला।।
लेइ हाँकि हस्तिन्ह कै ठटा। जैसे पवन बिदारै घटा।।
जेहि सिर देइ कोपि करवारू। स्यो घोड़े टूटै असवारू।।
लोटहिं सीस कबंध निनारे। माठ मजीठ जनहुँ रन ढारे।।
खेलि फाग सेंदुर छिरकावा। चाँचरि खेलि आगि जनु लावा।।
हस्ती घोड़ धाइ जो धूका। ताहि कीन्ह सो रुहिर भभूका।।
भइ अज्ञा सुलतानी, बेगि करहु एहि हाथ।
रतन जोत है आगे, लिये पदारथ साथ।।13।।

सबै कटक मिलि गोरहि छेका। गूँजत सिंघ जाइ नहिं टेका।।
जेहि दिसि उठै सोइ जनु खावा। पलटि सिंघ तेहि ठावँ न आवा।।

---

(11) ओनवत=झुकती और उमड़ती हुई। लोह=लोहे से। सूझ=दिखाई पड़ती है। फौलाद=फौलाद। करहिं दुइ फाँके=चीरना चाहते हैं। फाँके=टुकड़े। जमकात=यम का खाँड़ा, एक प्रकार का खाँड़ा। भवाँ करहिं=घूमते हैं। अपसवाँ चहहिं=चल देना चाहते हैं। सेल=बरछे। सरप=साँप। भुइँ लेइ=गिर पड़े। सूर=शूल, भाला। (12) बगमेल=घोड़ों का बाग से बाग मिलाकर चलना, सवारों की पंक्ति का धावा। अधर धर मारै=धड़ या कबंध अधर में वार करता है। कंध=धड़। निरारै=बिलकुल, यहाँ से वहाँ तक (अवध)। भोगी=भोग-विलास करनेवाले सरदार थे। भारत=घोर युद्ध। कुँवर=गोरा के साथी राजपूत। निबरे=समाप्त हुए। (13) गोरै=गोरा ने। करवारू=करवाल, तलवार। स्यो=साथ। टूटै=कट जाता है। निनारे=अलग। धूका=झुका। रुहिर=रुधिर से। भभूका=अंगारे सा लाल। एहि हाथ करहु=इसे पकड़ो।

तुरुक बोलावहिं, बोलै बाहाँ। गोरै मीचु धरी जिउ माहाँ।।
मुए पुनि जूझि जाज, जगदेऊ। जियत न रहा जगत महँ केऊ।।
जिनि जानहु गोरा सो अकेला। सिंघ के मोंछ हाथ को मेला?।।
सिंघ जियत नहिं आपु धरावा। मुए पाछ कोई घिसियावा।।
करै सिंघ मुख सौहहिं दीठी। जौ लगि जियै देइ नहिं पीठी।।
रतनसेन जो बाँधा, मसि गोरा के गात।
जौ लगि रुधिर न धोवौं, तौ लगि होइ न रात।।14।।

सरजा बीर सिंह चढ़ि गाजा। आइ सौंह गोरा सौं बाजा।।
पहलबान सो बखाना बली। मदद मीर हमजा औ अली।।
लँधउर धरा देव जस आदी। और को बर बाँधै, को बादी?।।
मदद अयूब सोस चढ़ि कोपे। महामाल जेइ नावँ अलोपे।।
औ ताया सालार सो आए। जेइ कौरव पंडव पिंड पाए।।
पहुँचा आइ सिंघ असवारू। जहाँ सिंघ गोरा बरियारू।।
मारेसि साँग पेट महँ धँसी। काढ़ेसि हुमुकि आँति भुइँ खसी।।
भाँट कहा, धनि गोरा! तू भा रावन राव।
आँति समेटि बाँधि कै, तुरय देत है पाव।।15।।

कहेसि अंत अब भा भुइँ परना। अंत न खसे खेह सिर भरना।।
कहि कै गरजि सिंघ अस्र धावा। सरजा सारदूल पहँ आवा।।
सरजै लीन्ह साँग पर धाऊ। परा खड़ग जनु परा निहाऊ।।
बज्र क साँग, बज्र कै डाँड़ा। उठा आगि तस बाजा खाँड़ा।।
जानहु बज्र बज्र सौं बाजा। सबही कहा परी अब गाजा।।
दूसर खड़ग कंध पर दीन्हा। सरजै ओहि ओड़न पर लीन्हा।।
तीसर खड़ग कूँड़ पर लावा। काँध गुरुज हुत, घाव न आवा।।

---

(14) गूँजत=गरजता हुआ। टेका=पकड़ा। पलटि सिंह...आवा=जहाँ से आगे बढ़ता है वहाँ पीछे हटकर फिर नहीं आता। बोलै बाहाँ=वह मुँह से नहीं बोलता है। उसकी बाँहें खड़कती हैं। गोरै=गोरा ने। जाज, जगदेऊ=जाजा और जगदेव कोई ऐतिहासिक वीर जान पड़ते हैं। घिसियावा=घिसियावे, घसीटे। रतनसेन जो...गात=रतनसेन जो बाँधे गए इसका कलक गोरा के शरीर पर लगा हुआ है। रुहिर=रुधिर से। रात=लाल अर्थात् कलंकरहित। (15) मीर हमजा=मीर हमजा मुहम्मद साहब के चाचा थे जिनकी वीरता की बहुत सी कल्पित कहानियाँ पीछे से जोड़ी गईं। लँधउर=लंधौर देब नामक एक कल्पित हिन्दू राजा जिसे मीर हमजा ने जीत कर अपना मित्र बनाया था; मीर हमजा के दास्तान में यह बड़े डील-डौल का और बड़ा भारी वीर कहा गया है। मदद...अली=मानो इन सब वीरों की छाया उसके ऊपर थी। बर बाँधे=हठ या प्रतिज्ञा करके सामने आए। बादी=शत्रु। महामाल=कोई क्षत्रिय राजा या वीर। जेइ=जिसने। सालार=शायद सालार मसऊद गाजी (गाजी मियाँ)। बरियारू=बलवान्। हुमुकि=जोर से। काढ़ेसि हुमुकि=सरजा ने जब भाला जोर से खींचा। खसी=गिरी।

तस मारा हठि गोरै, उठी बज्र कै आगि।
कोइ नियरे नहिं आवै, सिंघ सदूरहि लागि।।16।।

तब सरजा कोपा बरिबंडा। जनहु सदूर केर भुजदंडा।।
कोपि गरजि मारेसि तस बाजा। जानहु परी टूटि सिर गाजा।।
ठाँठर टूट, फूट सिर तासू। स्यो सुमेरु जनु टूट अकासू।।
धमकि उठा सब सरग पतारू। फिरि गइ दीठि, फिरा संसारू।।
भइ परलय अस सबही जाना। काढ़ा खड़ग सरग नियराना।।
तस मारेसि स्यो घोड़ै काटा। धरती फाटि, सेस फन फाटा।।
जौ अति सिंह बरी होइ आई। सारदूल सौं कौंनि बड़ाई?।।
गोरा परा खेत महँ, सुर पहुँचावा पान।
बादल लेइगा राजा, लेइ चितउर नियरान।।17।।

---

(16) सरजै=सरजा ने। जनु परा निहाऊ=मानो निहाई पर पड़ा (अर्थात् साँग को न काट सका)। डाँड़ा=दंड या खंग। ओड़न=ढाल। कूँड़=लोहे का टोप। गुरुज=गुर्ज, गदा। काँध गुरुज हुत=कंधे पर गुर्ज था (इससे)। लागि=मुठभेड़ या युद्ध में। (17) बरिबंडा=बलवान। सदूर=शार्दूल। तस बाजा=ऐसा आघात पड़ा। ठाँठर=ठठरी। फिरा संसारू=आँखों के सामने संसार न रह गया। स्यो=सहित। सुर पहुँचावा पान=देवताओं ने पान का बीड़ा अर्थात् स्वर्ग का निमंत्रण दिया।

(54) बंधन-मोक्ष; पद्मावती-मिलन खंड

पदमावति मन रही जो झूरी। सुनत सरोवर हिय गा पूरी।।
अद्रा महि हुलास जिमि होई। सुख सोहाग आदर भा सोई।।
नलिन नोक दल कीन्ह अँकूरू। बिगसा कँवल उवा जब सूरू।।
पुरइनि पूर सँवारे पाता। औ सिर आनि धरा बिधि छाता।।
लागेउ उदय होइ जस भोरा। रैनि गई, दिन कीन्ह अँजोरा।।
अस्ति अस्ति कै पाई कला। आगे बली कटक सब चला।।
देखि चाँद अस पदमावति रानी ।सखी कुमोद सबै बिगसानी।।
गहन छूट दिनिअर कर, ससि सौं भयउ मेराव।
मँदिर सिंघासन साजा, बाजा नगर बधाव।।1।।

बिहँसि चाँद देइ माँग सेंदूरू। आरति करै चली जहँ सूरू।।
औ गोहन ससि नखत तराईं। चितउर कै रानी जहँ ताईं।।
जनु बसंत ऋतु पलुही छूटी। की सावन महँ बीर बहूटी।।
भा आनंद, बाजा घन तूरू। जगत रात होइ चला सेंदूरू।।
डफ मृदंग मंदिर बहु बाजे। इंद्र सबद सुनि सबै सो लाजे।।
राजा जहाँ सूर परगासा। पदमावति मुख कँवल बिगासा।।
कँवल पाँय सूरुज के परा। सूरुज कँवल आनि सिर धरा।।
सेंदुर फूल तमोल सौं, सखी सहेली साथ।
धनि पूजे पिउ पायँ दुइ, पिउ पूजा धनि माथ।।2।।

पूजा कौनि देउँ तुम्ह राजा? सबै तुम्हार, आव मोहि लाजा।।
तन मन जोबन आरति करऊँ। जीव काढ़ि नेवछावरि धरऊँ।।
पंथ पूरि कै दिस्टि बिछावौं। तुम पग धरहु, सीस मैं लावौं।।
पायँ निहारत पलक न मारौं। बरुनी सेंति चरन रज झारौं।।

---

(1) झूरी रही=सूख रही थी। अस्ति, अस्ति=वाह-वाह। दिनिअर=दिनकर, सूर्य।

हिय सो मंदिर तुम्हरै नाहा। नैन पंथ पैठहु तेहि माहाँ।।
बैठहु पाट छत्र नव फेरी। तुम्हरे गरब गरुइ मैं चेरी।।
तुम जिउ, मैं तन जौ लहि मया। कहै जो जीव करै सो कया।।
जौ सूरज सिर ऊपर, तौ रे कँवल सिर छात।
नाहिं त भरे सरोवर, सूखे पुरइन पात।।3।।

परसि पायँ राजा के रानी। पुनि आरति बादल कहँ आनी।।
पूजे बादल के भुजदंडा। तुरय के पायँ दाब कर खंडा।।
यह गजगवन गरब जो मोरा। तुम राखा, बादल औ गोरा।।
सेंदुर तिलक जो आँकुस अहा। तुम राखा, माथे तौ रहा।।
काछ काछि तुम जिउ पर खेला। तुम जिउ आनि मँजूषा मेला।।
राखा छात, चँवर औधारा। राखा छुद्रघंट झनकारा।।
तुम हनुवँत होइ धुजा पईठे। तब चितउर पिय आइ बईठे।।
पुनि गजमत्त चढ़ावा, नेत बिछाई खाट।
बाजत गाजत राजा, आइ बैठ सुखपाट।।4।।

निसि राजै रानी कँठ लाई। पिउ मरि जिया नारि जनु पाई।।
रति रति राजै दुख उगसारा। जियत जीउ नहिं होउँ निनारा।।
कठिन बंदि तुरकन्ह लेइ गहा। जो सँवरा जीउ पेट न रहा।।
घालि निगड़ ओबरी लेइ मेला। साँकरि औ अँधियार दुहेला।।
खन खन करहिं सड़ासन्ह आँका। औ निति डोम छुअवहिं बाँका।।
पाछे साँप रहहिं चहुँ पासा। भोजन सोइ, रहै भर साँसा।।
राँध न तहँवा दूसर कोई। न जनौं पवन पानि कस होई।।
आस तुम्हारि मिलन कै, तब सो रहा जिउ पेट।
नाहिं त होत निरास जौ, कित जीवन कित भेंट!।।5।।
तुम्ह पिउ! आइ परी असि बेरा। अब दुख सुनहु कँवल धनि केरा।।
छोड़ि गयउ सरवर महँ मोहीं। सरवर सूखि गयउ बिनु तोहीं।।

---

(3) आरति=आरती। पूरि कै=भरकर। सेंति=से। तुम्हरै=तुम्हारा ही। गरुइ=गरुई, गौरवमयी। छात=छत्र (कमल के बीच छत्ता होता भी है)। (4) तुरय के...कर खंडा=बादल के घोड़े के पैर भी दाबे अपने हाथ से। सेंदुर तिलक अहा=सिंदूर की रेखा जो मुझ गजगामिनी के सिर पर अंकुश के समान है अर्थात् मुझपर दाब रखनेवाले मेरे स्वामी का (अर्थात् सौभाग्य का) सूचक है। तुम जिउ...मेला=तुमने मेरे शरीर में प्राण डाले। औधारा=ढारा। छुद्रघंट=घुँघरूदार करधनी। नेत=रेशमी चादर; जैसे, ओढ़े नेत पिछौरा—गीत। (5) रति रति-रत्ती रत्ती, थोड़ा-थोड़ा करके सब। उगसारा=निकाला, खोला, प्रकट किया। निगड़=बेड़ी। ओबरी=तंग कोठरी। आँका करहिं=दागा करते थे। बाँका=हँसिए की तरह झुका हुआ टेढ़ा औजार जिससे धरकार (बीजन, मोढ़े आदि बनानेवाले) बाँस छीलते हैं। भोजन सोइ=साँसा...भोजन इतना ही मिलता था जितने से साँस या प्राण बना रहे। राँध=पास, समीप।

केलि जो करत हंस उड़ि गयऊ। दिनिअर निपट सो बैरी भयऊ।।
गईं तजि लहरैं पुरइन पाता। मुइउँ धूप, सिर रहेउ न छाता।।
भइउँ मीन, तन तलफै लागा। बिरह आइ बैठा होइ कागा।।
काग चोंच, तस साल, नाहा। जब बँदि तोरि साल हिय माहाँ।।
कहौं 'काग! अब तहँ लेइ जाही। जहँवा पिउ देखै मोहिं खाही'।।
काग औ गिद्ध न खंडहिं, का मारहिं, बहु मंदि?।
एहि पछितावै सुठि मुइउँ, गइउँ न पिउ सँग बंदि।।6।।

तेहि ऊपर का कहौ जो भारी। बिषम पहार परा दुख भारी।।
दूती एक देवपाल पठाई। बाम्हनि भेस छरै मोहिं आई।।
कहै तोरि हौं आहुँ सहेली। चलि लेइ जाउँ भँवर जहँ, बेली।।
तब मैं ज्ञान कीन्ह, सत बाँधा। ओहि कर बोल लाग बिष साँधा।।
कहूँ कँवल नहिं करत अहेरा। चाहे भँवर करै से फेरा।।
पाँच भूत आतमा नेवारिउँ। बारहि बार फिरत मन मारिउँ।।
रोइ बुझाइउँ आपन हियरा। कंत न दूर, अहै सुठि नियरा।।
फूल बास, घिउ छीर जेउँ नियर मिलै एक ठाइँ।
तस कंता घट घर कैं, जिइउँ अगिनि कहँ खाइ।।7।।

---

(6) तुम्ह पिउ...बेरा=तुमपर तो ऐसा समय पड़ा। न खंडहिं=नहीं खाते थे, नहीं चबाते थे। का मारहिं, बहु मंदि=वे मुझे क्या मारते, मैं बहुत क्षीण हो रही थी। (7) मारी=मार, चोट। साँधा=सना, मिला। कहूँ कँवल ...सै फेरा=चाहे भौंरा (पुरुष) सौ जगह फेरे लगाए पर कमल (स्त्री) दूसरों को फँसाने नहीं जाता। पाँच भूत...मारिउँ=फिर योगिनी बनकर उस योगिनी के साथ जाने की इच्छा हुई पर अपने शरीर और आत्मा को घर बैठे ही वश किया और योगिनी होकर द्वार द्वार फिरने की इच्छा को रोका। जेउँ=ज्यों, जिस प्रकार। फूल बास...खाइ—जैसे फल में महँक और दूध में घी मिला रहता है वैसे ही अपने शरीर में तुम्हें मिला समझकर इतना संताप सहकर मैं जीती रही।

(55) रत्नसेन-देवपाल-युद्ध खंड

सुनि देवपाल राय कर चालू। राजहि कठिन परा हिय सालू।।
दादुर कतहुँ कँवल कहँ पेखा। गादुर मुख न सूर कर देखा।।
अपने रँग जस नाच मयूरू। तेहि सरि साध करै तमचूरू।।
जौ लगि आइ तुरुक गढ़ बाजा। तौ लगि धरि आनौं तौ राजा।।
नींद न लीन्ह, रैनि सब जागा। होत बिहान जाइ गढ़ लागा।।
कुंभलनेर अगम गढ़ बाँका। बिषम पंथ चढ़ि जाइ न झाँका।।
राजहि तहाँ गयउ लेइ कालू। होइ सामुहँ रोपा देवपालू।।
दुवौ अनी सनमुख भइं, लोहा भयउ असूझ।
सत्रु जूझि तब नेवरै, एक दुवौ महँ जूझ।।1।।

जौ देवपाल राव रन गाजा। मोहि तोहि जूझ एकौझा, राजा!।।
मेलेसि साँग आइ बिष भरी। मेटि न जाइ काल कै घरी।।
आइ नाभि पर साँग बईठी। नाभि बेधि निकसी सो पीठी।।
चला मारि, तब राजै मारा। टूट कंध, धड़ भयउ निनारा।।
सीस काटि कै बैरी बाँधा। पावा दाँव बैर जस साधा।।
जियत फिरा आयउ बल भरा। माँझ बाट होइ लोहै धरा।।
कारी घाव जाइ नहिं डोला। रही जीभ जम गही, को बोला?।।
सुधि बुधि तौ सब बिसरी, भार परा मझ बाट।
हस्ति घोर को काकर? घर आनी गइ खाट।।2।।

---

(1) पेखा=देखता है। गादुर=चमगादर। सूर=सूर्य। सरि=बराबरी। लोहा भयउ=युद्ध हुआ। नेवरे=समाप्त हो, निबटे। (2) एकौभा=अकेले, द्वंद्वयुद्ध। चला मारि...मारा=वह भाला मारकर चला जाता था, तब राजा रत्नसेन ने फिरकर उस पर भी वार किया। बैरी=शत्रु देवपाल को। माँझ बाट...धरा=आधे रास्ते पहुँचकर हथियार छोड़ दिया। कारी=गहरा, भारी। भार परा मँझ बाट=बोझ की तरह राजा रत्नसेन बीच रास्ते में गिर पड़े।

(56) राजा रत्नसेन बैकुंठवास खंड

तौ लहि साँस पेट महँ अही। जौ लहि दसा जीउ कै रही।।
काल आउ देखराई साँटी। उठि जिउ चला छोड़ि कै माटी।।
काकर लोग, कुटुँब, घर बारू। काकर अरथ दरब संसारू।।
ओही घरी सब भयउ परावा। आपन सोइ जो परसा, खावा।।
अहे जे हितू साथ के नेगी। सबै लाग काढ़ै तेहि बेगी।।
हाथ झारि जस चलै जुवारी। तजा राज, होइ चला भिखारी।।
जब हुत जीउ, रतन सब कहा। भा बिनु जीउ, न कौड़ी लहा।।
गढ़ सौंपा बादल कहँ, गए टिकठि बसि देव।
छोड़ी राम अयोध्या, जो भावै सो लेव।।1।।

(1) साँटी=छड़ी। आपन सोइ...खावा=अपना वही हुआ जो खाया और दूसरे को खिलाया। नेगी=पानेवाले। हुत=था। टिकठि=टिकठी, अरथी जिसपर मुरदा ले जाते हैं। देव=राजा। जो भावै सो लेव=जो चाहे सो ले।

(57) पदमावती-नागमती-सती खंड

पदमावति पुनि पहिरि पटोरी। चली साथ पिउ के होइ जोरी।।
सूरुज छपा, रैनि होइ गई। पूनो ससि सो अमावस भई।।
छोरे केस, मोति लर छूटीं। जानहुँ रैनि नखत सब टूटीं।।
सेंदुर परा जो सीस उघारा। आगि लागि चह जग अँधियारा।।
वही दिवस हौं चाहति नाहा। चलौं साथ, पिउ! देइ गलबाहाँ।।
सारस पंखि न जियै निनारे। हौं तुम्ह बिनु का जिऔं, पियारे।।
नेवछावरि कै तन छहरावौं। छार होउँ सँग, बहुरि न आवौं।।
दीपक प्रीति पतंग जेउँ, जनम निबाह करेउँ।
नेवछावरि चहुँ पास होइ, कंठ लागि जिउ देउँ।।1।।

नागमती पदमावति रानी। दुवौ महा सत सती बखानी।।
दुवौ सवति चढ़ि खाट बईठीं। औ सिवलोक परा तिन्ह दीठी।।
बैठौ कोइ राज ओ पाटा। अंत सबै बैठे पुनि खाटा।।
चंदन अगर काठ सर साजा। औ गति देइ चले लेइ राजा।।
बाजन बाजहिं होइ अगूता। दुवौ कंत लेइ चाहहिं सूता।।
एक जो बाजा भयउ बियाहू। अब दुसरे होइ ओर निबाहूँ।।
जियत जो जरै कंत के आसा। मुएँ रहसि बैठे एक पासा।।
आजु सूर दिन अथवा, आजु रैनि ससि बूड़।
आजु नाचि जिउ दीजिय, आजु आगि हम्ह जूड़।।2।।

सर रचि दान पुन्नि बहु कीन्हा। सात बार फिरि भाँवरि लीन्हा।।
एक जो भाँवरि भईं बियाही। अब दुसरे होइ गोहन जाहीं।।

---

(1) आगि लागि...अँधियार=काले बालों के बीच लाल सिंदूर मानो यह सूचित करता था कि अँधेरे संसार में अब आग लगा चाहती है (पदमावती के सती होने का आभास मिलता है)। छहरावौं=छितराऊँ। (2) महा सत=सत्य में। तिन्ह दीठि परा=उन्हें दिखाई पड़ा। बैठौ=चाहे बैठे। खाटा=अर्थी, टिकठी। अगूता होइ=आगे होकर। सूता चहहिं=सोना चाहती हैं। बाजा=बाजे से। ओर निबाहू=अंत का निर्वाह। रहसि=प्रसन्न होकर। बूड़=डूबा। हम्ह=हमें, हमारे लिए। जूड़=ठंढी।

जियत, कंत! तुम हम्ह गर लाई। मुए कंठ नहिं छोड़हिं, साईं!।।
औ जो गाँठि, कंत! तुम्ह जोरी। आदि अंत लहि जाइ न छोरी।।
यह जग काह जो अछहि न आथी। हम तुम, नाह! दुहूँ जग साथी।।
लेइ सर ऊपर खाट बिछाई। पौढ़ीं दुवौ कंत गर लाई।।
लागीं कंठ आगि देइ होरी। छार भईं जरि, अंग न मोरी।।

रातीं पिउ के नेह गईं, सरग भयउ रतनार।
जो रे उवा, सो अथवा, रहा न कोइ संसार।।3।।

वै सहगवन भईं जब जाई। बादसाह गढ़ छेंका आई।।
तौ लगि सो अवसर होइ बीता। भए अलोप राम औ सीता।।
आइ साह जौ सुना अखारा। होइगा राति दिवस उजियारा।।
छार उठाइ लीन्ह एक मूठी। दीन्ह उड़ाइ, पिरथिमी झूठी।।
सगरिउ कटक उठाई माटी। पुल बाँधा जहँ जहँ गढ़ घाटी।।
जौ लहि ऊपर छार न परै। तौ लहि यह तिस्ना नहिं मरै।।
भा धावा, भइ जूझ असूझा। बादल आइ पँवरि पर जूझा।।

जौहर भईं सब इस्तिरी, पुरुष भए संग्राम।
बादसाह गढ़ चूरा, चितउर भा इसलाम।।4।।

---

(3) सर=चिता। गोहन=साथ। हम्ह गर लाइ=हमें गले लगाया। अंत लहि=अंत तक। अछहि=है। आथी=सार, पूँजी, अस्तित्व। अछहि न आथी=जो स्थिर या सारवान नहीं है। रतनार=लाल, प्रेममय या आभापूर्ण। (4) सहगवन भईं=पति के साथ सहगमन किया; सती हुईं। तौ लगि...बीता=तब तक वहाँ सब कुछ हो चुका था। अखारा=अखाड़े या सभा में, दरबार में। गढ़ घाटी=गढ़ की खाई। पुल बाँधा... घाटी=सती स्त्रियों की एक एक मुट्ठी राख इतनी हो गई कि उससे जगह-जगह खाई पट गई और पुल सा बँध गया। जौ लहि=जब तक। तिस्ना=तृष्णा। जौहर भईं=राजपूत प्रथा के अनुसार जल मरीं। संग्राम भए=खेत रहे, लड़कर मरे। चितउर भा इसलाम=चित्तौरगढ़ में भी मुसलमानी अमलदारी हो गई।

उपसंहार

मैं एहि अरथ पंडितन्ह बूझा। कहा कि हम्ह किछु और न सूझा।।
चौदह भुवन जो तर उपराहीं। ते सब मानुष के घट माहीं।।
तन चितउर, मन राजा कीन्हा। हिय सिंघल, बुधि पदमावति चीन्हा।।
गुरु सुआ जेइ पंथ देखावा। बिनु गुरु जगत को निरगुन पावा।।
नागमती यह दुनिया धंधा। बाँचा सोइ न एहि चित बंधा।।
राघव दूत सोइ सैतानू। माया अलाउदीं सुलतानू।।
प्रेम कथा एहि भाँति बिचारहु। बूझि लेहु जौ बूझै पारहु।।
तुरकी, अरबी, हिंदुई, भाषा जेती आहिं।
जेहि महँ मारग प्रेम कर, सबै सराहैं ताहि।।1।।

मुहमद कबि यह जोरि सुनावा। सुना सो पीर प्रेम कर पावा।।
जोरी लाइ रकत कै लेई। गाढ़ि प्रीति नयनन्ह जल भेई।।
औ मैं जानि गीत अस कीन्हा। मकु यह रहै जगत महँ चीन्हा।।
कहाँ सो रतनसेन अब राजा?। कहाँ सुआ अस बुधि उपराजा?।।
कहाँ अलाउदीन सुलतानू?। कहँ राघव जेइ कीन्ह बखानू?।।
कहँ सुरूप पदमावति रानी?। कोइ न रहा, जग रही कहानी।।
धनि सोई जस कीरति जासू। फूल मरै, पै मरै न बासू।।
केइ न जगत जस बेंचा, केइ न लीन्ह जस मोल?।
जो यह पढ़ै कहानी, हम्ह सँवरै दुइ बोल।।2।।

---

(1) एहि=इसका। पंडितन्ह=पंडितों से। कहा...सूझा=उन्होंने कहा, हमें तो सिवा इसके और कुछ नहीं सूझता है कि। उपराहीं=ऊपर। निरगुन=ब्रह्म, ईश्वर। (2) जोरी लाइ...भेई=इस कविता को मैंने रक्त की लेई लगाकर जोड़ा है और गाढ़ी प्रीति को आँसुओं से भिगो-भिगोकर गीला किया है। चीन्हा=चिह्न, निशान। उपराजा=उत्पन्न किया। अस बुधि उपराजा=जिसने राजा रत्नसेन के मन में ऐसी बुद्धि उत्पन्न की। केइ न जगत जस बेचा=किसने इस संसार में थोड़े के लिए अपना यश नहीं खोया? अर्थात् बहुत से लोग ऐसे हैं। हम्ह सँवरै=हमें याद करेगा। दुइ बोल=दो शब्दों में, दो बार।

मुहमद बिरिध बैस जो भई। जोबन हुत, जो अवस्था गई।।
बल जो गयउ कै खीन सरीरू। दिस्टि गई नैनहिं देइ नीरू।।
दसन गए कै पचा कपोला। बैन गए अनरुच देइ बोला।।
बुधि जो गई देइ हिय बौराई। गरब गयउ तरहुँत सिर नाई।।
सरवन गए ऊँच जौ सुना। स्याही गई सीस भा धुना।।
भँवर गए केसहि देइ भूवा। जोबन गयउ जीति लेइ जूवा।।
जौ लहि जीवन जोबन साथा। पुनि सो मीचु पराए हाथा।।
बिरिध जो सीस डोलावै, सीस धुनै तेहि रीस।
बूढ़ी आऊ होहु तुम्ह, केइ यह दीन्ह असीस? ।।3।।

(3) पचा=पिचका हुआ। अनरुच=अरुचिकर। बौराई=बावलापन, जैसे, करत फिरत बौराई।—तुलसी। तरहुत=नीचे की ओर। धुना=धुनी रूई। भूवा=काँस के फूल, घुवा। जौ लहि हाथा=कवि कहता है कि जब तक जिन्दगी रहे जवानी के साथ रहे, फिर जब दूसरे का आश्रित होना पड़े तब तो मरना ही अच्छा है। रीस=रिस या क्रोध से। केइ...असीस=किसने व्यर्थ ऐसा आशीर्वाद दिया।

अखरावट

दोहा

गगन हुता नहिं महि हुती, हुते चंद नहिं सूर।
ऐसइ अंधकूप महँ रचा मुहम्मद नूर।।

सोरठा

साईं केरा नाँव, हिया पूर, काया भरी।
मुहमद रहा न ठाँव, दूसर कोइ न समाइ अब।।

आदिहु ते जो आदि गोसाईं। जेइ सब खेल रचा दुनियाईं।।
जस खेलेसि तस जाइ न कहा। चौदह भुवन पूरि सब रहा।।
एक अकेल न दूसर जाती। उपजे सहस अठारह भाँती।।
जौ वै आनि जोति निरमई। दीन्हेसि ज्ञान, समुझि मोहिं भई।।
औ उन्ह आनि बार मुख खोला। भइ मुख जीभ बोल मैं बोला।।
बै सब किछु, करता किछु नाहीं। जैसे चलै मेघ परछाहीं।।
परगट गुपुत बिचारि सो बूझा। सो तजि दूसर और न सूझा।।

दोहा

कहौं सो ज्ञान ककहरा, सब आखर महँ लेखि।
पंडित पढ़ अखरावटी, टूटा जोरेहु देखि।।

सोरठा

हुता जो सुन्न-म-सुन्न, नावँ ठावँ ना सुर सबद।
तहाँ पाप नहिं पुन्न, मुहमद आपुहि आपु महँ।।1।।

---

(1) हुता=था। अंधकूप=शून्य अंधकार। नूर=ज्योति, हदीस के अनुसार ईश्वर ने सबसे पहले मुहम्मद पैगंबर की ज्योति उत्पन्न की। केरा=का। मुहम्मद रहा...अब=कवि मुहम्मद कहते हैं कि नाम ही तन-मन में भर रहा है, अब दूसरी वस्तु के लिए हृदय में कहीं जगह ही नहीं है। न दूसर जाती=दूसरी जिन्स नहीं थी, दूसरे प्रकार की कोई वस्तु नहीं थी। सहस अठारह भाँती=जैसे हमारे यहाँ चौरासी लाख योनियों की कल्पना है वैसे ही मुसलमानों के यहाँ अठारह हजार की। बार=बाल से (साधारण कल्पना है कि ईश्वर ने →

आपु अलख पहिले हुत जहाँ। नाँव न ठाँव न मूरति तहाँ।।
पूर पुरान, पाप नहिं पुन्नू। गुपुत तें गुपुत, सुन्न तें सुन्नू।।
अलख अकेल सबद नहिं भाँती। सूरज, चाँद, दिवस नहिं राती।।
आखर, सुर, नहिं बोल, अकारा। अकथ कथा का कहौं बिचारा।।
किछु कहिए तो किछु नहिं आखौं। पै किछु मुँह महँ किछु हिय राखौं।।
बिना उरेह अरंभ बखाना। हुता आपु महँ आपु समाना।।
आस न, बास न, मानुष अंडा। भए चौखँड जो ऐस पखंडा।।

दोहा

सरग न, धरति न खंभमय, बरम्ह न बिसुन महेस।
बजर बीज बीरौ अस, ओहि न रंग न भेस।।

सोरठा

तब भा पुनि अंकूर, सिरजा दीपक निरमला।
रचा मुहम्मद नूर, जगत रहा उजियार होइ।।2।।
ऐस जो ठाकुर किय एक दाऊँ। पहिले रचा मुहम्मद नाऊँ।।
तेहि कै प्रीति बीज अस जामा। भए दुइ बिरिछ सेत औ सामा।।
होतै बिरवा भए दुइ पाता। पिता सरग औ धरती माता।।
सूरुज, चाँद दिवस औ राती। एकहि दूसर भयउ सँघाती।।
चलि सो लिखनी भइ दुइ फारा। बिरिछ एक उपनी दुइ डारा।।
भेंटेन्हि जाइ पुन्नि औ पापू। दुख औ सुख, आनँद संतापू।।
औ तब भए नरक बैकूँठू। भल और मंद साँच औ झूठू।।

दोहा

नूर मुहम्मन देखि तब, भा हुलास मन सोइ।
पुनि इबलीस सँचारेउ, डरत रहै सब कोइ।।

→ कुश या बाल से चीरकर मुँह बनाया)। करता=जीव जो कर्म करता दिखाई पड़ता है। सुन्न-म-सुन्न=बिलकुल शून्य। मुहमद आपुहि आपु महँ=उस समय ईश्वर की कलाएँ ईश्वर में ही लीन थीं, सृष्टि रूप में उनका विस्तार नहीं हुआ था।

(2) पुर पुरान=पूर्ण पुराण पुरुष ही था। गुपुत तें...सुन्नू=गुप्त से भी गुप्त और शून्य से भी शून्य। सुर=स्वर। किछु कहिए...आँखों=यदि मैं कुछ कहता हूँ, तो भी मानो उसके संबंध में कुछ नहीं कहता हूँ, क्योंकि वह वर्णन के बाहर है। उरेह=रूपरेखा या चित्र। अंडा पिंड, शरीर। चौखंड=चारों ओर। पखंडा=प्रपंच विस्तार। खंभमय=खंभों सहित (पहाड़ पृथ्वी के खंभे हैं)। बरम्ह=ब्रह्मा। बजर बीज बीरौ अस=इस संसार रूपी वृक्ष का वज्र के समान स्थिर बीज मात्र था।

सोरठा

हुता जो एकहि संग, हौं तुम्ह काहे बीछुरा?
अब जिउ उठै तरंग, मुहमद कहा न जाइ किछु ।।3 ।।

जौ उतपति उपराजै चहा। आपनि प्रभुता आपु सौं कहा।।
रहा जो एक जल गुपुत समुंदा। बरसा सहस अठारह बुंदा।।
सोई अंस घटै घट मेला। ओ सोइ बरन बरन होइ खेला।।
भए आपु औ कहा गोसाईं। सिर नावहु सगरिउ दुनियाईं।।
आने फूल भाँति बहु फूले। बास बेदि कौतुक सब भूले।।
जिया जंतु सब अस्तुति कीन्हा। भा संतोष सबै मिलि चीन्हा।।
तुम करता बड़ सिरजनहारा। हरता धरता सब संसारा।।

दोहा

भरा भँडार गुपुत तहँ, जहाँ छाँह नहिं धूप।
पुनि अनबन परकार, सौं, खेला परगट रूप ।।

सोरठा

परै प्रेम के झेल, पिउ सहुँ धनि मुख सो करै।
जो सिर सेंती खेल, मुहमद खेल सो प्रेम रस ।।4 ।।

एक चाक सब पिंडा चढ़े। भाँति भाँति के भाँड़ा गढ़े।।
जबहीं जगत कियउ सब साजा। आदि चहेउ आदम उपराजा।।
पहिलेइ रचे चारि अढवायक। भए सब अढ़वैयन के नायक।।
भइ आयसु चारिहु के नाऊँ। चारि वस्तु मेरवहु एक ठाऊँ।।
तिन्ह चारिहु कै मँदिर सँवारा। पाँच भूत तेहि महँ पैसारा।।
आपु आपु महँ अरुझी माया। ऐस जानै दहुँ केहि काया।।
नव द्वारा राखे मँझियारा। दसवँ मूँदि कै दियउ केवाँरा।।

---

(3) ऐस जो ठाकुर...दाऊँ=उस प्रभु ने एक बार ऐसा किया। तेहि के...जामा=मुसलमानों के अनुसार मुहम्मद साहब की खातिर से ही दुनिया पैदा की गई। पिता सरग...धरती माता=चित् पक्ष और अचित् (जड़) पक्ष। अंग्रेज कवि मेरेडिथ ने स्वर्ग और पृथ्वी के विवाह की ऐसी ही कल्पना की है। चलि सो...दुइ फारा=कलम का पेट चीरकर जब दो फालें की जाती हैं तब वह चलती है, इसी प्रकार जब आरंभ में दो विभाग (द्वंद्व) हुए तब सृष्टि का क्रम आगे चला। इबलीस=शैतान, जो बहकाकर लोगों को ईश्वर के विरुद्ध किया करता है। हुता जो एकहि संग=जीव पहले ईश्वर से अलग नहीं था। उठै तरंग=वियोग के कारण मन में भाव उठते हैं। (4) उतपति=सृष्टि। आपनि प्रभुता कहा=यह जो सृष्टि उत्पन्न की मानो अपनी प्रभुता अपने को ही प्रकट की (अर्थात् यह जगत् ईश्वर की शक्ति का ही विकास है)। एक जल गुपुत समुंदा=अर्थात् आत्मतत्त्व या परमात्मा। बरसा...बुंदा=नाना योनियों में प्रकट हुआ। घटै घट=प्रत्येक घट या शरीर में। भए आपु=आप ही जगत् के रूप में प्रकट हुआ। धरता=धारण करनेवाला। छाँह नहिं धूप=सुख या दुःख नहीं। अनबन=अनेक। झेल=थपेड़ा, हिलोरा। सहुँ=सामने। सेंती=से।

दोहा

रकत माँसु भरि, पूरि हिय, पाँच भूत कै संग।
प्रेम देस तेहि ऊपर, बाज रूप औ रंग।।

सोरठा

रहेउ न दुइ महँ बीचु, बालक जैसे गरभ महँ।
जग लेइ आई मीच, मुहमद रोयउ बिछुरि कै।।5।।

उहँई कीन्हेउ पिंड उरेहा। भइ सँजूत आदम कै देहा।।
भइ आयसु यह जग भा दूजा। सब मिलि नवहु, करहु एहि पूजा।।
परगट सुना सबद, सिर नावा। नारद कहँ बिधि गुपुत देखावा।।
तू सेवक है मोर निनारा। दसईं पँवरि होसि रखवारा।।
भइ आयसु, जब वह सुनि पावा। उठा गरब कै सीस नवावा।।
धरिमिहि धरि पापी जेइ कीन्हा। लाइ संग आदम के दीन्हा।।
उठि नारद जिउ आइ सँचारा। आइ छींक, उठि दीन्ह केवारा।।

दोहा

आदम हौवा कहँ सृजा, लेइ घाला कबिलास।
पुनि तहँवाँ तै काढ़ा, नारद के बिसवास।।

सोरठा

आदि कियउ आदेस, सुन्नहिं तें अस्थूल भए।
आपु करै सब भेस, मुहम्मद चादर ओट जेउँ।।6।।

---

(5) पिंडा=मिट्टी का लोंदा जो बरतन बनाने के लिए कुम्हार के चाक पर रखा जाता है। भाँडा=बरतन, यहाँ शरीर। आदम=पैगंबरी या किताबी मतों के अनुसार आदि मनुष्य। अढ़वायक=अढ़वानेवाले, काम में लगानेवाले। चारि अढ़वायक=चार फरिश्ते। चारि वस्तु= चारों भूत। मँदिर=घर अर्थात् शरीर। पाँच भूत=पंचभूतात्मक इंद्रियाँ। पैसारा=घुसाया। केहि काया=किसकी यह काया है। मँझियारा=बीच में। दसवँ=दसवाँ द्वार, ब्रह्मरंध्र। बाज=बिना, बगैर। रहेउ न दुइ...महँ=आदम जब तक स्वर्ग में था तब तक वह ईश्वर से भिन्न न था; वैसे ही था जैसे माता के गर्भ में बच्चा रहता है। (6) उहँई=वहीं अर्थात् स्वर्ग में। सँजूत भइ=संयुक्त हुई, बनी। भइ आयसु=ईश्वर ने कहा। यह जग भा दूजा=संसार में यह जगत् के अनुरूप ही दूसरा जगत् उत्पन्न हुआ (जो ब्रह्मांड में है वही मनुष्य पिंड में है)। सब मिलि नवहु=मुसलमानी धर्मपुस्तक में लिखा है, ईश्वर ने आदम को बनाकर फरिश्तों से सिजदा करने (सिर नवाने) को कहा; सबने सिजदा किया पर शैतान ने न किया इससे वह स्वर्ग से निकाला गया। विधि=ईश्वर ने। गुपुत=आत्मा या ब्रह्म का गुप्त स्थान। दसईं पँवरि=सुषुम्ना नाड़ी नाभि के नीचे की कुंडलिनी से लेकर हृत्कमल से होती हुई ब्रह्मरंध्र तक चली गई है; यही गुप्त मार्ग या द्वार है जिससे ब्रह्म तक वृत्ति पहुँचकर लीन हो सकती है। धरिमिहि...कीन्हा=जिस नारद ने मनुष्य को धर्म मार्ग से बहकाकर पापी कर दिया (यहाँ कवि ने योग →

का करतार चहिय अस कीन्हा? । आपन दोष आन सिर दीन्हा ।।
खाएनि गोहूँ कुमति भुलाने । परे आइ जग महँ, पछिताने ।।
छोड़ि जमाल जलालहि रोवा । कौन ठाँव ते दैउ बिछोवा ।।
अंधकूप सगरउँ संसारू । कहाँ सो पुरुष, कहाँ मेहरारू ।।
रैनि छ मास तैसि झरि लाई । रोइ रोइ आँसू नदी बहाई ।।
पुनि माया करता कहँ भई । भा भिनसार, रैनि हटि गई ।।
सूरुज उए, कँवल दल फूले । दूबौ मिले पंथ कर भूले ।।

दोहा

तिन्ह संतति उपराजा, भाँतिहि भाँति कुलीन ।
हिंदू तुरुक दुवौ भए, अपने अपने दीन ।।

सोरठा

बुंदहि समुद समान, यह अचरज कासौं कहौं?
जो हेरा सो हेरान मुहमद आपुहि आपु महँ ।।7 ।।

खा खेलार जस है दुइ करा । उहै रूप आदम अवतरा ।।
दुहूँ भाँति तस सिरजा काया । भए दुइ हाथ, भए दुइ पाया ।।
भए दुइ नयन स्रवन दुइ भाँती । भए दुइ अधर दसन दुइ पाँती ।।
माथ सरग, धर धरती भयऊ । मिलि तिन्ह जग दूसर होइ गयऊ ।।
माटी माँसु, रकत भा नीरू । नसैं नदी, हिय समुद गँभीरू ।।
रीढ़ सुमेरु कीन्ह तेहि केरा । हाड़ पहार जुरे चहुँ फेरा ।।
बार बिरिछ, रोवाँ खर जामा । सूत सूत निसरे तन चामा ।।

→ के अंतराय या विघ्न की कल्पना और शैतान की कल्पना का अद्‌भुत मिश्रण किया है। शैतान के लिए यहाँ 'नारद' शब्द लाया गया है। नारद पुराणों में भगवान् के सबसे बड़े भक्त कहे गए हैं। वे इधर-उधर झगड़ा लगानेवाले भी माने जाते हैं। सामी मत शैतान को ईश्वर का प्रतिद्वंद्वी मानते हैं। पर सूफी ईश्वर का प्रतिद्वंद्वी असंभव मानते हैं, वे शैतान को भी ईश्वर का भक्त या सेवक ही मानते हैं, जो ईश्वर के आदेश से ही भक्तों और साधकों की कठिन परीक्षा किया करता है; वह विरोध द्वारा ही ईश्वर की सेवा करता है। वैष्णव भक्तिमार्ग में भी शत्रुभाव से भजनेवाले स्वीकार किए गए हैं। रावण, कंस आदि की गणना ऐसे ही भक्तों में है)। कबिलास=स्वर्ग। बिसवास=विश्वासघात से (शैतान के बहकाने से ही आदम ने गेहूँ खा लिया जिसके खाने का निषेध ईश्वर ने कर रखा था और स्वर्ग से निकाले गए)। अस्थूल=स्थूल। जेऊँ=ज्यों, जिस प्रकार। (7) जमाल=सौन्दर्य और माधुर्य पक्ष। जलाल=शक्ति, प्रताप और ऐश्वर्य पक्ष। दुवौ=आदम और हौवा। बुंदहि समुद समान=एक बूँद में समुद्र समाया हुआ है अर्थात् मनुष्य पिंड के भीतर ही ब्रह्म और समस्त ब्रह्मांड है। (ऊपर कह गए हैं—'गुपुत समुंदा बरसा सहस अठारह बुंदा')। हेरा (अपने भीतर ही) ढूँढ़ा। हेरान=आप लापता हो गया, अर्थात् उसी अनंत सत्ता में वह मिल गया।

दोहा

सातौ दीप, नवौ खँड, आठौ दिसा जो आहिं।
जो बरमहंड सो पिंड है, हेरत अंत न जाहिं।।

सोरठा

आगि, बाउ, जल, धूरि, चारि मेरइ भाँड़ा गढ़ा।
आपु रहा भरि पूरि, मुहमद आपुहिं आपु महँ।।8।।

गा गौरहु अब सुनहु गियानी। कहौं ग्यान संसार बखानी।।
नासिक पुल सरात पथ चला। तेहि कर भौहैं हैं दुइ पला।।
चाँद सूरुज दूनौ सुर चलहीं। सेत लिलार नखत झलमलहीं।।
जागत दिन निसि सोवत माँझा। हरष भोर बिसमय होइ साँझा।।
सुख बैकुंठ भुगुति औ भोगू। दुख है नरक, जो उपजै रोगू।।
बरखा रुदन, गरज अति कोहू। बिजुरी हँसी हिवंचल छोहू।।
घरी पहर बेहर हर साँसा। बीतै छओ ऋतु, बारह मासा।।

दोहा

जुग जुग बीतै पलहि पल, अवधि घटति निति जाइ।।
मीचु नियर जब आवै, जानहु परलय आइ।।

सोरठा

जेहि घर ठग हैं पाँच, नवौ बार चहुँदिसि फिरहिं।
सो घर केहि मिस बाँच, मुहमद जौ निसि जागिए।।9।।

---

(8) खेलार=खेलाड़ी ईश्वर। दुइ करा=दो कलाओं सहित अर्थात् पुरुष और प्रकृति दो पक्षों से युक्त। उहै रूप...अवतरा=उसी के अनुरूप आदम का अवतार हुआ। (यहूदियों और) ईसाइयों की धर्मपुस्तक में लिखा है कि ईश्वर ने आदम को अपने अनुरूप रचा। दुहूँ भाँति...काया=यही दो पक्षों की व्यवस्था शरीर की रचना में भी है। मिलि तिन्ह गयउ=इन दो पक्षों से मिलकर मानो दूसरा ब्रह्मांड हो गया (यहाँ से कवि ने पिंड और ब्रह्मांड की एकता का प्रतिपादन किया है)। रीढ़=पीठ की खड़ी हड्डी, मेरुदंड। खर=तृण। जाहि=जिसका। मेरइ=मिलाकर। (9) नासिक पुल...चला=नाक मानो 'पुले सरात' (मुसलमानों की वैतरणी का पुल जो पापियों के लिए तो बाल बराबर पतला हो जाएगा और दीनदारों के लिए खासी चौड़ी सड़क) का रास्ता चला गया है। भौहें हैं दुइ पला=भौहें मानो उस पुल के दो पार्श्व हैं; दाहिने पार्श्व से पुण्यात्मा और बायें से पापी जाते हैं। सुर=श्वास का प्रवाह जो कभी बायें नथुने से चलता है, कभी दाहिने से (इसी को बायाँ सुर या दाहिना सुर कहते हैं)। जागत दिन=शरीर की जाग्रत अवस्था को दिन समझो। हरष भोर=शरीर में जब हर्ष का संचार होता है तब प्रभात समझो। बिसमय=विषाद (अवध)। हिवंचल छोहू=कृपा या दया, बर्फ पड़ना समझो (इस प्रकार चंद्र, सूर्य, रात, दिन, ऋतु, मास, वर्षा, चमक, गरज़, घड़ी, पहर, युग, इत्यादि सब शरीर के भीतर समझो)। बेहर=अलग-अलग होते हैं। हर=प्रत्येक। पाँच ठग=काम, क्रोध इत्यादि।

घा घट जगत बराबर जाना। जेहि महँ धरती सरग समाना।।
माथ ऊँच मक्का बन ठाऊँ। हिया मदीना नबी क नाऊँ।।
सरवन, आँखि, नाक, मुख चारी। चारिहु सेवक लेहु बिचारी।।
भावै चारि फिरिस्ते जानहु। भावै चारि यार पहिचानहु।।
भावै चारिहु मुरसिद कहऊ। भावै चारि किताबैं पढ़ऊ।।
भावै चारि इमाम जो आगे। भावै चारि खंभ जे लागे।।
भावै चारिहु जुग मति पूरी। भावै आगि, बाउ, जल, धूरी।।

दोहा

नाभि कवँल तर नारद, लिए पाँच कोटवार।
नवौ दुवारि फिरै निति, दसईं कर रखवार।।

सोरठा

पवनहुँ तें मन चाँड़, मन तें आसु उतावला।
कतहूँ मेंड़ न डाँड़, मुहमद बहु बिस्तार सो।।10।।

ना नारद तस पाहरु काया। चारा मेलि फाँद जग माया।।
नाद, बेद औ भूत सँचारा। सब अरुझाइ रहा संसारा।।
आपु निपट निरमल होइ रहा। एकहु बार जाइ नहिं गहा।।
जस चौदह खँड तैस सरीरा। जहँवैं दुख है तहँवैं पीरा।।
जौन देस महँ सँवरे जहँवाँ। तौन देस सो जानहु तहँवाँ।।
देखहु मन हिरदय बसि रहा। खन महँ जाइ जहाँ कोइ चहा।।
सोवत अंत अंत महँ डोलै। जब बोलै तब घट महँ बोलै।।

दोहा

तन तुरंग पर मनुआ, मन मस्तक पर आसु।
सोई आसु बोलावई, अनहद बाजा पासु।।

---

(10) माथ ऊचँ...नाऊँ=माथे को मक्का समझो और हृदय को मदीना जिसमें नबी या पैगंबर का नाम सदा रहता है। फिरिस्ते=स्वर्ग के चार दूत—जिबरईल, मकाईल, इसराफील, इजराईल। चारि यार=उमर, उसमान आदि चार खलीफा। मुरसिद=मुरशिद, गुरु, पीर। चार किताबैं...चार आसमानी किताबें-तौरेत, जबूर (दाउद के गीत), इंजील, कुरान। इमाम=धर्म के अधिष्ठाता, जैसे, अली, हसन, हुसेन। भावै=चाहे। नाभि कवँल तर=वह स्थान जहाँ योगी कुंडलिनी मानते हैं। पाँच कोटवार=काम, क्रोध, आदि चौकीदार। चाँड़=प्रचंड, प्रबल। आसु=असु, चित्त, चेतन तत्त्व। कतहूँ मेंड...सो=चित असीम और व्यापक है।

सोरठा

देखहु कौतुक आइ, रूख समाना बीज महँ।
आपुहि खोदि जमाइ, मुहमद सो फल चाखई।।11।।

चा चरित्र जौ चाहहु रेखा। बूझहु बिधना केर अलेखा।।
पवन चाहि मन बहुत उताइल। तेहितें परम आसु सुठि पाइल।।
मन एक खंड न पहुँचै पावै। आसु भुवन चौदह फिरि आवै।।
भा जेहि ज्ञान हिये सो बूझै। जो धर ध्यान न मन तेहि रूझै।।
पुतरी महँ जो बिंदि एक कारी। देखै जगत सो पट बिस्तारी।।
हेरत दिस्टि उघरि तस आई। निरखि सुन्न महँ सुन्न समाई।।
पेम समुंद सौ अटि अवगाहा। बूड़े जगत न पावै थाहा।।

दोहा

जबहिं नींद चख आवै, उपजि उठै संसार।
जागत ऐस न जानै, दहु सो कौन भंडार।।

सोरठा

सुन्न समुद चख माँहि, जल जैसी लहरैं उठहिं।
उठि उठि मिटि मिटि जाहिं, मुहमद खोज न पाइए।।12।।

---

(11) तस=ऐसा। पाहरु=पहरेदार। फाँद=फँसा रखा है। नाद=शब्द ब्रह्म। वेद=धर्म पुस्तकें। भूत=भूतात्मक इंद्रियाँ। आपु–ईश्वर। जहँवैं दुख...पीरा=जहाँ क्लेश है वहीं उनका अनुभव भी। सँवरै=स्मरण करे। तीन देस...तहँवाँ=वहाँ उसी स्थान में उस ईश्वर को समझो। खन महँ जाइ...चहा=मन एक क्षण में चाहे जहाँ पहुँच सकता है। अंत=अंतस्, भीतर। सोवत अंत...डोलै=स्वप्न की दशा में मन आप अपने भीतर ही भीतर डोलता है (और संसार छानता हुआ जान पड़ता है)। जब बोलै...बोलै=स्वप्न में जब वह बोलता है तब भीतर ही भीतर। मनुआ=मन। अनहद बाजा=शब्द योग में अनाहत नाद। देखहु कौतुक...चाखई=सारा संसारवृक्ष बीज रूपी ब्रह्म में ही अव्यक्त भाव से निहित रहता है और वही बीज आप अपने को जमाता है और फल का भोक्ता भी आप ही होता है। (12) अलेखा=विचित्र व्यवस्था। चाहि=अपेक्षा, बनिस्बत। उताइल=जल्दी चलनेवाला। आसु=जीव, चेतन तत्त्व। पाइल=तेज चलनेवाला (तेज चलनेवाले हाथी को 'पायल' कहते हैं।) तेहिर्ते परम...पाइल=उसमें भी अधिक शीघ्रगामी चित् तत्त्व है। मन तेहि=उसका मन। रूझै=उलझता है। बिंदि=आँख की पुतली के बीच का तिल। हेरत दिस्टि...समाई=इस बात को देखकर कुछ ज्ञान होता है कि किस प्रकार एक बिंदी या शून्य के भीतर शून्य से उत्पन्न जगत् समाता है (हठयोग में अनिमेष रूप से देर तक किसी बिंदु पर दृष्टि जमाने की एक क्रिया भी है जिसे त्राटक कर्म कहते हैं)। चख=नेत्र। उपजि उठै संसार=स्वप्न की दशा में मनुष्य के भीतर ही एक संसार खड़ा हो जाता है (जिससे इस बात का संकेत मिलता है कि आत्मतत्त्व के भीतर भी ब्रह्मांड हैं)। जगत ऐस...भँडार=जागने पर मनुष्य यह नहीं जानता कि यह कौन सा ऐसा भांडार है जहाँ से इतनी वस्तुएँ निकलती चली आती हैं। खोज=पता, निशान।

छा छाया जस बुंद अलोपू। ओठईं सौं आनि रहा करि गोपू।।
सोइ चित्त सौं मनुवाँ जागै। ओहि मिलि कौतुक खेलै लागै।।
देखि पिंड कहँ बोली बोलै। अब मोहिं बिनु कस नैन न खोलै?।।
परमहंस तेहि ऊपर देई। सोऽहं सोऽहं साँसैं लेई।।
तन सराय, मन जानहु दीया। आसु तेल दम बाती कीआ।।
दीपक महँ बिधि जोति समानी। आपुहि बरै बाति निरबानी।।
निघटे तेल झूरि भइ बाती। गा दीपक बुझि, अँधियरि राती।।

दोहा

गा सो प्रान परेवा, कै पींजर तन छूँछ।
मुए पिंड कस फूलै? चेला गुरु सन पूछ।।

सोरठा

बिगरि गए सब नावँ, हाथ पाँव मुँह सीस धर।
तोर नावँ केहि ठाँव, मुहमद सोइ बिचारिए।।13।।

जा जानहु अस तन महँ भेदू। जैसे रहै अंड महँ मेदू।।
बिरिछ एक लागीं दुइ डारा। एकहि तें नाना परकारा।।
मातु के रकत पिता के बिंदू। उपने दुवौ तुरुक औ हिंदू।।
रकत हुतें तन भए चौरंगा। बिंदु हुतें जिउ पाँचौ संगा।।
जस ए चारिउ धरति बिलाहीं। तस वै पाँचौ सरगहि जाहीं।।
फूलै पवन, पानि सब गरई। अगिनि जारि तन माटी करई।।
जस वै सरग के मारग माहाँ। तस ए धरति देखि चित चाहा।।

दोहा

जस तन जस यह धरती, जस मन तँस अकास।
परमहंस तेहि मानस, जैसि फूल महँ बास।।

---

(13) छाया...अलोपू=इस संसार में आकर चित् तत्त्व का यह बिन्दु अदृश्य रहता है। ओठईं सौं=वहाँ स्वर्ग से। ओठईं सौं...गोपू=स्वर्ग से चित् तत्त्व के बिन्दु अर्थात् जीवात्मा को लाकर यहाँ छिपा रखा है। बोली बोलै=(चित् या जीव ताना मारता है। परमहंस=शुद्ध ब्रह्म या आत्मा। ऊपर देई=ऊपर से। सोऽहं=मैं वह ब्रह्म) हूँ। दम=साँस का आना-जाना। बिधि जोति=ईश्वर की ज्योति। बाति निरबानी=निर्वाण या मोक्ष का मार्ग दिखलानेवाली बत्ती। निघटे=घट जाने पर, चुक जाने पर। नावँ=नाम रूप। बिगरि गए...धर=हाथ, पाँव इत्यादि जो अलग-अलग नाम थे वे तो न रह गए। तोर नावँ...चिबारिए=जब नाम रूपात्मक कोई वस्तु नहीं रह गई तब तेरी वास्तव सत्ता कहाँ है और क्या है, इसका विचार कर।

सोरठा

तन दरपन कहँ साजु, दरसन देखा जौ चहै।
मन सौं लीजिय माँजि, मुहमद निरमल होइ दिआ।।14।।
झा झाँखर तन महँ मन भूलै। काँटन्ह माँह फूल जनु फूलै।।
देखहुँ परमहंस परछाहीं। नयन जोति सो बिछुरत नाहीं।।
जगमग जल महँ दीखत जैसे। नाहिं मिला, नहिं बेहरा तैसे।।
जस दरपन महँ दरसन देखा। हिय निरमल तेहिं महँ जग देखा।।
तेहि सँग लागा पाँचौ छाया। काम, कोह, तिस्ना, मद, माया।।
चख महँ नियर निहारत दूरी। सब घट माँह रहा भरिपूरी।।
पवन न उड़ै, न भीजै पानी। अगिनि जरँ जस निरमल बानी।।

दोहा

दूध माँझ जस घीउ है, समुद माहँ जस मोति।
नैन मीजि जो देखहु, चमकि उठै तस जोति।।

सोरठा

एकहिं तें दुइ होइ, दुइ सों राज न चलि सकै।
बीचु तें आपुहि खोइ, मुहमद एकै होइ रहु।।15।।
ना नगरी काया बिधि कीन्हा। लेइ खोजा पावा, तेइ चीन्हा।।
तन महँ जोग भोग औ रोगू। सूझि परै संसार सँजोगू।।
रामपुरी औ कीन्ह कुकरमा। मौन लाइ सोधै अस्तर माँ।।

---

(14) जानहु अस भेदू=शरीर के भीतर इसी प्रकार अनेक रूपात्मक सृष्टि है। मेदू=मेद, कलल, जिससे अनेक अंग आदि बनते हैं। बिरिछ एक...डारा=एक ही ब्रह्म के दो पक्ष हैं—पुरुष और प्रकृति अथवा पितृपक्ष और मातृपक्ष; सृष्टि के आरंभ में आकाश या स्वर्ग पितृपक्ष का और पृथ्वी मातृपक्ष का अभिव्यक्त रूप हुआ। मातु के रकत...बिंदू=माता के रज से और पिता के शुक्रबिंदु से सब मनुष्य उत्पन्न हुए (आत्मतत्त्व के समुद्र स्वर्ग से जीवात्माओं के रूप में बिंदुओं का आना पहले कह आए हैं)। चौरंगा=चार तत्त्वों से युक्त। हुतें=से। जिउ पाँचौ संगा=ज्ञानेंद्रियों के सहित जीवात्मा (इंद्रियों से इंद्रियों के स्थूल अधिष्ठान न समझना चाहिए बल्कि संवेदन वृत्ति)। जस ए चारिउ...जाहीं=मरने पर जैसे पृथ्वी, जल, तेज, वायु, प्रकृति के ये चारों तत्त्व पृथ्वी में मिल जाते हैं वैसे ही अपनी ज्ञान वृत्तियों के सहित जीवात्मा स्वर्ग में फिर जा मिलता है। फूलै पवन=वायु से शव फूलता है। जस तन...अकास=शरीर वैसा ही स्थूल भौतिक तत्त्व है जैसे पृथ्वी और मन या चित् वैसा ही सूक्ष्म तत्त्व है जैसे स्वर्ग या आकाश। (15) झाँखर=झाड़-झंखाड़। बानी=वर्ण, कांति। दूध माँझ...जोति=अर्थात् वह ज्योति भी इसी जगत् के भीतर भासित हो रही है। बीचु तें आपुहि खोइ=एक ही ब्रह्म के चित् और अचित् दो पक्ष हुए; दोनों के बीच तेरी अलग सत्ता कहाँ से आई? अपनी अलग सत्ता के भ्रम या अहंभाव को मिटाकर ब्रह्म में मिलकर एक हो जा।

पै सुठि अगम पंथ बड़ बाँका। तस मारग जस सुई क नाका।।
बाँक चढ़ाव, सात खँड ऊँचा। चारि बसेरे जाइ पहूँचा।।
जस सुमेरु पर अमृत मूरी। देखत नियर, चढ़त बड़ि दूरी।।
नाँघि हिवंचल जो तहँ जाई। अमृतमूरि पाइ सो खाई।।

दोहा

एहि बाट पर नारद, बैठ कटक कै साज।
जो ओहि पेलि पईठै, करै दुवौ जग राज।।

सोरठा

'हौ' कहतै भए ओट, पियै खंड मोसौं कियउ।
भए बहु फाटक कोट, मुहमद अब कैसे मिलहिं।।16।।

टा टुक झाँकहु सातौ खंडा। खंडै खंड लखहु बरम्हंडा।।
पहिल खंड जो सनीचर नाऊँ। लखि न अँटकु, पौरी महँ ठाऊँ।।
दूसर खंड बृहस्पति तहँवाँ। काम दुवार भोग घर जहँवाँ।।
तीसर खंड जो मंगल जानहु। नाभि कँवल महँ ओहि अस्थानहु।।
चौथ खंड जो आदित अहई। बाईं दिसि अस्तन महँ रहई।।
पाँचवँ खंड सुक्र उपराहीं। कंठ माहँ औ जीभ तराहीं।।
छठएँ खंड बुद्ध कर बासा। दुइ भौंहन्ह के बीच निवासा।।

दोहा

सातवँ सोम कपार महँ, कहा सो दसवँ दुवार।
जो वह पवँरि ऊघारै, सो बड़ सिद्ध अपार।।

---

(16) नगरी काया कीन्हा=ईश्वर ने इस शरीर की रचना एक नगर के रूप में की है। संसार सँजोगू=संसार की रचना। रामपुरी=स्वर्ग; ब्रह्म का स्थान। कुकरमा=नरक। अस्तर=तह। सोधै अस्तर माँ=(जो उस रामपुरी या ब्रह्मद्वार तक पहुँचना चाहता हो वह) चुपचाप भीतरी तह में ढूँढ़े। बाँका=टेढ़ा, विकट। सुई क नाका=सुई का छेद। चारि बसेरे=योग के ध्यान, धारणा, प्रत्याहार और समाधि अथवा सूफियों के अनुसार शरीअत, तरीकत, हकीकत और मारफत=साधक की ये चार अवस्थाएँ। जस सुमेरु पर अमृत मूरी=जैसे सुमेरु पर संजीवनी है उसी प्रकार ऊपर कपाल में ब्रह्म स्वरूपा मूर्धज्योति है। एहि बाट पर=सुषुम्ना का मार्ग जो नाभिचक्र से ऊपर ब्रह्मद्वार (दशम द्वार) की ओर गया है। 'हौं' कहतै भए ओट=अहंकार आते ही ब्रह्म और जीव के बीच व्यवधान पड़ गया। पियै=प्रिय या ईश्वर ने। खंड=भेद।

सोरठा

जो न होत अवतार, कहाँ कुटुम परिवार सब।
झूठ सबै संसार, मुहमद चित्त न लाइए।।17।।

ठा ठाकुर बड़ आप गोसाईं। जेइ सिरजा जग अपनिहि नाईं।।
आपुहि आप जौ देखै चहा। आपनि प्रभुता आप सौं कहा।।
सबै जगत दरपन कै लेखा। आपुहिं दरपन, आपुहि देखा।।
आपुहि बन औ आपु पखेरू। आपुहिं सौजा, आपु अहेरू।।
आपुहि पुहुप फूलि बन फूले। आपुहि भँवर बास रस भूले।।
आपुहि फल आपुहि रखवारा। आपुहि सो रस चाखनहारा।।
आपुहि घट घट महँ मुख चाहै। आपुहि आपन रूप सराहै।।

दोहा

आपुहि कागद, आपु मसि, आपूहि लेखनहार।
आपूहि लिखनी, आखर, आपुहि पँडित अपार।।

सोरठा

केहु नहिं लागिहि साथ, जब गौनब कबिलास महँ।

चलब झारि दोउ हाथ, मुहमद यह जग छोड़ि कै।।18।।
डा डरपहु मन सरगहि खोई। जेहि पाछे पछिताव न होई।।
गरब करै, जो 'हौं हौं' करई। बैरी सोइ गोसाइँ क अहई।।
जो जानै निहचय है मरना। तेहि कहँ 'मोर तोर' का करना?।।
नैन, बैन, सरबन बिधि दीन्हा। हाथ पाँव सब सेवक कीन्हा।।
जेहिके राज भोग सुख करई। लेइ सवाद जगत जस चहई।।
सो सब पूछिहि, मैं जो दीन्हा। तैं ओहि कर कस अवगुन कीन्हा।।
कौन उतर, का करब बहाना। बोवै बबुर, लवै कित धाना?।।

---

(17) पहिल खंड जो सनीचर नाऊँ=जिस प्रकार ऊपर नीचे ग्रहों की स्थिति है उसी प्रकार शरीर में क्रमशः सात खंड हैं जिनमें सबसे पहला या नीचे सनीचर है जो शरीर में पौली या लात समझना चाहिए। कवि ने जो एक के ऊपर दूसरे ग्रह की स्थिति लिखी है वह ज्योतिष के ग्रंथों के अनुसार तो ठीक है पर इससे हठयोग के मूलाधार और चक्रों की व्यवस्था ठीक नहीं बैठती। (18) सिरजा=उत्पन्न किया। अपनिहि नाईं=अर्थात् यह जगत् ईश्वर का ही प्रतिभास है। आपुहि आपु जो देखै चहा=अपने आपको जब देखना चाहा, अर्थात् अपनी शक्ति के विस्तार की लीला जब देखनी चाही (शक्ति या प्रकृति ब्रह्म की ही है, उससे पृथक् उसकी कोई स्वतंत्र सत्ता नहीं जैसा कि सांख्यवाले मानते हैं। सवै जगत दरपन कै लेखा=इस जगत् को दर्पण समझो जिसमें ब्रह्म के स्वरूप का प्रतिबिंब दिखाई पड़ता है (प्रतिबिंबवाद)। मुख चाहै=मुख देखता है।

दोहा

कै किछु लेइ, न सकब तब, नितिहि अबधि नियराइ।
सो दिन आइ जो पहुँचै, पुनि किछु कीन्ह न जाइ।।

सोरठा

जेइ न चिन्हारी कीन्ह, यह जिउ जौ लहि पिंड महँ।

पुनि किछु परै न चीन्हि, मुहमद यह जग धुंध होइ।।19।।

ढा ढारै जो रकत पसेऊ। सो जानै एहि बात क भेऊ।।
जेहि कर ठाकुर पहरे जागै। सो सेवक कस सोवै लागै?।।
जो सेवक सोवै चित देई। तेहि ठाकुर नहिं मया करेई।।
जेइ अवतरि उन्ह कहँ नहिं चीन्हा। तेइ यह जनम अँबिरथा कीन्हा।।
मूँदे नैन जगत महँ अवना। अंधधुंध तैसे पै गवना।।
लेइ किछु स्वाद जागि नहिं पावा। भरा मास तेइ सोइ गँवावा।।
रहै नींद-दुख-भरम लपेटा। आइ फिरै तिन्ह कतहुँ न भेंटा।।

दोहा

धावत बीतै रैनि दिन, परम सनेही साथ।
तेहि पर भएउ बिहान जब, रोइ रोइ मीजैं हाथ।।

सोरठा

लछिमी सत कै चेरि, लाल करै बहु मुख चहै।

दीठि न देखै फेरि, मुहमद राता प्रेम जो।।20।।

---

(19) सरगहि खोई=आदम अपराध के कारण ही स्वर्ग से निकाले गए इससे मन में डरा। जगत=जगत् में। पूछिहि=पूछेगा। मैं जो दीन्हा=मैंने जो हाथ, पैर आदि तुझे दिए थे। अवगुन कीन्हा=दुरुपयोग किया, उसे बुरे काम में लाया। लवै=काटे। धाना=धान। कै किछु लेइ=कुछ कर ले। न सकब तब=फिर पीछे कुछ नहीं कर सकेगा। चिन्हारी=जान-पहचान। जौ लहि=जब तक। पुनि किछु परै न चीन्हि=जब शरीर और आत्मा का वियोग हो जायगा तब फिर अनेक रूपों का ज्ञान नहीं रह जायगा, ईश्वर को नहीं पहचान सकेगा (जायसी बाह्य और अंतःकरण विशिष्ट आत्मा को ही ब्रह्म के परिचय के योग्य समझते हैं। यह बात ध्यान देने की है)। धुंध=अंधकार। यह जग धुंध होइ=यह संसार अंधकार हो जायगा अर्थात् इसके नाना रूप, जिन्हें ब्रह्म के स्वरूप का प्रतिबिंब कह आए हैं, तिरोहित हो जायँगे। (20) पसेऊ=प्रस्वेद, पसीना। सोवै=सोने में। लेइ किछु...पावा=इस जगत् में आकर भी सचेत होकर नाना रूपों में ईश्वर के साक्षात्कार का स्वाद न लेने पाया। भरा मास गँवावा=बरसात की भरनी का महीना (जिसमें उत्तम बीज बोने का उद्योग करना चाहिए) उसने सोकर खो दिया। तिन्ह=उन ईश्वर को। धावत बीते...साथ=खोज में इधर-उधर दौड़ते रात-दिन बीते और परम स्नेही प्रियतम (ईश्वर) साथ ही था, कहीं बाहर नहीं। लाल=लालसा। दीठि न...जो=किंतु जो ईश्वर के प्रेम में रँगा है वह लक्ष्मी की ओर फिरकर नहीं देखता।

ना निसता जो आपु न भयऊ। सो एहि रसहि मारि बिष कियऊ।।
यह संसार झूठ, थिर नाहीं। उठहिं मेघ जेउँ जाइ बिलाहीं।।
जो एहि रस के बायें भयउ। तेहि कहँ रस बिषभर होइ गयउ।।
तेइ सब तजा अरथ बेवहारू। औ घर बार कुटुम परिवारू।।
खीर खाँड़ तेहि मीठ न लागै। उहै बार होइ भिच्छा माँगै।।
जस जस नियर होइ वह देखै। तस तस जगत हिया महँ लेखै।।
पुहुमी देखि न लावै दीठी। हेरै नवै न आपनि पीठी।।

दोहा

छोड़ि देहु सब धंधा, काढ़ि, जगत सौं हाथ।
घर माया कर छोड़ि कै, धरु काया कर साथ।।

सोरठा

साँईं के भंडारु, बहु मानिक मुकुता भरे।
मन चोरहि पैसारु, मुहमद तौ किछु पाइए।।21।।

ता तप साधहु एक पथ लागे। करहु सेव दिन राति, सभागे!।।
ओहि मन लावहु, रहै न रूठा। छोड़हु झगरा, यह जग झूठा।।
जब हँकार ठाकुर कर आइहि। एक घरी जिउ रहै न पाइहि।।
ऋतु बसंत सब खेल धमारी। दगला अस तन, चढ़ब अटारी?।।
सोइ सोहागिनि जाहि सोहागू। कंत मिलै जो खेलै फागू।।
कै सिंगार सिर सेंदुर मेलै। सबहि आइ मिलि चाँचरि खेलै।।
औ जो रहै गरब कै गोरी। चढ़ै दुहाग, जरै जस होरी।।

दोहा

खेलि लेहु जस खेलना, ऊख आगि देइ लाइ।
झूमरि खेलहु झूम कै, पूजि मनोरा गाइ।।

---

(21) निसता=बिना सत्य का। एहि रसहि=इस संसार के रस या सुख को। बिष कियउ=अपने लिए विष सा समझता है। बिषभर=विषभरा। उहै बार=उसी ईश्वर के द्वार पर। नियर होइ=निकट से। हेरै नवै... पीठी=पृथ्वी में कुछ ढूँढ़ने के लिए अपनी पीठ नहीं झुकाता। धरु काया कर साथ=अपनी काया के भीतर खोज कर। पैसारु=घुसा दे। मन चोरहि पैसारु=मन रूपी चोर को उस दसवें द्वार में पहुँचा। (मिलाइए—'चोर पैठ जस सेंधि सँवारी'—पदमावत; पार्वती-महेश खंड)।

सोरठा

कहाँ तें उपने आइ, सुधि बुधि हिरदय उपजिए।

पुनि कहँ जाइ समाइ, मुहमद सो खँड खोजिए।।22।।

था थापहु बहु ज्ञान बिचारू। जेहि महँ सब समाइ संसारू।।
जैसी झहै पिरथिमी सगरी। तैसिहि जानहु काया नगरी।।
तन महँ पीर औ बेदन पूरी। तन मह बैद औ ओषद मूरी।।
तन महँ बिष औ अमृत बसई। जानै सो जो कसौटी कसई।।
का भा पढ़े गुने औ लिखे?। करनी साथ किए औ सिखे।।
आपुहि खोइ ओहि जो पावा। सो बीरौ मनु लाइ जमावा।।
जो ओहि हेरत जाइ हेराई। सो पावै अमृत फल खाई।।

दोहा

आपुहि खोए पिउ मिलै, पिउ खोए सब जाइ।
देखहु बूझि बिचारि मन, लेहु न हेरि हेराइ।।

सोरठा

कटु है पिउ कर खोज, जो पावा सो मरजिया।।

तहँ नहि हँसि, न रोज, मुहमद ऐसै ठाँवँ वह।।23।।

दा दाया जाकहँ गुरु करई। सो सिख पंथ समुझि पग धरई।।
सात खंड औ चारि निसेनी। अगम चढ़ाव, पंथ तिरबेनी।।
तौ वह चढ़ै जौ गुरु चढ़ावै। पाँव न डगै अधिक बल पावै।।
जो गुरु सकति भगति भा चेला। होइ खेलार खेल बहु खेला।।
जो अपने बल चढ़ि कै नाँधा। सो खसि परा टूटि गइ जाँघा।।
नारद दौरि संग तेहि मिला। लेइ तेहि साथ कुमारग चला।।
तेली बैल जो निसि दिन फिरई। एकौ परग न सो अगुसरई।।

---

(22) ओहि=उस ईश्वर को। हँकार=बुलावा। आइहि=आएगा। दगला=चोल, कुरता। दगला...अटारी=शरीर पर कपड़ा ऐसा मैला है और जाना है ऊपर प्रियतम के महल पर। दुहाग=दुर्भाग्य। ऊख=शरीर या मन जिसमें संसार का रस रहता है। लाइ=जलाकर। मनोरा=मनोरा झूमक, एक प्रकार के गीत। उपने=उत्पन्न हुए। उपजिए=उत्पन्न कीजिए, लाइए। (23) कसौटी कसई=शरीर को तप आदि की कसौटी पर कसे तो अमृत विष का पता लग जाएगा। करनी साथ किए=देखादेखी कर्मों के करने से। ओहि=उस ईश्वर को। बीरौ=बिरवा, पौधा, पेड़। सो बीरौ...जमावा=उसने मानो ऐसा पेड़ लगाया जिसका फल अमृत है। लेहु न हेरि हेराइ=स्वयं खो जाकर (अपने को खोकर) उसे ढूँढ़ न लो। कटु=कड़वा, कठिन। मरजिया=जान जोखों में डालकर विकट स्थानों से व्यापार की वस्तुएँ (जैसे मोती, सिलाजीत) लानेवाले। रोज=रोदन, रोना।

दोहा

सोइ सोधु लागा रहै, जेहि चलि आगे जाइ।
नतु फिरि पाछे आवई, मारग चलि न सिराइ।।

सोरठा

सुनि हस्ती कर नावँ, अँधरन्ह टोवा धाइ कै।
जेइ टोवा जेहि ठावँ, मुहमद सो तैसै कहा।।24।।
धा धावहु तेहि मारग लागे। जेहि निसतार होइ सब आगे।।
बिधिना के मारग हैं ते ते। सरग नखत तन रोवाँ जेते।।
जेइ हेरा तेइ तहँवै पावा। भा संतोष, समुझि मन गावा।।
तेहि महँ पंथ कहौं भल गाई। जेहि दूनौ जग छाज बड़ाई।।
सो बढ़ पंथ मुहम्मद केरा। है निरमल कबिलास बसेरा।।
लिखि पुरान बिधि पठवा साँचा। भा परवाँन, दुवौ जग बाँचा।।
सुनत ताहि नारद उठि भागैं। छूटैं पाप, पुन्नि सुनि लागैं।।

दोहा

वह मारग जो पावै, सो पहुँचै भव पार।
जो भूला होइ अनतहि, तेहि लूटा बटपार।।

सोरठा

साईं केरा बार, जो थिर देखै औ सुनै।
नइ नइ करै जोहार, मुहमद नित उठि पाँच बेर।।25।।

---

(24) दाया=दया। सिख=शिष्य, चेला। निसेनी=सीढ़ी। पंथ तिरबेनी=इला, पिंगला और सुषुम्ना तीनों नाड़ियाँ। सकति=शक्ति। खसि परा=गिर पड़ा। नारद=शैतान। अगुसरई=अग्रसर होता है, आगे बढ़ता है। सोधु...खोज, मार्ग। जेहि=जिससे। नतु=नहीं तो। सिराइ=चुकता है, खतम होता है। सुनि हस्ती कर... कहा=चार अंधे, यह देखने के लिए कि हाथी कैसा होता है, हाथी को टटोलने लगे। जिसने पूँछ टटोली वह कहने लगा रस्सी के ऐसा होता है, जिसने पैर टटोला वह कहने लगा कि खंभे के ऐसा होता है, इसी प्रकार जिसने जो अंग टटोला वह उसी के अनुसार हाथी का स्वरूप कहने लगा (यही दशा ईश्वर और जगत् के सम्बन्ध में लोगों के ज्ञान की है। 'एकांगदस्सिन' का यह दृष्टांत पहले पहल भगवान् बुद्ध ने देकर समझाया था)। (25) बिधिना के मारग...जेते=इसमें जायसी ने ईश्वर तक पहुँचने के लिए अनेक मार्गों को उदारतापूर्वक स्वीकार किया है, यद्यपि अपने इसलाम मत के अनुरोध से उन्होंने 'मुहम्मद के पंथ' की प्रशंसा की है। पुरान=कुरान। बिधि=ईश्वर। परवाँन=प्रमाण; सुनत ताहि...भागै=कुरान की आयत सुनते ही शैतान भाग जाता है। पुन्नि=पुण्य। अनतहि=अन्यत्र, और जगह। बटपार=डाकू, (काम, क्रोध आदि)। बार=द्वार। नइ नइ=झुक- झुककर। जोहार=बंदना, सिजदा। पाँच बेर=पाँचों वक्तों की नमाज।

ना नमाज है, दीन क थूनी । पढ़ै नमाज सोइ बड़ गूनी।
कही तरीकत चिसती पीरू । उधरित अफरफ और जहँगीरू।।
तेहि के नाव चढ़ा हौं धाई। देखि समुद जल जिउ न डेराई।।
जेहि के ऐसन खेवक भला। जाइ उतरि निरभय सो चला।।
राह हकीकत परै न चूकी। पैठि मारफत मार बुडूकी।।
ढूँढ़ि उठै लेइ मानिक मोती। जाइ समाइ जोति महँ जोती।।
जेहि कहँ उन्ह अस नाव चढ़ावा। कर गहि तीर खेइ लेइ आवा।।

दोहा

साँची राह सरीअत, जेहि बिसवास न होइ।
पाँव राख तेहि सीढ़ी, निभरम पहुँचै सोइ।।

सोरठा

जेइ पावा गुरु मीठ, सो सुख मारग महँ चलै।
सुख अनंद भा डीठ, मुहमद साथी पोढ़ जेहि।।26।।

पा पायउँ गुरु मोहदी मीठा। मिला पंथ सो दरसन दीठा।।
नावै पियार सेख बुरहानू। नगर कालपी हुत गुरु थानू।।
औ तिन्ह दरस गोसाईं पावा। अलहदाद गुरु पंथ लखावा।।
अलहदाद गुरु सिद्ध नवेला। सैयद मुहमद के वै चेला।।
सैयद मुहमद दीनहिं साँचा। दानियाल सिख दीन्ह सुबाचा।।
जुग जुग अमर सो हजरत ख्वाजे। हजरत नबी रसूल नेवाजे।।
दानियाल तहँ परगट कीन्हा। हजरत ख्वाज खिजिर पथ दीन्हा।।

दोहा

खड़ग दीन्ह उन्ह जाइ कहँ, देखि डरै इबलीस।
नाँव सुनत सो भागै, धुनै ओट होइ सीस।।

---

(26) दीन=धर्म, मजहब। थूनी=टेक, खंभा। गूनी=गुणी। तरीकत=बाहरी क्रिया-कलाप से परे होकर हृदय से शुद्धतापूर्वक ईश्वर का ध्यान। चिसती=निजामुद्दीन चिश्ती। पीरू=गुरु, आचार्य। उधरित=उद्धरणी की। खेबक=खेनेवाला। हकीकत=सत्य का बोध। चूकी=चूक, भूल। मारफत=सिद्धावस्था। बुडूकी=बुड़की, गोता। जाइ समाइ...जोती=ब्रह्म की ज्योति में यह ज्योति (आत्मा) लीन हो जाती है। बिसवास=विश्वासघात, धोखा। डीठ भा=दिखाई पड़ा। पोढ़=मजबूत।

सोरठा

देखि समुद महँ सीप, बिन बूढ़े पावै नहीं।
होइ पतंग जल दीप, मुहमद तेहि धँसि लीजिए। ।27।।

फा फल मीठ जो गुरु हुँत पावै। सो बीरौ मन लाइ जमावै।।
जौ पखारि तन आपन राखै। निसि दिन जागै सो फल चाखै।।
चित झूलै जस झूलै ऊखा। तजि कै दोउ नींद औ भूखा।।
चिंता रहै ऊख पहँ सारू। भूमि कुल्हाड़ी करै प्रहारू।।
तन कोल्हू, मन कातर फेरैं। पाँचौं भूत आतमहि पेरै।।
जैसे भाठी तप दिन राती। जग धंधा जारैं जस बाती।।
आपुहि पेरि उड़ावै खोई। तब रस औट पाकि गुड़ होई।।

दोहा

अस कँ रस औटावहु, जामत गुड़ दोइ जाइ।।
गुड़ ते खाँड़ मीठि भइ, सब परकार मिठाइ।।

सोरठा

धूप रहै जग छाइ, चहूँ खंड संसार महँ।
पुनि कहँ जाइ समाइ, मुहमद सो खँड खोजिए। ।28।।
बा बिनु जिउ तन अस अँधियारा।जौ नहिं होत नयन उजियारा।।
मसि के बुंद जो नैनन्ह माहीं। सोई प्रेम अंस परछाहीं।।
ओहि जोति सौं परखै हीरा। ओहि सौं निरमल सकल सरीरा।।
उहै जोति नैनन्ह महँ आवै। चमकि उठै जस बीजु देखावै।।
मग ओहि सगरे जाहि बिचारू। साँकर मुँह तेहि बड़ बिसतारू।।
जहवाँ किछु नहिं, है सत करा। जहाँ छूँछ तहँ वह रस भरा।।
निरमल जोति बरनि नहिं जाई । निरखि सुन्न यह सुन्न समाई।।

(27) गुरु=यहाँ गुरु का गुड़ के साथ श्लेष भी है। मोहदी=मुहीउद्दीन। हुत=था। गुरु थानू=गुरु का स्थान। सुबाचा=सुंदर वचनों से। नेवाजे=निवाजिश की, अनुग्रह किया। तइँ=प्रति, के सामने। पथ दीन्हा=रास्ता पकड़ाया। जाइ कहँ=ईश्वर के मार्ग पर जाने के लिए। इबलीस=शैतान। (28) गुरु हुँत=गुरु से। बीरौ=पेड़। पखारि=धोकर। सारू=सार, तत्त्व। कातर=कोल्हू का पाटा जिस पर बैठकर हाँकनेवाला बैल हाँकता है। तप=जलती है। खोई=गन्ने की सीठी जिसका रस निकाल लिया गया हो। असर्क=तना।

दोहा

माटी तें जल निरमल, जल तें निरमल बाउ।
बाउहु तें सुठि निरमल, सुनु यह जाकर भाउ।।

सोरठा

इहै जगत कै पुन्नि, यह जप तप सब साधना।
जानि परै जेहि सुन्न, मुहमद सोई सिद्ध भा।।29।।

भा भल सोइ जो सुन्नहि जानै। सुन्नहि तें सब जग पहिचानै।।
सुन्नहि तें है सुन्न उपाती। सुन्नहिं तें उपजहिं बहु भाँती।।
सुन्नहि माँझ इंद्र बरम्हंडा। सुन्नहि तें टीके नवखंडा।।
सुन्नहि तें उपजै सब कोई। पुनि बिलाइ सब सुन्नहि होई।।
सुन्नहि सात सरग उपराहीं। सुन्नहि सातौं धरति तराहीं।।
सुन्नहि ठाट लाग सब एका। जीवहिं लाग पिंड सगरे का।।
सुन्नम सुन्नम सब उतिराई। सुन्नहि महँ सब रहै समाई।।

दोहा

सुन्नहि महँ मन रूख जस, जस काया महँ जीउ।
काठी माँझ आग जस, दूध माहँ जस घीउ।।

सोरठा

जाबँन एकहि बूँद, जामै देखहु छीर सब।
मुहमद मोति समुंद, काढ़हु मथनि अरंभ कै।।30।।

मा मन मथन करै तन खीरू। दुहै सोइ जो आप अहीरू।।
पाँचौ भूत आतमहि मारै। दरब गरब करसी कै जारै।।
मन माठा सम अस कै धोवै। तन खैला तेहि माँह बिलोवै।।
जपहु बुद्धि कै दुइ सन फेरहु । दही चूर अस हिया अभेरहु।।

---

(29) बुंद=बिंदी अर्थात् पुतली के बीच का तिल। सत करा=सत्य की ज्योति। वह रस=अर्थात् ईश्वर का भाव। यह जाकर भाउ=यह सब भाव जिसका है, जिससे संसार के रूप का दर्शन होता है और मन में भावना होती है, अर्थात् ज्योति या तेज। जानि परै जेहि सुन्न=जिसे इस शून्य का भेद मिल गया (एक परमाणु के भीतर ही सारे ब्रह्मांड की व्यवस्था छिपी हुई है, इसी बात की भावना योगी बिंदु द्वारा करते हैं)। (30) उपाती=उत्पत्ति। टीके=टिके हुए हैं। ठाट=सारे संसार का ढाँचा। लगा सब एका=उसी एक शून्य से लगा। अर्थात् उसी पर ठहरा है। जीवहिं सगरे का=सब का शरीर जीव पर ही टिका हुआ है। सुन्नम सुन्नम=शून्य ही शून्य में। सुन्नहिं महँ मन रूख=उसी शून्य के भीतर ही मन रूपी वृक्ष (सर्वात्मा) है। काठी=लकड़ी। जावँन=थोड़ा सा दही या खटाई जिसे दूध में डालने से वह जमकर दही हो जाता है।

पछवाँ कढ़ुई कैसन फेरहु। ओहि जोति महँ जोति अभेरहु।।
जस अँतरपट साढ़ी फूटै। निरमल होइ मया सब छूटै।।
माखन मूल उठै लेइ जोती। समुद माँह जस उलथै मोती।।

दोहा

जस घिउ होइ जराइकै, तस जिउ निरमल होइ।।
महै महेरा दूरि करि, भोग करै सुख सोइ।।

सोरठा

हिया कँवल जस फूल, जिउ तेहि महँ जस बासना।
तन तजि मन महँ भूल, मुहमद तब पहिचानिए।।31।।

जा जानहु जिउ बसै सो तहँवाँ। रहै कँवल हिय संपुट जहँवा।।
दीपक जैस बरत हिय आरे। सब घर उजियर तेहि उजियारे।।
तेहि महँ अंस समानेउ आई। सुन्न सहज मिलि आवै जाई।।
तहाँ उठै धुनि आउंकारा। अनहद सबद होइ झनकारा।।
तेहि महँ जोति अनूपम भाँती। दीपक एक, बरै दुइ बाती।।
एक जो परगट होई उजियारा। दूसर गुपुत सो दसवँ दुवारा।।
मन जस टेम, प्रेम जस दीया। आसु तेल, दम बाती कीया।।

दोहा

तहँवा जम[1] जस भँवरा, फिरा करै चहुँ पास।
मीचु पवन जब पहुँचै, लेइ फिरै सो बास।।

सोरठा

सुनहु बचन एक मोर, दीपक जस आरे बरै।।
सब घर होइ अँजोर, मुहमद तस जिउ हीय महँ।।32।।

---

(31) करसी=उपले की राख। खैला=क्ष्वेड, मथानी। दुइ सन फेरहु=एक ही में ध्यान जमाओ, द्विविधा छोड़ो। चूर=चूर हो, फूटे। पछवाँ=पीछे से। कढ़ाई=छोटा बेला या दीया जिसे मटके में डालकर दही निकालते हैं। जोति=ब्रह्मज्योति। अभेरहु। मिलाओ उस अँतरपट=माया का परदा जिससे हृदय उस ब्रह्मज्योति का साक्षात्कार नहीं कर सकता। मया=माया। उलथै=उमड़कर ऊपर आता है। महै=मथे। महेरा=मही, मट्ठा। बासना=बास, सुगंध। (32) कँवल हिय=सुषुम्ना नाड़ी पर जो हृदय कमल है। आरे=आले पर। अंस=ब्रह्म का अंश। सुन्न=शून्य निर्गुण, अव्यक्त ब्रह्मसत्ता। सहज=प्रकृति। आउंकारा=ओंकार, प्रणव। अनहद सबद=अनाहत नाद; यह अंतस्थ नाद आँख, कान, नाक आदि इंद्रियों के व्यापारों को बंद करके ध्यान करने से सुनाई पड़ता है। दुइ बाती=एक अंतर्मुखी, दूसरी बहिर्मुखी। दसवँ दुवारा=ब्रह्मरंध्र। टेम=दीपक की लौ। आसु=असु, प्राण। दम=श्वास। सो बास=जीव जो हृदय कमल में सुगंध के समान है।

1. पाठांतर–जिउ।

रा रातहु अब तेहि के रंगा। बेगि लागु प्रीतम के संगा।।
अरध उरध अस है दुइ हीया। परगट गुपुत बरै जस दीया।।
परगट मया मोह जस लावै। गुपुत सुदरसन आपु लखावै।।
अस दरगाह जाइ नहिं पैठा। नारद पँवरि कटक लेइ बैठा।।
ताकहँ मंत्र एक है साँचा। जो वह पढ़ै जाई सो बाँचा।।
पंडित पढ़ै सो लेइ लेइ नाऊँ। नारद छाँड़ि देइ सो ठाऊँ।।
जेकरे हाथ होइ वह कूँजी। खोलि केवार लेइ सो पूँजी।।

दोहा

उघरै नैन हिया कर, आछै दरसन रात।।
देखै भुवन सौ चौदहौ, औ जानै सब बात।।

सोरठा

कंत पियारे भेंट, देखौ तूलम तूल[1] होइ।
भए बयस दुइ हेंठ, मुहमद निति सरवरि करै।।33।।

ला लखई सोई लखि आवा। जौ एहि मारग आपु गँवावा।।
पीउ सुनत धनि आपु बिसारै। चित्त लखै, तन खोइ अडारै।।
'हौं हौं' करब अडारहु खोई। परगट गुपुत रहा भरि सोई।।
बाहर भीतर सोइ समाना। कौतुक सपना सो निजु जाना।।
सोइ देखै औ सोई गुनई। सोई सब मधुरी धुनि सुनई।।
सोई करै कीन्ह जो चहई। सोई जानि बूझि चुप रहई।।
सोई घट घट होइ रस लेई। सोइ पूछै, सोइ ऊतर दई।।

दोहा

सोई साजै अँतरपट, खेलै आपु अकेल।।
वह भूला जग सेंती, जग भूला ओहि खेल।।

---

(33) अरध...हीय=मन या हृदय एक अंतर्मुख है दूसरा बहिर्मुख; अंतर्मुख से आत्मस्वरूप का ज्ञान होता है और बहिर्मुख से बाह्य जगत् के विषयों का। नारद=शैतान। कटक=काम, क्रोध, मोह आदि। जेकरे=जिसके (अवध)। सो पूँजी=अर्थात् ईश्वर का दर्शन। आछै दरसन रात=दर्शन पाकर आनंदमग्न हो। तूलम तूल=बराबर पर, आमने-सामने। भए बयस दुइ हेंठ=अवस्था में तीसरे स्थान पर होने पर भी (पहले ईश्वर, फिर फरिश्ते हुए, उसके पीछे मनुष्य हुआ), अवस्था में कनिष्ठता होने पर भी। सरवरि=बराबरी।

1. पाठांतर—देखौ जो मतलूब होइ।

सोरठा

जौ लगि सुनै न मीचु, तौ लगि मारै जियत जिउ।
कोई हुतेउ न बीचु, मुहमद एकै होइ रहै।।34।।

वा वह रूप न जाइ बखानी। अगम अगोचर अकथ कहानी।।
छंदहि छंद भयउ सो बंदा। छन एक माहँ हँसी रोवंदा।।
बारे खेल, तरुन वह सोवा। लउटी बूढ़ लेइ पुनि रोवा।।
सो सब रंग गोसाईं केरा। भा निरमल कबिलास बसेरा।।
सो परगट महँ आइँ भुलावै। गुपुत में आपन दरस देखावै।।
तुम अनु गुपुत मते तस सेऊ। ऐसन सेउ न जानै केऊ।।
आपु मरे बिनु सरग न छूवा। आँधर कहहिं, चाँद कहँ ऊवा?।।

दोहा

पानी महँ जस बुल्ला, तस यह जग उतिराइ।
एकहि आवत देखिए, एक है जगत बिलाइ।।

सोरठा

दीन्ह रतन बिधि चारि, नैन, बैन, सरवन्न, मुख।
पुनि जब मेटिहि मारि, मुहमद तब पछिताब मैं।।35।।

सा साँसा जौ लहि दिन चारी। ठाकुर से करि लेहु चिन्हारी।।
अंध न रहहु, होहु डिठियारा। चीन्हि लेहु जो तोहि सँवारा।।
पहिले से जो ठाकुर कीजिय। ऐसे जियन मरन नहिं छीजिय।।
छाँड़हु घिउ औ मछरी माँसू। सूखे भोजन करहु गरासू।।
दूध, माँसु घिउ कर न अहारू। रोटी सानि करहु फरहारू।।
एहि बिधि काम घटावहु काया। काम, क्रोध, तिसना, मद, माया।।
सब बैठहु बज्रासन मारी। गहि सुखमना पिंगला नारी।।

---

(34) आपु गँवावा=अपने को खो दे। धनि=स्त्री। खोइ अडारै=खो डालै। खोइ अडारहु=खो डालो। जग सेंती=संसार से। ओहि खेल=उसके खेल में। जौ लगि...मीचु=जब तक मृत्यु न आ जाय। मारै जियत जिउ=जीते जी जीव को मारे, अपनी अलग सत्ता भूल जाय या मन का दमन करे। (35) छंदहि छंद=नकल ही नकल में, खेल ही खेल में। बंदा=बँधुआ, बंदी। रोबँदा=रोना। लउटी=लकुटी, लाठी। आइ भुलावैं=संसार में आकर भूला हुआ दिखाई पड़ता है। आपन दरस=अपना शुद्ध स्वरूप। अनु=फिर। गुपुत मते=गुप्त रूप से, मन के भीतर ही भीतर। तस=इस प्रकार। केऊ=कोई। आपु मरे...छूवा=बिना मरे स्वर्ग नहीं दिखाई देता (कहावत)। बुल्ला=बुलबुला। मेटिहि=मिटावेगा, नष्ट कर देगा।

दोहा

प्रेम तंतु तस लाग रहु, करहु ध्यान चित बाँधि।
पारस जैस अहेर कहँ, लाग रहै सर साधि।।

सोरठा

अपने कौतुक लागि, उपजाएन्हि बहु भाँति कै।
चीन्हि लेहु सो जागि, मुहमद सोइ न खोइए।।36।।

खा खेलहु, खेलहु ओहि भेंटा। पुनि का खेलहु खेल समेटा।।
कठिन खेल औ मारग सँकरा। बहुतन्ह खाइ फिरे सिर टकरा।।
मरन खेल देखा सो हँसा। होइ पतंग दीपक महँ धँसा।।
तन पतंग कै भिरिंग के नाईं। सिद्ध होइ सो जुग जुग ताईं।।
बिनु जिउ दिए न पावै कोई। जो मरजिया अमर भा सोई।।
नीम जो जामै चंदन पासा। चंदन बेधि होइ तेहि बासा।।
पावँन्ह जाइ बली सन टेका। जौ लहि जिउ तन, तौ लहि भेका।।

दोहा

अस जानै है सब महँ, औ सब भावहि सोइ।
हौं कोहाँर कर माटी, जो चाहै सो होइ।।

सोरठा

सिद्ध पदारथ तीनि, बुद्धि पावँ औ सिर, कया।
पुनि लेइहि सब छीनि, मुहमद तब पछिताब मैं।।37।।

सा साहस जाकर जग पूरी। सो पावा वह अमृत मूरी।।
कहौं मंत्र जो आपनि पूँजी। खोलु केवारा ताला कूँजी।।
साठि बरिस जो लपई झपई। छन एक गुपुत जाप जो जपई।।
जानहु दुवौ बराबर सेवा। ऐसन चलै मुहमदी खेवा।।
करनी करै जो पूजै आसा। सँवरै नावँ जो लेइ लेइ साँसा।।
काठी धँसत उठै जस आगी। दरसन देखि उठै तस जागी।।
जस सरबर महँ पंकज देखा। हिय कै आँखि दरस सब लेखा।।

---

(36) चिन्हारी=जान-पहचान। डिठियारा=दृष्टिवाला। जियन मरन=जीवन-मरण के चक्र में। छीजिय=नष्ट हो। बज्रासन=योग में एक आसन। सुखमना=सुषुम्ना नाड़ी। तंतु=तत्त्व। पारधि=अहेरी, शिकारी। (37) ओहि भेंटा=उसके संयोग या मिलाप में। टकरा=टक्कर, ठोकर। तन पतंग...नाईं=जैसे पतंग अपना स्वरूप छोड़ भृंग के रूप का हो जाता है। बली सन टेका=बली का सहारा ले। भेका=वेष, रूप। कया=काया में।

दोहा

जासु कया दरपन कै, देखु आप मुँह आप।
आपुहि आपु जाइ मिलु, जहँ नहिं पुन्नि न पाप।।

सोरठा

मनुवाँ चंचल ढाँप, बरजे अहथिर ना रहे।
पाल पेटारे साँप, मुहमद तेहि बिधि राखिए।।38।।
हा हिय ऐसन बरजे रहई। बूड़ि न जाइ, बूड़ अति अहई।।
सोइ हिरदय कै सीढ़ी चढ़ई। जिमि लोहार घन दरपन गढ़ई।।
चिनगि जोति करसी तें भागै। परम तंतु परचावै लागै।।
पाँच भूत लोहा गति तावै। दुहूँ साँस भाठी सुलगावै।।
कया ताइ कै खरतर[1] करई। प्रेम के सँड़सी पोढ़ कै धरई।।
हनि हथेव हिय दरपन साजै। छोलनी जाप लिहे तन माँजै।।
तिल तिल दिस्टि जोति सहुँ ठानै। साँस चढ़ाइ कै ऊपर आनै।।

दोहा

तौ निरमल मुख देखैं, जोग होइ तेहि ऊप।
होइ डिठियार सो देखै, अंधन के अँधकूप।।

सोरठा

जेकर पास अनफाँस, कहु हिय फिकिर सँभारि कै।
कहत रहै हर साँस, मुहमद निरमल होइ तब।।39।।

---

(38) लपई झपई=पचे, हैरान हो। साठि बरिस...जपई=साठ बरस अनेक यत्न करके हैरान होना और एक क्षण भर गुप्त मंत्र का जाप करना दोनों बराबर हैं। मुहमदी खेवा=मुहम्मद का मत या मार्ग। काठी=लकड़ी। घँसत=घिसते हुए। मनुवाँ=मन। अहथिर=स्थिर। (39) जिमि लोहार...गढ़ई=जैसे लोहार घन की चोट मार-मारकर दरपन गढ़ता है। (पुराने समय में लोहे को खूब माँज और चमकाकर दर्पण बनाए जाते थे; बिहारी ने जो 'दरपन का मोरचा' कहा है वह लोहे के दर्पण के संबंध में है।) चिनगि...भागै=उपले की राख में चिनगारी नहीं रह सकती। परम तंतु=मूल मंत्र से। लोहा गति=लोहे के समान। खरतर=खूब खरा या लाल। पोढ़ कै=मजबूती से। हनि=मारकर। हथेव=हथौड़ा। ऊप=ओप, प्रकाश। पास अनफाँस=बंधन और मोक्ष। फिकिर=फिक्र, सामीप्य प्राप्त करने के लिए चिंतन।

1. पाठांतर—'केकरि दर' है, जिसका कुछ अर्थ नहीं लगता।

खा खेलन औ खेल पसारा। कठिन खेल औ खेलनहारा।।
आपुहि आपुहि चाह देखावा। आदम रूप भेस धरि आवा।।
अलिफ एक अल्ला बड़ सोई। दाल दीन दुनिया सब कोई।।
मीम मुहम्मद प्रीति पियारा। तिनि आखर यह अरथ बिचारा।।
मुख बिधि अपने हाथ उरेहा। दुइ जग साजि सँवारा देहा।।
कै दरपन अस रचा बिसेखा। आपन दरस आप महँ देखा।।
जो यह खोज आप महँ कीन्हा। तेइ आपुहि खोजा, सब चीन्हा।।

दोहा

भागि किया दुइ मारग, पाप पुन्नि दुइ ठाँव।
दहिने सो सुठि दाहिने, बायें सो सुठि बावँ।।

सोरठा

भा अपूर सब ठावँ, गुड़िला मोम सँवारि कै।
राखा आदम नावँ, मुहमद सब आदम कहै।।40।।
औ उन्ह नाँव सीखि जौ पावा। अलख नावँ लेइ सिद्ध कहावा।।
अनहद ते भा आदम दूजा। आप नगर करवावै पूजा।।
घट घट महँ होइ निति सब ठाऊँ। लाग पुकारै आपन नाऊँ।।
अनहद सुन्न रहै सब लागे। कबहुँ न बिसरै सोए जागे।।
लिखि पुरान महँ कहा बिसेखी। मोहि नहिं देखहु, मैं तुम्ह देखी।।
तू तस सोइ न मोहिं बिसारसि। तू सेवा जीते, नहिं हारसि।।
अस निरमल जस दरपन आगे। निसि दिन तोरि दिस्टि मोहिं लागे।।

दोहा

तुहुप बास जस हिरदय, रहा नैन भरिपूरि।
नियरे से सुठि नीयरे, ओहट से सुठि दूरि।।

सोरठा

डुवौ दिस्टि टक लाइ, दरपन जो देखा चहै।
दरपन जाइ देखाइ, मुहमद तौ मुख देखिए।।41।।

---

(40) आपुहि...देखावा=अपना रूप अपने को ही दिखाना चाहा। अलिफ=अरबी का आकारसूचक वर्ण। दाल='द' सूचक वर्ण। मीम='म' सूचक वर्ण। तिनि='आदम' शब्द के तीन अक्षर। भागि=विभाग करके, बाँटकर। गुड़िला=पुतला, मूर्ति। मोम=मोम का। (41) अनहद=नादब्रह्म। मोहिं नहिं देखहु3देखी=तुम मुझे नहीं देखते हो, मैं तुम्हें देखता हूँ। सेवा=सेवा से। ओहट=अलग, दूर। मुख=ईश्वर का रूप।

छा छाँड़ेहु कलंक जँहि नाहीं। केहु न बराबरि तेहि परछाहीं।।
सूरज तपै परै अति घामू। लागे गहन गसत होइ सामू।।
ससि कलंक का पटतर दीन्हा। घटैं बढ़ैं औ गहनै लीन्हा।।
आगि बुझाइ जौ पानी परई। पानि सूख, माटी सब सरई।।
सब जाइहि जो जग मँह होई। सदा सरबदा अहथिर सोई।।
निहकलंक निरमल सब अंगा। अस नाहीं केहु रूप न रंगा।।
जो जानै सो भेद न कहई। मन महँ जानि बूझि चुप रहई।।

दोहा

मति ठाकुर कै सुनि कै, कहै जो हिय मझियार।
बहुरि न मत तासौं करै, ठाकुर दूजी बार।।

सोरठा

गगरी सहस पचास, जो कोउ पानी भरि धरै।
सूरुज दिपै अकास, मुहमद सब महँ देखिए।।42।।

ना नारद तब रोइ पुकारा। एक जोलाहै सौं मैं हारा।।
प्रेम तंतु नित ताना तनई। जप तप साधि सैकरा भरई।।
दरब गरब सब देइ बिथारी। गनि साथी सब लेहिं सँभारी।।
पाँच भूत माँड़ी गनि मलई। ओहि सौं मोर न एकौ चलई।।
बिधि कहँ सँवरि साज सो साजै। लेइ लेइ नावँ कूँच सौं माँजै।।
मन मुर्री देइ सब अँग मोरै। तन सो बिनै दोउ कर जोरै।।
सूत सूत सो कया मँजाई। सीझा[1] काम बिनत सिधि पाई।।

दोहा

राउर आगे का कहै, जो सँवरै मन लाइ।
तेहि राजा निति सँबरैं, पूछै धरम बोलाइ।।

---

(42) छाँड़ेहु...नाहीं=तुमने उस ईश्वर को छोड़ दिया जो निष्कलंक है। केहु=कोई। सामू=श्याम, काला। गहनै लीन्हा=गहन से लिया गया, ग्रस्त हुआ (यह प्रयोग बहुत प्राचीन है, इसी कर्मवाच्य प्रयोग से आजकल के कर्तृवाच्य प्रयोग बने हैं)। सरई=सड़ती है। रूप न रंगा=न रूप में, न रंग में। मति ठाकुर...बार=अपने अंतःकरण में ईश्वर की सलाह सुनकर जो उस हृदय की बात को बाहर कहता है उससे फिर ईश्वर दूसरी बार सलाह नहीं करता। गगरी सहस=प्रतिबिंबवाद का यह उदाहरण बहुत पुराना है।

1. पाठांतर—'सीया'।

सोरठा

तेहि मुख लावा लूक, समुझाए समुझै नहीं।
परै खरी[1] तेहि चूक, मुहमद जेइ जाना नहीं।।43।।

मन सौं देइ कढ़नी दुइ गाढ़ी। गाढ़े छीर रहै होइ साढ़ी।।
ना ओहि लेखे राति न दिना। करगह बैठि साट सो बिना।।
खरिका लाइ करै तन घीसू[2]। नियर न होइ डरै इबलीसू।।
भरै साँस जब नावै नरी। निसरै छूँछी पैठै भरी।।
लाइ लाइ कै नरी चढ़ाई। इललिलाह कैं ढारि चलाई।।
चित डोलै नहिं खूँटी टरई। पल पल पेखि आग अनुसरई।।
सीधे मारग पहुँचै जाई। जो एहि भाँति करै सिधि पाई।।

दोहा

चलै साँस तेहि मारग, जेहि से तारन होइ।
धरै पाँव तेहि सीढ़ी, तुरतै पहुँचै सोइ।।

सोरठा

दरपन बालक हाथ, मुख देखै दूसर गनै।
तस भा दुइ एक साथ, मुहमद एकै जानिए।।44।।

कहा मुहम्मद प्रेम कहानी। सुनि सो ज्ञानी भए धियानी।।
चेलै समुझि गुरु सौं पूछा। देखहुँ निरखि भरा औ छूँछा।।
दुहूँ रूप है एक अकेला। औ अनबन परकार सो खेला।।
औ भा चहै दुवौ मिलि एका। को सिख देइ काहि को टेका।।
कैसे आपु बीच सो मेटै?। कैसे आप हेराइ सो भेंटैं?।।

---

(43) तंतु=तागा। बिथारी=बिखेर दे। माँड़ी=कलप जो कपड़े पर दिया जाता है। कूँच=जुलाहों की कूँची। मुर्री=ऐंठन। बिनै=(क) बुने, (ख) विनय करके। पाई=पतली छड़ियों का ढाँचा जिस पर ताने का सूत फैलाते हैं। राउर=आपके। आगे=सामने। धरम=धर्म से। (44) कढ़नी=मथानी में लगाने की डोरी, नेती। गाढ़े छीर...साढ़ी=नहीं तो गाढ़ा दूध मलाई हो जाता है। साट=वस्त्र, धोती। खरिका=कमाची?। घीसू=माँज, रंगड़। इबलीस=शैतान। नरी=ढरकी के भीतर की नली जिस पर तार लपेटा रहता है। इललिलाह=ईश्वर का नाम। ढारि=ढरकी। खूँटी=जिसमें ताना लपेटा रहता है। आग अनुसरई=आगे बढ़ता है। चलै साँस तेहि मारग=इड़ा और पिंगला दोनों से दाहिने और बायें श्वास का चलना हठयोगवाले मानते हैं। तारन=उद्धार।

1. पाठांतर–'घड़ी'।

2. पाठांतर–'चीसू' है, जिसका कुछ अर्थ नहीं जान पड़ता।

जौ लहि आपु न जीयत मरई। हँसैं दूरि सौं बात न करई।।
तेहि कर रूप बदन सब देखै। उठै घरी महँ भाँति बिसेखै।।

दोहा

सो तौ आपु हेरान है, तन मन जीवन खोइ।
चेला पूछै गुरू कहँ, तेहि कस अगरे होइ?।।

सोरठा

मन अहथिर कै टेकु, दूसर कहना छाँड़ि दे।
आदि अंत जो एक, मुहमद कहु, दूसर कहाँ।।45।।

सुनु चेला! उत्तर गुरु कहई। एक होइ सो लाखन लहई।।
अहथिर कै जो पिंडा छाँड़ैं। औ लेइकै धरती महँ गाड़ै।।
काह कहौं जस तू परछाहीं। जौ पै किछु आपन बस नाहीं।।
जो बाहर सो अंत समाना। सो जानै जो ओहि पहिचाना।।
तू हेरै भीतर सौं मिंता। सोइ करै जेहि लहै न चिंता।।
अस मन बूझि छाँडु को तोरा?। होहु समान, करहु मति 'मोरा'।।
दुइ हुँत चलै न राज न रैयत। तब वेइ सोख जो होइ मग ऐयत।।

दोहा

अस मन बूझहु अब तुम, करता है सो एक।
सोइ सूरत सोइ मूरत, सुनै गुरु सौं टेक।।

सोरठा

नवरस गुरु पहँ भीज, गुरु परसाद सो पिउ मिलै।
जामि उठै सो बीज, मुहमद सोई सहस बुँद।।46।।

---

(45) ज्ञानी= तत्त्वज्ञ। ध्यानी=योग साधनेवाले। चेलै=चेले ने। देखहुँ निरखि...छूँछा=इस संसार में ईश्वर को व्याप्त देखता भी हूँ, नहीं भी देखता हूँ। अनबन=अनेक, नाना। को टेका=कौन वह शिक्षा ग्रहण करता है। बीच=अंतर (ईश्वर और जीव के बीच का)। हँसै=वह प्रियतम ईश्वर हँसता है। तेहि कर रूप... बिसेखै=कभी तो वह सब को उसी रूप का देखता है और फिर वही दूसरे क्षण में (व्यवहार में) भिन्न-भिन्न रूप और प्रकार निर्दिष्ट करता है। तेहि अगरे=उसके सामने। (46) लाखन लहई=लाखों रूप धारण करता है। अहथिर कै=जीवात्मा को स्थिर करके। जो पै किछु...नाहीं=जो वास्तव में कुछ है वह अपने वश के बाहर है, अर्थात् वस्तुसत्ता तक हमारी पहुँच नहीं। चिंता=सांसारिक चिंता। छाँडु=सब को छोड़ दे। को तोरा=तेरा कौन है? समान=समदर्शी। करहु मति 'मोरा'='मेरा-मेरा' मत कर। हुँत=से। तब वेइ...ऐयत=वे ही सीखते हैं जो सच्चे मार्ग पर आ जाते हैं। टेक=निश्चित वचन। सोई सहस बुँद=आत्मतत्त्व या जीव (जिसका अठारह हजार बूँदों से बरसना पहले कह आए हैं)।

माया जरि अस आपुहि खोई। रहै न पाप मैलि गइ धोई।।
गौं दूसर भा सुन्नहि सुन्नू। कहँ कर पाप, कहाँ कर पुन्नू।।
आपुहि गुरु, आपु भा चेला। आपुहि सब औ आपु अकेला।।
अहै सो जोगी, अहै सो भोगी। अहै सो निरमल, अहै सो रोगी।।
अहै सो कड़ुवा, अहै सो मीठा। अहै सो आमिल, अहै सो सीठा।।
वै आपुहि कहँ सब महँ मेला। रहै सो सब महँ खेलै खेला।।
उहै दोउ मिलि एकै भयऊ। बात करत दूसर होइ गयऊ।।

दोहा

जो किछु है सो है सब, ओहि बिनु नाहिंन कोइ।
जो मन चाहा सो किया, जो चाहै सो होइ।।

सोरठा

एक से दूसर नाहिं, बाहर भीतर बूझि ले।
खाँड़ा दुइ न समाहिं, मुहमद एक मियान महँ।।47।।

पूछौं गुरु बात एक तोहीं। हिया सोच एक उपजा मोहीं।।
तोहि अस कतहुँ न मोहि अस कोई। जो किछु है सो ठहरा सोई।।
तस देखा मैं यह संसारा। जस सब भाँड़ा गढ़ै कोहाँरा।।
काहू माँझ खाँड़ भरि धरई। काहू माँझ सो गोबर भरई।।
वह सब किछु कैसे कै कहई। आपु बिचारि बूझि चुप रहई।।
मानुष तौ नीके सँग लागै। देखि घिनाइ त उठि कै भागै।।
सीझ चाम सब काहू भावा। देखि सरा सो नियर न आवा।।

दोहा

पुनि साईं सब जन रमै, औ निरमल सब चाहि।
जेंहि न मैलि किछु लागै, लावा जाइ न ताहि।।

---

(47) गौं दूसर=दूसरे पक्ष में, अध्यात्म पक्ष में। आमिल=अम्ल, खट्टा। सीठा=नीरस। बात करत=संसार के व्यवहार में, कहने-सुनने को। खाँड़ा दुइ...महँ=अद्वैतवाद का तर्क कि अपरिच्छिन्न सत्ता एक ही हो सकती है, एक से अधिक होने से सब परिच्छिन्न होंगी।

सोरठा

जोगि उदासी दास, तिन्हहिं न दुख औ सुख हिया।
घरही माँह उदास, मुहमद सोइ सराहिए।।48।।

सुनु चेला जस सब संसारू। ओहि भाँति तुम कया बिचारू।।
जौ जिउ कया तौ दुख सौं भीजा। पाप के ओट पुन्नि सब छीजा।।
जस सूरज उअ देख अकासू। सब जग पुन्नि डहै परगासू।।
भल औ मंद जहाँ लगि होई। सब पर धूप रहै पुनि सोई।।
मंदे पर वह दिस्टि जो परई। ताकर मैलि नैन सौं ढरई।।
अस वह निरमल धरति अकासा। जैसे मिली फूल महँ बासा।।
सबै ठाँव औ सब परकारा। ना वह मिला, न रहै निनारा।।

दोहा

ओहि, जोति परछाहीं, नवौ खंड उजियार।
सुरुज चाँद कै जोती, उदित अहै संसार।।

सोरठा

जेहि कै जोति सरूप, चाँद सुरुज तारा भए।
तेहि कर रूप अनूप, मुहमद बरनि न जाइ किछु।।49।।

चेलै समुझि गुरु सौं पूछा। धरती सरग बीच सब छूँछा।।
कीन्ह न थूनी, भोति न पाखा। केहि बिधि टेकि गगन यह राखा।।
कहाँ से आइ मेघ बरिसावै। सेत साम सब होइ कै धावै?।।
पानी भरै समुद्रहि जाई। कहाँ से उतरै, बरसि बिलाई?।।
पानी माँझ उठै बजरागी। कहाँ से लौकि बीजु भुइँ लागी?।।
कहवाँ सूर, चंद औ तारा। लागि अकास करहिं उजियारा?।।
सूरुज उवै बिहानहि आई। पुनि सो अथै कहाँ कहँ जाई।।

---

(48) तोहि अस...कोई=न मेरा रूप सत्य है, न तेरा। वह सब किछु...कहई=जब देखते हैं कि कोई अच्छा है, कोई बुरा तब सब कुछ वही है यह कैसे कहा जाय, क्योंकि ऐसा कहने से बुराई भी उसमें लग जाती है। सीझ=सीझा हुआ। सरा=सड़ा हुआ। सब चाहि=सब से बढ़कर। जेहि न मैलि...ताहि=जो निष्कलंक है उसमें कलंक या बुराई का आरोप करते नहीं बनता। घरही माहँ उदास=जो गृहस्थी में रहकर अपना कर्म करता हुआ भी उदासीन या निष्काम रहता है। (49) ओही भाँति...विचारू=जैसे जीवात्मा शुद्ध आनंदस्वरूप है पर शरीर के संयोग में दुःख आदि से युक्त दिखाई पड़ता है वैसे ही शुद्ध ब्रह्म संसार के व्यावहारिक क्षेत्र में भला-बुरा आदि कई रूपों में दिखाई पड़ता है (शरीर और जगत् की एकता पहले कह आए हैं)। परछाहीं=परछाईं से।

दोहा

काहे चंद घटत है, काहे सूरुज पूर।
काहे होइ अमावस, काहे लागै मूर।।

सोरठा

जस किछु माया मोह, तैसे मेघा, पवन, जल।
बिजुरी जैसे कोह, मुहमद तहाँ समाइ यह।।50।।

सुनु चेला! ऐहि जग कर अवना। सब बादर भीतर है पवना।।
सुन्न सहित बिधि पवनहि भरा। तहाँ आप होइ निरमल करा।।
पवनहिं महँ जो आप समाना। सब भा बरन ज्यों आप समाना।।
जैस डोलाए बेना डोलै। पवन सबद होइ किछुहु न बोलै।।
पवनहि मिला मेघ जल भरई। पवनहि मिला बुंद भुइँ परई।।
पवनहि माहँ जो बुल्ला होई। पवनहि फुटैं, जाइ मिलि सोई।।
पवनहि पवन अंत होइ जाई। पवनहि तन कहँ छार मिलाई।।

दोहा

जिया जंतु जत सिरजा, सब महँ पवन सो पूरि।
पवनहि पवन जाइ मिलि, आगि, बाउ, जल, धूरि।।

सोरठा

निति सो आयसु होइ, साईं जो आज्ञा करै।
पवन परेवा सोइ, मुहमद बिधि राखे रहै।।51।।

बड़ करतार जिवन कर राजा। पवन बिना किछु करत न छाजा।।
तेहि पवन सौं बिजुरी साजा। ओहि मेघ परबत उपराजा।।
उहै मेघ सौं निकरि देखावै। उहै माँझ पुनि जाइ छपावै।।

---

(50) चेलै=चेले ने। थूनी=टेक। बजरागी=बज्राग्नि, बिजली। लौकि=चमककर। मूर=मूल नक्षत्र। कोह=क्रोध। तहाँ=जहाँ माया-मोह है। (51) अवना=आना, रचा जाना। बिधि=ईश्वर। पवनहि=पवन में। करा=कला, ज्योति। सब भा बरन...समाना=आप या उस ईश्वर के अनुकूल सबका रूप रंग हुआ। पवनहिं फुटै=पवन ही से वह बुलबुला फूटता है। जाइ मिलि=जल में फिर मिल जाता है। पवनहि पवन जाइ मिलि=कवि ने प्राचीन पाश्चात्य तत्त्वज्ञों के अनुसार वायु को ही सबसे सूक्ष्म तत्त्व माना है और उसी को सबके मूल में रखा है (उपनिषद् में आकाश आदिम और मूलभूत कहा गया है) परेवा=पक्षी, दूत।

उहै चलावै चहुँ दिसि सोई। जस जस पाँव धरै जो कोई।।
जहाँ चलावै तहवाँ चलई। जस जस नावै तस तस नवई।।
बहुरि न आवैं छिटकत झाँपै। तेहि मेघ सँग खन खन काँपै।।
जस पिउ सेवा चूकैं रूठैं। परैं गाज पुहुमी तपि कूटै।।

दोहा

अगिनि पानि, औ माटी, पवन फूल कर मूल।
उहई सिरजन कीन्हा, मारि कीन्ह अस्थूल।।

सोरठा

देखु गुरु, मन चीन्ह, कहाँ जाइ खोजत रहै।
जानि परै परबीन, मुहमद तेहि सुधि पाइए।।52।।

चेला चरचत गुरु गुन गावा। खोजत पूछि परम गति पावा।।
गुरु बिचारि चेला जेहि चीन्हा। उत्तर कहत भरम लेइ लीन्हा।।
जगमग देख उहै उजियारा। तीनि लोक लहि किरिन पसारा।।
ओहि ना बरन न जाति अजाती। चंद न सुरुज, दिवस ना राती।।
कथा न अहै, अकथ भा रहई। बिना बिचार समुझि का परई?।।
सोऽहं सोऽहं बसि जो करई। जो बूझै सो धीरज धरई।।
कहै प्रेम कै बरनि कहानी। जो बूझै सौ सिद्धि गियानी।।

दोहा

माटी कर तन भाँड़ा, माटी महँ नव खंड।
जे केहु खेलै माटि कहँ, माटी प्रेम प्रचंड।

सोरठा

गलि सोइ माटी होइ, लिखनेहारा बापुरा।
जो न मिटावै कोइ, लिखा रहै बहुतै दिना।।53।।

---

(52) ओहि=उसी पवन से। उपराजा=उत्पन्न किया। उहै=वही ईश्वर। जाइ छपावै=जाकर अपने को छिपाता है। नावै=झुकाता है, प्रवृत्त करता है। छिटकत...झाँपै=(बिजली) छिटकते ही फिर छिप जाती है। सेवा=सेवा में। चूके=चूकने पर। कूटै=मारता है, पीटता है। मारि=वश में करके। अस्थूल=स्थूल। कहाँ जाइ खोजत रहै=बिना गुरु के कहाँ इधर-उधर भटकता रहा। जानि परै=जो समझ पड़े। तेहि सुधि पाइए=उससे ईश्वर से मिलने के मार्ग का पता मिल जायगा। (53) चरचत=पहचानते ही। पूछि=जिज्ञासा करके। चेला=जधिकारी शिष्य। लहि=तक। जै केहु=जो कोई। खेलै माटि कहँ=शरीर को लेकर प्रेम का खेल खेल डाले। माटी=मिट्टी में, शरीर में।

आखिरी कलाम

पहिले नावँ दैउ कर लीन्हा। जेंइ जिउ दीन्ह, बोल मुख कीन्हा।।
दीन्हेसि सिर जो सँवारै पागा। दीन्हेसि कया जो पहिरै बागा।।
दीन्हेसि नयन जोति, उजियारा। दीन्हेसि देखै कहँ संसारा।।
दीन्हेसि स्रवन बात जेहि सुनै। दीन्हेसि बुद्धि, ज्ञान बहु गुनै।।
दीन्हेसि नासिक लीजै बासा। दीन्हेसि सुमन सुगंध बिरासा।।
दीन्हेसि जीभ बैन रस भाखै। दीन्हेसि भुगुति, साध सब राखै।।
दीन्हेसि दसन, सुरग कपोला। दीन्हेसि अधर जे रचैं तँबोला।।
दीन्हेसि बदन सुरूप रँग, दीन्हेसि माथे भाग।
देखि दयाल, 'मुहम्मद', सीस नाइ पद लाग।।1।।

दीन्हेसि कंठ बोल जेहि माहाँ। दीन्हेसि भुजादंड, बल बाहाँ।।
दीन्हेसि हिया भोग जेहि जमा। दीन्हेसि पाँच भूत, आतमा।।
दीन्हेसि बदन सीत औ घामू। दीन्हेसि सुक्ख नींद बिसरामू।।
दीन्हेसि हाथ चाह जस कीजै। दीन्हेसि कर पल्लव गहि लीजै।।
दीन्हेसि रहस कूद बहुतेरा। दीन्हेसि हरष हिया बहु मेरा।।
दीन्हेसि बैठक आसन मारै। दीन्हेसि बूत जो उठें सँभारैं।।
दीन्हेसि सबै सँपूरन काया। दीन्हेसि होइ चलै कहँ पाया।।
दीन्हेसि नौ नौ फाटका, दीन्हेसि दसवँ दुवार।
सो अस दानि 'मुहम्मद' तिन्ह कै हौं बलिहार।।2।।
मरम नैन कर अँधरै बूझा। तेहि बिसरै संसार न सूझा।।
मरम स्रवन कर बहिरै जाना। जो न सुनै किछु दीजैं साना।।
मरम जीभ कर गूँगै पावा। साध मरै, पैं निकर न नावाँ।।

---

(1) बागा=पहनावा, पोशाक। बिरासा=विलास। रचैं=रँग जाते हैं। (2) रहस=आनंद। मेर=मेल, भाँति। फाटका=नव द्वार।

मरम बाँह कै लूलै चीन्हा । जेहि बिधि हाथन्ह पाँगुर कीन्हा।।
मरम कया कर कुस्टी भेंटा । नित चिरकुट जो रहे लपेटा।।
मरम बैठ उठ तेहि पै गुना । जो रे मिरिग कस्तूरी पहाँ।। (?)
मरम पाँव कै तेहि पै दीठा । होइ अपाय भुइँ चलै बईठा।।
अति सुख दीन्ह बिधातैं, औ सब सेवक ताहि।
प्रापन मरम 'मुहम्मद', अबहूँ समुझ कि नाहिं।।3।।

भा औतार मोर नौ सदी । तीस बरिस ऊपर कबि बदी।।
आवत उधत चार विधि ठाना । भा भूकंप जगत अकुलाना।।
धरती दीन्ह चक्र बिधि लाईं । फिरै अकास रहँट कै नाईं।।
गिरि पहार मेदिनि तस हाला । जस चाला चलनी भरि चाला।।
मिरित लोक ज्यों रचा हिंडोला । सरग पताल पवन खट डोला।।
गिरि पहार परबत ढहि गए । सात समुद्र कीच मिलि भए।।
धरती फाटि, छात भहरानी । पुनि भइ मया जौ सिष्टि समानी।।
जो अस खंभन्ह पाइ कै, सहस जीभ गहिराई।
सो अस कीन्ह 'मुहम्मद', तोहि अस बपुरे काइँ।।4।।

सूरुज (अस) सेवक ताकर अहै । आठौ पहर फिरत जो रहै।।
आयसु लिये रात दिन धावै । सरग पताल दुवौ फिरि आवै।।
दगधि आगि महँ होइ अँगारा । तेहि कै आँच धिकै संसारा।।
सो अस बपुरे गहनै लीन्हा । औ धरि बाँधि चँडालै दीन्हा।।
गा अलोप होइ, भा अँधियारा । दीखै दिनहि सरग महँ तारा।।
उवतै झँप्पि लीन्ह धुप चाँपै । लाग सरब जिउ थर थर काँपै।।
जिउ कहँ परे ज्ञान सब झूठै । तब होइ मोख गहन जौ छूटै।।
ताकहँ एता तरासै, जो सेवक अस निंत।
अबहुँ न डरसि 'मुहम्मद' काह रहसि निहचिंत।।5।।

ताकै अस्तुति कीन्हि न जाई । कौने जीभ मैं करौं बड़ाई?।।
जगत पताल जो सैंती कोई । लेखनी विरिख, समुद मसि होई।।

---

(3)बिहरें=फूटने पर। सान दीजै=इशारा कीजिए (तो समझे) अवधी। चिरकुट=चीथड़ा बिबातै=बिधाता ने। (4) उधत चार=उद्धतच रा, उत्पात। आवत...अकुलाना=जान पड़ता है, जिस दिन मलिक मुहम्मद पैदा हुए थे उस दिन भारी भूकंप आया था। भाइँ दीन्ह=फिराया। चाला=छलनी में डाला हुआ अनाज। पवन खट=पवन खटोला। खंभन्ह=अर्थात् पहाड़ों को (धरती पहाड़ों से कीली कही गई है)। गहिराइँ=गहराई या पाताल में थामे हैं। (5) धिकै=तपता है। औ धरि...चँडालै दीन्हा=प्रवाद है कि सूर्य चंद्र डोमों या चंडालों के ऋणी हैं इसी से ग्रहण द्वारा बार-बार सताए जाते हैं। घुप=अंधकार।

लागै लिखै सिष्टि मिलि जाई । समुद घटै पै लिखि न सिराई।।
साँचा सोइ और सब झूठे । ठाँव न कतहुँ ओहि कै रूठे।।
आयसु इबलस हु जौ टारा । नारद होइ नरक महँ पारा।।
सौ दुइ कटक कहउ लखि धोरा । फरऊँ रोधि नील महँ बोरा।।
जौ शदाद बैकुंठ सँवारा । पैठत पौरि बीच गहि मारा।।
जो ठाकुर अस दारुन, सेबक तइँ निरदोख।
माया करै 'मुहम्मद', तौ पै होइहि मोख।।6।।
रतन एक बिधनै अवतारा । नावँ 'मुहम्मद' जग उजियारा।।
चारि मीत चहुँ दिसि गजमोती । माँझ दिपै मनु मानिक जोती।।
जेहि हित सिरजा सात समुंदा । सातहु दीप भए एक बुंदा।।
तर पर चौदह भुवन उसारे । बिच बिच खंड बिखंड सँवारे।।
धरती औ गिरि मेरु पहारा । सरग चाँद सूरज औ तारा।।
सहस अठारह दुनिया सिरैं । आवत जात जातरा करैं।।
जेइ नहिं लीन्ह जनम महँ नाऊँ । तेहि कहँ कीन्ह नरक महँ ठाऊँ।
सो अस दैउ न राखा, जेहि कारन सब कीन्ह।
दहुँ तुम काह 'मुहम्मद' एहि पृथिवी चित दीन्ह।।7।।
बाबर साह छत्रपति राजा । राज पाट उन कहँ बिधि साजा।।
मुलुक सुलेमाँ कर ओहि दीन्हा । अदल दुनी ऊमर जस कीन्हा।।
अली केर जस कीन्हेसि खाँड़ा । लीन्हेसि जगत समुद भरि डाँड़ा।।
बल हमजा कर जैस सँभारा । जो बरियार उठा तेहि मारा।।
पहलवान नाए सब आदी । रहा न कतहुँ बाद करि बादी।।
बड़ परताप आप तप साधे । धरम के पंथ दई चित बाँधे।।
दरब जोरि सब काहुहि दिए । आपुन बिरह आउ जस लिए।।
राजा होइ करै सब, छाँड़ि जगत महँ राज।
तब अस कहै 'मुहम्मद', वँ कीन्हा किछु काज।।8।।

---

(6) सैंते=इकट्ठी करे। सिराई=चुके, पूरा हो। इबलीस=फरिश्ता जो पीछे शैतान हुआ। फरऊँ=मिस्र का बादशाह जिसने इसराइल के वंशवालों को सताया था। शदाद=शद्दाद, एक प्रतापी बादशाह जिसने खुदाई का दावा किया था और बिहिश्त के नमूने पर 'अरम' नाम का बाग बनवाया था। यह बाग हजरमूत में बारह कोस लूँबा था। इसमें अनेक प्रकार के सुंदर अनुपम वृक्ष और भवन थे। इसके तैयार हो जाने पर ज्यों ही वह इसके भीतर घुसना चाहता था कि ईश्वर के कोप से दरवाजे पर ही उसके प्राण निकल गए। सेवक तइँ=अपने बंदों या भक्तों के लिए। निरदोख=अच्छे स्वभाव का, सुशील। (7) तर पर=नीचे-ऊपर। उसारे=खड़े किए, स्थापित किए। (8) ऊमर=खलीफा उमर। पहलवान=योद्धा वीर। नाए=झुकाए। आदी=पूरे, बिलकुल। आउ जस= आयु की कीर्ति।

मानिक एक पायउँ उजियारा । सैयद असरफ पीर पियारा।।
जहँगीर चिस्ती निरमरा । कुल जग महँ दीपक विधि धरा।।
औ निहंग दरिया जल माहाँ । बड़त कहँ धरि काढ़त वाहाँ।।
समुद माहँ जो बाहति फिरई । लेतै नावँ सौंहँ होइ तरई।।
तिन्ह घर हौं मुरीद, सो पीरू । सँवरत बिनु गुन लावैं तीरू।।
कर गहि धरम पंथ देखरावा । गा भुलाइ नहिं मारग लावा।।
जो अस पुरुषहि मन चित लावै । इच्छा पूजे, आस तुलावै।।
जो चालिस दिन सेवै, बार बुहारै कोइ।
दरसन होइ 'मुहम्मद', पाप जाइ सब धोइ।।9।।

जायस नगर मोर अस्थानू । नगर क नाँव आदि उदयानू।।
तहाँ दिवस दस पहुने आयउँ । भा बैराग बहुत सुख पायउँ।।
सुख भा सोचि एक दुख मानौं । ओहि बिनु जिवन मरन कै जानौं।
नैन रूप सो गयउ समाई । रहा पूरि भर हिरदय छाई।।
जहँवें देखैं तहँवें सोई । और न आव दिस्टि तर कोई।।
आपुन देखि देखि मन राखौं। दूसर नाहिं सो कासौं भाखों।।
सबैं जगत दरपन कै लेखा । आपन दरसन आपुहि देखा।।
अपने कौकुत कारन, मीर पसारिन हाट।
मलिक मुहम्मद बिहनै, होइ निकसिन तेहि वाट।।10।।

धूत एक मारत गनि गुना । कपट रूप नारद करि चुना।।
'नावँ न साधु' साधि कहवावै । तेहि लगि चलै जौ गारी पावै।।
भाव गाँठि अस मुख, कर भाँजा । कारिख तेल घालि मुख माँजा।।
परतहि दीठि छरत मोहिं लेखे । दिनहिं माँझ अँधियर मुख देखै।।
लीन्हें चंग रात दिन रहई । परपँच कीन्ह लोगन मह चहई।।
भाइ बंधु महँ लाई लावैं । बाप पूत महँ कहै कहावैं।।
मेहरि भेस रैनि के आवै । तरपड़ कै पूरुख ओनवावै।।
मन मैली कै ठगि, ठगै, ठगे न पायो पायौ काहु।
बरजेउ सबहिं 'मुहमद', अस जिस तुम पतियाहु।।11।

---

(9) निहँग=बिलकुल। बार=द्वारा। (10) उदयानू='जायस' का यही पुराना नाम वहाँ के लोग बतलाते हैं। कौकुत=कौतुक (अवध) मीर=सरदार, यहाँ परमेश्वर। बिहनै=सवेरे सवेरे, प्रातःकाल ही (11) धूत=धूर्त। नारद=शैतान। नावँ न साधु=ईश्वर का नाम न जप। भाव गाँठि...भाँजा=मुँह पर ऐसा हावभाव बनाकर हाथ से ऐसे ऐसे इशारे करती है। कारिख=काजल, मिस्सी, तेल आदि स्त्रियों का शृंगार। अँधियर=अँधेरा। लाई लावै=झगड़ा लगाती है। मेहरी=स्त्री, जोरू। तरपड़=नीचे। ओनवावै=झुकाती हैं। कै ठगि=ठगी करके।

अंग चढ़ावहु सूरी भारा। जाइ गहौ तब चंग अधारा।।
जौ काहू सौं आनि चिहूँटै । सुनहु मोर बिधि कैसे छूटै।
उहै नावँ करता कर लेऊ। पढ़ौ पलीता धूआँ देऊ।।
जौ यह धूआँ नासिकहि लागै। मिनती करै औ उठि उठि भागै।।
धरि बाईं लट सीस झकौरे। करि पाँ तर, गहि हाथ मरोरे।।
तबहि सँकोच अधिक ओहि होवै। 'छाँड़हु छाँड़हु!' कहि कै रोवै।।
घरि बाहीं लै थुवा उड़ावै। तासौं डरै जो ऐस छोड़ावै।।
है नरकी औ पापी, टेढ़ बदन औ आँखि।
चीन्हत अहै 'मुहम्मद', भूठ भरी सब साखि।।12।।
नौ सै बरस छतीस जो भए। तब एहि कथा क आखर कहे।।
देखौं जगत धुंध कलि माहाँ। उवत धूप धरि आवत छाहाँ।।
यह संसार सपन कर लेखा। माँगत बदन नैन भरि देखा।।
लाभ, दिए बिनु भोग न पाउब। परिहि डाँढ़ जहँ मूर गवाउब।।
राति क सपन जागि पछिताना। ना जानौं कब होइ बिहाना।।
अस मन जानि बेसाहहु सोई। मूर न घटै लाभ जेहि होई।।
ना जानेहु बाढ़त दिन जाई। तिल तिल घटै आउ नियराई।।
अस जिन जानेहु बढ़त है, दिन आवत नियरात।
कहै सो बूझि 'मुहम्मद', फिर न कहौं असि बात।।13।।
जबहि अंत कर परलै आई। धरमी लोग रहै ना पाई।।
जबही सिद्ध साधु गए पारा। तबहीं चलै चोर बटपारा।।
जाइहि मया मोह सब केरा। मच्छ रूप कै आइहि बेरा।।
उठिहैं पंडित बेद पुराना। दत्त सत्त दोउ करिहिं पयाना।।
धूम बरन सूरुज होइ जाई। कृस्न बरन सब सिष्टि दिखाई।।
दधा पुरुब दिसि उइहै जहाँ। पुनि फिरि आइ अथइहै तहाँ।।
चढ़ि गदहा निकसैं धरि जालू। हाथ खंड होइ, आवै कालू।।
जो रे मिलै तेहि मारै, फिरि किरि आइ कै गाज।
सबही मारि 'मुहम्मद', भूज अरहिता राज।।14।।
पुनि धरती कहँ आयसु होई। उगिलै दरब, लेइ सब कोई।।
'मोर मौर' करि उठिहैं झारी। आपु आपु महँ करिहैं मारी।।

---

(12) भारा=भाला। बिहूँटै=चिमटे, लगे। लेऊ=ले। देऊ=दे (अवधी) थुवा उड़ावै=थू-थू करै; थूके। साखि=विश्वास दिलाकर कहे हुए वचन। (13) माँगत...देखा=सबको मुँह से माँगते ही देखा। (14) आई=आइहि, आएगा। मच्छ रूप...बेरा=जैसे बड़ी मछलियाँ छोटी मछलियों को पकड़कर खा जाती हैं, वैसा ही व्यवहार मनुष्यों के बीच हो जायगा। दत्त सत्त=दान और सत्य। दधा=जला हुआ। खंड=खाँड़ा। भूज=भोगेगा। अरहिता=निर्जन, निष्कंटक।

अस न कोइ जानै मन माहाँ। जो यह सँचा अहै सो कहाँ।।
सँति सैंति लेइ लेइ घर भरहीं। रहस कूद अपने जिउ करहीं।।
खनहिं उतंग, खनहि फिर साँती। नितहि हुलंब उठै बहु भाँती।।
पुनि एक अचरज सँचरै आई। नावँ 'मजारी' भँवै बिलाई।।
ओहि के सूँघे जियै न कोई। जो न मरै तेहि भक्खे सोई।।
सब संसार फिराइ औ, लावै गाहिरी घात।
उनहूँ कहैं 'मुहम्मद', बार न लागिहि जात।।15।।
पुनि मैकाइल आयसु पाए। उन बहु भाँति मेघ बरसाए।।
पहिले लागै परै अँगारा। धरती सरग होइ उजियारा।।
लागी सबै पिरथिवीं जरै। पाछे लागे पाथर परै।।
सौ सौ मन कै एक एक सिला। चलै पिंड घुटि आवैं मिला।।
बजर गोट तस छूटै भारी। टूटैं रूख बिरुख सब झारी।।
परत धमाकि धरति सब हालै। उधिरत उठै सरग लौं सालै।।
अधाधार बरसै बहु भाँती। लागि रहै चालिस दिन राती।।
जिया जंतु सब मरि घटे, जित सिरजा संसार।
कोइ न रहै 'मुहम्मद', होइ बीता संघार।।16।।
जिबरईल पाउब फरमानू। आइ सिस्टि देखब मैदानू।।
जियत न रहा जगत केउ ठाढ़ा। मारा झोरि कचरि सब गाढ़ा।।
मरि गंधाहिं, साँस नहिं आवै। उठै बिगंध सड़ाइँध आवै।।
जाइ दैउ से करहु बिनाती। कहब जाइ जस देखब भाँती।।
देखहु जाइ सिस्टि बेवहारू। जगत उजाड़ सून संसारू।।
अस्ट दिसा उजारि सब मारा। कोइ न रहा नावँ लेनिहारा।।
मारि माछ जस पिरथिवीं पाटी। परे पिछानि न दीखै माटी।।
सून पिरथिवीं होइ गई, दहुँ धरती सब लीप।
जेतनी सिस्टि 'मुहम्मद', सवै भाइ जल दीप।।17।।
मकाईल पुनि कहब बुलाई। बरसहु मेघ पिरथिवीं जाई।।
उनै मेघ भरि उठिहैं पानी। गरजि गरजि बरसहि अतवानी।।

---

(15) झारी=सब के सब बिलकुल। सँचा=संचित किया, जुटाया। सैंति=समेटकर, सहेजकर। उतंग=उभार, जोर शोर। साँती=शांति। हुलंब=हुल्लड़, हल्ला, हलचल। भँवैं=फिरती है। बिलाई=बिल्ली। फिराईं=फिरते हैं। उनहूँ कहैं=उनको भी। (16) मैकाइल= मकाईल नामक फरिश्ता। घुटि=जमकर। गोट=गोले। उधिरत उठै=उबड़ती या उचटती जाती है। (17) जिबरईल=एक फरिश्ता। केउ=कोई (अवधी)। बिगंध=दुर्गंध। भाइ= भासित होती है, जान पड़ती है। जल दीप=नदी या समुद्र के बीच पड़ा सुनसान टापू।

झरी लागि चालिस दिन राती। घरी न निबुसै एकहु भाँती।।
छूटि पानि परलय की नाईं। चढ़ा छापि सगरिउँ दुनियाईं।।
बूड़हिं परबत मेरु पहारा। जल हुलि उमड़ि चलै असरारा।।
जहँ लगि मगर माछ जित होई। लेइ बहाइ जाइहि भुइँ धोई।।
पुनि घटि नीर भँडारै आई। जनौं न बरसा तैस सुखाई।।
सून पिरथिवीं होइहि, बूझे हँसे ठठाइ।
एतनि जो सिस्टि 'मुहम्मद', सो कहँ गई हेराइ।।18।।

पुनि इसराफीलहिं फरमाए। फूँके, सब संसार उड़ाए।
दै मुख सूर भरै जो साँसा। डोलै धरती, लपत अकासा।।
भुवन चौदहो गिरि मनु डोला। जानौ घालि झुलाव हिंडोला।।
पहिले एक फूँक जो आई। ऊँच नीच एक सम होइ जाई।।
नदी नार सब जैहैं पाटी। अस होइ मिले ज्यों ठाढ़ी माटी।।
दूसरि फूँक जो मेरु उड़ैहैं। परबत समुद एक होइ जैहैं।।
चाँद सुरुज तारा घट टूटै। परतहि खंभ सेस घट फूटै।।
तिसरे बजर महाउब, अस भुइँ लेब महाइ।
पूरब पछिउँ 'मुहम्मद', एक रूप होइ जाइ।।19।।

अजराइल कहँ बेगि बोलावै। जाउ जहाँ लगि सबै लियावै।।
पहिले जिउ जिबरैल क लेई। लोटि जीउ मैकाइल देई।।
पुनि जिउ देइहि इसराफीलू। तीनिहु कहँ मारै अजराईलू।।
काल फिरिस्तन केर जो होई। कोइ न जागै, निसि असि होई।।
पुनि पूछब जम? सब जिउ लीन्हा। एकौ रहा बाँचि जो दीन्हा?।।
सुनि अजराइल आगे होइ आउब। उत्तर देब, सीस भुइँ नाउब।।
आयसु होइ करौं अब सोई। की हम, की तुम, और न कोई।।
जो जम आन जिउ लेत हैं, संकर तिनहू कर जिउ लेब।
सो अवतरें 'मुहम्मद', देखु तहूँ जिउ देब।।20।।

पुनि फरमाए आपु गोसाईं। तुमहूँ दैउ जिवाइहि नाहीं।।
सुनि आयसु पाछे कहँ ढाए। तिसरी पौरि नाँधि नहिं पाए।।
परत जीउ जब निसरन लागै। होइ बड़ कष्ट, घरी एक जागै।।

---

(18) मकाईल=एक फरिश्ता। अतबानी=(?)। निबुसै=(मेह) थमता है, निकलता है। हुलि=ठिलकर। असरारा=लगातार। (19) इसराफील=एक फरिश्ता। सूर=तुरही बाजा (अरबी)। लपत=लचता है। खंभ=स्तंभ रूप पर्वत। बजर=वज्र। महाउब=मथाएगा। (20) अजराईल=मारनेवाला फरिश्ता। पुनि पूछब=खुदा फिर पूछेगा। बाँचि जो दीन्हा=जिसको बचा दिया। की हम की तुम=अब तो बस हम हैं, या तुम हो। जम=यमराज जो पैगंबरी मजहबों में अजराईल कहलाता है। संकर=शंकर, शिव जो महाकाल हैं। तहूँ=तू भी।

प्रान देत सँवरै मन माहाँ। उवत धूप धरि आवत छाहाँ।।
जस जिउ देत मोहिं दुख होई। ऐसे दुखै अहा सब कोई।।
जो जनत्यौं अस दुख जिउ देता। तौ जिउ काहू केर न लेता।।
लौटि काल तिनहूँ कर हौवे। आइ नींद निधरक होइ सोवै।।
भँजन, गढ़न सँवारन, जिन खेला सब खेल।
सब कहँ टारि 'मुहम्मद', अब होइ रहा अकेल।।21।।

चालिस बरस जबहिं होइ जैहैं। उठिहि मया, पछिले सब ऐहैं।।
मया मोह कै किरपा आए। आपहि काहिं आप फरमाए।।
मैं संसार जो सिरजा एता। मोर नाँव कोई नहिं लेता।।
जेतने परे सब सबहि उठावौं। पुल सरात कर पंथ रेंगावौं।।
पाछे जिए पूछौं अब लेखा। नैन माहँ जैता हौं देखा।।
जस जाकर सरवन मैं सुना। धरम पाप, गुन औगुन गुना।।
कै निरमल कौसर अन्हवावौं। पुनि जीउन्ह बैकुंठ पठावौं।।
मरन गँजन घन होइ जस, जस दुख देखत लोग।
तस सुख होइ 'मुहम्मद', दिन दिन मानैं भोग।।22।।

पहिले सेवक चारि जियाउब। तिन्ह सब काजै काज पठाउब।।
जिबराईल औ मैकाईलू। असराफील औ अजराईलू।।
जिबरईल पिरथिवीं महँ आए। आइ मुहम्मद कहँ गोहराए।।
जिबरईल जग आइ पुकराब। नावँ मुहम्मद लेत हँकारब।।
होइहैं जहाँ मुहम्मद नाऊँ। कइउ लाख बोलिहैं एक ठाऊँ।।
ढूँढ़त रहै, कहहुं नहिं पावै। फिरि कै जाइ मारि गोहरावै।।
कहै 'गोसाइँ! कहाँ वै पावौं। लाखन बोलै जौ रे बोलावौं।।
सब धरती फिरि आयउँ, जहाँ नावँ सो लेउँ।
लाखन उठैं मुहम्मद, केहि कहँ उत्तर देउँ?'।।23।।

जिबराइल पुनि आयसु पावै। सूँघे जगत ठाँव सो पावै।।
बास सुबास लेउ हैं जहाँ। नावँ रसूल पुकारसि तहाँ।।
जिबराइल फिरि पिरथिवीं आए। सूँघत जगत ठाँव सो पाए।।

---

(21) ढाए=ढह पड़े, गिर पड़े। उवत धूप...छाहाँ=अंत समय में जब ज्ञान होता है तब मृत्यु को अंधकार घेर लेता है। (22) पुल सरात=वह पुल जिसे कयामत के दिन सब जीवों को पार करना पड़ेगा और जो पुण्यात्माओं के लिए खासा चौड़ा और पापियों के लिए बाल बराबर पतला हो जाएगा। कौसर=बिहिश्त (स्वर्ग) की एक नदी या चश्मा। गँजन=गंजन, पीड़ा, क्लेश। (23) काजै काज=एक- एक काम पर। गोहराए=पुकारा। मारि गोहरावै=बहुत पुकारता है (अवध)।

उठहु मुहम्मद होहु बड़ नेगी। देन जोहार बोलावहिं बेगी।।
बेगि हँकारेउ उमत समेता। आवहु तुरत साथ सब लेता।।
एतने बचन ज्योंहि मुख काढ़े। सुनत रसूल भए उठि ठाढ़े।।
जहँ लगि जीव मुकहि सब पाए। अपने अपने पिंजरे आए।।
कहइ जुगन के सोवत, उठे लोग मनो जागि।
अस सब कहैं 'मुहम्मद', नैन पलक ना लागि।।24।।
उठत उमत कहँ आलस लागैं। नींद भरी सोवत नहिं जागै।।
पौढ़त बार न हम कहँ भयऊ। अबहिंन अवधि आइ कब गयऊ।।
जिबराइल तब कहब पुकारी। अबहूँ नींद न गई तुम्हारी।।
सोवत तुमहिं कइउ जुग बीते। ऐसे तौ तुम मोहे, न चीते।।
कइउ करोरि बरस भुइँ परे। उठहु न बेगि मुहम्मद खरे।।
सुनि कै जगत उठिहि सब झारी। जेतना सिरजा पुरुष औ नारी।।
नँगा नाँग उठिहै संसारू। नैना होइहैं सबके तारू।।
कोइ न केहु तन हेरै, दिस्टि सरग सब केरि।
ऐसे जतन 'मुहम्मद', सिस्टि चलै सब घेरि।।25।।
पुनि रसूल जैहैं होइ आगे। उम्मत चलि सब पाछे लागै।।
अंध गियान होइ सब केरा। ऊँच नीच जहँ होइ अभेरा।।
सबही जियत चहैं संसारा। नैनन नीर चलै असरारा।।
सो दिन सँवरि उमत सब रोवै। भा जानौं आगे कस होवै।।
जो न रहै, तेहि का यह संगा? मुख सूखै तेहि पर यह दंगा।।
जेहि दिन कहँ नित करत डरावा। सोइ दिवस अब आगे आवा।।
जो पै हमसे लेखा लेबा। का हम कहब उतर का देबा।।
एत सब सँवरि कै मन महँ, चहैं जाइ सो भूलि।
पैगहि पैग 'मुहम्मद', चित्त रहै सब झूलि।।26।।
पुल सरात पुनि होइ अभेरा। लेखा लेब उमत सब केरा।।
एक दिन बैठि मुहम्मद रोइहैं। जिबरईल दूसर दिसि होइहैं।।
वार पार किछु सूझत नाहीं। दूसर नाहिं को टेकै बाहीं?।।
तीस सहस्र कोस कै बाटा। अस साँकर जेहि चलै न चाँटा।।
बारहु तें पतरा अस झीना। खड़ग धार से अधिकौ पैना।।

(24) नेगी=प्रसाद या इनाम पानेवाले। जुहार देन=बंदगी के लिए। उमत=उम्मत, पैगंबर के अनुयायियों का समूह। मुकहि पाए=कब्रों से छूट पाए। पिंजरे अर्थात् शरीर (25) पौढ़त=लेटते या सोते। बार=देर। अबहिंन=अभी ही, इतनी जल्दी। खरे=खड़े। तारू=तालु में। केहु तन=किसी की ओर। ऐसे जतन=इस ढंग से, इस प्रकार। (26) असरारा=लगातार। चित्त झूलि रहै=मन में बार-बार आया करता है।

दोउ दिसि नरक कुंड हैं भरे। खोज न पाउब तिन्ह महँ परे।।
देखत काँपै लागै जाँघा। सो पथ कैसे जैहै नाँघा।।
तहाँ चलत सब परखब, को रे पूर, को ऊन।
अबहिं को जान 'मुहम्मद', भरे पाप औ पून।।27।।

जौ धरमी होइहि संसारा। चमकि बीजु अस जाइहि पारा।।
बहुतक जनौं तुरँग भल धइहैं। बहुतक जानु पखेरु उड़इहैं।।
बहुतक चाल चलै महँ जइहैं। बहुतक मरि मरि पाँव उठइहैं।।
बहुतक जानु पखेरु उड़इहैं। पवन कै नाईं तेहि महँ जइहैं।।
बहुतक जानौं रेंगहिं चाँटी। बहुतक बहैं दाँत धरि माटी।।
बहुतक नरक कुंड महँ गिरहीं। बहुतक रकत पीब महँ परही।।
जेहि के जाँघ भरोस न होई। सो पंथी निभरोसी रोई।।
परै तरास सो नाँघत, कोइ रे बार, कोइ पार।
कोइ तिर रहा 'मुहम्मद', कोई बूड़ा मझधार।।28।।

लौटि हँकारब वह तब भानू। तपै कहैं होइहि फरमानू।।
पूछब कटक जेता है आवा। को सेवक, को बैठे खावा?।।
जेहि जस आउ जियन मैं दीन्हा। तेहि तस संबर चाहौं लीन्हा।।
जब लगि राज देस कर भूजा। अब दिन आइ लेखा कर पूजा।।
छह मास कर दिन करौं आजू। आउ क लेउँ औ देखौं साजू।।
से चौराहै बैठे आवै। एक एक जन कँ पूछि पकरावै।।
नीर खीर हुँत काढ़ब छानी। करब निनार दूध औ पानी।।
धरम पाप फरियाउब, गुन औगुन सब दोख।
दुखी न होहु 'मुहम्मद', जोखि लेब धरि जोख।।29।।

पुनि कस होइहि दिवस छ मासू। सूरुज आइ तपहिं होइ पासू।।
कै सउहैं नियरे रथ हाँकै। तेहिकै आँच गूद सिर पाकै।
बजरागिन अस लागै तैसे। बिलखैं लोग पियासन वैसे।।
उनै अगिन अस बरसै घामू। भूँज देह, जरि जावै चामू।।
जेइ किछु धरम कीन्ह जग माहाँ। तेहि सिर पर किछु आवै छाहाँ।।
धरमिहि आनि पियाउब पानी। पापी बपुरहि छाँह न पानी।।
जो राजता सो काज न आवै। इहाँ क दीन्ह उहाँ सो पावै।।

---

(27) अभेरा=सामना। चाँटा=चींटी। खोज=पता, निशान। ऊन=त्रुटिपूर्ण, ओछा। (28) बीजु=बिजली। चाल चलै महँ=मनुष्य की साधारण चाल से। तरास=त्रास। (29) तपै कहैं=तपने को (अवध)। संबर=सामान, कमाई। भूजा=भोग किया। से=वह; सूर्य। एक-एक...पकरावै=एक-एक प्राणी से सवाल-जवाब करके उसे पकड़ाए। कँ=कहँ, को। जोख-तराजू।

जो लखपती कहावै, लहै न कौड़ी आधि।
चौदह धजा 'मुहम्मद', ठाढ़ करहिं सब बाँधि। ।30 । ।

सवा लाख पैगंबर जेते। अपने अपने पाएँ तेते।।
एक रसूल न बैठहिं छाहाँ। सबही धूप लेहिं सिर माहाँ।।
घामै दुखी उमत जेहि केरी। सो का मानै सुख अवसेरी?।।
दुखी उमत तौ पुनि मैं दुखी। तेहि सुख होइ तौ पुनि मैं सुखी।।
पुनि करता कै आयसु होई। उमत हँकारु लेखा मोहिं देई।।
कहब रसूल कि आयसु पावौं। पहिले सब धरमी लै आवौं।।
होइ उतर तिन्ह हौं ना चाहौं। पापी घालि नरक महँ बाहौं।।
पाप पुन्नि कँ तखरी, होइ चाहत है पोच।
अस मन जानि 'मुहम्मद', हिरदै मानेउ सोच। ।31 । ।

पुनि जैहैं आदम के पासा। पिता! तुम्हारि बहुत मोहिं आसा।।
उमत मोरि गाढ़े है परी। भा न दान, लेखा का धरी?।।
दुखिया पूत होत जो अहै। सब दुख पै बापै सौं कहै।।
बाप बाप कै जो कछु खाँगै। तुमहिं छाँड़ि कासौं पुनि माँगै?।।
तुम जठेर पुनि सबहिन्ह केरा। अहै सँतति, मुख तुम्हरै हेरा।।
जेठ जठेर जो करिहैं मिनती। ठाकुर तबहीं सुनिहैं मिनती।।
जाइ दैउ सौं बिनवौं रोई। मुख दयाल दाहिन तोहि होई।।
कहहु जाइ जस देखेउ, जेहि होवै उदघाट।
बहु दुख दुखी मुहम्मद, बिधि! संकट तेहि काट। ।32 । ।

सुनहु पूत, आपन दुख कहऊँ। हौं अपने दुख बाउर रहऊँ।।
होइ बैकुंठ जो जायसु ठेलेउँ। दूत के कहे मुख गोहूँ मेलेउँ।।
दुखिया पेट लागि सँग धावा। काढ़ि बिहिस्त से मैल ओढ़ावा।।
परलै जाइ मँडल संसारा। नैन न सूझै, निसि अँधियारा।।
सकल जगत मैं फिरि फिरि रोवा। जीउ अजान बाँधि कै खोवा।।
भएँ उजियार पिरथिवीं जइहौं। औ गोसाइँ कै अस्तुति कहिहौं।।
लौटि मिलै जौ हौवा आई। तो जिउ कहँ धीरज होइ जाई।।
तेहि हुँत लाजि उठै जिउ, मुँह न सकौं दरसाइ।
सो मुँह लेइ मुहम्मद! बात कहौं का जाइ?। ।33 । ।

---

(30) सउहैं=सामने। गूद सिर पाकै=खोपड़ी का गूदा पक जाता है। बैसे=बैठे। बपुरहि=बेचारे को। राजता=राजत्व, राजापन। चौदह धजा=चौदह धज्जियों या बंधनों से। (31) पाएँ=पाए या आसन पर। अवसेरी=दुःख से व्यग्र, चिंताग्रस्त। बाहौं=फेंकूँ, डालूँ। तखरी=तकड़ी, तराजू (पंजाबी)। (32) गाढ़े=संकट में। धरी=धरिहि, धरेगी (अवध)। खाँगै=घटता है। जठेर=जेठा, बड़ा, बुजुर्ग। उदघाट=छुटकारा, उद्धार। (33) बाउर=बाबला। मैल ओढ़ावा=कलंक लगा दिया। भएँ=होने पर। तेहि हुँत=उसी से, उसी कारण।

पुनि जैहैं मूसा क दोहाई। ऐ बंधू! मोहिं उपकरु आई।।
तुम कहँ बिधिना आयसु दीन्हा। तुम नेरे होइ बातैं कीन्हा।।
उम्मत मोरि बहुत दुख देखा। भा न दान, माँगत है लेखा।।
अब जौ भाइ मोर तुम अहौ। एक बात मोहिं कारन कहौ।।
तुम अस ठटै बात का कोई। सोई कहौ बात जेहि होई।।
गाढ़े मीत! कहौं का काहू?। कहहु जाइ जेहि होइ निबाहू।।
तुम सँवारि कै जानहु बाता। मकु सुनि माया करै बिधाता।।
मिनती करहु मोर हुँत, सीस नाइ कर जोरि।
हा हा करै 'मुहम्मद', उमत दुखी है मोरि।।34।।

सुनहु रसूल बात का कहौं। हौं अपने दुख बाउर रहौं।।
कै कै देखेउ बहुत ढिठाई। मुँह गरुवाना खात मिठाई।।
पहले मो कहँ आयसु दीन्हा। फरऊँ से मैं झगरा कीन्हा।।
रोधि नील कै डारेसि झुरा। फुर भा झूठ झूठ भा फुरा।।
पुनि देखे बैकुंठ पठायउँ। एकौ दिसि कर पंथ न पायउँ।।
पुनि जो मो कहँ दरसन भयऊ। कोह तूर रावट होइ गयऊ।।
भाँति अनेक मैं फिर फिर जापा। हर दावँन कै लीन्हेसि झाँपा।।
निरखि नैन मैं देखौं, कतहुँ परै नहिं सूझि।
रहौं लजाइ, मुहम्मद! बात कहौं का बूझि?।।35।।

दौरि दौरि सबही पहँ जैहैं। उतर देइ सब फिरि बहरैहैं।।
ईसा कहिन कि कस ना कहत्यों। जौ किछु कहे क उत्तर पवत्थों।।
मैं मुए मानुस बहुत जियावा। औ बहुतै जिउ दान दियावा।।
इब्राहिम कह, कस ना कहत्यों। बात कहे बिन मैं ना रहत्यों।।
मोसौं खेल बंधु जो खेला। सर रचि बाँधि अगिन महँ मेला।।
तहाँ अगिन हुँत भइ फुलवारी। अपडर डरौं, न पा सँभारी।।
नूह कहिन, जब परलै आवा। सब जग बूड़, रहेउ चढ़ि नाबा।।
काह कहै कहि... सबै ओढ़ाउब भार।
जस कै बनै मूहम्मद, करु आपन निस्तार।।36।।

---

(34) उपकरु=उपकार कर। ठटै=बनाए। बात जेहि होई=जिससे काम हो जाय। कै जानहु बाता=बात करना जानते हो। मकु=कदाचित्, शायद। मोर हुँत=मेरी ओर से। (35) मुँह गरुवाना..मिठाई=कृपा की भिक्षा माँगते मुँह भारी हो गया है, अब और मुँह नहीं खुलता। फरऊँ=मिस्र का बादशाह जिसने इसराईल की संतानों को बहुत सताया था और वे मूसा के नायकत्व में मिस्र से भागे थे (जब मिस्र की सेना ने उनका पीछा किया था तब खुदा ने उनके लिए तो नील नदी या समुद्र का पानी हटा दिया था, पर मिस्री सेना के सामने उसे और बढ़ा दिया था)। रोधि=रोककर। फुर=सच, सत्य। कोह तर=वह पहाड़ जिस पर मूसा को ईश्वर की ज्योति दिखाई पड़ी थी। रावट=महल, जगमगाता स्थान। जापा=पुकारा। हर दाँवन=हर अवसर पर। झाँपा=परदा, ओट। (36) बहरैहै=बहलाएगा। सर=चिता।

सबै भार अस ठेलि ओढ़ाउब। फिर फिर कहब, उतर ना पाउब।।
पुनि रसूल जैहैं दरबारा। पैग मारि भुइँ करब पुकारा।।
तैं सब मानस एक गोसाईं। कोइ न आव उमत के ताईं।।
जेहि साँचहौं सो चुप होइ रहै। उमत लाइ केहु बात न कहै।।
मोरे चाँड़ केहु नहिं चाँड़ा। देखा दुख, सबही मोहिं छाँड़ा।।
मोहिं अस तहीं लाग करतारा। तोहि होइ भल सोइ निस्तारा।।
जो दुख चहसि उमत कहँ दीन्हा। सो सब मैं अपने सिर लीन्हा।।
लेखि जोखि जो आवै, मरन गँजन दुख दाहु।
मो सब सहै 'मुहम्मद', दुखी करहु जनि काहु।।37।।
पुनि रिसाई कै कहै गोसाईं। फातिम कह ढूँढ़हु दुनियाईं।।
का मोसौं उन झगर पसारा। हसन हुसैन कहौ को मारा।।
ढूँढ़े जगत कतहुँ ना पैहैं। फिरि कै जाइ मारि गोहरैहैं।।
ढूँढ़ि जगत दुनिया सब आयउँ। फातिम खोज कतहुँ ना पायउँ।।
आयसु होइ अहैं पुनि कहाँ। उठा नाद हैं धरती महाँ।।
मूँदे नैन सकल संसारा। बीबी उठैं करै निस्तारा।।
जो कोइ देखै नैन उघारी। तेहि कहँ छार करौं धरि जारी।।
आयसु होइहि दैउ कर, नैन रहै सब झाँपि।।
एक ओर डरैं 'मुहम्मद', उमत मरै डरि काँपि।।38।।
उट्ठिन बीबी तब रिस किहें। हसन हुसेन दुवौ सँग लिहें।।
तै करता हरता सब जानसि। झूँठै फुरै नीक पहिचानसि।।
हसन हुसेन दुवौ मोर बारे। दुनहु यजीद कौन गुन मारे?।।
पहले मोर नियाव निबारू। तेहि पाछे जेतना संसारू।।
समुझें जीउ आगि महँ दहऊँ। देहु दादि तौ चुप कै रहऊँ।।
नाहिं त देउँ सराप रिसाई। मारौं आहि अर्श जरि जाई।।
बहु संताप उठै निज, कैसहु समुझि न जाइ।
बरजहु मोह मुहम्मद, अधिक उठै दुख दाइ।।39।।
पुनि रसूल कहँ आयसु होई। फातिम कहँ समुझावहु सोई।।
मारै आहि अर्श जरि जाई। तेहि पाछ आपुहि पछिताई।।

---

(37) भारि ठेलि ओढ़ाउब=भार मुहम्मद पर ही डालेंगे। पैग मारि=आसन मारकर। केहु=कोई (अवध) चाँड़=चाह, कामना। तहीं=तू ही। गँजन=पीड़ा, साँसत। (38) फातिम=बीबी फातिमा, मुहम्मद साहब की कन्या जिसके दो लड़के हसन और हुसैन करबला के मैदान में कष्ट से मारे गए और कोई खड़ा न हुआ। मारि=बहुत (अवध)। गोहरैहैं=पुकारेंगे। नाद=आकाशवाणी। (39) किहें लिहें=किए लिए (अनघ)। बारे=बालक, लड़के। दादि हेहु=इंसाफ करो। अर्श=आसमान (का सबसे ऊँचा तबक)। दुखदाइ=दुःखदाह।

जौ नहिं बात क करै बिषादू। जानी मोहिं दीन्ह परसादू।।
जौ बीबी छाँड़हि यह दोखू। तौ मैं करौं उमत कै मोखू।।
नाहिं त घालि नरक महँ जारौं। लौटि जियाइ मुए पर मारौं।।
अग्नि खंभ देखहु जस आगे। हिरकत छार होइ तेहि लागे।।
चहुँ दिसि फेरि सरग लै लावौं। मुँगरन्ह मारौं लोह चटावौं।।
तेहि पाछै धरि मारौं, घालि नरक के काँठ।
बीबी कहँ समुझावहु, जौ रे उमत कै चाँट।।40।।

पुनि रसूल तलफत तहँ जैहैं। बीबिहि बार बार समुझैहैं।।
बीबी कहब घाम कत सहहू?। कस ना बैंठि छाहँ महँ रहहू।।
सब पैगंबर बैठे छाहाँ। तुम कस तपौ बजर अस माहाँ?।।
कहब रसूल, छाँह का बैठौं? उमत लागि धूपहु नहिं बैंठौं।।
तिन्ह सब बाँधि धाम मह मेले। का भा मोरे छाहँ अकेले।।
तुम्हरे कोह सबहि जो मरै। समुझहु जीउ, तबहि निस्तरे।।
जो मोहिं चहौ निवारहु कोहू। तब बिधि करै उमत पर छोहूँ।।
बहु दुख देखि पिता कर, बीबी समुझा जीउ।
जाइ मुहम्मद जिनवा, ठाढ़ पाग के गीउ।।41।।

तब रसूल के कहें भइ माया। जिन चिंता मानहु, भइ दाया।।
जौ बीबी अबहूँ रिसियाई। सबहि उमत सिर आइ बिसाई।।
जब फातिम कहँ बेगि बोलावहु। देइ दाद तौ उमत छोड़ावहु।।
फातिम आइ कै पार लगावा। धरि यजीद दोजख महँ गावा।।
अंत कहा, धरि जान से मारै। जिउ देइ पुनि लौटि पछारै।।
तस मारब जेहि भुइँ गड़ि जाई। खन खन मारै लौटि जियाई।।
बजर अगिन जारब कै छारा। लौटि दहै जस दहै लोहारा।।
मारि मारि घिसियावै, धरि दोजख महँ देव।
जेतनी सिस्टि 'मुहम्मद', सबहि पुकारै लेब।।42।।

पुनि सब उम्मत लेब बुलाई। हरू गरू लागब बहिराई।।
निरखि रहौती काढ़ब छानी। करब निनार दूध औ पानी।।
बाप क पूत, न पूत क बापू। पाइहि तहाँ न पुन्नि न पापू।।
आपहि आप आइकै परी। कोउ न कोउ क धरहरि करी।।

---

(40) जानौं मोहि...परसादू=तो समझो कि मैं प्रसन्न हो गया या मैंने बख्श दिया। लौटि=फिर-फिर। हिरकत=सटते ही। काँट=किनारे, तट पर। जौ रे...चाँट=यदि तुम्हें अपनी उम्मत की इतनी चाह है। (41) बजर=बज्र धूप। समुझहु जीउ=अपने जी में ढाँढ़स बाँधो। पाग कै गीउ=गले में पगड़ी डालकर, बड़ी अधीनता से। (42) यजीद=जिसने हसन हुसैन को मारा था। गवा=गया। घिसियावै=घसीटते हैं। पुकारै लेब=पुकार लेंगे।

कागज काढ़ि लेब सब लेखा। दुख सुख जो पिरथिवी महँ देखा।।
पुन्नि पियाला लेखा माँगब। उतर देत उन पानी खाँगब।।
नैन क देखा स्रवन क सुना। कहब, करब, औगुन औ गुना।।
हाथ, पाँव, मुख, काया, स्रवन, सीस औ आँखि।
पाप न छपै 'मुहम्मद', आइ भरै सब साखि।।43।।
देह क रोवाँ बैरी होइहैं। वजर बिया एहि जिउ के बोइहैं।।
पाप पुन्नि निरमल कै धोउब। राखब पुन्नि, पाप सब खोउब।।
पुनि कौसर पठउब अन्हवावै। जहाँ कया निरमल सब पावै।।
बुड़की देब देह सुख लागी। पलुहब उठि, सोवत अस जागी।।
खोरि नहाइ धोइ सब दुँदू। होइ निकरहिं पूनिउ कै चंदू।।
सब क सरीर सुबास बसाई। चंदन कै अस घानी आई।।
झूठे सबहि आप पुनि साँचे। सबहि नबी के पाछै बाँचे।।
नबिहि छाँड़ि होइहि सबहि, बारह बरस क राह।
सब अस जान 'मुहम्मद', होइ बरस कै राह।।44।।
पुनि रसूल नेवतब जेवनारा। बहुत भाँति होइहि परकारा।।
ना अस देखा, ना अस सुना। जौ सरहौं तौ है दस गुना।।
पुनि अनेक बिस्तर तहँ डासब। बास सुबास कपूर ते बासब।।
होइ आयसु जौ बेगि बोलाउब। औ सब उमत साथ लेइ आउब।।
जिबरईल आगे होइ जइहैं। पग डारै कहँ आयसु देइहैं।।
चलब रसूल उमत लेइ साथा। परग परग पर नावत माथा।।
'आवहु भीतर' बेगि बोलाउब। बिस्तर जहाँ तहाँ बैठाउब।।
झारि उमत सब बैठी, जोरि कै एकै पाँति।
सब के माँझ 'मुहम्मद', जानो दुलह बराति।।45।।
पुनि जेंवन कहँ आवै लागै। सबके आगे धरत न खाँगै।।
भाँति भाँति कर देखब थारा। जानब ना दहुँ कौन प्रकारा।।
पुनि फरमाउब आप गोसाईं। बहुतै दुख देखेउ दुनियाईं।।
हाथन से जेंवन मुख डारत। जीभ पसारत दाँत उघारत।।
कूँचत खात बहुत दुख पायउ। तहँ ऐसे जेवनार जेंवायउ।।

---

(43) हरू=हलका, ओछा। गरू=भारी, गंभीर। बहिराइ लागब=निकलने लगेंगे। रहौती=रहन-सहन, आचरण। निनार=न्यारा, अलग। धरहरि=धर-पकड़, सहायता। करी=करिहि, करेगा। (44) कौसर=स्वर्ग की एक नदी या चश्मा। बुड़की=गोता। पलुहब=पनपेगी। खोरि=अवगाहन करके। दुंदू=द्वंद्व, प्रपंच। घानी=ढेर। (45) जौ सरहौं...दस गुना=यदि सराहता हूँ तो उसका दस गुना ठहरता है।

अब जिन लौटि कस्ट जिउ करहू। सुख सवाद औ इंद्री भरहू।।
पाँच भूत आतमा सेराई। बैठि अघाउ, उदर ना भाई।।
ऐस करब पहुनाई, तब होइहि संतोख।
दुखी न होहु 'मुहम्मद', पोखि लेहु फुर पोख।।46।।
हाथन्ह से केहु कौर न लेई। जोइ चाह मुख पैठे सोई।।
दाँत, जीभ, मुख कुछ न डोलाउब । जस जस रुचि है तस तस खाउब।।
जैस अन्न बिनु कूँचे रूचै। तैस सिठाइ जौ कोऊ कूँचै।।
एक एक परकार जो आए। सत्तर सत्तर स्वाद सो पाए।।
जहँ जहँ जाइ के परै जुड़ाई। इच्छा पूजै खाइ अघाई।।
अनचाखे राते फर चाखा। सब अस लेइ अपरस रस राखा।।
जलम जलम कै भूख बुझाई। भोजन केरे साथै जाई।।
जेंवन अँचवन होइ पुनि, पुनि होइहि खिलवान।
अमृत भरा कटोरा, पियहु 'मुहम्मद' पान।।47।।
एक तौ अमृत, बास कपूरा। तेहि कहँ कहा शराब तहूरा।।
लागब भरि भरि देइ कटोरा। पुरुब ज्ञान अस भरै महोरा।।
ओहि कै मिठाइ भाँति एक दाऊँ। जलम न मानब होइ अब काहूँ।।
सचु मतवार रहब होइ सदा। रहसै कूदै सदा सरबदा।।
कबहुँ न खोवै जलम खुमारी। जनौ बिहान उठै भरि बारी।।
ततखन बासि बासि जनु घाला। घरी घरी जस लेब पियाला।।
सबहि क भा मन सो मद पिया। नव औतार भवा औ जिया।।
फिरै तँबोल, मया से, कहब अपुन लेइ खाहु।
भा परसाद 'मुहम्मद', उठि बिहिस्त महँ जाहु।।48।।
कहब रसूल, बिहिस्ति न जाऊँ। जौ लगि दरस तुम्हार न पाऊँ।।
उघर न नैन तुमहिं बिनु देखे। सबहि अँबिरथा मोरे लेखे।।
तौ लै केहु बैकुंठ न जाई। जौ लै तुम्हरा दरस न पाई।।
करु दीदार, देखौं मैं तोहीं। तौ पै जीउ जाइ सुख मोहीं।।
देखें दरस नैन भरि लेऊँ। सीस नाइ पै भुइँ कहँ देऊँ।।

---

(46) तहँ=संसार में। लौटि=स्वर्ग में लौट आकर। सेराई=शीतल हो। उदर ना भाई=यहाँ पेट नहीं है जिसे भरना पड़े। फुर पोख=सच्ची तुष्टि। (47) तैस सिठाइ...कूँचै=कूँचने पर वह वैसा ही सीठी सा नीरस लगता है। सिठाइ=सीठी सा फीका लगता है। अपरस=अछूता। जलम=जन्म (अवध)। खिलवान=खिलारी, धनिया, खरबूजे आदि के तले बीज जो भोजन के पीछे दिए जाते हैं। (48) शराब तहूरा=शराबुत्तहूरा, स्वर्ग की शराब। महोरा=महुअरा, मधु, मद्य। सचु मतवार=आनंद से मतवाला। बिहान...बारी=मानो नित्य मुँह तक भरा प्याला मिल जाता है। परसाद=प्रसन्नता, कृपा।

जलम मोर लागा सब थारा। पलुहै जीउ जा गीउ उभारा।।
होइ दयाल करु दिस्टि फिरावा। तोहि छाँड़ि मोहि और न भावा।।
सीस पायँ भुइँ लावौं, जौ देखौं तोहि आँखि।
दरसन देखि मुहम्मद, हिये भरौं तोहि साखि।।49।।

सुनहु रसूल! होत फरमानू। बोल तुम्हार कीन्ह परमानू।।
तहाँ हुतेउँ जह हुतेउ न ठाऊँ। पहिले रचेउँ मुहम्मद नाऊँ।।
तुम बिनु अबहुँ न परगट कीन्हेउँ। सहस अठारह कहँ जिउ दीन्हेउँ।।
चौदह खँड ऊपर तर राखेउँ। नाद चलाइ भेद बहु भाखेउँ।।
चार फिरिस्तन बड़ औतारेउँ। सात खंड बैकुंठ सँवारेउँ।।
सवा लाख पैगंबर सिरजेउँ। कर करतूति उन्हहि धै बेधेउँ।।
औरन्ह कर आगे कत लेखा। जेतना सिरजा को ओहि देखा।।
तुम तहँ एता सिरजा, आप कै अंतरहेत।
देखहु दरस 'मुहम्मद'! आपनि उमत समेत।।50।।

सुनि फरमान हरष जिउ बाढ़े। एक पाँव से भए उठि ठाढ़े।।
झारि उमत लागी तब तारी। जेता सिरजा पुरुष औ नारी।।
लाग सबन्ह सहुँ दरसन होई। ओहि बिनु देखे रहा न कोई।।
एक चमकार होइ उजियारा। छपै बीजु तेहि के चमकारा।।
चाँद सूरुज छपिहैं बहु जोती। रतन पदारथ मानिक होती।।
सो मनि दिपें जो कीन्हि थिराई। छपा सो रंग गात पर आई।।
ओहु रूप निरमल होइ जाई। और रूप ओहि रूप समाई।।
ना अस कबहूँ देखा, ना केहू ओहि भाँति।
दरसन देखि 'मुहम्मद', मोहि परे बहु भाँति।।51।।

दुइ दिन लहि कोउ सुधि न सँभारे। बिनु सुधि रहे, न नैन उघारे।।
तिसरे दिन जिबरैल जौ आए। सब मदभाते आनि जगाए।।
जे हिय भेदि सुदरसन राते। परे परे लोटै जस माते।।
सब अस्तुति कै करै बिसेखा। ऐस रूप हम कतहुँ न देखा।।
अब सब गयउ जलम दुख धोई। जो चाहिय हठि पावा सोई।।

---

(49) अँबिरथा=वृथा, व्यर्थ। जाई=जाइहि, जायगा। पाई=पाइहि, पाएगा। जाइ=उत्पन्न हो। जलम=जन्म। थारा=थाला (जिसमें पौधा लगाया जाता है)। गीउ उभारा=गर्दन ऊपर की, ऊपर दृष्टि की। (50) हुतेउँ=मैं था। हुतेउ न ठाऊँ=जहाँ कोई स्थान न था, लामकान। अबहुँ=अब तक। नाद=कलाम। कहि करतूति=कर्तव्य बतलाकर। अंतरहेत=अंतर्हित, ओट में, अदृश्य। (51) झारि=सारी, कुल। तारी लागी=टकटकी लग गई, पलकों का गिरना बंद हो गया। सहुँ=सम्मुख, साक्षात्। चमकार=चमत्कार, ज्योति। कीन्हि थिराई=स्थिर रह सके। छपा सो रंग...आई=उनके शरीर पर उस ज्योति की छाप लग गई।

अरु-निहचिंत जीउ बिधि कीन्हा। जौ पिय आपन दरसन दीन्हा।।
मन कै जेति आस सब पूजी। रही न कोइ आस गति दूजी।।
मरन, गँजन औ परिहँस, दुख, दलिद्र सब भाग।
सब सुख देखि 'मुहम्मद', रहस कूद जिउ लाग।।52।।

जिब अइल कहँ आयसु होइहि। अछरिन्ह आइ आगे पय जोइहि।।
उमत रसूल केर बहिराउब। कै असवार बिहिस्त पहुँचाउब।।
सात बहिस्त बिधिनै औतारा। औ आठईं शदाद सँवारा।।
सो सब देब उमत कहँ बाँटी। एक बराबर सब कहँ आँटी।।
एक एक कहँ दीन्ह निवासू। जगत लोक बिरसै कबिलासू।।
चालिस चालिस हूरें सोई। औ सँग लागि बियाही जोई।।
औ सेवा कहँ अछरिन्ह केरी। एक एक जनि कहँ सौ सौ चेरी।।
ऐसे जतन बियाहैं, जस साजै बरियात।
दूलह जतन मुहम्मद, बिहिस्त चले बिहँसात।।53।।

जिबराइल इतात कहँ धाए। चोल आनि उम्मत पहिराए।।
पहिरहु दगल सुरँग रँग राते। करहु सोहाग जनहु मद भाते।।
ताज कुलह सिर मुहम्मद सोहै। चंद बदन औ कोकब मोहै।।
न्हाइ खोरि अस बनी बराता। नबी तँबोल खात मुख राता।।
तुम्हरे रुचे उमत सब आनब। औ सँवारि बहु भाँति बखानब।।
खड़े गिरत मदमाते ऐहैं। चढ़ि कै घोड़न कहँ कुदरैहैं।।
जिन भरि जलम बहुत हिय जारा। बैठि पाँव देइ जमै ते पारा।।
जैसे नबी सँवारे, तैसे बने पुनि साज।
दूलह जतन 'मुहम्मद', बिहिस्त करैं सुख राज।।54।।

तानब छत्र मुहम्मद माथे। औ पहिरैं फूलन्ह बिनु गाँथे।।
दूलह जतन होब असवारा। लिए बरात जैहैं संसारा।।
रचि रचि अछरिन्ह कीन्ह सिंगारा। बास सुबास उठै महकारा।।
आज रसूल बियाहन ऐहैं। सब दुलहिन दूलह सहुँ नैहैं।।
आरति करि सब आगे ऐहैं। नंद सरोदन सब मिलि गैहैं।।
मँदिरन्ह होइहि सेज बिछावन। आजु सबहि कहँ मिलिहैं रावन।।
बाजन बाजै बिहिस्त दुवारा। भीतर गीत उठै झनकारा।।

---

(52) लहि=तक। परिहँस=ईर्ष्या, डाह, कुढ़न (अवध)। रहस=आनंद। (53) अछरी=अप्सरा। बहिराउब=निकालेंगे, चलाएँगे। बिरसैं=विलास करते हैं। हूर=बहिश्त की अप्सरा। जोई=जोय, स्त्री। ऐसे जतन=ऐसे ढंग से, इस प्रकार। (54) इतात=आज्ञापालन। चोल=वस्त्र, पहनावा। दगल=लंबा अँगरखा। कुलह=टोप। बहुत हिय जारा=ईश्वर के विरह में लीन रहे। जतन=प्रकार, समान।

बनि बनि बैठीं अछरी, बैठि जोहैं कबिलास।
बेगिहि आउ 'मुहम्मद' पूजै मन कै आस।।55।।

जिबरईल पहिले से जैहैं। जाइ रसूल बिहिस्त नियरैहैं।
खुलिहैं आठौ पँवरि दुवारा। औ पैठे लागे असवारा।।
सकल लोग जब भीतर जैहैं। पाछे होइ रसूल सिधैहैं।।
मिलि हूरै नेवछावरि करिहैं। सबके मुखन्ह फूल अस झरिहैं।।
रहसि रहसि तिन करब किरीड़ा। अगर कुंकुमा भरा सरीरा।।
बहुत भाँति कर नंद सरोदू। बास सुबास उठै परमोदू।।
अगर, कपूर, बेना, कस्तूरी। मँदिर सुबास रहब भरपूरी।।
सोवन आजु जो चाहै, साजन मरदन होइ।
देहिं सोहाग 'मुहम्मद', सुख बिरसै सब कोइ।।56।।

पैठि बिहिस्त जौ नौनिधि पैहैं। अपने अपने मँदिर सिधैहैं।।
एक एक मंदिर सात दुवारा। अगर चंदन के लाग केवारा।।
हरे हरे बहु खंड सँवारे। बहुत भाँति दइ आपु सँवारे।।
सोने रूपै घालि उँचावा। निरमल कुहँकुहँ लाग गिलावा।।
हीरा रतन पदारथ जरे। तेहि क जोति दीपक जस बरे।।
नदी दूध अतरन कै बहहीं। मानिक मोति परे भुइँ रहहीं।।
ऊपर गा अब छाहँ सोहाई। एक एक खंड चहा दुनियाई।।
तात न जूड़ न कुनकुन, दिवस राति नहिं दुक्ख।
नींद न भूख मुहम्मद, सब बिरसैं अति सुक्ख।।57।।

देखत अछरिन केरि निकाई। रूप तें मोहि रहत मुरछाई।।
लाल करत मुख जोहब पासा। कीन्ह चहैं किछु भोग बिलासा।।
हैं आगे बिनवैं सब रानी। और कहैं सब चेरिन्ह आनी।।
ए सब आवैं मोरे निवासा। तुम आगे लेइ आउ कबिलासा।।
जो अस रूप पाट परधानी। औ सबहिन्ह चेरिन्ह कै रानी।।
बदन जोति मनि मापे भागू। औ बिधि आगर दीन्ह सोहागू।।
साहस करैं सिंगार सँवारी। रूप सुरूप पदमावती नारी।।
पाट बैठि नित जोहैं, बिरहन्ह जारै माँस।
दीनदयाल 'मुहम्मद', मानहु भोग बिलास।।58।।

सुनहिं सुरूप अबहिं बहु भाँती। इनहिं चाहि जो रुपवाँती।।
सातौं पवँरि नघत तिन्ह पेखब। सातइँ आए सो कौकुत देखब।।

---

(55) नंद=आनंद। सराद=स्वर (फारसी)। रावन=रमण करनेवाला, प्रियतम। (56) पँवरि=ड्योढ़ी। साजन=स्वजन, प्रियतम। मरदन=आलिंगन। बिरसै=बिलसे। (57) दइ=दैव, विधाता। गिलावा गारा। तात=गरम। कुनकुन=कुनकुना। आधा गरम। (58) लाल=प्यार, दुलार। आगर=बढ़कर।

चले जाब आगे तेहि आसा । जाइ परब भीतर कबिलासा।।
तखत बैठि सब देखब रानी । जे सब चाहि पाट परधानी।।
दसन जोति उट्ठै चमकारा । सकल बिहिस्त होइ उजियारा।।
बारहबानी कर जो सोना। तेहि तें चाहि रूप अति लोना।।
निरमल बदन चंद कै जोती। सब क सरीर दिपैं जस मोती।।
बास सुबास छुवै जेहि, बेधि भँवर कहँ जात।
बर सो देखि 'मुहम्मद', हिरदै महँ न समात।।59।।
पैग पैग जस जस नियराउब। अधिक सवाद मिलै कर पाउब।।
नैन समाइ रहै चुप लागे। सब कहँ आइ लेहिं होइ आगे।।
बिसरहु दूलह जोबन बारी। पायउ दुलहिन राजकुमारी।।
एहि महँ सो कर गहि लेइ जैहैं । आधे तखत पै लै बैठैहैं।।
सब अछूत तुम कहँ भरि राखै। महै सवाद होइ जो चाखै।।
नित पिरीत नित नव नव नेहू। नित उठि चौगुन होइ सनेहू।।
नित्तहि नित्त जो बारि बियाहै । बीसौ बीस अधिक ओहि चाहै।।
तहँ न मीचु, न नींद दुख, रह न देह महँ रोग।
सदा अनंद 'मुहम्मद', सब सुख मानै भोग।।60।।

---

(59) रुपवाँती=रूपवती। कौकुत=कौतुक, चमत्कार। चाहि=बढ़कर। बास सुवास...जात=जिस भौंरे को बेधकर छूने के लिए सुगंध जाती है। (60) जोबन बारी=(क) यौवन की वाटिका, (ख) युवती बालाएँ। महै=बहुत ही। बीसौ बीस=पहले से और बढ़कर।

□□□